Tim Ruthven

EDELSTEINE

Tägliche Stille Zeit
Neues Testament

ASAPH VERLAG

Tim Ruthven

Edelsteine

Tägliche Stille Zeit

Neues Testament

8., verbesserte und korrigierte Auflage 1996

(1. Auflage im ASAPH-Verlag)

Titel der Originalausgabe: GEMS – A Daily Devotional And Bible Reading Program

Umschlaggestaltung: IMAGE Grafik Design GmbH/ Albrecht Fietz, Landsberg
Satz: CONVERTEX, Aachen
Druck: Ebner Ulm

ISBN: 3-931025-11-X
Best.-Nr.: 147511

Für kostenlose Informationen über unser umfangreiches Lieferprogramm an Büchern, Musik usw. schreiben Sie bitte an:
ASAPH
D-58478 Lüdenscheid

Hilfen für die Stille Zeit

Es ist gut, wenn man eine **feste Zeit** und einen **ungestörten Platz** für die tägliche STILLE ZEIT hat. Wählen Sie dafür **Ihre beste Tageszeit.** Für viele empfiehlt sich der Morgen.

1. Gebet
»Herr, erhöre mein Gebet.
Ich breite meine Hände aus zu dir,
meine Seele dürstet nach dir wie ein dürres Land.
Laß mich am Morgen hören deine Gnade;
denn ich vertraue auf dich.
Zeige mir den Weg, den ich gehen soll;
denn mich verlangt nach dir.
Lehre mich tun nach deinem Wohlgefallen,
denn du bist mein Gott;
dein guter Geist führe mich auf ebener Bahn« (aus Ps. 143).

2. Lesen Sie den angegebenen Bibeltext aufmerksam durch, und unterstreichen Sie, was Ihnen wichtig ist.

3. Nehmen Sie sich Zeit, darüber **nachzudenken.**
Es ist hilfreich, sich ein paar Notizen zu machen
Schreiben Sie z. B. auf:

- was wird über Gott (Jesus, den heiligen Geist) ausgesagt?
- eine Verheißung, einen Trost, eine Mahnung, einen Befehl,
- etwas, was Sie heute erledigen oder in Ordnung bringen sollen.

Lesen Sie die Auslegung.

4. Lob
Nehmen Sie sich Zeit, Gott zu danken und ihn zu loben. Bitten Sie ihn um Vergebung, und bringen Sie ihm Ihre Nöte und Anliegen. Fassen Sie alles mit Lob zusammen.

5. Leben und handeln Sie nach dem, was Sie von Gott gehört haben.

Mit Hilfe dieses Bibelleseplanes (die tägliche alt- und neutestamentliche Lesung) kann man **in einem Jahr** die **ganze Bibel** lesen.

Verantwortlich für die deutsche Ausgabe: Peter Gleiß, Pfarrer i. R.

»Laßt das Wort Christi **reichlich** unter euch wohnen!« (Kol. 3,16)

Drei Arten, die Bibel zu lesen

Ich habe drei verschiedene Arten des Bibellesens entdeckt, die mir alle drei wichtig sind und sich ergänzen.

1. Morgens in der **Stillen Zeit** lese ich die Bibel mit der Frage an Gott: »Was willst du mir jetzt durch diesen Abschnitt, diesen Vers sagen?« Ich bitte ihn, daß er durch sein altes Wort neu mit mir redet, daß er mich erkennen läßt, wer er selbst ist, was jetzt sein Wille und sein Plan für mich ist, daß er mir seine Richtung zeigt und seine Befreiung schenkt. Ich bitte ihn: »Laß mich am Morgen hören deine Gnade; denn ich hoffe auf dich.« (Ps. 143,8)

2. Es gibt Zeiten – zusätzlich zur Stillen Zeit –, wo ich mich hinsetze, um die Bibel zu »studieren«. Ich gehe dabei z. B. mit einer Konkordanz einem Thema nach, oder ich suche Informationen über einen bestimmten Zeitabschnitt, oder ich versuche ein bestimmtes Wort besser zu verstehen, indem ich verschiedene Übersetzungen vergleiche. Ich will in der Schrift »forschen« (Joh. 5,29).

3. Die dritte Art, die ich erst durch diesen Bibelleseplan entdeckte, heißt »Flächenlesen«. Ich lese größere Abschnitte der Bibel, ohne sofort nach den Einzelheiten oder der persönlichen Aussage für mich zu fragen. Auch diese Art des Bibellesens steht für mich neben der Stillen Zeit. Ich selbst lese z. B. abends noch diejenige Lesung, die noch nicht in meiner Stillen Zeit dran war. Auch für dieses Flächenlesen bewährt es sich, wenn es möglichst immer dieselbe Zeit des Tages ist (natürlich muß dies nicht, so wie bei mir, am Abend sein). Auch wenn ich nach einem langen Arbeitstag nicht mehr alles aufnehmen kann, so stärkt mich das doch. Auf diese Weise komme ich mit dem Bibelleseplan der Edelsteine einmal im Jahr durch die Bibel. Das gehört für mich zu dem, was in Kol. 3,16 steht: »Laßt das Wort Christi **reichlich** unter euch wohnen.«

Peter Gleiß

Noch ein **Tip von Tim Ruthven:**
Wenn Sie einmal nicht zu der vorgesehenen Lesung gekommen sind, so versuchen Sie nicht, diese nachzuholen, sondern lesen Sie einfach weiter. Alle Abschnitte kommen ja nächstes Jahr wieder dran.

Der Verfasser – **Tim Ruthven** – ist im Slum und im Waisenhaus aufgewachsen. Er besuchte eine Schule für verhaltensgestörte Kinder und hat ausgiebige Erfahrungen mit Alkohol, Gefängnissen und einer unglücklichen Ehe gemacht. Aber Gott hat ihn herausgeholt aus Elend und Verbrechen und hat seine Vergangenheit und Ehe geheilt. Er wurde erst Lehrer, dann Pastor. Jetzt gebraucht ihn Gott in vielen Erdteilen und in Kirchen vieler Konfessionen, um Menschen zu einer kindlichen, vertrauensvollen Beziehung zu Jesus zu helfen und sie auf Erweckung vorzubereiten.

Tim Ruthven schreibt:
»Seit Jahren folge ich diesem Bibelleseplan. Das gibt mir die Möglichkeit, die Bibel als Ganzes zu sehen und zu schätzen und nicht nur Bruchstücke. Alles wurde an seinen Platz und in den Zusammenhang gerückt. Die Folge war, daß ich einen tiefen Hunger nach Gott bekam. Ich begann nachzusinnen und zu graben und nach den Versen Ausschau zu halten, die mich anregten. Es war nicht immer leicht, und ich hatte nicht immer Zeit dafür – aber je mehr ich suchte, desto mehr fand ich. Nach und nach lernte ich den kennen, der hier spricht: Gott.«

Einige Fragen an Tim Ruthven

● »Ich spreche zu Gott beim Autofahren und bei der Arbeit. Meinen Sie, daß ich in meinem Leben noch etwas anderes brauche?«

Tim: »Ja! Paulus würde das, was Sie tun, wahrscheinlich »Beten ohne Unterlaß« nennen, und das ist sehr nützlich für unser geistliches Leben. Ich möchte Sie von dieser Gewohnheit nicht abhalten, sondern bete, daß andere Ihrem Beispiel folgen. Trotzdem ist es nicht das, was »Stille Zeit« meint (nämlich die »Kämmerlein«-Erfahrung). In Matthäus 6,6 sagt Jesus: »Wenn du aber betest, so geh in deine Kammer …« Unser geistliches Leben wird lebendig, und wir werden empfindsam für die Gegenwart Gottes, wenn wir eine feste Zeit und eine festen Ort einrichten, um Gott zu begegnen. Dies ist eine Zeit engster Gemeinschaft mit Gott, eine Zeit, in der Gott die Ernsthafigkeit unseres Handelns sieht – wir lassen ja alles beiseite, was wir tun können, um mit ihm allein zu sein. Wenn wir den Tag in unserer »Gebetskammer« mit Gott begonnen haben, wird die Gemeinschaft, die wir im Auto und bei der Arbeit mit ihm pflegen, noch tiefer.«

● »Wollen Sie sagen, daß Sie Gott ständig hören, daß er jeden Tag in Ihrer ›Gebetskammer‹ mit Ihnen spricht?«

Tim: »Nein, das sage ich nicht. Ich meine, daß ich mich für ihn verfügbar mache. Manchmal wird eine Schriftstelle oder ein Teil davon für mich lebendig. Ein andermal lese ich den gleichen Tagesabschnitt immer wieder, bis ich etwas habe, worüber ich nachdenke. Wenn das nicht gelingt, nehme ich mir die 2. Tageslesung vor. Dann wende ich mich vielleicht den Sprüchen zu und lese das Kapitel, das zum Datum des Tages paßt (am 5. des Monats das 5. Kapitel). Wenn mich immer noch kein Vers anspricht, nehme ich an, daß der Herr mir im Moment nichts zu sagen hat, und ich erinnere mich daran, daß ich rein gemacht bin durch den Umgang mit dem Wort. Wir können nicht in der Gegenwart Jesu sein und ihm vertrauen, ohne daß er sich darüber freut. So gehe ich meinen Weg weiter und freue mich und preise Gott, daß er mir den heutigen Tag anvertraut.«

● »Warum legen Sie so eine Betonung auf einen Bibelleseplan?«

Tim: »Dieser Plan gibt mir jeden Tag einen bestimmten Abschnitt, in dem ich Gott begegnen kann, und ich habe den Eindruck, daß Gott gerne weiß, wo er mich jeden Tag in seinem Wort finden kann. Wenn ich jedes Jahr die Bibel einmal ganz durchlese, gebe ich Gott die Möglichkeit, die ganze Bibel in mein Leben einzubauen. Paulus schrieb an Timotheus: »Jedes Schriftwort von Gott eingegeben, dient ...« (2. Tim. 3,16). Allmählich – im Laufe der Jahre – beginne ich, die Bibel als Ganzes zu sehen. Ich strebe danach, das Wort in meinem Alltagsleben zu erfahren.«

● »Tim, ich habe Schwierigkeiten, am frühen Morgen aus dem Bett zu kommen.«

Tim: »Kaufen Sie sich einen Wecker! Und außerdem – prüfen Sie Ihr Herz. Hatten Sie in Ihrem Leben einmal den ganz starken Wunsch, etwas zu tun, das von Ihnen frühes Aufstehen erforderte? Wenn ich etwas ganz heiß ersehne, kommt es mir auch nicht darauf an, früher aufzustehen. Sehnen wir uns wirklich mehr nach Gott als nach irgend etwas anderem in unserem Leben? In der Stillen Zeit entfaltet sich das Leben des Herzens. Wir gewinnen den lieb, der uns zuerst geliebt hat. Nehmen Sie sich Zeit in der Erwartung, daß Gott die belohnt, die ihn suchen (Hebr. 11,6). Dann bitten Sie Gott täglich, daß er Ihnen die Gnade verleiht, ihn an die erste Stelle in Ihrem Leben zu setzen und daß Sie den Wunsch haben, ihm jeden Tag zu begegnen. Lassen Sie sich durch Ihr Versagen nicht entmutigen, sondern fahren Sie fort, Gott zu suchen, bis er dies in Ihrem Leben bewirkt. Er wird Ihnen Ihren Herzenswunsch erfüllen!«

1. Januar

Neutestamentliche Lesung Matthäus 1

Siehe, eine Jungfrau wird schwanger werden und einen Sohn gebären, und sie werden ihn Immanuel nennen, das bedeutet: Gott mit uns. (Mt. 1,23)

Stell Dir vor, was in Josef vorgegangen sein muß! Er hatte sich mit Maria verlobt, um sie zu heiraten, und merkte dann, daß sie bereits ein Kind in ihrem Leibe trug. Schon allein diese Tatsache war eine harte Prüfung für ihn, wieviel mehr erst die Entscheidung, die er unter diesen Umständen treffen mußte. Das Gesetz sah für seinen Fall zwei Möglichkeiten vor. Josef konnte Marias Zustand ans Licht der Öffentlichkeit bringen; dann würde sie wegen Untreue angeklagt und für diese Sünde wahrscheinlich gesteinigt werden, oder aber, die andere Möglichkeit, er konnte sich nach der Heirat ohne großes Aufsehen von ihr scheiden lassen. Josef erwog letzteres. Doch da erschien ihm im Traum ein Engel des Herrn und ließ ihn erkennen, daß Marias Zustand von Gott herrührte, durch den Heiligen Geist. Josef sollte das Kind Jesus nennen, weil es der verheißene Messias war, der sein Volk von seinen Sünden retten würde. Dieses Kind war die Erfüllung der Prophetie von Jesaja 7,14, wo es heißt: »Darum wird euch der Herr selbst ein Zeichen geben: Siehe, eine Jungfrau ist schwanger und wird einen Sohn gebären, den wird sie nennen Immanuel.« Denke einmal über diese wunderbaren Ereignisse nach, mit denen die Erfüllung der messianischen Verheißung beginnt. Josef erkannte durch die Botschaft des Engels, daß all das, was ihm gerade widerfuhr, die Erfüllung der Verheißung und ein Werk des Heiligen Geistes war. Das Kind sollte Jesus genannt werden, um Josef und alle, die dies in ihr Herz aufnehmen und darüber nachsinnen würden, daran zu erinnern, daß Gott selbst kam, um unter den Menschen zu wohnen.

Die Geburt Jesu schloß ein Zeitalter ab, wo Gott im Allerheiligsten der Stiftshütte oder des Tempels wohnte. Nur ein einziger Mensch wagte einmal im Jahr, diese Stätte zu betreten. Es war eine Zeit, in der Gott den Menschen fern war. Jeder, der wollte, konnte in der Geschichte oder durch das Gesetz erkennen, wer Gott war. Aber jetzt trat Gott selbst in die Welt der Menschen ein. Er wurde Mensch, um sein Volk von seinen Sünden zu retten. Das alles wäre für uns Geschichte, wenn Gott uns nicht immer noch von unseren Sünden retten und unter uns wohnen würde. Er wohnt nicht mehr in einem Tempel, der von Menschen gemacht ist, sondern in unseren Herzen. Gottes Volk ist jetzt der Tempel, weil Gottes Geist im Herzen jedes Gläubigen wohnt. Wenn wir das Neue Testament durchlesen, werden wir sehen, welche Folgen es hat, daß Gott kam und unter uns wohnt. Aber all das wird uns entgehen, wenn Gott nicht jetzt schon in unserem Herzen und in unserem Leben wohnt, wenn er nicht jetzt schon in und durch uns lebt.

Ein Edelstein für heute: »Wer mich liebt, der wird mein Wort halten; und mein Vater wird ihn lieben, und wir werden zu ihm kommen und Wohnung bei ihm nehmen« (Joh. 14,23).

Alttestamentliche Lesung 1. Mose 1.2

2. Januar

Neutestamentliche Lesung Matthäus 2

... (Sie) gingen in das Haus und fanden das Kind mit Maria, seiner Mutter, fielen nieder und beteten es an ... *(Mt. 2,11)*

Der Christus, der durch Gottes Heiligen Geist in unseren Herzen wohnt, ist derselbe Christus, zu dem die weisen Männer durch den Stern geführt wurden. Ich kann mich erinnern, daß ich tief bewegt war, als ich einmal eine Biographie über einen methodistischen Pfarrer in meiner Heimat Neuseeland las, der dort bahnbrechende Arbeit geleistet hatte. Später hatte ich die Gelegenheit, sein ehemaliges Pfarrhaus zu besuchen und Geschichten zu hören, wie dieser Mann umhergeritten war, um den ersten Siedlern das Evangelium zu bringen. Es war aufregend, über diesen Mann zu lesen und nachher die Orte seines Wirkens zu besuchen. Mein Leben wurde eindeutig dadurch bereichert, so wie das Leben der weisen Männer bestimmt dadurch bereichert wurde, daß sie das Christuskind besuchten.

Man kann etwas über Jesus lesen und sich an diesen geschichtlichen Erzählungen freuen, die die Apostel uns hinterlassen haben, und sie schätzen. Aber anstatt über einen Mann zu lesen, den es gab, lesen wir über eine Person, die nicht nur früher einmal lebte, sondern die immer noch da ist und heute in unseren Herzen wohnt. Laßt uns jede geschichtliche Einzelheit schätzen, die wir über Jesus lesen können, und auf jeden Fall über diese Berichte nachsinnen, die so wunderbar für uns erhalten sind. Aber laßt uns nicht einen einzigen Augenblick die Gemeinschaft mit dem vergessen oder vernachlässigen, der unser Immanuel wurde, die Gemeinschaft mit dem Gott, der in uns wohnt.

Der, der in unserem Herzen wohnt und uns das Reich Gottes erfahrbar macht, wurde in eine feindliche Welt hineingeboren, die ihn zu vernichten suchte. Jesus war ungefähr zwei Jahre alt, als seine Eltern Israel verlassen mußten, um sich in Ägypten in Sicherheit zu bringen. Er mußte mit dem Wissen leben, daß alle Kinder von Bethlehem erschlagen wurden, die zwei Jahre und jünger waren. Unser Gott, der alle Dinge geschaffen hatte, wurde von seiner Schöpfung nicht willkommen geheißen.

Wie sehr danke ich Gott, daß er dafür sorgte, daß diese Einzelheiten aus Jesu Kindheit erhalten blieben! Was für eine Freude ist es, sie zu lesen! Der, der in unserem Herzen wohnt, hat kaum eine ideale Kindheit erlebt. Ja, wenn wir Gott wären, hätten wir nie zugelassen, daß dies so geschehen würde. Und doch kommen wir Jesus in unserem Herzen näher, wenn wir über die Feindschaft gegen ihn lesen. Wir können jetzt die Feindschaft der Welt besser verstehen, weil sich nichts geändert hat. Jesus ist immer noch derselbe, gestern, heute und in Ewigkeit (Hebr. 13,8). Wenn Du über ihn liest, dann soll Dich das näher zu ihm bringen, damit Du dem Beispiel der weisen Männer folgen und Deinen Messias anbeten kannst.

Ein Edelstein für heute: Wirklich gesegnet ist das Geschöpf Gottes, in dem er heute wohnt.

Alttestamentliche Lesung 1. Mose 3-5

3. Januar

Neutestamentliche Lesung Matthäus 3

Und als Jesus getauft war, stieg er sogleich aus dem Wasser und siehe, da tat sich für ihn der Himmel auf, und er sah den Geist Gottes wie eine Taube herabschweben und über sich kommen. *(Mt. 3,16)*

Wir als Menschen können unsere Aufmerksamkeit nicht auf alles gleichzeitig richten, was Gott tut. Wenn wir zurückschauen, wird unser Blick erweitert, und dann können wir leichter erkennen, was Gott getan hat. Gott bereitete zwei Männer in Israel für einen bestimmten Zweck vor. Johannes der Täufer, der Vetter von Jesus, predigte Buße, und viele aus Gottes Volk antworteten darauf, indem sie ihre Sünden bekannten und sich taufen ließen. Was geschah nach der Taufe? Gott hatte seinen Sohn darauf vorbereitet, die Menschen von der Buße aus weiterzuführen in das Reich Gottes hinein. »Und siehe, da tat sich für ihn der Himmel auf, und er sah den Geist Gottes wie eine Taube herabkommen.«

Unser Zeugnis sollte ähnlich lauten, weil wir in der Zeit, die vor der Umkehr lag, verloren waren in der Welt, auch wenn es wie bei den Israeliten eine sehr religiöse Welt gewesen sein mag. Johannes taufte zur Umkehr. Ein Gesichtspunkt dabei war, daß er die Menschen aus der Welt herausrief. Sie wurden von der Welt getrennt, indem sie durch das Wasser hindurchgingen, und ihre Herzen wurden darauf vorbereitet, Christi Botschaft vom Reich Gottes zu empfangen, die Botschaft des Reiches, das nach der Taufe auf Jesus herabgekommen war.

Der Himmel öffnete sich, der Heilige Geist kam auf Jesus herab, und er stieg aus dem Wasser, um Gottes Volk in sein Reich hineinzuführen. Als der Geist auf Christus herabfiel, kam damit Gottes Reich in sein Leben hinein und wurde für ihn erfahrbar. In den drei folgenden Jahren sprach er nun über dieses Reich.

Johannes, der seine Augen auf Jesus gerichtet hatte, sah diese Wahrheit. Er sah den Sohn Gottes, der die Menschen von der Taufe aus weiterführen würde. Er sah den Geist Gottes wie eine Taube herabschweben und auf Jesus kommen und hörte eine Stimme vom Himmel sagen: »... Dies ist mein lieber Sohn, an dem ich Wohlgefallen habe« (Vers 17).

Im Wirken des Johannes lag noch nicht Gottes höchstes Ziel. Johannes sollte nur den Weg bereiten. Er sah Jesus als den Auserwählten Gottes, der sein Volk in das Königreich führen sollte. Johannes sah noch nicht Gottes Reich, sondern seine Augen ruhten auf dem, der sie in das Reich hineinführen würde. Johannes mußte zurücktreten, darum sandte er seine Nachfolger fort zu Jesus. Ist das Dein Zeugnis? Sind Deine Augen auf den Führer unseres Glaubens gerichtet? Führt er Dich in das Königreich, das jetzt errichtet ist?

Ein Edelstein für heute: Für Gottes Volk liegt noch mehr bereit als nur die Buße. Schaue darum ununterbrochen auf den Auserwählten Gottes, damit er Dich in sein Reich hineinführt.

Alttestamentliche Lesung 1. Mose 6-8

4. Januar

Neutestamentliche Lesung Matthäus 4

Dann wurde Jesus vom Geist in die Wüste geführt, um vom Teufel versucht zu werden. (Mt. 4,1)

Kaum hatte sich der Himmel geöffnet und kaum war der Geist des Himmelreichs herabgekommen, da wurde Jesus vom Geist in die Wüste geführt, um vom Teufel versucht zu werden. In 1. Mose 3 wird geschildert, wie der erste Adam eine entsprechende Erfahrung machte. Kaum hatte Gott ihm die Freiheit seines Reiches gegeben, als auch schon der Teufel da war, um das anzufechten, was Gott gegeben hatte. Adam unterlag, und durch dieses Versagen verloren die Menschen das Himmelreich. Aber der zweite Adam, Jesus, hörte auf Gott und überließ sich völlig dem Heiligen Geist. Im Gehorsam fastete er und sah den Versuchungen des Teufels ins Auge. Dieser eine Mensch, Jesus, stand nun da als der einzige Vertreter von Gottes Reich.

Satan hatte auf der Erde geherrscht und regiert und sie verwüstet, indem er die Menschen durch viele Fesseln an die Sünde gebunden hatte. Inmitten all dieser Finsternis stand jetzt ein Mann, Jesus, und das Licht seiner Herrlichkeit konnte nicht verborgen bleiben. Gott ist in Satans Reich der Finsternis eingedrungen, indem er das herrliche Licht in die Welt gesandt hat, das wahre Leben seines himmlischen Reiches. Satan versuchte Jesus, indem er gegen Gottes beste Gabe sein eigenes Angebot stellte, Jesus als Prinz einzusetzen, als König mitten in seinem Reich. Aber Jesus erlag der Versuchung nicht. Wenn irgend jemand Jesus das Reich geben würde, dann würde es der Gott des Himmels und der Erde sein, nicht der Fürst dieser Welt, obwohl Satan die Macht hatte, dies anzubieten. Jesus antwortete, daß es jemanden gibt, der größere Macht hat als der Satan. »Der Mensch lebt nicht vom Brot allein, sondern von jedem Wort, das aus Gottes Mund kommt« (Vers 4).

Wenn wir Jesus folgen, der jetzt über das Reich herrscht, dann kann es sein, daß uns derselbe Heilige Geist an einen Ort ähnlicher Versuchungen führt. Wenn Gottes Geist da war, um Jesus zu führen, dann kannst Du sicher sein, daß er auch zur Verfügung steht, um uns zu führen. Das Wort des Vaters stand Jesus zur Verfügung, und er errang dadurch den Sieg, daß er jedem Wort vertraute, das aus des Vaters Mund kam. Darum kannst Du Dich darauf verlassen, daß uns Christus, der in uns wohnt, Sieg geben wird. Ja, er selbst ist unser Sieg.

Jetzt, im Rückblick, können wir ganz klar die Prinzipien erkennen, die Jesus den Sieg über die Versuchung gaben und die Gott verherrlichten. Laßt uns darum auf Jesus sehen, der in uns wohnt, daß er uns auf dieselbe Weise, nach diesen Prinzipien, leitet. Gib Dich ihm so hin, daß Du durch jedes Wort, das aus seinem Munde kommt und das in Deinen Geist gesprochen wird, den gleichen Sieg erfährst wie Jesus

Ein Edelstein für heute: Der Sieg in unserem Leben ist davon abhängig, wie weit wir uns Jesus hingeben.

Alttestamentliche Lesung 1. Mose 9-11

5. Januar

Neutestamentliche Lesung Matthäus 5,1-26

Als er aber das Volk sah, ging er auf einen Berg und setzte sich; und seine Jünger traten zu ihm. Und er tat seinen Mund auf, lehrte sie und sprach ... *(Mt. 5,1.2)*

Von Anfang an sprach Jesus über das Reich Gottes, das eine Lebensqualität ist und das man betreten kann. Das Leben des Königreiches, über das Jesus sprach, war völlig anders und dem Geist der Welt entgegengesetzt. Aber Jesus sagte ganz deutlich, daß er gekommen sei, um dieses Leben zu bringen. Im Reich Gottes wird der gesegnet, der geistlich arm ist, d. h. der vor Gott arm ist. Selbst die, die Verluste erlitten haben, werden in Gottes Reich Trost finden. Gerade für die, die nach einem gerechten Leben hungern und dürsten, ist das Leben des Himmelreichs da, und sie werden dort zu Hause sein. Die Barmherzigen, die reinen Herzens sind, die Friedensstifter, die um der Gerechtigkeit willen verfolgt werden, und jeder, der um Jesu willen beschimpft und dem Falsches nachgeredet wird, sie alle sollen sich im Reich Gottes freuen, denn ihre Belohnung wird groß sein.

Wenn Gottes Reich auf diese Erde kommt, dann wird es eine neue Lebensqualität geben, wie sie die Welt noch niemals gesehen hat. Aber wir brauchen nicht darauf zu warten, bis sein Reich auf der ganzen Erde angebrochen ist, weil es zu jedem und durch jeden von uns kommt, der Erlösung erfährt. Unser Leben soll wie Salz sein, eine Würze des Lebens für die dunkle, hungrige, sündige Welt. Das Reich Gottes kann nicht verborgen bleiben, und das Leben des Königreiches wird ein Licht sein, wenn Du strahlst wie eine Stadt auf dem Berge. Dein Licht wird so hell sein, daß die Menschen Deine guten Werke sehen und den Vater ehren werden, wenn Du das himmlische Leben (Gottes Lebensqualität) jetzt hier auf der Erde lebst.

Jesus sprach über das Leben, das er lebte, das Leben des Himmelreichs, das Gott ihm gab, als sich der Himmel öffnete und der Geist herabkam. Er führte die Menschen in das Wesen dieses neuen Lebens im Geiste ein. Denn er selbst war ja nicht nur gekommen, um über Gottes Reich zu sprechen und die Menschen über die Qualität dieses Lebens zu belehren, sondern er wollte sie in das Reich hineinführen, damit sie es selbst erfahren konnten. Das Reich Gottes soll gelebt werden, wie im Himmel so auf Erden. Jesus stellte das neue Leben oft dem Leben nach dem Gesetz gegenüber, das die Menschen bisher gelebt hatten. Er ermutigte sie, seinem Wort zu glauben und zu erkennen, daß er selbst gekommen war, damit auch sie das Leben hätten und damit sie es in Fülle hätten. Er wollte ihnen kein neues Lebenskonzept geben, so daß sie weiterhin versuchen müßten, mit viel Anstrengung und Kampf zu leben. Jesus machte ganz klar, daß er selbst dieses Leben ist und daß Du und ich es in ihm leben können, durch seine Kraft, nicht durch unsere.

Ein Edelstein für heute: Wenn wir unser Leben in der Kraft Jesu Christi leben, dann wird das Reich Gottes hier auf der Erde errichtet, so wie es im Himmel ist.

Alttestamentliche Lesung 1. Mose 12-14

6. Januar

Neutestamentliche Lesung Matthäus 5,27-48

Ihr habt gehört, daß gesagt worden ist: »Du sollst deinen Nächsten lieben und deinen Feind hassen.« Ich aber sage euch: Liebt eure Feinde, segnet, die euch fluchen, tut denen Gutes, die euch hassen, und bittet für die, die euch mißhandeln. *(Mt. 5,43.44)*

Das Leben und die Wahrheit so zu leben, wie es hier beschrieben wird, wäre unter dem Gesetz völlig unmöglich gewesen. Gottes Volk konnte die zehn Gebote nicht halten, die Gott ihnen durch Mose gab. Wenn Jesus von ihnen noch mehr verlangte, als es das Gesetz schon tat, so waren sie hoffnungslos verloren, weil keiner die Art des Lebens leben konnte, von der Jesus sprach.

Jesus sagt, daß allein schon der begehrliche Blick auf eine andere Frau Ehebruch sei. Das Gesetz für Ehescheidung, das Mose gab, gehörte nicht in das Reich Gottes. Die Menschen sollen aufrichtig miteinander reden, so daß ihr »Ja« Ja bedeutet und ihr »Nein« ein Nein ist. Und wenn sie zu etwas gezwungen werden oder irgendeine Verpflichtung haben, so sollen sie ohne Widerstand freigebig und mit Freude ihre Aufgabe erfüllen.

Was sagte Jesus über die Liebe? Liebst Du die, die Du früher gehaßt hast? Segnest Du die Menschen, von denen Du verflucht wurdest? Betest Du sogar für die, von denen Du mißhandelt wurdest? Gott sei Dank: Jesus sagte nicht, daß wir so leben müssen, um in Gottes Reich hineinzukommen. Diese Art des Lebens liegt außerhalb unserer Reichweite. Wenn wir es aus eigener Kraft leben müßten, dann würden wir von Anfang an hoffnungslos versagen. Aber wenn das Reich Gottes in uns lebt, dann wird diese Art des Lebens als eine Frucht daraus hervorgehen, als ein Ausdruck des Geistes, der in uns wohnt und lebt. Das Leben des Reiches Gottes leben, ewiges Leben und alle anderen wunderbaren und himmlischen Ausdrücke für das Leben werden nicht mehr Theorie für uns sein, wenn Gottes Reich in uns ist.

Gottes Verheißung durch Jeremia war, daß diese Dinge in unser Herz geschrieben sein würden. Mose konnte nichts tun, um dem Gottesvolk zu helfen, das Leben zu leben, was er ihnen als Gottes Gebot vorgelegt hatte. Sie versagten hoffnungslos. Aber Jesus redet mit uns nicht nur über dieses Leben und erklärt uns nicht nur, wie wir, die wir dieses Leben haben, leben werden, sondern er bietet uns auch an, es für, in und durch uns zu leben. Er ist nicht nur der, der das ewige Leben ankündigt, sondern er ist selbst die Quelle des Lebens. Wenn wir Jesus sehen, sehen wir Gottes Reich. Wenn wir in seinem Reich leben, dann leben wir in Christus, weil er das Reich ist.

Ein Edelstein für heute: Das Leben des Reiches Gottes bedeutet, Jesus zu erlauben, sein Leben in und durch uns zu leben.

Alttestamentliche Lesung 1. Mose 15-17

7. Januar

Neutestamentliche Lesung Matthäus 6

Sucht zuerst das Reich Gottes und seine Gerechtigkeit, dann werden euch alle diese Dinge hinzugefügt werden. *(Mt. 6,33)*

Für unser christliches Leben ist es notwendig, daß wir das Wichtigste an die erste Stelle setzen und dann dabei bleiben. Auch als Christen haben unsere Prioritäten eine Reihenfolge. Wenn wir nicht nach Gottes Reich suchen, werden wir es nicht finden, weil wir nur das finden und bekommen können, was wir suchen. Jesus drückte sich ganz klar aus, als er sagte: »Bittet, so wird euch gegeben; sucht, so werdet ihr finden; klopft an, so wird euch aufgetan. Wer bittet, der empfängt; und wer sucht, der findet ...« (Mt. 7,7.8).

Jesus sagt, daß wir erst nach Gottes Reich suchen sollen, bevor wir uns mit dem beschäftigen, was die Welt uns anzubieten hat. Es ist keine Sünde, reich zu sein. Gott will uns segnen und sich um unsere Bedürfnisse kümmern. Aber er hat das Vorrecht zu entscheiden, wie er uns segnen, und bis zu welchem Ausmaß er uns versorgen will. Wir haben die Verantwortung, zuerst nach Gottes Reich zu suchen und Gott die Entscheidung zu überlassen, wie er das andere tun will.

Wenn wir für uns selbst nach den Schätzen und dem Komfort dieser Welt streben, dann wird unser Herz von lauter Wünschen gefangen sein. So kann es geschehen, daß unser Leben sich nur noch um das Begehren von vielen Dingen dreht und daß wir immer mehr und mehr haben müssen. Je mehr wir uns wünschen, desto mehr bekommen wir. Weil Jesus das wußte, hat er auch gesagt: »Ihr sollt euch nicht Schätze sammeln auf Erden ... Sammelt euch aber Schätze im Himmel. Denn wo euer Schatz ist, da ist auch euer Herz« (Mt. 6,19-21). Gib Dich völlig hin, um den König des Königreichs zu suchen. Mache dies zum Wunsch Deines Herzens, und alle Dinge, von denen Du meinst, daß Du sie brauchst, werden Dir hinzugefügt werden. Jesus hätte es nicht klarer sagen können: Wenn Du zuerst nach den Dingen dieser Welt suchst, dann bekommst Du auch nur diese.

Nun ist aber die Frage, wohin wir uns wenden sollen, um das Reich Gottes zu suchen und zu finden. Der Schlüssel liegt in dem einfachen Wort »suchen«. Wo könnten wir Gott wohl besser finden als in unserer »Gebetskammer«, dem Ort, wo wir Gott im Verborgenen suchen können? Dort kann Gott sehen, daß wir allein aus dem Grund da sind, um ihn zu suchen und zu finden. Darum ist es gut, zu Anfang jeden Tages auf Gott zu schauen, bevor wir uns um irgend etwas anderes kümmern. Er und sein Reich müssen den ersten Platz in unserem Leben einnehmen. Wenn Gott in unserer Tageseinteilung und während des ganzen Tages an erster Stelle steht und wenn wir alles, was wir tun, fallenlassen können, um ihn zu suchen und ihm zu dienen, dann wird er den ersten Platz in unserem Leben haben. Wir müssen nicht nur diese Wahrheit lernen, sondern wir müssen sie auch leben, wenn wir wirklich alles empfangen wollen, was Gott für uns bereithält.

Ein Edelstein für heute: Im Suchen liegt das Finden.

Alttestamentliche Lesung 1. Mose 18.19

8. Januar

Neutestamentliche Lesung Matthäus 7

Es werden nicht alle, die zu mir sagen: Herr, Herr!, in das Himmelreich kommen, sondern nur die, die den Willen meines Vaters im Himmel tun. *(Mt. 7,21)*

Matthäus achtete besonders auf das, was Jesus über Gottes Reich zu sagen hatte, und Jesus sprach darüber mehr als über alles andere. Er kam, damit wir nicht nur von Gottes Reich hören, sondern damit wir es betreten sollten. Matthäus zitiert Jesus, der sagte: »... die, die ... tun.« Ich möchte betonen, daß Jesus sagte, daß die, die den Willen seines Vaters im Himmel tun, ins Himmelreich kommen werden. Nicht jeder, der Jesus als den Herrn bekennt, wird in das Himmelreich kommen, weil der Eintritt nicht von dem abhängt, was wir sagen, sondern von dem, was wir tun. Wir müssen eine Entscheidung getroffen haben, uns vom Fürsten dieser Welt abzuwenden hin zu Jesus, unserem Erlöser und König. Wenn wir verkünden, daß Jesus der Herr ist, heißt das noch nicht, daß er der Herr unseres Lebens ist. Er wird erst dann zum Herrn unseres Lebens, wenn wir zuerst Gottes Reich suchen und es in unserem täglichen Leben an die erste Stelle setzen. Dann tun wir den Willen des Vaters. Darum wird ein Christ an seinen Früchten erkannt.

Es ist möglich, ein »bekennender« Christ zu sein und jedem zu sagen, daß man glaubt, und trotzdem Gott nicht zur Verfügung zu stehen. Das ist erschreckend, denn Jesus sagt, daß es Menschen geben wird, die ihn als Herrn bekennen und trotzdem nicht in das Himmelreich kommen werden. Könnte es sein, daß solche Menschen wirklich den Wunsch haben, daß Jesus der Herr ihres Lebens ist, daß sie aber nur damit beschäftigt sind, das Reich dieser Welt zu suchen? Wenn man weltliche Freuden sucht und das, was die Welt anzubieten hat, dann bedeutet das, daß man nach wie vor sein Leben im Reich dieser Welt führt und nicht im Reich Gottes. Das Beste, was Gott für uns hat, ist dies: alles zu verlassen und ihm nachzufolgen, um zuerst Gottes Reich zu suchen. Gott wird unsere Sicherheit sein, und wir werden uns bloß noch seine Fürsorge wünschen. Wir werden innerlich zufrieden sein und wissen, daß unser Vater es am besten weiß.

Wie groß auch immer das Maß von Gottes Großmut in unserem Leben ist, ob groß oder klein, es wird nie mit dem vergleichbar sein, was Gott letztlich für uns bereithält. Die Ewigkeit und der ganze Reichtum und die Freude des ewigen Lebens liegen vor uns. Gottes Reich ruft uns, und es kann uns jetzt, in diesem Moment, gehören. Es ist ein freies Geschenk, das für alle da ist, die suchen, anklopfen und das Verlangen haben, den Willen des Vaters zu tun. Ich will wiederholen, daß Jesus von mehr spricht als von Suchen und Anklopfen. Er sagt, daß wir den Willen des Vaters tun müssen. Das Himmelreich gehört denen, die seinen Willen tun. Wir können uns den Eintritt nicht durch das verdienen, was wir tun, sondern wir treten ein durch den Glauben an den, der die Tür ist: Jesus Christus. Dann gehört das Reich uns, weil wir als Täter des Wortes im Gehorsam leben und weil wir Gott zur Verfügung stehen.

Ein Edelstein für heute: »Seid aber Täter des Wortes und nicht nur Hörer; denn sonst betrügt ihr euch selbst« (Jak. 1,22).

Alttestamentliche Lesung 1. Mose 20-22

9. Januar

Neutestamentliche Lesung Matthäus 8

Aber ich sage euch: Viele werden kommen vom Osten und vom Westen und mit Abraham und Isaak und Jakob im Himmelreich zu Tisch sitzen. (Mt. 8,11)

Matthäus hat in seinem Evangelium für uns aufgeschrieben, was Jesus über das Himmelreich sagte. In unserer heutigen Lesung sagt Jesus, daß Männer und Frauen von außerhalb des Reiches kommen werden. Sie werden im Glauben kommen und darum im Himmelreich mit den alten Patriarchen Israels an einem Tisch sitzen. Den Ungläubigen scheint das unmöglich, aber nicht dem, der glaubt, weil seine geistlichen Augen durch die Wiedergeburt für Gottes Reich geöffnet wurden. Er ist vom Geist aus der Höhe geboren.

Jesus selber sagte: »... Wenn jemand nicht durch Wasser und Geist geboren wird, kann er nicht in das Reich Gottes kommen« (Joh. 3,5). Jesus zeigte seine Macht und die Gegenwart des Himmelreichs, »er trieb durch sein Wort die bösen Geister aus und machte alle Kranken gesund, damit erfüllt würde, was durch den Propheten Jesaja gesagt worden ist: Er hat unsere Schwachheit auf sich genommen, und unsere Krankheit hat er getragen« (Mt. 8,16.17).

Ganz bestimmt sind Du und ich diejenigen, von denen Jesus sprach. Wir sind Heiden, die vom Westen kamen, bereit, an Gottes Reich zu glauben, und voll Freude darüber, daß Gott mit so großer Kraft sein Reich bekannt machte. Ja, sogar Geister, körperliche Gebrechen und alle möglichen Krankheiten mußten sich vor der Gegenwart des Königs und vor der Macht seines Reiches beugen. Wenn ein Aussätziger kam, der glaubte und Jesus anbetete, so empfing er Heilung und wurde rein. »Geh und sage es keinem,« sagte Jesus, »und zeige dich dem Priester und beweise deine Heilung nach dem Gesetz. Laß dich untersuchen, damit kein Zweifel daran besteht, daß du geheilt bist.«

Als Jesus die Schwiegermutter des Petrus an der Hand faßte und ihr Fieber verschwand, war das nur eins von vielen Zeichen, die Jesus auf der Erde tat, um die Wirklichkeit von Gottes Reich zu zeigen. Dämonen wurden ausgetrieben. Aber nicht nur das. Während ein kleines Schiff von mächtigen Wellen und einem sturmgepeitschten See bedroht wurde, war Jesus in der Lage, ohne Furcht vor dem schrecklichen Sturm zu schlafen, weil er in Gottes Reich lebte. Er wußte, daß die Wellen und der Sturm sich Gottes Reich und dem König dieses Reiches, der auf dem Boot war, unterwerfen mußten. »Die Menschen aber wunderten sich und sagten: Was ist das für ein Mann? Selbst Wind und Meer sind ihm gehorsam« (Vers 27).

Alles dies ist das Leben des Himmelreichs, des Reiches, in das Du und ich durch unsere Wiedergeburt hineingeboren wurden. Wir sind vom Westen gekommen, um durch den Glauben mit denen im Himmelreich zu Tisch zu sitzen, die es vor uns geerbt hatten. Ja, wir sind wirklich gekommen!

Ein Edelstein für heute: Wir haben nicht nur das Reich geerbt, sondern wir empfangen auch seine Kraft, »denn das Reich Gottes besteht nicht in Worten, sondern in Kraft« (1. Kor. 4,20).

Alttestamentliche Lesung 1. Mose 23.24

10. Januar

Neutestamentliche Lesung Matthäus 9,1-17

Als das Jesus hörte, sprach er: Die Gesunden brauchen keinen Arzt, sondern die Kranken. *(Mt. 9,12)*

In der heutigen Lesung sehen wir wieder, wie sich Gottes Reich in Jesu Leben zeigte. Der Geist des Reiches ist lebendig und berührt immer wieder die Kranken und Verlorenen, um Jesus zu verherrlichen. Sie brachten einen Mann zu Jesus, der gelähmt auf seiner Trage lag. »Als nun Jesus ihren Glauben sah, sprach er zu dem Gelähmten: Sei getrost, mein Sohn, deine Sünden sind dir vergeben« (Vers 2).

Kann es eine größere Heilung geben, als von dem Krebs der Sünde befreit zu werden, der an unserer Seele frißt, bis er sie endlich zerstört hat? Gott sei gelobt, Jesus sah nicht nur die Not dieses kranken Mannes, sondern er sah auch die Not der Schriftgelehrten. Sie hatten es nötig, daß ihnen die Kraft von Gottes Reich bezeugt wurde. Auch sie brauchten die Vergebung ihrer Sünden, aber viel wichtiger war, daß sie erkannten, daß Jesus, der König des Himmelreiches, nicht nur die Macht hat, Kranke zu heilen, sondern auch Macht, ihre Sünden zu vergeben.

Das Leben des Himmelreiches zu leben heißt zu wissen, daß Jesus Macht hat, Sünde zu vergeben, und zu wissen, daß sie vergeben ist. Jesus will, daß wir aus dem Wissen leben, daß unsere Sünden vergeben sind. Aber wenn Du das Gefühl hast, daß Du keine Vergebung brauchst, dann brauchst Du auch Jesus nicht. Denn er ist gekommen, um die Kranken zu heilen und den Sündern zu vergeben.

Die Schriftgelehrten stimmten nie mit Jesus überein. Auch heute gibt es noch solche Menschen, die in Frage stellen, ob ein Christ ein Recht hat oder fähig ist zu wissen, daß seine Sünden wirklich vergeben sind. Oder sie zweifeln an, daß es uns möglich ist zu wissen, daß wir Gottes Kinder sind. Sie fahren fort, in Ungewißheit zu leben, und hoffen, daß sie in den Himmel kommen, wenn sie sterben. Manche vertrauen auf ihre eigenen guten Werke und ihre Gerechtigkeit anstatt auf das, was Jesus am Kreuz vollbrachte, und auf seine Gerechtigkeit.

Gelobt sei Gott, wenn wir in der Bibel lesen, dann können wir uns daran freuen, daß Jesus die Macht hat, Kranke zu heilen, und Vollmacht, Sünden zu vergeben. Nichts ist dem Zufall überlassen. Wir leben jetzt in Gottes Reich, weil Jesus sagte: »... Das Reich Gottes ist mitten unter euch« (Lk. 12,21). Jesus schenkt uns Vergebung, und wir wissen, daß das nicht ein Wunsch oder eine Hoffnung ist. Jesus hat es uns selbst versichert durch das, was er getan hat, und durch sein Wort. Gottes Reich wurde in jedem, der glaubt, geboren, und mit dem Reich kommt die Vergebung der Sünde, das ist die Heilung unserer Seele und für viele von uns die Heilung des Leibes. Der große Arzt ist bei uns. Halleluja!

Ein Edelstein für heute: Wir, die wir an Gottes Sohn glauben, sind geheiligt und sind Gottes Gerechtigkeit. »An ihre Sünden und Ungerechtigkeit will ich nicht mehr denken« (Hebr. 10,17).

Alttestamentliche Lesung 1. Mose 25.26

11. Januar

Neutestamentliche Lesung Matthäus 9,18-38

Komm doch, und lege ihr die Hand auf, so wird sie wieder lebendig ... (Da) ging er hinein und ergriff sie an der Hand, da stand das Mädchen auf. *(Mt. 9,18.25)*

Gelobt sei Gott! Was haben wir für einen wunderbaren und wunderwirkenden Heiland! Während Jesus sprach, »kam einer von den Vorstehern der Gemeinde, fiel vor ihm nieder und sagte: Meine Tochter ist eben gestorben, komm doch und lege ihr die Hand auf, so wird sie wieder lebendig.«

Was würde in unserem Leben passieren, wenn wir nicht mehr auf Christen hören würden, die es gut meinen, und auf ihre Theologie über Heilung, sondern statt dessen auf das, was Gottes Wort uns sagt? Und was würde geschehen, wenn wir das glauben würden, was in der Bibel über Jesus geschrieben steht? Ganz offensichtlich suchte der Mann, der zu Jesus kam, keine Lehre über Heilung. Seine Tochter war gestorben, darum suchte er Jesus. Es gab in seinen Gedanken keine Zweifel über das, was er suchte. Sein Hauptgedanke war, Jesus zu finden. Darum ging er los.

Man kann klar sehen, was er über Jesus dachte. Er kam mit seiner Bitte nicht zu einem Menschen, sondern dieser Jude betete Jesus als den Christus an. Bevor er seine Bitte äußerte, fiel er Jesus zu Füßen, um damit zum Ausdruck zu bringen, daß er ihn als seinen Herrn anerkannte. Meine Frau und ich haben in unserer Familie schon Zeiten schlimmer Krankheit erlebt. In diesen Zeiten mußten wir uns darüber klarwerden, wer Jesus ist.

Als Jesus auf der Erde lebte, hatten viele Menschen auf Grund von verschiedenen theologischen Konzepten ihre Vorstellungen über Heilung. Auch der Gemeindevorsteher hätte sich so eine Vorstellung machen können. Er tat es jedoch nicht. Anstatt darauf zu hören, was andere über Jesus sagten – was er tun könnte und was nicht –, ging er zu Jesus selbst hin.

Meine Frau und ich kamen mit derselben Bitte und merkten, daß Jesus gerade so ist, wie es in der Bibel steht: »Jesus Christus ist derselbe gestern und heute und bleibt es auch in Ewigkeit« (Hebr. 13,8). Als Jesus mit dem Vorsteher auf dem Weg zu dessen Haus war, kam »eine Frau, die seit zwölf Jahren den Blutfluß hatte, trat von hinten an ihn heran und berührte den Saum seines Gewandes« (Vers 20). Ich weiß nicht, was sie über Heilung dachte, aber es ist offensichtlich, was sie über Jesus dachte. Sie suchte ihn, drängte sich zu ihm, um ihn anzufassen und wurde dadurch geheilt, daß sie einfach nur den Saum seines Gewandes berührte. »Denn sie dachte: könnte ich nur sein Gewand berühren, so würde ich gesund« (Vers 21).

Jesu Absichten und sein Dienst für uns haben sich nie geändert. Laßt uns darum der Person Jesus Christus glauben und nicht dem, was andere über ihn sagen. Wenn wir bekennen, daß wir Christus unser Leben gegeben haben, dann bedeutet das ganz sicher, daß wir ihm unsere Krankheit und unser Leben gegeben haben. Jesus ging in das Haus zu dem Mädchen. Und weil Jesus es berührte, stand es auf.

Ein Edelstein für heute: Laß Deine Tradition und Deine Theologie hinter Dir, um den Heiler zu suchen, bevor Du Heilung suchst.

Alttestamentliche Lesung 1. Mose 27.28

12. Januar

Neutestamentliche Lesung Matthäus 10,1-26

Geht aber hin und predigt: Das Himmelreich ist nahe herbeigekommen. Macht Kranke gesund, weckt Tote auf, macht Aussätzige rein, treibt böse Geister aus. Umsonst habt ihr's empfangen, umsonst gebt es auch weiter. *(Mt. 10,7,8)*

Ein methodistischer Pfarrer, ein lieber Freund von mir, erzählte mir die Geschichte eines katholischen Priesters, der von Amerika aus eine Reise nach Rom unternahm. Als er den Vatikan besichtigte, zeigte man ihm einen Raum, wo die Reichtümer von Generationen aufbewahrt wurden. Der Priester, der ihn herumführte, sah das Erstaunen seines Gastes und daß er offensichtlich von diesen Reichtümern überwältigt war. Und er sagte: »Bruder, wir können nicht mehr sagen: Silber und Gold habe ich nicht.« Mit Tränen in den Augen und mit trauriger Stimme antwortete sein Gast: »Ja, das stimmt, Bruder. Aber unglücklicherweise können wir auch nicht mehr sagen: Im Namen Jesu Christi, steh auf und geh umher!«

Wenn sich die Kirche als Institution in ihren Theologien und in ihrer Tradition verliert, so heißt das nicht, daß wir das auch tun müssen. Selbst wenn einige Leiter ihren Weg verlieren und nicht mehr umsonst geben können, weil sie nicht umsonst empfangen haben, so ist doch das Himmelreich für uns noch offen. Wenn wir lesen können, dann sollen wir Gott dafür preisen und sein Wort lesen, ihm glauben und das leben, was er sagt. Jesus wies seine Jünger an, das Himmelreich zu verkündigen. Es ist für uns nicht geschlossen, weil andere nicht glauben. Nur unser eigener Unglaube kann uns Gottes Reich verschließen.

Die Tür in das Himmelreich ist Jesus Christus, der jeden Tag für uns da ist. Wie auch immer die religiösen oder weltlichen Umstände sind, unter denen wir leben, ganz gleich, wie gottlos oder scheinbar hoffnungslos sie uns vorkommen, das Evangelium von Gottes Reich ist immer für uns da. Es ist niemals außerhalb unserer Reichweite wegen äußerer Umstände. Der Herr dieses Reiches vollbringt noch immer Wunder, überwindet, treibt Dämonen aus und heilt Seele und Leib der Menschen, die von Sünde krank sind. Das, was in unserem Herzen lebt, kann uns das Himmelreich rauben: Treulosigkeit, Skepsis, Stolz, Zweifel, Angst und Unglaube. Aber wenn wir ständig in Gottes Wort lesen und in unserer »Gebetskammer« mit Jesus Gemeinschaft haben, werden wir dies überwinden. Wenn Du so mit Gott zusammenlebst, dann können sich Dein »inneres« Leben und die innere Welt völlig verändern. Gottes Reich kann in Dir wohnen, Dein Leben bereichern und Dich dazu fähig machen, das Leben zu leben, von dem Du in der Bibel liest. Das ist eine gute Nachricht. »Das Himmelreich ist nahe herbeigekommen« (Vers 7). Es ist jetzt da, um Dein Leben mit dem Geist des Himmelreiches zu füllen und es durch die tägliche Gemeinschaft mit dem König reich zu machen.

Ein Edelstein für heute: Der Unglaube verhindert, daß Gottes Wort in unserem Leben wirksam ist, aber er hebt die Realität des Wortes nicht auf.

Alttestamentliche Lesung 1. Mose 29.30

13. Januar

Neutestamentliche Lesung Matthäus 10,27-42

Darum fürchtet euch nicht; ihr seid besser als viele Sperlinge.
(Mt. 10,31)

Wenn wir Jesus von ganzem Herzen und bedingungslos folgen, dann müssen wir dafür einen Preis zahlen. Von dem Moment an, wo Du diese Entscheidung getroffen hast, beginnt Dein Auszug aus dem Reich der Welt in das Reich Gottes hinein. Du brichst dem einen die Treue, um im anderen Deine Heimat zu finden. Wenn Du Deine Entscheidung für Christus getroffen hast, dann wird Jesus, sein Wille und jeder seiner Wünsche den ersten

Platz in Deinem Leben einnehmen, weil Du ein Diener sein willst, der seinem Herrn gleicht.

Wenn Christus in Dir sichtbar Gestalt gewinnt und wenn weltliche Menschen, besonders weltlich gesinnte Christen, bemerken, daß Dein Leben ausgewechselt wurde, dann werden diese Menschen von ihrer Sünde überführt werden. Aber viele werden nicht wahrnehmen, was in ihrem Herzen passiert, und sie werden nicht merken, daß der Heilige Geist sie überführt hat. Statt dessen werden sie sich ärgern und sich aus dieser Kränkung heraus als Gegenreaktion rächen. Die Frucht des Geistes der Welt wird man deutlich in ihrem Tun erkennen können. Jesus hat uns gesagt, daß wir uns nicht fürchten sollen vor dem, was Menschen tun. Gott wacht über das, was zu ihm gehört. Wenn ein kleiner Spatz auf die Erde fällt, so weiß es Gott. Wenn sogar so ein Spatz einen Wert für ihn hat, wieviel mehr müssen wir ihm dann wert sein!

Fürchte Dich nicht vor Menschen, sei mutig und bekenne Jesus. Jesus sagte: »Wer nun mich bekennt vor den Menschen, den will ich auch bekennen vor meinem himmlischen Vater« (Vers 32). Wenn Du in Christus wiedergeboren bist, dann hast Du etwas zu bekennen. Wenn Gottes Reich für Dich Wirklichkeit geworden ist und wenn sich Gottes Geist in Deinem Leben zeigt, so wie er sich in Jesu Leben und dem Leben seiner Jünger zeigte, dann hast Du etwas, worüber Du sprechen kannst.

Aber erinnere Dich daran, daß die Welt Dich und das, was Du zu sagen hast, ablehnen wird, so wie sie Jesus ablehnte. Niemals wird die Welt mit Dir Frieden schließen. Sie wird Familien spalten, und es mag sein, daß der einzige Friede, den Du erfährst, der Friede von Gottes Reich sein wird, der in Dir lebt. Aber es gibt eine Belohnung. »Wer einen Propheten aufnimmt, weil es ein Prophet ist, der wird den Lohn eines Propheten empfangen. Wer einen Gerechten aufnimmt, weil es ein Gerechter ist, der wird den Lohn eines Gerechten empfangen« (Vers 41). Selbst für ein Glas Wasser, das wir jemandem in Jesu Namen geben, werden wir Lohn bekommen. Fürchte Dich nicht vor Menschen, denn Dein Leben ist Gott viel wert.

Ein Edelstein für heute: Dein Frieden liegt in dem, was von innen kommt, weil Gottes Reich in Dir ist.

Alttestamentliche Lesung 1. Mose 31.32

14. Januar

Neutestamentliche Lesung Matthäus 11

Kommt her zu mir alle, die ihr mühselig und beladen seid. Ich will euch erquicken. *(Mt. 11,28)*

Jesus hatte seinen Jüngern gerade gesagt, was ihnen widerfahren wird, wenn sie ihm nachfolgen. Die Welt, die ihn haßte, würde auch sie hassen. Einigen Städten sagte er wegen ihres Unglaubens das Gericht voraus und zeigte im Gleichnis von den spielenden Kindern, wie lächerlich Unglaube ist. Er erinnerte seine Jünger an den Widerstand gegen das Evangelium und die Ablehnung und Feindschaft von Herrschern, persönlichen Freunden, Familiengliedern und der Welt. Nie, nie hat er seinen Jüngern versprochen, daß es leicht sein würde, ihm nachzufolgen.

Jesus sprach mit ihnen über die Prinzipien des Jüngerseins, über die Einfachheit des Glaubens und über Offenbarungen des Vaters. Schließlich, in seiner Rede an die Jünger und an uns, sagte er, daß wir zu ihm kommen sollen. Wir brauchen nicht selbst alle unsere Probleme zu lösen. Sich grämen und viel Aufhebens von einer Sache machen verändert nichts, weil wir nicht dazu berufen sind, die Welt zu verändern, sondern wir sind dazu berufen, die Menschen, die hören wollen, aus der Welt herauszurufen in das Himmelreich hinein. Wenn die Dinge schlecht stehen und wir unsere Lebensumstände kaum ertragen können, dann sagt Jesus: »Komm zu mir!« Die Umstände sind noch immer da; äußerlich hat sich nichts verändert, aber wir sind eingeladen worden an einen verborgenen Platz, an einen Ort der Geborgenheit. Dort ist aller Friede und Trost, den Jesus geben kann, weil er dort ist und uns Ruhe anbietet.

»Kommt her zu mir,« sagt er, »alle, die ihr mühselig und beladen seid. Ich will euch erquicken. Nehmt mein Joch auf euch und lernt von mir …« Jesus wird unser Lebensgefährte, der unsere Lasten mit uns tragen will. Er spannt sich selbst mit ein in das Joch unserer Lasten, um ihr Gewicht mit uns zu teilen und jeden Schritt auf dem Weg mit uns zu gehen. »Lerne von mir,« sagt er, »laß uns zusammen gehen und gemeinsam arbeiten, und ich will dir auf dem Weg Mut machen. Du wirst entdecken, daß meine Kraft genug für dich ist. Das Himmelreich wird in deinem Herzen regieren. Und durch diese Wahrheiten und durch den Geist, der in dir das neue Leben Gestalt gewinnen läßt, kannst du überwinden. Aber zuerst mußt du lernen, zu mir zu kommen und mir zu vertrauen, daß ich deine Last mit dir tragen und daß ich mit dir gehen will. Du mußt immer kommen. Versuch nicht, die Lasten jedes Tages selbst zu tragen, weil du nicht berufen und auserwählt bist, den Willen des Vaters aus eigener Kraft zu erfüllen. Komm zu mir, und in deiner Schwachheit wirst du merken, daß du nicht fähig bist, die Lasten allein zu tragen. Ich bin deine Stärke.«

Ein Edelstein für heute: Die ständige Quelle der Stärke und des Friedens, die in jedem fließt, der glaubt, ist das Zeichen von Jesu Liebe in ihm.

Alttestamentliche Lesung 1. Mose 33-35

15. Januar

Neutestamentliche Lesung Matthäus 12,1-21

Da gingen die Pharisäer hinaus und hielten eine Beratung über ihn ab, wie sie ihn umbringen könnten. Aber als Jesus das erfuhr, ging von dort weg. Und eine große Menge folgte ihm, und er heilte sie alle. (Mt. 12,14.15)

Als Jesus in die Synagoge kam, fand er dort einen Mann mit einer abgestorbenen Hand. Sofort wurde er gefragt: »Ist es auch recht, am Sabbat zu heilen?, damit sie Klage gegen ihn erheben konnten« (Vers 10). Kein Wunder, daß die Bibel uns sagt, daß das Herz arglistig und furchtbar böse ist (Jer. 17,9). Wie tot und kalt wird unser geistliches Leben, wenn wir gesetzlich werden und dann richten, wenn Gott im Leben eines Menschen anders handelt, als es unseren Vorstellungen entspricht. Wie tief muß die Wurzel der Bitterkeit im Menschen sein, wenn er einem armen Mann die Heilung verwehren kann, weil seine religiösen Gesetze ihn binden. Schlimmer als das noch, sie wollten tatsächlich, daß Jesus diesen Mann heilt, damit sie ihn anklagen könnten, das Sabbatgesetz gebrochen zu haben. So wollten sie Jesus vernichten.

Wir müssen Jesus erlauben, uns von diesem richtenden, gesetzlichen, religiösen Geist zu retten. Die, die damals die Heilung ablehnten, waren ja aus dem Volk Gottes, dem im alten Bund Heilung verheißen worden war. Was stimmte mehr mit dem alten Bund überein, als daß Jesus als ihr Messias kam, um sie von all ihren Krankheiten zu heilen? In Psalm 107,20 heißt es: »Er sandte sein Wort und machte sie gesund …«

Jesus, das menschgewordene Wort, das unter ihnen wohnte, war nicht gesandt, um auf eine gesetzliche Einhaltung der Gebote zu achten, sondern Gottes Liebe und Erbarmen zu offenbaren. Das Herz des Vaters muß fast zerbrochen sein, als er sah, wie die Menschen, denen er Heilung versprochen hatte, in ihrer Krankheit und Sünde starben. Gottes Wille ist, daß keiner umkommt.

Wenn wir das neunte Kapitel des Matthäusevangeliums lesen, dann können wir sehen, daß der Geist von Gottes Reich Erbarmen und Liebe ist. »Jesus ging ringsum in alle Städte und Dörfer, lehrte in ihren Synagogen und predigte das Evangelium vom Reich und heilte alle Krankheiten und alle Gebrechen. Und als er die Menge sah, hatte er Erbarmen mit ihnen …« (Vers 35.36). Was würde in unserem Leben passieren, wenn wir uns von diesem Erbarmen und dieser Liebe des Vaters berühren ließen? Das kann geschehen, und der Geist, der uns berührt, ist derselbe, in dem Jesus damals handelte. Laßt uns gemeinsam vor Gott treten und glauben, daß sein Wille für sein Reich derselbe ist gestern, heute und in Ewigkeit.

Ein Edelstein für heute: Bindung ist wie eine abgestorbene Hand, die sich nicht ausstrecken kann, um zu dienen.

Alttestamentliche Lesung 1. Mose 36.37

16. Januar

Neutestamentliche Lesung Matthäus 12,22-50

Denn wer den Willen meines Vaters im Himmel tut, der ist für mich Bruder und Schwester und Mutter. *(Mt. 12,50)*

Jesus predigte, betete und zeigte den Menschen Gottes Reich und seine Kraft. Wer Ohren hatte zu hören und Augen hatte, die für das Wirken des Heiligen Geistes geöffnet waren, konnte durch den Heiligen Geist verstehen, daß Jesus über eine Lebensqualität sprach, die den Menschen fremd ist. Gerade hatte Jesus davon geredet, wie notwendig es ist, daß man die richtige Einstellung zum Heiligen Geist hat. In Vers 31 steht ein harter Satz, daß dem, der gegen den Heiligen Geist lästert, diese Sünde nicht vergeben wird. Jesus warnte vor nichtsnutzigen Worten, vor dem Mißbrauch der Zunge. Danach sprach er von dem, was ihn erwartete, und von dem Gericht über die, die nicht sehen und hören wollten, was Gott ihnen durch seinen Sohn zu sagen versuchte.

Wie schwierig ist es, eine geistliche Wahrheit mitzuteilen. Was für eine Geduld hat er Heilige Geist mit uns! Und doch ist schon die halbe Schlacht geschlagen, wenn wir das erkennen. Wir führten unser ganzes Leben auf menschliche Weise. Das war die Lebensqualität des Menschen, der aus Gottes Gnade gefallen ist. Wir waren in der Sünde verloren, die Bibel nennt es in Feindschaft mit Gott leben und die Versöhnung mit dem Vater nötig haben. Dann wurden wir wiedergeboren, geboren vom Geist aus der Höhe. Und manchmal braucht es eine lange Zeit, bis wir aufhören, mit unseren natürlichen Ohren zu hören und mit unseren natürlichen Augen zu sehen, obwohl wir in ein ganz neues Reich hineingeboren wurden. Jesus lehrte die Menschen, und er versuchte ihnen dadurch deutlich zu machen, daß sie sich daran gewöhnen müßten, daß alles neu ist.

Als ich wiedergeboren war, wurde meine Frau, geistlich gesehen, meine Schwester. Nachdem Jesus so viel über das Reich dieser Welt gesprochen hatte, in dem die Menschen lebten, und nachdem er gezeigt hatte, wie weit entfernt es von der geistlichen Wirklichkeit ist, wandte er sich an seine Verwandten. Und wieder sprach er über Gottes Reich und daß diejenigen für ihn Brüder und Schwestern sind, die den Willen seines Vaters im Himmel tun. Jesus ist, geistlich gesehen, mit Dir eins, und auch Ihr werdet untereinander Brüder und Schwestern, wenn Gott durch Adoption Euer Vater wird. Der Heilige Geist wird nach Euch verlangen, und jeder, der den Willen des Vaters tun will, wird seine natürlichen Familienbindungen verlassen, um in einer neuen Beziehung zu leben, als von Gott adoptiertes Kind. »Denn wer den Willen meines Vaters … tut, der ist für mich Bruder und Schwester und Mutter.«

Ein Edelstein für heute: Wenn man in Gottes Reich hineingeboren ist, dann erhält man eine ganze Familie, weil man von Gott als Kind adoptiert ist.

Alttestamentliche Lesung 1. Mose 38-40

17. Januar

Neutestamentliche Lesung Matthäus 13,1-32

Er antwortete ihnen: Euch ist es gegeben, die Geheimnisse des Himmelreichs zu verstehen. *(Mt. 13,11)*

Die Geheimnisse des Himmelreichs sind für Dich heute bekanntgemacht worden. Gott hat nichts vor Dir verborgen gehalten. »Allen aber, die ihn aufnahmen und an seinen Namen glaubten, denen gab er Macht, Gottes Kinder zu werden« (Joh. 1,12). Jesus sprach in Gleichnissen, um denen, die ihn als ihren Messias angenommen hatten, die Wahrheiten von Gottes Reich zu verdeutlichen. Denen aber, die ihn nicht annahmen, sollten dadurch diese Wahrheiten verborgen bleiben.

Mein Freund in Christus, als Du Christus als Deinen Erlöser annahmst, da hast Du durch den Heiligen Geist nicht nur die Fähigkeit empfangen, die Wahrheit zu verstehen, sondern Du hast den empfangen, der selbst die Wahrheit ist. »Ich bin der Weg, die Wahrheit und das Leben,« sagt Jesus im Johannesevangelium 14,6. Je mehr Du ihn in jedem Bereich Deines Lebens willkommen heißt, desto mehr Licht und Wahrheit wirst Du empfangen.

Jesus spricht im Gleichnis vom Sämann über den Samen. Der Same ist das Wort von Gottes Reich, die Bibel spricht davon auch noch auf andere Weise. Johannes, voll von Leben und Wahrheit, kann im Rückblick schreiben: »Im Anfang war das Wort, und das Wort war bei Gott, und Gott war das Wort« (Joh. 1,1). »Und das Wort wurde Mensch und wohnte unter uns, und wir sahen seine Herrlichkeit, die Herrlichkeit des einzigen Sohnes, die vom Vater kommt, voller Gnade und Wahrheit« (Joh. 1,14).

Das Geheimnis von Gottes Reich ist Christus, der schon viele Generationen zuvor verheißen wurde. Männer und Frauen sehnten sich danach, diesen Tag zu sehen, an dem die Verheißung erfüllt würde und an dem sie mit eigenen Augen ihren Messias sehen könnten, ihren Immanuel, das bedeutet: Gott mit uns. Jesus ist in den Bereich Deiner Erfahrung getreten. Er ist durch seinen Heiligen Geist in Dein Herz und in Dein Leben gekommen voller Wahrheit und Leben, dem Leben des Himmelreichs. Lies Deine Bibel nicht so wie die Pharisäer, die sie allein mit ihrem Verstand studierten. Erlaube Deinem Verstand, alles Urteilen über das, was Du liest, beiseite zu lassen, und öffne Dein Herz für Gottes Wort, denn jedes Wort von ihm ist Leben und Wahrheit. Es teilt uns nicht nur das mit, was Jesus gesagt hat oder was andere Männer durch den Heiligen Geist geschrieben haben, um uns zu unterweisen und aufzubauen. Das Leben und der Geist des Wortes, das Du in Dein Herz aufnimmst, ist vielmehr eine Offenbarung von Christi Leben (von dem Wort, das Mensch wurde und unter uns wohnte). Wenn Du Jesu Wort in Dein Herz aufnimmst, dann nimmst Du ihn auf. Und entsprechend, wenn Du sein Wort ablehnst, lehnst Du ihn ab. Nimm diese Gelegenheit wahr, die Gott Dir gibt, und hüte den Schatz, den Samen der Offenbarung, der in Dein Herz gepflanzt ist. Es ist die kostbare Perle!

Ein Edelstein für heute: »Ich preise dich, Vater des Himmels und der Erde, weil du das den Weisen und Klugen verborgen und den Unmündigen offenbart hast« (Lk. 10,21).

Alttestamentliche Lesung 1. Mose 41

18. Januar

Neutestamentliche Lesung Matthäus 13,33-58

Dann werden die Gerechten leuchten wie die Sonne im Reich ihres Vaters. (Mt. 13,43)

In diesem Vers spricht Jesus über Dich und mich. Wenn Du die Gerechtigkeit Gottes in Christus bist, dann gehörst Du zu den Gerechten und wirst im Reich Deines Vaters leuchten wie die Sonne.

Während ich hier sitze und schreibe, fühle ich ganz tief in meinem Geist, daß jemand in großer Tiefe ist. Ich möchte Dir in Liebe noch einmal sagen, daß Du die Gerechtigkeit Gottes in Christus bist (2. Kor. 5,21). Anders ausgedrückt heißt das, daß Christus selber Deine Gerechtigkeit ist. »Aber Tim,« sagst Du, »ich fühle mich heute nicht sehr gerecht. Ich verachte mich selbst.« Denke daran, Deine Gerechtigkeit hat nichts mit Deinen Gefühlen zu tun, sondern es geht darum, wer Du bist. Reicht Jesu Blut für Deine Sünden nicht aus? Die Bibel sagt uns, daß jede Sünde, die wir bekennen, vergeben ist. Und das Blut Jesu Christi reinigt uns von allen Sünden. Die Gerechten, die leuchten, sind die, die ihre Kleider im Blut des Lammes gewaschen haben. Für sie ist Buße weder ein Tiefpunkt, noch eine Zeit, um sich selbst zu bemitleiden. Umkehr ist wie ein Rettungsring, eines von Gottes Gnadenmitteln. Wenn wir uns ausgestreckt und den Rettungsring gefunden haben, können wir im Wasser ruhen, weil der Ring uns trägt. Er ist nicht nur eine Hilfe für den Augenblick, sondern für immer. Darum sollen wir ein Leben der Buße leben und Gott für die Freiheit preisen, die solch ein Leben schenkt. Wer in ständiger Buße lebt, sagt dem Rettungsring nicht andauernd, wie leid es ihm tue, daß er ins Wasser geraten ist, und wie dumm er sei. Buße heißt nicht, sich ständig für seine Schwäche und das sündige Ich zu entschuldigen. Wer in ständiger Buße lebt, ist dazu fähig, im Glauben die ständige Vergebung und Reinigung durch das Blut anzunehmen und mit Preis und Dank zu empfangen. Der Grund für unsere Gerechtigkeit liegt in dem, was Jesus für Dich und für mich getan hat. »Selbstmitleid, verschwinde, denn du bist Sünde, und das Blut von Jesus Christus reinigt mich von aller Sünde.« Ich will mich vor den Spiegel stellen und immer wieder auf die Gerechtigkeit Gottes in Christus schauen. »Jesus, es tut mir leid, daß ich gewagt habe, den, den du liebst und für den du dein Blut vergossen hast, zu verachten und abzulehnen. Du hast am Kreuz ein vollkommenes Opfer für meine Gerechtigkeit gebracht. Ich will das Ich lieben, das du liebst, Jesus, und will versuchen, mich so zu sehen, wie du mich siehst. Ich will nicht nur gerecht leben und sein, sondern ich will so sehr ein Teil deines Reiches werden, Jesus, daß ich dir zur Verfügung stehe. Dann werde ich, der Gerechte, in meiner gegenwärtigen Dunkelheit scheinen wie die Sonne im Reich meines Vaters.«

Ein Edelstein für heute: Buße ist ein Grund, um sich zu freuen. Wir feiern das, was Jesus uns durch sein Blut, durch sein vollkommenes Opfer geschenkt hat: unsere Gerechtigkeit.

Alttestamentliche Lesung 1. Mose 42.43

19. Januar

Neutestamentliche Lesung Matthäus 14,1-21

Und Jesus stieg aus und sah die große Menge; und er hatte Erbarmen mit ihnen, und er heilte ihre Kranken. *(Mt. 14,14)*

In diesem Kapitel lesen wir, wie Johannes der Täufer, der Vetter von Jesus, im Gefängnis ermordet wurde. Diese schreckliche Ungerechtigkeit hätte einen öffentlichen Aufruhr bewirken können, weil Johannes als Prophet im Volk sehr beliebt war. Jesus ging fort von dem Ort, wo Johannes im Gefängnis gesessen hatte. Wir lesen: »Als das Jesus hörte, zog er sich von dort in einem Boot allein in eine einsame Gegend zurück. Aber als das Volk das hörte, folgte es ihm zu Fuß aus den Städten« (Vers 13).

Sehnte sich Jesus danach, sich zurückzuziehen und allein mit seinem Vater zu sein, weil Johannes ermordet worden war? Suchte er Trost, wollte er verstehen und ermutigt werden? Oder wollte er einfach das Volk von dort wegführen, damit es keinen Aufruhr gab wegen Johannes' Tod? Vielleicht spielte beides mit. Jedenfalls wissen wir, daß Jesus Erbarmen mit dem Volk hatte, als er solch eine große Menge sah.

Jesus lebte in Gottes Reich und stand seinem Vater zur Verfügung, um dessen Willen zu tun. Er sagte von sich selber: »Ich kann nichts von mir aus tun …« (Joh. 5,30), »… wer mich sieht, der sieht den Vater« (Joh. 14,9). Im Vergleich zu dem Leben des Himmelreichs, das ihn umgab, muß ihm das Volk erbärmlich, arm und blind vorgekommen sein. Er sprach von ihnen als denen, die verloren sind, die ziellos leben, ohne Sinn oder Richtung, ein armseliges Volk. Es wurde vom Fürsten dieser Welt unterdrückt und war körperlich und geistlich krank. Jesus dagegen war vom Licht umgeben, von der Liebe des Vaters. Alle Macht im Himmel und auf der Erde wurde aufgeboten, damit er das Leben des Gottesvolkes verändern sollte. Und in unserem Vers heute können wir entdecken, daß sich diese von Gott gegebene Macht und Autorität in Erbarmen äußerte. Weil Jesus Erbarmen mit ihrer Not hatte, heilte er ihre Körper. Die Versammlung um Jesus herum war bestimmt sehr nüchtern, weil allen der Tod des Johannes vor Augen stand.

Als Jesus alle Kranken geheilt hatte, wurde er durch sein Erbarmen dazu bewegt, die große Volksmenge durch ein Wunder zu sättigen.

Dasselbe Erbarmen, das Jesus der großen Volksmenge erwies, berührt Dich und mich gerade jetzt. Es ist ein Erbarmen, das danach verlangt, uns in Gottes Reich hineinzuführen. Jesu Herz ruft uns aus unserer Dunkelheit heraus in sein herrliches Licht. Öffne Dein Herz weiter für Jesus als Antwort auf seinen Ruf des Erbarmens, sage ihm, daß Du ihn liebst, setze Dich mit der Volksmenge nieder, und erlaube Jesus, Deine hungrige Seele zu sättigen und Deinen sterblichen Leib zu heilen. Es ist Jesus, der Erbarmen mit Dir hat, nicht eine Kirche oder ein religiöser Orden. Es war Jesus, dem sie folgten und von dem sie Erbarmen empfingen.

Ein Edelstein für heute: Die Definition von Erbarmen in einem Lexikon lautet: »Ein mitfühlendes Bewußtsein der Leiden anderer, verbunden mit dem Wunsch, sie zu beseitigen«. Die christliche Definition von Erbarmen lautet: JESUS.

Alttestamentliche Lesung 1. Mose 44.45

20. Januar

Neutestamentliche Lesung Matthäus 14,22-36

Und er sagte: Komm her! Und Petrus stieg aus dem Boot und ging auf dem Wasser und kam auf Jesus zu. *(Mt. 14,29)*

Jesus und seine Jünger hatten gerade eine ungeheure Erfahrung gemacht. Gottes Reich hatte sich durch ein Wunder in der großen Volksmenge gezeigt. Jesus nahm ein paar kleine Brote und zwei Fische, sah zu seinem Vater auf und dankte Gott, daß er für sie alle sorgte. Für einen »normalen« Menschen wäre es unmöglich gewesen, in dieser Handvoll Essen Gottes Fürsorge zu sehen, aber Jesus lebte im geistlichen Raum von Gottes Reich. Wenn dieses Essen das war, womit Gott sie versorgen wollte, so nahm er es im Glauben an, und im Gehorsam gegen den Glauben handelte er danach. Das Essen hätte niemals gereicht, wenn die Menschen sich darum versammelt und um mehr gebetet hätten: Jetzt war nicht die Zeit zu beten, jetzt war die Zeit, den Menschen zu essen zu geben und darauf zu vertrauen, daß Gottes Fürsorge ausreichte, um seine Absichten zu erfüllen. »Als er aber das Volk entlassen hatte, stieg er allein auf einen Berg, um zu beten« (Vers 23). Die Macht, die Jesus von Gott bekommen hatte, das Erfülltsein mit dem Heiligen Geist und die Fähigkeit, die Wirklichkeit seines Reiches öffentlich zu zeigen, alles das wurde unterstützt von Gebet, von Nachsinnen und von der Zeit, die Jesus allein mit dem Vater verbrachte. Er bekannte öffentlich, daß das, was er tat, nicht seine Werke, sondern die Werke des Vaters waren.

Während Jesus mit Gott alleine war, kam auf dem See, wo seine Jünger waren, ein Sturm auf. Jesus ging auf dem Wasser zu ihnen. Petrus erkannte ihn und zweifelte nicht an seinem Glauben an Jesus und das Reich, das er verkündete. Aber jetzt wollte Petrus in der Wahrheit und in der Macht dieses Reiches gehen. Er bat Jesus, ihm ein Wort zu geben, weil er wußte, daß er nicht gehen konnte, wenn er an seine eigenen Wünsche glaubte. »Gib mir ein Wort, Jesus. Ich wage es nicht, nur auf Grund einer Vermutung aus dem Boot zu steigen!« »Herr, bist du es, so laß mich auf dem Wasser zu dir kommen. Und er sagte: Komm her!« (Vers 28 und 29).

Ein Wort, nur ein Wort von Jesus, und dann können wir eine Erfahrung erwarten, die unser Leben verändert. Wenn wir Jesus glauben, daß er uns von den Folgen der Sünde retten kann, dann müssen wir auch Glauben haben, um ihm zu folgen. Der Glaube hört und nimmt uns beiseite in Gottes Wort hinein. Empfange Erquickung, eine ständige Erneuerung der geistlichen Kraft, damit Du das Leben von Gottes Reich jeden Tag leben kannst. Wenn wir das tun, dann bekennen wir dadurch, daß wir aus uns selbst nichts tun können. Wenn uns aber der Herr das Wort gibt, dann können wir alles in Christus, der uns stark macht. Laßt uns heute Jesus preisen, daß er uns gerettet hat. Der Glaube an sein Wort hat uns gerettet. Laß Dich von demselben Glauben in Gottes Reich führen. »Und er sagte: Komm her!«

Ein Edelstein für heute: Auch wir leben in dem Reich, das Jesus verkündet hat. Gehe darum im Glauben los.

Alttestamentliche Lesung 1. Mose 46-48

21. Januar

Neutestamentliche Lesung Matthäus 15,1-20

Und er rief die Menge zu sich und sagte zu ihnen: Hört zu und begreift's. *(Mt. 15,10)*

Was für ein Kontrast ist zwischen Kapitel 14 und dem, was folgt! Am Ende von Kapitel 14 lesen wir, wie Jesus in Genesaret war. Als die Leute das hörten, »... brachten sie alle Kranken zu ihm und baten ihn, daß diese nur den Saum seines Gewandes berühren dürften. Und alle, die ihn berührten, wurden gesund« (14,35.36). Fünftausend Menschen wurden durch ein Wunder gesättigt, Jesus ging mitten in einem Sturm auf dem See zu seinen Jüngern, und Petrus glaubte Jesu Wort. Er stieg aus dem Boot, weil Jesu Wort ihn befähigte, das Leben und die Wahrheit des Himmelreichs zu leben. Schließlich brachte man alle kranken Menschen aus Genesaret zu Jesus, damit sie ihn berührten. Denn sie glaubten, daß sie Heilung empfangen würden, wenn sie nur sein Gewand berührten. Es heißt, daß sie gesund wurden.

Die erste Hälfte des nächsten Kapitels (15) ist fast ein Tiefschlag, wenn man vorher von den wunderbaren Ereignissen gelesen hat. Die Pharisäer und Schriftgelehrten kamen weder zu Jesus, um irgend etwas zu empfangen, oder aus einer Not heraus, noch weil sie an ihn glaubten und geheilt werden wollten. Sie kamen, weil sie Streit suchten. Einiges von dem, was Jesus getan und gesagt hatte, hatte ihre von Menschen gemachte Tradition durchkreuzt. Jesus zeigte ihnen, daß sie mehr von ihrer Tradition als von Gottes Wort hielten, und er klagte sie an, Gottes Gebote durch ihre Tradition unwirksam und nutzlos gemacht zu haben. Er sagte, daß sie eine leere Religion hätten und Heuchler wären.

Dann rief Jesus die Volksmenge zusammen, um sie zu lehren. Sie sollten den Gegensatz sehen zwischen dem Reich Gottes, das er verkündete, und der Bindung an eine veraltete Religion, die die Menschen an Gesetze und Tradition fesselte, die tot und ohne Nutzen für irgend jemand waren. Wenn jemand der Tradition gehorchte und sich vor dem Essen die Hände wusch, wie sollte das Gott verherrlichen, wenn er gleichzeitig ein Herz hatte, das kalt und vor Gesetzlichkeit tot war in Gottes Augen? »Hört zu«, sagte Jesus, »und ihr sollt nicht nur hören, sondern ihr sollt es auch verstehen.« Er sagte, daß nicht das, was ein Mensch ißt, ihn verunreinigt. Es ist das Herz, das böse ist, und die Tradition überläßt das Herz seiner eigenen Bosheit. Wahre Religion muß mit dem Herzen gelebt werden. Der Geist von Gottes Reich errichtet seinen Thron in Deinem Herzen, das durch Jesu Blut gereinigt und geläutert ist. Wenn man das Herz des Menschen verändert, dann verändert man seine Gespräche. »Hört zu«, sagt Jesus, »und begreift, daß sich euer Reden, euer Leben und euer Herz verändert, wenn ihr mich einfach nur in euer Herz aufnehmt.« Die Wirklichkeit von Gottes Reich mit allem Glauben und aller Lebensveränderung fängt im Herzen an zu leben.

Ein Edelstein für heute: »Selig sind, die reinen Herzens sind; denn sie werden Gott schauen« (Mt. 5,8).

Alttestamentliche Lesung 1. Mose 49.50

22. Januar

Neutestamentliche Lesung Matthäus 15,21-39

Und er heilte sie, so daß sich das Volk wunderte, als sie sahen, daß die Stummen redeten, die Verkrüppelten gesund wurden, die Gelähmten gingen, die Blinden sahen; und sie priesen den Gott Israels.
(Mt. 15,31)

Wie muß da gebetet worden sein! In Vers 30 heißt es: »Und es kam eine große Menge zu ihm; die hatten Gelähmte bei sich, Verkrüppelte, Blinde, Stumme und viele andere Kranke und legten sie Jesus vor die Füße, und er heilte sie.« Die Kranken und Verkrüppelten, die aus ganz Galiläa kamen, waren überall, und Jesus ging von einem zum andern und heilte jeden. Kannst Du Dir den Jubel und die Begeisterung vorstellen, als sich blinde Augen öffneten und wieder sehen konnten? Die Stummen werden soviel zu reden gehabt haben, und die Verkrüppelten tanzten vor Freude auf ihren geheilten Beinen. Es wird nicht möglich gewesen sein, in der Menge umherzugehen, ohne bald auf jemanden zu stoßen, der entweder an sich selbst ein Wunder erfahren hatte oder der Zeuge eines Wunders geworden war. Man war dort sicherlich fehl am Platz, wenn man nicht an Wunder glaubte. Drei Tage lang blieben sie dort zusammen. Es waren bestimmt ganze Familien auf dem Hügel dicht zusammengedrängt, die vor Aufregung und Begeisterung kaum schlafen konnten. Wenn alles still wurde und die Menge zur Ruhe gekommen war, so konnte man in der Nacht vielleicht einen Jubelruf hören, der Gott alle Ehre gab, weil jemand mit seinen Augen, die blind gewesen waren, zum Abendhimmel aufschaute und zum ersten Mal in seinem Leben die Sterne sah. Wieviel Freudentränen mag es gegeben haben, wenn jemand den Mond oder das Gesicht eines geliebten Menschen erblickte!

Diese Wunder sind der Beweis dafür, daß das Reich Gottes so auf die Erde gekommen ist, wie es auch im Himmel ist. Jesu Erbarmen kommt aus einem Herzen, das die menschlichen Lebensbedingungen erfahren hat. Jesus nahm unsere Schwachheit auf sich und nagelte sie mit seinem eigenen menschlichen Leib ans Kreuz, mit dem Leib, der für alle menschlichen Schwächen anfällig war. Nachdem die Kranken geheilt waren, hatte Jesus wieder Erbarmen mit der Menge, die seit drei Tagen bei ihm war. Durch sein Erbarmen und Gottes Gnade und Liebe wurde eine wunderbare Dimension von Gottes Reich sichtbar und erfahrbar, das Wunder der Brote und Fische. Die hungrigen Mägen wurden gesättigt. Wer sagt da noch, daß der Glaube nicht praktisch ist! Was konnte es Praktischeres geben als diese herrlichen drei Tage auf dem Hügel mit Jesus? Gottes Reich wurde gesehen, gehört und erfahren, und Gott wurde verherrlicht.

Ein Edelstein für heute: Gottes Reich ist spürbar zu uns gekommen durch einen Heiland, der Wunder tut und voll Erbarmen ist.

Alttestamentliche Lesung 2. Mose 1-3

23. Januar

Neutestamentliche Lesung Matthäus 16

Ich will dir die Schlüssel des Himmelreichs geben. *(Mt. 16,19)*

Jesus hatte gerade seine Jünger vor dem Sauerteig der Pharisäer gewarnt und ihnen erklärt, daß er damit ihre Lehre meinte, die voller Unglaube und Rebellion war. Jesus wußte, wie offen die menschliche Natur für solche heimtückischen Lehren ist und wie diese seinen Jüngern den Glauben rauben und ihre Gedanken verunreinigen würden, bis sie geistlich genauso blind waren wie die Pharisäer.

Petrus machte eine wunderbare Erfahrung. Gott gab ihm eine Offenbarung, wer Jesus ist. Petrus, der nicht an menschliche Traditionen gebunden war, sah und erfuhr mehr und mehr das Himmelreich, über das Jesus sprach. Stell Dir die Begeisterung vor, als Jesus ihm erklärte, daß nicht Fleisch und Blut ihm diese Wahrheit offenbart hatte, sondern sein Vater im Himmel. Jetzt hörte Petrus selbst vom Vater. Gott hatte in seinen Geist hineingesprochen. So wie Jesus sich zurückzog, um direkt etwas von seinem Vater zu empfangen, so offenbarte jetzt der Vater Petrus, wer Jesus ist. Kaum hatte Gott Petrus diese wunderbare Erfahrung geschenkt, als auch schon Satan da war, um sie ihm zu rauben. Sei auf die Gegenwart Satans gefaßt. Jesus sagte zu Petrus: »Weg mit dir, Satan! Du bringst mich in Versuchung; denn du meinst nicht, was göttlich, sondern was menschlich ist.«

Jesus verhieß seinen Jüngern Macht über Satan, indem er ihnen den Schlüssel des Himmelreichs gab. Wenn sie den Schlüssel annehmen wollten, so verlangte das von ihnen, alles zu verlassen und Jesus nachzufolgen. Er erwartete von ihnen, daß sie sich selbst verleugneten. Wir müssen die Dinge verlassen, die unsere Zeit in Anspruch nehmen, die aber für das Himmelreich keinen Nutzen haben. Die Jünger mußten ihren eigenen Willen beiseitelegen, um den Willen des Vaters zu tun. Sie lebten nicht länger für sich selbst, sondern tauschten ihr gegenwärtiges Leben aus gegen das Leben des Himmelreichs. Es war schwierig für sie zu verstehen, was Jesus meinte. Aber es kam der Tag, an dem sie genau das taten, was er gesagt hatte. Da gehörten ihnen die Schlüssel (die Macht).

Jesus hat Dir und mir die Macht (die Schlüssel) des Himmelreichs gegeben. So wie Petrus können auch wir das empfangen, was Gott unserem Geist sagen will, Leben und Wahrheit. Jesus sagte. »Wie mich der Vater gesandt hat, so sende ich euch ...« (Joh. 20,21). Dieselbe geistliche Beziehung, die Jesus mit dem Vater hatte, können wir mit dem Sohn haben. Wenn er uns seinen Willen und seine Absichten zu erkennen gibt, dann erwartet er von uns, daß wir die Macht nehmen, die er uns gegeben hat, um den Feind zu schlagen. Das Himmelreich wohnt in uns. Wir haben die Macht, Jesu Willen zu vollbringen. Ist es da verwunderlich, daß Satan versucht, uns zu dem guten, alten, traditionellen, religiösen Unglauben zurückzubringen? Wach auf! Wir sind die, die binden und lösen, nicht Satan. Jesus gab uns die Schlüssel der Macht.

Ein Edelstein für heute: Ein Schlüssel ist zu nichts nutze, solange er nicht benutzt wird.

Alttestamentliche Lesung 2. Mose 4-6

24. Januar

Neutestamentliche Lesung Matthäus 17

Warum konnten wir ihn nicht austreiben? Er aber sagte zu ihnen: Wegen eures Kleinglaubens ... Wenn ihr Glauben habt wie ein Senfkorn, so könnt ihr zu diesem Berge sagen: Rück von hier fort, dorthin! Dann wird er fortrücken, und euch wird nichts unmöglich sein.

(Mt. 17,19.20)

Jesus hat seinen Jüngern immer und immer wieder gezeigt, was der Glaube vollbringen kann. Im Matthäusevangelium können wir lesen, wie Jesus seinen Jüngern die Vollmacht gegeben hat, die sie in dieser speziellen Situation brauchten. »Und er rief seine zwölf Jünger zu sich und gab ihnen Macht über die unreinen Geister, daß sie die austrieben und alle Krankheiten und alle Gebrechen heilten« (Mt. 10,1). Die Macht, die Jesus ihnen gab, war noch immer dieselbe. Nichts hatte sich geändert. Wenn Jesus es gesagt hatte, dann war es noch immer möglich. Jesus zeigte das, indem er den Dämon mit derselben Macht austrieb, die er seinen Jüngern gegeben hatte. Versagen kann ein guter Lehrer sein. Als die Jünger versagten und Jesus nach dem Grund fragten, antwortete er ihnen, es läge an ihrem Unglauben. Er erinnerte sie an die großen Dinge, die durch den Glauben vollbracht werden können. Er sagte: »Aber diese Art fährt nur aus durch Fasten und Beten« (Vers 21).

Der Glaube bringt die besten Früchte, wenn der, der glaubt, sich darauf konzentriert, sein geistliches Leben lebendig zu erhalten. Wenn wir Beten und Fasten ernst nehmen, dann belebt das unseren Geist. Wir brauchen besondere Gebetszeiten. Jesus ging dauernd fort, um allein zu sein mit seinem Vater, der ihm seine Kraft gab und von dem er während dieser Zeit Weisung empfing. Jesus lebte, um den Willen des Vaters zu tun, und er wußte, daß er ohne Gott nichts vollbringen konnte. Jesus lebte ein geheiligtes Leben; das bedeutet, daß er sein Leben zur Verfügung gestellt hatte, um den Willen des Vaters zu tun. Ständig zog er sich aus der Welt zurück und sog sich voll mit der Gemeinschaft mit dem Vater und dem Geist des Himmelreichs. Selbst der Glaube ist ein Geschenk Gottes, und er fließt am besten, wenn wir in ständiger, naher Gemeinschaft mit Gott leben.

Die Welt ist das geistliche Reich, das Satan auf der Erde errichtet hat und dem die Menschen im Paradies verfielen. Es wird durch den Geist des Unglaubens, des Zweifels und der Angst aufrecht erhalten. Man kann die geistliche Luft der Welt nicht atmen oder in ihr leben, ohne verunreinigt zu werden und ohne davon etwas abzubekommen. Suche ständig den Herrn Jesus Christus, täglich, in Deiner »Gebetskammer«. Nimm Dir besondere Zeiten des Gebets, und dann wirst Du sehen, wie Dein Glaube wächst und reifer wird und wie Deine Zweifel und Dein Unglaube verschwinden.

Ein Edelstein für heute: So wie es in der Natur Jahreszeiten gibt, so gibt es solche Zeiten auch im geistlichen Leben. Entwickel eine Feinfühligkeit für das, was Gott tut.

Alttestamentliche Lesung 2. Mose 7.8

25. Januar

Neutestamentliche Lesung Matthäus 18,1-20

Wahrlich, ich sage euch: Wenn ihr nicht umkehrt und wie die Kinder werdet, so werdet ihr nicht ins Himmelreich kommen. (Mt. 18,3)

Wenn der Eintritt in das Himmelreich von meiner Intelligenz, meinen Werken oder Leistungen abhinge, dann würde ich es nie schaffen. Dasselbe trifft für meinen Platz im Himmelreich zu. Darum preise ich Gott, daß die Wege der Welt nicht die Wege des Himmelreichs sind. Im Himmelreich ist kein Platz für weltlichen Ehrgeiz, der sich danach sehnt, der Größte zu sein. Es ist kein Platz für jemand, den es nach Geldgewinn gelüstet, damit er für sich selbst Macht und Ruhm erwerben kann. Jesus sagt, daß eine Bekehrung stattfinden muß, und das ist ein Werk des Heiligen Geistes. Wir können zu Gottes Bekehrungswerk unseren besten Beitrag leisten, indem wir uns diesem Werk täglich hingeben. Gottes Ziel ist, in uns kindlichen (nicht kindischen) Glauben wachsen zu lassen. Kindlicher Glaube ist unkompliziert und einfach im besten Sinne des Wortes. Das ist unvereinbar mit der menschlichen Natur und dem Verlangen der Selbstsucht. Darum also ist Bekehrung notwendig.

Als Jesus mit Nikodemus sprach, sagte er, daß man wiedergeboren sein muß, um das Reich Gottes zu sehen (Joh. 3,3). In unserem Abschnitt sagt Jesus: »Bekehre dich, und werde wie ein Kind.« Wenn wir erst einmal vom Geist aus der Höhe wiedergeboren sind und unser Geist mit dem Geist Christi eins geworden ist, dann kann das Werk unserer Bekehrung beginnen. Dann können wir für das Himmelreich tauglich gemacht und ausgerüstet werden. Die Art und Weise, wie das geschieht, steht im Widerspruch zu der Lebensweise der Welt. In der Welt muß man durch intellektuelle oder andere Bemühungen hohe Qualifikationen erringen. Und wenn man darauf besteht, daß die Welt einem einen Ehrenplatz für die eigenen Leistungen geben soll, dann muß man noch härter für noch höhere Ziele arbeiten und sich als Belohnung nach öffentlicher Anerkennung sehnen. Bekehrung verlangt noch mehr von uns, weil wir alles verlassen müssen. Ich kenne nur einen Ehrgeiz, den wir haben können, an dem wir uns freuen und für den wir alles tun, nämlich Jesus zu verherrlichen. Anstatt nach einem Ehrenplatz und nach hohen Positionen zu streben, sollten wir danach verlangen, zu dienen. In der Welt klettert man hinauf, um Erfolg zu haben. Im Himmelreich steigt man hinab.

Demut, Sanftmut und kindlicher, unkomplizierter Glaube, das alles kennt die Welt nicht. Einfachheit ist der Schlüssel, und, gelobt sei Gott, der Heilige Geist weiß genau, wie er diese Bekehrung in unserem Leben zustande bringen kann. Sie muß in unserem Herzen geschehen, sie ist ein Werk der Gnade in uns. Darum verzweifle nicht, mein lieber Freund in Christus, sondern freue Dich, wenn Du Jesus Dein Herz gegeben hast und wenn der Heilige Geist in Dir wohnt, um mit Deiner Bekehrung anzufangen. Er trennt Dich von Deinen alten, weltlichen Gewohnheiten und rüstet Dich aus für ein Leben des Dienens in Gottes Reich. Freue Dich! Gib Dich hin, und werde wie ein Kind.

Ein Edelstein für heute: Wirf alle eigenen Versuche ab, kindlich zu sein, und komm einfach in die Arme Deines Vaters.

Alttestamentliche Lesung 2. Mose 9.10

26. Januar

Neutestamentliche Lesung Matthäus 18,21-35

Da trat Petrus zu ihm und fragte: Herr, wie oft muß ich denn meinem Bruder, der an mir sündigt, vergeben? Genügt es siebenmal? Jesus sprach zu ihm: Ich sage dir: nicht siebenmal, sondern siebzig mal sieben. (Mt. 18,21.22)

Die einfachsten Dinge in unserem christlichen Leben sind es manchmal, die am meisten vernachlässigt werden. Ich vermute, daß das damit zusammenhängt, daß wir auch die einfachsten Dinge in unserem »normalen« Leben vergessen. Wer hätte je gedacht, daß wir Aufkleber brauchen, um uns daran zu erinnern, daß wir unseren Kindern unsere Liebe zeigen müssen? Unsere Kinder jeden Tag zu lieben ist eine so grundlegende und natürliche Sache. Aber auf wieviel Autos kann man den Aufkleber sehen: Hast du heute schon dein Kind gelobt?

Petrus hatte eine Frage. Vielleicht war er mit einem anderen Jünger in Streit geraten. Es klingt so, als hätte er Probleme, ein und demselben Bruder immer und immer wieder zu vergeben. Oder vielleicht war es nicht sein eigenes Problem, sondern er fragte es im Hinblick auf einen anderen, der nicht vergeben wollte. Das Wichtigste, was Petrus tun konnte, und zugleich das Einfachste, wenn er eine Antwort erhalten wollte, war, zu Jesus zu gehen. In der Seelsorge habe ich festgestellt, daß die Menschen fast alles tun, bevor sie ihre Frage oder ihr Problem zu Jesus bringen. Sie wenden sich an Bücher, sie suchen nach Kassetten, die vielleicht die Antwort geben, und oft suchen sie noch und noch gute und schlechte Seelsorger auf. Dabei ist die ganze Zeit das Einfachste und Erste, was sie tun sollten, dies: sich allein zurückzuziehen und in kindlichem Glauben ihr Problem zu Jesus zu bringen.

Das Problem selbst wird zu einem Segen, wenn es uns dazu führt, Jesus zu begegnen. Die Zeit, die wir mit Jesus verbringen, ist von größerem Wert als die Antwort auf unsere Frage. Der Glaube wartet auf die Antwort, weil er weiß, daß Jesus die Antwort ist. Wenn wir die Antwort ohne Jesus bekommen, dann haben wir sie nur aus zweiter Hand. Sie hat dann nicht dieselbe Frische, ist nicht mit dem Duft Christi umgeben und verliert auf dem Weg zu uns einiges an Qualität und Leben.

Petrus' Frage war, wie oft er einem Bruder vergeben soll, der ihn ärgert. Es ist so, als würde Jesus sagen: »Siebenmal? Hat er dich so oft geärgert,

Petrus? Wie oft wird mein Vater im Himmel dir vergeben, und wie oft hättest du gerne, daß er dir vergibt? Wieviel hat er dir vergeben, und wieviel wird er dir noch vergeben?« Meine Antwort ist: so viel, wie das Kreuz Jesu Christi tragen kann. Es ist ein Gebot für unsere geistliche Gesundheit, daß wir nicht nur Vergebung empfangen, sondern auch lernen, selbst zu vergeben. Wenn wir lernen, dem anderen schnell zu vergeben, dann heißt das letztlich, daß wir lernen, mit Gottes Vergebung uns gegenüber freigebig zu werden. Wir können Gottes Vergebung nicht vollkommen erfahren, bis wir nicht gelernt haben, uns selbst zu vergeben.
Ein Edelstein für heute: »Vergib uns unsere Schuld, wie auch wir vergeben unsern Schuldigern« (Mt. 6,12).

Alttestamentliche Lesung 2. Mose 11.12

27. Januar

Neutestamentliche Lesung Matthäus 19,1-15

Aber Jesus sagte: Laßt doch die Kinder und verwehrt ihnen nicht, zu mir zu kommen, denn Menschen wie ihnen gehört das Himmelreich. (Mt. 19,14)

Es wäre interessant herauszufinden, wieviel Christen als Kind Jesus begegnet sind und vielleicht wiedergeboren wurden. Ich denke, daß wir überrascht wären und es sich vielleicht sogar herausstellen würde, daß die meisten oder sehr viele als Kind zum ersten Mal von Jesus gehört oder eine Art von Entscheidung getroffen haben, ihm nachzufolgen. Ist es dann verwunderlich, wenn Jesus sagt: »Hindert sie nicht, zu mir zu kommen«?

Ist es nicht die Kindheit, in der das Herz am wenigsten von weltlichen Begierden und von selbstsüchtigem Streben in Unordnung gebracht wird? Der einfache Glaube fließt so leicht, und Kinder kümmern sich nicht um die tausend Wenn und Aber, die die meisten Erwachsenen in den Vordergrund schieben. Ihre Gedanken sind noch nicht verseucht von dem Unglauben der Welt, und sie können viel leichter als die Erwachsenen unter Sünde das verstehen, was die Bibel damit meint. Die Erwachsenen neigen mehr dazu, über das nachzudenken, was sie getan haben, anstatt darüber, wer sie sind, so wie es in der Bibel steht. Das kleinste Kind kennt den inneren Kampf, der beginnt, wenn es versucht, gut zu sein. Es wird gelehrt, das zu tun, was gut und richtig ist, aber trotzdem ist sein Verhalten sündig und unangemessen. Es ist nicht schwer, ein Kind davon zu überzeugen, daß es einen Hang zur Sünde hat.

Die meisten Kinder wollen das, was für sie am besten ist. Wenn sie nicht schlechte Erfahrungen gemacht haben, weil gedankenlose Erwachsene ihnen das Leben eines Christen als Gesetz geschildert haben, so sind sie sehr offen für das Evangelium. Jesus sagt ganz deutlich, daß es nur dieser Glaube und diese Einfachheit sind, durch die man in Gottes Reich kommen kann. Ist es nicht gedankenlos von uns, wenn wir unseren Kindern nicht die Gelegenheit geben, wiedergeboren zu werden, um in Gottes Reich zu kommen, wenn wir ihnen nicht helfen, Jesus wirklich persönlich zu begegnen, solange sie noch in einem Alter sind, wo ihr Herz so offen ist für solch eine Erfahrung? Wenn sie älter werden, so mag es sein, daß sie sich vom Glauben ihrer Väter abwenden. Aber ich sage nicht, daß es so sein muß. Wenn sie es jedoch tun, dann müssen sie immer mit dem Wissen leben, daß sie Jesus einmal begegnet sind. Vielleicht lehnen sie das ab, was sie mit ihrem Glauben erfahren haben, und tun es von sich. Vielleicht hören sie auf, in der Bibel zu lesen, und sprechen allem, was mit der Gemeinde zusammenhängt, jeglichen Wert ab. Aber sie werden sich nie von dem trennen können, was sie in ihrem Herzen mit Jesus erfahren haben. Die Wirklichkeit des Himmelreichs wird immer bei ihnen sein.

Der Bund, den ein Kind schließt, ist für Gott gültig, er wird ihn nicht brechen, sondern denen, die ihn einst geschlossen haben, bis ans Ende der Welt nachgehen. Solange noch Leben in ihrem sterblichen Leib ist, wartet er darauf, ihnen zu vergeben und sie zu erneuern. »Laßt doch die Kinder, und verwehrt ihnen nicht, zu mir zu kommen.«

Ein Edelstein für heute: Ein Kinderherz ist kostbar. Jesus möchte schon früh darin wohnen.

Alttestamentliche Lesung 2. Mose 13-15

28. Januar

Neutestamentliche Lesung Matthäus 19,16-30

Jesus aber sah sie an und sagte zu ihnen: Bei den Menschen ist's unmöglich; aber bei Gott ist alles möglich. *(Mt. 19,26)*

Ein reicher junger Mann kam zu Jesus und fragte ihn: »Meister, was soll ich Gutes tun, um das ewige Leben zu erlangen?« (Vers 16). Was sein religiöses Leben betraf, so fehlte ihm nichts, er konnte vor Jesus bekennen, daß er die Gebote von Jugend auf gehalten hatte. Trotzdem fehlte etwas in der Erfahrung dieses jungen Mannes. Wenn er nicht innerlich unbefriedigt gewesen wäre, dann wäre er ja nicht zu Jesus gekommen. Als einer, der beobachten und urteilen konnte, wußte der Mann, was in seinem Leben fehlte. Ich bin sicher, daß sein Reichtum ausreichte, um alle seine materiellen Bedürfnisse zu decken. Und er konnte aufrichtig bekennen, daß sein religiöses Leben über jeden Verdacht erhaben war, weil er die Gebote von Jugend auf gehalten hatte. Oder etwa nicht?

Jesus sah sofort die Aufrichtigkeit und die Not des jungen Mannes und sagte: »… Geh hin, verkaufe, was du hast, und gib's den Armen, dann wirst du einen Schatz im Himmel haben; und komm und folge mir nach« (Vers

21). Unglücklicherweise konnte der junge Mann sich das Himmelreich nicht leisten. Der Preis war ihm zu hoch. Jesus vertrat nicht die Ansicht, daß es Sünde ist, reich zu sein, sondern daß Reichtum ein Hindernis sein kann, um das ewige Leben zu erben. Für diesen Mann war sein Reichtum ein Hindernis, weil er ihn festhielt. Alles, was uns davon abhält, alles zu verlassen und Jesus nachzufolgen, das versperrt uns den Zugang zu Gottes Reich. Als Jesus dem jungen Mann sagte, daß er einen Schatz im Himmel haben würde, meinte er es auch so. Aber der, der vom Geist des Besitzens gefangengenommen ist, kann den Komfort von heute nicht loslassen, um Jesus zu vertrauen, daß er sich um die Bedürfnisse von morgen kümmern wird.

Als ich mich abmühte, mit meinem kleinen Gehalt unsere sechs Kinder zu versorgen, bekam ich Besuch von einem reichen jungen Bruder. Er schlug vor, daß unsere beiden Familien ihre Einnahmen auf ein gemeinsames Konto bringen sollten. Alles, was ich brauchte, sollte ich kaufen. Ich sollte nicht versuchen, mit meinem eigenen Gehalt auszukommen, sondern das Geld nehmen, das wir zum Leben brauchten. Das war wirklich eine schlimme Zeit für mich, und es war sicherlich mein Stolz, der mich nicht mehr ausgeben ließ, als ich verdiente. Eines Tages sagte mir dieser Bruder, ich bräuchte einen neuen Anzug, doch ich antwortete ihm, daß ich mir keinen leisten könnte. Er war erstaunt, nahm mich mit in ein Geschäft und ließ mich einen Anzug aussuchen. Dann forderte er mich auf, den Scheck auszufüllen. Es war eine harte Lektion für mich zu lernen, alles loszulassen und zu erkennen, daß mein Reichtum nicht in dem bestand, was ich besaß. Alles, was ich verdiente, mußte ich auf das gemeinsame Konto einzahlen. Ich danke Gott für diesen Bruder, denn alles, was ich jetzt habe, habe ich im Himmelreich angelegt. Ich habe mich auf Gottes Konto eingestellt und lebe nach meinen Bedürfnissen und nach Gottes Prioritäten. »Bei den Menschen ist's unmöglich, aber bei Gott ist alles möglich.«

Ein Edelstein für heute: Bevor wir Jesus begegnet sind, hatte unser Konto immer den Vermerk »Der Betrag reicht nicht aus.« Aber jetzt haben wir einen Blankoscheck, der unterschrieben ist mit dem Blut von Jesus Christus, das uns von aller Sünde reinigt.

Alttestamentliche Lesung 2. Mose 16-18

29. Januar

Neutestamentliche Lesung Matthäus 20,1-16

Was steht ihr hier den ganzen Tag herum? ... Er sagte zu ihnen: Geht ihr auch in den Weinberg. *(Mt. 20,6.7)*

Ich schreibe als einer, der ohne Vertrag in den Weinberg kam. Mir ist, als wäre der Text heute genau für mich geschrieben. Ich wußte ohne einen Schimmer des Zweifels, daß ich diese wunderbare Erfahrung der Erlösung nicht verdient hatte. Wenn andere meinten, sie verdient zu haben, so war das ihre Sache, ich wollte meine Erfahrung nicht auf sie übertragen. Ich wußte auch, wenn ich mir meine Erlösung verdienen müßte, dann wäre ich der schlimmste Versager unter den Menschen. Jesus kam zu mir, und von einem Vertrag war nicht die Rede, er sagte einfach: »Geh du auch hinein.« Oh, was für eine Freude und welch ein Friede ist seitdem in meinem Herzen! Und doch haben Jesus und ich ein Abkommen getroffen. Wenn ich alles verlasse, um ihm nachzufolgen, dann bin ich sein Jünger. Also ging ich los und folgte ihm in seinen Weinberg. Ich muß bekennen, daß es nicht immer einfach war und auch jetzt nicht immer einfach ist. Aber Jesus ist der geduldigste und liebevollste Arbeitgeber.

Ich hatte meine Stelle als Lehrer gekündigt und angefangen, in der Mission der Untergrundkirche zu arbeiten. Marjorie hatte ihre Stelle als Krankenschwester aufgegeben. Wenige Monate danach hatte ich finanzielle Probleme. Ich brachte diese Sache vor den Herrn und sagte: »Herr, wenn du Marjorie und unsere sechs Kinder schlechter versorgst als mein vorheriger Arbeitgeber, dann will ich zurückkehren und wieder für ihn arbeiten. An dem Tag, an dem ich keinen Dollar mehr in der Tasche habe, werde ich wieder selbst für meine Familie sorgen.« Und was meinst Du, der Tag kam tatsächlich, an dem es schien, als ob Gott meine Familie vergessen hätte. Grollend und murrend fuhr ich zum Büro der Schule, wo ich früher angestellt war. Auf dem Weg dorthin sprach Gott nur ein paar Worte zu mir. »Tim, du hast doch noch einen Dollar in der Tasche, oder?« Beschämt wendete ich das Auto und fuhr nach Hause. Ich hatte zugelassen, daß sich irgend etwas in mein Herz einschlich, und das raubte mir den wahren Lohn des Dienstes, nämlich die Freude. Die Freude am Herrn ist meine Stärke. Das war vor ungefähr elf oder zwölf Jahren. Ich habe den Wert der Zufriedenheit und der Freude kennengelernt, die aufblühen aus der Haltung heraus, daß der Herr weiß, was nötig ist. Er hat uns in der Not noch nie allein gelassen.

Übrigens brauchst Du nicht erst nach einem Weinberg oder einem Arbeitsfeld zu suchen. Denn wahrscheinlich stehst Du schon genau darauf: Es kommt letztlich nicht darauf an, was Du für den Herrn des Weinbergs tust, noch wieviel. Worum es wirklich geht zwischen dem Herrn des Weinbergs und Dir, ist, wie Du Deine Arbeit tust. Du brauchst den Dienst viel mehr als er, nämlich dazu, um eine richtige Beziehung zu ihm aufzubauen, um Genügsamkeit zu lernen und um Freude zu erfahren. Manche Brüder und Schwestern empfinden Freude und Zufriedenheit bei ihrem Müßiggang. Aber wenn der Tag kommt, an dem jeder das Seine empfängt, kann es sein, daß ihnen das nicht mehr richtig vorkommt.

Ein Edelstein für heute: »... Ich habe noch nie den Gerechten verlassen gesehen, noch seine Kinder um Brot betteln« (Ps. 37,25).

Alttestamentliche Lesung 2. Mose 19-21

30. Januar

Neutestamentliche Lesung Matthäus 20,17-34

Jesus aber blieb stehen, rief sie und fragte: Was soll ich für euch tun? (Mt. 20,32)

Kürzlich hatte ich zwei Seelsorgegespräche mit jungen Frauen, die völlig verwirrt waren in einer ernsten Eheangelegenheit. Weil sie auf die Leute gehört hatten, waren sie in diese Verwirrung hineingeraten.

Zwei blinde Männer, die am Straßenrand saßen, hörten, daß Jesus kam. Wenn sie eins wußten, dann das, daß Jesus von ihrer Not hören sollte. Sie riefen: »Ach Herr, du Sohn Davids, erbarme dich über uns!« Sie mußten nur laut genug schreien, um das zu unterbrechen, was auf der Straße vor sich ging. Sie riefen so laut, daß das Volk antwortete, aber nicht mit Erbarmen, sondern nur mit einem Faustschlag, damit sie ihren Frieden behielten.

Gott sei Dank folgten die blinden Männer nicht diesem Rat, sondern riefen noch lauter. Wenn sie auf das Volk gehört hätten, dann wären sie immer blind geblieben. Weil sie wußten, was sie wollten, hatten sie sich entschlossen, Jesus ihre Not wissen zu lassen. Die Verwirrung fängt normalerweise dann an, wenn man einem Rat folgt, der einen daran hindert, zu Jesus zu kommen. Die Frauen, von denen ich am Anfang sprach, hatten sich entschlossen, Jesus im Gebet von ihrem Problem zu erzählen. Aber wie bei den blinden Männern wurde ihre Not öffentlich bekannt, und es gab Menschen, die ihnen in den Weg traten und sie berieten, anstatt ihnen den Weg freizumachen, damit sie zu Jesus gehen konnten.

Mach Lärm, wenn es sein muß, aber nicht so, daß andere es hören. Schlage Lärm durch anhaltendes Gebet, so wie die blinden Männer. Erhebe Deine Stimme und rufe zum Herrn, bis er Dich hört. Natürlich ist es gut, wenn Du weißt, was Du willst. Was wirst Du sonst sagen und tun, wenn Du gebetet hast und durchgedrungen bist durch das Volk mit all seinen Weisungen und guten Ratschlägen und wenn dann Jesus fragt: »Was soll ich für dich tun?« Wenn Du weißt, was Du willst, dann hilft Dir das, ausdauernd und ohne Nachlassen zu beten, es läßt Ängste und Zweifel verschwinden. Stell Dir vor, wenn die blinden Männer gesagt hätten: »Ach Herr; wenn du heute nicht heilst, dann gib uns doch wenigstens ein kleines Almosen.« Wenn sie das im Sinn gehabt hätten, dann hätte die erste Zurückweisung des Volkes sie bestimmt zum Schweigen gebracht. Mach Dir klar, was Du willst, und gehe damit zu Jesus. Dringe durch das Volk hindurch, bis er Dich hört. Verschließe Deine Ohren vor jedem anderen Klang, schreie immer weiter, bis Jesus Erbarmen hat und Dein Leben berührt.

Ein Edelstein für heute: Sei einfältig und beharrlich in Deiner Suche nach Jesus, höre nicht auf, bis er Deine Not kennt und Dir hilft.

Alttestamentliche Lesung 2. Mose 22-24

31. Januar

Neutestamentliche Lesung Matthäus 21,1-22

Und wenn euch jemand etwas sagt, so sprecht: Der Herr braucht sie. Sogleich wird er sie euch losgeben. *(Mt. 21,3)*

Wer kann einer Bitte des Herrn widerstehen? Ich kann mich daran erinnern, wie ein lieber Bruder mir zum ersten Mal diese Schriftstelle zeigte. Wir kamen jede Woche zusammen, um zu beten. Bei diesem wöchentlichen Treffen hatte er einmal eine wirklich ansteckende Freude. Dieser Bruder freute sich so, weil der Herr durch die Bibel zu ihm gesprochen hatte. Er hatte ihm gezeigt, daß er uns dazu berufen hat, gute Werke für ihn zu tun. Dadurch, daß Gott Arbeit für uns hat, zeigt er, daß er uns braucht. Als junger und unreifer Christ hatte ich bis dahin fast immer nur gedacht, wie sehr ich den Herrn brauchte. Das war durchaus richtig, und ich bin aus dieser völligen Abhängigkeit von Gott nie herausgewachsen. Aber die Münze hat zwei Seiten, weil uns der Herr nämlich auch braucht.

Als Jesus seine Jünger sandte, damit sie die Esel für ihn holen sollten, waren sie bei ihm, und er wußte genau, wohin er sie senden wollte. Er gab ihnen Autorität und sagte ihnen, was sie tun sollten. Der Eselbesitzer war schon vorbereitet, ihnen das zu geben, worum Jesus bat, und Jesus sagte: »Sogleich wird er sie euch losgeben.« Wenn Jesus heute in Dein Herz schaut, wird er dann ein Herz finden, das bereit ist zu geben, das ihm zur Verfügung steht und alles hergibt, worum er bittet?

Vielleicht soll ich Dir heute sagen, daß Jesus weiß, daß Du ihn brauchst. Er weiß genau, wie es um Dein geistliches Leben steht, und wenn er jemand mit einer Bitte zu Dir senden will, dann kann er es tun. Die große Frage ist, wie dann Deine Antwort lauten wird.

Im heutigen Abschnitt lesen wir, wie Jesus in Jerusalem einzog. Die Zeit war gekommen, daß er sich selbst dort als König offenbarte. Mächte und Gewalten zitterten, und die religiösen Führer waren bedroht. Aber Jesus wußte, daß seine Zeit gekommen war. Es war Zeit, daß die Schrift sich erfüllte. »Sagt der Tochter Zion: Siehe, dein König kommt zu dir sanftmütig und reitet auf einem Esel und auf einem Füllen, dem Jungen eines Lasttieres« (Vers 5).

Im Himmel waren die Pläne schon gemacht. Die Schrift selbst sprach von diesen Plänen und rief sie aus für alle, die Ohren hatten zu hören. Und als es schließlich so weit war, kümmerte sich der Vater um jede Einzelheit. Nichts wurde übersehen, damit die Schrift sich erfüllte.

Wir brauchen uns nicht vor Menschen zu fürchten, weil Jesus gesagt hat: »Und wenn euch jemand etwas sagt, so sprecht: Der Herr braucht sie.« Gib darum mit großer Freude. Gott sei gelobt, es wird etwas in Deinem Leben geben, das der Herr braucht, damit Deine Freude vollkommen ist.

Ein Edelstein für heute: Wenn der Herr uns braucht, damit wir etwas vollbringen, dann laßt uns alles verlassen, um es zu tun.

Alttestamentliche Lesung 2. Mose 25.26

1. Februar

Neutestamentliche Lesung Matthäus 21,23-46

Als er in den Tempel kam und lehrte, traten die Hohenpriester und die Ältesten des Volkes zu ihm und fragten: Aus welcher Vollmacht tust du das, und wer hat dir diese Vollmacht gegeben? (Mt. 21,23)

Das Johannesevangelium berichtet uns über Jesus: »Er kam in sein Eigentum, doch die Seinen nahmen ihn nicht auf« (Joh. 1,11). Es wurde nicht nur seine Autorität und seine Herkunft in Frage gestellt, sondern die Kraft, aus der er diese mächtigen Wundertaten wirkte. Das Gleichnis vom Weinberg in der heutigen Lesung ist einfach. Es gab wohl keinen, der nicht verstehen konnte, was Jesus damit sagen wollte. In den Psalmen wird von Israel als dem Weinstock geredet, und Jesaja gebrauchte den gleichen Ausdruck, deshalb konnten alle Jesus verstehen.

Gottes Sohn war gekommen, um die Frucht des Weinstocks zu prüfen und in Empfang zu nehmen. Der Sohn und Erbe war gekommen, um zu empfangen, was rechtmäßig sein Eigentum war; aber diejenigen, welche für den Weinberg Sorge tragen sollten, verstießen Jesus, um das zu schützen, was sie für ihren Besitz hielten. Sie hatten den Weinberg an sich gebracht, rebelliert und das zu ihrem eigenen Nutzen in Besitz genommen, was Gott gehörte. Ist es nicht seltsam, daß Menschen so religiös sein können, daß sie religiöse Pflichten gewissenhaft erfüllen, indem sie das Gesetz und die Sakramente beachten, und dann doch das Allerbeste, was Gott für sie hat, Jesus Christus selbst, den Sohn und Erben, ablehnen?

Nachdem Israel Jesus als seinen verheißenen Messias abgelehnt hatte, wandte sich Gott den Heiden zu und gibt nun Dir und mir dieselbe Gelegenheit, die Israel gehabt hatte. Jetzt haben wir die Möglichkeit, den Herrn Jesus Christus anzunehmen, sein vollkommenes Opfer für unsere Sünden in Anspruch zu nehmen und danach zu streben, ihn kennenzulernen. In Kapitel 15 des Johannesevangeliums sagt Jesus, daß wir in ihm bleiben sollen. Unsere Beziehung zu Jesus sollte immer enger werden, weil Gottes Ziel für Juden und Heiden das gleiche bleibt. Wir sollten fruchtbringende Christen sein, damit, wenn Jesus zu uns kommt, um nach seinem Erbe zu schauen, er uns mit offenen Herzen und offenen Händen findet. Oder wird er feststellen, daß wir gerade von den Dingen Besitz ergriffen haben, mit denen Gott uns gesegnet hat; solche Dinge, die Gott uns für unser Wachstum und unser Wohlbefinden gab? Als Gott Satan in Hiobs Leben Freiheit gab und Satan Hiob den ganzen von Gott empfangenen Besitz wegnahm, konnte Hiob sagen: »... Der Herr hat's gegeben, der Herr hat's genommen ...« (Hiob 1,21). Alles gehörte Gott, er konnte damit tun, was er wollte.

Sollte der Herr zu mir kommen, um nach Frucht zu suchen, wird er sie finden? Oder würde er feststellen, daß ich so habgierig seinem Eigentum gegenüber geworden bin, daß es jetzt meinen Absichten dient, meinem Willen und nicht seinem? Muß der Herr es jetzt um meinetwillen wegnehmen und einem anderen geben? Gott ist in unser Leben gekommen und hat uns in den Weinstock eingepfropft. Jesus hat uns in sein Königreich eingepflanzt, und er wird immer wieder kommen, um seinen Weinstock zu prüfen.

Wenn der Herr kommt, um Frucht zu suchen, wie reagieren wir dann? Antworten wir dann wie Hiob: »Der Herr hat's gegeben, der Herr hat's genommen«? Vielleicht möchte er Dein Bankguthaben gebrauchen, von dem Du bekannt hast, daß der Herr es Dir gegeben hat; oder er will eine Beziehung auflösen, von der Du sagtest, daß sie im Herrn sei. Wirst Du offen sein für Gott und jeden Bereich Deines Lebens öffnen, damit er nicht nur gute Frucht sehen, sondern sie auch mitnehmen kann?

Ein Edelstein für heute: »Wer in mir bleibt und ich in ihm, der bringt viel Frucht; denn ohne mich könnt ihr nichts tun« (Joh. 15,5).

Alttestamentliche Lesung 2. Mose 27.28

2. Februar

Neutestamentliche Lesung Matthäus 22,1-22

Mit dem Königreich ist es wie mit einem König, der für seinen Sohn die Hochzeit ausrichtete. Und er sandte seine Knechte aus, um die Geladenen zur Hochzeit zu bitten; doch sie wollten nicht kommen.
(Mt. 22,2.3)

Wie mag das sein, wenn man blind ist, wenn man ständig von Dingen hört, sie aber nicht sehen kann? Es kommt vor, daß so oft von jemandem gesprochen wird oder daß mir so viel von einem bestimmten Platz erzählt wird, daß ich das Gefühl habe, ihn zu kennen. Wenn ich dann Gelegenheit habe, ihn zu besuchen, stelle ich fest, daß er in nichts der Vorstellung ähnelt, die ich mir gemacht hatte. In der heutigen Lesung sprach Jesus zum Volk Gottes über ein Königreich, das Israel nie gesehen hatte, und von einer Lebensqualität, die ihre Erfahrungen weit übertraf. Das Volk Gottes hätte in Jesus eine Dimension oder Lebensqualität erkennen können, die es von der Realität dieses Königreiches hätte überzeugen sollen. Aber das geschah nicht.

Jesus gebrauchte Gleichnisse, um vorherzusagen, daß die Menschen ihn und das Königreich ablehnen würden. In einem dieser Gleichnisse sprach Jesus von denen, die schon vom König eine Einladung zur Hochzeit erhalten hatten, aber die Einladung ablehnten, als das Fest vorbereitet war. Dann erzählte er, wie die Einladung an andere erging und wie viele eingeladen wurden. Jesus war gekommen, um sein Königreich aufzurichten.

Für alle, die ihn als Messias, als den von Gott gesandten Sohn anerkannten, war ein Platz in diesem Königreich bereit. Sie konnten das Königreich Gottes nicht sehen, aber sie konnten hören, was Jesus davon zu sagen hatte, und sie konnten durch das, was er tat, erkennen, daß der allmächtige Gott der König dieses Reiches war. Bis heute hat sich nicht viel geändert. Einer der wichtigsten Gründe, warum religiöse Menschen das Himmelreich ablehnen, ist, daß die Wunder, die in Gottes Reich geschehen, nicht mit ihrer Theologie übereinstimmen. Diese Menschen bestehen lieber voll Stolz auf der überzeugenden Gültigkeit ihrer Lehren und Theologien, als daß sie ihr Leben öffnen und zuerst nach dem Reich Gottes suchen.

Jesus redete immer über das Königreich. Wenn er der Messias Israels war, mußte er die Menschen herausführen aus der gesetzlichen Religion, die nur ein Schatten von dem war, was Gott verheißen hatte, und sie hineinführen in die Realität der Verheißung – in die Realität des Königreichs Gottes. Durch die Erfahrung der Wiedergeburt konnten die Menschen das Königreich sehen und hineingehen, weil der Geist des Königreichs ihnen gehörte und das Leben des Königreichs in ihnen hervorrief. Das Leben des Königreichs ist das ewige Leben. Es hat dieselbe Lebensqualität, die sich in Jesu Leben zeigte. Wer Jesus folgt und sein Jünger ist, wird hineingeführt in die Wahrheiten und das Leben des Königreichs, das die Welt überwindet. Jesus sagte, daß alle, die in Gottes Reich hineingehen, ein neues Leben bekommen, nicht unter dem Gesetz des Alten Bundes, sondern unter dem Neuen Bund. Durch seinen Geist lebt der König (Jesus) dieses Leben in allen und durch alle, die ihm folgen. Wenn wir Gottes Wort lesen, dann laßt uns erkennen, daß Jesus diese Wahrheiten in unserem täglichen Leben verwirklichen will, auch wenn er von Dingen spricht, die jetzt noch über unsere Erfahrungen hinausgehen.

Ein Edelstein für heute: Unser König hat die Einladung ausgesprochen. Wieviel uns Jesus noch vom Königreich offenbart und wieviel wir erfahren, hängt von unserer Bereitschaft ab, seine Einladung anzunehmen, uns führen zu lassen und ihm zu folgen.

Alttestamentliche Lesung 2. Mose 29.30

3. Februar

Neutestamentliche Lesung Matthäus 22,23-46

Jesus aber antwortete ihnen: Ihr irrt, weil ihr weder die Schrift kennt noch die Kraft Gottes. … So ist Gott nicht ein Gott der Toten, sondern der Lebenden. *(Mt. 22,29.32)*

Es ist wirklich wichtig, daß wir diese Wahrheit nicht nur mit unserem Verstand erkennen, sondern mit unserem Herzen – Gott ist der Gott Abrahams, Isaaks und Jakobs. Er war nicht nur ihr Gott, während sie in ihren sterblichen Leibern auf der Erde lebten, er ist auch jetzt ihr Gott, während sie in Gemeinschaft mit ihm leben. Ich glaube, es ist ungeheuer wichtig zu betonen, daß die christliche Botschaft beinhaltet, daß wir unseren sterblichen Leib ablegen und Unsterblichkeit anziehen. Die Verheißung Gottes, die uns unter dem Neuen Bund gegeben wird, ist die Unsterblichkeit des

Geistes, der Seele und des Körpers. Wenn wir davon etwas wegstreichen, hat Jesus wohl Grund, uns zu sagen: »Ihr irrt, weil ihr weder die Schrift kennt noch die Kraft Gottes.«

Die Kraft des Herrn, die Jesus von den Toten auferweckt hat, ist dieselbe Kraft der Gegenwart Gottes, die jetzt in unseren sterblichen Leibern wirkt. Zuerst, wenn wir wiedergeboren werden (geboren vom Geist aus Höhe), ist unser Denken, unser Gefühlsleben, unser Charakter und Wesen noch fern und im Gegensatz zur Realität des Königreiches Gottes, das gekommen ist, um in uns zu wohnen. Durch Gottes Kraft soll unser Leben eine radikale Veränderung erfahren. Diese Kraft oder der Geist Gottes erreicht uns durch sein Wort, erneuert unseren Sinn, läßt in uns eine neue Natur entstehen und entwickelt diese Natur, bis wir den Charakter von Christus selbst annehmen. Je mehr diese innere Umwandlung stattfindet (als Ergebnis davon, daß wir fortwährend, Tag für Tag, unser Leben dem Reich Gottes aussetzen), desto tiefer verstehen wir das Königreich Gottes, und umso weniger werden wir irren. Wir werden in der Tat die Schrift kennen – nicht nur intellektuell wissen, was sie sagt, sondern das Wort Gottes wirklich erfahren. Das Wort wird in uns wohnen, und wir werden die Kraft Gottes persönlich erleben und von ihr wissen.

Warum sollen wir uns den Kopf zerbrechen über das Leben nach dem Tod, wenn die tägliche Gemeinschaft mit Gott in seinem Wort uns mehr und mehr dahinführt, daß wir ständig die Wirklichkeit dieser neuen Lebensqualität erfahren? Jesus hat diese Lebensqualität ewiges Leben genannt und gesagt, daß sie eine absolute Gewißheit der Unsterblichkeit für unseren Geist, unsere Seele und unseren Leib ist. Rechne damit! Der Neue Bund gehört Dir. Das Leben in Christus, das Dir jetzt gehört, wird Dir auch später gehören. Investiere in dieses Leben, und triff Vorbereitungen dafür! Bleibe fest in der Wahrheit, forsche in der Schrift, suche zuerst nach dem Reich Gottes, und alle Dinge werden Dir zufallen. Gott belohnt die, die ihn eifrig suchen. Tue das, damit Du nicht irrst, »weil ihr weder die Schrift kennt noch die Kraft Gottes«.

Ein Edelstein für heute: Das Wort wirklich kennen heißt, es zu erfahren und Jesus Christus, das lebendige Wort, zu erkennen.

Alttestamentliche Lesung 2. Mose 31-33

4. Februar

Neutestamentliche Lesung Matthäus 23,1-22

... denn nur einer ist euer Meister; ihr aber seid alle Brüder.
(Mt. 23,8)

Jesus sprach von den Pharisäern und Schriftgelehrten, die Autorität hatten, das Gesetz auszulegen, das Mose von Gott gegeben war. Er sagte, daß sie voller Gelehrsamkeit auf dem Stuhl des Mose saßen und daß es ihnen gefiel, für ihre besondere Bildung bekannt zu sein und sich Titel anzuhäufen. Es gibt nichts Schlimmeres oder Lebloseres als Christen, die ihren Verstand mit dem Wort Gottes füllen, nur um enormes Wissen anzusammeln und Titel zu führen, ohne daß das Wort in ihren Herzen lebendig ist. Jesus gebot uns, auf Gottes Wort achtzugeben. Wenn das Leben unserer geistlichen Leiter nicht den Worten entspricht, die sie bekennen, so dürfen wir trotzdem nicht das Wort Gottes, das sie verkündigen, aufgeben. Wir sind nicht berechtigt, Gottes Wort (die Bibel) wegen der Heuchelei von irgend jemand zu ignorieren.

Jesus entwirft das Bild eines ganz anderen Geistes als des der Schriftgelehrten und Pharisäer. Bald muß Jesus seine Jünger verlassen, aber vorher versucht er, sie vor falschen Lehrern zu warnen, vor Männern, die in unerlaubter Weise mit Gottes Wort umgehen. Jesus vermittelt nicht den Geist der Gesetzlichkeit, sondern er ermutigt seine Jünger, Gottes Wort anzunehmen und sich nicht gefangennehmen zu lassen von den Traditionen und dem gesetzlichen Geist dieser Lehrer, die durch ihr Wissen andere Leute beeindrucken wollen. Sie fühlen sich geschmeichelt, wenn sie gesehen und gehört werden, und versuchen auch heute, unsere Lehrer und Pastoren zu werden.

Gott ist derjenige, der uns Pastoren und Lehrer gibt. In Neuseeland sagten wir: »Wem Gott einen Dienst verleiht, dem zeigt er auch Wege, diesen Dienst zu tun.« Du brauchst Gott nicht zu erwählen, er erwählt Dich. Man braucht nicht auf einem Titel zu bestehen, aber wenn jemand einen Titel führt, dann drückt der die Anerkennung dafür aus, daß Gott diesem Menschen einen Dienst verliehen hat. Gott hat in vielfältiger Weise mit mir über den Dienst gesprochen und hat mir sogar gesagt, daß ihm das gefällt, was ich tue. Trotzdem hat er mich nie »Pastor« genannt, sondern einfach »Tim« oder »Sohn«. Gott interessiert sich mehr für die persönliche Beziehung zu mir als für den Dienst, den ich tue.

Ja, lebe im Wort, und fühle Dich nicht abgestoßen oder irregeführt, wenn es Dir durch unvollkommene Gefäße angeboten wird. Folge nicht den Gefäßen oder ihren Worten. Das Wort, das sie bringen, muß immer zu Jesus führen, der Dein Meister ist; und Du wirst viele, viele Menschen finden, die Christus mit Dir suchen. Diese sind Deine Brüder und Schwestern. Auch jetzt, in diesem Augenblick, wo wir uns gemeinsam an den EDELSTEINEN freuen, soll unsere Gemeinschaft und Liebe ihr Ziel und Zentrum in Jesus haben, der unser Meister ist. Während ich jeden Tag die Bibelandacht schreiben darf, ist mein Gebet, daß das, was ich als Dein Bruder in Christus schreibe, Dich immer näher zu Jesus führt. Denn einer ist unser Meister. Stimmt mit ein in dieses Gebet, meine Freunde!

Ein Edelstein für heute: Alle Lehre, Predigt und Gemeinschaft muß zu Christus führen, unserem einzigen Meister.

Alttestamentliche Lesung 2. Mose 34-36

5. Februar

Neutestamentliche Lesung Matthäus 23,23-39

Jerusalem, Jerusalem, die du tötest die Propheten und steinigst, die zu dir gesandt sind! Wie oft habe ich deine Kinder sammeln wollen, wie eine Henne ihre Küken unter ihre Flügel sammelt, und ihr habt nicht gewollt! *(Mt. 23,37)*

Jerusalem war sicherlich eine Stadt Gottes. David, ein Mann nach dem Herzen Gottes, hatte sich dort niedergelassen und großen Reichtum für seinen Sohn Salomo angesammelt, um einen Tempel zu bauen. Einen Tempel, der so erfüllt war mit der Herrlichkeit Gottes, daß sogar die Welt sich verwunderte. Die Israeliten, Gottes Volk, verehrten Jerusalem, eine heilige Stadt, wo Gottes Volk vor seinen Gott treten konnte. Doch es war eine rebellische Stadt mit einem rebellischen Volk.

In ihrer Rebellion verwarfen die Menschen, besonders die religiösen Führer, den Herrn Jesus Christus als den verheißenen Messias. Was macht fromme Menschen so rebellisch und in ihrer Rebellion so blind für die Verheißungen Gottes? Inwieweit ähneln wir ihnen, verblendet durch unsere ganz besonderen Glaubensfragen und menschlichen Traditionen? Wie würden wir abschneiden, wenn wir in den gleichen Umständen wären? Würden wir so von unserer Tradition eingenommen sein, so stolz auf unseren frommen Glauben, daß auch wir starken Widerstand leisten würden gegen radikale Veränderungen in unserem Leben und in der gewohnten Ausübung des Gottesdienstes? Jesus nachzufolgen heißt aber gerade, daß solche Veränderungen geschehen.

Wenn das Himmelreich in den Herzen von Männern und Frauen so lebendig würde, wie Jesus es predigte, dann würde unser Leben und das der traditionellen Kirchen recht kräftige Veränderungen erleben. Wer kann mit Veränderungen ohne Schwierigkeiten fertig werden?

Eins ist von der heutigen Schriftlesung her klar. Jesus gibt nicht leicht auf, nicht ohne Tränen und einen leidenschaftlichen Anruf Gottes im Gebet. Es lag nicht daran, daß Jesus zu wenig gebetet oder sich zu wenig gekümmert hatte, daß Jerusalem schließlich besiegt, der Tempel zerstört wurde und die täglichen Opfer aufhörten. Es waren die harten Herzen eines frommen Volkes, das zu glauben wagte, daß sie es besser wüßten. Welchen Preis bezahlten sie für ihren religiösen Stolz!

Auch jetzt bittet Jesus für Dich und mich. Wir sind ein Leib, ein Volk, das ihm am Herzen liegt. Warum? Wir sind erwählt, ja sogar ausgesondert, um seine Braut zu sein. Was tun wir, während Jesus Fürbitte leistet, Tränen vergießt und vor dem Vater seinem Verlangen nach uns Ausdruck gibt? Werden wir selbstsüchtig an den Eigenschaften unseres Wesens festhalten, die unsere Beziehung zu Gott bedrohen, und uns nicht viel anders als die Menschen in Jerusalem verhalten? Oder werden wir unsere Selbstsucht loslassen, sie bekennen und dann der Liebe und Gnade Gottes erlauben, die radikale Veränderung herbeizuführen?

Ein Edelstein für heute: Ein Mensch nach dem Herzen Gottes ist jemand, dessen Herz gehorsam und bereit für von Gott geschenkte Veränderung ist.

Alttestamentliche Lesung 2. Mose 37.38

6. Februar

Neutestamentliche Lesung Matthäus 24,1-28

Und dies Evangelium vom Reich wird in der ganzen Welt gepredigt werden zum Zeugnis für alle Völker, und dann wird das Ende kommen. *(Mt. 24,14)*

Wenn Jesus anfängt, über die Endzeit zu reden und das Aushalten bis ans Ende, wird es ziemlich beängstigend. Er sagt seinen Jüngern, daß sie, seine Brüder, Anfechtung und Tod ausgeliefert würden und daß die Nationen sie hassen und um seines Namens willen sogar töten würden.

Wir leben in der Endzeit, wo viele bedrängt und betrogen werden und einander hassen. Falsche Propheten werden aufstehen, das Unrecht wird überhandnehmen, und die Liebe wird in vielen erkalten. Jesu Wort an uns in solch einer Zeit ist: »Wer aber bis ans Ende ausharrt, der wird gerettet werden. Und dies Evangelium vom Reich wird in der ganzen Welt gepredigt werden zum Zeugnis für alle Völker, und dann wird das Ende kommen« (Verse 13.14).

Preist Gott! Da steht nichts Negatives. Es braucht nicht bedrückend zu sein, und wir brauchen diesen Vers auch nicht zu übergehen, weil wir nicht verstehen. Indem Jesus seinen Jüngern die Zeichen der Zeit mitteilt, bereitet er sein Volk für die zukünftigen Dinge vor. Er möchte, daß wir uns an ihn wenden, um die himmlische Weisheit zu erlangen, die nicht von dieser Welt ist. Bittet, sucht, und klopft an! Er ermutigt uns, bis zum Ende auszuhalten, obwohl es einen großen Abfall geben und die Liebe vieler erkalten wird. Unrecht wird überhandnehmen, und Gottes Volk wird leicht zu bedrängen sein, sich untereinander hassen und einander verraten. Aber inmitten all dieser Geschehnisse wird es eine mächtige Erweckung geben, und trotz des Widerstandes und der Grausamkeit wird »dies Evangelium vom Reich … in der ganzen Welt gepredigt werden … für alle Völker«.

Ich möchte nichts in die Schrift hineinlegen, was dort nicht steht, aber der Heilige Geist macht mir diesen Text lebendig. Ich spüre den Eifer und die Kraft des Heiligen Geistes, der das Herz des Gläubigen überwinden läßt und der größer ist als die Feindschaft dieser Zeit. Wenn die Finsternis und Erniedrigung durch die Sünde überhandnehmen und Bitterkeit und Haß den Gläubigen umgeben, wird er mit dem Evangelium des Königreichs zurückstoßen können. Der, der glaubt, wird sich nicht fragen, wie er sich selbst retten kann, wenn diese Ereignisse sich abspielen, sondern er wird ganz beschäftigt sein, die Finsternis mit dem Licht und Bitterkeit und Haß mit der

Liebe zu überwinden. Wenn der Geist dieser Welt die mächtigen geistlichen Gewalten gegen die Gläubigen einsetzt, um sie zu zerstören, werden diese Mächte auf einen Christen stoßen, der weiß, daß der größer ist, der in ihm ist, als der, der in der Welt ist (1. Joh. 4,4). Durch Gottes Gnade und Macht werden wir das Evangelium des Königreichs mit solcher Vollmacht predigen, daß die Völker der Erde aufmerksam werden, und dann wird das Ende kommen.

Ein Edelstein für heute: Laß dir an meiner Gnade genügen; denn meine Kraft ist in den Schwachen mächtig (2. Kor. 12,9).

Alttestamentliche Lesung 2. Mose 39.40

7. Februar

Neutestamentliche Lesung Matthäus 24,29-51

Und er wird seine Engel aussenden mit lautem Posaunenschall, und sie werden seine Auserwählten sammeln, von einem Ende des Himmels bis zum andern. *(Mt. 24,31)*

Es wird ein Tag kommen, an dem ein großes Sammeln stattfindet. Unser Vers erinnert an 2. Mose 19, wo wir auch von einer großen Versammlung des Volkes Gottes lesen. Vers 19 in diesem Kapitel heißt: »Und der Posaune Ton ward immer stärker. Und Mose redete, und Gott antwortete ihm laut.« Gibt es etwas von Menschen Geschaffenes, das mit den verheißenen himmlischen »Kommunikationsmitteln« verglichen werden kann? Die Technik des Menschen ist verblüffend, wenn wir solche Dinge betrachten wie Sonden, die jahrelang in den Weltraum hinausfliegen und Bilder von der Oberfläche großer Planeten zurücksenden. Der Mensch hat sogar den Mond erforscht und ein Raumfahrzeug dorthin transportiert, so daß er auf seiner Oberfläche herumfahren konnte. Aber was kann man mit himmlischen Boten und Posaunen vergleichen, die erschallen, um die Auserwählten Gottes zu versammeln? Laßt uns daran denken, daß alles, was uns die Technik im Moment anbietet, eines Tages aufhören und nicht mehr sein wird. Was wir im Moment sehen und haben, ist sehr zeitgebunden, denn unser Erbe besteht nicht in diesen Dingen, sondern in den Realitäten, in die wir aus der Schrift einen kleinen Einblick gewinnen. Was kann bedeutungsvoller sein als eine Verheißung von Gott, eine Verheißung, die unser Leben für die Ewigkeit berührt? Wenn Gott sagt, daß er einen Engel oder mehrere sendet, um sein Volk zu sammeln, dann ist das genau das, was er tun wird!

Wir werden nicht mehr für heute leben, weil wir morgen sterben. Wir leben für immer, und die Schriftstellen sprechen von Geschehnissen, die die Ewigkeit berühren. Je mehr wir diese Schriftstellen lesen und ihrem Geist erlauben, in unser Denken und tief in unser Herz einzudringen, desto mehr werden wir den Geist dieser letzten Tage spüren oder seiner gewahr werden.

Wir können dann Teil der in diesen Schriftstellen verheißenen Geschehnisse werden, und wir werden vorbereitet sein, zu denen zu gehören, die Gott sammelt, um seine Absichten in diesen letzten Tagen auszuführen.

Du und ich, wir sind wiedergeboren und sind in der Schule Gottes, die vorbereitet für eine himmlische Invasion auf die Erde. Die Welt wird zittern vor der Größe der himmlischen Ereignisse, die stattfinden werden. Nie hat die Welt solche Dinge gesehen, aber sie wird! Du und ich, wir werden teilhaben und diesen himmlischen Boten Antwort geben, und der Schall der Posaune wird uns zu der großen Versammlung auffordern. Jesus spricht von Geschehnissen, die uns persönlich betreffen; so strecke dich im Glauben und Verstehen aus, um die Geschehnisse zu ergreifen, die Jesus vorausgesagt hat.

Ein Edelstein für heute: »Ihr seid das Salz der Erde. Wenn nun das Salz seine Wirkung verliert, womit soll man salzen?« (Mt. 5,13)

Alttestamentliche Lesung 3. Mose 1-3

8. Februar

Neutestamentliche Lesung Matthäus 25,1-30

Sein Herr sagte zu ihm: Recht so, du tüchtiger und treuer Knecht, du bist mit wenigem treu gewesen, ich will dich über viel setzen; geh hinein zum Freudenfest deines Herrn. *(Mt. 25,23)*

Ich habe viele Glaubensabenteuer mit Jesus erlebt, und wenn ich diese Erfahrungen weitergebe, bin ich mir bewußt, daß dies einen Hunger in den Herzen vieler Menschen nach ähnlichen Abenteuern hinterläßt. Es gibt ein beständiges Verlangen in den Herzen der meisten Christen nach geistlichen Erfahrungen und Realitäten, und je mehr Bücher über Glaubensabenteuer geschrieben und gelesen werden, desto größer wird dieser Hunger. So wächst dieses Verlangen, aber wir können nun einmal nicht von Wünschen leben. Früher oder später müssen wir einen Weg finden, damit dieser Wunsch ausreifen und in unserer eigenen Erfahrung Wirklichkeit werden kann. Glaube, der zur Erfahrung führt, ist nicht blind, noch ist er Wunschdenken. Er ist auf solide Grundlagen gebaut. Zuerst einmal muß unser Glaube in der Person des Herrn Jesus Christus und in den biblischen Tatsachen über ihn seine Mitte haben. Unser Verlangen nach Glaubensabenteuern darf nicht selbstsüchtig oder ichbezogen sein, sondern muß auf Christus bezogen sein. Wenn wir täglich die Gemeinschaft mit Jesus durch sein Wort suchen und das ganz bewußt tun, wird er uns umgekehrt sein Vertrauen schenken, damit wir für ihn arbeiten können. Was Gott schließlich durch uns und mit uns tut, hängt sehr davon ab, wie treu wir sind und wie wir mit den wenigen Dingen umgehen, die er uns anvertraut hat. Wenn wir uns danach sehnen, große Dinge für Gott zu tun, werden wir enttäuscht werden. Gott vertraut uns zuerst die kleinen Dinge an, und durch seine Gnade wachsen diese kleinen Dinge irgendwie zu großen Dingen heran.

Wenn wir in unserer täglichen Gemeinschaft mit Jesus durch das Wort fortfahren, werden Wahrheiten unerschütterlich in unser Leben eingebaut. Jede neue Situation, der wir begegnen, wird weit über unsere Fähigkeit, sie zu meistern, hinausgehen. Es wird immer die Notwendigkeit bestehen, täglich zu Jesus zu gehen, ihm die Schwierigkeiten und Probleme, denen wir gegenüberstehen, mitzuteilen und danach zu trachten, seinen Willen zu erkennen und zu tun. Uns geht es geistlich am besten, wenn wir von Jesus total abhängig sind, in jedem Umstand und in jeder Situation. Meine Haltung und mein tägliches Bekenntnis über die Jahre hinweg hat sich dahin entwickelt: »Ich kann nicht, aber er kann.« Ich bin dieser Situation nicht gewachsen, aber er ist es. Es gibt keinen Umstand, dem Gott nicht gewachsen ist.

Ich schätze die kleinste, niedrigste Arbeit, die der Herr mir auftragen mag, weil alles, was er mir zu tun gibt, wieder zu ihm zurückführt. Ich weiß auch, daß er alle Kraftreserven für mich hat, sie zu erfüllen. Vielleicht werde ich meine Belohnung für eine Aufgabe nicht jetzt erhalten. Wenn ich sie nicht jetzt, sondern später haben kann, warte ich gern, freue mich und werde motiviert durch die Verheißung, daß mir eines Tages persönlich von den Lippen Jesu zugesprochen wird: »Recht so, du tüchtiger und treuer Knecht.«

Ein Edelstein für heute: So wie man in der Welt eine Zeit braucht, in der man ausgebildet wird und Erfahrungen sammeln kann, so ist es auch im Königreich Gottes.

Alttestamentliche Lesung 3. Mose 4-6

9. Februar

Neutestamentliche Lesung Matthäus 25,31-46

Und der König wird ihnen antworten: Wahrlich, ich sage euch: Was ihr einem von diesen meinen geringsten Brüdern getan habt, das habt ihr mir getan. *(Mt. 25,40)*

Es wird ein Tag kommen, an dem der Menschensohn in all seiner Herrlichkeit kommt, die heiligen Engel werden erscheinen, und er wird vor den Völkern der Welt die Stellung der höchsten Macht einnehmen. Eine große Scheidung der Völker der Welt wird stattfinden, und die Fügsamen (die Schafe) werden getrennt von den Ungehorsamen (den Böcken). Was für ein mächtiges Ereignis wird es sein, wenn Jesus selbst diese große Trennung herbeiführt! Es wird für die Menschen zu spät sein, sich zu entscheiden, ob sie Jesus glauben wollen, oder sich damit zu beschäftigen, was sein Heilsplan für ihr ewiges Leben bedeutet. Dann wird jedes Auge Jesus in seiner ganzen Herrlichkeit sehen. Niemand wird Jesu Göttlichkeit oder seine königlich himmlische Autorität anzweifeln, denn die Engel des Himmels werden bei ihm stehen und seinen Thron umgeben, wenn Jesus über den Völkern zu Gericht sitzt.

Jesus macht sehr deutlich, was die Grundlage seines Gerichts bei diesem Geschehen sein wird. »Was ihr einem von diesen meinen geringsten Brüdern getan habt, das habt ihr mir getan.« Wir würden gut daran tun, selbst zu fragen: »Herr, wann haben wir dich hungrig gesehen und haben dir zu essen gegeben? oder durstig und haben dir zu trinken gegeben?« (Vers 37). Heute leidet ein großer Teil des Leibes Christi Hunger und Gefangenschaft; Jesus bezieht sich auf die Glieder an seinem Leib, und er spricht über unsere Anteilnahme an ihrem Leiden. Es scheint, daß es bei Jesu Gericht darauf ankommt, wie wir die anderen Glieder des Leibes behandelt haben. Wenn sich für uns eine Möglichkeit ergab, ihren Nöten zu begegnen, wie haben wir diese Möglichkeit genutzt?

Wenn Mitglieder unserer Familie krank, hungrig, durstig, ohne Kleider oder im Gefängnis waren, haben wir ihre Not nicht empfunden und etwas unternommen, um ihnen zu helfen? Wurde nicht ein Mitgefühl in uns wach, einfach deshalb, weil wir verwandt waren? Wieviel mehr sollten wir mit den Heiligen mitempfinden – weinen mit denen, die weinen, und uns freuen mit denen, die sich freuen. Wenn wir uns um die leidenden Glieder des Leibes kümmern (Paulus nennt das die Nöte des Leibes erkennen), wird eine neue Dimension von Christus in unserem Leben Raum finden. Die kleinste Tat, nur ein Glas Wasser in Jesu Namen gereicht, wird von ihm nicht unbemerkt bleiben.

Glaube ohne Werke ist tot; deshalb wollen wir nicht schuldig werden, indem wir übermäßig mit dem beschäftigt sind, was wir haben oder bekommen wollen. Denn sonst haben wir keine Zeit, auf die uns gegebenen Möglichkeiten zu achten, Jesus zu dienen, indem wir uns um die Glieder seines Leibes kümmern, genau in der Weise, wie wir bekennen, daß wir uns um das Haupt (Jesus Christus) kümmern.

Ein Edelstein für heute: Wenn wir geben, soll es im Verborgenen geschehen, »und dein Vater, der ins Verborgene sieht, wird dir's vergelten« (Mt. 6,4).

Alttestamentliche Lesung 3. Mose 7-9

10. Februar

Neutestamentliche Lesung Matthäus 26, 1-19

Was macht ihr's der Frau so schwer? Sie hat doch ein gutes Werk an mir getan. *(Mt. 26,10)*

Am Anfang der heutigen Lesung hatte Jesus gerade seinen Jüngern angekündigt, daß er in zwei Tagen ausgeliefert und gekreuzigt werden würde. Aber Jesus hatte Schwierigkeiten, diese Lehre über seinen Tod und seine Auferstehung weiterzugeben. Petrus hatte sich vorher einfach geweigert, dies anzunehmen, und Jesus hatte sich an Satan selbst richten müssen. »Er aber wandte sich um und sagte zu Petrus: Weg mit dir, Satan! Du bringst mich in Versuchung; denn du meinst nicht, was göttlich, sondern was menschlich ist« (Mt. 16,23).

Und dann beschreibt Matthäus, wie Jesus zum zweiten Mal vor seinem Tod gesalbt wird. Die erste Salbung war sechs Tage vor dem Passa im Haus des Lazarus geschehen, als Maria ein Pfund Salböl nahm, um die Füße Jesu zu salben. Jetzt, zwei Tage vor dem Passafest, kommt eine zweite Frau zu Jesus ins Haus von Simon dem Aussätzigen in Bethanien. Es scheint so, als ob die Jünger es nicht hören oder annehmen wollten, was Jesus über seinen bevorstehenden Tod sagte. Es waren nur noch ein paar Tage, und immer noch schien niemand zuzuhören; Maria aber hatte offensichtlich zugehört. Wenn sonst niemand das beachten wollte, was Jesus sagte, sie tat es. Eine zweite Frau nutzte nun die einmalige Gelegenheit, ihm zu dienen. Sie mußte sich entscheiden, entweder zuzuhören und anzunehmen, was Jesus seinen Jüngern über seinen kommenden Tod in Jerusalem sagte, oder sie konnte sich den Jüngern und ihrer Einstellung zu Jesu Lehre anschließen.

Diese Frau entschied sich, auf Jesus zu hören. Ich bin sicher, daß es ihr nicht gefiel, was sie gehört hatte, und wahrscheinlich hätte sie lieber nicht die Wirklichkeit dessen anerkannt, was er sagte. Vielleicht mußte sie gegen Gedanken und Ängste ankämpfen, aber sie gab Antwort. Die Jünger Jesu verwarfen offensichtlich die Tatsache, daß Jesus gesagt hatte, er würde gekreuzigt werden. Wer war diese Frau, daß sie Jesus glaubte und ihn für sein Begräbnis salbte? Sie hatte eine einmalige Gelegenheit, Jesus zu dienen, ihm ihre Liebe zu zeigen, und sie war nicht von dem beeinflußt, was alle anderen als Antwort auf das, was Jesus gesagt hatte, taten oder nicht taten. Sie brachte ein kostbares Salböl mit, ihr bestes, und hörte dann Jesus sagen: »Sie hat doch ein gutes Werk an mir getan.«

Laß Dich heute nicht durch das beeinflussen, was andere sagen oder denken. Vielleicht hast Du eine einmalige Gelegenheit, Jesus zu dienen, deshalb zeige ihm Deine Zuneigung. Es mag Dich alles kosten, was Du hast, aber sei offen. Verpasse keine von Gott gegebene Gelegenheit, und Du wirst Dich freuen, weil Du bis in Ewigkeit wissen wirst, welchen Wert Deine Taten und Deine Liebe für ihn haben.

Ein Edelstein für heute: Gott dienen heißt manchmal, alles zu mißachten, was andere denken, und mit Gott allein zu stehen.

Alttestamentliche Lesung 3. Mose 10-12

11. Februar

Neutestamentliche Lesung Mt. 26,20-56

Ich sage euch: Ich werde von nun an nicht mehr von dieser Frucht des Weinstocks trinken bis zu dem Tag, an dem ich von neuem mit euch davon trinken werde im Reich meines Vaters. (Mt. 26,29)

Nachdem Jesus verraten wurde, ging er zum Garten Gethsemane, um zu beten. Er wußte, daß er dem Tod am Kreuz und all den schrecklichen Mißhandlungen entgegenging, die die Menschen ihm antun würden. Er wußte auch, daß es der Wille des Vaters war, daß er seinen Leib als lebendiges und vollkommenes Opfer für Deine und meine Sünde darbringen sollte, und er beugte sich diesem Willen. Kurz davor hatte Jesus das Brot genommen, es gebrochen und vor seinen Jüngern erklärt, daß sein Leib für ihre Sünde gebrochen werden würde. Jesus hatte den Kelch genommen und, als sie alle davon tranken, erklärt, daß er sein Blut vergießen würde, weil er »Gottes Lamm, das die Sünde der Welt trägt« ist (Joh. 1,9). Welche Gedanken bewegten Jesus, als er, nur wenige Stunden vor seinem Leiden und Tod, das Brot nahm und den Wein mit seinen Jüngern trank? In dem, was er sagte, zeigt sich, daß er über seine Jünger und Dich und mich nachdachte. »Ich werde von nun an nicht mehr von dieser Frucht des Weinstocks trinken bis zu dem Tag, an dem ich von neuem mit euch davon trinken werde im Reich meines Vaters.« In der Stunde der Hingabe, wo er seinen Leib als lebendiges Opfer für die Sünde darbrachte, dachte er schon über die Zeit nach, wo er mit uns im Reich seines Vaters davon trinken würde.

In seinem ersten Brief an die Korinther schrieb Paulus: »Denn sooft ihr von diesem Brot eßt und aus diesem Kelch trinkt, verkündigt ihr den Tod des Herrn, bis er wiederkommt« (1. Kor. 11,26). Deshalb wollen wir bei unserem nächsten Abendmahl die Freude und die Liebe vor Augen haben, die uns zugedacht ist, wenn wir bei Jesus sitzen und mit ihm im Reich seines Vaters gemeinsam trinken werden. Genau wie Jesus sein Leiden auf sich nahm und den Tag erwartete, wo wir mit ihm im Himmel sein würden, so sollen wir den Abendmahlskelch in der Vorfreude auf diese Zeit trinken. Jesus wird sich von der Frucht des Weinstocks enthalten und darauf warten, daß wir diese Verheißung im Reich seines Vaters feiern. Der Hebräerbrief ermahnt uns: »… laßt uns alles ablegen, was uns beschwert … Laßt uns mit Ausdauer in dem Wettkampf laufen, der uns bestimmt ist …« (Hebr. 12,1). So wie Jesus seine Augen auf den Vater gerichtet hielt und auf alles, was erfüllt werden mußte, so laßt uns »… auf Jesus sehen. Dieser hat wegen der Freude, die ihn erwartet, … das Kreuz erduldet« (Hebr.12,2).

Ein Edelstein für heute: Das Brot und der Kelch erinnern an die Verheißungen, die am Kreuz erfüllt wurden, und an die, die im Himmel erfüllt werden.

Alttestamentliche Lesung 3. Mose 13

12. Februar

Neutestamentliche Lesung Matthäus 26,57-75

Jesus sprach zu ihm: Du sagst es. Doch ich sage euch: Von nun an werdet ihr den Menschensohn sitzen sehen zur Rechten der Allmacht und kommen auf den Wolken des Himmels. *(Mt. 26,64)*

Der folgende Vers sagt: »Da zerriß der Hohepriester seine Kleider.« Nach den zwanzig Jahren meines Christseins stelle ich fest, daß sich wenig geändert hat. So viele Schüler der Bibel oder Schüler einer theologischen Richtung der Bibel sind so in ihren traditionellen theologischen Glaubensauffassungen gefangen, daß ein einfaches, erfahrbares Christentum für sie eine Beleidigung bedeutet. Ich preise Gott, daß nicht alle so sind, aber es gibt diejenigen, die wenig Zeit für eine tägliche Beziehung zu Jesus Christus haben und es vorziehen, nur ihre Bücher zu studieren, ja sogar ihre Bibeln; sie ziehen es vor, etwas über Jesus zu lernen, ohne sich die Zeit zu nehmen, den auferstandenen Christus kennenzulernen, der zur Rechten des Vaters sitzt und uns durch den Heiligen Geist zugänglich ist.

Es geht nicht um einen Kampf mit der Frage: Theologie gegen Jesus Christus oder Theologie gegen eine persönliche Gemeinschaft mit ihm. Die Antwort besteht ganz sicher darin, beides zusammenzuschließen. Wenn der Hohepriester sich in die Gemeinschaft mit Jesus eingelassen hätte, was für ein wundervolles Verständnis der Schrift hätte er haben können! Die Propheten hätten eine ganz neue Bedeutung für ihn gewonnen, und er hätte die Dinge Gottes in einer Weise verstehen können, wie er es durch rein intellektuelles Bemühen nie gekonnt hätte. Ja, die Antwort liegt darin, daß Jesus im Mittelpunkt jedes Studierens, jeder Lehre und Tradition des Menschen stehen muß.

Wenn nur der Hohepriester imstande gewesen wäre zu hören, was Jesus sagte, anstatt sich zu entrüsten. Jesus sagte ihnen: »Ich werde wiederkommen. Und noch mehr: ihr werdet mich in den Wolken des Himmels kommen sehen. In der Zwischenzeit werde ich dasitzen, ruhig und befriedigt nach der vollbrachten Sühnung der Schuld, die der Gerechtigkeit Gottes vollkommen Genüge leistet. Ich werde den Moment abwarten, den der Vater für mich erwählt hat, um wieder zurückzukommen und um alle um mich zu versammeln, die dieses Opfer angenommen haben.«

Die Tempelopfer haben aufgehört, jetzt steht uns das Blut Jesu Christi zur Verfügung. Mein lieber christlicher Freund, wir erwarten Jesu Kommen, und bis zu diesem Augenblick können wir uns an der Gemeinschaft mit Jesus freuen. Tag für Tag lernen wir ihn besser kennen, nicht nur, weil wir über ihn lesen. Er wird kein Fremder sein, wenn wir ihn von Angesicht zu Angesicht sehen. Schau auf, mein Freund, denn an jedem Tag kann die Posaune erschallen und Jesus in den Wolken erscheinen.

Ein Edelstein für heute: Vielleicht heute!!!

Alttestamentliche Lesung 3. Mose 14

13. Februar

Neutestamentliche Lesung Matthäus 27,1-30

Pilatus fragte sie: Was soll ich denn mit Jesus machen, von dem gesagt wird, er sei der Christus? (Mt. 27,22)

Der Jünger Jesu, Judas Iskariot, hatte seine eigenen Vorstellungen über Jesus, und trotz der dreijährigen Jüngerschaft handelte Judas immer noch nach seinem eigenen Willen. Er war absolut nicht bereit, mit den anderen zu teilen, und er war auch nicht willig, den ganzen Weg mit Jesus zu gehen. Was immer auch Jesus über das Königreich Gottes zu sagen hatte, war schön, aber Judas ordnete sich Jesus und seinem Plan vom Königreich nicht unter, wenn dieser nicht seinen eigenen Wünschen entsprach. Wenn Jesu Taten im Gegensatz zu seinen Wünschen standen, versuchte Judas etwas zu ändern, aber es gelang nicht. Er hatte den Kurs seines Lebens so in Gegensatz zu der Richtung gestellt, in die Jesus seine Jünger führte, daß es keine Umkehr gab. Er muß im Geheimen viele Dinge abgelehnt haben, die Jesus sagte, er muß sich so gewehrt haben, geführt zu werden, daß sein Herz nun verhärtet war und er nicht umkehren konnte.

Obwohl Pilatus keine Schuld an Jesus fand, suchte er angesichts der zornigen Masse nach einem Ausweg aus der Situation, in der er sich befand, und diesen Ausweg ging er. Wir, die wir wiedergeboren sind, stehen ständig vor derselben Entscheidung, der Pilatus gegenüberstand, als er fragte: »Was soll ich denn mit Jesus machen, von dem gesagt wird, er sei Christus?« Wir wollen Jesus nachfolgen. Wir bekennen unsere Bereitschaft, uns führen zu lassen, und geben ihm sogar unser Leben hin, aber die Frage bleibt, was werden wir heute mit ihm tun, gerade jetzt?

Werden wir fortfahren, unser Leben hinzugeben, oder werden wir, wie Judas, unsere eigenen Pläne und Absichten durchsetzen und so eines Tages ganz unseren eigenen Weg gehen? Jetzt, wo wir, die wir wiedergeboren sind, wissen, wer Jesus ist, werden wir uns seinem Willen und seinen Absichten jeden Tag hingeben? Werden wir gehen, wohin er uns führt?

Jesus hat uns aufgerufen, dem Fürsten dieser Welt abzusagen, und so aus Ägypten auszuziehen. Gott gebraucht Jesus so, wie er Mose gebrauchte, sein Volk aus Ägypten zu führen. Jedoch als Mose Israel herausgeführt hatte, entdeckte er, daß Israel Ägypten nicht hinter sich gelassen hatte. Welches ist Deine Antwort an Jesus heute, wenn er sich bemüht, Dich von den weltlichen Handlungsweisen zu befreien, die keinen Raum im Königreich Gottes haben? Wenn Du aus der Welt herausgekommen bist, von wem wirst Du jetzt geführt? Wie würdest Du, mein lieber christlicher Freund, diese Frage heute beantworten? Meine Frage ist nicht, wie Du in der Vergangenheit geantwortet hast, sondern wie Du heute antwortest.

Ein Edelstein für heute: Die Entscheidung, wem Du dienen willst, muß täglich neu getroffen werden.

Alttestamentliche Lesung 3. Mose 15-17

14. Februar

Neutestamentliche Lesung Matthäus 27,31-66

Am nächsten Tag kamen die Hohenpriester und Pharisäer gemeinsam zu Pilatus und sagten: Herr, wir haben uns daran erinnert, daß dieser Verführer, als er noch lebte, gesagt hat: Ich will nach drei Tagen auferstehen. *(Mt. 27,62.63)*

Die Hohenpriester und Pharisäer verspotteten Jesus immer noch und beschimpften ihn, aber sie waren beunruhigt durch etwas, was Jesus gesagt hatte. Wie bei Judas war ihr Denken sehr menschlich. Sie konnten Jesu Worte nur so verstehen, daß die Menschen etwas unternehmen würden. An Gottes Kraft glaubten sie nicht. Sie vermuteten, daß die Jünger kommen, das versiegelte Grab aufbrechen und den Leichnam stehlen könnten, um so die Auferstehung Jesu zu behaupten. Wie eng war doch das Denken dieser gebildeten Leute, die bald lernen mußten, daß die Abwesenheit eines Leichnams nie eine Auferstehung begründet hat.

Vers 61 interessiert mich. »Es waren aber dort Maria von Magdala und die andere Maria; die saßen dem Grab gegenüber.« Wenn die Worte Jesu »Nach drei Tagen werde ich wieder auferstehen« diese Männer schon beunruhigt hatten, dann bin ich mir sicher, daß sie erst recht besorgt gewesen wären, wenn sie die beiden Frauen dort hätten sitzen sehen können. Sie hätten nicht anders gekonnt als sich zu fragen, was die Frauen dort taten oder worauf sie warteten. Vielleicht dachten die Frauen über das nach, was ein paar Tage vor der Kreuzigung Jesu passiert war, als Maria die Füße Jesu salbte. Vielleicht dachten sie über Ereignisse des Dienstes Jesu nach oder warteten und paßten auf. Glaubten sie seinen Worten über seinen Tod?

Was bedeutet Dir die Lehre von der Auferstehung? Es ist viel leichter, an diese Ereignisse zu glauben, nachdem sie geschehen sind; und trotzdem gibt es noch viele, die nicht daran glauben. Aber was bedeutet die Auferstehung in unserer eigenen Erfahrung? Es ist nicht das Kopfwissen von der Auferstehung, das Gott seinem Volk wünscht. Wir sollen eine Veränderung in unserem Leben erfahren, die dem entspricht, was Jesus für uns getan hat. Gottes Absicht für Dich ist es, die Wahrheit zu kennen und, ähnlich wie die Frauen, gespannt die Verheißung der persönlichen Auferstehung zu erwarten. Jesus sagte: »… ich (will) wiederkommen und euch zu mir nehmen …« (Joh. 14,3). Weil Jesus lebt, werde ich auch leben!

Ein Edelstein für heute: Die Auferstehung bedeutet dem menschlichen Verstand nichts, aber durch die Kraft des Heiligen Geistes kann sie dem Herzen des Menschen und seiner Erfahrung mitgeteilt werden.

Alttestamentliche Lesung 3. Mose 18.19

15. Februar

Neutestamentliche Lesung Matthäus 28

Er ist auferstanden! *(Mt. 28,7)*

Wenn wir feinfühlig sind für das, was der Heilige Geist uns zeigt, dann können wir Schriftstellen ausfindig machen, die andeuten, daß die Frauen, die Jesus nachfolgten und ihm dienten, immer im Hintergrund dabei waren. Nachdem Jesus gekreuzigt war, gab es ein Erdbeben. »Als aber der Hauptmann und die Männer, die mit ihm Jesus bewachten, das Erdbeben sahen und was da geschah, erschraken sie sehr und sagten: Wahrhaftig, dieser ist Gottes Sohn gewesen!« (Kap. 27,54). Vers 55 fährt fort: »Und es waren Frauen da, die von ferne zusahen; die waren Jesus aus Galiläa gefolgt und hatten ihm gedient ...«

Im Kapitel 28 ist der Sabbat nun vorüber. Als der erste Schein der Morgendämmerung am Himmel über der Stadt anbricht, machen sich Maria Magdalena und die andere Maria auf den Weg zum Grab. Sicher fragen sie sich, wie die Soldaten sie empfangen werden und wie der Gärtner ihre Bitte aufnehmen wird, den Stein wegzurollen, so daß Jesus für die Beerdigung richtig vorbereitet werden kann. Plötzlich gibt es ein großes Erdbeben, ein Engel kommt vom Himmel, rollt den Stein vom Eingang des Grabes hinweg und setzt sich auf den Stein. Welch ein Erlebnis, am Morgen der Auferstehung Jesu in jenem Garten dabeigewesen zu sein! Die Gärtner und die Soldaten aber dachten anders darüber und wandten diesem wunderbaren, von Gott geschenkten Erlebnis den Rücken zu.

Heute sehen wir uns der gleichen Entscheidung gegenüber, die von den Soldaten und den beiden Marias getroffen werden mußte. Die Soldaten beantworteten dieses von Gott geschenkte Erlebnis auf weltliche Weise, sie nahmen Bestechungsgeld an, um das größte Ereignis, das die Welt je gesehen hat, abzuleugnen. Die Frauen aber, die immer dabei waren, die Jesus folgten und ihm dienten, erlaubten dem Heiligen Geist, ihre Herzen und Augen für dieses große Geschehen zu öffnen. Als der Engel ihnen sagte, sie sollten eilen und den Jüngern Jesu Bericht erstatten, taten sie genau das. Ihre Herzen waren offen, als sie Jesus sahen, sie erkannten ihn und fielen ihm zu Füßen, berührten zart diese verwundeten Füße, die erst vor kurzer Zeit gesalbt worden waren. Kannst Du Dir die Aufregung und Freude vorstellen, als sie die größte Botschaft, die die Welt je gehört hat, an Jesu Jünger weitergaben? Er ist auferstanden!!! Von diesem Augenblick an war ihr Leben nicht mehr wie vorher, denn sie sollten der Welt diese Botschaft verkündigen. Mir scheint, daß Jesus ganz bewußt diese Gartenbegegnung für die beiden Frauen herbeigeführt hat. Jesus ist jemand, der »denen, die ihn suchen, ihren Lohn gibt« (Hebr. 11,6). Die Frauen waren ihm treu gefolgt und haben ihm in der Stille während der drei Jahre seines Dienstes geholfen. Vielleicht wollte Jesus dadurch ausdrücken: »Gut gemacht, ihr guten und treuen Mägde. Nehmt die Botschaft, die der Engel verkündigt hat, damit die Welt eure Treue erkennen wird. Ich habe euch dazu erwählt, diejenigen zu sein, die diese ewigen Worte meinen Jüngern überbringen.«

Ein Edelstein für heute: »Denn wer etwas hat, dem wird noch mehr gegeben werden, so daß er übergenug hat« (Mt. 13,20).

Alttestamentliche Lesung 3. Mose 20.21

16. Februar

Neutestamentliche Lesung Markus 1,1-20

Und Jesus sagte zu ihnen: Folgt mir nach; ich will euch zu Menschenfischern machen! Sogleich ließen sie ihre Netze liegen und folgten ihm nach. (Mk. 1,17.18)

Markus stellt an den Anfang seines Evangeliums sogleich die Bußpredigt von Johannes dem Täufer, die Taufe Jesu durch Johannes, das Herabkommen des Geistes auf Jesus und die Bestätigung durch den Vater. Danach erlebte Jesus vierzig Tage geistlicher Versuchungen, die so anstrengend waren, daß die Engel ihm dienen mußten. War niemand anderes da, der Jesu Versuchungen und Leiden in dieser Zeit hätte verstehen, ihn in den Anfechtungen begleiten und Gemeinschaft mit ihm haben können?

Das nächste Ereignis, das Markus durch den Heiligen Geist weitergibt, ist, daß Jesus Menschen ruft, ihm nachzufolgen. Markus berichtet sehr knapp. Dadurch ist es leicht, eine Folge von Ereignissen auf einmal zu sehen. Sie erläutern Schritt für Schritt, wie man die Einladung Jesu, ihm zu folgen, annehmen und selber die Erfahrungen des Markusevangeliums machen kann. Zuerst kommt der Aufruf zur Buße. Das bedeutet, daß wir uns weigern, nach unseren eigenen Vorstellungen von Religion zu leben, daß wir dagegen unser Leben nach jedem Wort, das aus dem Munde Gottes kommt, ausrichten. Dann sehen wir die Taufe, in der wir als Wiedergeborene das ablegen können, wofür wir jetzt tot sind; sie ist ein Zeichen für unsere Buße. Schließlich lesen wir vom Empfang des Heiligen Geistes aus der Höhe. Das hat zur Folge, daß Satan uns mit allen Lügen und Versuchungen bestürmt, die er nur über uns bringen kann, um unser Vertrauen und die Treue gegenüber seinem Reich und ihm, dem Fürsten dieser Welt, wiederzugewinnen.

Der Schlüssel zur Freiheit von der Gebundenheit dieser Welt ist, Jesus nachzufolgen, ja, ihm ins Wasser zu folgen. Es ist der Heilige Geist, der den Feind unserer Seele überwindet durch das Wort Gottes, durch eine persönliche Begegnung mit Jesus Christus und durch die Bereitschaft, von ihm geführt zu werden. »Folgt mir nach!« sagte Jesus. Das war keine Einladung, sich einer Organisation oder Bewegung anzuschließen, sondern eine Einladung zu einer sehr persönlichen und engen Beziehung mit dem Herrn Jesus Christus selbst. Kein Mensch kann allen, die danach verlangen, eine solche Beziehung geben, ich nicht und keiner. Nur Jesus kann es.

Wenn wir das Markusevangelium zusammen durchlesen, ein Stück jeden Tag, dann suche nach den Versen, die Dein Herz erquicken und die Zuneigung auf den Mann Jesus Christus lenken, der sagt: »Folgt mir nach.« Begnüge Dich nicht damit, nur über ihn zu lesen, sondern werde still und pflege die Gemeinschaft mit Jesus. Wenn Du danach trachtest, ein Nachfolger zu sein und im Gehorsam zu leben, wird er Dich führen können, und Du hast die kostbare Perle gefunden.
Ein Edelstein für heute: Begnüge Dich nicht damit, daß ein anderer Dir Jesus vorstellt, lerne Du ihn persönlich kennen!

Alttestamentliche Lesung 3. Mose 22.23

17. Februar

Neutestamentliche Lesung Markus 1,21-45

Und am Morgen, schon vor Tage, stand Jesus auf und ging hinaus. Und er ging an einen einsamen Ort, um dort zu beten. Simon aber und die, die bei ihm waren, eilten ihm nach. *(Mk. 1,35.36)*

Bevor Markus diese Ereignisse aufschrieb, hatte er selbst als Jünger Versagen und Niederlage erlebt. Bei der Frage nach seiner Standfestigkeit war unter den Aposteln Streit aufgekommen, und als er diesen Evangeliumsbericht über die frühen Tage des Dienstes Jesu aufschrieb, müssen seine Worte für ihn eine tiefere Bedeutung gehabt haben, die der gewöhnliche Leser übersieht. Bedeutete Jüngerschaft (Jesus nachfolgen), daß Jesu Jünger angeleitet wurden, seine geistlichen Gewohnheiten mit ihm zu teilen? Jesus kannte die Notwendigkeit, sehr früh am Morgen aufzustehen, und Markus berichtet, daß er an einen einsamen Ort ging, um dort zu beten. Empfand Markus die Notwendigkeit, diese Gewohnheit für sein eigenes Leben zu übernehmen? Markus schrieb, daß die, die mit Jesus waren, ihm nacheilten; war dies Teil der Nachfolge Jesu? Können wir das in seine Worte hineinlesen? Was würde in unserem eigenen Leben passieren, in unserer eigenen persönlichen Nachfolge, wenn wir dem Lebensstil Jesu, den Markus uns hier beschreibt, folgen wollten, indem wir regelmäßig am Morgen eine Zeit mit Jesus verbringen würden?

Beginnt nicht hiermit die Jüngerschaft? Für Petrus und die anderen war es offenbar so. Markus sagt uns, daß dies die Art war, wie sie Jesus folgten.

Als die Jünger Jesus gefunden hatten, forderten sie ihn auf, seine Zeit des Alleinseins mit dem Vater abzubrechen mit der Begründung, daß alle Menschen ihn suchen würden. Dann trat Jesus auf und predigte in vielen Städten über das Königreich Gottes; und überall da, wo Jesus hinging, geschah etwas. Wenn er Menschen mit Dämonen begegnete, trieb er sie aus. Wenn sie krank waren, heilte er sie.

Es gab viele Menschen zu der Zeit Jesu, die Schwierigkeiten hatten mit der Frage, wer er sei, und mit den Dingen, die er tat. Sogar die Jünger hatten Probleme mit ihm, aber sie folgten ihm weiterhin, wie Petrus sagte: »Herr, zu wem sollen wir gehen? Du hast Worte des ewigen Lebens« (Joh. 6,68). Werden wir, wenn wir das Markusevangelium lesen, bereit sein, uns vom Geist dieser Worte führen zu lassen? Haben wir einen Geist, der sich führen lassen will, und stehen wir zur Verfügung, um früh am Morgen mit Jesus zusammenzutreffen? Würden wir, wenn wir dazu berufen wären, von Jesus die Macht annehmen, um unreine Geister auszutreiben und die Kranken zu heilen? Oh, was könnte geschehen, wenn wir uns durch den Geist und das Wort leiten lassen und wirklich Jesu Jünger würden!

Ein Edelstein für heute: Übe Dein Ohr, damit es hellhörig wird für den Heiligen Geist, damit er Dich in ein tägliches Leben mit Christus führen kann. Denn wer glaubt, »wird noch größere (Werke) als diese tun« (Joh. 14,21).

Alttestamentliche Lesung 3. Mose 24.25

18. Februar

Neutestamentliche Lesung Markus 2

Als nun Jesus ihren Glauben sah, sagte er zu dem Gelähmten: Mein Sohn, deine Sünden sind dir vergeben. *(Mk. 2,5)*

Adam kannte weder Krankheit noch Sünde im Garten Eden. Er erfreute sich eines vollkommen gesunden Körpers, und sein geistliches Leben war in Ordnung, weil er mit Gott lebte. Gott hatte den Menschen ja nicht für Krankheit oder Sünde geschaffen. Durch seine eigene, willentliche Entscheidung wählte der Mensch durch einen Akt des Ungehorsams die Sünde. Für eine einzige ungehorsame Tat gab er ein Leben der Gerechtigkeit auf, das er in der täglichen Gemeinschaft mit Gott gelebt hatte. Nur ein Moment war nötig, um von der Gemeinschaft mit Gott ausgeschlossen zu werden, und so wurde der Mensch gebunden und ein Sklave der Sünde. Krankheit und Leid folgten, bis Gott sich ein Volk erwählte und es die Bedeutung des Blutopfers lehrte, eines Lammes ohne Fehl. Das Lamm war ihnen kostbar, und sein Blut brachte Sühnung ihrer Sünden.

Die Propheten sagten das Kommen eines Messias nach dem vollkommenen Plan Gottes voraus, des Gesalbten, durch den sich Gott der Sünden seines Volkes annehmen würde. Der Prophet Jesaja schrieb: »... er ist um unser Missetat willen verwundet und um unserer Sünde willen zerschlagen. Die Strafe liegt auf ihm, auf daß wir Frieden hätten, und durch seine Wunden sind wir geheilt« (Jes. 53,55). Er sollte die Antwort Gottes auf den Fall des Menschen sein.

Was würde mit unserem Körper geschehen, wenn wir mit den Augen des Glaubens klarer sehen würden, und zwar mit der Art des Glaubens, den die vier Männer besaßen, die ihren gelähmten Freund auf das Dach trugen und zu Jesu Füßen niederließen? Was würde geschehen, wenn wir das vergossene Blut Jesu nicht nur als Sühnung unserer Sünden, sondern als Gottes Heilung für unsere Krankheiten ansehen würden?

Die Pharisäer und Schriftgelehrten hatten recht, wenn sie sagten, nur Gott könnte Sünden vergeben. Oh ja, Gott hat uns das Privileg gegeben, Sünden zu erlassen, aber nur aufgrund dessen, was Jesus getan hat. Wenn Jesus Sünden vergab, so beruhte die Vergebung auf dem Opfer, das er noch bringen würde. Als er sagte: »Deine Sünden sind dir vergeben«, schaute er in die Zukunft und sprach die Vergebung aus im Glauben an das Kreuz, das noch vor ihm stand.

Was würde mit der Krankheit passieren, wenn wir durch den Glauben an das Blut Jesu Christi, das uns ständig von aller Sünde reinigt, mit Gott solche Gemeinschaft suchen würden, wie Adam sie am Anfang gehabt haben muß? Verkündet der Prophet Jesaja Errettung von Sünde und Krankheit durch unseren Glauben an das Opfer des kommenden Messias? Der Gelähmte jedenfalls wird sich an diesem Tag an die Worte über die Sündenvergebung und Heilung erinnert haben.

Wir wollen uns durch die vielen Hindernisse hindurchdrängen und zu Jesus kommen, um vollkommene Rettung zu erfahren. Scheren wir uns nicht um die Pharisäer und Schriftgelehrten, die Kritiker und Zweifler. Wir wollen den Jesus dieses Wortes kennenlernen, ihn, der derselbe ist gestern, heute und für immer.

Ein Edelstein für heute: »Aber ohne Glauben ist's unmöglich, Gott zu gefallen; denn wer zu Gott kommen will, der muß glauben, daß er ist und daß er denen, die ihn suchen, ihren Lohn gibt« (Hebr. 11,6).

Alttestamentliche Lesung 3. Mose 26.27

19. Februar

Neutestamentliche Lesung Markus 3,1-21

Und er setzte zwölf ein, die er auch Apostel nannte – die sollten bei ihm sein, und er wollte sie aussenden, damit sie predigen und Vollmacht haben sollten, die bösen Geister auszutreiben. (Mk. 3,14.15)

Es ist sehr wichtig, daß wir lernen, so wie Jesus zu leben und zu handeln. Obwohl Markus alles so einfach macht und diese Geschehnisse ohne jede Ausmalung berichtet, ist ein wenig Nachdenken notwendig, wenn wir in unserem Geist hören wollen, was er sagt: »Und er ging auf einen Berg und rief zu sich, wen er wollte, und die gingen zu ihm hin« (Vers 13). Jeder wiedergeborene Gläubige wird sich mit diesem Ruf identifizieren können, denn Jesus spricht zu unserem Geist. Wir können sehen, daß der Vater an diesem Ruf beteiligt war, denn Jesus bekannte, daß er ohne ihn nichts tun könnte. Später betete er für die, die der Vater ihm gegeben hatte.

Von Anfang an war der Ruf Jesu eindeutig. Für die Gerufenen war es klar, was sie tun sollten. Die Jünger Jesu sollten hinausgehen, um zu predigen, und sie sollten Macht haben, die Kranken zu heilen und alle bösen Geister auszutreiben. Wo in ganz Israel oder wann in der Geschichte Israels waren Männer für solch einen Dienst berufen oder ordiniert worden? Oh, es hatte Propheten in Israel gegeben, die dafür bekannt waren, daß sie für die Kranken beteten, und einer hatte sogar ein Kind vom Tode auferweckt. Gott hatte gelegentlich Kranke geheilt, aber Geisteraustreibung und Sündenvergebung? Kein Wunder, daß die amtlichen religiösen Führer in Aufruhr waren und Jesus vom ersten Augenblick seines Dienstes an verfolgten.

Jesus war und ist immer noch unorthodox für die religiös Orthodoxen. Es ist möglich, daß wir von den Wahrheiten, um die es hier geht, so eingenommen sind, daß wir die Grundaussage übersehen. Und es kann geschehen, daß wir versäumen, uns auf das allerwichtigste Prinzip zu konzentrieren, das diese Wahrheiten erst zu Realitäten in unserer Erfahrung macht. Diese Wahrheiten müssen in unser Leben eingebaut werden, damit sie das sind, was Jesus mit ihnen plante, nämlich ein Ergebnis unserer Beziehung zu ihm.

Bevor Jesus seine Jünger aussandte, sagt die Schrift, daß er die einsetzte, die bei ihm sein sollten. Du wirst staunen, was mit Deinen Zweifeln und Theorien über bestimmte Schriftstellen passieren wird, wenn Du die tägliche Gewohnheit einübst, mit Jesus zusammen zu sein. Viele haben den Ruf gehört, das Abendmahl empfangen, aber sich gewundert, warum ihr Dienst kraftlos war. Die Antwort liegt in diesem einfachen und so leicht zu übersehenden Prinzip der Gemeinschaft mit ihm. Bevor wir ausgesandt werden können, brauchen wir eine Zeit mit Jesus, nicht mit Büchern und Bibellehre über ihn und seine Wege. Wir müssen Zeit in der Gemeinschaft mit Jesus verbringen. Wenn wir doch einen kleinen Teil jedes Tages geben würden, um zu lernen, bei unserem Herrn und Heiland zu sein! Wenn wir doch unser Leben nach ihm ausrichten würden, dann würde alles, was wir tun, ein Ergebnis dieser Beziehung werden. Wir würden dann ein Volk werden, das seinen Gott kennt.

Ein Edelstein für heute: Auf die Berufung folgt eine Einladung, zu kommen und mit Jesus das Mahl zu halten.

Alttestamentliche Lesung 4. Mose 1.2

20. Februar

Neutestamentliche Lesung Markus 3,22-35

Alle Sünden werden den Menschenkindern vergeben. Wer aber den Heiligen Geist lästert, der hat keine Vergebung für ewig.
(Mk. 3,28.29)

Es ist eine traurige Tatsache, aber unter den Gläubigen gibt es eine große Unwissenheit über diese Schriftstelle und darüber, wer der Heilige Geist wirklich ist. In unserer Schriftlesung sprach Jesus über Satan, den Fürsten dieser Welt, und über die Notwendigkeit, in das Haus dieses Starken einzudringen und ihn zu binden. Doch zuerst muß man ihn finden – das tat Jesus.

So wollen wir uns von diesem Betrüger nicht mehr länger täuschen lassen. Wenn er uns nicht durch seine Lügen über die Dinge dieser Welt binden kann, dann versucht er, Verwirrung zu stiften, indem er uns dazu bringt, daß wir Zweifeln und Ängsten über das Wirken des Heiligen Geistes Raum geben. Warum? Der Heilige Geist ist die wirkende Kraft Gottes, die uns in alle Wahrheit führt. Er öffnet unsere geistlichen Augen, damit wir sehen, und unsere geistlichen Ohren, damit wir hören können. Wir hätten uns nicht von unserer Sünde weg und zu Gott hingewendet, wenn der Heilige Geist uns nicht überführt und uns von dieser Notwendigkeit überzeugt hätte.

Wenn der Heilige Geist uns Jesus nicht als den Lebendigen offenbart hätte, dann wäre er nach wie vor für uns jemand, über den wir lesen und den wir mit unserem Verstand bejahen oder ablehnen würden, eine historische Figur in der Bibel. Aber Jesus kommt durch seinen Geist in unser Herz, und unser Geist wird eins mit ihm, wenn wir wiedergeboren sind. Das Leben des Geistes tief in unserem Herzen ist für einen natürlichen Menschen zu schwer zu verstehen, und Satan möchte aus diesem Unverständnis Kapital schlagen. Der Heilige Geist Gottes ist mächtig, und das, was er tut, ist mächtig. Gott, der Vater, braucht nur zu sprechen, und der Heilige Geist, Gottes Kraft, vollbringt die Wünsche, die im Herzen des Vaters sind. Wir haben gelesen, wie Menschen in den Tagen Jesu wunderbare, von Gott geschenkte Wunder der Heilung erfuhren, ja, daß ganze Menschenmengen geheilt wurden. Es war der Heilige Geist, der diese wunderbaren Werke durch den Herrn Jesus Christus auf den Befehl des Vaters hin vollbrachte. Jesus tat nur die Werke des Vaters, und der Heilige Geist war die Kraft, durch die die Werke wirklich geschahen.

So appelliert Satan an den natürlichen Menschen, an den ungläubigen Gläubigen, diese Werke zu untersuchen. Er weiß, daß der menschliche Verstand und die gefallene Natur nicht in der Lage sind, diese Werke der Gnade zu verstehen oder anzunehmen. Nur der Glaube versteht die Wahrheit und erkennt sie an. So ergreift Satan die Ungläubigen, täuscht sie mit seiner Hinterlist und versucht, sie dahin zu bringen, daß sie dem mächtigen Geist Gottes mißtrauen, ja ihn sogar lästern. Satan weiß, daß diese Sünde gegen Heiligen Geist tödlich ist. Jesus aber ist in Satans Haus eingedrungen und hat ihn gebunden, und wir müssen diese beiden Wahrheiten zusammen sehen. Gottes Geist, der in unserem Geist wohnt, wird die Werke des

Heiligen Geistes nicht verleugnen, und wir werden ein inneres Zeugnis des Geistes haben. Der Schlüssel liegt darin, daß man mit dem Geist zu hören lernt und nicht mit dem Kopf.

Ein Edelstein für heute: Die Frucht oder das Kennzeichen des Heiligen Geistes Gottes ist Freiheit, Aufgeschlossenheit und Liebe. Die Frucht oder das Kennzeichen des Geistes dieser Welt ist Gebundenheit, Sucht, Bitterkeit und Hartherzigkeit. Darum prüfe den Geist!

Alttestamentliche Lesung 4. Mose 3.4

21. Februar

Neutestamentliche Lesung Markus 4,1-20

Und er sagte zu ihnen: Euch ist das Geheimnis des Reiches Gottes gegeben. (Mk. 4,11)

Ich mag diese Worte, die Jesus sagte: »Euch ist gegeben.« Was ist uns gegeben? Das Geheimnis des Reiches Gottes. Betrachte diesen Vers eine Weile, und laß den Geist des Königreichs, den Heiligen Geist, zu Dir sprechen! Es scheint unter dem Volk Gottes einige Verwirrung darüber zu geben, seit wann es das Königreich gibt, oder ob es noch kommen soll. Hier sind einige Gedanken aus der Schrift. Matthäus schrieb über einen Tag des Gerichts und das Kommen des Herrn Jesus Christus in all seiner Herrlichkeit: »Da wird dann der König zu denen zu seiner Rechten sagen: Kommt her, ihr Gesegneten meines Vaters, erbt das Reich, das euch vom Anfang der Welt an bereitet ist!« (Mt. 25,34).

Im Alten Testament schrieb Daniel: »... dessen Reich für und für währt« (Dan. 4,31), »... und sein Reich hat kein Ende« (Dan. 7,14).

Johannes zitierte Jesus: »... Wenn jemand nicht von neuem geboren wird, kann er das Reich Gottes nicht sehen ... Wenn jemand nicht durch Wasser und Geist geboren wird, kann er nicht in das Reich Gottes kommen« (Joh. 3,3.5). Zuerst einmal ist Jesus selbst das Geheimnis. Er ist der Christus, von dem die Propheten sprachen, er ist der Sicht des Menschen verborgen und durch den Geist dem Geist des Menschen offenbart. Er wurde von den Menschen des Alten Testaments nur durch den Glauben an das Wort Gottes, das ihn offenbarte, gesehen. »Siehe, ich komme; im Buch ist von mir geschrieben ...« (Ps. 40,8). Er ist der Zweig, die Lilie im Tal, der helle Morgenstern, der Gerechteste unter Zehntausend. Alle, die das verstanden, hielten Ausschau nach dem Tag seines Kommens. Dieser Tag ist nun gekommen, und Jesus steht in unserer Mitte. Das Geheimnis des Königreichs ist für alle offenbart, die Augen haben zu sehen und Ohren zu hören. Je mehr wir uns den Worten Jesu hingeben, desto mehr gibt es für diese Dinge ein inneres Zeugnis in unserem Geist. Die Worte, die wir hören, nehmen in unserem Geist Leben an und vollbringen eine Bekehrung, wenn wir nicht länger auf den Geist dieser Welt eingehen. Die alten Wege, die natürlichen und selbstsüchtigen, kommen dann unter den Einfluß des Geistes Gottes.

Jesus sagte, daß der Feind alles tut, was er kann, um das Wort von uns wegzureißen. Er versucht, uns davon abzuhalten, das Wort Gottes in unseren Geist aufzunehmen. Denn wenn wir es in unserem Geist annehmen und darin leben, dann wird das Wort Leben werden, ewiges Leben, das eigentliche Leben des Königreichs Gottes.

Heute sagt Jesus, daß es uns gegeben ist zu verstehen. Diese Feststellung ist sehr positiv und praktisch. Deshalb wollen wir das Wort aufnehmen, denn wir wissen, daß das Wort ewiges Leben ist und uns die Wahrheit zeigen wird, indem es das Königreich in uns lebendig macht. Wie Mose davon schrieb, daß er sich in dem Felsspalt verbarg, so ist unser Leben verborgen in Jesus Christus. Jesus sagte, daß das Königreich in uns ist, und wenn wir wiedergeboren sind, dann können wir eintreten und das Königreich sehen.

Ein Edelstein für heute: Gottes Geheimnis hat sich in der Person von Jesus Christus enthüllt, und in ihm liegt die Erkenntnis des Königreichs.

Alttestamentliche Lesung 4. Mose 5.6

22. Februar

Neutestamentliche Lesung Markus 4,21-41

... Wenn sie aber Frucht gebracht hat ... *(Mk. 4,29)*

Das Christentum ist einer Gärtnerei sehr ähnlich. Wenn die Saat des Christentums in ein Herz gesät ist, dann müssen wir geduldig sein und die junge Saat liebevoll begießen und pflegen. Aber wir Christen sind die ungeduldigsten Menschen auf der ganzen Erde.

Eines der Dinge, die ich tat, als ich jung verheiratet war, war, einen Garten für meine Familie anzulegen. Der Boden war noch nie vorher umgegraben worden, und jeder Zentimeter mußte mit dem Spaten bearbeitet werden. Was für eine anstrengende Arbeit! Welche Freude war es dann, die Saatreihen zu pflanzen, wo Gemüse wachsen sollte, doch dann hieß es warten. Jeden Tag beobachtete ich das Stück kahlen Bodens. Wenn ein Unkraut es wagte, sich auf der Oberfläche des Beetes zu zeigen, riß ich es aus. Als eine Woche vergangen war und noch kein Anzeichen von Gemüse zu sehen war, wurde ich so ungeduldig, daß ich die Saat durch zu vieles Gießen beinahe ertränkt hätte. Schließlich konnte ich es nicht aushalten – was ging unter der Erde vor? Ich kratzte vorsichtig etwas Erde weg und sah, wie eine Erbse mit einem kleinen Keim gerade dabei war, durch die Erdkruste zu brechen.

Wir als Christen sind oft genauso ungeduldig. Wir sind »schwanger« mit dem Geist des Königreichs, weil wir jeden Tag das Wort des Lebens (die Bibel, die Gottes Wort ist) in unser Herz aufnehmen und sofort Frucht davon erwarten. Wir können nicht warten, bis die Saat in unserem Herzen anfängt zu wachsen. Einige zweifeln sogar, daß überhaupt etwas unter der Oberfläche passiert, und sie geben es auf, ihre neugeborene Natur mit dem Wort zu ernähren und wundern sich dann noch, warum sie so wenig Frucht bringen. Die Mehrheit von uns braucht viel Zeit, um zu verstehen, was Jesus hier sagt. Das Königreich Gottes ist in uns, es wächst und bringt Frucht, die zu ihrer Zeit hervorbricht. Nichts kann die von Gott gegebene, von ihm geplante Ordnung durcheinanderbringen. Aber wir brauchen Geduld, das brache Land unseres Herzens muß unserem Gärtnermeister übergeben, es muß umgegraben, das Unkraut muß entfernt werden, und wir müssen uns täglich mit dem Wort reinigen. Eine Zeit der Stille ist notwendig, so daß der Sohn in unser Herz scheinen und der Tau des Himmels, der Heilige Geist, sanft auf uns fallen kann.

Wenn Satan gegen die Gläubigen einen Sturm heraufführt und das Königreich bedroht, das in Dir ist, dann wollen wir still sein und sehen, wie sich die Kraft des Königreichs, die in uns gewachsen ist, durch den Glauben zeigt. Denn der in uns ist, ist größer als der, der in der Welt ist (1. Joh. 4,4). Schiebe das alte Leben beiseite, und schaffe Raum für das neue, damit Wachstum stattfinden kann und die Frucht des Königreichs sich durch den Glauben zeigt.

Ein Edelstein für heute: Wir sind in den Garten des Vaters gepflanzt, um durch den Heiligen Geist genährt und durch das Wort begossen zu werden, damit wir Frucht bringen, die seines Königreichs würdig ist.

Alttestamentliche Lesung 4. Mose 7

23. Februar

Neutestamentliche Lesung Markus 5,1-20

Als er aber Jesus von ferne sah, lief er hinzu und fiel vor ihm nieder. (Mk. 5,6)

Das Leben dieses von Dämonen besessenen Mannes war im Begriff, von den unreinen Geistern, die in ihm wohnten, völlig zerstört zu werden. Die Bibel sagt uns nicht, wer dieser Mann früher gewesen war, aber sie beschreibt ganz deutlich, unter welchen Umständen er lebte, als er Jesus begegnete. Die unreinen Geister hatten ihn gequält und gezwungen, in den Gräbern und Höhlen zu leben, unter den Ärmsten der Armen, den Leprakranken und Räubern. Zu diesem Zeitpunkt war er sicherlich ein verzweifelter Mann, der sich nach Befreiung sehnte und nach ihr suchte; ja, seine Verzweiflung war so stark, daß sie sogar den Einfluß einer Legion von unreinen Geistern zu überwinden vermochte. Sie waren machtlos angesichts dieses Verlangens nach Befreiung und konnten den Mann nicht davon abhalten, zu Jesus zu laufen. Oh, wie sie sich vor Jesus fürchteten! Sie hatten ganz bestimmt keinen Zweifel daran, wer er war, weder an seiner Autorität noch an dem, was sie von ihm zu erwarten hatten. Trotz des Einflusses und der Macht der Dämonen rannte der Mann zu Jesus, als er ihn von ferne sah. So oft vergeistigen wir die Dinge, aber es gibt an den Handlungen dieses Mannes nichts zu vergeistigen. Er sah Jesus und lief zu ihm hin.

Vor einiger Zeit, als ich mit dem indonesischen Evangelisten Mel Tari in Djarkarta, Indonesien, war, gab Jim Irwin, der amerikanische Astronaut der Apollo 15, sein Zeugnis. Danach verkündete Mel Tari das Evangelium und forderte die Menschen auf, ihre Plätze im Stadion zu verlassen und zu Jesus zu laufen. Er sagte ihnen, wie wichtig es ist, sich die Mühe zu machen, seinen Platz zu verlassen, und daß sie zur Tribüne laufen sollten, um anzudeuten, wie ernst es ihnen war, die Vergebung ihrer Sünden, die Reinigung durch das Blut Jesu und die Versöhnung mit dem Vater zu erlangen. Es war wie eine wilde Flut, als Hunderte und an mehreren Abenden Tausende Menschen aus allen Gesellschaftsschichten die Stufen herunter und hinaus auf die Fläche vor der Tribüne liefen, um sich Jesus hinzugeben und ihn als ihren persönlichen Retter anzunehmen. Ich bin sicher, daß uns nicht die gleiche Not bedrängt wie diesen Besessenen, deshalb fehlt uns auch seine Motivation. Wahrscheinlich braucht keiner meiner lieben Leser auf diese Art und Weise motiviert zu werden, wie Mel Tari sein geliebtes indonesisches Volk motivierte. Ich glaube, daß es von Zeit zu Zeit in meinem Leben notwendig ist, meine Liebe zu Jesus auf besondere Weise auszudrücken. Ich tue dann gerne etwas, um meinen Herrn davon zu überzeugen, daß es mir mit der Nachfolge ernst ist und daß mich danach verlangt, die Hindernisse meiner Selbstsucht zu überwinden. Ich stelle den Wecker und komme am Morgen zu ihm, ganz gleich wie ich mich fühle, oder ich verwende vielleicht gelegentlich einen ganzen Tag oder mehrere Stunden eines Tages dazu, mit ihm allein zu sein. Es ist nicht allzu schwierig, zu jemandem zu gehen und ihm aus seiner finanziellen Not zu helfen oder jemandem einen guten, von Gott gegebenen Rat zu erteilen. Aber wie oft laufen wir zu Jesus? Welche Motivation brauchen wir? Reicht seine Liebe zu uns nicht aus?

Ein Edelstein für heute: Manchmal müssen wir sitzen, ein andermal stehen und zu anderen Zeiten gehen oder sogar laufen.

Alttestamentliche Lesung 4. Mose 8-10

24. Februar

Neutestamentliche Lesung Markus 5,21-43

»Fürchte dich nicht, glaube nur!« *(Mk. 5,36)*

Die Tochter des Jairus war zu Tode erkrankt. Die »Living Bible« sagt, daß Jairus kam, vor Jesus niederfiel und ihn anflehte, seine kleine Tochter zu heilen. Doch bevor Jesus etwas für das Mädchen tun konnte, kam eine

Botschaft von dem Haus des Jairus mit der Nachricht, daß es zu spät war; die Tochter war gestorben. Die Boten fügten hinzu, daß es keinen Grund mehr für das Kommen Jesu gäbe. Jesus aber ignorierte ihre Bemerkungen und sagte zu Jairus: »Fürchte dich nicht, glaube nur!« Für wen gilt diese Schriftstelle heute? Deine Umstände sind derart, daß Du so verzweifelt bist, daß Du niederfällst und Jesus anflehst. Du hast Dein Herz vor ihm ausgeschüttet, aber es scheint zu spät zu sein. Nichts passiert, ja, die Dinge stehen noch schlechter, die letzten Nachrichten lassen Dich erzittern, und Deine Situation erscheint furchtbar. Deine Freunde brauchen es Dir nicht erst zu sagen, denn Du hast selbst genug Zweifel und Ängste, ohne daß andere Dir noch dazu verhelfen müßten. Vielleicht kommt diese Schriftstelle in Deinen Sinn:

»Wir wissen aber, daß denen, die Gott lieben, alle Dinge zum Besten dienen, denen, die nach seinem Ratschluß berufen sind« (Röm. 8,28).

Du wiederholst sie immer wieder, aber die Realität des Textes scheint so weit entfernt, so weit weg von Deinen gegenwärtigen Umständen zu sein. Es gelingt dem Text nicht, in Deinem Herzen Frucht zu bringen oder Glauben aufzubauen, und Du bist wie ein Ertrinkender. Die Umstände drohen Dich in den Abgrund zu stürzen und zu überwältigen. Jesus aber ignoriert die Kritik und die Umstände, und sein Herz streckt sich nach Dir aus. Genau wie in der Lage des Jairus kann Jesus in diesem Moment nichts für seine Tochter (Deine Umstände) tun, weil er zuerst etwas für Jairus tun muß. Er muß seinen Glauben aufbauen, mit ihm gehen, Jairus umlenken und ihn dazu bewegen, seinem Problem entgegenzugehen und die Berichte über die völlige Aussichtslosigkeit der Situation zu ignorieren – und auch die Menschen, die in aller Aufrichtigkeit diesen Bericht vorbringen.

Jesus hat ein Wort für Jairus, und alles hängt davon ab, wie er dieses Wort annimmt und was er damit macht. Er kann den Umständen, die ihn umgeben, und den Problemen, denen er gegenübersteht, unterliegen. Aber Jairus ist bei Jesus, er geht mit ihm, das baut den Glauben auf. Jairus hat sein Gebet beendet, und jetzt führt er Jesus in die anscheinend unmöglichen, noch unvollkommenen Umstände. Jesus hat ein Wort für ihn, und Jairus hört zu: »Fürchte dich nicht, glaube nur!«

Vielleicht fiel Jairus der Grundsatz ein: »So kommt der Glaube aus der Predigt, das Predigen aber durch das Wort Christi« (Röm. 10,17).

Eins steht fest, Jesus ist da und hat ein Wort zu Jairus gesprochen, nicht ein Wort über seine Tochter, sondern ein Wort für Jairus. Als Jairus sein Herz Jesus übergibt, die Umstände ihm überläßt, in seinem Wort geht, da macht er die wunderbare Erfahrung, daß er durch den Glauben ein Überwinder ist. Seine Umstände haben sich bis dahin noch nicht verändert, aber Jairus selbst hat sich bestimmt verändert.

Ein Edelstein für heute: Alles hängt von unserer persönlichen Beziehung zu Jesus ab.

Alttestamentliche Lesung 4. Mose 11-13

25. Februar

Neutestamentliche Lesung Markus 6,1-32

Und die Apostel kamen bei Jesus zusammen.Und er sagte zu ihnen: Geht ihr allein an eine einsame Stelle, dort ruht ein wenig.

(Mk. 6,30.31)

Markus hat diese Szene für uns niedergeschrieben. Johannes der Täufer, der Vorläufer, der das Volk Gottes für das Kommen des Messias vorbereitet hatte, gab sein Leben um der Gerechtigkeit willen dahin. Die Jünger des Johannes gingen zum Verließ des Herodes, um den enthaupteten Körper dieses großen Gottesmannes zurückzubekommen. Währenddessen waren die Apostel gerade zurückgekehrt, müde und erschöpft von den Reisen in die Dörfer, in die Jesus sie ausgesandt hatte, aber sie hatten gute Nachricht mitgebracht.

Die Ermordung Johannes' des Täufers muß ihnen in diesem Augenblick als vollkommener Widerspruch zur Verkündigung des Reiches Gottes erschienen sein. Gerade die Botschaft, die Johannes gepredigt hatte, von der Buße und der Gerechtigkeit, Umkehr von der nationalen und der persönlichen Sünde, diese Botschaft war schuld an seinem Tod. Die Apostel waren in die Dörfer gegangen, verkündeten das Reich Gottes, trieben Dämonen aus und heilten die Kranken. Jetzt standen sie dieser Nachricht gegenüber, die eine vollkommene Katastrophe zu sein schien. Einige dieser Männer waren Jünger des Johannes gewesen und hatten zweifellos ernste Fürbitte für seine Befreiung getan. Nach ihrer Aussendung durch Jesus kehrten sie zurück mit leuchtenden Berichten von Zeichen und Wundern, die das Wort, das sie gepredigt hatten, bestätigten und die Gegenwart des Reiches Gottes und seine Macht durch den Heiligen Geist bezeugten. Doch nun sahen sie, daß dieser große Prophet Gottes sinnlos umgebracht worden war.

Diese Männer erlebten eine offenkundige Niederlage, ihre Gebete waren anscheinend nicht erhört worden. Verwirrt, müde und erschöpft kehrten die Apostel zurück. Jesus erkannte sofort ihre Not und ermutigte sie, den Dienst, zu dem er sie ausgesandt hatte, beiseite zu lassen. Ihr Dienst sollte natürlich nicht aufgegeben werden, sondern nur beiseite gestellt werden, weil eine Ruhepause nötig war. Jesus wußte, wie wichtig körperliche Ruhe nach dem Dienst ist. Er kannte die Anstrengung, die denjenigen überfällt, der seinen Leib dem Geist hingibt und im Gehorsam auf sein Wort hin lebt. Jesus wußte, was es bedeutete, wenn heilende Kraft von ihm ausging. Er war gerade von einer Frau angerührt worden, die inmitten der Menschenmenge Heilung suchte, indem sie den Saum seines Gewandes berührte.

Jesus tat nichts, um Johannes den Täufer vom Tod zu bewahren; er setzte sich jedoch für die Nöte seiner Apostel ein und gebot ihnen, sich auszuruhen. Es war wirklich Zeit, sich um ihre menschlichen Nöte zu kümmern, inmitten dieser kritischen und bedrückenden Umstände. Es erfordert nicht viel Weisheit, um Erschöpfung zu erkennen, aber es braucht Vernunft, Disziplin und Gnade, um sich mit Jesus zurückzuziehen und sich in diese Ruhe zu begeben.

Ein Edelstein für heute: Wahre Hingabe an Jesus erlaubt uns nicht nur, für ihn zu arbeiten, sondern auch, bei ihm auszuruhen.

Alttestamentliche Lesung 4. Mose 14.15

26. Februar

Neutestamentliche Lesung Markus 6,33-56

Viele … liefen aus allen Städten zu Fuß dorthin zusammen. Und Jesus … sah die große Menge; und er hatte Erbarmen mit ihnen allen, denn sie waren wie Schafe, die keinen Hirten haben. (Mk. 6,33.34)

Es ist leicht, den Vers, den wir heute betrachten, und die anderen Verse der heutigen Lesung zu vergeistigen, aber das Wunder selbst ist ganz praktisch und materiell, es kommt einfach der leiblichen Not der Menschen entgegen. Es scheint, daß von den Menschen selbst kein Glaube verlangt wurde; sie waren hungrig und brauchten Essen.

Zuerst einmal sah Jesus, wie ernst es den Menschen war. Wie Markus berichtet, legten sie eine ziemlich weite Strecke zurück, um am Ufer des Sees zu sein, wenn Jesus ankam. Sie waren begierig nach Jesus, denn zu wem sollten sie sonst gehen? Wer sonst hatte die Worte des ewigen Lebens?

Jesus erkannte, daß die Menschen nicht nach ihrem gesunden Menschenverstand gehandelt hatten, als sie loseilten, um sich wieder bei ihm zu versammeln. Sie waren aus ihren Städten gekommen, um zu hören, was er sagen würde, und hatten dabei nicht an ihre leiblichen Bedürfnisse gedacht. Nun waren sie weit weg von zu Hause, und wahrscheinlich wurden manche der jüngeren Kinder ungeduldig, müde und hungrig. Jesus sah in ihnen eine Volksmenge ohne Ordnung, eine große, unruhige Menschenmasse, und in seinem Geist fühlte er ihre Hilflosigkeit. Er sah sie wie Schafe, die keinen Hirten haben. Das tat Jesus weh, und er hatte Mitleid mit ihnen. Das ist gerade das Wunderbare am Reich Gottes, daß der König dieses Reiches will, daß die Menschen von der Wahrheit des Reiches hören und daran glauben. Der, der im Geist und in der Vollmacht des Reiches Gottes die Kranken heilte und die Dämonen austrieb, der sah auch die leiblichen Nöte der Menschen.

Ihr Hunger gab Jesus die Gelegenheit, erneut die Kraft des Königreichs und das Herz des himmlischen Vaters zu offenbaren. Anstatt sie fortzuschicken, hungrig und in der Gefahr, am Wegrand ohnmächtig zu werden, wies Jesus seine Jünger an, den Menschen zu essen zu geben. Er sagte, daß es der Wille des Vaters sei, diese verlorene Herde zu speisen. Für die Jünger war das, was er vorhatte, eine Unmöglichkeit, und das war es auch, menschlich gesehen. Aber bei Gott ist nichts unmöglich.

Was für ein Wunder! Eine riesige Menschenmenge und eine Handvoll Lebensmittel, die Jesus in genügend Nahrung für alle verwandelte. Doch laßt uns bei diesem großen Geschehen nicht eine wichtige kleine Einzelheit übersehen. Jesus sah, wie die Menschen zu ihm eilten, und er hatte Mitleid, obwohl sie sich selbst nicht um ihre Not kümmerten. Sie wollten nur hören, was er zu sagen hatte. Dann tat er etwas sehr Praktisches, Irdisches und speiste sie. Das Königreich ist allmächtig, und es liegt in seiner Natur, Wunder zu vollbringen. Es geht um das ewige Leben, um Heilung und Befreiung. Und gleichzeitig ist Jesus so praktisch, daß er eine Menge von Leuten speist, die ihre eigenen Nöte übersahen, weil sie es so eilig hatten, sich bei ihm zu versammeln.

Ein Edelstein für heute: Das Königreich Gottes ist nicht nur ein unerreichbarer Schatz, der nach dem Tode Bedeutung gewinnt. Es ist eine Lebensqualität, die sich schon hier und jetzt zeigt.

Alttestamentliche Lesung 4. Mose 16.17

27. Februar

Neutestamentliche Lesung Markus 7,1-13

Und sie sahen einige seiner Jünger mit unreinen, das heißt mit ungewaschenen Händen Brot essen. *(Mk. 7,2)*

Es ist die Frucht des frommen Heuchlers, an einem Diener Gottes etwas auszusetzen. Dies ist eine Art des weltlichen Sports in der heutigen Kirche. In unserem Fall hatten die Pharisäer und Schriftgelehrten etwas an Jesus und seinen Jüngern auszusetzen. Seit Generationen hatten sie Gottes Gesetz in einer bestimmten Weise ausgelegt, so daß es für sie zu einer Tradition geworden war. Um in ihrer Frömmigkeit geheiligt oder erfolgreich zu sein, mußten sie bestimmte Gesetze einhalten, wie z. B. das Waschen der Hände vor den Mahlzeiten, was seit vielen Generationen so getan wurde.

Jesus mußte sehr hart mit diesen Schriftgelehrten und Pharisäern umgehen, doch zu ihrem eigenen Nutzen. In der Tat, wenn sie darauf gehört hätten, was er sagte, hätten sie verstanden, daß der Richtgeist nicht der Geist des Königreichs Gottes ist. Es ist der Geist des Reiches dieser Welt, die Frucht des Geistes der Selbstsucht, ein religiöser Geist.

Jesus sagte: »... wie geschrieben steht: Dies Volk ehrt mich mit den Lippen, aber ihr Herz ist fern von mir. Vergeblich dienen sie mir ...« (Verse 6.7). Ich bin sicher, daß Du, wie die Jünger, Jesus auf die richtige Weise folgen willst. Jesus setzte sich in dieser Situation über das traditionelle Händewaschen hinweg und erzürnte die religiösen Führer, die seine Einstellung nicht duldeten und auch nicht dulden konnten. Denn sie ignorierte eine fromme Tradition und schenkte den Dingen keine Beachtung, die diesen so wichtig waren. Sie hatten einen bestimmten religiösen Lebensstil entwikkelt, und jeder, der diesen Lebensstil mißachtete, versündigte sich an ihrer religiösen Überzeugung. Hier liegt der Schlüssel. Wenn die Schriftgelehrten und Pharisäer es für nötig hielten, sich feierlich die Hände zu waschen, so hatten sie die Freiheit, es zu tun. Aber sie hatten nicht die Freiheit, diejenigen schuldig zu sprechen, die es nicht taten. Jesus nannte solches Verhalten Eitelkeit und ihre Handlungen heuchlerisch, weil ihre Frömmigkeit sinnlos war. Sie hatten viel über ihre Frömmigkeit zu sagen, aber sie waren gesetzlich, und ihre Frucht war Kritiksucht.

Wahre Frömmigkeit kommt aus dem Herzen. Jesus sagte, daß Menschen ihn mit den Lippen ehren können, aber ihr Herz gleichzeitig weit von ihm entfernt sein kann. Die Frucht des Geistes des Königreichs Gottes ist nicht der Richtgeist, er entspricht auch nicht der Natur des Heiligen Geistes. Darum ist es wichtig, daß wir erkennen, woher dieser Geist kommt. Jesus sagte: »Wovon das Herz voll ist, davon fließt der Mund über« (Mt. 12,34). Gott hat mit uns einen Bund geschlossen, um unser Herz zu erneuern, uns ein neues Herz zu geben. Gib darum dem Richtgeist keinen Raum, und laß Dich nicht vom religiösen Geist anderer anstecken! Bewahre Dein Herz vor dem Richten, und freu Dich an der Freiheit, die Du in Jesus durch seine Gnade erfährst.

Ein Edelstein für heute: »Darum bist du ohne Entschuldigung, o Mensch, der du richtest, wer du auch bist. Denn worin du den andern richtest, darin verdammst du dich selbst …« (Röm. 2,1).

Alttestamentliche Lesung 4. Mose 18-20

28. Februar

Neutestamentliche Lesung Markus 7,14-37

Es gibt nichts, was von außen in den Menschen hineinkommt, das ihn unrein machen könnte; sondern was aus dem Menschen herauskommt, das ist's, was den Menschen unrein macht. (Mk. 7,15)

Die Übertragung des Textes in der Living Bible lautet: »… Dann rief Jesus die Menge auf, zu kommen und zu hören. Hört alle zu, sagte er, und versucht es zu verstehen. Eure Seelen erleiden keinen Schaden durch das, was ihr eßt, sondern durch das, was ihr denkt oder sagt« (Verse 14-16). Die Menschen des Volkes Gottes achteten mit großer Sorgfalt darauf, was sie aßen. Dies war ein Bereich ihres Lebens, in dem sie sehr religiös und diszipliniert sein konnten, aber in geistlichen Dingen, bei denen es um ewige Wahrheiten geht, versagten sie gänzlich. Die Bibel lehrt einfach, daß wir unsere Motive prüfen und dann in unseren Ansprüchen maßvoll werden müssen. Jesus versuchte zu erklären, daß der geistliche Bereich nicht durch das angegriffen wird, was wir in unseren Körper aufnehmen, sondern daß es auf unser Herz ankommt. Das, was wir in unserem Herzen empfinden, kommt aus unserem Mund heraus, und das ist es, was einen Menschen verunreinigt. Körperliche Disziplin ist nicht auschlaggebend, wenn unsere Gedanken und unser Gefühlsleben nicht in Zucht gehalten werden.

Wir sind ein Volk, das durch den Geist aus der Höhe wiedergeboren ist (hineingeboren in das Königreich Gottes auf Erden), und Jesus möchte, daß wir lernen, wie wir im Königreich leben können. Genau wie Gott sein Volk unterwies, unter dem Gesetz zu leben, so lehrt er nun sein Volk, in seinem Königreich zu leben, das hier auf der Erde anfängt. Der Geist hat uns Freiheit und Leben gebracht. Das Reich Gottes besteht nicht aus Essen und Trinken, sondern ist Gerechtigkeit, Liebe, Frieden und Freude. Dies sind Eigenschaften des Königreichs Gottes, die in uns wohnen und aus unserem innersten Wesen wie Ströme lebendigen Wassers herausfließen sollen.

Wenn wir uns soviel Zeit und Kraft für die Gemeinschaft mit Jesus nehmen würden, wie wir sie für Essen oder Nicht-Essen aufwenden, dann würde unsere Stille Zeit uns in eine solche Vertrautheit mit Jesus führen, daß der Geist des Königreichs mit großer Kraft aus uns hervorbrechen würde. Unsere Unterhaltungen würden Gott mehr ehren und mehr in Harmonie mit dem Königreich Gottes als mit dem Königreich dieser Welt stehen. Wache über Deine Gespräche! Achte auf das, was aus Deinem Mund kommt, denn es enthüllt den Zustand Deines Herzens und welchem Königreich Du verbunden bist. Was aus unserem Mund kommt, ist die Frucht des Geistes des Königreichs, aber welches Königreichs? Jesus macht sehr klar, daß unsere Unterhaltung unmittelbar für den Zustand unserer Seele verantwortlich ist, sie wird berührt von dem, was wir sagen. Wir wollen uns heute ermutigen lassen, die Sprache des Königreichs zu lernen.

Ein Edelstein für heute: Das Reich Gottes ist doch nicht Essen und Trinken, sondern Gerechtigkeit und Friede und Freude im Heiligen Geist (Röm. 14,17).

Alttestamentliche Lesung 4. Mose 21.22

(Wenn der Februar nur 28 Tage hat, dann verteile die Lesung für den 29. Februar auf den 28. Februar und den 1. März.)

29. Februar

Neutestamentliche Lesung Markus 8,1-21

Und er sagte zu ihnen: Begreift ihr denn noch nichts? (Mk. 8,21)

Es wird in unserer Lesung deutlich, daß das Reich Gottes nicht weit oder unerreichbar ist. Jesus ließ es den Menschen zur Wirklichkeit werden, als er die Menge speiste, die Kranken heilte und die Toten auferweckte. Nun, nachdem er seinen Jüngern gezeigt hatte, was das Königreich Gottes hier auf der Erde war, warnte er sie: »Seht zu und nehmt euch in acht vor dem Sauerteig der Pharisäer« (Vers 15). Sie verstanden jedoch nicht, was er sagte, und machten sich Gedanken, weil sie kein Brot hatten. Darum wies Jesus sie auf den Geist hin, der sich hinter den Anfragen der Pharisäer und Schriftgelehrten verbarg. Er warnte sie und sagte, sie sollten sich vor deren Königreich und seinem Geist in acht nehmen. Er machte deutlich, daß die Pharisäer den weltlichen, religiösen und heuchlerischen Geist vertraten, der die Herzen der Menschen durchdringt, sie in religiöse Bindungen bringt und sie zerstören kann.

Es ist gut, über das Königreich Gottes zu hören, sich vom Königreich dieser Welt abzuwenden und in das Reich Gottes einzutreten. Doch dann müssen wir lernen, darin zu leben. Es ist schwierig, Gott in seinem Königreich so zu dienen, daß man nicht den Geist der Welt mit hineinbringt. Es ist möglich, aus der Welt herauszukommen und doch noch einige der Verhaltensweisen und Praktiken mitzubringen, die mit dem Reich Gottes unvereinbar sind. Das ist der Sauerteig, der uns verunreinigen und uns von Gottes Bestem für unser Leben abhalten kann.

An dieser Stelle kommt die Grundlage unseres Glaubens zum Tragen. Wenn Jesus Christus unsere Grundlage ist und nicht eine Lehre oder ein von Menschen gesetzter Maßstab, dann werden wir in der Lage sein, dem Sauerteig dieser Welt Widerstand zu leisten. Wenn Jesus sagt: »Begreift ihr denn noch nichts?«, dann hat er das nicht gesagt, um seine Jünger zu verurteilen. Es kam Jesus darauf an, sie zu erziehen, bis sie verstanden und dem Königreich nützlich sein konnten. Er legte die Grundmauern des Neuen Testamentes, so daß andere später auf diesem Fundament weiterbauen konnten.

Ein Edelstein für heute: »Ich habe den Grund gelegt; ein anderer baut darauf. Jeder aber sehe zu, wie er darauf baut. Denn einen anderen Grund kann niemand legen, als den, der gelegt ist; das ist Jesus Christus« (1. Kor. 3,10.11).

Alttestamentliche Lesung 4. Mose 23-25

1. März

Neutestamentliche Lesung Markus 8,22-38

Denn wer sein Leben erhalten will, der wird's verlieren; doch wer sein Leben um meinetwillen und um des Evangeliums willen verliert, der wird's erhalten. *(Mk. 8,35)*

Als ich gerade erst Christ geworden war, verstand ich noch wenig von Gottes Wort und von seinen Wegen. Aber es fiel mir nicht schwer, zu sehen, daß Jesus eine Lebensqualität anbot, die ich bekommen könnte, wenn ich nach dem Grundsatz leben würde, den dieser Vers heute nennt. Vor meiner Wiedergeburt wollte ich immer, daß alle Dinge in meinem Leben besser würden, aber ich wußte nicht, wie ich das erreichen sollte. Wenn ich am Arbeitsplatz oder zu Hause versagte, so hieß das für mich, nochmal zu versuchen und die Sache von einer anderen Seite anzupacken oder bestimmte Veränderungen vorzunehmen. Dann mußte ich hoffen, daß die Ergebnisse meiner Familie das Leben erleichtern würden. Wenn ich meine finanzielle Situation verbessert hatte, half uns das natürlich in vieler Hinsicht. Aber meine menschliche Natur und mein Charakter hatten sich dadurch nicht verändert. Viele der Probleme, die mich hinderten, das Leben zu leben, nach dem ich mich sehnte, waren noch immer in mir.

Als ich in das Reich Gottes hineingeboren wurde, versuchte ich, mit ganzem Herzen das Leben eines Christen zu führen. Nach meinem Verständnis bürdete mir dies alle möglichen Verpflichtungen auf. Aber diese Lasten kamen nicht von Gott. Wieder waren meine Erwartungen enttäuscht, denn ich versagte auf so vielen Gebieten jämmerlich. Diese Mißerfolge verwirrten mich in meinem Leben als Christ. Schließlich entdeckte ich die Wahrheit des heutigen Verses. Ich fand einen Weg, diese Wahrheit in ihrer einfachsten Form in meine Erfahrung umzusetzen.

Ich hatte versucht, das Leben, das Christus mir verheißen hatte, aus mir selbst zu leben. Das gab ich nun endlich auf. Ich hörte auf, für all das zu beten, was »ich« plante und tat. Statt dessen konzentrierte ich mich auf meine Beziehung zu Jesus. Ich traf mich jeden Morgen mit ihm, folgte meinem Bibelleseplan und war still, um zu hören, was Jesus mir zu sagen hatte. Danach frühstückte ich mit meiner Familie, und der Tag begann mit seiner Arbeit. Das Leben wurde einfacher, und eine ganze Menge christlicher Aktivitäten forderte nicht mehr meine Zeit. Zuerst kamen noch negative Gefühle, Zweifel und Angst, aber nach und nach fing ich an, das Leben mit Jesu Augen und nicht mehr mit meinen eigenen Augen zu sehen. Jetzt erst konnte mir Jesus einiges von dem zeigen, was ich nach dem Willen des Vaters tun sollte. Und ich ließ mein Leben hinter mir zurück und begann Jesu Leben zu leben.

Die Veränderung in meinem Leben geschah nicht ohne Schwierigkeiten, doch jetzt weiß ich, was Paulus meint, wenn er im Brief an die Galater schreibt (2,20): »Nicht mehr ich, sondern Christus lebt in mir.« Nachdem ich aufgeben hatte, mein christliches Leben aus mir selbst zu leben, weiß ich nicht nur theoretisch, sondern aus Erfahrung, daß es Tag für Tag darum geht, den kennenzulernen, der mein Leben bestimmt. Jetzt lebe ich wirklich!

Ein Edelstein für heute: Wenn ich selbst das christliche Leben lebe, dann sind Niederlagen die Folge, aber wenn Christus sein Leben in mir lebt, dann folgt Sieg.

Alttestamentliche Lesung 4. Mose 26.27

2. März

Neutestamentliche Lesung Markus 9,1-29

Jesus aber sagte zu ihm: Du sagst: wenn du kannst – wer glaubt, kann alles! (Mk. 9,23)

Wann werden wir anfangen, mit der Denkweise eines Kindes und mit Glauben in unserm Herzen zu hören, was Jesus sagt? Wenn Jesus von etwas redet, was wir bisher noch nicht erfahren haben, dann wäre es gut für uns, wenn wir unsern Mangel erkennen würden. Wir sollten nicht versuchen, unsere Unfähigkeit, nach Jesu Worten zu leben, wegzuerklären. Wir sollten uns lieber im Gebet an Jesus wenden, ihn um Vergebung für unsern Unglauben bitten und ihm vertrauen, daß er uns schenken kann, daß seine Worte in unserem Leben Wirklichkeit werden.

Ewiges Leben ist eine Lebensqualität, und ohne Glauben können wir dieses Leben nicht nach Gottes Wohlgefallen leben. In der heutigen Lesung waren die Jünger machtlos gegenüber dem stummen Geist in dem Jungen. Jesus tadelte sie für ihren Unglauben und sagte: »Du ungläubiges Geschlecht, wie lange soll ich noch bei euch sein? Wie lange soll ich euch noch ertragen? Bringt ihn her zu mir« (Vers 19). Es ist ganz eindeutig, daß Jesus von den Jüngern erwartete, daß sie dem Kind helfen können. Schließlich hatte er sie erst kürzlich ausgesandt, um die Kranken zu heilen und die Dämonen auszutreiben.

Der Vater des besessenen Jungen war sich auch nicht ganz sicher, ob Jesus ihm helfen könnte. Er sagte: »Wenn du aber etwas kannst, so erbarme dich über uns und hilf uns!« (Vers 22). Jesus antwortete ihm: »... wenn du etwas kannst ...«, und damit sind wir wieder bei uns heute. Natürlich können wir an Wunder glauben, die gestern geschehen sind, und es bereitet uns keine Schwierigkeiten, das zu glauben, was die Bibel über die Zukunft sagt, daß nämlich Jesus zu seiner Braut kommen wird. Die Erweckungsgebiete, von denen wir hören, sind weit weg, und es ist nicht so schwierig, an die Wunder zu glauben, die Gott dort tut. Aber was ist hier und jetzt? Was bedeutet es für jeden einzelnen von uns gerade in diesem Moment? Werden wir Dinge wegerklären, oder werden wir in unserer Beziehung zu Jesus ehrlich und einfach sein und ihm sagen, daß wir in dem verheißenen ewigen Leben, das wir leben, noch etliche Mängel haben? Das hieße, daß unser Leben nicht besser ist als das der Jünger, die Jesus wegen ihres Unglaubens tadelte. Sind wir bereit, unseren Mangel an Glauben Sünde zu nennen? Werden wir uns alleine mit Jesus zurückziehen, ihm dies bekennen und ihn bitten, uns in unserem Unglauben zu helfen? Was würde geschehen, wenn wir Jesus beim Wort nähmen? Schließlich hat er gesagt: »... wer glaubt, kann alles.«

Wenn wir Jesus täglich »Gesellschaft leisten«, dann wird es nicht lange dauern, bis wir genau wie er denken und handeln. Es ist wirklich so, wenn wir Tag für Tag Jesus unser Leben geben, wird er anfangen, sein Leben in und durch uns zu leben. Sein Leben wird unseres sein, und wir brauchen nicht mit Zweifeln und Ängsten zu leben. Jesu Glaube wird unserer sein, und was immer der Vater wünscht, werden wir tun. Sein Wort kann und wird in unserem Leben große Veränderungen herbeiführen. Unsere Denkweise wird anders werden, und wir werden wissen, daß wir alles können, wenn wir wirklich glauben.

Ein Edelstein für heute: Jesus ist immer noch derselbe. Es ist nur unser Glaube, der Jesus in unserem Leben begrenzt.

Alttestamentliche Lesung 4. Mose 28.29

3. März

Neutestamentliche Lesung Markus 9,30-50

Denn wer euch darum einen Becher Wasser zu trinken gibt, weil ihr Christus angehört, wahrlich, ich sage euch: Es wird ihm nicht unvergolten bleiben. *(Mk. 9,41)*

In der Apostelgeschichte, Kapitel 20, Vers 35, wird Jesus zitiert: »Geben ist seliger als Nehmen«. Dieser Grundsatz wurde mir vor vielen Jahren lebendig, als ich mit meiner Familie in eine Maori-Gemeinde (Eingeborene) zog, die in einem sehr abgelegenen Gebiet meiner Heimat Neuseeland lag. Dort beobachtete ich, wie die Maori-Leute sich ständig gegenseitig etwas gaben. Es war deutlich, daß bei allen Menschen des Stammes das Geben eine besondere Rolle in der Beziehung zu den andern spielte. Weil sie sehr freigebige Menschen waren, war das Geben für sie etwas, was ihnen Freude machte. Meine Jungen und ich arbeiteten sehr hart, und mit Hilfe von Tang mit Schafdünger und dem gemähten Gras vom Fußballfeld, das im Frühjahr so üppig wuchs, konnten wir das herrlichste Gemüse ziehen, um es dann anderen zu geben. Sobald wir anfingen zu geben, schienen wir auf jedermanns Liste zu stehen, und das Klopfen an unserer Tür hörte nicht mehr auf. Fisch, Fleisch, Früchte, Eingemachtes, alles Erdenkliche gab man uns nun. Aber keiner trieb Handel. Jeder gab, und aus diesem Geben und Nehmen erwuchs ein Geist großer Freude, der ansteckend war. Natürlich mußte man bereit sein anzunehmen. Aber Jesu Worte, daß Geben seliger ist als Nehmen, waren dort Wirklichkeit.

Später, als Marjorie und ich in einer Gemeinschaft lebten, lehrten wir die andern diesen selben Grundsatz. Aber hier machten wir damit mehr eine geistliche als eine kulturelle Erfahrung. Oft beobachtete ich, wie jemandem Geld gegeben wurde. Meistens haben die, die das Geld empfingen, es nicht selbst verwendet, sondern sie gaben es weiter an einen anderen. Das Geld ging so durch viele Hände, ohne daß der, der es empfing, es ausgab. Statt dessen erfuhren die Menschen durch dieses Geld, daß Gott dafür sorgte, daß sie etwas zum Geben hatten. So wurden viele Menschen durch dieses »wandernde« Geld gesegnet.

Wenn wir diese Wahrheit betrachten, fangen wir an zu ahnen, was es heißt, in Gottes Reich zu leben. Gottes Wege sind nicht unsere Wege. Die Menschen glauben, daß man glücklich wird, wenn man empfängt, aber Jesus sagt: »Gebt jedem, der zu mir gehört.« Selbst wenn es sich um eine so unbedeutende Sache wie ein Glas Wasser handelt, wirst Du Deinen Lohn empfangen, wenn Du es in Jesu Namen gibst.

Für den, der in Gottes Reich lebt, hängt das Glück nicht von dem ab, was er empfängt. Ganz im Gegenteil! Unsere Freude ist es, vom Vater zu empfangen, damit wir geben können. Jesus sagt ganz deutlich, daß es eine Belohnung gibt, aber diese Belohnung bekommen nur die, die selbst geben. Stell Dir vor, was in unseren Beziehungen zu anderen Christen geschehen würde, wenn wir für ihre Nöte und Bedürfnisse feinfühlig würden und wenn wir leben würden, um zu geben. Wenn wir in unserer »Gebetskammer« zum Vater gingen, um zu empfangen, damit wir geben können, so würde das unser Leben auf den Kopf stellen, und die Welt würde ewiges Leben sehen, die Lebensqualität von Gottes Reich.

Ein Edelstein für heute: »Gebt, so wird euch gegeben. Ein volles, gedrücktes, gerütteltes und überfließendes Maß wird man euch in den Schoß schütten, denn mit dem Maß, mit dem ihr meßt, wird man euch wieder messen« (Lk. 6,38).

Alttestamentliche Lesung 4. Mose 30.31

4. März

Neutestamentliche Lesung Markus 10,1-31

... alles ist möglich bei Gott. *(Mk. 10,27)*

In unserer heutigen Lesung tadelte Jesus seine Jünger, weil sie die Kinder zurückgewiesen hatten. Er gebot ihnen, sie zu ihm zu bringen. »Laßt die Kinder zu mir kommen, und hindert sie nicht daran, denn Menschen wie ihnen gehört das Reich Gottes. Wahrlich, ich sage euch: Wer das Reich Gottes nicht empfängt wie ein Kind, der wird nicht hineinkommen« (Vers 14.16). Sagt Jesus, daß uns kindlicher Glaube dazu befähigt, das Reich Gottes zu betreten?

Im selben Kapitel berichtet Markus davon, wie ein reicher junger Mann zu Jesus kommt. Jesus liebt ihn. Dieser junge Mann war demütig, denn er eilte zu Jesus, um ihn noch zu erreichen, bevor er sich auf den Weg machte. Er kniete vor ihm nieder und fragte, was er tun müßte, um das ewige Leben zu erben (die Lebensqualität, die Jesus lebte). Jesus fragte ihn nach seiner Beziehung zu seinen Eltern, und ob er alle Gebote befolgt hätte. Der junge Mann konnte bekennen, daß er von Jugend auf in all diesen Dingen in völligem Gehorsam gelebt hatte. Dann erklärte ihm Jesus, daß ihm eins fehlte. Er mußte bereit sein, alles zu verlassen, um ihm nachzufolgen. Der reiche junge Mann sollte sein Vertrauen nicht auf sich selbst setzen, auf seine Fähigkeit, im Gehorsam gegen Gottes Gebote zu leben – sonst würde er nur seine eigene Gerechtigkeit aufbauen –, noch sollte er auf seinen Reichtum vertrauen. Solange er diesen nicht verteilen würde, um Jesus zu folgen, wäre sein Besitz ein Hindernis für ihn. Er sollte dagegen sein Vertrauen ganz auf Jesus setzen.

Die Lebensqualität, nach der sich dieser junge Mann sehnte, ging über seinen Reichtum hinaus, und sie war nicht zu erreichen durch seine religiösen Fähigkeiten, mit denen er sich etwas verdienen wollte. Dieses Leben war durch keine noch so große Selbstanstrengung zu erlangen. Wir erben das ewige Leben nicht durch das, was wir tun, sondern durch das, was wir werden, wenn wir alles Vertrauen auf uns selbst aufgeben, um wiedergeboren zu werden und so in Gottes Reich hineinzukommen. Für einen Menschen ist es unmöglich, aber bei Gott ist alles möglich für den, der Jesus folgt und mit der Einfalt eines kleinen Kindes vertraut. Je mehr wir ihm Tag für Tag vertrauen, je mehr wir ihm folgen, desto mehr lernen wir ihn kennen, und ihn kennen, das ist ewiges Leben. Ein kleines Kind mit leeren Händen kann durch seinen kindlichen Glauben in das Reich Gottes hineinkommen. Der reiche junge Mann dagegen hatte sein Vertrauen zu sehr auf die Güter dieser Welt gesetzt und auf seine religiösen Erfolge, so daß er nicht mehr erkennen konnte, daß dies alles wertlos ist. Er wußte weder, daß er durch diese Dinge nicht das ewige Leben gewinnen konnte, noch war er fähig, sie hinter sich zu lassen, um Jesus zu folgen. Wir können Jesu Lebensqualität jetzt haben, wenn wir alles verlassen und Jesus heute nachfolgen. Was steht Dir im Weg, um Jesus nachzufolgen? Nur durch kindlichen Glauben kommen wir in Gottes Reich.

Ein Edelstein für heute: Das Evangelium ist so einfach, wir brauchen bloß auf Christi Reichtum zu vertrauen und auf seine Fähigkeit, nicht auf unsere eigene.

Alttestamentliche Lesung 4. Mose 32.33

5. März

Neutestamentliche Lesung Markus 10,32-52

Und Jesus antwortete und sagte zu ihm: Was soll ich für dich tun?... (Mk. 10,51)

In unserer heutigen Lesung erzählt Markus von einem blinden Mann, der trotz des Drucks der Menschen um ihn herum nicht aufgab, sondern aushielt, bis er Heilung erfuhr. Die Erfahrung des blinden Mannes zeigt mir, daß es in unserm Leben Zeiten gibt, wo wir rufen und gehört werden müssen. Einige von uns sind so in Anspruch genommen von guten, christlichen Projekten und Vorhaben für Gottes Reich, daß es uns gut täte, wenn wir uns für eine Zeit zurückziehen und Jesus suchen würden. Es ist ein Trick der Welt, unser Leben so mit Arbeit auszufüllen, ganz gleich ob im Königreich Gottes oder außerhalb, daß wir schließlich den König selbst nicht mehr sehen können. Stell Dir doch nur einmal vor, wie unser Leben aussähe, wenn wir Jesus jeden Tag aufrichtig und voller Eifer suchen würden trotz des Drucks von Menschen und Dingen. Mir fällt der Vers ein, der uns versichert, »... daß Gott denen, die ihn suchen, ihren Lohn gibt« (Hebr. 11,6).

Der blinde Mann hatte Jesus bestimmt aus ganzem Herzen gesucht, und so gewann er seine Aufmerksamkeit. Nun steht er vor Jesus und hört vielleicht zum ersten Mal seine Stimme, die fragt, was der ganze Lärm soll und was dieser Mann wirklich von ihm will. Es war wichtig, daß der Blinde vor Jesus seinen Glauben aussprach und genau sagte, was Jesus für ihn tun sollte. »Der Blinde sagte zu ihm: Rabbuni, daß ich wieder sehen kann. Jesus aber sagte zu ihm: Geh hin, dein Glaube hat dir geholfen« (Vers 51.52).

Sein Glaube war beharrlich, selbst als die Leute kamen und ihm geboten zu schweigen. Es heißt: »Er aber rief noch viel lauter.« (Vers 48). In unserem Leben als Christen gibt es Zeiten, wo wir aufhören müssen, auf andere zu hören. Statt dessen sollten wir zu Jesus gehen. Doch bevor wir gehen, müssen wir wissen, was wir wollen. Wenn wir wissen, was Gott mit unserem Leben vorhat und was sein Wort uns sagt, dann müssen wir uns von unserer »Wischi-Waschi«-Haltung freimachen, die spricht: »Ja, wenn Gott dafür sorgt, dann will ich es wohl tun, oder wenn dies oder jenes geschieht und wenn das Gottes Wille in dieser Sache ist, dann will ich es tun.«

Wir brauchen eine positive Haltung des Glaubens. Wir müssen wissen, was Gottes Wille und was seine Ziele sind. Dieses Wissen wächst aus der täglichen persönlichen Beziehung zu Jesus und dem Umgang mit Gottes Wort. Wenn wir dann so ausgerüstet sind und wissen, was wir brauchen, können wir unsre Bitten im Gebet beharrlich vor Gott bringen, bis wir wissen, daß wir gehört werden. Wir müssen beten, bis wir in unserem Geist wissen, daß wir die Antwort haben, eine konkrete Antwort. Wenn wir wollen, daß durch unser Gebet etwas geschieht, dann müssen wir so lange beten, bis unsere Bitten zu Antworten werden.

Ein Edelstein für heute: »... wegen seiner Zudringlichkeit ... (wird er) ihm geben, was er braucht« (Lk. 11,18).

Alttestamentliche Lesung 4. Mose 34-36

6. März

Neutestamentliche Lesung Markus 11,1-19

Jesus sandte zwei seiner Jünger voraus und sagte zu ihnen: Wenn ihr heimkommt, werdet ihr ein Eselsfüllen angebunden finden, bindet es los und führt es her! Und wenn jemand zu euch sagen wird: Warum macht ihr das? so sprecht: Der Herr braucht es. (Mk. 11,1-3)

Wir können aus diesen Versen wichtige Dinge lernen, nicht nur, daß der Herr uns braucht, sondern auch, daß wir ihm zur Verfügung stehen müssen, wenn er uns ruft. Wenn Du heute über diese Verse nachsinnst, dann setze Dich selbst an die Stelle der Jünger oder an die des Esels, und erinnere Dich daran, daß der Herr Dich wirklich braucht.

Weil die Jünger das verstanden, konnte Jesus ihnen ohne zu zögern Anweisungen geben, und er wußte, wenn jemand sie fragen würde, brauchten sie bloß zu antworten: »Der Herr braucht es«. Ich bin mir sicher, daß die Jünger sich wunderten, woher Jesus so genau wußte, wo der Esel stand, und daß sie sich fragten, ob sie ihn wirklich so einfach mitnehmen konnten. Aber das Allerwichtigste für sie war, daß sie genau das taten, was Jesus ihnen gesagt hatte. Wenn all das geschehen sollte, was Jesus beabsichtigte, dann mußten sie seiner Bitte folgen.

Wächst auch in uns diese Qualität der Nachfolge Jesu, die ihm Tag für Tag gehorcht, ohne zu fragen? Lernen wir zu hören? Wenn Jesus sich heute nach jemandem umsehen würde, der zur Verfügung steht, um für ihn einen Auftrag zu erledigen, wären wir dann da? Wenn man die biblischen Geschichten betrachtet, so wird ganz deutlich, daß von dem, der vom Herrn gebraucht werden will, etwas gefordert wird: daß er bereit und offen ist, auf Gott zu hören. Erinnerst Du Dich daran, daß Mose in aller Zurückgezogenheit jahrelang Schafe hütete, bevor Gott ihn zum großen Führer Israels berief? Wenn wir Jesus nicht zur Verfügung stehen, dann hat es keinen Zweck, wenn wir uns wünschen, etwas für ihn tun zu dürfen. Es mag sein, daß wir in einer bestimmten Situation wirklich das Verlangen haben, von Gott gebraucht zu werden. Aber wenn wir uns nicht für Gott öffnen und zur Verfügung stehen, um seinen Willen zu tun, dann wird diese Gelegenheit an uns vorübergehen, und Gott wird jemand anderen gebrauchen. Jesus wünscht nicht nur, daß wir etwas für ihn tun, sondern er sehnt sich danach, daß wir, wie seine Jünger, die Wirklichkeit von Gottes Reich kennen, das hier und jetzt gelebt werden soll.

Das erste war, daß Jesus seine Jünger mit dem Vater versöhnt hat. Dann lebte er mit ihnen das ewige Leben, das hier anfängt, und er zeigte ihnen die Macht und die Gegenwart des Reiches Gottes. Alles, was er tat, basierte auf der persönlichen Beziehung, die er mit ihnen hatte. Nachdem Jesus zu der Volksmenge über das Reich Gottes gesprochen hatte, nahm er seine Jünger zur Seite, um sicher zu sein, daß sie ihn verstanden hatten.

Was für ein herrlicher Tag muß das für die Jünger gewesen sein, als Jesus in Jerusalem auf dem Esel eintritt, den sie im Glauben für ihn besorgt hatten! Mitten unter den Hosianna-Rufen erlebten die Jünger sicher etwas ganz

anderes als das Volk um sie herum, weil sie eine persönliche Beziehung zu Jesus hatten. Der Herr braucht Dich, und Du brauchst ihn.
Ein Edelstein für heute: Jeder Tag bietet die Gelegenheit zu dienen!

Alttestamentliche Lesung 5. Mose 1.2

7. März

Neutestamentliche Lesung Markus 11,20-33

Und Jesus antwortete ihnen: Habt Glauben an Gott! (Mk. 11,22)

Obwohl die heutige Lesung voller Prinzipien ist, die man alle studieren könnte, ragen zwei davon ganz besonders heraus: der Grundsatz der Vergebung und das Wachstum des Glaubens.

Zunächst einmal ist offensichtlich, daß es verschiedene Stufen des Glaubens gibt. Wir können im Glauben reifen und wachsen. Jesus spricht von einem hohen Grad des Glaubens und demonstriert ihn, indem er den Feigenbaum verflucht, der daraufhin verdorrt. Wenn Glaube in einem solchen Maß entwickelt ist, zeigen sich ungeheure Folgen. Jesus sagte, wir könnten dann zu einem Berg sprechen, und er würde sich ins Meer werfen. Ein ungläubiger Mensch kann so etwas einfach nur wahrnehmen, auch bewundern und es sich vielleicht wünschen. Aber er kann es niemals selbst erfahren.

Dann sprach Jesus zu seinen Jüngern über das Gebet und wies wieder auf dasselbe Prinzip der Entwicklung hin. Das Gebet kann sich zu großer Reife entwickeln. »Bei allem, worum ihr in eurem Gebet bittet, glaubt nur, daß ihr's schon empfangen habt, so wird's euch zuteil werden.« Auch das scheint dem ungläubigen Menschen so wie alle anderen geistlichen Dinge. Vielleicht glaubt er sogar, daß es so etwas gibt, beschäftigt sich damit oder studiert Theologie. Es ist auch möglich, daß er mit großer Überzeugung an diesen Wahrheiten festhält und sich doch nicht öffnet, um sie selbst zu erfahren.

Das andere Prinzip, das Jesus seine Jünger lehrte, war die Vergebung. Er erklärte, daß der Vater bereit ist zu vergeben und daß es für uns absolut notwendig ist, dasselbe zu tun, wenn wir die Vergebung des Vaters erfahren wollen. Auch dieses Prinzip kann jemand für wahr halten und trotzdem letztlich nicht selbst erfahren, worüber Jesus sprach.

Diese Prinzipien, die Jesus lehrte, sind das Leben von Gottes Reich, das Jesus lebte, obwohl er in der Welt war. Er theoretisierte nicht, sondern sprach über das Leben, das er selbst hier auf der Erde lebte. Darum sagte er, daß wir zuerst Gottes Reich suchen sollen und daß uns dann alles andere dazugegeben wird (Lk. 12, 31).

Jesus sprach über seine täglichen Erfahrungen mit dem Vater. Er versuchte nicht, nach diesen Prinzipien zu leben, sondern diese Prinzipien waren Ausdruck seines eigenen Lebens in Gottes Reich. Auch wir können dieses

Leben leben, oder ich sollte besser sagen, daß wir Jesus dazu einladen können, dieses Leben in uns zu leben. Es geht nicht um das, was Du weißt, sondern darum, daß Du Jesus kennst. Wenn wir uns aufmachen, um anzuklopfen und zu suchen, nicht die Wahrheit, sondern die Person Jesus Christus, der die Wahrheit ist, dann werden uns alle diese Dinge hinzugefügt werden. Es ist so viel leichter, an den zu glauben, den Du kennst, als an das, was Du weißt.

Ein Edelstein für heute: Erfahre das, worüber Jesus sprach, indem Du Jesus Christus selbst erfährst.

Alttestamentliche Lesung 5. Mose 3.4

8. März

Neutestamentliche Lesung Markus 12,1-27

So ist Gott nicht ein Gott der Toten, sondern der Lebenden. Ihr irrt sehr. *(Mk. 12,27)*

Jesus machte nicht nur klare Aussagen zum Leben nach dem Tod, sondern er ließ auch keinen Zweifel daran, daß die Sadduzäer mit ihren Fragen zeigten, daß sie wenig oder gar nichts von dieser Sache verstanden. Gerade vorher hatte Jesus erklärt, daß jede Münze zwei Seiten hat, aber diese Männer, die ihm die Fragen stellten, schienen nur eine Seite zu sehen. Denn es ist viel leichter, über die Wirklichkeit eines Lebens nach dem Tod zu spekulieren, wenn es weit weg scheint und wenn es keine Bedeutung hat für das Leben, das man jetzt lebt. Doch Jesu Botschaft über Gottes Reich ist die, daß das Leben nicht etwas ist, was man später einmal empfängt. Es muß hier gelebt werden, und das gilt auch für uns heute, wenn wir anfangen, in Gottes Reich zu leben, weil wir wiedergeboren sind und diese Lebensqualität schon jetzt erfahren. Wir sind vorbereitet. Ja, das spätere Leben wird einfach nur eine Erweiterung von dem sein, was wir jetzt leben, eine ewige Erweiterung.

In der Geschichte vom verlorenen Sohn, der sein Erbe nahm (Lk. 15,11-32) können wir das gleiche Prinzip erkennen. Einerseits lag das Erbe bereit, damit der Sohn es nehmen konnte. Andererseits wußte der Vater, daß der Sohn noch längst nicht reif genug dafür war. Solange er zu Hause wohnte und mit der Familie lebte, gehörte ihm alles, was der Familie gehörte. Als er dann sein Erbe forderte und damit fortzog, brachte ihm das nicht das Leben, sondern fast den Tod. Die Rückkehr zum Vater gab ihm auch das Leben zurück, weil das Leben abhängig ist von dem Leben mit der Familie. Jesus sagt, daß das Leben nicht aus dem besteht, was wir haben, sondern aus dem, was wir sind.

Jesus lebte ein Leben, eine Wirklichkeit, die dem natürlichen Menschen fremd war und ist. Er zeigte, daß das Leben nicht darin liegt, das Erbe zu besitzen. Denn man kann das Erbe haben und trotzdem ohne Leben sein.

Das ewige Leben, über das Jesus spricht, gehört uns dann, wenn wir in eine versöhnte Beziehung mit dem Vater eintreten. Dann gehört uns alles, was dem Vater gehört, und alles, was uns gehört, wird sein Eigentum. Diese Abmachung müßte doch jedem klugen Geschäftsmann gefallen.

Laßt uns den Versuch aufgeben, den Weinberg für uns selbst zu besitzen. Statt dessen wollen wir ihn lieber für den Vater abernten. Gib der Welt, was ihr rechtmäßig zusteht. Wir können uns das leisten, weil die größten Schätze der Welt, ihr Wohlstand und Reichtum nur eine Zeitlang bestehen werden. Unsere Schätze aber bleiben ewig, denn unser himmlischer Vater ist ein Gott der Lebenden und nicht der Toten.

Ein Edelstein für heute: Unser Gott war und wird immer sein. Aber nicht nur das, er lebt und wohnt jetzt in diesem Augenblick in jedem, der glaubt.

Alttestamentliche Lesung 5. Mose 5-7

9. März

Neutestamentliche Lesung Markus 12,28-44

Und du sollst den Herrn, deinen Gott, lieben mit ganzem Herzen, mit ganzer Seele, mit all deinem Verstand und mit all deiner Kraft.

(Mk. 12,30)

In einer Übersetzung, die den Text umschreibt, heißt unser Vers so: »Und du sollst den Herrn, deinen Gott, lieben aus und mit ganzem Herzen, aus und mit deiner ganzen Seele (deinem Leben), aus und mit all deinem Verstand – das ist deine Fähigkeit zu denken und dein moralisches Vorstellen – und aus und mit deiner ganzen Kraft.«

Denke über die Bedeutung dieses Verses nach, denn das sind große Worte.

Dann sagte der Schriftgelehrte zu Jesus: »… Meister, du hast wahrhaftig recht! Er ist Herr allein, und es gibt keinen andern außer ihm; und ihn lieben mit ganzem Herzen, mit aller Einsicht und mit aller Kraft, und seinen Nächsten lieben wie sich selbst, das ist mehr als alle Brandopfer und Schlachtopfer« (Vers 32.33). »Jesus sah, daß er klug und verständig war, und sagte: … Du bist nicht fern vom Reich Gottes« (Vers 34).

Jesus sprach mit einem klugen Mann, der Einsicht hatte in die Wahrheit eines Gebotes, das Gott Mose gegeben hatte. Dieser Mann wußte, daß dies das wichtigste Gebot war; das erkannte er in seinem Verstand. Trotzdem sagte Jesus, daß dieser Mann nicht in Gottes Reich wäre. Nicht fern davon zu sein, machte ihn noch nicht zu einem Teil von Gottes Reich. Wenn man die Wahrheit mit intellektueller Klugheit kennt, dann bedeutet das nicht unbedingt, daß man sie auch durch Erfahrung kennt. Wir werden weder zu einem Teil von Gottes Reich, noch können wir das Leben des Königreiches leben, nur weil wir seine Prinzipien kennen. Wer eine Wahrheit anerkennt, macht sie damit noch nicht zu seiner eigenen, aber es ist ein guter Anfang.

Ein andermal hatte Jesus mit einem reichen jungen Mann gesprochen, der alle Gebote von Jugend auf gehalten hatte. Aber weil er sein Vertrauen in seinen Reichtum setzte, konnte er nicht in Gottes Reich kommen. Wer das Leben des Königreiches leben will, der muß allein Jesus glauben und sein Vertrauen ganz auf ihn setzen.

Jesus wollte gerne, daß auch der verständige Schriftgelehrte in das Reich Gottes kommen sollte. Es ist Liebe, ungeteilte Liebe, die uns dazu bringt, unseren Verstand, unsere Seele und unsere Stärke dem Vater zu übergeben. Diese Liebe ist die Antwort darauf, daß Gott selbst sich uns in Jesus Christus in einer solchen Weise zuwendet, daß wir nicht widerstehen können. Es reicht nicht aus, sich in das biblische Bild von Gott zu verlieben. Wir sollen unsere Liebe einer Person geben, die wir nur durch den Glauben und durch den Herrn Jesus Christus kennen können. Wenn wir uns selbst Gott völlig hingeben (unser Herz, unsere Seele, unseren Verstand und unseren Leib), damit Jesus Tag für Tag sein Leben in und durch uns leben kann, dann lernen wir Gott zu lieben, der in uns ist und lebt.

Wir sollten nicht von außerhalb des Reiches Prinzipien über das Leben des Reiches Gottes lernen, sondern wir sollten lernen, das Leben im Reich Gottes zu leben, indem wir den lieben lernen, der das Leben ist. Diese Dinge werden nicht durch Fleisch und Blut offenbart, sondern durch eine enge Beziehung zu Gottes Geist.

Ein Edelstein für heute: Die wahre Erkenntnis Gottes muß man erfahren.

Alttestamentliche Lesung 5. Mose 8-10

10. März

Neutestamentliche Lesung Markus 13,1-13

Wenn sie euch nun hinführen und übergeben werden, so macht euch vorher keine Sorgen, was ihr reden sollt; sondern was euch in dieser Stunde eingegeben wird, das redet. Denn ihr seid's ja nicht, die reden, sondern der Heilige Geist. (Mk. 13,11)

Als Jesus aus dem Tempel ging, schaute er auf die mächtigen Steine, aus denen dieses heilige Gebäude errichtet war. Er wußte, daß die Tage des Tempels gezählt waren. Der Tempel war wie Gottes Volk, ein kahles Gebäude aus der Vergangenheit, geistlich dürr, aber nicht bereit, den Messias zu empfangen, und völlig gleichgültig gegenüber seiner Gegenwart. Die Zeit von Gottes Volk ging zu Ende. Es konnte oder wollte nicht aus Liebe zu Gott ein Leben der Unterwerfung und des Gehorsams leben. Jetzt mußte es den Preis dafür zahlen, daß es den Sohn selbst abgelehnt hatte, der in den Weinberg seines Vaters zurückgekehrt war.

Jesus sagte, daß dieser Tempel bald nicht mehr bestehen würde. Die Welt würde einen schrecklichen Preis dafür zahlen müssen, daß sie die Herrschaft

Jesu abgelehnt hat: »Es wird Kriege geben und Kriegsgerüchte, ein Reich wird sich gegen das andere erheben, es wird Erdbeben geben, Hungersnöte und viel Leiden. Alle, die zu Gottes Volk gehören, werden in jenen letzten Tagen viel zu erleiden haben, man wird sie an Herrscher und Könige ausliefern, und die Menschen werden die Finsternis so sehr lieben, daß sie das Licht des Lebens von Gottes Reich nicht werden ertragen können«.

Das wird das Ende sein für die Welt, und die Menschen werden alles tun, was in ihrer Macht steht, um diese Schrecken zu überwinden, doch sie werden machtlos sein. Eine Zeitlang mag es so scheinen, als hätten sie in der Tat die Oberhand gewonnen, aber wirklich überwinden kann man nur durch Jesus Christus, der gesagt hat: »... seid getrost, ich habe die Welt überwunden« (Joh. 16,33). Es ist nur die Welt der Selbstsucht und des Teufels, die zu Ende gehen wird. Aber unsere Welt besteht ewig. Selbst in den schwierigsten Zeiten brauchen wir uns nicht zu fürchten. Der Schlüssel zum Überwinden ist, daß jeder einzelne, der glaubt, in sich die leise Stimme hört. Der Heilige Geist, der in jedem wohnt, der glaubt, wird in Zeiten der Not unsere Stärke sein. Unser Vers heute hält uns vor Augen, daß wir uns nicht einmal dann fürchten oder sorgen müssen um das, was wir sagen werden, wenn man uns vor Herrscher und Könige bringt. In dem Moment, wo wir sprechen müssen, wird uns der Heilige Geist selbst die Worte eingeben. Deshalb müssen wir schon jetzt mit Gottes Heiligem Geist vertraut werden. Dann werden wir wissen, wessen Stimme wir hören, und daß der Geist wirklich da sein wird, wenn wir ihn brauchen. Die Welt wird durch uns den Heiligen Geist sprechen hören, und wir werden bis zum Ende aushalten.

Ein Edelstein für heute: »Jeder, der Jesu Worte hört und tut, ist wie ein Mann, ... der ein Haus baute und tief grub und den Grund auf Fels legte. Als aber eine Überschwemmung kam, brandeten die Fluten gegen das Haus, doch sie konnten es nicht erschüttern; denn es war gut gebaut« (Lk. 6,47.48).

Alttestamentliche Lesung 5. Mose 11-13

11. März

Neutestamentliche Lesung Markus 13,14-37

Was ich aber euch sage, das sage ich allen: Seid wachsam!
(Mk. 13,37)

Jesus hatte zu seinen Jüngern über das Ende der Zeiten gesprochen, über die Stunde, die kein Mensch kennt, über die Zeit, die so furchtbar ist, daß selbst die Auserwählten Gottes unter dem Druck der Leiden abfallen würden, wenn Gott diese Tage nicht verkürzen würde. Danach sagte er zu allen, daß sie wachsam sein sollen.

Auf eine Weise wiederholt sich die Geschichte von Gottes Volk immer wieder. Denke zum Beispiel daran, wie alle Israeliten Sklaven in Ägypten waren und viel Verfolgung erlitten. Neugeborene wurden umgebracht, ihre Eltern dienten als Sklaven. Aber vergiß nicht, daß während dieser ungefähr vierhundert Jahre des Leidens Gottes Volk zu einer mächtigen Nation heranwuchs. Als die Ägypter ihre Größe und Stärke bemerkten, versuchten sie aus Angst, sie zu unterdrücken. Doch das wurde die größte Stunde der Israeliten, denn Gott verhieß ihnen Befreiung und schenkte sie ihnen auch.

All das ist typisch für Gottes Volk heute. Die Welt ist Ägypten, wir sind Sklaven ihrer Sünde. Aber die Zeit, von der Jesus spricht, wird die große Stunde Gottes für uns sein. Wenn es im ganzen Land Plagen und Tod geben wird, dann wird Gottes Volk vollkommen beschützt sein. So wie Gott damals sein Volk aufrichtete und ihm Gelegenheit gab, ein mächtiges Volk zu werden, so will er auch an uns handeln. Was für Ägypten Tod und Leiden bedeutete, wurde für Gottes Volk zur Befreiung und Heilung. Als überall im Land Gosen die schwärzeste Finsternis herrschte, wohnte Gottes Volk im Licht.

Werden diese letzten Tage anders sein? Die, die treu und gehorsam sind, werden im Licht leben. Die Sterne werden vom Himmel fallen, die Kräfte des Universums ins Wanken geraten, aber mitten in dem, was für die Welt eine totale Katastrophe ist, wird Gottes Volk den Sieg haben. Im Vers 26 heißt es: »Dann werden sie den Menschensohn in den Wolken kommen sehen mit großer Kraft und Herrlichkeit.«

Das ist das Ende einer rebellischen Welt, die von Mächten und Gewalten beherrscht wurde, die zusammen mit den Menschen in totaler Rebellion und in Feindschaft gegen Gott lebte. Dann wird Jesus regieren und wir mit ihm. Sei sicher, mein lieber Freund in Christus, daß Gott für jeden seiner Auserwählten Pläne hat. Daran sollen wir denken bei allen negativen Erfahrungen, die uns gefangen nehmen wollen und durch die der Satan versucht, unsere Herzen mit Angst zu erfüllen. Das Ende dieser Welt wird für uns die Stunde des größten Sieges sein. Geläutert, gereinigt, gesäubert und vorbereitet sprechen der Geist und die Braut: »Komm, komm bald, Herr Jesus.«

Ein Edelstein für heute: »Und dann wird er seine Engel senden und wird seine Auserwählten versammeln ...« (Mk. 13,27).

Alttestamentliche Lesung 5. Mose 14-16

12. März

Neutestamentliche Lesung Markus 14,1-26

Wahrlich, ich sage euch, daß ich nicht mehr von der Frucht des Weinstocks trinken werde bis zu dem Tag, an dem ich von neuem davon trinken werde im Reich Gottes. (Mk. 14,25)

Vor uns liegt der Tag, an dem wir im Reich Gottes wieder mit Jesus aus dem Kelch trinken werden. Darum sollen wir uns heute und jeden Tag vorbereiten, bis Jesus kommt.

Jesus hatte oft zu seinen Jüngern über seinen bevorstehenden Tod und seine Auferstehung gesprochen. Doch sie wollten das, was er sagte, nicht annehmen. Ich frage mich, wieviel von Jesu Lehre wir selbst heute noch einfach aus reiner Unsicherheit ablehnen. Aber ob wir nun eine Wahrheit anerkennen oder nicht, verändert weder die Folgen der Wahrheit, noch macht es sie wirkungslos.

Unterdessen lebte Jesus weiter nach dem Zeitplan seines Vaters und ließ sich nicht davon abbringen, auch wenn seine Jünger nicht bereit waren, die Wahrheit anzunehmen. Die Zeit, das Passafest zu feiern, kam, und Jesu sprach erneut zu seinen Jüngern über seinen Tod und seine Auferstehung. Doch sie verstanden es wieder nicht. War es Gott, der ihnen die Augen zuhielt, damit sie diesen so kostbaren und wichtigen Augenblick nicht verstanden, oder war es die Folge davon, daß sie sich weigerten, Jesu Lehre anzunehmen? Er hatte immer wieder versucht, sie auf diesen Moment vorzubereiten.

Selbst als Jesus das Brot brach und erklärte, daß es sein Leib wäre, der für uns gebrochen wurde, und als er den Kelch nahm und sagte: »Das ist das Blut des Bundes, das vergossen wird«, selbst da schien niemand zu verstehen. Kann es sein, daß dies auch für diese letzten Tage zutrifft? Unter den Christen wird viel herumspekuliert über das, was die Bibel über die Endzeit sagt, aber keiner ist sich ganz sicher, und keiner weiß es ganz genau. Jeder hat ein Stück der Wahrheit, und eines Tages, wenn die Zeit so weit ist, wird Gott uns erlauben, alles zusammenzusetzen. Werden wir von den offensichtlichen Fehlern der Jünger lernen und auf diese letzten Tage zugehen mit einem Geist, der offen ist und sich lehren lassen will? Wird unser Herz die Begeisterung Jesu im Zusammenhang mit der Endzeit erkennen, und werden wir voll Freude in ihr leben? Anstatt auf das Leiden zu schauen, das er am Kreuz erduldete, schaute Jesus voraus und freute sich auf die Zeit, wo er im Reich seines Vaters mit denen, die ihm nachfolgten, von der Frucht des Weinstocks trinken wird.

Wir kennen weder Zeit noch Stunde der Wiederkunft Jesu, aber wir wissen ganz genau, welche Zeit angebrochen ist, weil wir die Zeichen der Zeit lesen können. Wenn wir erkennen, daß der letzte Tag näher rückt, dann sollte unser Herz nicht voll Furcht werden. Wir sollten uns dagegen wie Jesus auf die Zeit freuen, wenn wir von der Frucht des Weinstocks trinken werden zusammen mit unserem König, dem König der Könige und dem Herrn der Herren, unserem Heiland, der von Anfang aller Dinge an diese Zeit vorausgeplant hat. Alles das, was geschehen wird, ist kein Zufallsereignis, sondern ist geplant seit der Zeit, von der es heißt: »Am Anfang schuf Gott Himmel und Erde.« Wir sind genau in Gottes Zeitplan!

Ein Edelstein für heute: »Wer überwindet, dem will ich das Vorrecht geben, mit mir auf meinem Thron zu sitzen, so wie auch ich überwunden habe und mich mit meinem Vater auf seinen Thron gesetzt habe« (Offb. 3,21).

Alttestamentliche Lesung 5. Mose 17-19

13. März

Neutestamentliche Lesung Markus 14,27-52

Ihr seid ausgezogen mit Schwertern und Stangen wie gegen einen Räuber, um mich zu fangen. Ich bin täglich bei euch im Tempel gewesen und habe gelehrt, und ihr habt mich nicht ergriffen. Aber es muß die Schrift erfüllt werden. (Mk. 14,48.49)

Jesus überließ sich seinen Verfolgern. Er war bereit für den Tod. Dies war seine größte Stunde, als er über Tod, Hölle und Teufel triumphierte und eine vollkommene Versöhnung herbeiführte zwischen den Gläubigen und Gott dem Vater. Werden wir von den offensichtlichen Fehlern der Jünger lernen, die immer noch nicht verstanden, was Jesus ihnen gesagt hatte? Werden wir uns von Petrus unterscheiden, der darauf vertraute, daß er bis zum Ende aus sich selbst fähig wäre, dem Herrn zu dienen, und der trotzdem völlig taub war gegenüber dem, was Jesus gesagt hatte über diese Stunde, die nun kam?

Jesus hat gesagt, daß er die Macht hat, uns zu bewahren und uns zu tragen. Wir wissen, daß wir so schwach sind, daß wir nicht aus eigener Kraft treu bleiben können. Zu dreien der Jünger (Petrus, Jakobus und Johannes) hatte Jesus eine besondere Beziehung. Er wählte sie dazu aus, gemeinsam mit ihm im Garten zu beten. Aber sie schliefen ein. Der Geist ist wirklich bereit, aber das Fleisch ist schwach. Jesus spricht zu uns in diesen letzten Tagen und beruft einige dazu, besonders Fürbitte zu tun. Wie lautet unsre Antwort? Kann er sich darauf verlassen, daß Er uns in unserer »Gebetskammer« findet in diesen letzten Tagen, oder vielleicht sogar in den letzten Stunden der letzten Tage?

Als Jesus mit Fleisch und Blut kämpfte, damit sein Leib den Willen des Vaters erfüllte, legte er seinen eigenen Willen beiseite, um des Vaters Willen zu tun. Er, der unser großer Hohepriester ist, lebt, um für uns Fürbitte zu tun. Halte es darum für lauter Freude, zu leiden und zu der Generation zu gehören, aus der das Reich Gottes geboren werden soll, damit es auf Erden wie im Himmel ist.

Wenn Jesus wiederkommt, werden wir ihn dann empfangen, oder sind wir zerstreut wie Schafe ohne Hirten? Ich glaube, daß die Antwort bei uns liegt. Jesus steht uns nach wie vor jeden Tag zur Verfügung, zwar nicht im Tempel, aber er möchte uns gern in seinem Wort begegnen. Die Vorbereitung auf sein zweites Kommen besteht nicht darin, Nahrungsmittel zu horten und sich materiell abzusichern. Wer vorbereitet sein will, der muß es im Herzen sein. Jesus will uns täglich begegnen. Nutzen wir diese Möglichkeit treu aus, bereiten wir unser Herz darauf vor, offen zu sein für ihn? Werden wir in diesen letzten Tagen leben mit der Haltung, die Petrus hatte? Er war voll Vertrauen auf sich selbst und versagte. Oder werden wir durch den Fehler des Petrus lernen, im Gebet nahe zu Jesus zu kommen und Täter des Wortes zu sein? Wird der Herr von Dir oder von mir sagen können: »Ich bin täglich bei dir im Tempel gewesen und habe gelehrt«?

Mein lieber Freund, fahre fort, dort Deine Schätze zu horten, wo kein Mensch sie zerstören und rauben kann. Ein Herz, das treu ist im Gebet, das näher und näher zu Jesus Christus kommt und das treu ist in dieser Hingabe der Liebe, das ist ein Herz, das nicht versagen wird.

Ein Edelstein für heute: »Und der Herr sprach weiter: Siehe, es ist ein Raum bei mir, da sollst du auf dem Felsen stehen … Ich will dich in die Felskluft stellen …« (2. Mose 33,21.22).

Alttestamentliche Lesung 5. Mose 20-22

14. März

Neutestamentliche Lesung Markus 14,53-72

Da fragte ihn der Hohepriester noch einmal: Bist du der Christus, der Sohn des Hochgelobten? Jesus aber sprach: Ich bin's; und ihr werdet den Menschensohn sitzen sehen zur Rechten der Allmacht und kommen mit den Wolken des Himmels. (Mk. 14,61)

Die Bibel hält bis in alle Ewigkeit diese Frage fest, die Jesus von dem Hohenpriester gestellt wurde, und ebenso die unselige Reaktion auf Jesu Antwort. Wenn irgend jemand hätte wissen sollen, wer Jesus war, dann ganz bestimmt der Hohepriester, der über Gottes Volk gesetzt war. Kein Wunder, daß Jesus gesagt hat. »Abraham sagte: Sie haben Mose und die Propheten, so werden sie sich auch nicht überzeugen lassen, wenn jemand von den Toten aufersteht« (Lk. 16,29.31).

Es scheint unmöglich zu sein, vom Verstand her zu erkennen, wer Jesus ist. Schließlich kannten die Hohenpriester die Schrift. Jede Prophetie, die jemals über den Messias geschrieben wurde, konnten sie lesen und in sich aufnehmen. Trotzdem waren sie völlig blind, als Jesus vor ihnen stand, so daß sie nicht erkennen konnten, wer er war. Heute gibt es den historischen Beweis, daß Jesus gelebt hat und gekreuzigt wurde. Aber auch das überzeugt niemanden davon, daß er der Christus ist. Jesus sagte einmal zu Petrus, daß nicht Fleisch und Blut ihm offenbart hätten, wer er, Jesus, ist, sondern sein Vater im Himmel (Mt. 16,17). Gott offenbart den Menschen noch immer seinen Sohn durch den Heiligen Geist. Der unwissendste Mensch ohne jegliche Ausbildung und der hoch intellektuelle, beide sind abhängig von Gottes Gnade und dem Geschenk des Glaubens, wenn sie Jesus erkennen wollen.

Wenn man diesen Text liest, sollte man nicht übersehen, daß Jesus hier auch von seiner Wiederkunft spricht. »Ihr werdet ... sehen«, sagt Jesus. »Ihr werdet den Menschensohn sitzen sehen zur Rechten der Allmacht und kommen mit den Wolken des Himmels.«

Jesus hat uns nicht im Zweifel gelassen über seine Rückkehr und hat uns sogar die Zeit beschrieben, in der sie geschehen wird. Er hat uns ermahnt, weise zu sein und die Zeichen der Zeit zu erkennen, die den Tag seines Kommens ankündigen. Darum sollen wir wirklich sicher sein, daß wir wissen, daß Jesus der Christus ist. Wir sollen uns an dieser Erkenntnis freuen und durch Gottes Gnade auch die anderen Worte hören und in uns aufnehmen, die Jesus dem Hohenpriester sagte. Die andere Seite der Münze, die andere Seite der Wahrheit, daß Jesus der Christus ist, besteht in der klaren Ankündigung seiner Wiederkunft. Hören wir dieses Wort? Oder werden wir sein wie die Juden, die die Zeichen der Zeit nicht erkennen, Jesu Wort nicht glauben und uns so nicht auf seine Rückkehr vorbereiten? Sich vorbereiten heißt, jeden Tag bereit zu sein.

Ein Edelstein für heute: »Selig ist der Knecht, den sein Herr das tun sieht, wenn er kommt« (Mt. 24,46).

Alttestamentliche Lesung 5. Mose 23-25

15. März

Neutestamentliche Lesung Markus 15,1-26

Pilatus aber antwortete ihnen: Wollt ihr, daß ich euch den König der Juden freigebe? (Mk. 15,9)

Pilatus hatte Jesus gefragt, ob er der König der Juden sei, und Jesus hatte geantwortet: »Ja, du sagst es.« Danach fragte Pilatus Jesus, ob er nicht etwas auf die Anklagen der Juden zu erwidern hätte. Aber Jesus antwortete nicht, und Pilatus wunderte sich. Gott schwieg. Jetzt war nicht die Zeit, um seinen Sohn vor den Folterknechten zu retten, sondern jetzt war die Zeit, daß er dem Tod übergeben werden sollte. Der Himmel schwieg, und ich kann mir vorstellen, wie die Engel verstummten und den Atem anhielten. Ein Wort vom Vater, und eine Legion von Engeln hätte voll Freude Jesus von seinem Leiden erlöst. Aber der Vater hatte seinen Sohn gerade für diesen Moment gesandt. Pilatus war ein Mann, der Erfahrung hatte im Umgang mit Königen, und vielleicht war er den größten Männern seiner Zeit begegnet. Ob Pilatus in Jesus etwas sah, für das Jesu Feinde blind waren? Vielleicht kannte Pilatus die Prophetien nicht, die das Kommen des Messias weissagten. Sah er trotzdem in Jesus die Gestalt eines Königs? War das der Grund dafür, daß Pilatus versuchte, Jesus freizulassen, obwohl er dadurch die Juden verärgerte?

Als Pilatus Jesus in die Hände der Juden auslieferte, fragte er: »Was hat er denn Böses getan?« Um die Menge zufriedenzustellen, ließ Pilatus Jesus geißeln, und die Striemen gruben sich in seinen Rücken ein, einer nach dem andern. Sein Leib war so mißhandelt, daß wir nicht wagen, uns dieses Bild vorzustellen. Man konnte sein Gesicht durch die Schläge nicht mehr erkennen, es war bedeckt mit Spucke und mit Blut von der Dornenkrone, aber trotz der Häßlichkeit des gefolterten, zerbrochenen Leibes, einfach nur um ihn zu verhöhnen, huldigten die Soldaten ihm als König. Oder sahen sie in der Gestalt dieses gefolterten Mannes einen unbesiegten Menschen, einen, der schweigend vor seinen Folterknechten stand und trotzdem noch immer von einer Lebensqualität zeugte, die sie nie verstehen würden?

Die Menschen hatten recht, als sie am Kreuz eine Tafel befestigten mit der Aufschrift, daß Jesus der König der Juden ist. Denn Gott hat seinen Sohn gesandt, einen König mit königlichem Blut, der immer der König der Könige, der Herr der Herren sein wird. Das Volk hatte viele Menschen sterben sehen, aber dieser Mann starb nicht so wie die anderen, sondern als ein König, dessen Reich ewig ist.

Gott der Vater hat dieses Werk der Erlösung und der Versöhnung keinem anderen als seinem einzigen Sohn anvertraut. Wenn Du ihn schließlich von Angesicht zu Angesicht siehst, dann wirst Du wirklich einen König sehen. Und jetzt, mein Freund in Christus, was denkst Du nun von Deiner Erlösung?

Ein Edelstein für heute: »Und auf seinem Gewand und auf seiner Hüfte steht der Name geschrieben: König aller Könige und Herr aller Herren« (Offb. 19,16).

Alttestamentliche Lesung 5. Mose 26.27

16. März

Neutestamentliche Lesung Markus 15,27-47

Da wurde die Schrift erfüllt: Er ist zu den Übeltätern gerechnet worden. *(Mk. 15,28)*

Gott versucht nicht, uns zu überlisten. Bei ihm gibt es keine Überraschungen, oder ich sollte besser sagen, daß er nicht versucht, uns zu überraschen.

Jeder, der seine Pläne wissen will, ob Mann oder Frau, ob Mädchen oder Junge, der kann sie in der Bibel lesen. Gott hat sowohl vorher gewarnt als auch vorherbestimmt. Die Geburt des Messias wurde vorhergesagt, und er wurde geboren, damit sich die Schrift erfüllt.

Sieben- oder achthundert Jahre vor Christi Geburt schrieb der Prophet Jesaja über die Geburt des Messias: »Er schoß auf vor ihm wie ein Reis und wie eine Wurzel aus dürrem Erdreich...« (Jes. 53,2). Es gab keinen Zweifel darüber, daß in Israel eine geistliche Dürre herrschte und daß Gottes Volk den Christus schmähen und ablehnen würde, ihn, den Mann der Schmerzen, der vertraut war mit unserer Krankheit. Jesaja schrieb: »Fürwahr, er trug unsere Krankheit und lud auf sich unsre Schmerzen. Wir aber hielten ihn für den, der geplagt und von Gott geschlagen und gemartert wäre. Aber er ist um unsrer Missetat willen verwundet und um unserer Sünde willen zerschlagen. Die Strafe liegt auf ihm, auf daß wir Frieden hätten, und durch seine Wunden sind wir geheilt« (Jes. 53,4.5). Immer wieder sprach der Prophet von dem Christus, der noch geboren werden sollte.

Du kannst sehen, daß es keine Überraschung war. Wenn die brüllende und schreiende Menge, die sich dem Geist dieser Welt hingab, Jesus nur mit ihren geistlichen Ohren zugehört und in der Schrift gelesen hätte, so wären sie fähig geworden zum Hören und Verstehen. Jesus erfüllte die Schrift vor ihren Augen, aber die Menschen waren geisteskrank, weil sie sich ihren eignen Glauben und ihre eigene Theologie aufgebaut hatten und Gott nicht an die erste Stelle stellten. Es hätte nicht anders kommen können. Die Schrift mußte erfüllt werden, aber weh denen, die das Werkzeug Satans wurden, die Gottes Sohn verspotteten und schmähten.

Noch einmal nähern wir uns einer verheißenen Zeit. Sie ist nicht mehr in weiter Ferne. So, wie geschrieben war, daß Christus sein Leben am Kreuz hingeben würde, damit die Schrift erfüllt wird, so wird er auch wiederkommen, um das zu erfüllen, was in Gottes Wort geschrieben steht. Jesus selbst hatte viel darüber zu sagen. Er prophezeite seine eigne Rückkehr.

Was für eine Erfahrung werden wir machen, wenn Jesus Christus wiederkommt, so wie es geschrieben steht? Werden wir wie die Schriftgelehrten oder Pharisaer reagieren? Werden wir so gefangen sein in unsrer Lehre und Interpretation über das, was die Erfüllung der Schrift ist, daß wir uns bei Jesu Wiederkunft im Streit über unseren Glauben befinden werden? Oder werden unsere Herzen bei seiner Wiederkunft auf sein Kommen vorbereitet sein? Sind wir Menschen, die das Brachland ihres Herzens umgepflügt und den Weg bereitet haben, damit der Herr kommen kann?

Ein Edelstein für heute: »Es steht geschrieben: Das Ende aller Dinge ist nahe herbeigekommen. So seid nun besonnen und nüchtern, um beten zu können« (1. Petr. 4,7).

Alttestamentliche Lesung 5. Mose 28

17. März

Neutestamentliche Lesung Markus 16

Sie aber gingen hin und predigten an allen Orten. Und der Herr wirkte mit ihnen und bekräftigte das Wort durch die mitfolgenden Zeichen. (Mk. 16,20)

Nachdem der Herr zu den Jüngern gesprochen hatte und in den Himmel aufgenommen worden war, um dort zur Rechten Gottes zu sitzen, gingen die Jünger hinaus und predigten die gute Nachricht. Doch bevor all dies geschah, erschien Jesus zuerst Maria Magdalena und dann zwei von den Jüngern. Aber ihr Zeugnis, daß sie Jesus gesehen hatten, stieß auf Unglauben. Schließlich erschien Jesus den Elfen, als sie beisammen saßen und aßen, und tadelte sie wegen ihres Unglaubens und ihrer verstockten Herzen. Aber sein Erscheinen in ihrer Mitte füllte sofort den Mangel an Glauben auf, den sie wegen seiner Auferstehung hatten. Jetzt konnten keine Zweifel mehr unter ihnen aufkommen. Was Jesus in der Vergangenheit gesagt hatte über seinen Tod, seine Grablegung und Auferstehung, das war nun Geschichte. Die Jünger fragten sich nicht mehr, was geschehen würde, wann und wie. Als Jesus ihnen erschien, wurde seine Auferstehung für sie eine Tatsache. Eines Tages wird es auch für uns so sein, wenn wir in seiner Gegenwart stehen. So viele Fragen, auf die wir jetzt noch keine zufriedenstellende Antwort finden, werden dann der Vergangenheit angehören.

Nachdem Jesus sich um die Zweifel und Ängste seiner Jünger gekümmert hatte, gab er ihnen klare Anweisung für das, was sie tun sollten. Die Jünger waren nun Menschen, die eines Sinnes waren, und die ganze Welt sollte von ihrer Erfahrung mit Jesus hören, denn er hatte sie beauftragt, in alle Welt zu gehen, um die frohe Botschaft zu predigen. Der Herr Jesus Christus, der jüdische Messias, dessen Kommen vorhergesagt war, der war gekommen und hatte sein Leben als ein Opfer für die Sünde hingegeben. Und er lebte! Der Vater hatte ihn von den Toten auferweckt!!!

Jesus wurde von vielen Zeugen gesehen, und dieselbe Kraft, die ihn von den Toten auferweckt hatte, würde mit seinen Jüngern sein, wenn sie seinen Anweisungen folgten. Unsere eigene Erfahrung wird genau dem entsprechen, was in der Bibel steht, wenn wir tun, was sie sagt. Die Jünger zogen los und predigten überall, so wie Jesus es ihnen geboten hatte. Von den Folgen können wir selbst lesen: »... der Herr wirkte mit ihnen und bekräftigte sein Wort durch die mitfolgenden Zeichen.« Was könnte geschehen, wenn Gottes Wort das Zentrum unsres Lebens würde? Eins ist jedenfalls ganz sicher, unser Unglaube würde verschwinden. Und wenn wir anfangen, andern von Jesus zu erzählen, sagt die Bibel, dann können auch wir erwarten, daß der Herr mit uns ist und das Wort durch mitfolgende Zeichen bekräftigt. Was für Zeichen? Es liegt in der Verantwortung unsres Herrn, durch welche Zeichen und wie er das Wort bekräftigen will. Wir aber haben die Verantwortung, es zu verkündigen.

Ein Edelstein für heute: »Wer sagt, daß er in ihm bleibt, der muß auch leben, wie er gelebt hat« (1. Joh. 2,6).

Alttestamentliche Lesung 5. Mose 29.30

18. März

Neutestamentliche Lesung Lukas 1,1-23

So kannst du den sicheren Grund der Lehre erkennen. (Lk. 1,4)

Jesus hatte seinen Jüngern geboten, das Evangelium in alle Welt zu tragen. Auch Lukas hatte die frohe Botschaft in sein Herz aufgenommen. Er hatte der Verkündigung der Jünger geglaubt und spricht nun mit großer Begeisterung von den Ereignissen, die Jesu Geburt, Tod und Auferstehung begleiten. Er setzt sich hin und schreibt einen vollständigen Bericht der Geschehnisse nieder, von denen er in Israel gehört hat. In dem, was er schreibt, ist Geist und Leben, weil er die Wahrheit aufschreibt und der Heilige Geist, der in ihm ist, ihn inspiriert. Der Bericht des Lukas beweist, wie treu die Menschen die Ereignisse weitererzählten, die sie selbst miterlebt hatten.

Lukas war bewegt von dem, was der Priester Zacharias erfahren hatte. Während er im Tempel Weihrauch brennen ließ, um so das Räucheropfer vor Gott zu bringen, kam ein Engel Gottes zu ihm. Alles an Gott übertrifft das, was wir uns hier auf der Erde vorstellen können, und das, was wir als das »Natürliche« kennen. Darum fällt es uns so schwer, die notwendigen Veränderungen in unserem Leben zu treffen und uns Gott anzupassen, so daß wir nicht mehr auf »natürliche« Weise leben, sondern auf Gottes Weise. Aber wir können unser Leben nur dann Gott »anpassen«, wenn wir wiedergeboren sind. Wenn das nicht geschehen ist, dann studieren wir Gottes Wort mit Kritikgeist, wir rationalisieren und sortieren mit unserem Verstand, was wir glauben und was wir nicht glauben wollen. Aber Gott sei gelobt, mit dem Evangelium (Gottes Wort) kommt auch der Heilige Geist, um uns in die Wahrheit zu führen. Wie könnten wir sonst die Begegnung des Zacharias mit dem Engel verstehen, wenn nicht der Heilige Geist in uns das lebendig werden läßt, was wir lesen? Selbst wenn wir die Erfahrung des Zacharias noch mit unserem »natürlichen« Verstand annehmen könnten, wie sollten wir nur mit unserem Verstand begreifen, was es bedeutet, daß der Heilige Geist über Maria kam und das Kind in ihr vom Heiligen Geist gezeugt wurde?

Durch den Heiligen Geist können wir die Worte von Lukas mit großer Begeisterung lesen, weil Lukas dem Gebot Jesu, das Evangelium in aller Welt zu verkünden, gehorchte, indem er an seinen Freund Theophilus schrieb. Wir, die wir fast zweitausend Jahre nach der Niederschrift dieses Evangeliums leben, werden durch den Gehorsam des Lukas Jesu Wort gegenüber gesegnet, und allein schon, daß dieser Bericht erhalten geblieben ist, ist in sich ein Wunder. Denn immer wieder haben Menschen versucht, ihn zu zerstören.

Je mehr wir Gottes Wort lesen, desto mehr haben wir einen »festen Grund«, haben wir Gewißheit. Dies kommt nicht daher, weil wir uns selbst von der Wahrheit überzeugen, indem wir ständig unseren Verstand damit füllen – obwohl wir das auch tun müssen, um die Wahrheit zu empfangen –, sondern die Gewißheit entsteht dadurch, daß der Heilige Geist uns voll Freude die Wahrheit bezeugt und sie auf die Tafeln unseres Herzens schreibt. Wenn wir jeden Tag in Gottes Wort lesen, dann laßt uns auch anderen von dem erzählen, was in unser Herz eingedrungen ist. Ich bete darum, daß Du dadurch, daß ich Dir von meinen Erfahrungen berichte, »den sicheren Grund der Lehre … erkennst« und daß Du wiederum anderen von Deinem Glauben und Deinen Erfahrungen erzählst.

Ein Edelstein für heute: Jesus sagte, daß Geben seliger ist als Nehmen. Diese Wahrheit trifft auch auf Gottes Wort zu. Je mehr Du es an andre weitergibst, desto lebendiger wird es in Deiner eigenen Erfahrung.

Alttestamentliche Lesung 5. Mose 31.32

19. März

Neutestamentliche Lesung Lukas 1,24-56

Denn bei Gott ist nichts unmöglich. (Lk. 1,37)

Kannst Du Dir vorstellen, was es für Maria bedeutet hat, einem Mädchen von niedriger Herkunft, von einem Engel des Herrn besucht zu werden, der ihr sagte, daß sie ein Kind empfangen würde durch den Heiligen Geist? Ihr wurde sogar gesagt, welches Geschlecht und welchen Namen das Kind haben sollte. Der Engel sprach: »Denn bei Gott ist nichts unmöglich.« Allein schon Marias Antwort kann man fast nicht glauben. Sie sagte: »Siehe, ich bin des Herrn Magd; mir geschehe, wie du gesagt hast« (Vers 38).

Als Maria den Engel sah und er ihr alle diese Wunder und diese mit dem Verstand nicht zu begreifenden Dinge verkündigte, da fragte Maria einfach nur, wie dies geschehen sollte. Sie nahm die Botschaft nicht nur mit den Ohren des Glaubens auf, sondern sie erklärte sich auch bereit, sich von Gott als ein Werkzeug gebrauchen zu lassen, das der ganzen Menschheit Frieden und Erlösung bringen sollte. Offenbar waren die Worte des Engels, daß bei Gott nichts unmöglich ist, nicht nur bloße Worte für sie. Sie waren für Maria erfahrbare Wirklichkeit.

Der Gott, der mit Marias Vorfahren gesprochen hatte – mit Abraham, Isaak und Jakob –, der war nun in den Bereich ihrer eignen Erfahrungen getreten. Ihr Leben würde nie wieder so wie vorher sein, nachdem sie es nun in Gottes Hand gelegt hatte.

Gottes Wege verwundern mich immer wieder! Er sandte seinen Engel zu diesem jungen Mädchen und erwartete ihre Antwort. Ja, Gottes Plan mit

Maria war abhängig von Marias Bereitschaft, sich Gott hinzugeben. Wenn sie ein Teil von Gottes Plan sein wollte, dann mußte sie ihren Willen für ihr Leben zur Seite legen und sich mit ganzem Herzen hingeben, ohne etwas zurückzuhalten. Sie hätte argumentieren und mit ihrem Verstand nach Gründen suchen können. Aber durch den Glauben nahm sie das an, was der Engel verkündigte.

Im Alten Testament wurde die Königin Ester mit einer sehr ähnlichen Situation konfrontiert. Gott verlangte etwas von ihr, was sie vielleicht das Leben kosten würde. Weil sie sich Gottes Willen überließ, wurde Ester ein Werkzeug der Erlösung für ihr Volk, die Juden. Wenn wir uns weigern, der Mensch zu sein, durch den Gott seine Pläne und Absichten verwirklichen will, können wir damit Gottes Tun doch nicht vereiteln. Gott wird einen anderen Menschen gebrauchen, der ihm zur Verfügung steht. Seine Pläne werden durch seine Liebe und Gnade vollbracht. Wenn wir uns weigern, Gott zur Verfügung zu stehen, oder wenn es uns an Glauben mangelt, so schaden wir uns selbst damit.

In dem Moment, als Du wiedergeboren wurdest, pflanzte Gott in Dich den Samen der Natur Christi. Gott hat den Plan, Deinen Charakter so zu verändern, daß Du das Bild seines Sohnes widerspiegelst. Wirst Du auf dieses Verlangen Gottes so antworten, wie Maria es tat? »Mir geschehe, wie du gesagt hast.«

Ein Edelstein für heute: »Selig ist die, die geglaubt hat! Denn es wird vollendet werden, was ihr gesagt worden ist vom Herrn« (Lk. 1,45).

Alttestamentliche Lesung 5. Mose 33.34

20. März

Neutestamentliche Lesung Lukas 1,57-80

Sogleich wurde sein Mund aufgetan und seine Zunge gelöst, und er redete und lobte Gott ... Zacharias wurde mit Heiligem Geist erfüllt und begann, prophetisch zu reden. (Lk. 1,64.67)

Wenn wir Gottes Wort gehorchen, dann geschieht etwas in unserm Leben. An dieser Tatsache kann man nicht rütteln. Wenn wir anfangen, in unserem Leben Gottes Willen zu tun, dann bekommt unser Leben eine völlig neue Bedeutung. Es wird zu einem Abenteuer, wenn wir Gott erlauben, durch Seinen Heiligen Geist, der in uns wohnt, Christi Leben in und durch uns zu leben.

Wir müssen Gott glauben, um ihm unser Leben anvertrauen zu können, und wir brauchen ein noch größeres Maß an Glauben, um gehorsam zu sein. Aber wir werden Gottes Leben nicht erfahren, solange es uns nicht zur Gewohnheit geworden ist, sein Wort zu lesen, zu hören und zu erwarten, daß zwischen Gott und uns ein Gespräch entsteht. Nach wie vor sind wir es, die leben müssen. Der Unterschied zu früher liegt darin, daß Gott uns jetzt die Richtung zeigt und uns die Verantwortung gibt, die richtige Entscheidung zu treffen. Aber auch damit läßt er uns nicht allein, sondern sobald wir gehört und gehorcht haben und uns danach sehnen, nach Gottes Wort zu leben, kommt er mit der Fülle seiner Gnade und dem Reichtum seiner Kraft, um seine Pläne und Absichten in unserm Leben zu vollbringen.

Zacharias war ein Mann des Gebetes. Als Antwort auf seine Gebete sollte seine Frau Elisabeth einen Sohn gebären. Zacharias erschien ein Engel, der ihm Gottes Pläne mitteilte. Nun wurde deutlich, daß Elisabeths Unfruchtbarkeit einen Sinn gehabt hatte. Gott wollte sie jetzt fruchtbar machen, und sie sollte das Vorrecht haben, einen Mann Gottes (Johannes den Täufer) zur Welt zu bringen, der das Volk auf das Kommen des Messias vorbereiten würde. Weil aber Zacharias dieser Botschaft nicht glaubte, wurde er mit Stummheit geschlagen bis zu dem Tag, an dem alles eingetroffen war. Ich glaube, daß Gott manchem von uns damit einen Gefallen täte, wenn er ihn stumm werden ließe, nachdem er ihm seinen Willen und seine Pläne für sein Leben offenbart hat. Der Unglaube, aus dem heraus wir reden, ist oft so groß. Gott tat Zacharias etwas Gutes, als er ihm den Mund verschloß. Er wußte, wieviel ungläubiges Gerede sonst aus diesem Mund gekommen wäre. Zacharias hätte so sehr in ungläubiges, negatives Denken hineingeraten können, daß er schließlich Gottes besten Plan für sein Leben verspielt hätte.

Zacharias Schweigen wird für viele nur sehr schwer verständlich gewesen sein. Da er aber schließlich doch gehorsam war und dem glaubte, was der Engel gesagt hatte, wurde er von seiner Stummheit erlöst. Er öffnete seinen Mund und pries Gott. Dann wurde er mit dem Heiligen Geist erfüllt, und es heißt, daß er prophetisch redete. Zacharias machte durch Glauben und Gehorsam eine neue Erfahrung mit Gott.

Ein Edelstein für heute: »Großen Frieden haben, die dein Gesetz lieben, sie werden nicht straucheln« (Ps. 119,165).

Alttestamentliche Lesung Josua 1-3

21. März

Neutestamentliche Lesung Lukas 2,1-24

Wie im Gesetz des Herrn geschrieben steht ... (Lk. 2,23)

Wenn wir die Ereignisse der Bibel betrachten, dann können wir erkennen, wie wichtig es war, daß Menschen, von denen die Bibel erzählt, das Gesetz anerkannten und hielten. Es gab solche, die »wie die Wilden« das Gesetz studierten und die allen anderen voller Gesetzlichkeit ihre Überzeugung auferlegten. Jesus hatte nicht viel Geduld mit diesen Menschen, die darauf beharrten, daß das Gesetz eingehalten wurde. Denn er wußte, daß diese fordernde Haltung nur ihren eignen religiösen Zielen diente und nicht Gott.

Aber es gab auch Menschen, die aus Liebe zu Gott und aus dem Wunsch heraus, ihm zu gefallen, danach strebten, nach Gottes Wort zu leben. Aus dieser Haltung heraus gingen Maria und Josef mit Jesus nach Jerusalem, um ihn dort dem Herrn darzubringen, »wie im Gesetz des Herrn geschrieben steht«.

Alles, was geschah, muß vorher sorgfältig geplant und vorbereitet gewesen sein. Jesu Geburt und der Geburtsort waren schon vor mehreren hundert Jahren vorhergesagt worden. Jede Einzelheit – daß Gott Maria zur Mutter Jesu auserwählte, daß Rom zu der Zeit so viel Macht hatte –, all das war ein Teil von Gottes Vorbereitung.

Die Bibel ist nicht nur ein Bericht von dem, was nach großen Ereignissen geschah, sondern sie ist ein lebendiges Zeugnis eines Planes, sie ist ein Gedicht, das Gott geschrieben hat und das wir leben sollen. Wenn Du die Bibel jedes Jahr einmal durchliest (mit Hilfe dieses Bibelleseplanes), dann wird Dir das immer klarer werden, weil Gott Dir dieses Geheimnis der Bibel offenbaren wird. Das, was geschrieben steht, soll von denen gelebt werden, die Gott lieben und die danach verlangt, nach seinem Wort zu leben. Steht nicht geschrieben, daß der Mensch nicht vom Brot allein lebt, sondern von jedem Wort, das aus Gottes Mund hervorgeht (5. Mose 8,3) ?

Im Galaterbrief lesen wir: »Als aber die Zeit erfüllt war, sandte Gott seinen Sohn, geboren von einer Frau und unter das Gesetz gestellt« (Gal. 4,4).

»Ihr seid die Söhne der Propheten und des Bundes …« (Apg. 3,25). Laßt uns darum beten, daß unser Herz mit dem Verlangen erfüllt wird, Gott so sehr zu lieben, daß wir mehr als alles andre so leben wollen, »wie im Gesetz des Herrn geschrieben steht«. Dann werden wir seine Verheißungen erfüllen und Gottes Wort und Willen vollbringen.

Ein Edelstein für heute: »Mein Sohn, vergiß meine Weisung nicht, und dein Herz behalte meine Gebote« (Sprüche 3,1).

Alttestamentliche Lesung Josua 4-6

22. März

Neutestamentliche Lesung Lukas 2,25-52

Und er (Simeon) kam, vom Geist getrieben, in den Tempel. Und als die Eltern das Kind Jesus in den Tempel brachten, um mit ihm zu tun, was nach dem Gesetz Brauch war, da nahm er ihn auf seine Arme, lobte Gott und sprach: »… Meine Augen haben Deinen Heiland gesehen, den Du … bereitet hast.« *(Lk. 2,27.28.30.31)*

In diesem Abschnitt geht es um das Wirken des Heiligen Geistes. Simeon, der Gott liebte und sein Wort studierte, hatte in der Vorfreude auf den Tag gelebt, an dem sich die Schrift erfüllen und der Messias kommen würde, so wie die Propheten es vorhergesagt hatten. Simeon wurde vom Heiligen Geist in den Tempel geführt, als Maria und Josef dort waren, um das Gesetz zu erfüllen. Man kann erkennen, daß es Gottes Hand war, die all dies anordnete. Gott hatte Simeon dazu auserwählt, derjenige zu sein, der Jesus dem Herrn darbringen sollte und der von den Eltern und in Gottes Gegenwart über dem Kind ein Gebet sprach, das ihm der Heilige Geist eingab. Derselbe Heilige Geist hatte Simeon zum Tempel gebracht, er hatte ihm offenbart, wer Jesus war, und durch diese Offenbarung wurde er zum Gebet getrieben.

Das, was mit Simeon geschah, kann auch ein ungläubiger Mensch erfahren. Es ist Gottes Heiliger Geist, der ihn berührt, wenn jemand betet. Der Vater freut sich darüber, wenn wir für die Ungläubigen beten. Es ist sein Wille und der Wunsch seines Herzens, daß keiner verlorengeht. Der Heilige Geist, der den Willen des Vaters vollbringt, treibt den ungläubigen Menschen in eine Begegnung mit dem Herrn Jesus Christus. Nur wer zu Christus kommt, kann Erlösung erfahren. In der Bibel heißt es, daß in keinem anderen Namen das Heil ist (Apg. 4,12). Es ist der Heilige Geist, der uns führt. Das gilt auch für das Wachstum und den Weg derer, die schon Christen sind. Wir müssen uns vom Geist leiten lassen. Er führt uns immer zu Christus oder offenbart ihn uns.

Als der Heilige Geist Simeon Jesus offenbarte, prophezeite Simeon die Erlösung für die Heiden. Das sind wir, Du und ich. Die Mehrheit der Menschen, die die Edelsteine lesen, sind Heiden. Die Prophetie hat sich erfüllt, tausend und abertausend Heiden sind gerettet worden.

Die Erlösung ist möglich geworden durch das Blut Jesu Christi. Aber der Heilige Geist offenbart denen, die noch nicht gerettet sind, daß sie Rettung brauchen. Er ist es, der ihnen den Erlöser, unsern Herrn Jesus Christus, offenbart. Und auch uns offenbart er ihn immer weiter, so wie er es damals tat, bei Simeon, Maria und Josef und danach bei der Prophetin Hanna. Ganz gleich, wie lange wir schon Gläubige aus den Heiden sind, Gott will uns mehr und mehr von seinem Sohn offenbaren durch die Kraft und die Gegenwart seines Heilgen Geistes. Wir müssen ihm nur zur Verfügung stehen und unser Herz öffnen, um uns führen zu lassen.

Ein Edelstein für heute: »Und sein Vater und seine Mutter wunderten sich über das, was von ihm gesagt wurde« (Lk. 2,33).

Alttestamentliche Lesung Josua 7.8

23. März

Neutestamentliche Lesung Lukas 3

... Ich taufe euch mit Wasser; es kommt aber einer, der ist stärker als ich ... (Lk. 3,16)

Das Volk Gottes war voller Erwartung und fragte sich, »ob Johannes vielleicht der Christus wäre«. Aber Johannes sagte unmißverständlich, daß er es nicht wäre. Er wußte, daß er Gottes Volk zur Umkehr rufen sollte, damit es sich auf das Kommen des Herrn Jesus Christus vorbereiten und rechtschaffene Früchte der Buße bringen konnte. Eins der Dinge, die jeder tun sollte, war, öffentlich vor allem Volk in den Fluß zu steigen und sich taufen zu lassen. Eine große Menschenmenge kam aus Jerusalem und Judäa, um die Predigt des Johannes zu hören, und sie ließen sich taufen. Weil der Bußruf des Johannes so etwas wie eine Erweckung hervorrief, fingen die Menschen in der Tat an, sich zu fragen, ob Johannes der Christus sei.

Johannes korrigierte diesen Irrtum, indem er dem Volk beschrieb, was der Messias tun würde, wenn er käme. Zunächst einmal sagte er ihnen, daß er selbst nicht wert wäre, Jesus die Sandalenriemen zu lösen, auch wenn das Volk viel von ihm und seinem Dienst hielt. So wie Johannes die Menschen mit Wasser taufte und von ihnen erwartete, daß sie Frucht brachten, die der Umkehr entsprach, so würde Jesus sie mit dem Heiligen Geist taufen. Mit diesem Geist würde Feuer in ihr Leben kommen und die erwartete Frucht bringen.

Johannes verglich uns mit Weizen, der gedroschen werden muß, und den Heiligen Geist mit der Kraft, die den Weizen reinigt. Wenn die Körner durch das Dreschen auf die Erde fielen und man das übriggebliebene Stroh beiseite getan hatte, dann mußten die Weizenkörner noch von der Spreu getrennt werden. Sonst konnte man sie weder verkaufen noch mahlen. Man warf die Körner in die Luft, und der Wind wehte die leichte Spreu zur Seite. Die reinen Weizenkörner fielen auf die Erde zurück. Wenn sich kein Wind regte, so mußte sich jemand hinstellen und ein Windrad antreiben, um genügend Luftzug zu schaffen, damit die nutzlose Spreu weggeblasen und dann verbrannt werden konnte.

Johannes sagte, daß der, der den reinigenden Wind blasen läßt, der Messias ist, der mit dem Heiligen Geist und mit Feuer tauft. Reinigung mußte geschehen, die Spreu sollte ins Feuer geworfen werden. Jesus selbst würde die Spreu fortblasen. Und so soll die Geschichte Deines und meines Lebens aussehen. Jesus tauft alle, die zu ihm kommen, mit dem Heiligen Geist und Feuer. Rettung heißt Trennung durch Feuer. Es gibt Dinge in unserm Leben, die dem Feuer übergeben werden müssen. Jesus selbst steht da, um all dies wegzublasen, so daß alles, was zurückbleibt, nützlich und fruchtbar ist.

Ein Edelstein für heute: »Alle Täler sollen erhöht werden, und alle Berge und Hügel sollen erniedrigt werden; und was krumm ist, soll gerade werden, und was uneben ist, soll ebener Weg werden« (Lk. 3,5).

Alttestamentliche Lesung Josua 9.10

24. März

Neutestamentliche Lesung Lukas 4,1-30

Jesus kehrte, mit Heiligem Geist erfüllt ... zurück und wurde vom Geist in die Wüste geführt ... Der Teufel aber sagte zu ihm: Bist du Gottes Sohn ... (Lk. 4,1.3)

Ein Christ, der wiedergeboren wird, mit dem Heiligen Geist erfüllt ist und auf Jesu Blut vertraut, wird sofort zu einer Bedrohung für den Teufel. Weil dieser weiß, daß er im Moment das, was Gott getan hat, nicht ungeschehen machen kann, fängt er an, das Werk der Gnade zu untergraben. Er will erreichen, daß der Christ völlig fruchtlos und unnütz ist für Gottes Reich.

Das erste, was der Teufel Jesus fragte, hatte zum Ziel, in Jesus Zweifel wachsen zu lassen darüber, wer er war. »Bist du der Sohn Gottes?« Satan will uns um jeden Preis davon abhalten, die Vater-Kind-Beziehung zu Gott zu verstehen und selbst zu erleben. Denn er kennt uns Menschen. Es ist möglich, eine Lehre der Kindschaft zu haben, mit großer Überzeugung daran zu glauben und trotzdem, weil man zweifelt, nie selbst eine Vater-Kind-Beziehung mit Gott erlebt zu haben. Aber gerade darum hat Jesus uns Versöhnung gebracht. Er sagte einmal: »... Satan, ... du meinst nicht, was göttlich, sondern was menschlich ist« (Mt. 16,23). Das bedeutet, daß uns Satan in allen Dingen helfen will, solange sie nicht von Gott sind. Satan liegt im Kampf mit Gott. Er versucht uns dahin zu bringen, daß wir Arbeiten tun und Organisationen gründen, die Anerkennung bei der Welt finden, weil sie von der Welt sind. Manchmal sind es sogar Werke des Erbarmens und der Fürsorge, voller christlicher Grundsätze, sie haben den Anschein von Christlichkeit und werden vielleicht sogar von Christen geleitet. Und trotzdem ist nicht Gott der Urheber dieser Werke, sie sind nicht auf ihn gegründet. Satan hat einen Sieg errungen, wenn er solche Werke zustande bringt.

Gott muß der Begründer unsrer Pläne und Absichten sein, er muß uns inspirieren. Und dann müssen wir ihm diese Pläne unterstellen und nicht versuchen, sie mit unserer eigenen Weisheit und Kraft, sondern durch den Heiligen Geist durchzuführen. Jesu Antwort an den Teufel muß auch unsere sein. »... Es steht geschrieben. Der Mensch lebt nicht vom Brot allein, sondern von jedem Wort Gottes.« Jesus war vom Vater gesandt, um dessen Werke auf der Erde zu tun. Satan versuchte, diese Werke Jesu dem Geist dieser Welt zu unterwerfen anstatt dem Geist von Gottes Reich. Die Frage ist nicht, wie gut die Werke sind, die wir für Gott zu tun beabsichtigen, sondern es geht darum, in welchem Geist sie getan werden. Welcher Geist hat die Idee, den Plan ins Leben gerufen? Die Bibel sagt uns, daß wir leben sollen von jedem Wort, das aus Gottes Mund kommt. Lieber Freund, glaube nicht jedem Geist, sondern prüfe die Geister, ob sie von Gott sind.

Ein Edelstein für heute: »Es soll nicht durch Heer oder Kraft, sondern durch meinen Geist geschehen, spricht der Herr Zebaoth« (Sach. 4,6).

Alttestamentliche Lesung Josua 11-13

25. März

Neutestamentliche Lesung Lukas 4,31-44

... Ich weiß, wer du bist: der Heilige Gottes! *(Lk. 4,34)*

Die Dämonen wußten, wer Jesus war, sie schrien: »Halt, was willst du von uns ... Ich weiß, wer du bist: der Heilige Gottes!«

Von dem Moment an, als wir wiedergeboren und mit dem Heiligen Geist erfüllt wurden, versucht Satan uns mit allen Mitteln davon abzuhalten, daß wir erkennen, wer wir sind. Er will verhindern, daß wir ein Leben in der Kraft des Reiches Gottes führen und Gottes Kinder sind.

Ich kannte einen Alkoholiker, der wie ein armer Mann lebte, obwohl er reich war. Weil er an den Alkohol gebunden war, konnte er nicht mehr über sein Geld verfügen. Satan versucht in unserem Leben genau dasselbe zu tun. Er kann uns nicht arm machen, denn wir sind »die Gerechtigkeit Gottes in Christus«. Darum tut er das Nächstbeste. Er versucht uns davon abzuhalten, unser volles Erbe in Christus anzutreten, das weder zerstört noch weggenommen werden kann. Aber wir können unseres Erbes beraubt werden dadurch, daß wir in Unwissenheit oder in Zweifel bleiben über das, was uns in Christus Jesus wirklich gehört.

Nachdem Jesus den Heiligen Geist empfangen hatte, der wie eine Taube vom Himmel herabgekommen war, und nachdem er die Versuchung Satans in der Wüste überwunden hatte, ging er in die Synagoge und las aus der Schrift. Jesus sagte: »Der Geist des Herrn ruht auf mir, weil er mich gesalbt hat, den Armen das Evangelium zu verkünden; er hat mich gesandt, den Gefangenen zu verkünden, daß sie frei sein sollen, und den Blinden, daß sie sehen werden, und den Unterdrückten, daß sie frei und ledig sein sollen, und damit ein Gnadenjahr des Herrn zu verkünden« (Vers 18.19).

Jesus war von Anfang an Gottes Sohn gewesen. Aber nun war auch der Heilige Geist herabgekommen, um Gottes Reich auf der Erde zu errichten, so wie es im Himmel ist. Wenn Satan vorher schon Angst hatte vor Jesus, dann fürchteten er und seine Dämonen sich jetzt ganz bestimmt vor ihm. Jesus mußte nach Kapernaum gehen, damit der Geist dieser Welt ihn, seine Kraft und die Gegenwart des Heiligen Geistes erkannte. Der Geist dieser Welt schrie laut gegen den Geist von Gottes Reich, weil nun der König und sein Reich der geistlichen Welt deutlich sichtbar wurden.

Der Mensch ist blind gegenüber der geistlichen Welt. Aber Jesus hat gesagt, daß wir dann, wenn wir wiedergeboren werden, in das Reich Gottes kommen und es sehen. Erlebt uns der Geist dieser Welt als Menschen, die zwar mit dem Heiligen Geist erfüllt, aber trotzdem blind und fruchtlos sind? Oder sind wir bekannt als Menschen, die wissen, wer sie sind, die ihre geistlichen Ohren für Gott geöffnet haben, damit sie die Werke Gottes tun, um den Plan zu erfüllen, für den Jesus kam? Wenn Du solch ein Mensch bist, dann glaube daran, daß die Dämonen dieser Welt von uns Abstand halten werden. Denn der Geist dieser Welt wird dem Geist, der in uns wohnt, unterworfen werden.

Ein Edelstein für heute: »... der in euch ist, ist größer als der, der in der Welt ist« (1. Joh. 4,4).

Alttestamentliche Lesung Josua 14.15

26. März

Neutestamentliche Lesung Lukas 5,1-16

Aber die Kunde von ihm breitete sich immer weiter aus, und es kam eine große Menge zusammen, um ihn zu hören und von ihren Krankheiten geheilt zu werden. *(Lk. 5,15)*

Ist es verwunderlich, daß die Einwohner von Nazareth die Größe Gottes, die sich in Jesu Wirken zeigte, nicht verstehen konnten? Schließlich hatten sie Jesus als kleinen Jungen gekannt und hatten ihn aufwachsen sehen, den Sohn eines einfachen Zimmermanns. Ihnen muß Jesus vorgekommen sein wie jeder andere junge Mann. Alle Menschen zogen zum Jordan, um den Vetter Jesu, Johannes den Täufer, predigen zu hören. Er war zu einem mächtigen Propheten geworden und verkündigte das Kommen des Messias. Jesus ging auch zum Jordan und stieg, wie alle anderen, in den Fluß, um sich taufen zu lassen. Erst jetzt wies Johannes auf Jesus hin und sprach von ihm als dem Lamm Gottes, das die Sünde der Welt wegnehmen würde.

Das nächste, was die Leute von Nazaret über Jesus, den frommen Zimmermann, hörten, war, daß große Wunder geschahen, große Menschenmengen sich versammelten, um ihn zu hören, und daß sich die Kunde von ihm im ganzen Lande herumgesprochen hatte. Diese Menschen aus Nazareth wurden zornig, weil Jesus für sie immer noch der Zimmermann war. Wir lesen, daß sie Jesus einmal, nachdem er aus der Schrift vorgelesen hatte, aus der Stadt hinausstießen und an einen steilen Bergabhang führten, um ihn dort hinunterzustürzen.

Von dem Tag an, als Jesus Nazareth verließ, zur Taufe in den Jordan stieg und vom Vater den Heiligen Geist empfing, veränderte sich alles in seinem Leben. Er war nicht mehr der Zimmermann, der still in Nazaret lebte. Der Geist der Welt erkannte ihn nun als den, der er war. Ja, die Welt kämpfte gegen ihn an und wollte ihn vernichten. Wie kam es zu dieser Verwandlung? Ich glaube, daß es die Gegenwart des Heiligen Geistes war, die in Jesus wirkte und die diese große Veränderung in seinem Leben vollbrachte. Der Heilige Geist war gekommen, um Gottes Reich in seinem Sohn und durch seinen Sohn zu errichten.

Was könnte in unserem Leben geschehen, wenn wir dem Heiligen Geist dieselbe Freiheit geben würden, die er im Leben Jesu hatte? Wenn wir ausschließlich die Werke Gottes tun wollen und uns danach sehnen, in unserem Leben das einzige Ziel zu haben, Jesus zu verherrlichen, dann werden sich die Menschen wundern wie die von Nazareth, und der Geist dieser Welt wird zittern.

Ein Edelstein für heute: »Wenn aber der Beistand kommen wird, den ich euch vom Vater senden werde, der Geist der Wahrheit, der vom Vater ausgeht, der wird Zeugnis für mich ablegen« (Joh. 15,26).

Alttestamentliche Lesung Josua 16-18

27. März

Neutestamentliche Lesung Lukas 5,17-39

Und Jesus antwortete ihnen: Die Gesunden brauchen keinen Arzt, sondern die Kranken. Ich bin gekommen, die Sünder zur Umkehr zu rufen und nicht die Gerechten. *(Lk. 5,31.32)*

Ich hatte das Vorrecht, viel mit großen Männern Gottes zusammenzusein. In ihrem Leben sah ich zwei Grundsätze, von denen in unserer heutigen Lesung die Rede ist. Den ersten finden wir in den Versen 16 und 17. Jesus zog sich von der Menge zurück, um in die Einöde zu gehen und zu beten. Als er danach lehrte, war »die Kraft des Herrn ... mit ihm, so daß er heilen konnte«. Ich glaube, daß heute noch derselbe Grundsatz gilt, zumindest im Leben der Gottesmänner, die ich kennengelernt habe. Die Kraft zu heilen, die über sie kommt, steht in direkter Beziehung dazu, daß sie sich von der Menge zurückziehen und allein mit Gott sind.

Der zweite Grundsatz, den ich im Leben der Gottesmänner beobachtet habe, ist der, daß sie in Demut eine ständige Bereitschaft zur Buße haben. In der Lesung heute sehen wir Jesus, wie er mit den studierten Schriftgelehrten und Pharisäern sprach. Es waren Männer, die an einen Bund glaubten, den Gott mit Abraham geschlossen hatte. Sie strebten danach, die Schrift richtig zu verstehen, sie auszulegen und bis in alle Einzelheiten danach zu leben. Sie hielten die Fastentage und brachten gewissenhaft die täglichen Opfer dar. Im selben Kapitel lesen wir, wie Jesus gebeten wurde, einen gelähmten Mann zu heilen, den sie auf einer Trage zu ihm brachten. Jesus sagte: »... Freund, deine Sünden sind dir vergeben« (Vers 20). Die weisen und studierten Pharisäer und Schriftgelehrten hielten sich für gut, weil sie ein ungeheures Wissen über die Schrift hatten und im Gehorsam gegen alle Gebote lebten, vielleicht bildeten sie sich auch etwas ein auf ihre religiöse Stellung in Israel. Aber Jesus brachte ans Licht, was wirklich in ihrem Herzen war.

Die Gottesmänner, die ich kenne, haben nie aufgehört, umzukehren und Buße zu tun. Sie sind sich dessen bewußt, daß großes Wissen leicht Hand in Hand geht mit einem Kritikgeist, einem Geist des Richtens, und sie haben gelernt, daß Murren Sünde ist. Weil sie nie vergessen haben, daß sie Jesus brauchen, wachsen sie in Weisheit und Erkenntnis und werden immer abhängiger von ihm. In kindlichem Glauben kommen sie zu Jesus, damit er ihr persönlicher Arzt ist. Oh ja, sie wissen, daß durch das Kreuz ständig die Sünde vergeben wird. Wenn ein unangemessenes Wort auf ihren Lippen ist oder ihr Herz eine falsche Haltung zeigt, dann treten diese gelehrten Männer in die Gegenwart des großen Arztes, damit er sie heilt. Sie warten nicht auf einen Tag, an dem sie so vollkommen sind, daß sie Jesus nicht mehr brauchen.

Im Leib Christi heute gibt es solche Glieder, die versuchen, allein mit ihrem Wissen über die Bibel auszukommen. Aber Gott sei Dank gibt es auch solche, die wissen, daß sie täglich einen Arzt brauchen. Wie ist es bei dir, mein Freund?

Ein Edelstein für heute: »Denn ich habe Lust an der Liebe und nicht am Opfer, an der Erkenntnis und nicht am Brandopfer« (Hos. 6,6).

Alttestamentliche Lesung Josua 19.20

28. März

Neutestamentliche Lesung Lukas 6,1-26

Selig seid ihr, wenn euch die Menschen hassen und euch ausstoßen und beschimpfen und euren Namen ächten um des Menschensohnes willen. Freut euch an jenem Tage und jubelt, denn siehe, es wird euch im Himmel reichlich belohnt werden. Denn das gleiche haben eure Väter den Propheten angetan. *(Lk. 6,22.23)*

Bitte erlaube mir, daß ich um des leichteren Verständnisses willen die Situation in der Kirche vereinfacht darstelle und sage, daß es zwei Gruppen von Menschen gibt. Die Mehrheit besteht aus einer Gruppe von netten Kirchgängern, von denen viele von Generation zu Generation die Tradition der Kirche weitergetragen haben. Tradition ist ihnen wahrscheinlich wichtiger als Lehre oder Theologie, und sie setzen sich mit dieser nur auseinander, weil sie einen Platz in ihrer Tradition hat. Diese Menschen können Veränderungen sehr schwer annehmen, und Neues jagt ihnen Furcht ein.

Dann gibt es eine zweite Gruppe in dieser ersten. Ihr Herz hat ihnen gesagt, daß es mehr gibt. Die Tradition, Lehre und Theologie über Christus und seine Gemeinde ließen sie allein mit ihrer inneren Not, die sie erfuhren. Es sind die Menschen, die man bei regelmäßigen, wöchentlichen Gebetstreffen finden kann. Aber selbst solche Gebetstreffen hinterließen in ihnen das Gefühl, daß es mehr gibt. Sie fingen an, in der Bibel zu entdecken, daß im Mittelpunkt von Jesu Leben nicht Gebetsversammlungen und die Not der Menschen stand, sondern die persönliche Beziehung zum Vater. Im Kapitel 5 lesen wir: »Er aber hielt sich in einsamen Gegenden verborgen und betete« (Vers 16). Vielleicht führte der Heilige Geist diese Menschen dazu, diesen

Grundsatz zu leben, bevor sie ihn in der Bibel entdeckten. Jedenfalls begann ihr Leben sich durch tägliche Gebetszeiten um Jesus herum zu gestalten. Die Folge davon war, daß sich ihr Leben änderte. Es war jetzt anders, und ihre Freunde aus der Gemeinde und andere Freunde fingen an, darauf zu reagieren, so daß das Verhältnis zu ihnen nicht mehr wie früher war. Fehler, die die andern bei ihnen früher geduldet hatten, wurden nun zu heißen Themen und zum Mittelpunkt von Gesprächen.

Die Bibel nennt das Klatsch. Überzeugungen, die du schon jahrelang gegenüber anderen Menschen vertreten hast, ohne daß diese dadurch verärgert waren, werden nun ein Ärgernis für sie. Plötzlich wird das, was Du sagst, sehr wichtig, wogegen Dir früher niemand richtig zuhörte.

Das ist das Los derer, die sich mehr um Jesus kümmerten als um die Tradition und denen an Jesus soviel liegt, daß sie ihn sowohl in der Verborgenheit ihrer Kammer als auch im Gebetskreis suchen. Jesus sagte uns voraus, daß uns die Menschen aus ihrer Gesellschaft ausschließen und Schlechtes von uns reden werden wegen unserer Gemeinschaft mit dem Sohn. Wir sollen uns – und Jesus sagt, daß wir es können – an diesem Tag freuen und jubeln.

Ein Edelstein für heute: »Es ist besser, auf den Herrn zu vertrauen, als sich auf Menschen zu verlassen« (Ps. 118,8).

Alttestamentliche Lesung Josua 21.22

29. März

Neutestamentliche Lesung Lukas 6,27-49

Aber ich sage euch, die ihr zuhört: Liebt eure Feinde; tut denen Gutes, die euch hassen; segnet die, die euch verfluchen; bittet für die, die euch mißhandeln. (Lk. 6,27.28)

Laßt uns diese Verse in ihrer historischen und kulturellen Situation sehen. Jesus sprach nicht zu Heiden, sondern zu einem Volk, das Gott auserwählt hatte, damit es sein Eigentum sei. Die Israeliten hatten Gott anerkannt, und sie hielten den Tempelkult und die Gebote nach Gottes Weisungen. Trotzdem waren gerade sie es, die zornig über Jesus wurden und ihm Böses nachredeten.

Gott versuchte weder, die Tradition seines Volkes oder ihre Lehre hinauszuwerfen, noch wollte er ihre Theologie zerstören. Er kam, um ihre Überzeugungen mit Leben zu füllen. Die Wahrheit wurde zur Person und Wirklichkeit. Gott, der immer weit weg gewesen war, verborgen im Allerheiligsten, das nur ein Mensch einmal im Jahr betreten durfte, Gott kam nun in seinem Sohn zu den Menschen seines Volkes. Die Erfüllung des Gesetzes durch Jesus sollte in ihnen die größte Liebe erwecken. Sie achteten äußerst gewissenhaft auf die Einhaltung der Gebote und beschäftigten sich mit großartigen geistigen Theorien. Aber als das Gesetz erfüllt werden sollte im Messias, da lehnten sie ihn ab und verfolgten ihn und alle, die ihm nachfolgten. Es ist kein Wunder, daß Jesus sagte, daß sie die Finsternis mehr liebten als das Licht.

Es hat sich nicht viel geändert. Wenn Du mit den Brüdern zusammenkommst, um über ihre Überzeugung der Wahrheit, über ihre Lehren und Theologie zu reden, und wenn Du ihnen dann zustimmst, kannst Du friedlich leben. Aber wenn Du beginnst, Jesus selbst zum Mittelpunkt Deines Lebens zu machen, dann werden irgendwann, irgendwie Konflikte mit Deinen Brüdern und Schwestern beginnen. Diese sind so von ihrer Lehre überzeugt und in ihrem Verhältnis zu Dir so auf Deine Zustimmung bedacht, daß sie sich bedroht fühlen, wenn Jesus Dir einen erfrischenden neuen Aspekt der Wahrheit gezeigt hat, der größeres Verständnis und Licht in ihre Lehre bringt. Das wird schreckliche Gefühle in ihnen hervorrufen. Jesus übertreibt nicht, wenn er sagt, daß man Dich hassen wird. Wie traurig ist es, daß wir einfach nur, weil wir angefangen haben, tägliche Gemeinschaft mit Jesus zu haben, und der Heilige Geist begonnen hat, uns in das Leben und in die Wahrheit zu führen, zu ihren Feinden werden!

Aber Jesus sagt uns mit Nachdruck, daß diese Menschen nicht unsere Feinde werden sollen. Wir sollen für sie beten und sie sogar lieben, denn sie sind verloren, schrecklich verloren in der Finsternis ihrer religiösen Welt, die sie sich selbst gemacht haben.

Ein Edelstein für heute: Jesus sagte: »Segnet die, die euch fluchen, bittet für die, die euch mißhandeln« (Lk. 6,28).

Alttestamentliche Lesung Josua 23.24

30. März

Neutestamentliche Lesung Lukas 7,1-30

Jesus sagte zu der Menge, die ihm folgte: Ich sage euch: Solchen Glauben habe ich in ganz Israel nicht gefunden. *(Lk. 7,9)*

Der Jesus, der uns heute durch seinen Heiligen Geist leitet, ist genau so, wie die Bibel sagt. »Jesus Christus ist derselbe gestern und heute und bleibt es auch in Ewigkeit« (Hebr. 13,8). Obwohl er dieselbe Person ist – Sohn Gottes und Menschensohn –, so wirkt er heute doch anders. Der Unterschied liegt darin, daß Jesus von Dir und mir erwartet, daß wir durch den Heiligen Geist heute in seinem Namen Gottes Werke vollbringen.

Dem natürlichen Menschen erscheint das als völlige Torheit. Mit unserem Verstand finden wir in der Bibel Stellen, mit denen wir dieses Wort entkräften können, obwohl Jesus gesagt hat: »Wer an mich glaubt, der wird die Werke, die ich tue, auch tun, und er wird noch größere als diese tun« (Joh. 14,12). Es ist möglich, daß wir die geistliche Verantwortung ablehnen,

Gottes Werke durch seine allmächtige Kraft zu tun und unsere Erfahrungen als Christ auf einer rein menschlichen Ebene halten. Es ist möglich, klare Vorstellungen davon zu haben, wer Jesus war und was er tat, und mit großer Überzeugung zu erklären, daß man an alles glaubt, was Jesus tat, daß man keine Zweifel hat an den Wundern, die er vollbrachte. Und trotzdem bleibt die eigene Erfahrung als Christ im Bereich des »Natürlichen«. Man kann die Bibel studieren und trotzdem die biblischen Wahrheiten nicht in den Bereich des eignen, persönlichen Lebens eindringen lassen. Es gibt sogar Menschen, die glauben, daß Jesus noch heute heilt und Wunder tut, aber immer nur im Leben der anderen. Ihr Glaube ist nicht so groß, daß sie für sich selbst glauben. Ihre geistliche Erfahrung bleibt im Bereich der Theorie, im gestern und morgen, sie leben den Glauben nicht in ihrem Leben heute.

Der geistliche Mensch hört mit seinem Geist, daß Jesus derselbe bleibt. Er ist damit beschäftigt, heute zu leben. Das, was er in seinem Geist glaubt, ist für seinen natürlichen Menschen äußerste Torheit. Gerade so einem Menschen begegnete Jesus. Ein Hauptmann suchte Jesus, weil er wollte, daß sein Diener geheilt würde. Der Hauptmann sandte zu Jesus mit den Worten: »Ach Herr, bemühe dich nicht; ich bin nicht wert, daß du unter mein Dach gehst, sondern sprich nur ein Wort, so wird mein Diener gesund« (Verse 6.7). Welche Freude würde der Herr heute an uns haben, wenn wir ihn sehen würden, so wie ihn der Hauptmann sah, und wenn wir mit demselben Glauben leben würden. Der natürliche Mensch wendet sich von einem solchen Leben ab. Der geistliche Mensch aber ist nur durch seinen Glauben begrenzt, er will Jesus gefallen und sagt: »Hilf meinem Unglauben.«

Ein Edelstein für heute: »Der Herr ist mit mir, darum fürchte ich mich nicht, was können mir Menschen tun?« (Ps. 118,6)

Alttestamentliche Lesung Richter 1.2

31. März

Neutestamentliche Lesung Lukas 7,31-50

Deswegen sage ich dir: ... Sie hat viel Liebe erwiesen ... Er aber sagte zu der Frau: Dein Glaube hat dir geholfen; geh hin mit Frieden.
(Lk. 7,47-50)

In den ersten Versen unserer heutigen Lesung prangert Jesus den Unglauben an, der ihn umgibt. Satan hat den Unglauben in die Herzen der Menschen gepflanzt. Selbst wenn wir von der Bindung an die Sünde befreit sind, so umgibt uns die Atmosphäre des Unglaubens wie Smog, genauso schmutzig und zerstörerisch. Der Glaube kann sich im Herzen des Christen nicht ausdehnen, wenn dieser sich dem Unglauben hingibt. Wir haben so viel davon aufgesogen, daß es uns möglich ist, gläubig zu denken und trotzdem ungläubig zu reden.

Was für ein Vorbild gab die Frau in der Lesung heute dem Volk Gottes! In dieser einfachen Tat der Demut lag eine große Bedeutung. Indem die Frau Jesus mit ihren Tränen die Füße wusch, diese küßte, mit ihren Haaren abtrocknete und mit Öl salbte, tat sie genau das, wozu Johannes der Täufer das Volk aufgefordert hatte. Sie brachte »rechtschaffene Früchte der Buße.« Die Früchte des Geistes, die im Galaterbrief genannt werden, sind Liebe, Freude, Friede, Geduld, Freundlichkeit, Güte, Glaube, Sanftmut und Selbstbeherrschung (Gal. 5,22). Die zwei, die für mich wirklich herausragen, sind Liebe und Glaube. Den Unglauben sollten wir behandeln wie jede andere Sünde, und dann sollte Jesus Christus im Mittelpunkt unserer Gefühle stehen und nicht die »Religion«, die er vertritt. Dann wird sowohl in unserem, als auch im Leben der anderen etwas geschehen.

Als die Jünger nicht mehr auf Jesus sahen, sondern auf das, was die Frau einmal gewesen war, fingen sie an zu kritisieren und zu richten. Sie konnten sich nicht freuen an der Frucht der Buße, die in dem sichtbar wurde, was die Frau tat. Jesus hatte in Liebe an ihr gehandelt und nicht nach dem Gesetz. Die Liebe zu Jesus brachte neue Liebe in ihr zum Leben. »Laßt uns ihn lieben, denn er hat uns zuerst geliebt« (1. Joh. 4,19). Die Gabe der Liebe, die Frucht des Geistes, die in unser Herz ausgegossen ist durch den Heiligen Geist, kommt von Gott. Aber die Frau brauchte Glauben, um ihre Liebe zu zeigen. Sie brauchte Glauben, um zu Jesus zu gehen und sich nicht von den Bemerkungen der Jünger abhalten zu lassen. Sie brauchte Glauben und Liebe, um Jesu Füße mit ihren Tränen zu waschen.

Jesus lobte sie für ihren Glauben und sagte, daß es diese Art von Glauben war, der sie gerettet hatte.

Glaube und Liebe gehen Hand in Hand und reifen gemeinsam heran. Wenn man den Unglauben ablegt und sich vor ihm hütet, so wachsen Glaube und Liebe und entwickeln im Leben des Christen große Kraft.

Ein Edelstein für heute: »Doch wenn der Menschensohn kommt, wird er dann solchen Glauben finden auf Erden?« (Lk. 18,8)

Alttestamentliche Lesung Richter 3-5

1. April

Neutestamentliche Lesung Lukas 8,1-21

Danach zog er durch Städte und Dörfer und predigte und verkündigte das Evangelium vom Reich Gottes; und die Zwölf waren mit ihm.
(Lk. 8,1)

Wenn wir Jesu Gebet in Johannes 17 lesen, dann bekommen wir eine Ahnung von der frohen Botschaft, die Jesus verkündigt hat. Wir entdecken, daß er gekommen ist, um denen ewiges Leben zu geben, die ihm der Vater gegeben hat. Jesus sagte: »Das ist aber das ewige Leben, daß sie dich erkennen, der du allein wahrer Gott bist, und Jesus Christus als den, den du gesandt hast« (Joh. 17,3). Die gute Nachricht von Gottes Reich ist das ewige Leben. Ich zweifle nicht daran, aber es ist schwer für uns, die Ewigkeit zu verstehen. Wir versuchen zuerst einmal, sie zu messen, aber auf die Ewigkeit läßt sich kein Zeitmaß anwenden, weil sie kein Ende hat. Das Maß, mit dem man die Ewigkeit messen kann, hat nichts mit einer Zeitspanne zu tun, sondern bezieht sich auf die Qualität. Die Qualität des Lebens, wie sie uns im Reich Gottes angeboten wird, läßt sich von uns durchaus beurteilen (z. B. Freiheit gegenüber Gebundenheit).

Jesus sagt zu Nikodemus, daß ein Mensch nur dann in das Reich Gottes hineinkommen kann, wenn er wiedergeboren ist (Joh. 3,5). In Gottes Reich kommen bedeutet, eine Lebensqualität kennenzulernen, die außerhalb des Reiches Gottes, in der gefallenen, sündigen Welt, nicht bekannt ist. Das Reich Gottes zu betreten heißt, die Natur Christi anzuziehen. Wir sollen Königssöhne und Königstöchter im Königreich sein, und es ist die große Freude des Vaters, in uns die Natur und den Charakter eines Sohnes oder einer Tochter herauszuarbeiten. Dadurch entwickelt sich in uns eine Qualität des Lebens, die die Welt nicht kennt. Das ist doch wirklich eine frohe Botschaft für jeden Menschen! Die Welt muß uns aus ihrem Griff entlassen. Ganz gleich, was wir gewesen sind, ganz gleich, wie die Sünde heißt, an die wir gebunden waren, sie muß uns frei lassen für Gottes Reich.

Gottes Worte sind die frohe Botschaft, daß Befreiung da ist. Wir sind befreit durch das Blut Jesu Christi, dem Reich dieser Welt die Treue zu brechen und in Gottes Reich hineinzukommen. Es gibt keine Macht noch Gewalt, Angst, Zweifel, Bindung oder ein Gefangensein in unseren Gefühlen, das uns in dieser Welt festhalten kann. Alles muß sich dem Blut Jesu Christi unterwerfen, das das Werk der Reinigung und Befreiung vollbracht hat. Die gute Nachricht von Gottes Reich besteht darin, daß es uns gehört, und zwar jetzt, damit wir in alle Ewigkeit darin leben sollen.

Ein Edelstein für heute: »Und das ist die Verheißung, die er uns gegeben hat: das ewige Leben!« (1. Joh. 2,25)

Alttestamentliche Lesung Richter 6.7

Neutestamentliche Lesung

Lukas 8,22-56

Er aber sagte zu ihr: Meine Tochter, dein Glaube hat dir geholfen. Geh hin mit Frieden! (Lk. 8,48)

Wir wissen von Jesu wunderbarer Geburt, die außergewöhnlich war, obwohl sie der Welt niedrig erschien. Die Welt übersah diesen Anfang, und selbst Gottes Volk nahm dieses Ereignis, das Bedeutung für die ganze Welt haben sollte, nicht wahr. Der Himmel beachtete die Geburt Jesu und verkündigte sie durch die himmlischen Heerscharen der Engel, aber danach war Schweigen. Ein Prophet und eine Prophetin, ein paar Hirten sowie Fremde aus einem fernen Land erkannten das Christkind, aber nachdem diese Ereignisse stattgefunden hatten und das Gesetz erfüllt worden war, trat Stille ein. Die Bibel erwähnt Jesu Rückkehr nach Israel aus Ägypten, eine Begegnung des Jungen mit den Schriftgelehrten im Tempel, und dann wieder Schweigen.

Achtzehn Jahre später verließ Jesus seine Zimmermannswerkstatt und kam, wie viele andere, zu der Menge, die am Jordanufer versammelt war, um Johannes den Täufer vom Kommen des Messias reden zu hören. Von dem Tag an, an dem Jesus den Heiligen Geist empfing, hätte die Welt die Bücher nicht fassen können, wenn man alle mächtigen Offenbarungen von Gottes Reich in Jesu Leben hätte aufschreiben wollen. Jesus lebte in einer engen Beziehung mit dem Vater und war ausgestattet mit der Kraft aus der Höhe.

In der heutigen Lesung sehen wir etwas von Jesu Leben im Reich Gottes hier auf der Erde. Während die Jünger sich vor dem Sturm fürchteten, schlief Jesus. Frieden war in seinem Herzen, weil er dem Vater völlig vertraute, daß er über ihm wachte. Selbst die Dämonen unterwarfen sich Jesus, denn sie anerkannten ihn und sein Reich. Auch die Krankheit konnte nicht im Körper der Frau bleiben, als sie mit dem Reich Gottes in Berührung kam, indem sie den Saum der Kleidung des Königs erfaßte. Der Tod mußte sich dem Leben des Königreiches Gottes unterwerfen. Dreieinhalb Jahre lang offenbarte Jesus so die Kraft und die Gegenwart des Reiches Gottes. Die Welt konnte dem nicht standhalten, und auch jetzt – fast zweitausend Jahre danach – wird sie noch immer von Jesu Wirken erschüttert.

Nichts hat sich geändert. Wenn Du Jesus im Glauben erfaßt, dann berührt Dich Gottes Reich. Jesus sagte, daß wir suchen und anklopfen sollen, so wie die Frau mit dem Blutfluß, die sich ihren Weg durch die Menge bahnte, um Jesus zu berühren. Sie tat es im Glauben, und durch den Glauben wurde sie gesund und empfing nicht nur körperliche Heilung, sondern auch Frieden.

Ein Edelstein für heute: »Wer festen Herzens ist, dem bewahrst du Frieden; denn er verläßt sich auf dich« (Jes. 26,3).

Alttestamentliche Lesung

Richter 8.9

3. April

Neutestamentliche Lesung Lukas 9,1-36

Da sprach er zu ihnen allen: Wer mir folgen will … *(Lk. 9,23)*

Die Jünger waren nicht nur dazu berufen, Jesus nachzufolgen, sondern sie waren auch dazu berufen, die Kraft von Gottes Reich auf dieselbe Weise zu offenbaren, wie Jesus es tat. In Vers 1 und 2 dieses Kapitels lesen wir: »Er rief aber die Zwölf zusammen und gab ihnen Gewalt und Macht über alle bösen Geister, auch, daß sie Krankheiten heilen konnten, und sandte sie aus, das Reich Gottes zu predigen und die Kranken zu heilen.« Sie taten, was Jesus sagte, und kamen mit guter Nachricht zurück. Weil sich diese Kraft des Reiches Gottes im Wirken der Jünger zeigte, kamen die Menschen auch zu ihnen.

Jesus war gekommen, um das Reich Gottes zu verkünden. Aber er verlieh auch seinen Jüngern dieselbe Vollmacht und Kraft, damit sie die Gegenwart des Reiches zeigen konnten. Er befähigte sie, das ewige Leben zu leben, dieselben Erfahrungen damit zu machen und dieselbe Wahrheit zu verkünden. Die Reaktion des Volkes Israel war groß: Tausende kamen aus den Städten, um die Botschaft zu hören und ihre Auswirkung zu sehen. Wie sehr müssen sie sich gewundert haben, als sie sahen, wie Dämonen ausgetrieben und Menschen von Krankheiten und Gebrechen geheilt wurden. Es kamen nicht nur diejenigen, die hören und sehen wollten, sondern auch viele, die selbst nach Heilung verlangten. Sie hatten eine Begegnung mit Jesus, die ihr Leben so beeinflußte, daß es nie wieder war wie vorher, denn sie hatten nun am eigenen Leibe ein Wunder erfahren.

Eine neue Lebensqualität wurde den Menschen jetzt angeboten. In der Vergangenheit hatten die Propheten davon gesprochen, und sie wußten, daß sie selbst diese Tage nicht erleben würden, sondern daß das neue Leben eine Verheißung war. Mit Jesus war das Reich Gottes gekommen, und die Menschen erfuhren seine Macht. Inmitten dieses Geschehens rief Jesus die Menschen zur Nachfolge. Es war ein Ruf für alle, nicht nur für die zwölf Jünger oder für die, die gekommen waren, um zuzuhören, auch nicht speziell für die, die von Dämonen befreit oder von Krankheiten geheilt waren. Allen Menschen verkündigte Jesus vielmehr dieselbe Botschaft. »Wer mir folgen will …« Wenn wir den Ruf, Jesus nachzufolgen, mit allen Bedingungen annehmen, dann haben wir die Verheißung, daß Jesus uns das ewige Leben und die Kraft, die er hatte, auch gibt, um dieses Leben zu leben.

Ein Edelstein für heute: »Wer mir folgen will, der verleugne sich selbst und nehme Tag für Tag sein Kreuz auf sich und folge mir nach. Denn wer sein Leben erhalten will, der wird es verlieren; wer aber sein Leben verliert um meinetwillen, der wird's erhalten!« (Lk. 9,23.24)

Alttestamentliche Lesung Richter 10.11

4. April

Neutestamentliche Lesung Lukas 9,37-62

Der Menschensohn ist nicht gekommen, das Leben der Menschen zu vernichten, sondern es zu erhalten. *(Lk. 9,56)*

Es gab viele Menschen, die Einwände hatten gegen die Botschaft Jesu, und die meisten von ihnen lehnten Jesus aus religiösen Gründen ab. Die Jünger reagierten auf diese Ablehnung mit dem Wunsch, um Feuer vom Himmel zu beten, das diese Menschen verzehren sollte. Um ihr Vorhaben zu rechtfertigen, beriefen sie sich sogar auf eine Schriftstelle. Aber Jesus tadelte sie und sagte ihnen, welcher Geist solche Gedanken eingibt. Es ist nicht der Geist Gottes. Jesus war nicht gekommen, um irgend jemanden zu vernichten, sondern um die Menschen von sich selbst und von der Sünde zu retten.

Und dann gab es Menschen, die Jesus baten, ihm nachfolgen zu dürfen. Aber Jesus machte es ihnen nicht gerade leicht. Einem antwortete er: »Die Füchse haben Gruben, und die Vögel unter dem Himmel haben Nester, aber der Menschensohn hat nirgends eine Stelle, wo er sein Haupt hinlegen kann« (Vers 58). Diese Menschen wollten Jesus folgen, weil sie seinen Ruf gehört hatten. Sagte er ihnen nun, daß sie wirklich alles verlassen mußten? Er versprach ihnen jedenfalls keine Bequemlichkeiten, nicht einmal so viel wie einen Schlafplatz.

Manchen von uns sind die materiellen Dinge ihres Lebens so wichtig, und sie sind so damit beschäftigt, daß sie schon fast von ihnen besessen sind. Wir hängen manchmal geradezu extrem an Gegenständen. Wenn wir die Wahl treffen müßten zwischen der ewigen Erlösung und dem Gegenstand, an dem wir mit unseren Gefühlen hängen, wieviele von uns würden sich dann wohl von Christus abwenden hin zu diesen Dingen? Ja, wenn wir Jesus folgen wollen, dann müssen wir uns von allem abwenden, was sich zwischen uns und den Ruf des Herrn stellen will. Ein Mann zögerte, als Jesus ihn aufforderte, ihm nachzufolgen, und begründete es damit, daß er zu Hause gebraucht würde. Aber Jesus berief ihn dazu, ihm zu folgen und das Reich Gottes zu predigen. Vielleicht wußte Jesus, daß die ungläubige Familie dieses Mannes ihn überreden würde, zu Hause zu bleiben und Jesu Ruf nicht zu beachten.

Ein anderer Mann wollte Jesus gerne folgen, doch er bat um Erlaubnis, zuvor nach Hause gehen zu dürfen, um sich von seiner Familie zu verabschieden. Jesus antwortete ihm, daß er nicht zurückschauen sollte, denn Jesus wußte, wie schwach wir in dem Moment sind, wenn wir seinen Ruf zum ersten Mal hören. Wir sollen nicht zögern und weder Familie, Freunde noch Dinge dieser Welt sich uns in den Weg stellen lassen. Wir sollen keinen Moment bei diesen Dingen verweilen, nicht unsere Gefühle auf sie richten und nicht den Wünschen nach ihnen in unserem Herzen nachgeben. Wir sind noch so schwach und verwundbar, wenn wir Jesus zum ersten Mal antworten, daß all diese Dinge uns dazu bringen können, uns von Jesus abzuwenden.

Wenn man Jesus folgen will, dann muß man es sofort tun, mit einem Glauben, der weder zögert noch Kompromisse schließt, der sich von allem abwendet, der alles verläßt, um Jesus zu folgen. Das ist der Weg der Erlösung. Das ist der Anfang des ewigen Lebens.

Ein Edelstein für heute: »Und jeder, der Häuser oder Brüder oder Schwestern oder Vater oder Mutter oder Kinder oder Äcker verläßt um meines Namens willen, der wird's hundertfach wiederempfangen und das ewige Leben erben« (Mt. 19, 29).

Alttestamentliche Lesung Richter 12-14

5. April

Neutestamentliche Lesung Lukas 10,1-24

Doch darüber freut euch nicht, daß euch die Geister untertan sind, freut euch aber, daß eure Namen im Himmel aufgeschrieben sind.
(Lk. 10,20)

Ich kann mir gut vorstellen, wie sich diese zweiundsiebzig Jünger gefühlt haben, als sie von ihrem ersten Evangelisationsfeldzug zurückkehrten. Was für Geschichten müssen sie zu erzählen gehabt haben über Dämonenaustreibungen und wie alle Arten von Krankheiten geheilt wurden im Namen und in der Kraft Jesu!

Es kommt mir so vor, als ob meine eigene erste Evangelisation erst vor kurzem gewesen wäre. Es war am Strand, und meine Gemeinde waren Kinder, die gebannt zuhörten, als ich ihnen mit Hilfe von Flanellbildern eine biblische Geschichte erzählte. Danach ging ich zurück zu dem Haus, wo wir Strandmissionare lebten, und viele von ihnen sagten mir, wie wunderbar meine Geschichte gewesen wäre.

Nachdem wir zusammen Mittag gegessen hatten, machte ich mich auf, um für einen halben Tag nach Hause zu fahren. Eine kurze Zeit lang fühlte ich mich groß, weil ich so sehr gelobt worden war, doch dann begann der Heilige Geist zu mir zu sprechen, nur ein Wort: Stolz. Ich hielt mit dem Wagen am Straßenrand. Oh, das tat weh! Nun hatte ich zum ersten Mal eine Gelegenheit gehabt, für Jesus zu sprechen, – und hatte sie ruiniert. Voller Schmerz und Scham darüber sagte ich Jesus alles. »Herr Jesus,« betete ich, »ist das die Belohnung dafür, daß ich gegangen bin und für dich gesprochen habe? Ich schäme mich so sehr, daß ich nicht weiß, ob ich jemals wieder sprechen werde. Befreie mich von meinem Stolz.« Wie schnell hatte der Stolz mich zerstört! Ich trocknete mir die Augen und kam als ein anderer und viel stillerer Mensch nach Hause.

Das hat doch Jesus wohl gemeint, als er sagte: »Das Wichtigste ist nicht, daß euch die Dämonen gehorchen, sondern daß ihr als Bürger des Himmels eingetragen seid.« Es ist besser, wenn wir uns darüber freuen, wer wir in

Jesus sind, als über das, was wir in seinem Namen vollbracht haben. Unsere Freude soll ihren Grund nicht darin haben, daß die Dämonen uns erkennen und zittern, sondern vielmehr darin, daß Gott uns erkannt und unsere Namen in das Himmelsbuch des Lammes geschrieben hat. Wir sind angenommen in dem geliebten Sohn.

Laßt uns Jesus folgen und ein Mann oder eine Frau Gottes sein, in welchen Umständen wir uns auch gerade befinden. Dann wird die Freude in uns lebendig werden, weil – Dank sei dem Herrn Jesus Christus – der Himmel unseren Namen kennt.

Ein Edelstein für heute: »Aber nichts Unreines wird hineinkommen und keiner, der mit Greueltat und Lüge umgeht, sondern nur, wer im Lebensbuch des Lammes geschrieben steht« (Offb. 21, 27).

Alttestamentliche Lesung Richter 15-17

6. April

Neutestamentliche Lesung Lukas 10,25-42

Maria ... nahm ihn auf, ... Martha aber hatte alle Hände voll zu tun, um ihm zu dienen. Und sie trat heran und sagte: Herr, fragst du nicht danach, daß mich meine Schwester allein dienen läßt? ... Der Herr aber antwortete ihr: ... Eins aber ist nötig. Maria hat das gute Teil gewählt; das soll ihr nicht genommen werden. (Lk. 10,38.40.42)

Weil ich älter werde und sich mein Reisedienst ausdehnt, schätze ich immer mehr die Rolle, die die Frauen im Leib Christi haben. Ihre Fähigkeit und Liebe zum Dienen ist erquickend und tröstend. Ich bezweifle sehr, daß wir Männer in unserer neuen Natur in Christus jemals diese Seite des Dienens auf dieselbe Weise entwickeln können.

Martha, die sehr gastfreundlich war, diente Jesus auf die beste Weise, die sie kannte, und bereitete eine Mahlzeit für ihn zu. Dazu brauchte sie Hilfe und machte sich Gedanken, wo Maria blieb und was sie tat. Dadurch, daß sie sich mit Maria verglich, sah sie ihre eigene Arbeit mit anderen Augen, sie verlor die Freude am Dienen und die innere Ruhe. Eine Wolke senkte sich über das, was sie tat. Martha ließ sich den Segen des Dienens rauben, denn sie gebot den unberechtigten Gedanken über Marias Handeln nicht Einhalt, sondern gab ihnen weiter Raum. Schließlich ging sie damit zu Jesus. Ihre Arbeit sollte ihr Freude machen und das Lob einbringen: »Gut gemacht, gute und treue Magd.« Statt dessen bekam sie nun einen liebevollen Tadel von Jesus.

Maria traf eine Entscheidung. Sie wählte, wie Jesus sagte, das gute Teil, das, was nötig war. Martha entschied sich dazu, Jesus mit ihren Händen zu dienen, um ihm eine Mahlzeit zu bereiten. Ohne Marthas Beitrag hätte Jesus von der Gastfreundschaft der Schwestern nicht so viel gehabt. Maria dagegen diente Jesus in ihrem Herzen. Jesus wollte geben und Gemeinschaft haben. Maria saß zu seinen Füßen und sog jedes Wort in sich auf, das Jesus sagte.

Jesus diente uns. Er gab seinen Leib als lebendiges Opfer für uns, mit einer von Gott gegebenen, demütigen Haltung, ohne großes Aufheben. Auch jetzt will er uns auf eine ganz persönliche Weise dienen, uns lieben und für uns sorgen.

Wir sollten uns selbst hingeben, um Jesus mit unseren Taten zu dienen, so gut wie wir es nur können. Laßt uns darauf achten, daß wir uns dabei nicht die Freude des Dienens rauben lassen dadurch, daß wir auf das schauen, was ein anderer Bruder oder Schwester tut oder läßt. Genauso brauchen wir Zeiten, wo wir Jesus zu Füßen sitzen und Gemeinschaft mit ihm haben. Gott verhindere, daß der Jesus, dem wir dienen, ein Fremder für uns sei. Je besser wir ihn kennen, desto besser können wir ihm dienen. Ganz gleich, auf welche Weise wir ihm dienen, das Wichtigste ist, daß unser Herz in Ordnung ist, wenn wir uns selbst und unsere Werke Jesus hingeben.

Ein Edelstein für heute: »Denn Gott ist treu, durch den ihr berufen seid in die Gemeinschaft mit seinem Sohn Jesus Christus, unserm Herrn« (1. Kor. 1,9).

Alttestamentliche Lesung Richter 18.19

7. April

Neutestamentliche Lesung Lukas 11,1-28

Herr, lehre uns beten. *(Lk. 11,1)*

Wenn wir dem Beispiel der Jünger folgen wollen, so ist diese Bitte an Jesus bestimmt die wichtigste, die wir jemals äußern werden. Die Jünger fragten Jesus nicht nach einer Gebetslehre, sondern sie wollten eine solche »Gebetsbeziehung« mit dem Vater haben, wie sie sie im Leben Jesu sahen. Sie erlebten, wie Jesu Gebete beantwortet wurden. Das ist der Prüfstein – es geht allein darum, daß unsere Gebete gehört und beantwortet werden.

Jesus verstand die Bitte der Jünger richtig. Er wußte genau, wonach sie fragten. Sie wollten ein Gebets-Leben, eine Beziehung. Und so lehrte Jesus seine Jünger weder die Grundsätze des Gebets, noch empfahl er ihnen, ein Buch darüber zu lesen. Jesus sagte zu ihnen: »Wenn ihr betet, so sprecht.« Das ist der Schlüssel. Wer sich in seinem Herzen danach sehnt, Christi Schule des Gebets zu betreten, der braucht einfach nur das eine zu tun: zu beten. Wer über das Beten liest, und sich Lehren darüber anhört, der häuft zwar mehr und mehr Wissen über dieses Thema an, aber dadurch wird er nicht unbedingt in die Schule des Gebets geführt. Das Gebetsleben entwickelt sich nur, indem man betet. In Matthäus 6,6 finden wir dasselbe nochmals: »Wenn du aber betest, so geh in deine Kammer, schließ die Tür;

und bete zu deinem Vater, der im Verborgenen ist; und dein Vater, der ins Verborgene sieht, wird dir's vergelten.« Wir geben der Kraft und dem sichtbaren Wirken des Heiligen Geistes in Jesu Leben viel Beachtung, und das mit Recht. Aber ohne die Bereitschaft Jesu zum Gespräch mit dem Vater konnte, oder ich sollte vielleicht sagen, wollte der Heilige Geist diese großen Werke Gottes zur Verherrlichung des Sohnes nicht vollbringen. »Ich kann nichts von mir aus tun, ich suche nicht meinen Willen, sondern den Willen dessen, der mich gesandt hat« (Joh. 5,30). »Denn durch ihn (Jesus) haben wir alle beide in einem Geist den Zugang zum Vater« (Eph. 2,18).

Sehnst Du Dich danach, daß Dein Leben als Christ reicher wird, wünschst Du Dir mehr? Suchst Du eine Beziehung mit dem Vater, die zur Folge hat, daß Deine Gebete beantwortet werden? Dann sei treu, gehe in Deine Kammer, und sei beharrlich. Unser Leben verändert sich nicht dadurch, daß wir etwas über den Vater wissen, sondern dadurch, daß wir ihn, seinen Willen und seinen Plan für unser Leben kennenlernen, Tag für Tag in unsrer »Gebetskammer«.

Ein Edelstein für heute: »Rufe mich an, so will ich dir antworten und will dir kundtun große und unfaßbare Dinge, von denen du nichts weißt« (Jer. 33,3).

Alttestamentliche Lesung Richter 20.21

8. April

Neutestamentliche Lesung Lukas 11,29-54

Niemand zündet ein Licht an und setzt es in einen Winkel, auch nicht unter einen Scheffel, sondern auf den Leuchter, damit alle, die eintreten, das Licht sehen. *(Lk. 11,33)*

»Da redete Jesus von neuem und sprach zu ihnen: Ich bin das Licht der Welt. Wer mir nachfolgt, der wird nicht in der Finsternis bleiben, sondern wird das Licht des Lebens haben« (Joh. 8,12). Als junger Mann war ich bei einer Kohlenbergwerksgesellschaft angestellt. In dem Bergwerk, in dem ich arbeitete, hatte es eine Gasexplosion gegeben, und alle, die zu der Zeit unter Tage waren, wurden getötet. Ich half mit bei den Reparaturen. Eines Tages sollte ich vom Luftschacht aus zum Hauptschacht gehen, um dort den Schienen zu folgen, die nach oben aus dem Bergwerk heraus führten. Da erlosch meine Lampe. Außer mir war kein Mensch im Bergwerk, weil es ja nicht in Betrieb war. Noch nie zuvor hatte ich solch eine Finsternis erlebt. Ich begann, mich mit den Füßen an den Gleisen entlangzutasten, denn ich konnte nicht feststellen, welcher Weg nach oben und welcher nach unten führte. Ginge ich in die falsche Richtung, würde mich das tiefer ins Bergwerk führen, wo sich immer noch das tödliche Gas bildete. Ich hoffte, die richtige Entscheidung zu treffen und aufwärts zu gehen, denn dann würde ich irgendwann einen winzigen Lichtpunkt in der völligen Finsternis erblicken. Endlich sah ich dieses Licht, so winzig und doch so willkommen, weil es Leben bedeutete. Als ich näher kam, wurde das Licht größer und heller, bis es mich schließlich ganz in sich aufnahm, als ich oben ankam.

Jesus sagt, daß wir ins Licht kommen, wenn wir wiedergeboren werden, und daß wir ein Teil des Lichtes werden. Licht bedeutet die Offenbarung Gottes, daß wir mit neu geöffneten, geistlichen Augen sehen können. Wenn wir uns dem Licht nähern, so ändert sich nicht das Licht, sondern wir werden mehr und mehr ein Teil von ihm. Wenn wir unser Licht verlieren würden, dann kämen wir zurück in die Finsternis. Verbirg nicht das Licht, das in Dich hineingekommen ist, sondern teile es mit anderen, damit es auch ihr Leben erhellt. Was Du auch immer tust, verbirg nicht Dein Licht. Empfängst Du mehr Licht, wird die Dunkelheit in Deinem Leben und um Dich herum vertrieben. Das Licht überwindet dann die Finsternis, solange Du nicht Deine Augen der Finsternis unterwirfst, weil dann die Finsternis das Licht überwinden wird. Unterstelle jeden Bereich Deines Lebens dem Licht Gottes. Laß dieses Licht alle deine Gedanken und Wünsche der Selbstsucht, die Dich an die Dunkelheit fesseln wollen, aufdecken und überwinden. Komm jeden Tag zur Quelle des Lichts, und laß Dich täglich in Deiner »Gebetskammer« davon durchdringen. Dann wirst Du als Gottes herrliches Licht leuchten.

Ein Edelstein für heute: »Denn ihr wart früher Finsternis – nun aber seid ihr Licht im Herrn. Lebt als Kinder des Lichts« (Eph. 5,8).

Alttestamentliche Lesung Ruth 1-4

9. April

Neutestamentliche Lesung Lukas 12,1-34

Denn wo euer Schatz ist, da wird euer Herz sein. Lk. 12,34

Mel Tari, der indonesische Evangelist, erzählte eine Geschichte von einem König, der seine Frau so leid war, daß er ihr gebot fortzugehen. »Verlaß den Palast,« sagte er. »Wenn ich morgen früh aufwache, will ich dich nicht mehr auf dem Palastgelände sehen.« Doch als Abschiedsgeschenk erlaubte er ihr, daß sie sich alles mitnehmen durfte, was sie wollte, bis zur Hälfte seines Königreiches. Als der König am Morgen aufwachte, stellte er fest, daß er sich nicht mehr im Palast befand. In der Nacht, während er schlief, war er fortgebracht worden. Während er sich noch verwundert umschaute, öffnete sich die Tür, und seine Frau trat ein. »Wo bin ich?« fragte er. »Was tust du hier? Ich dachte, ich hätte dir gesagt, daß du gehen sollst!« »Ja,« antwortete sie, »das hast du getan. Du hast mir auch gesagt, daß ich mitnehmen darf, was ich will, und alles, was ich will, bist du. Darum bist du hier.«

Die Frau des Königs war eine sehr weise Frau. Ganz abgesehen von ihrer Liebe zum König wußte sie auch, daß sie mit dem König das Königreich hatte, und zwar nicht nur das halbe. Wenn wir das, was wir haben, festhalten, dann werden wir nicht mehr als das haben. Wenn wir aber alles Jesus geben und nichts zurückbehalten, so daß alles, was wir haben, ihm gehört und es so sicher in Gottes Reich untergebracht ist, dann steht uns der Reichtum seines Königreiches zur Verfügung. Er gehört dann nicht uns, damit wir ihn anhäufen, sondern damit wir ihn gebrauchen. Die Reichtümer von Gottes Reich sind so groß, daß das, was wir dazutun oder was wir zurückhalten, kaum eine Rolle spielt, wenn man es mit dem gesamten Reichtum des Königreiches vergleicht. Alles, was wir für uns selbst anhäufen, müssen wir am Ende zurücklassen, aber das, was wir in Gottes Reich bringen, bleibt in Ewigkeit.

Die wirkliche Bedeutung unseres Textes liegt in der Feststellung, daß unsere Gefühle an unsere Schätze gebunden sind. Es geht um unser Herz. Wenn Du alle Deine Schätze in dieser Welt hast, dann kannst Du sicher sein, daß auch alle Deine Gefühle in der Welt sind und Dein Leben sich um Deine Schätze dreht. Sind Deine Schätze dagegen sicher im Reich Gottes untergebracht, dann kannst Du sicher sein, daß Dein Herz sich mit den Dingen beschäftigt, die zum Himmelreich gehören. Jesus war sehr traurig über den reichen jungen Mann, der von Jugend auf alle Gebote beachtet hatte. Sein religiöses Leben war, bis auf eine Sache, vollkommen in Ordnung. O ja, er gab den Zehnten und war freigebig, doch eine Sache war ihm so wichtig, daß sie ihm den Eintritt in Gottes Reich verwehrte. Er vertraute auf seinen Reichtum und wollte weder ihn noch sein Vertrauen darauf aufgeben. Daraufhin sagte Jesus: »Wie schwierig ist es doch, daß ein reicher Mann in Gottes Reich hinein kommt.«

Ein Edelstein für heute: Jesus sagte, daß der Mensch ein Narr ist, der für sich selbst Schätze sammelt, aber nicht reich ist bei Gott (Lk. 12,21).

Alttestamentliche Lesung 1. Samuel 1-3

10. April

Neutestamentliche Lesung Lukas 12,35-59

Umgürtet euch und laßt eure Lichter brennen. *(Lk. 12,35)*

Auf der ganzen Welt weht Gottes Geist. So wie das Wissen, die Technik und die Wissenschaften überall zunehmen, so gibt es auch eine neue Dimension Gottes, die jeder erfahren kann, der sucht und anklopft. Der Heilige Geist wird genauso ausgegossen, wie Gott uns durch den Propheten Joel verheißen hat: Tausende auf der ganzen Welt kehren sich zu Gott, Juden und Heiden werden gleichermaßen gerettet. Ich hörte sogar von einer neu gegründeten Organisation mit dem Namen »Moslems für Jesus«.

Inmitten dieses geistlichen Feuers erklingt ein Ruf. Die, die fortwährend suchen und anklopfen, die es danach verlangt, Gottes Willen und seine Pläne für diese letzten Tage zu wissen, sie alle hören das Wort Gottes in ihren Gebetszeiten. Wenn alle Gottesmänner dasselbe hören und sagen, dann müssen wir wachsam sein, damit uns nichts entgeht. Wie eine Trompete geben ihre Stimmen einen einzigen Klang wieder, ein Wort: »Siehe, die Zeit ist nahe, daß der Bräutigam erscheint. Bereitet den Weg des Herrn.« Der Geist sagt: »Komm, Herr Jesus!« Die Braut sagt: »Komm!«, und die ganze Schöpfung scheint dem Menschen seine Unmenschlichkeit entgegenzuschreien. Sie wartet auf die Erlösung von dem Fluch durch das Kommen des Herrn Jesus Christus. Viele Bücher wurden über Jesu Wiederkunft geschrieben. Wenn wir täglich in der Bibel lesen, dann scheint der Heilige Geist unsere Aufmerksamkeit immer wieder auf Verse zu lenken, die von der Vorbereitung auf das Kommen des Herrn Jesus sprechen.

In der Bibel lesen wir, daß es Menschen geben wird, die fast bereit sind. Sie werden wie die fünf jungen Mädchen sein, die auf den Bräutigam warteten, denen aber ein bißchen Öl für ihre Lampen fehlte. Sie waren zwar vorbereitet, nur ein bißchen Öl fehlte. Während sie fortgingen, um ihre Lampen aufzufüllen, gingen die, die bereit waren, als der Bräutigam kam, hinein zum Hochzeitsfest. Diejenigen, die fast bereit waren, aber bis zur letzten Minute warteten, um ihr Öl aufzufüllen, kamen zurück, fanden die Tür geschlossen und mußten draußen bleiben. Ein Mann wurde ohne Festkleid entdeckt, und es war zu spät. Keiner nähte es ihm mehr, und so wurde er hinausgeworfen. Der Vers, den wir heute betrachten, scheint mir laut zuzurufen: »Sei bereit! Umgürte dich, und sei bereit aufzubrechen.« Brennt Deine geistliche Lampe? Ist Licht in Deinem Leben? Nimmst Du diese Offenbarung auf? Wenn Jesus heute, oder in dieser Nacht, kommen sollte, bist Du dann bereit aufzubrechen, und wird Jesus dann das Licht, die Offenbarung des Evangelium brennend in Dir finden?

Ein Edelstein für heute: »Selig sind die Knechte, die der Herr wach findet, wenn er kommt« (Lk. 12,37).

Alttestamentliche Lesung 1. Samuel 4-6

11. April

Neutestamentliche Lesung Lukas 13,1-21

Ich sage euch: Nein; sondern wenn ihr nicht umkehrt, werdet ihr alle auch so umkommen. *(Lk. 13,3)*

Als kleiner Junge lebte ich im Waisenhaus und wünschte mir sehnlichst, eine Sammlung von Kristallen und einen Kopfhörer zu besitzen. Bald hatte ich einen Weg gefunden, um sie zu stehlen. Vom Ladenbesitzer wurde der Diebstahl nie bemerkt, aber auf irgendeine Weise erfuhr die Hausmutter davon. Die nächsten Tage waren eine Qual, weil das, was ich getan hatte, ins Licht kam. Ich war ärgerlich, daß man mich erwischt hatte und ich das, was mir als der kostbarste Besitz erschien, wieder verlieren sollte. Außerdem hatte ich Angst vor dem, was daraus folgen würde. Aus Furcht vor der Bestrafung, die mich erwartete, und weil ich schließlich zu dem Punkt kam, daß ich meine Tat bereute, beteuerte ich meinen Vorsatz und Wunsch, nun auf graden Wegen zu gehen. Ich bedauerte all die Probleme, die ich verursacht hatte, und fühlte mich bis zu einem gewissen Grad erleichtert, als alles vorbei war. Es war sogar so etwas wie Umkehr da, und ich beschloß, nie mehr zu stehlen. Aber meine gute und aufrichtige Absicht war nicht viel wert, denn mein Leben wurde noch immer von meiner sündigen Natur regiert. Als die Verletzungen und das Bedauern langsam der Vergangenheit angehörten, änderte sich mein Vorsatz, und statt des Entschlusses, nicht mehr zu stehlen, nahm ich mir nun vor, mich nicht erwischen zu lassen. Als ich dann den Weg der Umkehr noch einmal ging, doch diesmal zu Jesus hin, da schmerzte es mich wirklich, und ich war betrübt. Ich kämpfte mit Schuld und Scham und wandte mich von meiner Sünde ab. Jesus kümmerte sich um meine sündige Natur und brach ihre Macht, die sie über mich hatte. Durch seine Gnade konnte ich die Umkehr leben und auch weiter auf diesem Weg der Umkehr bleiben. Erlösung ist eine ständige, tägliche Erfahrung. Sie beginnt in dem Moment, wo ein Sünder von dem umkehrt, was er ist und was er getan hat, indem er es bekennt und die Vergebung und die Versöhnung mit dem Vater annimmt. Der Christ lebt vor dem Vater mit der ständigen Bereitschaft zur Umkehr. Er kehrt sich ständig von der Sünde ab und wendet sich zu Gott. Der geistlich gesunde Christ läßt sich ständig von Gott erforschen. Er fürchtet die Umkehr nicht, sondern heißt sie mit ganzem Herzen und ganzer Seele willkommen und lobt Gott, daß sein Herz dafür offen ist. Wenn er mit seinen Augen oder seiner Zunge sündigt, kehrt er um und ordnet seine selbstsüchtige Natur dem Wort Gottes und dem Heiligen Geist unter. Die selbstsüchtige Natur setzt sich dem entgegen. Sie rebelliert und würde den Geist Gottes, der in uns wohnt, überwinden, wenn wir uns ihm nicht hingegeben hätten. Der selbstsüchtige Mensch ärgert sich über das Wort Umkehr und entwickelt Lehrsätze, um mit der Unruhe seines Gewissens fertig zu werden, die entsteht, wenn von ständiger Umkehr die Rede ist. Der geistliche Mensch dagegen demütigt sich vor dem Wort, kehrt um und nimmt das reinigende Blut Jesu an. Er lebt in der Freude der Befreiung und ist froh über Gottes ständige Vergebung, denn er bekennt seine Sünden und setzt sein Vertrauen auf Jesu Blut.

Ein Edelstein für heute: »Denn die Traurigkeit nach Gottes Willen bewirkt eine Reue zum Heil, die niemals reut; die Traurigkeit der Welt aber bewirkt den Tod« (2. Kor. 7,10).

Alttestamentliche Lesung 1. Samuel 7-9

12. April

Neutestamentliche Lesung Lukas 13,22-35

Und sie werden vom Osten und vom Westen, vom Norden und vom Süden kommen und im Reich Gottes zu Tisch sitzen. (Lk. 13,29)

Das sind Jesu Worte, und dieser Vers ist Leben für uns. Jesus gab die Verheißung dem Volk Gottes, das ihn und seine Erlösung, die er anbot, ablehnte. Aber was ihr Unglück war, wurde uns zum Glück. Jesus kam in sein Eigentum, aber sie nahmen ihn nicht auf, sondern vertrauten ihrem religiösen Erbe. Sie weigerten sich zu erkennen daß sie Gottes Wort brauchten, das sie zur Umkehr rief, weil sie sich auf ihre Vorfahren Abraham, Isaak und Jakob beriefen und ihre Religion nach dem Gesetz ausübten. Sie erlaubten dem Herrn Jesus Christus nicht, sie mit Gott zu versöhnen. Sie beteten das religiöse System an, anstatt zu erkennen, daß ihnen Jesus, der Messias, nun die wahre Befreiung und die Verheißung der vollen Erlösung gebracht hatte. Als sich die Verheißung, die Gott Abraham und seinen Nachkommen gegeben hatte, nun vor ihren Augen erfüllte, wurde das, was ihre Erlösung hätte sein sollen, zum Stein des Anstoßes. So ist es immer wieder in der Geschichte gewesen. Wenn Männer mit unreinen Herzen die Kirche regieren und wenn das Volk Gottes sich abwendet von der täglichen, nahen Beziehung zu Gott, nicht mehr dem Blut Jesu vertraut und sich nicht mehr über die Vergebung freut, sondern die Kirche zu seinem Gott erhebt, dann wird dasselbe geschehen, was Jesus damals erfuhr – die Menschen lehnen genau das ab, was ihnen Erlösung bringen soll. Es hat immer Menschen gegeben, die sündig und selbstsüchtig sind und trotzdem eine bestimmte Art von Frömmigkeit haben. Doch ihre Herzen sind verhärtet gegenüber der geistlichen Wirklichkeit. Sie kennen nicht den kindlichen Glauben an den Herrn Jesus Christus, und ihnen fehlt die völlige Abhängigkeit von Jesus, um das Leben zu führen, das Gott gefällt. Zu Gottes Volk damals und zu allen, die das System lieben und es zu ihrer Religion machen anstatt die Person des Herrn Jesus Christus, sagt Jesus: »Da wird Heulen und Zähneklappern sein.« Aber allen, die hören, die alles verlassen, um Jesus zu folgen, und die einen Geist haben, der sich lehren und führen läßt, gibt Jesus eine Verheißung: »Und sie werden vom Osten und vom Westen, vom Norden und vom Süden kommen und im Reich Gottes zu Tisch sitzen.« Ihr Gläubigen aus Juda und Ihr Heiden aus den vier Richtungen der Erde, diese Verheißung gilt Euch und Euren Kindern! Darum laßt uns das Wort durchforschen und unser Herz von dem Wort durchforschen lassen. Ruft den Heiligen Geist an, daß er unser Herz prüft, damit wir nicht blind sind gegenüber unseren Nöten, sondern unsere Sünde und unseren Heiland kennen, der unsere Befreiung ist. Freue Dich, daß Gott in seinem Wort für sein Volk vorgesorgt hat, obwohl wir nichts getan haben, womit wir das verdient hätten. Es geschieht durch Gottes unübertreffliche Gnade. Heute ist ein Tag, an dem wir uns demütigen können, ein Tag, um Gott zu preisen für das Glück, das er uns gegeben hat, daß wir uns in seinem Reich mit ihm an einen Tisch setzen dürfen.

Ein Edelstein für heute: »Ihr seid die Söhne der Propheten und des Bundes, den Gott mit euren Vätern geschlossen hat, als er zu Abraham sagte: Durch dein Geschlecht sollen alle Völker auf Erden gesegnet werden« (Apg. 3,25).

Alttestamentliche Lesung 1. Samuel 10-12

13. April

Neutestamentliche Lesung Lukas 14,1-24

Wenn du ein Mittag- oder Abendessen gibst, so lade weder deine Freunde noch reiche Nachbarn ein. Sondern, wenn du ein Essen gibst, so lade Arme ein, dann wirst du selig sein, weil sie es dir nie vergelten können; denn dann wird es dir vergolten werden bei der Auferstehung der Gerechten. *(Lk. 14,12-14)*

In der Apostelgeschichte wird der Satz Jesu zitiert, daß Geben seliger ist als Nehmen; und genau das finden wir auch in unserem Vers heute. Durch die tägliche Stille Zeit wird in unserem Herzen der Wunsch geweckt, nach Gottes Wort zu leben und es zu erfahren. Wenn Du beharrlich bist mit Deiner Stillen Zeit, und wenn Du Dich darum bemühst, daß diese sich weiter entwickelt (daß sie reicher wird), dann wirst Du entdecken, daß Du Dich danach sehnst, mehr mit Gott zu erleben und im Glauben nach seinem Wort zu leben. Um Jesus zu gefallen, wirst Du nach Möglichkeiten Ausschau halten, sein Wort zu tun. Unser Vers heute bietet Dir eine dieser Möglichkeiten an. Es wird Dich etwas kosten, aber die Möglichkeit ist da. Um zu tun, was hier steht, kannst Du zuerst einmal in Deinem »Kämmerlein« mit Jesus über diesen Grundsatz sprechen. »Befiehl dem Herrn deine Werke, so wird dein Vorhaben gelingen« (Spr. 16,3). Wenn Du Dich im Glauben näher mit dieser Sache befaßt, wirst Du Dich wahrscheinlich fragen, wann und wo Du Menschen zu einem Essen einladen wirst. Wie viele wirst Du einladen, und soll es im Verborgenen geschehen? Will der Herr, daß Du Dein Haus öffnest für solch ein Abenteuer? Sollst Du die Gäste bewirten aus Mitleid, als arme Leute, oder sollst Du sie behandeln wie Deine reichsten Freunde? Wessen Gäste sind sie, Deine oder Jesu Gäste? Wenn Du zu der Schlußfolgerung kommst, daß es seine, Jesu Gäste sind, dann behandle sie als solche und lade sie in seinem Namen ein. Im Text steht, daß es Leute sein sollen, die Deine Freundlichkeit nicht erwidern können. Es steht dort auch: »... dann wird es dir vergolten werden bei der Auferstehung der Gerechten.«

Wir leben in einer Zeit, die sich schnell ändert. Mehr und mehr Menschen sind innerlich verletzt und in Not. Kann Gott sich auf uns verlassen? Wird diese schwierige Zeit Christen des Glaubens hervorbringen, Christen, die Gott nimmt, damit sie von dieser Zeit der Not herausgefordert werden und das sind, wozu Gott sie berufen hat? Es gab immer Menschen aus dem Volk Gottes, die sich der sozialen und ökumenischen Probleme ihrer Zeit angenommen haben, und die aus dem Wunsch heraus, Jesus zu verherrlichen, im Glauben handelten. Das Gebet war die Hauptgrundlage von allem, was sie taten, und der Herr Jesus Christus empfing alle Ehre.

Es kostet uns keine große Anstrengung, unseren Text zu verstehen. Wenn wir tun, was Er sagt, so werden wir diesen wunderbaren Grundsatz selbst erfahren. Und eines Tages, bei der Auferstehung der Gerechten, wird Gott uns ein noch viel tieferes Verstehen schenken, das wir bis in alle Ewigkeit haben werden. Die Bibel verheißt uns eine Belohnung, wenn wir dieses gute Werk nicht nur als Grundsatz aufnehmen, sondern es tun.

Ein Edelstein für heute: »Wer sich des Armen erbarmt, der leiht dem Herrn; und der wird ihm vergelten, was er Gutes getan hat« (Spr. 19,17).

Alttestamentliche Lesung 1. Samuel 13.14

14. April

Neutestamentliche Lesung Lukas 14,25-35

Wenn jemand zu mir kommt und haßt nicht Vater und Mutter, Frau und Kinder ... und dazu sich selbst, dann kann er nicht mein Jünger sein. Und wer nicht sein Kreuz trägt und mir nachfolgt, der kann nicht mein Jünger sein ... der nicht alles aufgibt, was er hat.

(Lk. 14,26.27.33)

In diesen Versen stellt Jesus die Bedingungen für die Jüngerschaft auf. Wir wissen aus Gottes Wort, daß viele Menschen sich weigerten, diese Bedingungen zu akzeptieren. Im Johannesevangelium lesen wir: »Von da an wandten sich viele seiner Jünger ab und gingen hinfort nicht mehr mit ihm. Da fragte Jesus die Zwölf: Wollt auch ihr weggehen?« (Joh. 6,66.67) Wenn wir es mit unserem Christsein wirklich ernst meinen, dann können wir über die Verse heute nicht hinweggehen. Wir werden auch nicht versuchen, sie wegzuerklären, noch etwas in sie hinein legen, was sie nicht sagen. Jesus war durchaus dafür bekannt, daß er genau das sagte, was er meinte. Wenn uns seine Worte wegtreiben, so ist es deshalb, weil wir sowieso nie bei Jesus gewesen sind. Wahrscheinlich haben wir Jesus kennengelernt, ohne daß uns jemand etwas von Jüngerschaft gesagt hat. Aber hier sind wir mit den scheinbar härtesten Bedingungen der Nachfolge konfrontiert. Daß Du Jesus nachfolgst, hat Dir vielleicht bis jetzt nur Vorteile gebracht, und es scheint Dir so, als hätte er in Deinem Leben ständig Gutes getan. Vielleicht gefallen Dir die Veränderungen in Deinem Leben wirklich. Aber plötzlich stehst Du Schriftstellen gegenüber, die verlangen, daß Du alles verlassen mußt, wenn Du Jesus als Jünger nachfolgen willst. Vielleicht meinst Du, daß Jesus nur zu einigen Auserwählten sprach und daß Jüngerschaft nicht etwas für jeden ist. Nein, das ist nicht die Antwort, denn in Lukas 14,25 und 26 steht: »Es gingen aber viele Leute mit ihm; und er wandte sich um und sagte zu ihnen:

Wenn jemand zu mir kommt ...« Jesus sprach zu allen über Jüngerschaft, und er wußte, daß seine Jünger ohne völlige Hingabe versagen würden. Wenn sie ihm nicht den ersten Platz in ihrem Leben geben würden, dann würden sie am Ende von ihm abfallen. Jesus stellte keine Regeln und Vorschriften für Jüngerschaft auf. Trotzdem gibt es bestimmte geistliche Gesetze, die der Gläubige einhalten muß, wenn er Jesu Jünger sein will. Er muß wiedergeboren sein, denn das ist ein Gesetz des Reiches Gottes, wir müssen da hineingeboren werden. Im Reich Gottes ist kein Platz für unseren Eigenwillen, für die alte, sündige Natur. Darum müssen wir bereit sein, unserer Selbstsucht gegenüber zu sterben. Wir müssen mit Christus gekreuzigt werden und unser Kreuz auf uns nehmen, wenn wir ihm folgen wollen.

Sieh Dir die Bedingungen der Nachfolge genau an, die Jesus gestellt hat. Sie sind uns zur freien Wahl überlassen. Sie sind eine Verheißung Jesu, die uns in unserem Leben Erfahrungen schenken will. Jesus möchte in uns, als seinen Jüngern, eine neue Natur schaffen und uns mit der Lebensqualität bekannt machen, die nur er anbieten kann – dem ewigen Leben. Außerhalb von Christus und seinem Kreuz ist es völlig unerreichbar. Dein Eigenwille wird diesen Bedingungen niemals zustimmen, weil es nämlich für ihn den Tod bedeutet. Unsere Selbstsucht muß täglich sterben. Aber vergiß nicht, daß das auch bedeutet, daß Deine Seele die geistliche Wirklichkeit und geistlichen Reichtum erfährt.

Ein Edelstein für heute: Beharrlichkeit ist der Schlüssel, um ein Jünger Christi zu sein. »... Wenn ihr bei dem bleibt, was ich euch gesagt habe, dann seid ihr wahrhaftig meine Jünger« (Joh. 8,31).

Alttestamentliche Lesung 1. Samuel 15.16

15. April

Neutestamentliche Lesung Lukas 15,1-10

So, sage ich euch, wird auch Freude sein vor den Engeln Gottes über einen Sünder, der umkehrt. *(Lk. 15,10)*

Kein Spatz fällt vom Himmel, ohne daß der Vater im Himmel es weiß, und wenn ein Sünder umkehrt, dann ist Freude bei den Engeln. Schließlich hat Gott die Hölle nicht für die Menschen geschaffen, sondern für die gefallenen Engel, die Luzifer bei seinem Aufstand im Himmel folgten. Für sie gibt es keinen Rückweg, keinen Erlösungsplan. Durch Gottes früheres Urteil über Auflehnung und Sünde war der Sünder dazu bestimmt, das Los der gefallenen Engel zu teilen (die Hölle). Ist es da verwunderlich, daß Gottes Engel sich freuen, wenn ein Sünder umkehrt, sich von der Sünde abkehrt und sich an den Herrn Jesus Christus wendet, um Erlösung zu empfangen?

Mein lieber Freund in Christus, der Tag, an dem Du umkehrtest, brachte den himmlischen Heerscharen große Freude. Wahrscheinlich warst Du von Deiner Erfahrung so überwältigt, daß Du die Freude und den Jubel im Himmel nicht wirklich wahrgenommen hast. Aber sei sicher, daß dort Freude war. Unser Vers soll Dir diese Freude zum Bewußtsein bringen, und wenn Du bisher noch nicht über diese Wahrheit nachgedacht hast, dann tue es doch heute. Vielleicht meinst Du, daß es schon zu lange her ist. Gut, aber der Himmel hat nicht vergessen, wie man sich freut, denn die Freude gehört zum Reich Gottes. Stimme in Deinem Geist mit ein, laß die Freude auf Dich überspringen, juble mit den Engeln. In Jesaja 61 wird uns ewige Freude verheißen. Laß das heute Deinen Hauptgedanken sein.

Ich schreibe nicht über die Erfahrung von irgend jemand anderem. Denke nicht, daß es zu spät ist, an der himmlischen Freude teilzunehmen, sondern werde jetzt ein Teil davon. Fange an, und preise Gott für seine Beharrlichkeit, für die Ausdauer, mit der er Dir gefolgt ist, und für seine nie endende Treue. Gott gab nicht auf, als Du es tatest, denn er war ständig da und streckte sich nach Dir aus. Der Weg, den Du zu Gott gegangen bist, wäre noch schwieriger gewesen, wenn Du die ganze Zeit nach Deinem Willen gehandelt hättest. Wenn Du jetzt zurückblickst, kannst Du erkennen, wo Gott Dich davor bewahrt hat, in noch größere Sünde zu fallen. Darum freue Dich! Laß Dich mit der himmlischen Freude erfüllen. Du bist es Dir selbst schuldig. Laß den ganzen Tag davon bestimmt sein. Es braucht nicht nur eine Erfahrung der Vergangenheit bleiben. Du kannst jetzt Deine Edelsteine aus der Hand legen, Deinen Kopf erheben, und die Freude kann sich neu in Dir entzünden. Öffne Deinen Mund zum Lob, und Dein Herz wird bald folgen.
Ein Edelstein für heute: »Du tust mir kund den Weg zum Leben. Vor Dir ist Freude die Fülle und Wonne zu Deiner Rechten ewiglich« (Ps. 16, 11).

Alttestamentliche Lesung 1. Samuel 17.18

16. April

Neutestamentliche Lesung Lukas 15,11-32

Aber der Vater sagte … Bringt schnell das beste Gewand her … einen Ring … Schuhe … bringt das Kalb her, das wir gemästet haben, und schlachtet's; laßt uns essen und fröhlich sein! *(Lk. 15,22.23)*

Hier haben wir eine Parallele zu der Freude, die im Himmel ist, wenn ein Sünder von seiner Sünde umkehrt. Auf der Seite des Vaters und seines Hauses war große Freude, als der Sohn zurückkehrte. Der junge Mann hatte sich sein Erbe auszahlen lassen und sich von seinem Vater entfremdet dadurch, daß er in ein fernes Land zog. Es lag keine Weisheit in seinem Handeln, und außerhalb des Einflusses seines Vaters gab es keine allgemeingültigen Normen, keine hilfreichen Gebote. Und als Folge davon verschwendete der Sohn unweise und unklug den Reichtum, den er mitgenommen hatte, bis er schließlich unter den demütigendsten Umständen leben und arbeiten mußte, die es für einen Juden gibt: er mußte Schweine hüten. Als ihm seine Lage zum Bewußtsein kam, als er anfing, an zu Hause zu denken und seinen Weg bereute, da hielt – so lesen wir – seine Buße den ganzen Weg über an, als er, gelobt sei Gott, nach Hause zum Vater ging.

Zweifellos wäre der Vater auch froh gewesen, wenn der Sohn aufgehört hätte, die Schweine zu hüten und statt dessen ein solides Handwerk ergriffen hätte. Aber der, der wirklich umkehrt, denkt daran, daß er gegen seinen himmlischen Vater gesündigt und ihn verletzt hatte. Der, der wirklich umkehrt, will heraus aus dem, worin er war, und will den ganzen Weg gehen, die Beziehung mit dem Vater wiederherzustellen. Der, der wirklich umkehrt, übernimmt die Verantwortung für die Sünde und sucht in Demut die Vergebung des Vaters. Er will mit ihm wieder so vereint sein, daß der Vater sich freuen kann.

Wenn wir Buße tun und zu Gott zurückkehren, müssen wir es so tun, daß der Vater in diese Versöhnung mit einstimmen kann. Dann herrscht Freude. Ganz gewiß ist es die Frucht der Umkehr und gleichzeitig auch der Prüfstein, daß man in Freiheit in die Freude des Vaters einstimmen kann. Genau das war das Problem des älteren Bruders. Wäre sein jüngerer Bruder nach Hause gekommen und hätte einen demütigen, stillen Platz in der Familie eingenommen, vielleicht wäre er dann längst nicht so aufgebracht gewesen. Wahrscheinlich war es die offensichtliche Freude und der Jubel über seine Rückkehr, die den älteren Sohn ärgerten. Was würde mit unserer eigenen Erfahrung der Umkehr geschehen, wenn wir nicht nur nach Vergebung Ausschau hielten, sondern wenn wir uns durch unsere Umkehr direkt in das Haus und in das Herz des Vaters bringen ließen, bis unsere Umkehr das Herz des Vaters mit Freude und Jubel erfüllt?

Ein Edelstein für heute: Vergebung und Versöhnung sind nur die ersten Schritte der Umkehr. Gib dich darum nicht zufrieden, bis Du als wahres Kind im Hause des Vaters bleibst.

Alttestamentliche Lesung 1. Samuel 19-21

17. April

Neutestamentliche Lesung Lukas 16,1-18

Und der Herr lobte den unehrlichen Verwalter, weil er klug gehandelt hatte. (Lk. 16,8)

Jesus stellt hier ein Prinzip dar, das seine Zuhörer, Gottes Volk, hätten verstehen sollen. Auch für uns heute gilt es und ist nicht schwer zu verstehen. Die Frage ist nur, ob wir es wirklich als Kirche und als einzelne Gläubige verstehen. Jesus fordert uns auf, alles, was wir sind und haben, dem Vater hinzugeben, denn wir sind nur Verwalter über das, was der Vater uns gegeben hat. Alles gehört ihm.

Der Verwalter, der seine Zeit vergeudet hatte, oder vielmehr die Güter seines Herrn, stand nun vor seiner Untreue, ihm wurde gesagt, daß er nicht länger der Verwalter über den Besitz des reichen Mannes sein konnte. Ihm wurde klar, daß er bald seine Anstellung verlieren würde. Als er dabei an die Zukunft dachte, bereitete sich der Verwalter mit einigen sehr fragwürdigen Aktionen auf diesen Tag vor. Jesus lobte den Mann nicht für seine Unehrlichkeit; er lobte ihn aber für seine Klugheit, mit der er sich auf das vorbereitete, was kommen würde. Jesus sagte sogar, daß sich der Verwalter in dieser Hinsicht klüger verhalten hat als die Kinder des Lichts. Wenn Jesus uns warnt, dann ist es nötig, daß wir hören, was Er sagt. Kann Jesus diese Anklage gegen uns richten, die gegen den Verwalter erhoben wurde? Sind wir über das, was wir haben, gute Verwalter gewesen? Haben wir Gott alles ständig zur Verfügung gestellt? Das ist nun die eigentliche Frage: Sind wir klug, und gebrauchen wir das, was wir haben, um uns vorzubereiten auf die Dinge, die kommen werden? Was wir jetzt mit dem tun, was Gott uns gegeben hat, das hat Einfluß auf unser ewiges Leben.

Kann es sein, daß Jesus will, daß wir weniger mit dem Leben beschäftigt sind, das wir hier und jetzt leben, und mehr beschäftigt sind mit dem ewigen Leben? Wir sind Menschen, die wiedergeboren sind, hineingeboren in das Reich Gottes, das wir jetzt sehen und erfahren können. Wieviel von unserer Kraft, unseren Gedanken und Gefühlen verbrauchen wir täglich für die Dinge des Lebens, und wieviel von unserer Zeit geben wir dem Reich Gottes? Vielleicht sagst Du jetzt: »Tim, das ist doch unvernünftig. Ich muß doch in dieser Welt leben.« Ja, lebe in dieser Welt, aber sei nicht von dieser Welt. Lebe in Gottes Reich, das für Dich jetzt in dieser Welt ist. Alles, was wir haben, und alles, was wir sind, sollten wir für das Reich Gottes leben, das ewig ist, das unter uns und in uns ist.

Alles, was uns umgibt, wird vergehen. Unseren kostbaren Besitz müssen wir hinter uns lassen, denn er gehört uns nur eine Zeitlang. Aber es gibt einen Reichtum, den man aus der Welt nehmen und sicher im Reich Gottes deponieren kann, und er wird uns in Ewigkeit gehören. Bitte Jesus, daß Er beginnt, Dir Deine geistlichen Augen zu öffnen, damit der Mittelpunkt Deines Lebens die ewigen Dinge sind.

Ein Edelstein für heute: »Bemüht euch nicht um Speise, die vergänglich ist, sondern um Speise, die bis zum ewigen Leben bleibt« (Joh. 6,27).

Alttestamentliche Lesung 1. Samuel 22-24

18. April

Neutestamentliche Lesung Lukas 16,19-31

Es war aber ein reicher Mann ... Es war aber ein Armer mit Namen Lazarus. *(Lk. 16,19.20)*

Jesus konzentrierte sich nun wirklich immer mehr auf die ewigen Dinge, und es ist wichtig, daß wir diese Texte hören und im Herzen bewegen, bis etwas von ihrer Wahrheit in uns ist.

Der reiche und der arme Mann sterben beide. Der Tod macht jeder Möglichkeit eine Ende, sich auf das Leben nach dem Tod vorzubereiten. Leben nach dem Tod ist für den, der glaubt, eine Fortdauer des ewigen Lebens, das er schon auf der Erde angenommen hat und in dem er jetzt schon lebte. Dieses gegenwärtige Leben ist so kurz im Vergleich zum ewigen Leben. Trotzdem ist diese kurze Zeit voller Möglichkeiten, sich auf die Zukunft vorzubereiten. Ich glaube nicht eine Sekunde, daß der reiche Mann in die Hölle kam, weil er reich war, sondern er kam wahrscheinlich dorthin, weil er so mit seinem Besitz beschäftigt war, daß er keine Vorbereitung für das ewige Leben traf. Ich glaube auch nicht, daß der arme Mann, Lazarus, in den Himmel kam, weil er arm war. Reich oder arm – beide Männer hatten gleichviel Gelegenheiten, um sich vorzubereiten. Es ist schon wahr, daß von denen, denen viel gegeben ist, viel verlangt wird. Aber beide Männer hatten die gleiche Möglichkeit, in das ewige Leben zu kommen. Sie konnten ihr Leben Gottes Hand anvertrauen, bevor der Tod ihnen diese Möglichkeit raubte.

Ich finde, daß Jesus die ewigen Dinge ganz deutlich macht. Es wird immer Menschen geben, die etwas gegen die Wahrheit einzuwenden haben und sie wegzuerklären versuchen. Vielleicht brachte das den reichen Mann zu Fall. Wenn dies so war, dann hat er jedenfalls seine Meinung geändert, als er anfing, die Wahrheit zu verstehen. Aber da war es zu spät. Den Himmel gibt es wirklich, Lazarus hat das erfahren. Er war auch für den reichen Mann eine Wirklichkeit. Aber Jesus sagt ganz deutlich, daß er nicht dorthin gelangen konnte.

Anstatt vorsichtig um diese Darstellung, die Jesus gibt, herumzugehen und sie dann liegen zu lassen, sollten wir sie ergreifen und uns freuen, daß das ewige Leben, das Jesus anbietet, keine Theologie oder Lehre ist. Jesus hat es gelebt, für ihn war es Wirklichkeit. Seine Botschaft an uns ist, daß wir die Wirklichkeit des ewigen Lebens jetzt schon ergreifen sollen.

Richte deinen Blick nur auf Jesus
Schau in sein schönes Gesicht,
und die Dinge dieser Erde werden klein
durch Gottes Herrlichkeit, Gnade und Licht.

Bist Du wiedergeboren? Dann bist Du auf dem Weg zum Himmel. Aber wir müssen immer wieder aus der Welt hinaus in Gottes Reich hineingehen, um das ewige Leben schon jetzt zu leben. Wo Du jetzt – heute – bist, das ist im Moment das Wichtigste. Wo Du später sein wirst, hängt davon ab, wo Du jetzt bist.

Ein Edelstein für heute: »Wohl dem Menschen, der auf mich hört, wohl denen, die meine Wege einhalten, an meinem Tore wachen Tag für Tag und meine Türpfosten hüten« (Spr. 8,34).

Alttestamentliche Lesung 1. Samuel 25.26

19. April

Neutestamentliche Lesung Lukas 17,1-19

Und die Apostel sagten zu dem Herrn: Mehre uns den Glauben! *(Lk. 17,5)*

Vor ein paar Tagen lasen wir im Lukasevangelium, im Kapitel 11, wie die Jünger zu Jesus sagten: »Herr, lehre uns beten.« Jetzt lesen wir, daß die Jünger durch ihr Leben mit Jesus so angerührt sind, daß sie ihn bitten, ihren Glauben zu mehren. Das ist ein natürliches Wachstum im geistlichen Bereich. Wenn ein Mensch sich hingibt, um jeden Tag mit Jesus zu leben und ihm täglich in seinem Wort zu begegnen mit Hilfe eines Bibelleseplans, dann wird er lebensverändernde Erfahrungen machen. Wenn Du regelmäßig Stille Zeit hältst, dann wird uns bald die Unzulänglichkeit unseres Gebetes bewußt, und es dauert nicht lange, bis wir zu Jesus schreien: »HERR, lehre uns beten.«

Je mehr wir in Gottes Wort eindringen und je mehr das Wort in uns eindringt, desto mehr werden wir erkennen, wie groß der Widerspruch ist zwischen dem Leben, das wir führen, und dem Leben, von dem die Bibel spricht. Das Leben, das Jesus lebte, und das, welches die Jünger führten, waren zwei verschiedene Dinge. Allmählich begannen die Jünger, das wahrzunehmen. In ihrem Herzen entstand ein Hunger nach einem Leben des Glaubens, das Gott gefallen konnte. Darum sagten sie: »Herr, mehre uns den Glauben.«

Ein Segen dieses Bibelleseplans ist dieser: »So kommt der Glaube aus der Predigt (oder Botschaft), das Predigen aber durch das Wort Christi« (Röm. 10,17). Durch das Bibellesen wächst in Dir der Glaube. In dem Brief an die Christen in Galatien (Kap. 5,22) schreibt Paulus über die Früchte des Geistes in unserem Leben. Eine Frucht, die erwähnt wird, ist der Glaube (bei uns meistens mit Treue übersetzt). So ist der Glaube also eine Gabe und eine Frucht des Geistes. »… Bittet, so wird euch gegeben; sucht, so werdet ihr finden; klopft an, so wird euch aufgetan. Denn wer bittet, der empfängt, und wer sucht, der findet; und wer anklopft, dem wird aufgetan« (Lk. 11,9.10). Das ist eine ermutigende Verheißung. Wird der Vater Glauben geben dem, der bittet? Ja! Wird er Glauben geben dem, der sucht? Ja! Wird er Glauben geben dem, der anklopft? Ja, ja, ja! Das ist es, was Jesus gesagt hat.

Ein Edelstein für heute: »Aber ohne Glauben ist's unmöglich, Gott zu gefallen, denn wer zu Gott kommen will, der muß glauben, daß er ist und denen, die ihn suchen, ihren Lohn gibt« (Hebr. 11,6).

Alttestamentliche Lesung 1. Samuel 27-29

20. April

Neutestamentliche Lesung Lukas 17,20-37

... Er antwortete ihnen: Das Reich Gottes kommt nicht mit erkennbaren Zeichen; man wird auch nicht sagen: Siehe, hier ist es! oder: Da ist es! Denn siehe, das Reich Gottes ist mitten unter euch.

(Lk. 17,20.21)

Jesus hatte viel über Gottes Reich zu sagen. In Lukas 16,16 sagte er: »Das Gesetz und die Propheten reichen bis zu Johannes. Von da an wird das Evangelium vom Reich Gottes gepredigt, und jeder drängt sich mit Gewalt hinein.« Als Johannes der Täufer auftrat, veränderte sich etwas in Israel, und Gott fragte nicht danach, ob die religiösen Führer damals glaubten, daß Er die verheißenen Veränderungen auch bewirken könne. Alle Gelehrten wußten, daß eines Tages der Messias kommen und sein Reich auf der Erde errichten würde. Aber es gab grobe Mißverständnisse und falsche Auslegungen über das, was Gott durch die Propheten sagte. Anstatt daß sich die Schriftgelehrten an Gott wandten, vertrauten sie auf ihre menschliche und weltliche Weisheit, obwohl Gott ihnen in seinem Wort gesagt hatte, daß er es ist, der Weisheit gibt (Spr. 2,6).

Jesus sagt, daß der Weg des Gesetzes mit Johannes zu seinem Ende kam. Aber was wichtiger ist, ist das, was zu dieser Zeit neu anfing. Ich möchte noch einmal an das erinnern, was Jesus zu einem der Führer Israels sagte, zu Nikodemus: »... Wenn jemand nicht durch Wasser und Geist geboren wird, kann er nicht in das Reich Gottes kommen« (Joh. 3,5). Jesus sagte auch: »... Wenn jemand nicht von neuem geboren wird, kann er das Reich Gottes nicht sehen« (Joh. 3,3). Jesus sprach offensichtlich über etwas, in das man hineinkommen muß. So haben wir ja auch gelesen, daß die Menschen sich in Gottes Reich hineindrängten. Wir haben das Reich Gottes vergeistigt – und das ist nicht falsch, denn der Geist des Reiches Gottes wohnt in uns. Gottes Heiliger Geist ist der des Königreiches. Durch unsere Wiedergeburt sind wir zu Bürgern dieses Reiches geworden. Aber wir sind auch Fleisch und Blut. Wir müssen in Welt leben und sind bestimmten Begrenzungen unterworfen, solange wir in unserem sterblichen Leib sind. Aber trotzdem leben wir im Reich Gottes auf dieser Erde, und wir haben in Gottes Reich ganz praktische Dinge zu tun, besonders darum, weil wir uns dem Tag nähern, an dem der König kommt, um mitten unter seinem Volk zu regieren.

Wir werden das nicht nur in unserem Geist erleben, sondern sein Reich wird zu sehen und zu hören sein, und es wird nie ein Ende haben.

Du bist wirklich wertvoll. Mache Dich nicht selbst schlecht. Du bist ein Königskind! Der Vater liebt Dich. – Du bist ein königlicher, ewiger Bürger von Gottes Reich.

Ein Edelstein für heute: »Gnade sei mit euch von ... dem, der uns liebt und von unseren Sünden erlöst hat mit seinem Blut und uns zu Königen und Priestern gemacht hat vor Gott, seinem Vater. Ihm sei Ehre und Gewalt von Ewigkeit zu Ewigkeit« (Offb. 1-6).

Alttestamentliche Lesung 1. Samuel 30.31

21. April

Neutestamentliche Lesung Lukas 18,1-17

Wahrlich, ich sage euch: Wer nicht das Reich Gottes annimmt wie ein Kind, der wird nicht hineinkommen. (Lk. 18,17)

Ich denke, Jesus sprach über unsere Haltung gegenüber dem, was Er gesagt hat. Um in Gottes Reich zu kommen, müssen wir Jesus bei seinem Wort nehmen. Jesus ist nicht dazu verpflichtet, uns irgend etwas zu erklären, er erwartet von uns, daß wir ihn, Gottes Sohn, bei seinem Wort nehmen, und das sollen wir mit kindlichem (nicht kindischem) Glauben tun. Jesus hat uns keine andere Möglichkeit gegeben, das zeigt unser Vers heute.

Als Mose auf die Welt kam, verstand er nichts von dem Gebot, das erlassen worden war, um alle Jungen, die geboren wurden, umzubringen. Er lag einfach nur in den Armen seiner Mutter. Aber dann kam der Tag, an dem seine Mutter ihn nicht länger verbergen konnte. Sie machte ein wasserfestes Körbchen, legte Mose hinein und brachte es zum Fluß. Dabei betete sie, daß Gott sein Leben retten möge. Als der kleine Mose im Körbchen lag, da hatte er keine Angst, auch strampelte und schrie er nicht, sonst wäre das Körbchen vielleicht umgekippt. Der kleine Mose konnte nichts anderes tun, als die Umstände anzunehmen, in die seine Mutter ihn gebracht hatte.

Jesus sagte, daß wir wiedergeboren sein müssen, um in Gottes Reich zu kommen. Und in dem Vers heute sagt er, daß wir kindlichen Glauben haben müssen, um hineinzukommen.

Eines Tages machte der Herr mir klar, daß ich mit meiner Familie nach Amerika gehen und dort einige Zeit bleiben sollte. Als ich es meinen Kindern sagte, akzeptierten sie es sofort, weil es ihr Vater war, der ihnen gesagt hatte, daß sie nach Amerika gehen würden. Sie wurden von vielen Leuten gefragt, woher ihr Vater das Geld nehmen würde, und obwohl sie es selbst nicht wußten, stellten sie die Reise nie in Frage. Das Geld war nicht ihr Problem, wenn ihr Vater gesagt hatte, daß sie nach Amerika gehen würden, dann würden sie es tun. Ihr Vater hatte die Verantwortung zu wissen, was Gott für die Familie wollte. Wenn andere daran zweifelten, daß Gott fähig und willig war, ihnen das Geld für diese Reise zu geben, so zweifelten die Kinder nicht daran. Sie wußten, daß ihr Vater Gott kannte und daß Gott mit ihrem Vater sprach. Sie gingen nach Amerika, weil sie ihrem Vater glaubten. Sie vertrauten dem Glauben ihres Vaters. Wenn Du und ich all das ergreifen wollen, was der Vater in seinem Reich für uns bereithält, dann müssen wir in kindlichem Vertrauen auf Jesus leben, der der König ist. Er kennt den Vater, seinen Willen und seine Pläne. Nimm ihn darum bei seinem Wort, und ergreife alles, was uns sein Wort verspricht.

Ein Edelstein für heute: »... verlaß dich nicht auf deinen Verstand, sondern gedenke an ihn (Gott) in allen deinen Wegen ...« (Spr. 3,5.6).

Alttestamentliche Lesung 2. Samuel 1-3

22. April

Neutestamentliche Lesung Lukas 18,18-43

Denn es ist leichter, daß ein Kamel durchs Nadelöhr kommt, als daß ein Reicher in das Reich Gottes kommt. *(Lk. 18,25)*

Für manche mag diese Aussage Jesu sehr beunruhigend sein. Es gibt keinen Zweifel daran, daß man nur durch Gottes Gnade in Gottes Reich kommt und nicht durch Werke. Es ist ungeheuer wichtig, daß wir uns mehr damit beschäftigen, in Gottes Reich hineinzukommen, als damit, wiedergeboren zu sein. Wir müssen wiedergeboren sein, um hineinzukommen, aber das Wichtigste, um das sich alles dreht, ist nicht nur unsre Wiedergeburt, sondern daß sie uns in Gottes Reich versetzt hat, in das Leben des Königreiches, das Jesus ewiges Leben genannt hat.

Der Mann, über den wir heute lesen, führte ein sehr lobenswertes religiöses Leben, aber es war nicht das ewige Leben, das Leben des Königreichs. »Meister,« sagte er, »was soll ich tun, um das ewige Leben zu erben? Seit meiner Jugend habe ich die Gebote gehalten. Ich habe meinen Vater und meine Mutter geehrt, ich habe weder falsches Zeugnis gegeben noch gestohlen oder Ehebruch begangen. Ich habe fromm nach dem Gesetz gelebt.« Aber Jesus sagte: »... Es fehlt dir noch eins ...« (Vers 22).

Ich befürchte, daß unsere Gemeinden heute voll sind von guten Männern und Frauen, die fromm leben, sozial eingestellte Menschen, die einen guten Ruf haben. Aber wie dem jungen Mann fehlt ihnen eins. Jesus liebte diesen reichen Mann, der zu ihm kam, und bezweifelte nicht, daß alles, was er über sein Leben sagte, stimmte. Aber der reiche Mann wußte, daß er nicht die Lebensqualität hatte, von der Jesus sprach. Jesus kannte die Not dieses Mannes, er wußte, was ihm im Weg stand, um in Gottes Reich zu kommen, und er zeigte es ihm. Der Mann glaubte an Gott und sein Wort, hielt die Gebote und wollte die Lebensqualität haben, die Jesus anbot. Er wußte, daß er sie nicht kaufen konnte, und kam zu der richtigen Person: Jesus. Aber er war unfähig dazu, das Vertrauen auf seinen Reichtum loszulassen, um das zu erlangen, wonach sein Herz sich jetzt sehnte. Ich sage es noch einmal: das Entscheidende ist, daß das Leben, das wir führen, die Qualität hat, die uns geschenkt wird, wenn wir in Gottes Reich hineinkommen. Der reiche Mann hatte auch eine Lebensqualität, aber sie war nicht geistlich. Ihm war das lange Zeit nicht bewußt, doch schließlich erkannte er seine geistliche Verfassung. Mein lieber Leser, woher kommt die Lebensqualität, die Du hast? Was ist Deine Quelle? Ist sie natürlich – ein Ergebnis Deiner Bemühungen – oder geistlich – die Folge davon, daß du alles verlassen und in Gottes Reich hineingekommen bist? »Laß das los, worauf du dein Vertrauen setzt,« sagte Jesus zu dem reichen Jüngling, »und folge mir.« Wem folgst Du?

Ein Edelstein für heute: »Ich bin der Weinstock, ihr seid die Reben. Wer in mir bleibt und ich in ihm, der bringt viel Frucht« (Joh. 15,5).

Alttestamentliche Lesung 2. Samuel 4-6

23. April

Neutestamentliche Lesung Lukas 19, 1-27

Und als Jesus an die Stelle kam, sah er auf und sagte zu ihm: Zachäus, steig schnell herunter, denn ich muß heute in deinem Haus einkehren. Und er stieg schnell herunter und nahm ihn mit Freuden auf.

(Lk. 19,5.6)

Was christliches Leben ist, wird hier auf die schönste Weise ausgedrückt. Zuerst einmal begann es für Zachäus mit einer persönlichen Begegnung mit dem Herrn Jesus Christus. Du kannst sicher sein, daß der Heilige Geist dabei sein Werk getan hat; er weckte im Herzen des Zachäus den Wunsch, Jesus zu sehen. Und der Heilige Geist hat gute Arbeit getan, denn Zachäus war so entschlossen, Jesus zu sehen, daß er auf einen Baum kletterte. Er war durch nichts davon abzuhalten.

Zachäus hielt nicht nur Ausschau nach einer religiösen Gestalt oder nach einer Wahrheit. Er suchte eine Person und neues Leben. Als er diese Person gefunden hatte, den Herrn Jesus Christus, fing er sofort an, das Leben zu leben, von dem Jesus gesprochen hatte. »Steig schnell vom Baum herunter,« sagte Jesus zu Zachäus, »denn ich muß heute in dein Haus kommen.«

Ich lobe Gott dafür, daß Zachäus so unmittelbar dem Wort Christi gehorcht hat. Ein Wort von Jesus, und Zachäus tat das, was Jesus sagte. Jesus hatte geboten, und er gehorchte. Von dem Moment an, als er gehorsam war, fing er an, das Leben zu leben. Kann es sein, daß Zachäus gehört hatte, was Jesus zu dem reichen Mann gesagt hatte? Ich weiß es nicht. Aber sobald er nach Hause kam, tat er das, wozu Jesus den reichen Mann aufgefordert hatte. Er gab die Hälfte seines Reichtums den Armen. Das neue Leben war in ihm lebendig, und als nächstes verpflichtete sich Zachäus dazu, jedermann alles zurückzuerstatten, worum er ihn als Zöllner betrogen hatte. Nichts von dem tat er mißmutig, sondern aus dem Geist der Freigebigkeit heraus (einem Beweis für das Leben von Gottes Reich) wollte er jedem den Betrag vierfach zurückzahlen. Wir lesen, daß Zachäus schnell herunterkam und Jesus voll Freude aufnahm. Es ging nicht darum, irgendwelche Grundsätze anzunehmen, sondern eine Person, die mit einer Vollmacht zu ihm gesprochen hatte, die sein Leben veränderte. Eine Begegnung mit Jesus kann der Anfang eines neuen Lebens sein, aber nur Jesu bleibende Gegenwart im Herzen und im Haus bringt eine ewige Veränderung im Leben des Gläubigen. Es reicht nicht aus, Jesus zu kennen und zu hören. Seine Gegenwart muß ständig bei uns bleiben, sie muß in uns wohnen.

Ein Edelstein für heute: »Wer den Sohn hat (nicht nur ein Wort oder ein Konzept der Wahrheit, sondern den Sohn selbst), der hat das Leben; wer den Sohn Gottes nicht hat, der hat das Leben nicht« (1. Joh. 5,12).

Alttestamentliche Lesung 2. Samuel 7-9

24. April

Neutestamentliche Lesung Lukas 19,28-48

... (da) fing die ganze Schar der Jünger an, voll Freude Gott mit lauter Stimme zu loben wegen aller Taten, die sie gesehen hatten, und riefen: Gelobt sei, der da kommt im Namen des Herrn, der König!

(Lk. 19,37.38)

Was für eine große Versammlung der Jünger Jesu war das, als Scharen zusammenkamen und ihre Kleider auf den Weg warfen, auf dem Jesus auf dem Esel geritten kam. Es schien so, als ob an jenem Tag jeder Gläubige gekommen wäre, der nur einmal ein Wunder von Jesus gesehen oder ihn über Gottes Reich hatte sprechen hören. Sie verkündigten dem Land und der Hauptstadt, daß Jesus der König sei, der im Namen des Herrn kam.

Es waren Pharisäer da, die dachten, daß das Volk völlig außer Kontrolle geraten wäre, als Jesu Jünger anfingen, Jesus als den König zu verkündigen. Sie wandten sich an Jesus und sagten: »Meister, weise doch deine Jünger zurecht!« (Vers 39). Jesus antwortete ihnen: »... Ich sage euch: Wenn diese schweigen werden, dann werden die Steine schreien« (Vers 40).

Als Jesus sich auf dem Esel der Stadt näherte und als König ausgerufen wurde, da muß man das Lob und die Rufe des Sieges von der Menge der Jünger kilometerweit gehört haben. Alle wurden von der Begeisterung mitgerissen, außer Jesus. Als er auf die Stadt sah, der er sich näherte, da muß Jesus ihre Ablehnung gespürt haben. In seinem Geist wußte er, daß diese Stadt, die sein Vater liebte und die in der Vergangenheit die Propheten abgelehnt hatte, auch ihn ablehnen würde. Er weinte, nicht über sich und daß er abgelehnt wurde, sondern über die Stadt und die Leiden, die über sie kommen würden, denn er sagte, daß sie die Zeit seiner gnädigen Heimsuchung nicht erkannt hatte. Das war die Zeit, von der die Propheten gesprochen hatten, die Zeit, wo Gott selbst zu seinem Volk kam. Die Stadt und das ganze Land lehnten ab, was die große Jüngermenge verkündigte. Sie stießen den König hinunter, Gottes Sohn, der in das Land gekommen war, um es zu retten. Sie lehnten seine Erlösung ab und dachten, daß sein Tod dieser Verkündigung des Königtums ein Ende setzen würde, aber sie hatten sich geirrt. Es war der Anfang des Königreichs, das für alle da war, die glaubten und in dieses Reich hineingehen würden.

Bis zu dieser Zeit waren immer große Menschenmengen gekommen, um Jesu Werke zu sehen und seine Worte zu hören. Sie glaubten, folgten ihm und versuchten, sein Wort zu verstehen, aber nur die, die bei Jesus blieben, kamen in das ewige Leben. Damals war die Zahl derer, die bei ihm bleiben konnten, begrenzt. Aber heute ist es nicht mehr so. Jesus hat seinen Heiligen Geist gesandt, damit Er in uns bleibt und in uns wohnt. Werden wir Jesus verkündigen, weil wir etwas gesehen und gehört haben, weil wir etwas mit ihm erfahren haben? Wird das, was wir sagen, aus unserer ständigen bleibenden Gemeinschaft mit Jesus kommen, aus Gottes Reich heraus?

Ein Edelstein für heute: »... Wer mich liebt, der wird mein Wort halten, und mein Vater wird ihn lieben, und wir werden zu ihm kommen und Wohnung bei ihm nehmen« (Joh. 14,23).

Alttestamentliche Lesung 2. Samuel 10-12

25. April

Neutestamentliche Lesung Lukas 20,1-26

Er wird kommen und diese Weingärtner um's Leben bringen und seinen Weinberg anderen geben. (Lk. 20,16)

Es ist nicht verwunderlich, daß die Menschen sagten: »Auf keinen Fall«, als sie diese Worte Jesu hörten. Sie wußten, was Jesus sagte, aber sie wollten den Gesalbten, den der Vater gesandt hatte, nicht annehmen und waren entschlossen, ihn abzulehnen. Die Geschichte, die Jesus erzählte, schilderte nicht nur die Ablehnung des Sohnes, sondern berichtete auch, daß Gott daraufhin sein eigenes Volk abgelehnt und das verheißene Reich anderen Menschen gegeben hat. Du und ich, wir sind diese »anderen«, von denen dieser Text spricht.

Für uns, die wir die Empfänger der Gnade Gottes (das ist seine unverdiente Gunst) und Liebe sind, ist es sehr schwer zu verstehen, daß Gottes Volk seinen Messias abgelehnt hat. Aber ich denke, daß Gottes Volk sich selbst einige Jahrhunderte vor Jesu Geburt auch nicht vorstellen konnte, daß es einmal seinen Messias ablehnen würde. König David, ein Mann nach Gottes Herzen, Salomos Vater, wurde von Gott dazu gebraucht, das Land von seinen Feinden zu befreien. David brachte durch die Unterwerfung seiner Feinde seinem Land Frieden. Und durch ein Wort des Herrn, durch Ermutigung seines Vaters David und durch den großen Reichtum, den sein Vater für ihn angesammelt hatte, verschaffte Salomo dem Land von Gottes Volk einen Wohlstand, den die Welt nie vorher gekannt hatte. Die Welt wunderte nicht nur über so großen Frieden und Reichtum, sondern dem Volk ging es auch geistlich gut. Gottes Gegenwart und Weisheit war bei ihm. Da die Menschen inmitten solches Wohlstands und Glaubens an Gott lebten, wie es ihn in der Vergangenheit nie gegeben hatte, muß es ihnen fast unmöglich gewesen sein, sich vorzustellen, daß eine Zeit kommen würde, wo sie Gott ablehnen würden und das Reich, Gottes Weisheit und Fülle einem anderen Volk gegeben würde. Aber genau das geschah. Wir lesen heute darüber, und wir sind diese Menschen – Heiden, die Gottes Gnade empfangen haben auf Grund dieser Ablehnung.

Aber wir können uns nicht rühmen, daß wir Gottes Gunst verdient haben, und dürfen nicht wagen, uns am Sturz von Gottes Volk zu freuen. Ja, ist sogar gut für uns, wenn wir verstehen, daß wir in dasselbe Unglück geraten, wenn wir Gott vernachlässigen. Gott hat den Weinberg an andere gegeben, und wir sind dieses Volk. Wenn Jesus wiederkommt, wie wird er uns vorfinden? Was tun wir mit dem Weinberg? Sind wir wach und warten auf seine Rückkehr? Kümmern wir uns um seinen Weinberg? Wird Jesus uns als Verwalter seines Reiches vorfinden, denen man vertrauen und Verantwortung übergeben kann? Loben wir Gott, und sind wir dankbar für die Tage der Gnade, die wir erfahren, auf Grund der Ablehnung Israels? Wenn wir darüber nachsinnen, so bleiben wir demütig und an dem Platz, auf den Gott uns gestellt hat.

Ein Edelstein für heute: »Ich rede aber von der Gerechtigkeit vor Gott, die aus dem Glauben an Jesus Christus kommt und allen zuteil wird, die glauben. Denn es gibt hier keinen Unterschied: alle haben gesündigt« (Röm. 3,22.23).

Alttestamentliche Lesung 2. Samuel 13.14

26. April

Neutestamentliche Lesung Lukas 20,27-47

Gott aber ist nicht ein Gott der Toten, sondern der Lebenden; denn für ihn sind alle lebendig. *(Lk. 20,38)*

In den etwas mehr als zwanzig Jahren, in denen ich Christ bin, habe ich viele Menschen getroffen, die leugnen, daß es eine Auferstehung vom Tod gibt. Ich denke, daß das einer von Satans Nebelvorhängen ist, mit dem er die wahre Frage verschleiert und dem Volk Gottes die größte Erwartung und Hoffnung raubt, die sie haben können.

Für mich ist klar, daß die wahre Frage nicht die ist, ob es eine Auferstehung von den Toten gibt oder nicht, sondern diese Frage: Wer wird auferstehen? Die Bibel sagt deutlich, daß die Toten, die in Christus gestorben sind, zuerst auferstehen werden (1. Thess. 4,16). Danach wird es eine Auferstehung aller Toten geben. Alle werden auferstehen, aber nicht alle werden vor Gottes Gericht gerettet werden. Einige werden auferstehen zum ewigen Leben durch das Blut des Lammes, und die anderen werden die Konsequenzen ihrer Ablehnung des Blutes zu tragen haben. Daß sie leiden müssen und in die Hölle kommen, ist eine Konsequenz des Gerichts. Aber es kommt nicht davon, daß Gott nicht bereit war, sie zu retten, denn Gott sagt in seinem Wort ganz klar, daß er will, daß keiner verlorengeht. Er war immer dazu bereit, alle zu retten, die zu ihm kommen und die auf das Blut Jesu Christi vertrauen, der für sie geopfert wurde.

Satan fürchtet sich vor der Auferstehung der Toten, weil bei der Auferstehung das Gericht über ihn ergehen wird. Wenn wir uns nicht jetzt an der Gewißheit freuen, daß wir Erlösung haben durch Jesu Blut, und wenn wir nicht jetzt die Vergebung Gottes erfahren, dann werden wir auch bei der Auferstehung nicht mehr Hoffnung und nicht mehr Glauben an den Herrn Jesus Christus haben als schon jetzt. Für uns Christen ist das wirklich Aufregende bei der Auferstehung, daß wir nach einem Leben in einem sterblichen Leib mit einem unsterblichen Leib bekleidet werden. Aus der Raupe wird ein Schmetterling. Das ist etwas, was Satan und seine Welt nie erfahren werden. Nach der Auferstehung wartet ein Leben auf uns, das wir uns mit unserem Verstand nicht vorstellen können. In meinem Herzen weiß ich, daß das Leben, das mich erwartet, alles übertrifft, was ich in diesem sterblichen Leib erfahren oder mir erträumen kann. Laß Dir nicht von Satan die wunderbarste und herrlichste Erwartung und Hoffnung rauben, die ein Christ nur haben kann. »Gott aber ist kein Gott der Toten, sondern der Lebenden.«

Ein Edelstein für heute: »Tod, wo ist dein Sieg? Tod, wo ist dein Stachel?« (1. Kor. 15,55). »Nun aber ist Christus von den Toten auferstanden, als Erstling derer, die entschlafen sind« (1. Kor. 15,20).

Alttestamentliche Lesung 2. Samuel 15.16

27. April

Neutestamentliche Lesung Lukas 21,1-19

Doch kein Haar soll euch gekrümmt werden. *(Lk. 21,18)*

In Vers sieben lesen wir die Frage, die die Jünger an Jesus stellten über die Dinge, die kommen sollten, über die völlige Zerstörung des Tempels und über die Zeichen, die dieser Zerstörung vorausgehen würden. Hast Du nicht auch nach dem Ende der Welt gefragt? Ganz gleich, was sie fragten, Jesus versichert uns, daß inmitten dieser kommenden Dinge Gottes Volk völlig gewiß sein kann, daß es überleben, ja sogar, daß es eine Erweckung erleben wird. Ich höre Jesus sagen: »Kein Haar von deinem Kopf soll gekrümmt werden.«

In den Tagen, über die Jesus spricht, wird man Hand an Gottes Volk legen, und es wird Verfolgung geben. Aber ich kann meinem eigenen Urteilen über diese Ereignisse und über das, was geschehen wird, kein Gehör schenken. Ich muß auf Gottes Wort hören, ihm muß ich vertrauen. Jesus sagt, daß er unseren Mund mit Weisheit füllen wird, und im nächsten Vers heißt es, daß einige getötet werden. Aber trotzdem sagt Jesus noch immer, daß kein Haar von unserem Kopf gekrümmt werden wird. Du sagst vielleicht: »Tim, das ist verrückt. Das ist doch ein totaler Widerspruch.« Dem stimme ich zu. Für den natürlichen Verstand ist das ein Widerspruch; aber ich lebe nicht mehr als natürlicher Mensch und brauche auch nicht herauszufinden, was Gott mit dem meint, was er sagt. Zu allererst muß ich mich entscheiden, ob ich glaube, daß Gott wirklich meint, was Er sagt, ob er das tun wird, was er sagt. Hat er die Macht über Tod und Leben, über Mächte und Gewalten? Drehen sich Himmel und Erde um das, was Gott ist und sagt? Wenn das so ist, warum soll ich mich dann von einem scheinbaren Widerspruch beunruhigen lassen? Wenn es mir an Weisheit mangelt, das zu verstehen, was Gott sagt, werde ich mich dann dazu verleiten lassen zu denken, daß ich die Weisheit hätte, das zu verstehen, was Gott nicht sagt?

Ich brauche nicht einer Lehre zu vertrauen, weil ich mein Vertrauen auf die Person des Herrn Jesus Christus gesetzt habe, der Satan gegenüber die Schrift zitierte und sagte: »... daß der Mensch nicht lebt vom Brot allein, sondern von allem, was aus dem Mund des HERRN geht« (5. Mose 8,3). Hast Du das gehört? Jedes Wort, das aus Gottes Mund kommt! Ich will einer sein, der jedes Wort von Gott glaubt. Und hier ist nun so ein Wort, bei dem ich einfach fortfahren werde zu glauben trotz allem, was mir mein Verstand und Urteil sagt. Mein Geist, ja, und mein Glaube nehmen diesen Satz auf. Zusammenbruch des Tempels damals? Ende der Welt heute? Ich höre Jesus sagen: »Nicht ein Haar deines Kopfes soll gekrümmt werden.«

Ein Edelstein für heute: »Und daher kann er die, welche durch ihn zu Gott kommen, auch völlig retten, weil er immerdar lebt, um für sie einzutreten« (Hebr. 7,25).

Alttestamentliche Lesung 2. Samuel 17.18

28. April

Neutestamentliche Lesung Lukas 21,20-38

Wenn aber das alles zu geschehen anfängt, dann seht auf und erhebt eure Häupter, weil sich eure Erlösung naht. *(Lk. 21,28)*

Jesus beschreibt die Schrecklichkeit dieser letzten Tage nicht, um seinen Jüngern Furcht einzujagen, sondern um sie vor dem zu warnen, was kommt. Dann werden sie verstehen, vorbereitet sein und den Sieg behalten.

Wie schrecklich muß es für denjenigen sein, der diesen Vorhersagen Jesu glaubt, der aber nicht die völlige Gewißheit hat, daß uns alle Dinge zum Besten dienen müssen. Jesus beschreibt all die Not, um uns vor diesen Tagen, die kommen werden, zu warnen, und er erwartet von uns, daß wir uns darauf vorbereiten. »Seht auf«, sagt Jesus in diesem Text. Nicht nur auf der Erde, sondern auch im Himmel wird etwas geschehen. Während die Erde in Stücke fällt und die Werke der Menschen zusammenbrechen und zerstört werden, ist der Himmel dabei, Vorbereitungen zu treffen, um Gottes Pläne für diese letzten Tage zu erfüllen. Wir sind betrogen, wenn wir uns die Sorgen der Welt aufladen und wenn wir uns von ihrem Zusammenbruch beeinflussen lassen. »Seht auf«, sagt Jesus, »und sucht das, was droben ist.« Laß Dich von dem beeinflussen, was im Himmel geschieht, dann wird die Erfüllung unseres Textes kein negatives Ereignis, sondern ein Augenblick großen Sieges sein, ein Augenblick, auf den die Menschen seit Tausenden von Jahren gewartet haben.

»Seid allezeit wach und betet,« sagte Jesus. Wenn wir aufsehen, wachen und beten, dann wird uns die Welt nicht mit ihren Problemen einfangen und uns nicht mit Angst überwinden. Sondern wenn Gott uns die Ereignisse dieser letzten Tage verstehen läßt, so schrecklich sie auch sein mögen, dann wird Gott uns dadurch die Möglichkeit geben, durch den Heiligen Geist in enger Beziehung mit ihm zu leben, so wie wir es nie zuvor erfahren haben. Der Glaube wird wie nie zuvor Möglichkeiten haben zu wachsen. Die leise Stimme wird sagen: »Dies ist der Weg, darauf geh!« Und dadurch, daß Gott uns die Fähigkeit geben wird, zu hören und zu gehorchen, werden wir Befreiung von Unheil erleben, eine nach der anderen.

Der, der glaubt, braucht sich vor der Endzeit nicht zu fürchten, sondern kann sich sogar darauf freuen. Es wird eine Zeit der Abenteuer sein, eine Zeit, wo wir dem Herrn Jesus Christus durch seinen Heiligen Geist näherkommen werden als je zuvor. Uns gehört der Sieg. »Seht auf und erhebt eure Häupter, weil sich eure Erlösung naht.«

Ein Edelstein für heute: »Und ich sah einen neuen Himmel und eine neue Erde; denn der erste Himmel und die erste Erde sind vergangen … Und ich sah die heilige Stadt, das neue Jerusalem, von Gott aus dem Himmel herabkommen, bereitet wie eine geschmückte Braut für ihren Mann« (Offb. 21,1.2).

Alttestamentliche Lesung 2. Samuel 19.20

29. April

Neutestamentliche Lesung Lukas 22,1-30

So will ich euch zur Herrschaft einsetzen, wie mich mein Vater eingesetzt hat: Ihr sollt in meinem Reich an meinem Tisch essen.
(Lk. 22,29.30)

All das Leiden, die Verfolgung, der Verrat und die unvorstellbaren Dinge, die geschehen sollten bei der Zerstörung des Tempels und in der Endzeit, all das sollte Jesus nun bald selbst erfahren auf seinem eigenen, einsamen Weg.

Was tat Jesus, um sich auf die Leiden vorzubereiten, die ihn erwarteten und die zu seinem Tod führen würden? Nachdem er bei vielen Gelegenheiten zu seinen Jüngern über das Leiden gesprochen hatte, versammelte er sie nun um sich. Ist das nicht bezeichnend für den Vater, daß er gerade diesen besonderen Abend (das letzte Abendmahl) dafür auswählte, daß Jesus und seine Jünger zum letzten Mal zusammen waren? Es war der Passaabend, an dem sie feierten, daß ganz Israel vor dem Engel des Todes gerettet worden war, der durch das Land Ägypten gezogen war. Gottes Volk war gewarnt worden. Alle, die gehorcht hatten und die auf das Blut des Lammes vertraut hatten, waren gerettet worden.

Zu diesem Fest versammelte Jesus seine Jünger. Er nahm das Brot und den Wein des Passafestes und sagte ihnen, daß sie von nun an ihr Vertrauen auf sein vergossenes Blut und auf seinen gebrochenen Leib setzen sollten. Er selbst sollte als ein vollkommenes Opfer für ihre Sünden hingegeben werden. Das Fest des Alten Bundes mußte vergehen; von nun an sollten die Jünger feiern, daß Jesus sein Blut vergossen und seinen Leib als Opfer für ihre Sünde hingegeben hat. Jesus wußte, daß die Jünger zu der Zeit wenig verstanden von dem, was er sagte, aber er ließ sich dadurch nicht aufhalten, sondern ging weiter, den Willen des Vaters zu tun. Jesus wurde verraten, und mit Todesangst rang er im Gebet. Aber inmitten dieser Leiden und mit dem Wissen, daß noch weitere folgen würden, hielt Jesus inne, um an seine Jünger und uns zu denken. Er wußte, daß wir Ermutigung und Trost brauchen werden, wenn die Endzeit kommt. Wenn wir zurückblicken, dann können wir in Jesus ein Beispiel sehen, wie man Leiden, Tod und sogar die Hölle überwinden kann. Aber Jesus hat uns eine Verheißung gegeben, auf die wir vorausschauen und auf deren Erfüllung wir uns freuen dürfen. »So will ich euch zur Herrschaft einsetzen, wie mich mein Vater eingesetzt hat: Ihr sollt in meinem Reich an meinem Tisch essen und trinken.«

Ein Edelstein für heute: »Denn ich bin überzeugt, daß die Leiden dieser Welt nichts bedeuten gegenüber der Herrlichkeit, die an uns offenbart werden soll« (Röm. 8,18).

Alttestamentliche Lesung 2. Samuel 21.22

30. April

Neutestamentliche Lesung Lukas 22,31-53

Ich aber habe für dich gebeten, daß dein Glaube nicht aufhört. *(Lk. 22,32)*

Was war das für ein Mann! Im Angesicht von Prüfungen, Leiden und Unverständnis, das schwer zu ertragen gewesen sein muß, ermutigte Jesus Petrus. Trotz der Umstände und allem, was auf Petrus zukommen würde, versicherte Jesus ihm, daß er für ihn beten würde. Petrus war blind gegenüber dem, was wirklich geschah. Er war unfähig, das anzunehmen, was Jesus gesagt hatte, um ihn auf das Kommende vorzubereiten, und war voll Selbstvertrauen, daß er mit allen Versuchungen fertig werden würde. Darum zerstörte es ihn fast, als Jesu Vorhersagen über seinen Verrat eintrafen. Der ungestüme Petrus meinte, viel Kraft zu haben. Aber Jesus hielt es für nötig, ihn davor zu warnen, daß Satan nach ihm verlangt hatte und ihn wie Weizen sieben wollte. Jesu Antwort auf dieses Verlangen Satans war, daß er für Petrus um eine glaubensstärkende Erfahrung betete.

Und Petrus machte diese Erfahrung. Aber wie konnte er versagen, obwohl Jesus darum betete, daß sein Glaube nicht aufhören sollte? Es scheint fast so, als ob Jesu Gebet unbeantwortet geblieben sei; aber der Glaube des Petrus kam wieder zurück. Als er später die Möglichkeit hatte, die Dinge in Ordnung zu bringen, da gab er noch einmal seine Fischerei auf. Er sprang über Bord und eilte zum Ufer, weil er dort Jesus begegnen konnte, der ihm seinen Glauben stärkte und ihn aussandte, um seine Brüder zu stärken. Wenn Petrus das erfahren hat, warum sollte es dann Dir und mir anders ergehen? Wird Jesus, als unser Hirte, nicht über uns wachen, uns vorbereiten und für uns den Vater bitten, daß wir unter solchen Umständen leben, die unseren Glauben stärken? Verstehst Du jetzt, warum Du ständig durch Prüfungen gehen mußt, die Dich scheinbar zerstören wollen, aber auf irgendeine Weise doch Deinen Glauben stärken? Was zuerst als eine ausweglose Situation erschien, die Dich fast zu Boden gedrückt hätte, fängt plötzlich an, zu Deinem Besten zu dienen. Ganz sicher hat Satan danach verlangt, auch Dich wie Weizen zu sieben. Er wollte Dir schaden, aber Jesus läßt Dir durch seine Gebete alle Dinge zum Besten dienen. Gerade die Situation, durch die Satan Dich vernichten will, verwandelt Jesus durch seine Gebete in eine Situation, die Deinen Glauben stärkt. Kannst Du diese Worte Jesu »hören«? Sie klingen in meinen Ohren und sind Musik in meinem Herzen. »Ich habe für dich gebeten! Ich habe für dich gebeten, daß dein Glaube nicht aufhört!«

Ein Edelstein für heute: »... Denn er selbst (Jesus) hat gesagt: Ich will dich nicht verlassen und nicht von dir weichen« (Hebr. 13,5).

Alttestamentliche Lesung 2. Samuel 23.24

1. Mai

Neutestamentliche Lesung Lukas 22,54-71

Aber von nun an wird der Menschensohn sitzen zur Rechten der Macht Gottes. *(Lk. 22,69)*

Wie oft hast Du Dich schon gefragt, oder wie oft bist Du schon gefragt worden: »Glaubst du an ein Leben nach dem Tod?« Jesus tat es. Im Angesicht von Widerstand und Enttäuschung und schließlich dem Tod durch eine grausame Folter glaubte er an ein Leben nach dem Tod; für dieses Leben lebte und starb er. Er wußte, was ihn nach dem Tode erwartete, auch als ihn seine Verfolger in ihrem Unglauben bedrohten, schlugen, demütigten und spotteten. Sie fragten Jesus, wer er sei, aber Jesus war nicht einen Moment lang ins Wanken zu bringen. Er wußte, wer er war, und weil er Gottes Sohn war, sah er den Leiden und der Erniedrigung, die auf ihn zukamen, ins Auge. Jesus war nicht von dieser Welt; darum konnte ihn die Welt nicht festhalten, obwohl ihn der Tod erwartete. Ein bedeutungsloses, kaltes Grab war Beste, was die Menschen ihm anbieten konnten, aber in Jesu sterblichem Leib wohnte Gottes eigener Geist. Die Welt konnte Jesus nicht das nehmen, was er in Gott war durch den Bund der Gnade und durch die geistliche Geburt.

Die Frage, ob wir an ein Leben nach dem Tod glauben oder nicht, kann am besten mit einer anderen Frage beantwortet werden. Weißt Du, wer Du bist? Nur wenn Du weißt, daß Du ein Kind Gottes bist, vom Geist geboren, dann kannst Du auch wissen, was Dich nach dem Tod erwartet. Das Grab kann die Christen, die vom Geist wiedergeboren sind, nicht halten. Der Tod muß sich beugen und Gott seine Kinder ausliefern, und das nicht darum, weil wir mit unserem Verstand etwas glauben, sondern weil wir Gottes Kinder sind.

Jesus war umgeben von Unglauben und Leiden und schließlich vom Tod; aber er bekannte weiter, wer er war. Es scheint so, als ob er auch unter den schlimmsten Schlägen (besonders denen auf seinen Kopf) noch klar denken konnte. Durch die schrecklichen Dornen, die sich in die empfindliche Kopfhaut und in die Stirn eingruben, muß jeder Zentimeter seines gefolterten Körpers vor Schmerz geschrien haben. Seine Seele wurde vom Leiden gequält. Aber tief in mir nimmt mein Geist den Vers auf, der sagt, daß Jesus (der Menschensohn) zur Rechten Gottes sitzen wird. Es ist so, als ob ich den Geist Jesu hören könnte, der ihm zuflüstert: »Sohn, lieber Sohn, es dauert nicht mehr lange, dann wirst du mit mir in der Herrlichkeit sein. Aber jetzt liegt dein Dienst vor dir. Gib deinen Leib hin als ein lebendiges Opfer. Brich ein für allemal die Knechtschaft der Sünde. Überwinde die Folge der Sünde: den Tod. Befreie die Gefangenen, und bahne einen Weg für die Kinder Gottes, die mit dem Blut erkauft und aus dem Geist geboren sind, damit sie das ewige Leben empfangen. Mach du ihnen den Weg frei, damit sie an deiner Kindschaft teilhaben und mit mir im Himmel leben in Ewigkeit.«

Meine Kindschaft gibt mir die Garantie, daß ich wiedergeboren bin, um zu leben, nicht um zu sterben. Glaube ich an ein Leben nach dem Tod? Ja, aber noch mehr, ich weiß, daß ich nicht im Tod bleiben werde. Der Geist in mir bezeugt mir das. Die leise Stimme verkündigt mir, daß ich Gottes Kind bin.

Ein Edelstein für heute: »... Ich bin die Auferstehung und das Leben. Wer an mich glaubt, der wird leben, selbst wenn er stirbt« (Joh. 11,25).

Alttestamentliche Lesung 1. Könige 1.2

2. Mai

Neutestamentliche Lesung Lukas 23,1-25

Pilatus aber fragte ihn: Bist du der König der Juden? Er antwortete ihm: Du sagst es. (Lk. 23,3)

Pilatus war es nicht unbekannt, wer Jesus war und was er getan hatte. Er muß viel von ihm und seinem Umherziehen und Predigen in Israel hört haben, weil alle Menschen über die Wunder sprachen, die Jesu Wirken begleiteten. Die Menge derer, die Jesus folgten, war groß, und es stimmte, wenn gesagt wurde, daß ganz Israel diesem Mann nachlief.

Jesu Einfluß war Woche für Woche, Monat für Monat gewachsen und damit auch die Sorge der Führer Israels. Die Wunder waren nicht zu widerlegen, und alles, was Jesus tat und sagte, war so voller Vollmacht, daß ich sicher bin, daß es keinen Menschen in Israel gab, der nichts über ihn wußte.

Wie schlimm war es, daß Pilatus erst jetzt, wo Jesus gefangen war und zur Verurteilung zu ihm gebracht wurde, anfing zu fragen, wer Jesus war. Zu diesem Zeitpunkt war es nicht mehr Pilatus, der die Lage entschied; im Gegenteil, die Situation war ihm völlig aus den Händen geglitten. Ob Pilatus Jesus für schuldig erklärte oder nicht, machte kaum noch einen Unterschied aus, weil nun Gottes Wille geschah. Gott wollte, daß jetzt sein Sohn verherrlicht wurde. Es war zu spät für Pilatus, Jesus kennenzulernen, und es war nun Pilatus, der vor dem Gericht stand, nicht Jesus.

Wir sind auch oft in derselben Lage wie Pilatus. Wir, als Christen, haben unsre Zeit ausgefüllt mit unserem Beruf, der Familie und der Freizeit. Selbst für unser religiöses Leben tun wir viel. Manchen von uns ist es ein ernstes Anliegen, ihren Glauben in alle Bereiche ihres Lebens eindringen zu lassen. Wir üben, Zeugnis zu geben, und die Predigten, die wir im Sonntagsgottesdienst hören, motivieren uns zu noch größerem Einsatz, zu noch größerem Eifer für alles, was mit Gott zu tun hat. Was würde geschehen, wenn sich unsere Lage plötzlich ändern würde und wir vor Jesus stünden? Ich zweifle nicht daran, daß wir wüßten, wer er ist, aber würden wir ihn persönlich kennen?

Pilatus ließ sich eine Möglichkeit entgehen, eine Möglichkeit, bei Jesus zu sitzen und ihn kennenzulernen. Pilatus wußte, wer Jesus war, aber er kannte ihn nicht persönlich. Werden wir denselben Fehler begehen, oder

werden wir neue Prioritäten setzen? Werden wir unsere Zeit neu einteilen und uns jeden Tag Zeit nehmen, um mit Jesus allein zu sein? Jesus sagte, daß es in der Endzeit Menschen geben wird, die ihm folgen, ja, die sogar in seinem Namen Dämonen austreiben werden. Und trotzdem wird er ihnen sagen, daß sie von ihm fortgehen müssen, weil sie ihn nie kannten. Ich bete darum, daß diese Andachten dazu dienen, Dich zu einer Beziehung zu Jesus zu ermutigen, daß Du die Gewohnheit entwickelst, täglich Stille Zeit zu haben und dadurch Jesus kennenlernen. Dann wirst Du Jesus nicht zu fragen brauchen, wer er ist, weil Du ihn ganz persönlich kennst.
Ein Edelstein für heute: »Denn wer bittet, der empfängt – und wer sucht, der findet ...« (Mt. 7,8). Bitte und suche!

Alttestamentliche Lesung 1. Könige 3-5

3. Mai

Neutestamentliche Lesung Lukas 23,26-38

... Jesus aber sagte: Vater, vergib ihnen; denn sie wissen nicht, was sie tun! *(Lk. 23,34)*

Dem nicht erneuerten Menschen ist es ein Geheimnis, wie man vergeben kann, in der Weise und in dem Maße, wie Jesus es tat. Nur dann, wenn der Heilige Geist in ein Leben eingedrungen ist, kann ein Mensch Jesu Bereitschaft und Fähigkeit zur Vergebung verstehen. Aber der Heilige Geist läßt uns dies nicht nur verstehen, sondern er führt uns auch in dieselbe Lebensqualität hinein, die Jesus am Kreuz gezeigt hat. Jesus nannte es das ewige Leben; es ist eine Lebensqualität. Wenn man sich dies nur als ein Zeitmaß vorstellt (eine nie endende Zeitspanne, und auch das stimmt), dann übersieht man Gottes Pläne für uns. Sein Bestes für uns ist, uns in dieses ewige Leben hineinzuführen, das voll ist von Gottes Verheißungen. Sein Bestes ist, daß diese Lebensqualität in uns gelebt wird durch Gottes eigenen Geist, der in uns wohnt.

Als Jesus am Kreuz hing, da zeigte er in seinem Tod dieselbe Lebensqualität, die auch in seinem Leben sichtbar gewesen war. Die Menschen, die nicht erneuert waren, hielten Ausschau nach Übernatürlichem. Sie verspotteten Jesus und riefen: »Anderen hat er geholfen und kann sich selber nicht helfen. Ist er der König von Israel, so steige er nun vom Kreuz herab. Dann wollen wir an ihn glauben« (Mt. 27,42). Nicht erneuerte Menschen äußerten ihre Bereitschaft zu glauben, wenn sie ein Wunder sehen würden, und trotzdem waren sie blind für das Übernatürliche (nämlich die Lebensqualität Jesu), das sich vor ihren Augen abspielte.

Für die Jünger war es schwierig, das zu verstehen, was Jesus lehrte, weil es über ihre Erfahrungen hinausging. Als Jesus gefragt wurde, wie oft man einem Bruder vergeben soll, antwortete er: »Sieben mal siebzigmal.« Jesus hätte genau so gut sagen können: »Immer.«

Die Gnade Gottes, die sich in Jesu Antwort an seine Folterer und Verfolger zeigte, ist oft »das Reich Gottes … mitten unter uns« genannt worden (Lk. 17,21). Die Jünger hatten bisher kaum verstanden, daß auch sie selber dieselbe Erfahrung machen würden.

Jesus war nicht abhängig von seinen natürlichen Fähigkeiten. Um diese Liebe und Barmherzigkeit zu zeigen, war er vielmehr völlig abhängig von Gottes Lebensqualität, die durch Gottes Heiligen Geist in ihm und durch ihn wirkte. Es ist dem Menschen nicht möglich, ganz gleich wie freundlich und gut er auch ist, zu vergeben und immer wieder zu vergeben. Er hat eine gefallene Natur, die verdorben ist und in Feindschaft gegen Gott lebt. Nur Gottes Geist, der in uns wohnt, kann Gottes Leben in uns hervorbringen. Die Wiedergeburt bringt uns dieses Leben; staune darum über die Worte: »Vater, vergib ihnen!«, und freue Dich darüber, daß das Leben, das an Jesus sichtbar war und das er lebte, auch Dir gehört.

Ein Edelstein für heute: »Wenn dein Wort offenbar wird, so erfreut es und macht klug die Unverständigen« (Ps. 119,130).

Alttestamentliche Lesung 1. Könige 6.7

4. Mai

Neutestamentliche Lesung Lukas 23,39-56

Da öffnete er ihnen das Verständnis, daß sie die Schrift verstanden, und sprach zu ihnen: So steht's geschrieben, daß Christus leiden wird und am dritten Tage von den Toten auferstehen. *(Lk. 24,45.46)*

Diejenigen, die Jesus nachfolgten, hatten am Kreuz ein Wunder gesehen. Es war ein Wunder, aber auch ein Geheimnis, solange, bis Jesus ihnen das Verständnis öffnete, damit sie das Reich Gottes sehen konnten, den Geist des Reiches, die Lebensqualität, die jeder, der glaubt, empfängt, wenn er das Leben Christi empfängt – das ewige Leben.

Jesus hatte ständig über Gottes Reich gesprochen und seine Zuhörer gefragt, ob sie Ohren hätten zu hören und Augen zu sehen. Er zeigte die Macht des Reiches dadurch, daß er die Kranken heilte, ja, daß er sogar Tote ins Leben zurückrief. Es gab genug Erweise für das Reich Gottes, über das er sprach, und nun standen die, die ihm folgten, vor einem erneuten Erweis der Macht des Reiches. Jesus lebte und war mitten unter ihnen. Dieselben Männer hatten Lazarus vom Tod auferstehen sehen. Jesus hatte ihn vom Tod erlöst, und nun stand der auferstandene Jesus wieder vor ihnen und lehrte sie. Durch die Kraft des Heiligen Geistes »öffnete er ihnen das Verständnis, so daß sie die Schrift verstanden.« Was sollten sie verstehen? Jesus wollte, daß sie den Unterschied verstanden zwischen der Auferstehung vom Tod, so wie sie Lazarus geschehen war, und der Auferstehung. Bei Lazarus hatte es sich um die körperliche Auferweckung gehandelt, denn es war nur der Leib gewesen, der gestorben war. Aber das andere war die Auferstehung des Leibes, der Seele und des Geistes, wobei auch der Leib Jesu ewiges Leben hat und niemals mehr sterben wird.

Die Jünger verstanden, daß sie nicht die Erinnerung an Christus anbeteten, noch eine wunderbare Erfahrung, sondern den, der den Tod überwunden hatte. Sie beteten den an, der nie wieder den Tod schmecken würde. Er lebte und würde immer leben. Jesus hatte seinen Jüngern das Reich Gottes durch Wunder offenbart. Jetzt sahen und verstanden sie ihn als König und nahmen ihn als diesen an – einen ewigen König mit einem ewigen Königreich. So beteten sie ihren lebendigen König an, priesen ihn und hatten die Verheißung des Vaters, daß sie mit Kraft aus der Höhe erfüllt werden sollten (Kap. 24,49). Diese Kraft gab ihnen ihren Platz im Königreich und befähigte sie, das Auferstehungsleben zu leben, Gottes Lebensqualität.

Ein Edelstein für heute: »Trachtet zuerst nach dem Reich Gottes und nach seiner Gerechtigkeit, so wird euch das alles zufallen« (Mt. 6,33).

Alttestamentliche Lesung 1. Könige 8.9

5. Mai

Neutestamentliche Lesung Lukas 24,1-35

Er ist nicht hier, er ist auferstanden. Denkt daran, wie er euch gesagt hat, als er noch in Galiläa war ... Und sie erinnerten sich an seine Worte. *(Lk. 24,6.8)*

Vor einiger Zeit fragte mich ein Jude, welches wohl der Höhepunkt meiner letzten Israelreise gewesen sei. Weil ich so viele große Erlebnisse hatte, ging ich fort und dachte darüber nach, welches das wichtigste von ihnen gewesen war, das, was ich nie vergessen würde.

Von dem Moment an, als wir in Israel eintrafen, war uns Gott sehr nahe. Jeder bemerkte und äußerte das, und ich war erneut beeindruckt davon, was dieses kleine Land Israel leistet. In Amerika denken wir an die Pioniere, die diesen mächtigen Staat gegründet haben, aber in Israel sind die Menschen heute noch Pioniere. Mit Gottes Hilfe wurde ein ganz neuer Staat ins Leben gerufen, und der Fortschritt zeigt Gottes Gnade an ihnen. Wir trafen andere Christen, lobten Gott gemeinsam und hielten Gottesdienst auf dem Ölberg und am Gartengrab. Der Geist dieser Gottesdienste wird mich nie verlassen, denn Gott schien uns auf besondere Weise zu berühren.

Jedes einzelne Erlebnis war eine wunderbare Erfahrung, und ich will sie alle in meinem Herzen als Schätze hüten. Aber der Höhepunkt, über den ich nur wenig zu sagen brauche, war das Grab, das kalte, leere, reizlose Grab. Es schien so, als ob selbst die Steine jedem, der noch irgendeinen Zweifel gehegt hatte, zuriefen: »Er ist nicht hier, er ist auferstanden!« Ein Teil von mir wollte leiden, weil Jesus gelitten hatte. Es schien fast unangemessen, einen Teil der Gedanken nicht auch dem Leiden, der Erniedrigung und der Qual hinzugeben, aber meine Gedanken und meine Gefühle waren völlig mit dem Wunder der Auferstehung erfüllt. Mein Verstand war zu klein, um alles aufzunehmen. »Er ist nicht hier!« Weil er den Tod überwand, eroberte er die Hölle. Dem Tod wurde so sehr getrotzt, daß die Toten selbst ihre Gräber verließen und auf den Straßen umhergingen. »Er ist nicht hier, er ist auferstanden,« damit Du und ich niemals mehr dem Tod begegnen und ihn schmecken müssen, sondern Jesus in das ewige Leben folgen können, um dort schließlich auch die Auferstehung des Leibes zu empfangen, ebenso wie Jesus.

Das Grab und der Tod selbst konnten Jesus nicht halten. Unser Führer durch den Garten sagte: »Ja, der Höhepunkt meiner letzten Reise nach Israel war das leere Grab. Ich verstand, daß ich das größte Wunder und das größte Geheimnis sah, das jemals auf der Erde und im Himmel geschehen ist, es gilt noch heute, denn der, der auferstand, ist mir näher als ein Bruder.«

Ein Edelstein für heute: »Aber Gott wird mich erlösen aus des Todes Gewalt; denn er nimmt mich auf« (Ps. 49,16).

Alttestamentliche Lesung 1. Könige 10.11

6. Mai

Neutestamentliche Lesung Lukas 24,36-53

Ihr seid hierfür Zeugen. Und siehe, ich will auf euch herabsenden, was mein Vater verheißen hat ... (Lk. 24,48.49)

»Da öffnete er ihnen das Verständnis, so daß sie die Schrift verstanden« (Vers 45). Alles, was die Jünger gesehen und gehört hatten (Jesu Leiden, Tod und Auferstehung), war in Gottes Wort vorhergesagt. »... So steht's geschrieben, daß Christus leiden wird und am dritten Tage von den Toten auferstehen« (Vers 46).

Als ich einmal in einem Haus zu Gast war, beklagte sich meine Gastgeberin darüber, daß Gott in ihrem Leben noch nie etwas getan hätte. In den folgenden Tagen nahm ich mir Zeit, ihr einige Fragen zu stellen über Dinge, die geschahen, und sie fing an, Gottes fürsorgliche Hand in ihrem Leben zu erkennen. Es ist wichtig, daß wir Ohren haben, die hören, und Augen, die sehen.

Jesus wollte, daß seine Jünger ihre Umstände verstanden. Sie sollten sie nicht einfach nur so aufnehmen, wie sie dem natürlichen Menschen erscheinen, sondern sie mit Hilfe von Gottes Wort deuten. Für den natürlichen Menschen bedeutet der Tod das Ende. Für den aber, der glaubt, ist er Anfang eines ganz neuen Abenteuers mit Gott. Um Zeugen dieses Geschehens zu sein und es bezeugen zu können, mußten Jesu Jünger wissen, daß sich Gottes eigenes Wort in ihrem Leben auswirkte, und daß sie es erfuhren. Wenn man nur mit dem Verstand eine Tatsache oder eine Wahrheit der Bibel bezeugt, ohne diese Wahrheit selbst erfahren zu haben, dann bleibt das Zeugnis gesetzlich kalt, oder sollte ich besser sagen: leblos? Die Wahrheit der Bibel zu erfahren und zu bezeugen, heißt eine Wahrheit zu bekennen, die voller Leben und Bedeutung ist. Und genau das ist die Verheißung des Vaters, daß wir eine Wahrheit bekennen können, die wir selbst erfahren haben und die darum von persönlichem Verständnis zeugt, durch die Kraft des Heiligen Geistes. Die Verheißung des Vaters ist, daß wir Wahrheit mit Kraft bekennen können.

Jesus wollte, daß seine Jünger ihre Umstände verstehen konnten, nicht durch ihre Gefühle oder durch natürliches Verstehen, sondern durch das Wort Gottes. Er wollte, daß sie eine Wahrheit bezeugen sollten, die sie selbst durch den Heiligen Geist erfahren hatten. Und derselbe Heilige Geist sollte ihrem Zeugnis Kraft verleihen. Wir bringen uns selbst um das Beste, wenn wir uns damit begnügen, eine biblische Wahrheit nur mit dem Verstand zu begreifen und uns dann den Umständen widersetzen, die diese Wahrheit zu unserer eigenen Erfahrung machen würden.

Für Jesus war die Auferstehung eine Wahrheit der Bibel, die zu seiner eigenen Erfahrung wurde, als er sich den Umständen unterwarf. Was für herrliche Wahrheiten könnten wir bezeugen, wenn wir Gottes Wegen in unserem Leben Raum geben würden! Gott will, daß wir die herrlichen Wahrheiten der Bibel selbst erfahren und daß wir durch die Kraft aus der Höhe Zeugen sind voll Leben und Wahrheit!

Ein Edelstein für heute: »... und ihr werdet meine Zeugen sein ... bis an die Enden der Erde« (Apg. 1,8).

Alttestamentliche Lesung 1. Könige 12.13

7. Mai

Neutestamentliche Lesung Johannes 1,1-28

Der kam als Zeuge, um für das Licht Zeugnis abzulegen, damit alle durch ihn zum Glauben kommen sollten. *(Joh. 1,7)*

Daß er in der Wüste war und wilden Honig und Heuschrecken aß, machte Johannes den Täufer nicht zum Zeugen des Lichtes. Auch seine ungewöhnliche Kleidung trug wohl kaum etwas dazu bei; doch jeder war bereit zuzugeben, daß Johannes anders war. Aber was machte Johannes zu einem Zeugen des Lichtes? Es muß ganz sicher seine Predigt gewesen sein: »Bereitet den Weg des Herrn.« Aber auch seine Predigt, für sich genommen, offenbarte nicht die Herrlichkeit Jesu. Sie allein offenbart nicht den Sohn als das Licht der Welt, der Mensch wurde und unter uns wohnte. Die Antwort liegt nicht darin, was Johannes wußte, sondern darin, daß er den Einen kannte. Schon von Kindheit an hatte Gottes Hand auf Johannes gelegen. Dann, zu Gottes Zeit, wurde er in die Wüste gerufen, um allein mit Gott zu leben. Gott wohnte durch seinen Geist in diesem irdenen, zerbrechlichen Gefäß, und es war wirklich ein zerbrechliches Gefäß. Darum lernte Johannes, der inneren, leisen Stimme zu vertrauen; und als die Zeit erfüllt war, wurde Johannes aus der Wüstenerfahrung hinausgeschickt, um das Kommen des Messias zu verkünden, so wie die Schrift es vorhergesagt hatte. Johannes der Täufer bereitete die Herzen der Menschen darauf vor, den kommenden HERRN Jesus Christus als ihren Messias anzunehmen. Allen, die Jesus als ihren Messias aufnehmen würden (nicht nur an ihn glauben, sondern ihn aufnehmen würden), versprach Gott die Macht und die Freiheit, Gottes Kinder zu werden in seinem Reich unter dem neuen Bund.

Das Zeugnis Johannes des Täufers über das Licht, das kommen würde (sein Bekenntnis der Wahrheit und sein Ruf zur Umkehr), geschah nicht nur mit Worten, sondern in Kraft, so daß viele glaubten und getauft wurden, um auf das Kommen des Herrn Jesus Christus vorbereitet zu sein. Diese Kraft, die die Wahrheit tief in die Herzen der Menschen trieb und die Überführung von der Sünde brachte, war nicht die Folge davon, wer Johannes der Täufer war oder wie vollkommen er sein Zeugnis darlegte. Nein, es war vielmehr die Folge und der Beweis davon, daß Gott in ihm wohnte. Die Kraft des Johannes lag nicht darin, wer er war, sondern darin, wer Gott war in ihm. In der Wüste begegnete er dem Herrn, und weil er dem Gott, der in ihm wohnte, gehorsam war, empfing Johannes das Zeugnis des Lichtes. Gott hatte Johannes gesagt, daß er auf den warten sollte, auf den der Geist in Gestalt einer Taube herabkommen würde. In der Zwischenzeit tat Johannes weiterhin den Willen Gottes, bis der Moment kam, an dem er mutig Zeugnis geben und Jesus als den Messias verkünden konnte. Deine tägliche Begegnung mit Gott, Dein tägliches, beständiges Leben der Hingabe wird Dich schließlich zu einem Zeugen des Lichtes machen, so daß Menschen durch Dich, das heißt: durch Christus in Dir, glauben können.

Ein Edelstein für heute: »... meine Augen haben deinen Heiland gesehen, den du vor allen Völkern bereitet hast, ein Licht zur Erleuchtung der Heiden und zur Ehre deines Volkes Israel« (Lk. 2,30-32).

Alttestamentliche Lesung 1. Könige 14.15

8. Mai

Neutestamentliche Lesung Johannes 1,29-51

Am nächsten Tag sieht Johannes, wie Jesus zu ihm kommt, spricht: Siehe, das ist Gottes Lamm, das die Sünde der Welt trägt.

(Joh. 1,29)

Was war das für eine ungeheure Erfahrung, als Johannes der Täufer Jesus auf sich zukommen sah! Wer war Jesus für Johannes? Zunächst einmal waren sie Verwandte, wahrscheinlich Vettern zweiten Grades. Darum waren sie füreinander keine Fremden. Aber obwohl Gott Johannes Jesus schon als den Messias offenbart hatte, hatte Johannes ihn vor dieser Begegnung nicht als diesen gekannt. Es war eine Offenbarung Gottes nötig, damit Johannes sah, wer Jesus ist. Das erinnert mich an ein Gespräch zwischen Petrus und Jesus. Jesus fragte seine Jünger: »... Für wen haltet denn ihr mich?« Als Petrus antwortete: »Du bist Christus, der Sohn des lebendigen Gottes!«, da sagte ihm Jesus, daß es nicht ein Mensch gewesen ist (Fleisch und Blut), der ihm das offenbart hat, sondern sein Vater im Himmel (Mt. 16,15-17).

Gott offenbarte Johannes nicht nur, daß Jesus der Messias ist, sondern er offenbarte Jesus auch als »Gottes Lamm, das die Sünde der Welt trägt«. Johannes verstand Gott, und er verstand auch die sündige Natur des Menschen. Er wußte, daß kein Mensch eine echte, tiefe Beziehung mit Gott haben konnte, solange nicht ein Blutopfer für die Sünde gebracht worden war. Gott offenbarte Johannes Jesus, der seinen Leib als ein vollkommenes Opfer für unsere Sünde hingeben sollte. Was für eine Offenbarung Jesu!

Jedem einzelnen von uns mußte Jesus persönlich offenbart werden durch den Vater. Ein Wissen über Jesus, ein nur verstandesmäßiges Verstehen reicht nicht aus. Das begeistert mich! Wenn ich Jesus als meinen persönlichen Heiland kenne, als das Opfer für meine Sünde, dann bedeutet das, daß ich eine Offenbarung gehabt habe. Sein eigener Geist hat mich berührt und fähig gemacht, Jesus kennenzulernen, genauso, wie er auch bewirkt hat, daß Johannes der Täufer wußte, wer Jesus war. Als Jesus zu Johannes kam, da offenbarte Gott ihm Jesus noch mehr. Ich glaube, daß es das Größte ist, was in unserem Leben geschehen kann, wenn Gott uns mehr und mehr von Jesus offenbart. Es ist mein Gebet, daß die »Edelsteine« Dich ermutigen und Dir zur täglichen Stillen Zeit helfen und daß Gott Dir dadurch mehr und mehr von Jesus offenbaren wird. Mein Freund, wenn Gott Deinem Geist Jesus offenbart hat, dann hast Du eine der größten Erfahrungen gemacht, die ein Mensch machen kann. Strebe weiter, zieh Dich allein mit Gott zurück, und erwarte mehr.

Ein Edelstein für heute: »Was verborgen ist, ist des Herrn, unseres Gottes, was aber offenbart ist, das gilt uns und unseren Kindern ewiglich...« (5. Mose 29,29).

Alttestamentliche Lesung 1. Könige 16-18

9. Mai

Neutestamentliche Lesung Johannes 2

Das ist das erste Zeichen, das Jesus tat; es geschah in Kana in Galiläa, und damit offenbarte er seine Herrlichkeit. Und seine Jünger glaubten an ihn. *(Joh. 2,11)*

Jesus und seine Familie waren zu einer Hochzeit eingeladen. Es ist eine jener Erfahrungen, die wir alle einmal in unserem Leben machen. Jemand aus der Familie heiratete, und Jesus hatte mitzufeiern. Einige seiner Jünger begleiteten ihn, auch wenn wir nicht genau wissen, wer. Dies geschah ganz zu Anfang von Jesu Wirken, als Jesus noch eng mit den Angelegenheiten seiner Familie verbunden war. Die Jünger hatten auf Jesu Ruf zur Nachfolge geantwortet, und ich bin sicher, daß sie unablässig über ihn nachdachten.

Da waren sie nun bei der Familienhochzeit und erlebten, wie eine unangenehme Situation entstand. Die in diesem Kulturkreis übliche und erwartete Gastfreundschaft war nicht mehr gewährleistet; der Wein war ausgegangen. So fragte man Jesus um Rat. Ich will Dich daran erinnern, daß bis zu dieser Zeit noch niemand gesehen hatte, daß Jesus ein Wunder tat (»Das ist das erste Zeichen, das Jesus tat ...«). Es mußte eine Bereitschaft da sein, das zu tun, was Jesus anordnete, und Jesu Mutter kümmerte sich darum, daß dies geschah. Jesus versprach ihnen nichts und predigte auch nicht zu ihnen. Sein Vertrauen auf den Vater vollbrachte dieses Wunder in einer ganz gewöhnlichen Situation bei einem Familienfest. Dadurch wurde seine Herrlichkeit offenbart und seine Jünger dazu gebracht, an ihn zu glauben.

Größer, als daß Wasser in Wein verwandelt wird, ist für mich das Wunder, daß sich Menschen abwenden von der Blindheit ihrer sündigen Natur hin zu Jesus, daß sie an ihn glauben, daß er sie vollkommen von ihrer Sünde erlösen und sie in das vollkommene Heil führen kann. Jesu Gegenwart in unseren Familien bringt große Veränderungen. Ich glaube wirklich, daß Gott unsere alltäglichen Familiensituationen dazu gebrauchen will, Wunder zu vollbringen und seinen Sohn Jesus zu verherrlichen. Was würde in unseren Familien, an unserem Arbeitsplatz und in unserer Umgebung geschehen, wenn wir mit unseren Problemen zu Jesus gehen und sie ihm anvertrauen würden? Wären wir offen für die Worte von Jesu Mutter, wenn der Heilige Geist sie uns zuflüstern würde: »Was er euch sagt, das tut«? Hast Du ein Problem in der Familie? Kann Gott das Problem nehmen und gebrauchen, um Jesus zu verherrlichen? Du wirst es nicht erfahren, solange Du damit nicht zu Jesus gehst. Was ist, wenn er Dein Problem durch ein Wunder lösen will? Bist Du für diese Möglichkeit offen? Wirst Du Jesus gehorchen?

Ein Edelstein für heute: »Wer meine Gebote empfangen hat und sie hält, ist es, der mich liebt ... und ich werde ihn lieben und mich ihm offenbaren« (Joh. 14,21).

Alttestamentliche Lesung 1. Könige 19.20

10. Mai

Neutestamentliche Lesung Johannes 3,1-21

Es war aber einer unter den Pharisäern mit Namen Nikodemus ... der kam in der Nacht zu Jesus ... *(Joh. 3,1.2)*

Johannes beschreibt sehr deutlich, wer dieser Mann war, der zu Jesus kam. Es war ein Mann, der die Schrift studierte und auslegte. Er gab die Gesetze mündlich an die Menschen weiter, so daß sie in ihrem Alltag nach Gottes Wort leben konnten. Die Männer, die die Gebote weitergaben, waren sehr gewissenhaft in ihren Studien und versuchten auf eine Weise zu leben, die Gott wohlgefiel und die nicht sündig war. Sie versuchten, Gottes Gebote genau zu erfüllen.

Nikodemus hatte sein Leben hingegeben, um Gottes Wort zu erforschen und Regeln zu ersinnen, um Gottes Wort im Alltag zu leben. Es erstaunt mich, daß solche intellektuellen Menschen wie Nikodemus Gott selbst wenig kannten und ihn in ihrem Herzen nicht erfuhren. Vielleicht lag es daran, daß ihre Studien (ihr intellektuelles Verstehen von Gottes Wort) sie so sehr befriedigten, daß ihre Leistung, oder vielleicht sogar die Bibel selbst, ihr Gott wurde. Selbst heute ist es noch möglich, zu Versammlungen zu gehen, wo Lehrer Prinzipien darlegen, wie man als Christ leben soll. Und obwohl die Menschen nach diesen Prinzipien leben, beachten sie Jesus nicht. Es gibt Lehrer, die Gottes Wege erklären und wie man unter Seiner Führung leben kann, aber die Herzen vieler Menschen versuchen nur sklavisch das zu befolgen, was sie gehört haben. Danke Gott dafür, daß Nikodemus ein Mann war, der erkannte, daß er es nötig hatte, zu Jesus zu gehen, obwohl er das Gesetz kannte und nach den Geboten lebte. Um Jesus zu erkennen, mußte er wiedergeboren sein; und um die Schrift zu erkennen, brauchte er die Offenbarung des Heiligen Geistes. Es ist nicht Gottes guter, bester Wille für uns und ganz sicher nicht seine Absicht, daß wir die Bibel nehmen und unser Leben danach gestalten, ohne daß wir völlig abhängig sind von dem Autor – dem lebendigen Wort, das Mensch wurde, um unter uns zu wohnen. Jesus muß der Autor, der Urheber unserer Lebensweise sein, und unsere innere Haltung muß die der völligen Abhängigkeit von ihm sein. Jesus soll uns nicht nur die Schrift auslegen, sondern er soll unserem Leben die Richtung geben und uns dadurch lebensverändernde Erfahrungen bringen. Er soll das Wort ganz praktisch in unser Herz schreiben, so daß wir nie mehr die Bibel aufschlagen, ohne zuerst zu Jesus zu gehen.

Das christliche Leben ohne Christus zu leben, indem wir uns wörtlich an die Bibel binden – das ist nicht das, was Gott für uns beabsichtigt. Jesus will, daß wir das christliche Leben leben durch seinen Geist, der in uns wohnt. Ohne den Heiligen Geist Jesu, der in unserem Geist bleibt, können wir weder in Gottes Reich hineinkommen noch es sehen. Hast Du versucht, Dein christliches Leben ohne Christus zu leben? Jesus ist der Schlüssel für die Weise, wie wir als Christen leben, denn ohne ihn können wir nichts tun.

Ein Edelstein für heute: »Naht euch Gott, so naht er sich euch ...« (Jak. 4,8).

Alttestamentliche Lesung 1. Könige 21.22

11. Mai

Neutestamentliche Lesung Johannes 3,22-36

Johannes antwortete: Ein Mensch kann nichts nehmen, wenn es ihm nicht vom Himmel gegeben ist. (Joh. 3,27)

Die Nöte der Menschen sind heute noch dieselben wie in den Tagen Johannes' des Täufers. Nichts hat sich wirklich verändert. Sobald Jesus im Leben eines Menschen zu sehen ist, kommen die Leute, um zu sehen, zu suchen und zu fragen.

»Da erhob sich ein Streit zwischen den Jüngern des Johannes und einem Juden über die Reinigung« (Vers 25). Sie wollten wissen, ob sie sich von Johannes taufen lassen und den Gesetzen über die Reinigung von ihren Sünden vertrauen sollten. Aber Johannes verteidigte weder die Taufe zur Buße, noch hielt er am Gesetz fest. Er war ein Mann, der eine Offenbarung empfangen hatte. Durch Erfahrung wußte er, daß es nicht ausreichte, sich genau an das Gesetz oder die Schrift zu halten, und er sagte: »Ein Mensch kann nichts nehmen, wenn es ihm nicht vom Himmel gegeben ist.« Das ist der Schlüssel, das Geheimnis. Das Zentrum unseres christlichen Lebens ist unsere völlige Abhängigkeit von Jesus für alles, was das Leben und die Wahrheit betrifft. Wissen und intellektuelles Verständnis der Schrift ist nicht genug, weil das Wort nur dann ein Teil von uns wird und lebensverändernde Erfahrung bewirkt, wenn es von oben, vom Himmel kommt.

Nun, da das Leben und die Wahrheit gekommen waren durch das Wort, das Mensch wurde und unter uns wohnte (Jesus), sah Johannes die Notwendigkeit, daß sich sein Wirken und sein Zeugnis verminderte, damit sein von Gott gegebener Dienst in keiner Weise Jesus beeinträchtigte. Darum machte Johannes seine Jünger mit Jesus bekannt, und sie folgten ihm und blieben bei ihm. Ein Mensch legt nicht von sich selbst aus für einen anderen seinen Dienst nieder. Das kann nur Gott bewirken, und es ist ganz sicher ein Beispiel für das, was Johannes mit unserem Vers heute gemeint hat.

Freue Dich heute mit mir. Wenn Du wiedergeboren bist, dann hast Du allen Grund, Dich zu freuen. Der Geist Gottes ist vom Himmel gekommen, um Dich zu berühren, und er wohnt in Dir. Durch seinen Heiligen Geist wohnt Gott wirklich in Dir! Durch seine Gnade hast Du alle Wahrheit und alles Verständnis des Wortes, weil Jesus Dir nicht irgend etwas Gutes vorenthalten wird. Das ist ein Wunder! Wir haben nichts getan, um all die Liebe und Aufmerksamkeit Gottes zu verdienen, Gott schenkt sie uns. Wenn Du zu Jesus gekommen bist, weil Du ein Sünder bist, dann preise Gott, weil Du eine lebensverändernde Erfahrung gemacht hast. Gehe ständig zu ihm. Gehe jeden Tag, damit Du in dem mächtigen Strom des Lebens Jesu stehst. Wenn Dir die Erfahrung Deiner Wiedergeburt schon lange zurückzuliegen scheint, dann freue Dich, denn sie ist noch immer gültig. Gehe einfach zu Jesus, und bitte ihn um mehr. Nimm ab, damit er zunimmt.

Ein Edelstein für heute: »Der Geist ist's, der lebendig macht; das Fleisch taugt dazu nicht ...« (Joh. 6,63).

Alttestamentliche Lesung 2. Könige 1-3

12. Mai

Neutestamentliche Lesung Johannes 4,1-30

Jesus antwortete ihr: Hättest du die Gabe Gottes erkannt und wer der ist, der zu dir gesagt hat: Gib mir zu trinken!, dann hättest du gebeten, und er hätte dir lebendiges Wasser gegeben. (Joh. 4,10)

In allem, was ich lese, wenn ich mit Gott allein bin, scheint er mir dasselbe zu sagen: »Hättest du die Gabe Gottes erkannt und wer der ist, der zu dir (spricht) ...« Mit Sicherheit ist das heute Gottes Wort an jeden, der glaubt. Wenn wir wachsen wollen, um starke, gesunde Christen zu sein, und reifer werden wollen in Christus, dann müssen wir uns einen Teil der Zeit nehmen, die wir für andere Aktivitäten brauchen, und diese Zeit dazu verwenden, Jesus kennenzulernen.

Ich erinnere mich daran, wie ich in Kenia Frauen sah, die sich in einer langen Schlange aufgestellt hatten und darauf warteten, daß sie an die Reihe kamen, um Wasser zu schöpfen. Dann gingen sie mit dem Wassergefäß auf dem Kopf nach Hause. Wie der Marktplatz, so war auch der Brunnen ein geschäftiger Platz voller Menschen. Während sie darauf warteten, daß sie ihr Wasser schöpfen konnten, wurde geredet. Mir schien es so, als wäre es die »soziale Stunde« des Tages, und als kämen manche dort hin, auch ohne Wasser zu brauchen. Es ging wahrscheinlich zu Jesu Zeiten sehr ähnlich zu. Kaum hatte Jesus sich am Brunnen niedergelassen, da kam eine Frau, um Wasser zu schöpfen. Um ein Gespräch anzufangen, bat Jesus sie um ein bißchen Wasser. Die Frau war überrascht, daß ein Jude Kontakt mit ihr aufnahm, auch wenn es nur darum ging, daß er sie bat, ihm Wasser zu schöpfen. Jesus durchbrach ihr Vorurteil durch diese einfache Bitte. Er ermutigte die Frau, hinter ihr Vorurteil zu schauen (hinter ihre vorgefaßte Meinung über den Messias), hinter ihre Tradition und sogar hinter ihre Sünde, damit sie ihn als den Einen erkannte, der ihr von Gott gesandt war als ihr Erlöser und Heiland.

Der Schlüssel zum Erfolg in unserem Leben als Christ liegt darin, Jesus Christus zu erkennen. Gerade heute hat es vielleicht jemand besonders, nötig diese Wahrheit anzunehmen. Denke zurück. Du bist nicht einfach nur über Jesus gestolpert. Du hattest eine Begegnung mit ihm, die Gott Dir gegeben hat, und er offenbart Dir, wer er wirklich für Dich ist. Er offenbarte Dir, wer Du warst, und wie sehr Du es nötig hattest, daß er Dir vergab und daß Du geliebt wurdest. Du erfuhrst das Wirken des Heiligen Geistes in Deinem Leben, und es ist nötig, daß Du Dich an diese Begegnung erinnerst. Was für ein Wunder hast Du erfahren – Gott kam in Dein Leben! Du hattest alle Verheißungen Gottes (Anweisungen darüber, wie Du Dein Leben führen konntest), aber irgendwie gehören diese lebendigen Erinnerungen der Vergangenheit an. Die Freude hat abgenommen, aber die Antwort liegt in unserem Vers heute. Die Antwort liegt darin zu erkennen, wer Jesus ist. Gehe darum wieder zu ihm. Erneuere Deine Gemeinschaft mit Jesus, denn er ist Deine Freude, Deine Hoffnung und Dein Heil. Die Antwort liegt in einer

Zeit der täglichen, engen Gemeinschaft mit ihm, in deren Mitte sein Wort steht.

Ein Edelstein für heute: »... wir haben aber Gemeinschaft mit dem Vater und mit seinem Sohn Jesus Christus« (1. Joh. 1,3).

Alttestamentliche Lesung 2. Könige 4.5

13. Mai

Neutestamentliche Lesung Johannes 4,31-54

Jesus sagte zu ihm: Geh hin, dein Sohn lebt! Der Mann glaubte dem Wort, das Jesus zu ihm sagte, und ging hin. *(Joh. 4,50)*

Wir lesen, daß ein königlicher Beamter zu Jesus kam, weil sein Sohn krank und dem Tod nahe war. Er bat darum, daß Jesus mitkommen und seinen Sohn heilen sollte. Für mich liegt der Schlüssel zu diesem Wunder, das dann geschah, darin, daß der Mann zu Jesus ging. Dinge geraten in Bewegung, wenn Du zu Jesus gehst und wenn Du ihm eine Situation übergibst und ihn führen läßt. Warum zögern wir so, zu Jesus zu gehen, und warum laufen wir stattdessen zu diesem und jenem Seelsorger? Der Seelsorger kann zwei Dinge tun. Er kann Dir einen guten Rat geben aus seiner eigenen Weisheit, oder er kann für Dich zu Jesus gehen und um Jesu Weisheit bitten und sie dann mit Deiner speziellen Not in Verbindung bringen.

Wenn Du zu Jesus gehst und er ein Wort spricht, dann ändern sich die Dinge. Wenn er sagt: »Geh!«, dann ist es das beste für Dich, zu gehorchen und zu gehen. Denn in dem Wort, das Jesus spricht, ist Leben. Jedes moralische, religiöse oder physische Gesetz muß sich vor seinem Wort beugen, denn wenn Jesus spricht, so wird das ins Leben gerufen, was er sagt. Warum versäumen wir es dann, zu Jesus zu gehen, wenn wir wissen, daß die Antwort in ihm liegt? Ist es Unglaube? Können wir ihm unter den Umständen, in denen wir uns befinden, nicht vertrauen? Oder vielleicht sind wir nicht willig und bereit, dem zu gehorchen, was er uns sagt. Wahrscheinlich wollen wir das haben, wonach wir suchen, aber wir wollen unser Leben nicht ändern, um es an Jesu Wort anzupassen. Oder ist es so, daß wir uns wirklich die Antwort wünschen, aber Jesus einfach nicht mit ganzem Herzen nachfolgen, oder die Antwort auf solch eine Weise wollen, daß wir uns doch noch die Entscheidung vorbehalten und daß wir sie nicht Jesus überlassen? Vertrauen wir Jesus nur teilweise, und sind wir nur teilweise gehorsam? Aber ist ein teilweiser Gehorsam überhaupt Gehorsam? Man braucht Glauben, um zu vertrauen, und Glauben, um zu gehorchen. Es ist erstaunlich, wie dieser Glaube strömt, wenn wir im Gehorsam losgehen und Jesus vertrauen.

Wenn Du nicht glauben kannst, was ich schreibe, dann glaube dem, was der Heilige Geist geschrieben hat. »Der Mann glaubte dem Wort, das Jesus zu ihm sagte, und ging hin.« Wenn Du dem Wort Jesu glaubst und es annimmst, dann empfängst Du in Deinem Geist ein Wort, das begleitet ist von dem Leben und Reichtum des Himmels. Das einzige, was das Wort braucht, damit es sich in Deiner Erfahrung erfüllt, ist Glaube. Und der Glaube wird in dem Moment da sein, in dem Du im Gehorsam den ersten Schritt tust. Der königliche Beamte bat Jesus zu kommen, aber Jesus sagte ihm, er solle gehen. In dem Moment, als er sich auf den Weg machte, wurde sein Sohn geheilt.

Ein Edelstein für heute: »Darum lasset uns mit Zuversicht vor den Thron der Gnade treten, damit wir Barmherzigkeit empfangen, wenn wir Hilfe nötig haben« (Hebr. 4,16).

Alttestamentliche Lesung 2. Könige 6-8

14. Mai

Neutestamentliche Lesung Johannes 5,1-30

Wahrlich, wahrlich, ich sage euch: Wer mein Wort hört und dem glaubt, der mich gesandt hat, der hat das ewige Leben und kommt nicht in das Gericht, sondern er ist vom Tode zum Leben hindurchgedrungen. *(Joh. 5,24)*

In demselben Kapitel lesen wir, daß Jesus zum Teich Betesda ging, zu einem Mann trat, seine Not erkannte und ihn fragte, ob er geheilt werden wolle. Wenn der Mann als erster in den Teich steigen könnte, sobald der Engel das Wasser »bewegte«, dann könnte er gesund werden. Aber er erklärte Jesus, daß er niemanden hatte, der ihm ins Wasser hinein half. Dann sprach Jesus Worte der Heilung in den Geist dieses Menschen hinein und gebot ihm, aufzustehen, seine Matte zu nehmen und zu gehen. Dieser Mann hörte Jesu Worte und »... sogleich wurde der Mann gesund, nahm seine Matte und ging weg ...!«

Bevor ich Christ wurde, und selbst noch als ich schon Christ war, folgte ich Menschen. Doch dann fragte ich mich eines Tages, warum, warum in aller Welt folge ich ihnen? Haben sie die Worte des ewigen Lebens? Inzwischen bin ich es längst leid, Menschen zu folgen; mich verlangt danach, allein Jesus zu folgen. Jesus hat niemals behauptet, daß er der Urheber der mächtigen Werke sei, die er vollbrachte, sondern er gab seinem himmlischen Vater alle Ehre. Jesus sagte: »Der Sohn kann nichts von sich aus tun« (Vers 19). So wie Jesus dem Vater folgte und völlig abhängig von ihm war, so sollen auch wir völlig abhängig sein von dem Sohn. Wenn Du glaubst, daß die Heilung des Mannes ein Wunder war, dann denke über die Verheißung unseres Verses heute nach. Es wird einem ganz schwindelig!

Das Wort »wer« in diesem Satz kann nicht genug betont werden, und es bedeutet: »jeder, der«. Jesus spricht von Dir und von mir. Ja, wirklich! Jesu Wort ist das Wort, nimm darum das Wort an, das in Deinen Geist gesprochen ist. Glaube an den Gott, der Wunder tut, der Jesus gesandt und ihn befähigt hat, diese großen Werke zu vollbringen. Dann wirst Du weder in das Gericht kommen noch den Tod sehen, sondern nur herrliches, von Gott gegebenes Leben – ewiges Leben. Wenn Jesus in den Körper eines kranken Mannes Leben hineinsprechen kann, so daß er auf seine Füße springt und geht, warum sollten wir dann daran zweifeln, daß wir das ewige Leben haben, das er uns anbietet? Es gibt nun keine Verurteilung mehr für das Leben, das wir früher gelebt haben, weil wir jetzt das ewige Leben leben. Es gibt keine Furcht mehr vor dem Tod, weil wir das ewige Leben haben. Unserem Geist ist so sicher ewiges Leben verliehen, wie Jesus dem Leib des kranken Mannes Gesundheit verlieh.

Was mich betrifft, so will ich nicht mehr Menschen oder Idealen folgen, weil in Jesu Wort das Leben ist. Im Hören des Wortes liegt die Freiheit von Gericht und Tod. Wenn wir Jesu Wort hören und erfahren, was es in unserem Leben vollbringt, dann ist es auch nicht schwer, an den zu glauben, der Jesus gesandt hat. Das Wort hat die Knechtschaft der Sünde in meinem Leben zerbrochen und mich frei gemacht, so frei, daß ich keiner Verurteilung mehr unterliege. Jetzt lebe ich wie Jesus – nicht ich, sondern das Leben Christi ist in mir, das ist das ewige Leben, Gottes Lebensqualität.

Ein Edelstein für heute: »Denn so sehr hat Gott die Welt geliebt, daß er seinen eigenen Sohn dahingab, damit alle, die an ihn glauben, nicht verloren gehen, sondern das ewige Leben haben« (Joh. 3,16).

Alttestamentliche Lesung 2. Könige 9-11

15. Mai

Neutestamentliche Lesung Johannes 5,31-47

Ihr forscht in der Schrift; denn ihr meint, ihr habt das ewige Leben darin; und sie ist's, die von mir Zeugnis gibt – aber doch wollt ihr nicht zu mir kommen, um das ewige Leben zu haben. (Joh. 5,39.40)

In der Zeit, in der Jesus lebte, gab es Menschen, die sehr stolz auf ihre Schriftkenntnis waren. Sie studierten die Schriften des Alten Testamentes und glaubten, daß sie das ewige Leben hätten durch ihr Wissen und ihr Vertrauen auf die Schrift. Das waren dieselben Menschen, die Jesus und die Schriftstellen ablehnten, die von ihm Zeugnis gaben.

In Vers 37 und 38 sagte Jesus: »Und der Vater, der mich gesandt hat, ist mein Zeuge. Ihr habt niemals seine Stimme gehört noch seine Gestalt gesehen, und sein Wort behaltet ihr nicht in euch; denn ihr glaubt nicht dem, den er gesandt hat.« Die Sätze geben Zeugnis von Jesus und davon, wer er ist. Der Vater ist der Zeuge für den Sohn und offenbart ihn dem, der glaubt. Das geschriebene Wort Gottes (die Schrift) soll uns immer zu einer direkten Beziehung mit dem Sohn, mit Jesus führen. Wir wissen, es ist Gottes Wille, daß wir in der Schrift forschen; aber einige der Männer damals hielten vor Gottes bester Gabe (vor Jesus) an und begnügten sich mit dem Schriftstudium. Unser Forschen in der Bibel soll unsere Beziehung mit Gott und unsere lebendige Erfahrung mit Jesus erweitern.

Alles, was Jesus tat, geschah im Gehorsam gegenüber dem Vater, und das Wort gibt uns von allem Zeugnis, was der Vater Jesus tun hieß. Es ist des Vaters Wunsch, Jesus zu offenbaren, besonders den Menschen, die in der Bibel forschen. Das muß Dir widersinnig vorkommen, weil die Schriftgelehrten ja zu diesen Menschen gehörten. Aber ihr Motiv war, ihr Wissen über die Schrift zu erweitern; unser Motiv dagegen sollte sein, Jesus zu verstehen, oder wie Paulus es im Brief an die Philipper formuliert (3,10): »Ich möchte ja ihn erkennen.« Wenn wir Jesus in der Bibel suchen, dann offenbart ihn uns der Vater durch ein inneres Zeugnis des Geistes. Eine andere Schriftstelle, die dies ganz deutlich macht, finden wir in 1. Joh. 5,12: »Wer den Sohn hat, hat das Leben. Wer den Sohn Gottes nicht hat, der hat das Leben nicht.« Darum preise Gott mit mir, denn wir haben das ewige Leben nicht auf Grund dessen, was wir wissen, sondern weil wir Jesus kennen. Wenn wir Jesus aufnehmen, dann empfangen wir ewiges Leben. Forsche jetzt in der Bibel, mein Freund, damit das Wort in Dir bleibt. Wenn das Wort in Dir bleibt und Du in Christus bleibst, dann wird sowohl Dein Verständnis als auch Deine Erfahrung des ewigen Lebens (Gottes Lebens) wachsen, und Du wirst Jesus mehr und mehr widerspiegeln.

Ist es nicht gut, daß Du Dir Dein ewiges Leben nicht verdienen mußt, sondern daß es ein Geschenk Gottes ist? Wenn Du Christus hast, dann hast Du das Leben. Dadurch, daß Du jeden Tag Stille Zeit hältst, ernährst Du dieses ewige Leben und erweiterst es, so daß Du so viel davon haben kannst, wie Du willst. Du hast das ewige Leben, weil Gott es Deinem Geist durch sein Wort zur Speise gibt.

Ein Edelstein für heute: »Du leitest mich nach deinem Rat und nimmst mich am Ende mit Ehren an« (Ps. 73,24).

Alttestamentliche Lesung 2. Könige 12-14

16. Mai

Neutestamentliche Lesung Johannes 6,1-21

Es ist ein Kind hier, das hat fünf Gerstenbrote und zwei Fische; aber was ist das für so viele? *(Joh. 6,9)*

Was für ein aufregendes Erlebnis muß es für dieses Kind gewesen sein zu beobachten, wie Jesus Gott für die wenigen Brote dankte und wie die Jünger sie dann unter all die Menschen austeilten! Aber die Brote hätten nicht vermehrt werden können, wenn das Kind selbstsüchtig gehandelt hätte. Als es sich in der Menschenmenge umsah und feststellte, daß es nichts zu essen gab, hätte es beschließen können, das für sich zu behalten, was es hatte. Ganz gleich, wer dieses Kind war und was es dachte, es war in diesem Moment jemand, den Gott gebrauchen wollte, um seine Fürsorge zu zeigen. Von dem Kind wurde nur verlangt, das, was es hatte, Jesus zu geben und dann zu sehen, wie er damit ein Wunder vollbrachte. Für dieses Kind war es die Gelegenheit seines Lebens. Es würde nie wieder eine Gelegenheit haben wie diese, wo es von Jesus dazu gerufen war, das aufzugeben, was es hatte, um mehr als fünftausend Menschen zu speisen.

Dieser Text hat heute mein Herz berührt. Ich kenne die Natur meines Herzens, und ich muß mir selbst eine Frage stellen. Wenn ich an der Stelle des Kindes gewesen wäre, hätte Jesus dann in mir einen bereitwilligen, freudigen Geber gefunden, oder hätte er einen anderen Weg, andere Mittel suchen müssen, um diese riesige Menge zu sättigen? Hätte ich alles gegeben, oder hätte ich einen Teil für meine eigenen Bedürfnisse zurückbehalten? Nun, wir können theoretische Fragen nicht wirklich beantworten. Ich glaube, die Antwort hängt allein davon ab, ob ich erkannt hätte, daß dies eine von Gott gegebene Gelegenheit zum Geben war, und ob ich diese Gelegenheit zu einem Glaubensabenteuer mit Jesus überhaupt gewollt hätte.

Ich merke, wie ich, selbst während ich schreibe, mir meinen Besitz und meine Zeit ansehe und mir dieselbe Frage stelle. Gebe ich Jesus alles, was ich habe, damit er es vermehren kann?

»O Gott, ich will keine Gelegenheit verpassen, die du mir gibst, um Jesus etwas zu geben. Ich will kein Wunder verpassen, weil es mir an Glauben fehlt. Keiner außer Dir und mir wird jemals wirklich wissen, was für ein Wunder es ist, daß Du mich diese »Edelsteine« schreiben läßt, und daß ich sie dann, wie deine Jünger, an dein Volk verteilen darf. So nimm sie, Herr Jesus, sättige Dein Volk mit ihnen, und werde Du dadurch verherrlicht.«

Mein lieber Freund, ich weiß, wie dieses Kind sich gefühlt hat. Es hatte so wenig zu geben, aber Jesus hat so viel daraus gemacht. Jesus ist immer noch bereit, das zu vermehren, was wir geben wollen.

Ein Edelstein für heute: »... wer reichen Segen sät, der wird auch reichen Segen ernten. Jeder gebe ..., nicht mit Unwillen oder aus Zwang; denn einen fröhlichen Geber hat Gott lieb« (2. Kor. 9,6.7).

Alttestamentliche Lesung 2. Könige 15-17

17. Mai

Neutestamentliche Lesung Johannes 6,22-44

Jesus antwortete ihnen: ... Es kann niemand zu mir kommen, wenn ihn nicht der Vater, der mich gesandt hat, zu mir zieht; und ich werde ihn am Jüngsten Tage auferwecken. *(Joh. 6,43.44)*

Das Kind mit den Broten und den Fischen in der gestrigen Lesung sah ein Wunder. Ja, das Kind war sogar ein Teil dieses mächtigen Wunders von Gott. Mein Freund, unser Vers heute sagt, daß alle, die Jesus folgen, ein Wunder sind. Aber wir müssen hinter den Vorhang unserer Lebensumstände schauen, um das zu erkennen. Keinem Menschen kann es als Verdienst angerechnet werden, wenn er einen anderen Menschen zu Jesus führt. Wir können höchstens anerkennen, daß ein Mensch für Gott verfügbar und bereit ist, sich gebrauchen zu lassen. Jesus sagte, daß sein Vater der einzige ist, der einen Menschen zu einer Begegnung mit seinem Sohn führt. Gott gebraucht die Umstände, und wir wissen, daß er sogar einmal ein Gefängnis gebrauchte. Aber wir würden es doch nicht dem Gefängnis als Verdienst anrechnen, daß ein Mensch dort Jesus begegnete? Es ist geheimnisvoll, wie Gott sich nach uns ausstreckt, ohne unseren freien Willen zu verletzen.

Viele von uns wären nie zu einer richtigen, unsere Seele rettenden Entscheidung gekommen, wenn Gott sich nicht durch seine Gnade nach uns ausgestreckt hätte, um uns dahin zu führen, wo wir die Hoffnungslosigkeit der Sünde sahen und wo wir erkannten, daß wir Erlösung brauchten. Die Erlösung ist in Gottes Sohn, und Gott führt uns zu seinem Sohn Jesus Christus.

Die Bibel sagt uns, daß wir alle in Feindschaft zu Gott lebten: »Das Trachten des Eigenwillens bedeutet Feindschaft gegen Gott« (Röm. 8,7). Wir waren Gottes Feinde wegen des Gesetzes der Sünde, das in unserem Leben regiert. Trotzdem streckte Gott sich nach uns aus durch seinen Heiligen Geist. Ja, das hat er getan – Gott hat unseren Geist berührt, unsere Einwände überwunden und uns zur Besinnung gebracht. Gott führte uns zu einer Begegnung mit Jesus Christus, und wir waren fähig, eine richtige Entscheidung zu treffen. Und dann hat uns Jesus durch das Opfer seines Blutes am Kreuz mit dem Vater versöhnt. Das ist ganz sicher das größte Wunder, das es gibt. Aber es geht noch weiter. Jesus sagte: »Und ich werde ihn am Jüngsten Tag auferwecken.«

Ganz sicher ist die Wiedergeburt ein ganz großes Wunder. Aber Jesus sagt, daß Du noch ein Wunder erleben wirst, Deine eigene Auferstehung, die Jesus Dir schenken wird, durch die Kraft seiner eigenen Auferstehung. In der Welt ist das Wunder der Auferstehung erst ein Mal geschehen. Aber die Welt ist diesem großen Wunder gegenüber völlig blind.

Du kannst nicht die Erfahrung des Kindes teilen, das Jesus seine fünf Brote gab, aber Du kannst Dich an dem größten Wunder freuen, das die Welt je gesehen hat und sehen wird. Jesus wird Dich auferwecken, Du wirst den Tod überwinden, weil das Grab Dich nicht festhalten kann. Ganz gleich, wo Dein Leib begraben sein oder in welchem Zustand er sich befinden wird, Jesus

sagte, daß Du ein Wunder erleben wirst. »Und ich werde (dich) am Jüngsten Tage auferwecken!« O, mein Freund, Du bist ein Sieger! Du bist ein Wunder.
Ein Edelstein für heute: »Was sollen wir nun dazu sagen? Ist Gott für uns, wer kann gegen uns sein?« (Röm. 8,31).

Alttestamentliche Lesung 2. Könige 18.19

18. Mai

Neutestamentliche Lesung Johannes 6,45-71

Der Geist ist's, der lebendig macht; das Fleisch taugt dazu nicht. Die Worte, die ich zu euch geredet habe, die sind Geist und sind Leben. (Joh. 6,63)

Das sind wirklich harte Worte, die Jesus hier sagt. Sie sind ganz bestimmt nicht für Menschen, die nach einer bequemen, ihr Gewissen beruhigenden Religion Ausschau halten. Die Folge dieser Rede, die Jesus an seine Jünger richtete, war, daß viele ihn verließen. »Von da an wandten sich viele seiner Jünger ab und gingen hinfort nicht mehr mit ihm« (Vers 66).

Wenn Du die »Edelsteine« benutzt und jeden Tag Stille Zeit hältst, glaube ich, daß Du ein Christ bist, der es wirklich ernst meint, und daß Du fähig bist, diese Worte Jesu anzunehmen. Das erste, was Satan angreift, ist unsere Stille Zeit mit dem Herrn, weil er Todesangst hat vor Christen, die sich jeden Tag in ihrer »Gebetskammer« mit Jesus treffen. Wenn es nicht Satan ist, der Deine Stille Zeit attackiert, dann kannst Du sicher sein, daß Deine Selbstsucht es tun wird. Die Welt, die Selbstsucht und der Teufel kennen und fürchten den Mann und die Frau, die sich jeden Tag Zeit nehmen, um mit Jesus und seinem Wort allein zu sein.

Es gibt kein christliches Wachstum, kein Leben, keine Ausbreitung von Gottes Reich in unserem Leben, wenn nicht »der Geist lebendig macht.« In der heutigen Lesung sagt Jesus, daß selbst dann, wenn man buchstäblich Jesu Fleisch essen würde, es einem nichts nützt. Das, was in den Magen kommt, hilft uns geistlich nicht, denn nur Gottes Geist macht lebendig. Unser geistliches Leben ist völlig abhängig von Jesus, und unser geistliches Wachstum entspricht der Zeit, die wir mit Jesus verbringen.

Es ist nicht vertane Zeit, wenn man Zeit verbringt mit Jesus in seinem Wort. Zu Anfang kannte ich Jesus kaum und stellte ihn mir vor wie das Bild von ihm, das an meiner Wand hing. Aber als ich mit Jesus tiefer in das Wort eindrang, machte der Heilige Geist mir lebendig, wer Jesus für mich ist. Als ich las, daß er die Lilie im Tal ist, da wußte ich es plötzlich mit dem Herzen. Ich brauchte es nicht einmal auswendig zu lernen, denn Jesus schrieb es in mein Herz. Dasselbe geschah ein andermal, als ich las, daß Jesus der Gerechteste von Zehntausend ist und der helle Morgenstern. »Oh, wer ist wie Du, mein Gott!« Ja, im Hebräerbrief las ich, daß Jesus Gott ist, und jetzt brauche ich das Bild an der Wand nicht mehr. Das Bild, das ich jetzt von Jesus habe, hat mir der Heilige Geist gegeben. Es kommt aus der Bibel und ist in mein Herz geschrieben.

Ich entdeckte, daß Jesu Dienst für mich ist, daß er für mich betet. Darum habe ich nie aufgehört, mit meinen Bitten zu ihm zu kommen, aber ich habe Schluß damit gemacht, ständig zu anderen Menschen zu laufen. Jesus kann sowieso besser beten. Es scheint so, als ob der Vater seinen Bitten nicht widerstehen kann und sich freut, sie zu erhören. Laß darum heute den ganzen Tag unseren Vers in Dir bleiben.

Ein Edelstein für heute: »Denn durch ihn haben wir alle beide in einem Geist den Zugang zum Vater« (Eph.2,18). »Denn es ist ... nur ein Mittler zwischen Gott und den Menschen, nämlich der Mensch Christus Jesus« (1. Tim. 2,5).

Alttestamentliche Lesung 2. Könige 20-22

19. Mai

Neutestamentliche Lesung Johannes 7,1-24

Wenn jemand dessen (Gottes) Willen tun will, wird ihm klar werden, ob diese Lehre von Gott ist oder ob ich aus mir selbst rede.

(Joh. 7,17)

Was für eine wunderbare Erfahrung ist es, wiedergeboren zu sein, sich gereinigt zu wissen, Frieden zu haben und Gott zu kennen. Gott hat soviel Not deswegen erlitten und war so geduldig mit mir; er hat sich durch seinen Heiligen Geist behutsam nach mir ausgestreckt und mich zu Jesus gezogen. Seitdem ich Christ bin, hat es anscheinend nie einen Augenblick gegeben, in dem Jesus sich nicht meine Aufmerksamkeit gewünscht und mich etwas gelehrt hat, vorausgesetzt, daß ich willig war, ihm zu vertrauen und zu lernen.

Nachdem ich wiedergeboren war, entdeckte ich bald, daß Gott mit meinem Leben etwas vorhatte, daß er Pläne hatte, die er in meiner Erfahrung verwirklichen wollte. In meinem Denken und Planen mußte eine Verwandlung stattfinden, und das einzige, was dem im Wege stand, war ich selbst. Die Wünsche meines Herzens mußten sich ändern, ich mußte meinen eigenen Willen zur Seite legen oder wenigstens bereit sein, das zu tun, um dann Gottes Willen anzunehmen und ihn zu meinem zu machen. So entdeckte ich das Geheimnis, wie man in Gott vorwärts geht. Wenn ich wachsen, reifen und in täglicher Gemeinschaft mit Jesus leben will, dann muß ich bereit sein, das zu tun und zu lernen, was Gott vor mich stellt – das, von dem Gott weiß, daß es das Beste für mich ist – denn ich bin dazu berufen, ihm zu folgen und gehorsam zu sein.

Das klingt einfach, aber das war es nicht. Obwohl ich mich dazu entschlossen hatte, das zu tun, was Jesus will, versagte ich immer und immer wieder. Meine Enttäuschung war sehr groß. Aber wenn Gott mir dann eine zweite Gelegenheit gab, seinen Willen zu tun, so zögerte ich keinen Moment mehr. Ich lernte bald, was Jeremia damit meinte, als er sagte: »Es ist das Herz ein trotzig und verzagt Ding ...« (Jer. 17,9).

Gott hatte seinem Volk Gebote und Richtung für ihr Leben gegeben. Aber anstatt danach zu forschen, was Gottes Wille ist bei der Auslegung der Gesetze, legten die Schriftgelehrten sie nach ihrem eigenen Willen aus. So wurde das Gesetz verdorben und war nicht mehr von Gott. Durch seinen Willen nahm der Mensch das, was rechtmäßig Gott gehörte, und gebrauchte es nach seinem eigenen Gutdünken. Darum sagt Jesus, wenn Du wirklich Gottes Lehre wissen willst, wenn Du wirklich die Wahrheit verstehen und erkennen willst, wer Jesus ist und wie Gottes Pläne aussehen, dann mußt Du Deinen eigenen Willen zur Seite legen und Gottes Willen tun. Gottes Lehre zu verstehen heißt, sie im Lichte seines Willens zu verstehen. Wir werden so lange keinen Fortschritt machen in unserem christlichen Leben, bis wir lernen, in dieser Wahrheit zu leben.

Ja, das ist eine tägliche Herausforderung für uns. Wenn wir wirklich Gottes Wege wissen und auf ihnen gehen wollen – und das ist das Beste, was Gott für uns hat –, dann müssen wir unseren Willen abgeben und Tag für Tag Gottes Willen annehmen. Wer weiß, vielleicht entdecken wir sogar, daß viele Wünsche unseres Herzens schon immer Gottes Wille für uns waren, aber laßt uns Gott erlauben, uns dafür die Gewißheit zu geben.

Ein Edelstein für heute: »Werdet ihr nun meiner Stimme gehorchen und meinen Bund halten, so sollt ihr mein Eigentum sein vor allen Völkern« (2. Mose 19,5).

Alttestamentliche Lesung 2. Könige 23-25

20. Mai

Neutestamentliche Lesung Johannes 7,25-52

Wer an mich glaubt, aus dessen Innerstem werden Ströme lebendigen Wassers fließen, wie die Schrift sagt. *(Joh. 7,38)*

Hier ist eine gute Nachricht für die Gläubigen. Zuerst einmal sagt Jesus in Vers 37: »Wer durstig ist, der komme zu mir und trinke!« Unsere erste Begegnung mit Jesus sollte in uns einen Durst zurückgelassen haben, das heißt ein Verlangen nach mehr von Jesus. Dieser Durst kommt aus dem Herzen oder von dem Geist, der in unserem Herzen ist. Direkt nach unserer Wiedergeburt fängt das Leben in unserer Seele (das ist das Leben unseres Verstandes und unserer Gefühle) an, sich zu ändern; wir fühlen uns durch das Eindringen dieses Hungers verwirrt. Vielleicht versuchen wir, diesen

Durst durch religiöse Gefühle zu befriedigen oder durch intellektuelles Forschen nach Verständnis oder durch religiöses Wissen. Aber früher oder später wird dieser Durst wachsen, und nichts wird ihn stillen können außer dem, den Gott dafür vorgesehen hat, nämlich Jesus. Der Durst kann sich sogar zu einer Leidenschaft entwickeln, zu einer mächtigen, inneren Erfahrung: »Selig sind, die hungern und dürsten nach der Gerechtigkeit; denn sie sollen satt werden« (Mt. 5,6). Es ist mein Gebet, daß Du selber nie diesen Durst befriedigen oder stillen kannst. »Vater, ich bitte dich, daß der innere Durst im Herzen der Gläubigen ein geistlicher Antrieb ist, bis schließlich das Leben ihrer Seele (ihres Verstandes und ihrer Gefühle) und jede Faser ihres Leibes sich diesem ständig wachsenden Durst nach Jesus unterwirft.«

Auf den, der glaubt, warten große Belohnungen. Die kostbarsten Augenblicke in Deinem Leben sind die, in denen Du mit ganzem Herzen und mit Deiner ganzen Seele den Herrn Jesus Christus suchst. Das Wort sagt uns, daß wir weitergehen sollen. Wiedergeboren zu sein (geboren vom Geist aus der Höhe) ist nur der Anfang. Gott hat uns diese Erfahrung nicht gegen unseren Willen aufgezwungen. Er hat Deinen freien Willen ausgebildet, bis Du dazu bereit warst, eine eigene Entscheidung zu treffen und Jesus anzunehmen. Nun hat er Dein Herz durch Seinen Heiligen Geist durstig gemacht; es verlangt nach mehr. Unterdrücke dieses Verlangen nicht, sondern unterstütze es. Erlaube ihm zu wachsen, bis der Durst ein solches Ausmaß erreicht hat, daß Du das tust, was in Vers 37 steht: Das Ergebnis oder die Belohnung ist, daß »aus dessen Innerstem Ströme lebendigen Wassers fließen« werden.

Was für ein Geheimnis ist dies, aber nicht nur ein Geheimnis, sondern auch eine Verheißung. O, Jesus hat so viel für uns, wenn wir mit unserem Durst zu ihm kommen und trinken. Jesus läßt uns nicht im Zweifel darüber, was er damit gemeint hat. In Vers 39 heißt es: »Damit meinte er den Geist, den alle empfangen sollten, die an ihn glaubten; denn der Geist war noch nicht da, weil Jesus noch nicht verherrlicht war.«

»Herr Jesus Christus, gib, daß dies ein besonderer Tag ist für alle, die glauben und Durst haben. Gib, daß eine große Schar von Gläubigen da ist, die durstig sind, die sich nach dir sehnen und die innerlich schreien, um mit dir zu leben. O, gib, daß sie zu dir kommen, ja, zu dir, Herr Jesus Christus, damit aus ihrem Innersten Ströme lebendigen Wassers fließen.«

Ein Edelstein für heute: »Ihr werdet mit Freuden Wasser schöpfen aus dem Heilsbrunnen« (Jes. 12,3).

21. Mai

Neutestamentliche Lesung Johannes 8,1-20

Da redete Jesus von neuem und sprach zu ihnen: Ich bin das Licht der Welt. Wer mir nachfolgt, der wird nicht in der Finsternis bleiben, sondern wird das Licht des Lebens haben. *(Joh. 8,12)*

Es erzählte mir einmal jemand eine Geschichte von einem erfundenen Gespräch zwischen einem hell wie die Sonne leuchtenden Planeten und einem anderen Stern. Dieser Stern sagte zu dem hellscheinenden, sonnenähnlichen Planeten, daß es einen anderen Planeten gäbe mit Namen Erde, der in völlige Dunkelheit eingehüllt sei und überhaupt nicht wüßte, was Licht ist. Der helle, leuchtende Stern wollte gerne eine solche Dunkelheit sehen und machte sich auf die Suche nach diesem Planeten Erde. Als er die Erde schließlich fand, umkreiste er sie einmal ganz und suchte die Dunkelheit, aber er fand sie nicht. Überall, wo er hinkam und überall, wo er suchte, war alles, was er fand, Licht.

Als ich diese Geschichte hörte, dachte ich sofort an Jesus, der gesagt hat: »Ich bin das Licht der Welt. Wer mir nachfolgt, der wird nicht in der Finsternis bleiben, sondern wird das Licht des Lebens haben.« Jesus in unserem Leben zu haben heißt, daß wir in unserem Innersten erleuchtet sind. Er bringt Licht in unser Leben. Dunkle Gedanken, die zu Depressionen führen, müssen vor dem Licht weichen. Bitterkeit, Groll, Haß – all diese finsteren und die Seele zerstörenden Sünden fliehen vor dem Licht.

Die Dunkelheit und die Sünden, die in ihr gedeihen, müssen sich Jesus unterwerfen, der gesagt hat, daß er das Licht ist. Sie können in seiner Nähe einfach nicht überleben. Ein Evangelist sagte einmal, daß Satan ihn nie gequält hat, weil er die Gesellschaft, in der sich der Evangelist befand, nicht leiden mochte; er meinte Jesus.

Wir können alles Licht haben, wenn wir Jesus ganz haben. Wir können das Licht nicht haben, ohne Jesus zu haben, weil er das Licht ist. In Jesaja 58,10 steht: »Wenn du den Hungrigen dein Herz finden läßt und den Elenden sättigst, dann wird dein Licht in der Finsternis aufgehen, und dein Dunkel wird sein wie der Mittag.« Kannst Du Dir Dunkelheit als Mittagshelle vorstellen? Es gibt keinen helleren Augenblick des Tages als den Mittag. Dann wird unser Licht in der Finsternis aufgehen? Gibt es noch mehr? Wie kann unser Leben das Licht so sehr widerspiegeln, daß es heller ist als die Mittagssonne? Ich kann nur sagen, daß in Christus alle Dinge möglich sind, nur daß hier der Schlüssel liegt – je mehr wir von Christi Leben haben, das in uns ist, desto heller ist unser Licht. Moses Angesicht leuchtete, nachdem er eine Zeitlang mit Gott allein auf dem Berg gewesen war. Wenn wir mit Hilfe der »Edelsteine« Christus in seinem Wort suchen, so soll unser Ziel sein, ein Volk des Lichtes zu sein und für Jesus zu leuchten.

Ein Edelstein für heute: »Der Herr ist Gott, der uns erleuchtet« (Ps. 118,27).

Alttestamentliche Lesung 1. Chronik 3-5

22. Mai

Neutestamentliche Lesung Johannes 8,21-36

Da sagte Jesus zu den Juden, die an ihn glaubten: Wenn ihr bei dem bleibt, was ich euch gesagt habe, seid ihr wahrhaftig meine Jünger und ihr werdet die Wahrheit erkennen, und die Wahrheit wird euch frei machen. *(Joh. 8,31.32)*

Du, der Du noch jung bist im Glauben, achte auf dieses Wort heute. Das Wort Gottes, durch das Dir Christus offenbart wurde, hat Dir Deine Not gezeigt und Dich zu einem Ort des Heils in Christus Jesus gebracht. Jesus soll nun Dein ständiger, täglicher Begleiter sein. Jesus sagte: »Wenn ihr bei dem bleibt, was ich euch gesagt habe, seid ihr wahrhaftig meine Jünger.« Das bedeutet, daß es nicht nur einfach darum geht, Gottes Wort zu lesen, sondern das Wort zu tun. »Seid aber Täter des Wortes und nicht nur Hörer; denn sonst betrügt ihr euch selbst« (Jak. 1,22).

Ein Jünger Jesu zu sein heißt, daß Du ein diszipliniertes Leben führen mußt. Jeden Tag solltest Du Zeit genug haben, um allein mit Jesus zu sein in seinem Wort. Du solltest Dir reichlich Gelegenheit geben, durch sein Wort von ihm zu hören, und bereit sein, ein Täter von Gottes Wort zu sein. Das wird zur Folge haben, daß Du »die Wahrheit erkennen« wirst, »und die Wahrheit wird (Dich) frei machen.« Gelobt sei Gott! Wer will nicht frei sein?

Als ich noch ein ganz junger Christ war, mußte ich mich ganz auf den Heiligen Geist und auf Gottes Wort verlassen. Bei uns in Neuseeland gab es nicht so großartige Lehrer wie in Amerika, und uns fehlte die Möglichkeit, die Lehrer zu hören, die wir hatten. Ich glaube, daß das der Grund dafür war, warum Gott ganz außergewöhnliche Mittel gebrauchte, um mich zu lehren und mich in die Freiheit zu führen, von der Jesus sprach.

Eines Morgens war ich mit Fieber im Bett geblieben. Meine Augen stellten sich nicht mehr richtig ein, und ich war ein bißchen in einem Fieberdelirium. Nachdem der Arzt gekommen war und mir eine Penicillinspritze gegeben hatte, fiel ich in einen schlafähnlichen Zustand. Mir war, als würde ich träumen. Ich stand auf einem Feld. Vor mir, nicht weiter als ein paar Schritte entfernt, stand Jesus. Überwältigt schaute ich nieder, um mich vor Jesus auf den Boden zu werfen, und als ich hinunter schaute, sah ich deutlich (als ob ich immer noch in meinem Zimmer wäre) meinen Körper auf dem Bett liegen. Plötzlich kam die Erkenntnis, daß ich frei war. Mein Leib konnte nicht mehr länger mein Handeln kontrollieren, und ich war nicht mehr an diesen Leib des Todes gekettet. Dann warf ich mich nach vorne in Jesu Arme. Dieses Gefühl der Freiheit hat mich nie mehr verlassen. Nie wieder fühlte ich mich verdammt wegen dem, was ich gewesen war, und für das Versagen, wenn ich versucht hatte, meinen Eigenwillen und meine Selbstsucht in den Griff zu bekommen. Ich war angenommen in dem Geliebten und war in seinen Schoß aufgenommen worden. Gelobt sei Gott, ich war frei!

Jahrelang habe ich darüber nachgedacht, warum Gott mich so außergewöhnliche Erfahrungen machen ließ (ich hatte nicht nur diese eine). Ich preise ihn einfach dafür, und ich bete darum, daß ich dem treu bleibe, was ich aus diesen Erfahrungen gelernt habe, und daß ich danach lebe. So bleibe ich heute in seinem Wort, und sein Wort der Wahrheit hat mich frei gemacht. **Ein Edelstein für heute:** »Wenn euch nun der Sohn frei macht, so seid ihr wirklich frei« (Joh. 8,36).

Alttestamentliche Lesung 1. Chronik 6.7

23. Mai

Neutestamentliche Lesung Johannes 8,37-59

Wer aus Gott ist, der hört Gottes Worte; ihr hört darum nicht, weil ihr nicht aus Gott seid. *(Joh. 8,47)*

Diese Worte sind auch heute noch für viele ein Ärgernis und gleichzeitig ein völliges Geheimnis. Aber das brauchte nicht so zu sein, wenn Du Gott auf dem richtigen und einzigen Weg suchen würdest. Dieser Weg führt zu einer tiefen Beziehung mit Gott. Jesus hat ganz klar gesagt, daß kein Mensch zum Vater kommen kann außer durch ihn (Joh. 14,6). So gelangt man nur durch den Herrn Jesus Christus dazu, Gott zu hören. Die Menschen, über die Jesus in der heutigen Lesung spricht, hatten ihre Beziehung mit Gott durch sein Wort vernachlässigt. Wie in aller Welt konnten sie dann erwarten, Gott zu hören, wenn sie nicht in seinem Wort blieben? »Wer aus Gott ist, der hört Gottes Worte.« Eine große Schar von Christen zitiert Gottes Wort oder eine Wahrheit, die ein Lehrer dargelegt hat. Aber diese Christen vernachlässigen fast völlig, Zeit alleine mit Gott zu verbringen. In dieser Zeit, die wir allein mit Gott zusammen sind, kann er uns eine besondere Bibelstelle lebendig machen und sie uns ins Herz schreiben. Wenn Gott eine Wahrheit in unseren Geist spricht, dann wissen wir es, weil es Gott ist, der gesprochen hat.

Wenn Du, mein lieber Freund, der Du glaubst, Gott hörst, dann springe in die Luft vor Freude! Wenn Gott beschlossen hat, Dir gnädig zu sein, wenn Gott Dir in seinem Wort begegnet und Dir durch sein Wort Leben und Wahrheit lebendig macht, dann sei sicher, daß Du zu Gott gehörst. Dies sind Jesu Worte, nicht meine: »Wer aus Gott ist, der hört Gottes Worte.« Jesus machte diese Unterscheidung. Das, was mich begeistert, ist, daß Jesus uns so viel mitteilen will. Durch sein Wort sprach er uns das Heil zu, und jetzt will er, daß wir ihn immer mehr kennenlernen durch dieselbe Wahrheit.

Wer hat Gott wirklich seine Zeit und sein Leben so hingegeben, daß er seine Möglichkeiten und seine ganze Kraft in Gott tatsächlich kennt? Ein lieber Kaplan in Cromwells Heer (Richard Baxter aus Kidderminister) sagte, daß er sich danach sehnte, so nah bei Gott und so erfüllt mit ihm zu leben, daß dann, wenn er endgültig bei ihm sein würde, der Übergang von diesem Leben zum nächsten für ihn kaum zu merken sein würde.

Heute haben wir die herrliche Möglichkeit, Gott den Herrn unseres Lebens sein zu lassen, damit der Herr Jesus Christus sich in uns offenbart. Als erstes müssen wir das Wort hören. Als zweites müssen wir in der Welt leben – nicht von ihr sein, aber in ihr. Wir müssen Täter des Wortes Gottes sein und dem Herrn Jesus Christus erlauben, sein Leben in und durch uns zu leben. Dann können wir, die wir sein Wort hören, ein Licht sein (das Licht Christi) für die Welt.
Ein Edelstein für heute: »Meine Schafe hören meine Stimme, und ich kenne sie, und sie folgen mir« (Joh. 10,27).

Alttestamentliche Lesung 1. Chronik 8-10

24. Mai

Neutestamentliche Lesung Johannes 9,1-23

Einige sagten: Er ist's; andere aber: Nein, er ist ihm nur ähnlich. Doch er selbst sagte: Ich bin's. *(Joh. 9,9)*

Was für ein Zeugnis! Jesus ging an einem Mann vorüber, der blind war, und sagte: »Wir müssen die Werke dessen tun, der mich gesandt hat, solange es Tag ist« (Vers 4). Als Jesus seine Rede beendet hatte, spuckte er auf den Boden und machte einen Brei daraus. Danach bestrich er die Augen des Blinden mit dem Brei und gebot ihm: »Geh zum Teich Siloah – das bedeutet Gesandter –, und wasch dich! Da ging er hin und wusch sich und kam sehend zurück« (Vers 7).

Es scheint so, als ob niemand richtig mit dem Zeugnis dieses Mannes umgehen konnte. Die Veränderung, die in seinem Leben stattgefunden hatte, war so offensichtlich ein Wunder und stand so im Gegensatz zu dem, was gewesen war, bevor Jesus ihn traf. »Einige sagten: Er ist's; andere aber: Nein – er ist ihm nur ähnlich.« O, ich preise Gott, wenn Jesus vorbeigeht und Leben so verändert, daß die Menschen durch die Veränderung verwirrt sind.

Jesus bestrich nicht nur die Augen des Blinden, sondern er gab ihm auch genaue Anweisungen dafür, was er tun mußte, wenn sich sein Leben verändern sollte. Ich denke, daß das Zeugnis mancher unter uns größer würde, wenn wir Jesus wirklich in allem folgten. Einige von uns haben vielleicht nicht das getan, was Jesus ihnen gebot, nachdem sie die Erlösung empfangen hatten. Wir zweifeln nicht daran, daß wir wiedergeboren sind, aber wir haben oft nicht genug Glauben, das zu tun, was Jesus uns in unserem Geist gesagt hat.

Ich glaube, daß unser Zeugnis sowohl uns selbst als auch anderen viel mehr bedeuten würde, wenn wir im Glauben losgegangen wären und Jesus bekannt hätten, wenn er dies von uns verlangt hat. Oder vielleicht wollte Gott, daß wir zu einem Bruder gehen und etwas in Ordnung bringen, damit es aus der Welt geschafft ist und nicht unser Zeugnis schwächt oder zerstört.

Vielleicht spürtest Du, als Du wiedergeboren wurdest, daß Jesus Dir gebot, etwas zu tun. Dann ist es dringend notwendig, daß Du gehorchst und es tust. Wenn Du immer noch nicht getan hast, wozu Jesus Dich aufgefordert hat, dann tu es jetzt; und Du wirst entdecken, daß der Gehorsam in Deinem Leben noch einmal eine große Veränderung bewirken wird. Wenn Du in der Erfahrung Deiner Wiedergeburt lebst, werden die Kritiker verwirrt. Sie werden sagen: »Er ist ihm nur ähnlich.« Und Du wirst sagen können: »Ich bin's. Diese große Veränderung, die ihr seht, die hat Jesus vollbracht!«
Ein Edelstein für heute: »... zieht den Herrn Jesus Christus an ...« (Röm. 13,14). »Nun lebe nicht mehr ich, sondern Christus lebt in mir« (Gal. 2,20).

Alttestamentliche Lesung 1. Chronik 11-13

25. Mai

Neutestamentliche Lesung Johannes 9,24-41

Es kam vor Jesus, daß sie ihn ausgestoßen hatten. Und als er ihn fand, fragte er: Glaubst du an den Menschensohn? Er antwortete: Herr, wer ist's? Ich will an ihn glauben. Jesus sagte zu ihm: Du hast ihn ja vor Augen; der mit dir redet, der ist's. Da sagte er: Herr, ich glaube, und betete ihn an. *(Joh. 9,35-38)*

Der Blinde, den Jesus geheilt hatte, wurde wegen seines Zeugnisses ausgestoßen. Wenn irgend jemand dieses Zeugnis hätte verstehen sollen und die Freude darüber, daß blinde Augen durch ein Wunder Gottes sehend wurden, dann doch die religiösen Menschen. Kannst Du Dir vorstellen, wie dieser Mann sich gefühlt hat? Er muß fast zersprungen sein vor Freude und vor dem Drang, andere daran teilhaben zu lassen, und er hat bestimmt von den religiösen Menschen erwartet, daß sie mit einstimmen in sein Glück. Aber in der Bibel steht, daß sie ihn beschimpften.

Doch er ließ sich nicht von seiner Freude abbringen. Warum sollte er auch? Er konnte sehen und verstand nicht ihr Problem und ihren Streit über diesen wundertuenden Wohltäter. Alles, was er wußte, war, daß er nicht mehr blind war; aber es schien so, als wären die anderen blind. Er hatte genau das getan, was Jesus ihm geboten hatte, und nun konnte er sehen.

O, ich liebe diesen Text so sehr! Als Jesus hörte, was diesem lieben Mann, der ihm vertraut hatte, geschehen war, ging er zu ihm. Er mußte ihn anscheinend suchen (in der Bibel heißt es: »... als er ihn fand ...«). Jesus verläßt uns nicht, wenn er unser Leben berührt hat. Er ließ diesen Mann nicht in Unwissenheit darüber, wer er, Jesus, war. Jesus wußte, daß es für diesen Mann nicht genug war, daß er ein Wunder in seinem Leben erfahren hatte, darum ging er zu ihm und gründete seinen Glauben auf die Erkenntnis, wer er, Jesus, war. Er fragte den Blindgeborenen, ob er an den Menschensohn glaubt, und seine Antwort war: »Herr, ich glaube.« Dann betete er ihn an.

Hier finden wir wieder etwas, was es in den meisten Zeugnissen, die wir heutzutage hören, nicht gibt. Es war nicht nur eine große Heilungserfahrung, sondern noch größer als das, es war eine Offenbarung Jesu als dem Sohn Gottes. Plötzlich trat die Ungeheuerlichkeit des Heilungswunders in den Hintergrund, und sein Herz fing an zu hämmern, als er erkannte, daß er in der Gegenwart des Gottessohnes stand. Er war so überwältigt von dieser neuen Erfahrung, daß er Jesus anbetete.

Ich bin davon überzeugt, daß der Vater jedem wiedergeborenen Gläubigen ohne Maß offenbaren will, wer der Sohn Gottes ist. Ich weiß, daß es der Wunsch seines Herzens ist, daß wir ihn anbeten. Aber die meisten von uns haben nicht die leiseste Ahnung von dem, was es heißt, Jesus anzubeten. Aber wir werden ihn anbeten; wir müssen ihn anbeten. Vertraue Deiner neuen Erfahrung. Vertraue dem Urheber dieser Erfahrung, und laß Dich von dem Heiligen Geist in Gotteserfahrungen führen, die Du vorher nie gekannt hast.

Ein Edelstein für heute: »(Er) wird den Segen von dem Herrn empfangen und Gerechtigkeit von dem Gott seines Heiles. Das ist das Geschlecht, das nach ihm fragt, das da sucht dein Antlitz, Gott Jakobs« (Ps. 24,5.6).

Alttestamentliche Lesung 1. Chronik 14-16

26. Mai

Neutestamentliche Lesung Johannes 10,1-21

Ich bin die Tür; wenn jemand durch mich hineinkommt, wird er gerettet werden und wird ein- und ausgehen und Weide finden.

(Joh. 10,9)

Obwohl ich ein Neuseeländer bin, lebe ich in Amerika, meiner Wahlheimat. In Neuseeland war ich umgeben von Schafen, es gibt dort etwa fünfundsechzig Millionen. So kannst Du Dir vorstellen, daß ich etwas von Schafen und Hirten verstehe.

Die Schafhirten des Ostens, von denen Jesus in seinem Gleichnis spricht, hüten ihre Schafe völlig anders, als wir es kennen. Sie leiten sie nicht von hinten mit gut ausgebildeten Schäferhunden, so wie es in Neuseeland üblich ist, sondern sie gehen vor ihren Schafen her zu einem soliden Schafstall, der meistens aus Steinmauern gebaut ist. Der Stall hat eine Tür und gibt Schutz vor räuberischen Tieren. Oft teilen sich mehrere Hirten einen Stall für ihre Herden, und manchmal haben sie einen extra Hirten, der in der Nacht die Tiere bewacht. Am Morgen rufen die Hirten ihre Schafe beim Namen, denn die Schafe kennen die Stimme ihres Hirten und kommen auf sein Rufen. Nachdem der Türhüter die Schafe in der Nacht beschützt hat, übergibt er sie am Morgen dem Hirten, bis er sie am Ende des Tages wieder empfängt. Dieser Türhüter muß vertrauenswürdig sein, damit die Hirten ihm ihre

Schafe überlassen. Er muß bereit sein, seine Schützlinge mit seinem Leben zu verteidigen. Tiere, die in der Dunkelheit lauern, können die Schafe riechen, und wenn sie hinter den Türhüter gelangen könnten, würden sie ein Schaf von der Herde trennen, um ein Nachtmahl zu haben.

In seinem Gleichnis sieht Jesus sich selbst als den Hirten, der die Tür bewacht. Und er sagt: »Ich bin die Tür.« Wenn wir erst einmal sicher im Schafstall sind, dann brauchen wir keine Angst mehr zu haben. Wir können in der Gewißheit ruhen und schlafen, daß Jesus sein Leben für uns gegeben hat und nicht zuläßt, daß wir verschlungen werden. Er hat uns von der Verwüstung der Sünde gerettet. Wir konnten nichts anderes tun, als stillzuhalten, während er uns befreite.

Am Morgen übergibt Jesus, der Türwächter, die Herden den Hirten, damit sie sie auf die grünen Weiden führen. Jedes einzelne Schaf muß am Abend in den Stall zurückgebracht werden. »Ich bin da, um dich aufzunehmen,« sagt Jesus. »Ich bin da, um über dich zu wachen und dich zu beschützen, dir einen Ort der Sicherheit und der Ruhe zu geben. Ich, niemand sonst, bin die Tür.«

Ein Edelstein für heute: »Denn durch ihn haben wir alle beide in einem Geist den Zugang zum Vater« (Eph. 2,18).

Alttestamentliche Lesung 1. Chronik 17-19

27. Mai

Neutestamentliche Lesung Johannes 10,22-42

Meine Schafe hören meine Stimme, und ich kenne sie, und sie folgen mir; ich gebe ihnen das ewige Leben, und niemals werden sie umkommen, und niemand wird sie aus meiner Hand reißen. (Joh. 10,27.28)

In diesem Gleichnis über den Hirten spricht Jesus nicht über die Erfahrung, wie Du seinen Ruf zur Nachfolge gehört und seine Erlösung angenommen hast. Er sagt mehr. Gott sei gepriesen, daß Du gehört hast, wie er Dich herausgerufen hat aus dieser Welt, die eifrig versuchte, Dich zu verschlingen. Hier aber spricht Jesus über das ständige Hören seiner Stimme, das notwendig ist, um ihm zu folgen.

Ich will eine Geschichte erzählen. Der Hirte hat ein neues Schaf gekauft, hat es zu seiner Herde hinzugerufen, und dieses Schaf achtet gut auf die Stimme des Hirten. Den ganzen Tag über spricht der Hirte mit dem neuen Schaf, damit es sich an seine Stimme gewöhnt. Als der Abend kommt und es gerufen wird, folgt das Schaf dem Hirten gehorsam in den Schafstall, wo es bis zum Morgen in Sicherheit bleiben kann. Als der Hirte am Morgen zu seiner Herde kommt, reagiert das neue Schaf nicht auf den Ruf des Hirten. Es bleibt allein im Stall zurück. Ja, es ist zwar im Stall, aber jetzt ist der Hirte, der die Tür bewachte, nicht mehr da. Darum liegt der Stall offen für jeden Dieb, der rauben und stehlen will. Es gibt dort weder Futter noch Wasser. Ja, es hatte diesen anfänglichen Ruf des Hirten gehört und hatte sich frohen Herzens von ihm in die Sicherheit und Geborgenheit des Stalles führen lassen. Aber jetzt merkt das Schaf, daß es nicht ausreicht, gerufen und im Stall geborgen zu sein. Ganz sicher wird es nicht umkommen, denn schließlich hat Jesus gesagt: »Niemand wird sie aus meiner Hand reißen.« Moment mal, das dumme Schäfchen ist gar nicht in der Hand des Hirten. Es ist alleine im Stall zurückgeblieben. Es hatte sich geweigert zu folgen, und blieb zurück in der vermeintlichen Sicherheit des Stalles, anstatt im Glauben zu gehen und sich vom Hirten führen zu lassen. Denn Jesus sagte: »Meine Schafe hören meine Stimme, und ich kenne sie, und sie folgen mir.«

Gottes Gabe an uns ist das ewige Leben. Wenn wir ihm folgen, dann sind wir in völliger Sicherheit. Wir können nicht rebellisch sein, unsere eigenen Wege gehen, und gleichzeitig erwarten, daß sich Jesu Verheißung auch für uns erfüllt. Er kann nicht für uns sorgen und uns nicht beschützen, wenn wir ihm nicht folgen. O, mein lieber Freund in Christus, bleibe nicht zurück in der Sicherheit Deiner Stallerfahrung. Gehe heute heraus, und folge der Stimme des guten Hirten. Lerne zu hören, und folge, dann gehören die Verheißungen Dir. Gelobt sei Gott.

Ein Edelstein für heute: »Vater, erhalte sie bei deinem Namen, den du mir gegeben hast, damit sie eins sind wie wir« (Joh. 17,11).

Alttestamentliche Lesung 1. Chronik 20-22

28. Mai

Neutestamentliche Lesung Johannes 11,1-19

... Lazarus, unser Freund, ist eingeschlafen; aber ich gehe hin, um ihn aufzuwecken ... Da sagte Jesus ihnen frei heraus: Lazarus ist gestorben. *(Joh. 11,11.14)*

Im Johannesevangelium im Kapitel 15, Vers 15 sagt Jesus: »Euch aber habe ich Freunde genannt; denn alles, was ich von meinem Vater gehört habe, habe ich euch kundgetan.« Lazarus war der Freund Jesu, und in den Sprüchen heißt es: »... es gibt Freunde, die hängen fester an als ein Bruder« (Spr. 18, 24) Jesus ist dieser Freund, und seine Freundschaft für uns ist mit dem Bund des Blutes besiegelt. Es ist Jesus nicht einmal möglich, uns zu verlassen. Ich kenne ein Kinderlied, von dem wir viel lernen können.

»Was ist Jesus für ein Freund,
Alle Sünde, allen unsren Kummer trägt er.
Und wir dürfen alles, alles
im Gebet zu Jesus bringen.«

Jesus bietet uns seine Freundschaft an, er will uns mit seiner Treue und Liebe überschütten. Aber sind wir genauso freigebig mit unserer Zeit? Sind wir verfügbar, und sind wir genauso bereit wie Jesus zu teilen? Er hat alles geteilt, was der Vater ihm gegeben hat. In der heutigen Lesung sehen wir, daß Jesus bereit ist, sein Leben zu riskieren; jedenfalls meinten die Jünger, das es lebensgefährlich sei, zu Lazarus zu gehen. Sie waren sicher, daß Jesus umgebracht werden würde, wenn er zu diesem Zeitpunkt zu Maria und Marta ginge.

Ich finde so schön, wie Jesu Freundschaft mit Lazarus nicht mit dem Willen des Vaters in Konflikt geriet. Jesus konnte die Freundschaft aufrecht erhalten, und als eine große Not auftrat, ließ Er sich in seinem Handeln nicht von der Not und seinen Gefühlen leiten. Er wartete, bis der Vater ihm seinen Willen zeigte. Wie kostbar kann eine von Gott gegebene Freundschaft sein! Selbst nach Lazarus' Tod gebrauchte Gott diese besondere Freundschaft noch, um sich und dadurch seinen Sohn zu verherrlichen.

Ich bin froh, daß Jesus zu den Menschen gehörte, die frei und offen reden. Als er zuerst die Nachricht von Lazarus' Tod hörte, sagte er, daß Lazarus schläft. Ich denke, daß er mehr sagte, als die Jünger verstehen konnten. Er wollte nicht nur einfach trösten und den Tod einen Schlaf nennen. Ich glaube, Jesus wußte, daß Lazarus von dem Ort, wo er war, zurückgerufen werden konnte. Der Zustand, in dem er sich befand, war noch nicht endgültig. Ein Wort von Jesus, und Lazarus würde wieder in ihrer Mitte sein. Als die Jünger nicht verstanden, was Jesus meinte, sagte er um ihretwillen, daß Lazarus tot war.

Was für ein Freund ist Jesus! Der Tod muß sich dieser Freundschaft unterwerfen, und wir brauchen die Ewigkeit, damit sich Gottes Fülle in dieser Freundschaft entfalten kann. Jesus breitet vor jedem von uns dieselbe Möglichkeit aus. Aber das Leben von manchen unter uns ist so voll, daß wir wenig Zeit haben, um diese Freundschaft sich entfalten zu lassen. Lieber Freund in Christus, ob Du am Ende dieses Jahres eine engere Beziehung zu Christus haben wirst als jetzt?

Ein Edelstein für heute: »Er wird seine Herde weiden wie ein Hirte. Er wird die Lämmer in seinen Armen sammeln« (Jes. 40,11).

Alttestamentliche Lesung 1. Chronik 23-25

29. Mai

Neutestamentliche Lesung Johannes 11,20-45

Da sagte Jesus zu ihr: Ich bin die Auferstehung und das Leben. Wer an mich glaubt, der wird leben, selbst wenn er stirbt; und wer lebt und an mich glaubt, der wird niemals sterben. Glaubst du das?

(Joh. 11,25.26)

»Glaubst du das?« Dieser kleine Satz wird für jeden Christen zu einer lebensverändernden Erfahrung, wenn der Vater unserem Geist die Wahrheit und das Leben dieser Schriftstelle offenbart. Der Glaube spielt im Verstehen der Bibel eine große Rolle, besonders hier bei diesen Sätzen. Wir müssen bereit sein, unsere Zweifel, Ängste und jahrhundertealte Traditionen zu begraben, um auf den Kern dessen zu stoßen, was Jesus gesagt hat.

Jesus ist die Auferstehung. Zu Maria und Marta sprach er über eine Lehre. Niemand war bisher auferstanden; von den Toten auferweckt, ja; aber nicht auferstanden. Wir brauchen heute diese Lehre Jesu nicht mehr von der anderen Seite des Kreuzes her zu betrachten. Wir können sie im Licht von Jesu Auferstehung verstehen. Der Tod konnte Jesus nicht halten. Er ging in den Tod, so wie er in das Leben ging, er überwand alles, was ihn binden wollte. Jesus lebt! Er lebte, was er predigte, und war der erste Mensch, der auferstehen und in den Himmel fahren sollte. Jesus hatte kein Problem zu bekennen, daß er die Auferstehung und das Leben ist. Er wußte dies durch den Glauben und, in sehr kurzer Zeit sollte er mit seinem Leben die Wahrheit seines Bekenntnisses zeigen. Sein Bekenntnis wurde zu seiner eigenen Erfahrung. Jesus lebt, und weil er lebt, sagt er: »Wer an mich glaubt, der wird leben, selbst wenn er stirbt, und wer lebt und an mich glaubt, der wird niemals sterben.«

Ich kann mir nicht vorstellen, daß irgendein Christ Schwierigkeiten hat, an Jesu Auferstehung zu glauben. Aber was ist mit Deiner eigenen Auferstehung? Jesu Versprechen an Dich ist, daß Du leben wirst, selbst wenn Du stirbst. Wer in Jesus lebt, wird niemals sterben. Deutlicher kann er es nicht sagen. Der Tod hat keine Herrschaft über uns. Darum brauchen wir ihn nicht zu fürchten und können sogar Vorkehrungen für unseren Tod treffen. Marjorie und ich sprachen gerade heute morgen darüber. O, wir redeten nicht darüber, daß wir einen Leib in der Erde vergraben müssen. Wenn unser Leben in diesem Körper zu Ende ist, dann hat Jesus einen besseren, beständigeren für uns bereit. Er wird sich nie abnutzen, er wird nie krank werden oder uns Schmerzen bereiten. Er wird vollkommen sein und in Ewigkeit für uns bestehen. Eine großartige, frohe Erfahrung erwartet uns! »Glaubst du das?« Der Tod ist für uns nicht das Ende, sondern der Anfang. Obwohl wir sterben, werden wir leben! Gott sei gepriesen, ich kann mich auf die Auferstehung freuen. Der Tod kann mich nicht halten. Wenn ich sterbe, werde ich wieder leben. Das ist das Evangelium.

Ein Edelstein für heute: »Ich aber will schauen dein Antlitz in Gerechtigkeit, ich will satt werden, wenn ich erwache, an deinem Bilde« (Ps. 17,15).

Alttestamentliche Lesung 1. Chronik 26.27

30. Mai

Neutestamentliche Lesung Johannes 11,46-57

Lassen wir ihn gewähren, so werden sie alle an ihn glauben.
(Joh. 11,48)

Die Hohepriester und Pharisäer versuchten, Jesus umzubringen. Sie fürchteten, daß alle Menschen an ihn glauben würden, wenn sie weiterhin zuließen, daß er so große Wunder vollbrachte. Sie wußten nicht, daß sie Jesus das Leben nicht nehmen konnten. Jesus sagte: »... ich lasse es freiwillig ...« (10,18). Sie merkten nicht, daß sie Jesu Wirken keinen Einhalt gebieten konnten, denn er war gekommen, um den Willen des Vaters zu tun. Sie hätten in den Himmel gehen und Gott selbst zerstören müssen, um Jesu Werk zu beenden; denn es war Gottes Werk.

Die Menschen erheben sich noch immer gegen Gott. Man sollte annehmen, daß die Menschheit etwas gelernt hätte, nachdem zweitausend Jahre vergangen und Millionen von Menschen auf der ganzen Welt die volle Erlösung in Christus gefunden haben. Dieselbe Arroganz und derselbe Stolz wie zu Jesu Zeit regiert auch heute noch viele Menschen. Auch Satan hat seine Jünger: Menschen, die er gegenüber der Wahrheit verblendet hat. Er hat ihnen die Fähigkeit geraubt, den Christus zu sehen, der heute genauso lebt wie an dem Tag, als er in den Himmel auffuhr.

In meinem Geist spüre ich, daß im Himmel Großes geschieht, eine mächtige Vorbereitung findet statt. Bald, sehr bald, wird die Welt denselben Jesus sehen, den die Menschen beschimpft und abgelehnt haben. Ich stelle mir gerne vor (es steht nicht ausdrücklich in der Bibel), daß im Himmel mehr Menschen sein werden als in der Hölle. Gott hat die Hölle nicht für die Menschen geschaffen, sondern für die rebellischen, gefallenen Engel. Jesus wird im Himmel den Vorrang haben, warum sollte er dann nicht auch mehr Menschen bei sich haben als der Teufel?

Diese alten Pharisäer und Schriftgelehrten hatten recht. Sie wußten gar nicht, wie recht sie hatten. Alle Menschen werden an Jesus glauben, jedes Knie wird sich vor ihm beugen, aber nicht alle werden ihm folgen. O Gott, was wird das für ein furchtbarer Tag für die rebellischen Menschen sein, wenn Jesus in all seiner Herrlichkeit wiederkommt. Sie werden das Licht seiner Herrlichkeit nicht ertragen können, sich in den Höhlen verbergen und die Felsen anflehen, auf sie zu fallen. »Lieber Vater, dehne dieses Gnadenjahr doch aus und erfülle uns so mit deinem Sohn, daß durch die Verkündigung der Wahrheit viele errettet werden.«

Freue Dich heute, mein Freund, der Du glaubst, denn Gott hat Dir die Augen geöffnet. Du wirst nicht unter den Verlorenen leiden. Zähle die Segnungen auf, die Du heute erfahren hast, und nenne jede einzeln. Freust Du Dich, mein Freund? Freue Dich im Herrn. Überschütte den Herrn Jesus mit Deiner Freude und Dankbarkeit, und verkleinere die große Erlösung nicht.

Ein Edelstein für heute: »Man wird sie nennen Heiliges Volk, Erlöste des Herrn, und dich wird man nennen Gesuchte und nicht mehr verlassene Stadt« (Jes. 62,12).

Alttestamentliche Lesung 1. Chronik 28.29

31. Mai

Neutestamentliche Lesung Johannes 12,1-19

Die Pharisäer aber sagten. zueinander: Ihr seht, daß wir nichts erreichen; alle Welt läuft ihm nach. *(Joh. 12,19)*

Die Pharisäer hatten recht. Die ganze Welt wendet sich Jesus zu. Vor einigen Tagen hörte ich, daß die Gemeinden in China nichts wissen von dem, was in der Welt vor sich geht. Sie kennen nur Jesus und haben den große missionarischen Drang, der ganzen Welt das Evangelium zu predigen. Ja, die Welt wendet sich Jesus zu, und Gott tut große Werke, um seinen Sohn zu verherrlichen. Die Welt sucht nach Erlösung und nimmt Christi Opfer für ihre Sünde an. Eine große Versöhnung findet statt zwischen Gott und den Menschen durch Jesus Christus; und der Anfang war so unansehnlich.

Wärst Du gerne in Marias und Martas Haus gewesen bei dem Festessen, das sie für Jesus bereitet hatten? Lazarus war da und erinnerte jeden an Jesu Macht über den Tod. Wie groß muß die Freude bei diesem Festmahl gewesen sein! Dann geschah erneut etwas Bedeutungsvolles. Maria nahm ein Pfund sehr kostbares Öl und salbte Jesu Füße, danach trocknete sie mit großer Hingabe und Liebe Jesu Füße mit ihren Haaren. Der Duft des Öls erfüllte das ganze Haus. Maria hatte wahrscheinlich einem inneren, geistlichen Impuls nachgegeben. Es ist unmöglich, daß sie wirklich verstand, was geschah. Judas stellte sich dem entgegen, was Maria tat, denn er verstand weder die Liebe und Hingabe Marias, noch besaß er den Takt zu schweigen. Seine Gedanken kreisten um das Geld, das das Öl gekostet hatte; er mißgönnte Jesus diese Verschwendung.

Maria ahnte kaum, daß sie Jesus salbte für die größte Tat, die die Menschheit je erlebt hatte. Diese gesalbten Füße sollten Jesus tragen, wenn er das größte Opfer vollbringen würde, das die Menschen je gesehen haben. Es waren gesalbte Füße, die das Kreuz trugen und die sich von Nägeln durchbohren ließen. Es waren gesalbte Füße, die die Hölle durchschritten, und ein gesalbter Fuß, der sich auf den Nacken Satans stellte und ihn so zum Schemel der Füße Jesu machte. Jesus entwand Satan die Schlüssel seines Reiches und befreite die Gefangenen. Es waren gesalbte Füße, ja, Jesu gesalbte Füße, die erneut in Galiläa gingen und dann zum Vater in den Himmel hinauffuhren. Und diese selben, gesalbten Füße werden zurückkehren, und Jesus wird die Seinen sammeln.

Jesu Kritiker hatten Recht. Die ganze Welt ist Jesus nachgelaufen.

Ein Edelstein für heute: »Denn es steht geschrieben: So wahr ich lebe, spricht der Herr, vor mir sollen sich alle Knie beugen, und alle Zungen sollen Gott bekennen« (Röm. 14,11).

Alttestamentliche Lesung 2. Chronik 1-3

1. Juni

Neutestamentliche Lesung Johannes 12,20-50

So sollte sich das Wort des Propheten Jesaja erfüllen: Herr, wer glaubt unserem Predigen? Und wem ist der Arm des Herrn offenbar? (Joh. 12,38)

Ist es nicht verwunderlich, daß manche Menschen nicht glauben, obwohl sie Zeuge eines Wunders geworden sind oder sogar Gottes eigene Stimme vom Himmel her gehört haben? Jesaja wußte davon etwas im voraus, und als er über den Messias schrieb, der kommen sollte, sagte er: »Wer glaubt unserem Predigen? Und wem ist der Arm des Herrn offenbart?« Als ich diese Worte las, hätte ich am liebsten laut »Ich« gerufen. »Herr, ich glaube.« Nein, ich habe nicht solche Wunder gesehen wie die Menschen zur Zeit Jesu. Keiner wurde von den Toten auferweckt wie Lazarus, es öffneten sich weder blinde Augen, noch konnten taube Ohren wieder hören. Trotzdem hat in meine Denken ein Wunder stattgefunden; vielleicht war es ein größeres Wunder als diese anderen. War ich nicht tot in meinen Übertretungen und in meiner Sünde, und hat nicht Gottes eigenes Wort mich angeklagt, in Feindschaft mit Gott zu leben?

Warum konnte ich dann glauben? Ich kann einfach nur von meiner eigenen Erfahrung erzählen. Für mich war es der Arm des Herrn, der sich durch viel Müll in meinem Leben nach mir ausstreckte. Ich bin sicher, daß Gott nicht sehr beeindruckt war von meinem Leben oder von meiner Gleichgültigkeit und Unwissenheit. Ich war gegenüber den geistlichen Gütern völlig blind. Aber trotz dieser Zweifel und Überheblichkeit wurde mir der Arm des Herrn offenbart, und er war nicht zu kurz, um mich zu retten.

Bist Du nicht froh, zu wissen, daß Jesus sich nach Dir ausgestreckt und Dich ergriffen hat, und daß er dieses große Werk in Deinem Herzen durch seinen Heiligen Geist getan hat? Vielleicht bist Du heute ein bißchen entmutigt, vielleicht war Dein Weg etwas beschwerlicher als gewöhnlich, vielleicht schmerzt Dein Inneres. Vielleicht ist es einer dieser Tage, wo Du sich seltsam fühlst und selbst die Gebete auf Deinen Lippen sich hohl anhören. Dann nimm diesen Tag, diesen Augenblick als eine gute Gelegenheit, um auf unseren Vers zu antworten. »Herr, wer glaubt unserem Predigen?« »Durch deine Gnade, Herr, glaube ich. Der Glaube kommt aus dem Hören, aus der Predigt, Herr, und ich habe gehört und empfangen. Danke Jesus; danke, Vater, daß mir dein Arm offenbart worden ist.« Bleiben Deine Gefühle hinter diesem Bekenntnis zurück? Dann öffne Deinen Mund und sprich. Ermahne Deine Seele und sage ihr, daß Du Dich weigerst, Deine Gleichgültigkeit und Kälte zu akzeptieren gegenüber diesem herrlichen Werk der Erlösung, das Dir in Christus Jesus gehört.

»Komm, Heiliger Geist, gib, daß das Geschenk der Erlösung, die Gabe Gottes, die in mir wohnt, so mächtig in mir wird, daß ich mich freue und dich preise für den Arm, für die ausgestreckte Hand, die mich ergriffen und gerettet hat.«

Ein Edelstein für heute: »Darum: Ist jemand in Christus, so ist er eine neue Schöpfung; das Alte ist vergangen, siehe, ein Neues ist geworden« (2. Kor. 5,17).

Alttestamentliche Lesung 2. Chronik 4-6

2. Juni

Neutestamentliche Lesung Johannes 13,1-20

Jesus aber wußte, daß ihm der Vater alles in die Hand gegeben hat und daß er von Gott gekommen war und zu Gott ging. Da stand er vom Essen auf, nahm einen Schurz, goß Wasser in ein Becken und fing an, den Jüngern die Füße zu waschen. (Joh. 13,3-5)

Als Jesus seinen Jüngern die Füße wusch, kam darin etwas ganz Besonderes von seiner Beziehung zu ihnen zum Ausdruck. Er wollte ihnen dadurch eine Wahrheit einprägen. Darum tun wir gut daran, den Heiligen Geist (unseren Lehrer) zu bitten, daß er uns dieses Ereignis verstehen läßt und uns in diese Wahrheit führt. Jesus nannte die Fußwaschung seiner Jünger ein Beispiel. »Denn ich habe euch ein Beispiel gegeben, damit ihr tut, was ich an euch getan habe« (Vers 15). Als ich auf diesen Satz stieß, fing ich an, den ganzen Abschnitt immer und immer wieder zu lesen. Das, was für mich wirklich herausragt, ist, daß Johannes in der Einleitung zu dieser Geschichte ganz klar darlegt, wer Jesus ist. Er sagt, daß Jesus unter Gottes Herrschaft lebt, weil ihm alle Dinge vom Vater gegeben wurden. Er kam von Gott und würde zu ihm zurückkehren. Johannes stellt uns die Gottheit und Herrlichkeit Jesu sehr deutlich vor Augen. Nachdem er ihm den angemessenen Platz vor Gott und den Menschen gegeben hatte, beschrieb er dieses demütigende Ereignis: der größte unter den Menschen band sich wie ein Diener ein Handtuch um und wusch seinen Nachfolgern die Füße.

Mein lieber Freund, dieser Text bringt uns in Berührung mit der Geisteshaltung, mit den wirklichen Kennzeichen des Lebens des Reiches Gottes. Ich bin davon überzeugt, daß Jesu Handeln mehr war als nur augenblickliche Demut. Es war eine Haltung. Ich selbst habe mich bei vielen Gelegenheiten vor Brüdern oder in einer Versammlung gedemütigt, und Gott hat diese Gelegenheiten auf besondere Weise gebraucht. Es war nicht etwas, was ich mir selber aussuchte. Ich wußte, daß der Wunsch danach nicht aus mir selbst kam, sondern es war das Leben Christi in mir und durch mich.

Von uns selbst aus sind wir nicht demütig. Demut ist für unseren natürlichen Menschen keine Tugend, auf die wir Wert legen, weil wir Angst haben, daß sie als Schwachheit ausgelegt wird. Aber ganz gleich, was wir denken oder was wir sind, wir können an diesem Beispiel der Demut, das Jesus uns gegeben hat, nicht vorbeigehen. Ganz gleich, wie sehr Gott uns gebraucht hat oder wie hoch unsere Arbeit geschätzt wird, ich bete darum, daß dieses

Beispiel von Demut in unserem Herzen Sehnsucht nach wahrer Demut hervorruft – Demut, die ungehindert ist und direkt aus dem Herzen Jesu fließt. Diese Art von Demut ist es, die Gottes Reich groß macht und es von anderen Reichen dieser Welt trennt. Diese Art von Demut kommt durch Gottes Gnade zu uns.

Ein Edelstein für heute: »Tut nichts aus Eigennutz oder Ruhmsucht, sondern in Demut achte einer den anderen höher als sich selbst« (Phil. 2,3).

Alttestamentliche Lesung 2. Chronik 7-9

3. Juni

Neutestamentliche Lesung Johannes 13,21-38

Ein neues Gebot gebe ich euch, daß ihr einander lieben sollt, wie ich euch geliebt habe; so werdet auch ihr einander lieb haben.

(Joh. 13,34)

Als Jesus davon sprach, daß er bald von seinen Jüngern getrennt würde, meinte er damit seinen Tod. »Wo ich hingehe, kannst du mir diesmal nicht folgen« (Vers 36). Er besiegte, er befreite die Gefangenen, diejenigen, die an den Messias glaubten und mit Freude auf ihn gewartet hatten.

Es sollte eine Trennung stattfinden. Das war dramatisch und aufwühlend und verwirrte die Jünger. Darum nutzte Jesus diese letzten, gemeinsamen Minuten, um seinen Jüngern eine lebendige Wahrheit einzuprägen, die sie durch die kommenden qualvollen Tage hindurchtragen sollte und die ihnen helfen konnte, ihr Leben nicht von den äußeren Umständen beherrschen zu lassen. Er konnte es nicht genug betonen: »Ein neues Gebot gebe ich euch.« Es war nicht etwas, was sie tun oder lassen konnten, sondern es war ein direkter Befehl.

Als ich ein junger Christ war, gab es eine Zeit, wo ich mir beim Bibellesen etwas hilflos und verloren vorkam. Es war nicht schwer zu verstehen, was Jesus sagte, aber wie sollte ich es tun? Jesus gebot mir zu lieben. Es gab Augenblicke, wenn ich mit Gott allein war, wo ich im Gebet zu ihm schrie: »Gott, ich weiß nicht, wie ich so lieben soll, wie Jesus es geboten hat.« Mir fehlte etwas; da war eine Leere. Ich konnte meine Liebe zu Jesus bekennen, dem Haupt des Leibes, und war trotzdem weit davon entfernt, alle Glieder seines Leibes zu lieben. Worin lag der Schlüssel? Würde Jesus mir gebieten, etwas zu tun, von dem er wußte, daß ich es nicht tun konnte, etwas, dem ich nicht gewachsen war? Als ich diesen Punkt erreicht hatte, schenkte Gott mir Erleuchtung. Ich hörte auf, das zu versuchen, was ich aus meiner eigenen Kraft doch nicht tun konnte, und erlaubte Jesus, durch mich zu lieben. Ein Fluß göttlicher Liebe begann zu strömen, der alles übertraf, was ich selbst hätte hervorbringen können oder was ich an menschlicher Liebe kannte. Sehr bald fing ich an zu lernen, daß ich das, was ich aus mir selbst heraus nicht zu zustande brachte, durch den Glauben an Jesus Christus vollbringen konnte, denn: »... alles vermag ich durch den, der mich stark macht« (Phil. 4,13).

Jesu Gebot öffnet durch den Glauben eine Tür zum Reich Gottes. Dort steht uns Gottes Reichtum und Kraft zur Verfügung, damit wir nach Jesu Gebot leben und das sein können, was wir nach Gottes Wort sind. Jesus hat uns nicht dazu bestimmt, daß wir uns abstrampeln, versagen und hinter seinen Geboten zurückbleiben, weil wir durch unsere eigenen Fähigkeit begrenzt sind. Jesus wußte, daß wir dieses Gebot nicht erfüllen können, aber er erfüllte es und tut es noch. Jesus will in uns alles sein. Darum bete ich oft: »Ich kann nicht, aber du kannst.« Mit jedem Gebot gibt uns Gott in Christus die entsprechende Fähigkeit, damit wir im Gehorsam leben und in den Genuß der himmlischen Reichtümer gelangen können, die uns gehören. Er hat uns aus dem Reich dieser Welt in das Reich Gottes hineingerufen. Nur durch das Leben des Reiches Gottes, durch die Liebe Gottes, die durch den Heiligen Geist in unser Herz ausgegossen ist, werden die Menschen erkennen, daß wir Jesu Jünger sind.

Ein Edelstein für heute: »Bleibt fest in der brüderlichen Liebe. Vergeßt nicht, gastfrei zu sein; denn dadurch haben einige ohne ihr Wissen Engel beherbergt« (Hebr. 13,1.2).

Alttestamentliche Lesung 2. Chronik 10-12

4. Juni

Neutestamentliche Lesung Johannes 14

Wer meine Gebote empfangen hat und sie hält, der ist's, der mich liebt. Wer mich aber liebt, der wird von meinem Vater geliebt werden, und ich werde ihn lieben und mich ihm offenbaren. (Joh. 14,21)

Es ist sehr interessant, wie Jesus zwischen dem Kennen und dem Halten Seiner Gebote unterscheidet. Doch die Art und Weise, in der wir leben und erzogen sind, ist nicht in Übereinstimmung mit dem, was Jesus sagt. Wir sind darauf programmiert zu lernen; unser Verstand ist unser Computer, und wir speichern ihn bis zum Überfluß mit Wissen über alle möglichen Dinge. Jesus sagt: »Es reicht nicht aus, meine Gebote zu verstehen. Wenn du mich liebst, dann wirst du meine Gebote tun.« Hier gibt uns Jesus erneut ein Gebot, das wir nicht halten können. Wir sind von uns aus zu schwach, um seine Gebote zu halten. Wir brauchen größere Abhängigkeit von Gott, um sie erfüllen zu können. Und so wächst unser Glaube an den Geboten. Jesus wird uns dahin führen, daß wir Gehorsam lernen durch Glauben. Es ist der Glaube, der Gottes Reich in uns lebendig macht. Der Glaube, der Gott gefällt, bringt uns in Berührung mit der geistlichen Wirklichkeit des Reiches Gottes, so daß Gott uns – entsprechend unserer Not – seine Gnade erweisen kann: Gnade, um gehorsam zu sein, Gnade, die uns ergreift durch den Glauben.

Jesus will niemals, daß wir uns zu Sklaven seiner Gebote machen, indem wir gesetzlich und dogmatisch danach leben. Seine Gebote sollen unser Vertrauen wachsen lassen auf die Fähigkeiten und Reichtümer, die wir in Gott haben und die uns allein durch Gottes Gnade zur Verfügung stehen. »Denn die Sünde wird nicht über euch herrschen können, weil ihr ja nicht unter dem Gesetz steht, sondern unter der Gnade« (Röm. 6,14).

Jesus verfolgte ein Ziel, als er uns diese Gebote gab. Wir sollen nicht durch unsere eigene Kraft Erfolg haben, sondern unsere Grenzen erkennen, daß wir uns durch den Glauben nach Gott ausstrecken. Wir sollen Gott unser Leben öffnen, damit er in uns wohnt. »Wer mich liebt, der wird mein Wort halten; und mein Vater wird ihn lieben, und wir werden zu ihm kommen und Wohnung bei ihm nehmen« (Joh. 14,23). Das beste, was Jesus für uns hat, ist, daß beide, der Vater und der Sohn, in uns wohnen, daß sie in uns bleiben und wir uns gegenseitig lieben. Vater und Sohn werden mit ihrer Liebe in alle Gebiete unseres Herzens eindringen, bis wir überflutet werden von der Offenbarung der Liebe Gottes, die durch den Heiligen Geist in unser Herz ausgegossen ist.

In Jesu Gebot kann man ganz bestimmt nichts Negatives oder Gesetzliches finden. Seine Absichten sind klar. Zuerst müssen wir unseren Willen üben, Jesu Geboten gehorsam zu sein, damit Gott selbst sich uns offenbaren kann. Alles das steht uns im Glauben zur Verfügung.

Ein Edelstein für heute: »Aber durch Gottes Gnade bin ich, was ich bin« (1. Kor. 15,10).

Alttestamentliche Lesung 2. Chronik 13-16

5. Juni

Neutestamentliche Lesung Johannes 15

Ich bin der Weinstock, ihr seid die Reben. Wer in mir bleibt und ich in ihm, der bringt viel Frucht; denn ohne mich könnt ihr nichts tun.
(Joh. 15,5)

Es scheint so, als ob alles, was Jesus sagt, im Gegensatz steht zu der Art, wie wir leben. Wir sind nicht dazu geschaffen, aus uns selbst heraus zu leben. Es gibt keinen Raum der Unabhängigkeit, sondern wir sollen uns völlig auf Jesus verlassen und ihm vertrauen, daß er sein Leben durch uns lebt. Bevor wir wiedergeboren waren, lebten wir unser eigenes Leben. Die einen sind damit ein bißchen besser zurechtgekommen als die anderen. Jetzt, wo Jesus durch seinen Heiligen Geist in unser Leben gekommen ist, haben wir die Möglichkeit, ihm die Leitung unseres Lebens in die Hand zu geben.

Unser König Jesus will uns in das Leben des Königreiches hineinführen. Es ist eine Lebensqualität, die die Welt weder kennt noch kennen kann. Es gibt eine ganz neue Dimension des Lebens für die, die ihr Leben öffnen, damit Jesus durch den Glauben in ihnen wohnt, für die, die Jesus erlauben, in ihnen zu bleiben. Jesus sagt ganz klar, daß wir ohne ihn nichts tun können. Das heißt nicht, daß wir Roboter sind. Wir können vieles von uns aus tun, ohne Jesus zu fragen und es mit ihm in Beziehung zu bringen. Aber wenn wir geistliche Früchte bringen wollen, dann müssen wir in Christus bleiben. Das Bleiben in Christus soll für uns ganz natürlich sein, so natürlich, wie eine Rebe am Weinstock bleibt.

Die Rebe müht sich nicht ab oder kämpft, um am Weinstock zu bleiben oder um Frucht zu bringen; sie bleibt einfach am Weinstock und läßt sein Leben durch sich hindurch fließen. Freue Dich mit mir, mein Freund in Christus, denn Deine Wiedergeburt bedeutet, daß Du in den Weinstock aufgenommen bist, Du bist eingepfropft. Das stimmt – eingepfropft. Du hast diese Erfahrung nicht gemacht, weil Du irgend etwas geleistet hast. Es war der Weingärtner, der Dich annahm, als Du zu Jesus kamst, und der Dich in sich selbst eingepflanzt hat. Laß den Glauben sich in Deinem Herzen erheben und Gott preisen für diese Einpfropfung, die geschehen ist. Der Weingärtner hat Dich abgesondert von dem wilden Weinstock, der nur wilde Früchte trug oder gar keine, und hat Dich eingepflanzt in einen lebenspendenden Weinstock. Alles, was Du tun mußt, ist, das Leben des Weinstocks durch die Rebe strömen zu lassen. Das Leben des Weinstocks ist im Wort; laß darum Gottes Wort reichlich in Dir wohnen. Und das Wort Gottes, das Mensch wurde und unter uns wohnte, wird reichlich Frucht bringen. Mache den Weg frei für das Leben Christi, denn ohne ihn kannst Du und kann ich nichts tun.

Ein Edelstein für heute: »Es kann niemand zu mir kommen, wenn ihn nicht der Vater, der mich gesandt hat, zu mir zieht« (Joh. 6,44).

Alttestamentliche Lesung 2. Chronik 17-19

6. Juni

Neutestamentliche Lesung Johannes 16,1-15

Aber ich sage euch die Wahrheit: Es ist gut für euch, daß ich weggehe, denn wenn ich nicht weggehe, kommt der Beistand nicht zu euch.
(Joh. 16,7)

Wie schwer muß es Jesu Jüngern gefallen sein, einiges von dem, was Jesus ihnen sagte, anzunehmen! Hier spricht er nun davon, daß er an einen Ort gehen wird, wohin die Jünger ihm nicht folgen können. Jesus hatte oft davon gesprochen, woher er kam, und ich bin davon überzeugt, daß die Jünger ihn jetzt verstanden, als er davon sprach, daß der Vater ihn gesandt hatte und daß er und der Vater eins sind. Die Wunder, die Jesus getan hatte und die sie gesehen hatten, geschahen immer zur Ehre des Vaters, der in Jesus wohnte. Jetzt sprach Jesus über seine Rückkehr zum Vater und daß an seiner Stelle ein Beistand kommen würde. All das würde für die Jünger ungeheure Veränderungen bringen, weil die Jahre, in denen Jesus sie geführt hatte, zu Ende gingen. Mit ihrem Verstand konnten sie nicht begreifen, was Jesus ihnen gesagt hatte.

Sind wir anders? Wie schwer fällt es uns, Veränderungen anzunehmen! Wir können uns nicht vorstellen, wie unser Leben aussehen wird, wenn wir den geistlichen Stand, den wir erreicht haben, loslassen und Jesus erlauben, daß er uns durch seinen Heiligen Geist zu neuen Erfahrungen in Gottes Reich führt. Selbst das, was Jesus Nikodemus sagte, können wir nur schwer verstehen: daß ein Mensch wiedergeboren sein muß, um in das Himmelreich zu kommen. Die Jünger befanden sich in einer ähnlichen Lage, als Jesus ihnen sagte, daß er fortgehen muß, damit der Beistand kommen kann. Der Vater bereitete eine neue Erfahrung für sie vor; er würde die körperliche Gegenwart seines Sohnes von ihnen nehmen, um ihnen den Heiligen Geist zu geben, damit er in ihnen wohne, so wie der Vater im Sohn gewohnt hat.

Der Beistand sollte den Jüngern eine Beziehung mit dem Vater und dem Sohn bringen. Ihr Geist und der Heilige Geist Gottes sollten eins werden. Nun würden sie den Sohn durch den Geist kennen. Bisher hatten die Jünger mit ihrem Verstand darum gerungen, die Wahrheit zu erkennen, und der Vater hatte ihnen gelegentlich Offenbarungen geschenkt. Nun würde der Heilige Geist kommen, um in ihnen zu wohnen und sie in alle Wahrheit zu führen. Jetzt würde der Sohn verherrlicht werden und zum Vater zurückkehren, wo er von Anfang an gewesen war.

Mein lieber Freund in Christus, dieser selbe Beistand – der Heilige Geist, die dritte Person der Dreifaltigkeit – ist gekommen, um unser Begleiter zu sein, so gewiß, wie Jesus ein Begleiter seiner Jünger war. Durch unsere tägliche Gemeinschaft mit ihm wird er uns Jesus und Jesus durch uns bekanntmachen, bis Jesus verherrlicht ist. Der Beistand soll unser ständiger, täglicher Begleiter und Freund sein.

Ein Edelstein für heute: »... die Liebe ist ausgegossen in unsre Herzen durch den Heiligen Geist, der uns gegeben ist« (Röm. 5,5).

Alttestamentliche Lesung 2. Chronik 20-22

7. Juni

Neutestamentliche Lesung Johannes 16,16-33

Auch ihr habt nun Leid; aber ich will euch wiedersehen, und euer Herz soll sich freuen, und eure Freude soll niemand von euch nehmen. (Joh. 16,22)

Jesus hatte zu seinen Jüngern einige sehr rätselhafte Dinge gesagt, und es verlangte sie danach, Jesus zu verstehen. »Eine kurze Zeit, dann werdet ihr mich nicht mehr sehen; und noch einmal eine kurze Zeit, dann werdet ihr mich wiedersehen.« Es ist nicht schwer für uns, diesen Satz nachträglich zu verstehen, weil wir nicht mitten im Geschehen und unsere Gefühle nicht aufgewühlt sind. Die Jünger konnten nicht hinter ihre Erfahrung sehen, aber Jesus konnte es, er wußte, was ihn erwartete. Er zweifelte nicht daran, daß er den Tod, große Qualen und Folter erleiden mußte, ja, selbst die Hölle; aber inmitten dieses Wissens spürte Jesus die Not seiner Jünger. Er versuchte sie vorzubereiten auf das, was geschehen mußte.

Obwohl der Tod Jesus eine Zeitlang von seinen Jüngern trennen würde, konnte der Tod ihn doch nicht davon abhalten, die Werke des Vaters zu tun. Er würde den Tod besiegen, in den Himmel auffahren, und durch seinen Geist würden seine Jünger ihn wiedersehen. Jesus sprach nicht von der kurzen Zeit, die sie nach seiner Auferstehung und vor seiner Himmelfahrt zusammen sein würden, sondern von einer Zeit, wo sie ihn mit ihren geistlichen Augen sehen würden in all seiner Herrlichkeit als Herrn und König in der Gegenwart Gottes. »Ich will euch wiedersehen, und euer Herz soll sich freuen, und eure Freude soll niemand von euch nehmen.«

Jesus spürte die Not seiner Jünger und wußte, wie hart es für sie sein würde, seinen Qualen und seinem Tod gegenüberzustehen. Jesus wußte, daß die Jünger seinen Schmerz spüren und bestürzt sein würden, alle menschlichen Gefühle würden auf sie einstürmen. Darum tröstete Jesus sie und verhieß ihnen, daß ein Beistand kommen würde. Er konnte ihnen versprechen, daß sie ihn in all seiner Herrlichkeit wiedersehen würden, und der Beistand würde kommen, um ihnen Jesus zu offenbaren. Dann würde ihr Herz sich freuen. Jesus sagte ihnen, daß niemand ihnen ihre Freude würde nehmen können, und mit dieser Freude würden sie auch dem Tod begegnen können. Diese Freude des Herzens kommt vom Himmel. Sie entsteht, wenn man sieht, daß sich die Verheißung des Vaters an Jesus erfüllt hat. Das ist die Freude, die die Wahrheit des ewigen Lebens in den Bereich unseres Herzens bringt. »Wenn ihr mich in all meiner Herrlichkeit seht,« sagte Jesus, »und wißt, daß weder Mächte noch Gewalten euch von der Liebe Gottes trennen können, dann wird euer Herz vor Freude jubeln, vor vollkommener, überfließender Freude.«

Ein Edelstein für heute: »Die Frucht des Geistes aber ist … Freude« (Gal. 5,22).

Alttestamentliche Lesung 2. Chronik 23-25

8. Juni

Neutestamentliche Lesung Johannes 17

Das ist aber das ewige Leben, daß sie dich erkennen, der du allein wahrer Gott bist, und Jesus Christus als den, den du gesandt hast.
(Joh. 17,3)

Was für eine wunderbare und besondere Beziehung bestand zwischen Johannes und Jesus! Johannes sah Jesus auf der Insel Patmos in großer Herrlichkeit mitten unter seinen Gemeinden stehen, und Jesus diktierte Johannes Briefe an diese Gemeinden. Aber ganz sicher war eine der größten Erfahrungen, die Johannes machte, die, daß er Zeuge sein durfte von einem Gebet Jesu an Gott den Vater. Auch durfte er Jesu Worte aufschreiben, damit alle sie lesen können. Ich bin sicher, daß der Heilige Geist über jedes Wort gewacht hat, das von Jesu Lippen kam, bis Johannes so weit war, daß er alles aufschreiben konnte.

Wenn man das Kapitel siebzehn des Johannesevangeliums liest, dann ist es, als ob man sich in den Garten geschlichen hätte und Zeuge wird von der Stillen Zeit Jesu mit dem Vater, Zeuge davon, wie sich das Herz Jesu im Gebet vor Gott ausstreckt. »Verherrliche mich,« betete er, »verherrliche mich, damit ich dich verherrliche.« In Jesu Herz, in seinem Leben, in allem, was er tat, gab es ein Ziel. Jesus lebte, um den Vater zu verherrlichen. Jesus ließ sich nicht von den Umständen bestimmen, er reagierte nicht einfach nur, sondern in allem, was er tat, hatte er den Wunsch, Gott zu verherrlichen. Nun lag noch ein großes Werk vor ihm. Jesus wußte, daß er in sich selbst nicht die Fähigkeit hatte, das zu tun, was der Vater wollte. Wenn er Gott im Tod verherrlichen sollte, so wie er es im Leben getan hatte, dann mußte der Vater dies in ihm bewirken und ihm die Gnade dafür schenken. Er mußte seinen sterblichen Leib stärken, damit er wußte, daß der Vater alle Kraft hatte für ihn, den Sohn, damit er den vollkommenen Willen des Vaters tun konnte. Jesus lebte in völligem Vertrauen zu seinem Vater. Ganz gleich, was Gott ihm zu tun gebot, Jesus hatte völliges Vertrauen zu Gottes Fähigkeit, ihn geistlich und leiblich mit der Kraft auszurüsten, durch die er seinen Willen tun konnte.

Plötzlich entsteht eine Pause in Jesu Gebet. Es kommt mir wie ein tiefer Seufzer der Zufriedenheit vor, als er sagt: »Das ist aber das ewige Leben, daß sie dich erkennen, der du allein wahrer Gott bist, und Jesus Christus als den, den du gesandt hast.« Ich spüre eine Unverhülltheit bei dieser Wahrheit. Alles andere verschwindet, und ich stehe, geistlich gesehen, beschämt da.

Alles, was ich über die Wahrheit weiß, verliert an Bedeutung, denn ich schaue in das Herz des Vaters. Dort liegt ewiges Leben – weil ich ihn kenne und von ihm erkannt bin. Seine Lebensqualität (ewiges Leben) wird meine eigene, und ich und der Vater werden eins durch seinen Sohn. Darum erfahre ich, was Jesus gebetet hat: »Das ist aber das ewige Leben, daß ich dich kenne.«

Ein Edelstein für heute: »Wenn ihr mich kennt, werdet ihr auch meinen Vater kennen. Und von nun an kennt ihr ihn und habt ihn gesehen« (Joh. 14,7).

Alttestamentliche Lesung 2. Chronik 26-28

9. Juni

Neutestamentliche Lesung Johannes 18,1-27

Jesus antwortete: Ich habe euch gesagt, daß ich es bin. Wenn ihr mich sucht, dann laßt diese gehen! So sollte das Wort erfüllt werden, das er gesagt hatte: Ich habe keinen von denen verloren, die du mir gegeben hast. *(Joh. 18,8.9)*

»Als nun Jesus zu ihnen gesagt hatte: Ich bin's!, wichen sie zurück und fielen zu Boden« (Vers 6). Hier haben wir ein Anzeichen von Gottes Macht, die gegenwärtig war, und gleichzeitig sehen wir die Stärke des Mannes Jesus. Wir sehen auch seine Schwachheit, die sich darin zeigte, daß er nicht bereit war, seine von Gott gegebene Macht zu gebrauchen, um sich für die Ungerechtigkeit und Verachtung zu rächen. Fromme Männer offenbarten sich von ihrer schlimmsten Seite mit der ganzen Häßlichkeit und Verdorbenheit des sündigen Menschen. Doch Jesus unterwarf sich ihnen, um den Willen des Vaters zu tun. Wenn ich Jurist wäre, wenn ich die Tatsachen dieses Prozesses, der jedem Recht Hohn spricht, niederschreiben müßte und einen Titel dafür zu suchen hätte, so würde ich wohl diesen wählen: »Sünde gegen die Gerechtigkeit des Gottessohnes.«

Inmitten dieser Finsternis steht Jesus wie ein Leuchtturm im wütenden Sturm. Wenn Jesus sich ihnen nicht unterworfen hätte, um den Willen des Vaters zu tun, so hätten seine Feinde aus sich selbst heraus nichts tun können. Mein lieber Freund in Christus, unterschätze niemals Jesu Treue Dir gegenüber, und zweifle nicht daran. Als die Jünger einmal auf dem See in einen Sturm gerieten, kam Jesus zu ihnen, um ihnen Frieden zu bringen. Inmitten einer nächtlichen Verhaftung, die jeden Rechts spottete, war Jesus auf die Sicherheit und das Wohlergehen seiner Jünger bedacht. Keiner legte Hand an sie, und als Petrus einen der hohepriesterlichen Diener angriff, brachte Jesus die Sache sofort wieder in Ordnung.

Es gibt ganz bestimmt keine Ungerechtigkeit, der irgend jemand von uns begegnen kann, der Jesus nicht schon für uns begegnet ist. Hat Jesus nicht gesagt: »Ich habe keinen von denen verloren, die du mir gegeben hast.«? Ich kenne keine Umstände, die Jesus überwinden und ihm auch nur einen einzigen Jünger rauben könnten. Satan hat es mit allen Mitteln versucht, nicht ein einziger Christ, ja, nicht ein einziger, der auf die rettende Gnade Jesu vertraut, wird verloren gehen. Bist du innerlich verletzt worden, mein lieber Freund? Fahre fort, dem zu vertrauen, der gesagt hat, daß niemand

uns aus seiner Hand reißen kann. Vertraue dem, der verheißen hat: »Ich bin bei euch alle Tage, bis an das Ende der Welt.« Wende Dich ab von Deinen Zweifeln und Ängsten hin zu der Gewißheit von Jesu Worten.
Ein Edelstein für heute: »Wer will uns scheiden von der Liebe Gottes? Trübsal oder Angst oder Verfolgung oder Hunger oder Entbehrung oder Gefahr oder Schwert?« (Röm. 8, 35).

Alttestamentliche Lesung 2. Chronik 29-31

10. Juni

Neutestamentliche Lesung Johannes 18,28-40

Da fragte Pilatus ihn: Also bist du doch ein König? Jesus antwortete: Du sagst es, ich bin ein König. Ich bin dazu geboren und in die Welt gekommen, daß ich die Wahrheit bezeugen soll. Jeder, der aus der Wahrheit ist, hört meine Stimme. (Joh. 18,37)

In völliger Mißachtung des eigenen Gesetzes und aus Furcht vor dem Volk lieferten die Juden Jesus an Pilatus aus, damit er über ihn nach römischem Recht ein Urteil fällen sollte. Durch dieses Recht konnte Jesus zum Tod durch das Kreuz verurteilt werden. Die Juden wußten, daß Pilatus sie nicht lange angehört hätte, wenn sie mit Beschuldigungen gekommen wären, die sich auf das jüdische Gesetz gründeten. Darum klagten sie Jesus an, das römische Gesetz gebrochen zu haben. Sie versicherten Pilatus, daß Jesus schuldig sei, und verlangten nicht eine Gerichtsverhandlung, sondern ein Todesurteil.

Da Pilatus diesen Juden nicht traute, forschte er selber nach, ließ Jesus zu sich rufen und fragte: »Also bist du doch ein König?« Ich stelle mir vor, was Jesus vielleicht mit seiner Antwort gemeint hat. »Was, du, Pilatus, sagst, wer ich bin, was bedeutet das schon? Was macht es aus, was die Leute sagen, wer ich bin? Dies ist der Augenblick, für den ich geboren wurde: um König zu sein.« Diese Worte sprechen zu meinem Geist, und jetzt, während ich es schreibe, bewegen sie mich tief. Darum möchte ich diese Worte für Dich noch einmal wiederholen, mein lieber Freund in Christus. Jesus sagte: »Ich wurde geboren, um König zu sein!«

Jesu Feinde versuchten, sein Königreich zu zerstören, indem sie ihn umbrachten, aber Jesus überwand den Tod. Als sie ihn ans Kreuz nagelten, dachten sie, es sei das Ende, aber es war erst der Anfang. Die Juden hielten weiter das Gesetz und opferten ein Lamm, fingen sein Blut in einem Becken auf und aßen sein Fleisch, um sich an die Befreiung aus dem Lande der Ägypter zu erinnern, als der Engel des Todes am Volk Israel vorbeiging. Aber ihre Sünde machte sie gegenüber der Wahrheit blind. Die Wahrheit Gottes hing am Kreuz als Gottes wahres und bestes Passafest, das gefeiert wurde. In ihrer Unwissenheit opferten die Menschen noch nach ihrem

Verständnis der Schrift. Unwissende Menschen, die in ihrer Blindheit umhertappten, machten sogar eine Tafel, die Jesus als König betitelte. Doch als die Menschen es schließlich so weit gebracht hatten, daß nur noch ein Leichnam dort hing, ein nacktes Opfer, streckte sich der Vater vom Himmel aus bis in die Hölle und nahm den Sohn, damit er bei ihm sei, und er setzte ihn auf einen Thron, damit er über sein Reich herrscht und regiert.

Aber höre, Jesus sagte: »Jeder (hast Du begriffen?), jeder, der aus der Wahrheit ist, hört meine Stimme.« Wenn die gerade beschriebenen Ereignisse Dir lebendig sind und Du Jesus als König siehst und nicht als Übeltäter, als das vollkommene Opfer, das Gott für Deine Sünde vollbracht hat, dann freue Dich mit mir. Denn wir sind aus der Wahrheit, und wir haben einen König, der über uns regiert und über alle Reiche der Welt. Ehre heute den König, mein Freund! Freue Dich, daß seine Leiden die Welt überwunden und Dich und mich für alle Ewigkeit zu Bürgern und Staatsangehörigen seines Reiches gemacht haben!

Ein Edelstein für heute: »Alles hast du unter seine Füße getan« (Hebr. 2,8).

Alttestamentliche Lesung 2. Chronik 32.33

11. Juni

Neutestamentliche Lesung Johannes 19,1-22

... und er trug sein Kreuz und ging hinaus zur Stätte, die Schädelstätte heißt, auf hebräisch Golgata. *(Joh. 19,17)*

Wie unmenschlich können wir sein! Denke nur daran, daß es fromme Männer waren, die laut schreiend Jesu Kreuzigung verlangten, weil sie ihre Religion bedroht fühlten. Mein Geist seufzt in mir, wenn ich über Jesu Leiden lese und nachdenke. O Jesus, wie groß ist der Preis des Gehorsams! Als ich Christi Leiden am Kreuz zum ersten Mal näher betrachtete, als er sich in der Hand von wütenden, wahnsinnigen, blutrünstigen Menschen befand, mußte ich die Tatsache annehmen, daß dies alles genau so geschehen war, wie die Bibel es berichtet. Ich mußte auch die Tatsache annehmen, daß ich eine mein Leben verändernde Erfahrung gemacht hatte und wiedergeboren war. Ich erkannte, daß Jesu Leiden und Tod ein persönliches Opfer für meine Sünde war und daß ich keine Versöhnung mit dem Vater erfahren würde und auch keine Vergebung, wenn ich Jesu Tod für mich nicht annehmen würde. Als ich erkannte, daß mein Leben und die Befreiung von den Folgen der Sünde davon abhängig waren, daß ich Jesu Tod annahm, da bejahte ich, was Jesus für mich getan hatte. Ich bejahte die Häßlichkeit dieser grausigen Kreuzigung und gab mich selbst hin, stellte mich Jesus zur Verfügung und übergab mich seiner Liebe und Barmherzigkeit.

Da mich das Blut Jesu Christi von aller Sünde gereinigt hat, erfahre ich nun in Überfülle seine Vergebung. Durch den Heiligen Geist, der in mir wohnt, entdeckte ich, daß die Kreuzigungsgeschichte zwei Seiten hat. Ich sah einen entschlossenen Mann, der bereitwillig mit bloßen Händen das Kreuz nahm. Die schreiende Menge war scheußlich, aber das Herz dieses Mannes war rein. Ich sah einen Mann mit einem Kreuz in seinen Händen dastehen, gebeugt unter seiner Last, und trotzdem der würdigste, königlichste Mann, der majestätisch in seinem eigenen Blut und Leiden stand. Die Menschen wurden wahnsinnig vor Gier, sie schrien nach seinem Tod, und zu ihrem Unglück waren sie blind für das Herz dieses Mannes.

Darf ich Dir erzählen, wie ich mir Jesus bei seiner Kreuzigung vorstelle? Wenn Du zu ihm gegangen wärst, um ihm in die Augen zu sehen, dann wärst Du sehr verwundert gewesen. Anstelle von Haß und Bitterkeit, die Jesus umgaben, hättest Du in seinen Augen eine so reine Zärtlichkeit gesehen, daß man schon ein sehr harter Mensch sein müßte, um dem mit Gleichgültigkeit zu begegnen. In Jesus waren Liebe und Erbarmen, sein Herz war voller Mitleid, nicht Selbstmitleid für die Leiden, die er selbst erfuhr, sondern Mitleid für die Menschen um ihn herum, die die eigentlichen Gefangenen waren. Bei ihrem Tod würden sie ohne einen Heiland und ohne ein Opfer für ihre Sünden sein. O, mein Freund in Christus, wir tun Jesus großes Unrecht, wenn wir Jesu Todesstunde nicht auch als die Stunde seines Sieges und Triumphes sehen.

Ein Edelstein für heute: »Der Tod ist verschlungen vom Sieg … Tod, wo ist dein Stachel? … Gott aber sei Dank, der uns den Sieg gibt durch unseren Herrn Jesus Christus« (1. Kor. 15,54.57).

Alttestamentliche Lesung 2. Chronik 34-36

12. Juni

Neutestamentliche Lesung Johannes 19,23-42

Und der das gesehen hat, der hat es bezeugt, und sein Zeugnis ist wahr, und er weiß, daß er die Wahrheit sagt, damit auch ihr glaubt.
(Joh. 19,35)

In diesem Vers sehe ich Gottes Mentalität; das bedeutet: Seine Wege sind nicht unsere Wege. Gott versucht nicht, irgend etwas zu beweisen. Dir und mir braucht er die Wahrheit bestimmt nicht zu beweisen. Das, was wir in der Bibel lesen, sind einfach Tatsachen, Einzelheiten von Ereignissen, die stattfanden. Einfache Männer, vom Heiligen Geist inspiriert, schrieben diese Ereignisse auf, und der Apostel Johannes sagte, daß der Grund, warum er einen Bericht schrieb, der war, daß wir glauben sollen.

Johannes bat uns nicht, an die Genauigkeit seines Berichtes zu glauben oder an seine Fähigkeit, die Fakten zu berichten. Er erwartete, daß der Heilige Geist die Tatsachen nimmt und unserem Herzen unsere Not, unsere Verdorbenheit offenbart. Ganz sicher war es Johannes' Wunsch, daß wir durch das, was er aufschrieb, und durch unsere Not Jesus sehen, der die Antwort auf diese Not ist. Johannes hat uns genug Einzelheiten aus Jesu Leben und Sterben berichtet, so daß wir nicht nur der Genauigkeit seiner Botschaft glauben, sondern auch zu einer lebendigen, persönlichen Gemeinschaft mit Jesus geführt werden. Wenn Johannes sagt, daß sein Zeugnis wahr ist, tut er das nicht, um unsere Aufmerksamkeit auf seine Aufrichtigkeit zu lenken, sondern um unsere Herzen zu gewinnen. Ganz bestimmt war es sein Verlangen, daß wir selbst Jesus als Gottes Sohn erkennen sollten. Er wollte nicht, daß wir einfach nur mit unserem Verstand Jesu Gottheit und seinem Opfer zustimmen, sondern daß wir Jesu Botschaft mit unserem Herzen empfangen. Sie soll uns von unserer sündigen Natur befreien und uns dazu bringen, daß wir uns in Jesu Arme der Liebe und Barmherzigkeit werfen.

Johannes' Worte werden zu einer Brücke, auf der wir von einem Ort der Unwissenheit hinübergelangen können zu einem Ort, wo wir mit unserem Herzen Erfahrungen machen, wo wir eine persönliche Beziehung zu Jesus haben. Kopfwissen ohne Erfahrung des Herzens ist eine Art von Unwissenheit. Es reicht nicht aus zu wissen, daß Jesus für die Sünden der Welt gestorben ist. Du mußt wissen, daß er für Deine Sünde starb und daß Gott Dich durch dieses Opfer in seinem geliebten Sohn annimmt. Kannst Du vor Gott stehen ohne einen Schimmer von Zweifel in Deinem Herzen und sagen: »Gott, Jesus ist mein Heiland, den ich persönlich kenne«?

Johannes schrieb das Evangelium nicht, damit wir es nehmen und wie ein Textbuch studieren. Wir sollen nicht zu Gericht sitzen über die Tatsachen, die Johannes aus dem Grund aufschrieb, damit wir Jesus kennenlernen. Intellektuelles Verstehen bläht auf und macht blind. Es ist Gottes Wunsch, das wir mit unserem Herzen Erfahrungen machen.

Ein Edelstein für heute: »Ja, ich achte es noch alles für Schaden gegenüber der überschwenglichen Erkenntnis Christi Jesu, meines Herrn« (Phil. 3,1).

Alttestamentliche Lesung Esra 1.2

13. Juni

Neutestamentliche Lesung Johannes 20

Da sagte Jesus zu ihm: Weil du mich gesehen hast, Thomas, darum glaubst du. Selig sind, die nicht sehen und doch glauben.

(Joh. 20,29)

Du und ich, wir dürfen uns zu denen rechnen, die selig gepriesen werden, in der großen Menge derer, die nicht gesehen haben und doch glauben. In gewisser Hinsicht sollten wir uns freuen, daß wir in Ruhe Johannes' Bericht lesen können, ohne selbst bei den schrecklichen Ereignissen dabeigewesen zu sein, als unser Herr Jesus Christus gekreuzigt wurde und als den Jüngern fast das Herz brach, weil sie das Grab leer fanden und meinten, daß jemand den Leichnam gestohlen hätte. Inmitten von Verwirrung und Furcht um ihr Leben wußten sie nicht, was sie glauben sollten, als Jesus plötzlich vor ihnen stand.

Wir müssen dieselbe Entscheidung treffen wie Jesu Jünger. Wir müssen dahin kommen, daß wir dem Herrn Jesus Christus vertrauen, daß er uns in eine geistliche Beziehung mit ihm bringen kann. Wir müssen ihm vertrauen, daß er uns in Gottes Reich versetzen und uns zu neuen Erfahrungen führen kann – zu einer neuen und erfrischenden Lebensqualität (zum ewigen Leben). Alles das geschieht durch einfaches Vertrauen auf Jesus und auf seine Fähigkeit, alle diese guten Werke in unserem Leben zu vollbringen. Was war das für ein Tag für Maria und die Jünger, als sie vor einem Phänomen standen, das kein lebender Mensch bisher gesehen hatte. Jemand, der die Tore des Todes durchschritten hatte, stand nun plötzlich aus dem Nichts leibhaftig vor ihnen und wollte sogar mit ihnen essen. Und dann versprach ihnen dieser auferstandene Jesus, daß sie neue Erfahrungen machen sollten. Inmitten ihrer Furcht sagte er ihnen den Frieden zu, und sie erfuhren ihn. Er blies sie mit dem Heiligen Geist an, und sie erfuhren den Heiligen Geist. Dann beauftragte Jesus sie: »Wie mich mein Vater gesandt hat, so sende ich euch« (Vers 21).

Kannst Du Dir vorstellen, wieviel die Jünger mit ihrem Verstand und ihren Gefühlen in diesem Moment aufnehmen mußten? Unser begrenzter Verstand wird das nie erfassen können; aber unser Interesse ist ja nicht, diesen Bericht mit dem Verstand zu begreifen, sondern im Glauben. Der Glaube verlangt nicht nach bewiesenen Texten, sondern ruft: »Vater, ich glaube. Hilf meinem Unglauben.« Der Glaube erkennt, daß Gottes Wege nicht unsere Wege sind, und er wird zu einem Kanal, durch den Jesus durch den Heiligen Geist unser Herz und unseren Geist erreichen und uns diese Wahrheiten offenbaren kann. Dann kann sich unser Verstand mit den Tatsachen auseinandersetzen, die fest in unserem Herzen untergebracht sind, geschrieben auf die Tafeln unseres Herzens durch den Heiligen Geist. Ist es da verwunderlich, wenn Jesus sagt: »Selig sind, die nicht sehen und doch glauben!«? Du und ich, mein Freund, wir sind selig.

Ein Edelstein für heute: »Denn wir leben im Glauben und nicht im Schauen« (2. Kor. 5,7).

Alttestamentliche Lesung Esra 3-5

14. Juni

Neutestamentliche Lesung Johannes 21

Hast du mich lieb? *(Joh. 21,16)*

Es ging um Petrus, den ungestümen Petrus. »Und wenn ich mit dir sterben müßte, will ich dich doch nicht verleugnen« (Mt. 28,35). Das hatte Petrus gesagt. Und doch war er es, der am wenigsten mit dem ganzen Geschehen klarkam. Johannes, der Jünger, den Jesus am meisten liebte, mußte Petrus darauf hinweisen, wer es war, der am Ufer stand und sich nach ihrem Fang erkundigte. Aber sobald Petrus wußte, daß es Jesus war, der über das Wasser hin nach ihnen gerufen hatte, sprang er ins Wasser und watete zu ihm ans Ufer. Ich kann seinen Hunger nach Jesus und sein Verlangen, bei ihm zu sein, fast spüren. Ganz bestimmt wußte er nicht, was er von all dem halten sollte, dennoch mußte er in seinem Innern gewußt haben, daß er spätestens dann, wenn er allein bei Jesus war, eine lebensverändernde Erfahrung machen würde. Ganz gleich, was seine Gedanken oder Motive waren, er steuerte jedenfalls in die richtige Richtung – zu Jesus.

Ich kann mir so gut vorstellen, wie Petrus sich gefühlt haben muß, als Jesus ihn fragte: »Liebst du mich?« Und viele von Euch können sich das wahrscheinlich aus ihrer eigenen Erfahrung mit dem Herrn auch vorstellen. Hast Du Dich schon einmal unzulänglich gefühlt, so, als wenn Du weit hinter dem zurückbleibst, was Jesus von Dir erwartet hat? Petrus ging es so, wie sehr muß er die Unangemessenheit seiner Antwort gespürt haben. Gott sei Dank, sein Stolz geriet ihm nicht in den Weg, er war ehrlich und konnte Jesus genau sagen, was er fühlte, er wußte, daß Jesus ihn verstehen würde.

Für mich war es eine große Befreiung und führte zu einer neuen Tiefe in der Beziehung mit Jesus, als ich Jesus gegenüber ehrlich meine Gefühle eingestehen konnte. Ich brauchte ihm nicht zu erzählen, was ich gerne fühlen würde, sondern konnte ihm einfach die Wahrheit sagen. Er war kein bißchen beleidigt deswegen; das einzige, was dabei verletzt wurde, war mein Stolz. Jesus fing dann an, mich daran zu erinnern, daß meine Beziehung zu ihm auf Tatsachen gegründet war. Und wenn ich durch den Glauben nach diesen Tatsachen der Bibel leben würde, dann würden auch meine Gefühle in Ordnung kommen.

Bald hatte ich die richtigen Gefühle, und ich entdeckte noch etwas: Wenn Jesus frei dazu war, sein Leben in mir und durch mich zu leben, dann antwortete ich darauf, indem ich ihn liebte, weil er mich zuerst geliebt hatte. Meine Liebe gründete sich also auf meine Fähigkeit, auf Jesu Liebe zu antworten, und nicht darauf, daß ich versuchte, Liebe heraufzubeschwören. Ich entdeckte auch, daß dann, wenn es mir an Liebe fehlte, das bei Jesus nicht so war. Seine Liebe war und ist ausreichend für uns beide. Wenn Jesus von mir Liebe verlangt, ob für ihn selbst oder für die Brüder, so ist er fähig, mich in aller Liebe auszustatten, die ich brauche. Darum möchte ich dir Gewißheit geben, mein lieber Freund. Wenn Jesus heute viel Liebe von Dir verlangt und Dich fragt: »Hast du mich lieb?«, so ist sein Heiliger Geist bereit, Dein Herz mit soviel Liebe zu erfüllen, wie Jesus von Dir erwartet.

Ein Edelstein für heute: »Ich habe die feste Zuversicht, daß der, der in euch das gute Werk angefangen hat, es auch vollenden wird bis zum Tag Christi Jesu« (Phil. 1,6).

Alttestamentliche Lesung Esra 6-8

15. Juni

Neutestamentliche Lesung Apostelgeschichte 1

Ihr Männer von Galiläa, was steht ihr da und seht zum Himmel? Dieser Jesus, der von euch weg in den Himmel aufgenommen wurde, wird auf dieselbe Weise wiederkommen, wie ihr ihn habt zum Himmel fahren sehen. *(Apg. 1,11)*

Die Absicht des Johannesevangeliums scheint zu sein, dem Leser zu helfen, daß er ein bißchen Einsicht gewinnt, wer Jesus wirklich ist. Es will uns helfen, die Qualität des göttlichen Lebens, das Jesus lebte, zu verstehen. Wir sollen begreifen, daß auch wir dieses Leben, das Jesus im Glauben an den Vater lebte, leben können im Glauben an den Sohn. Im ersten Kapitel der Apostelgeschichte merken wir nun, daß Lukas, der Arzt, ganz gefesselt ist von dem, was er von Jesu Jüngern und Nachfolgern gehört hat, denn überall, wo er sich hinwendet, begegnet er großer Liebe für diesen Mann Jesus. Und noch mehr: Lukas sieht, daß alle, mit denen er spricht, die Lebensqualität selbst erfahren, über die Jesus sprach; das ewige Leben, das er verheißen hatte, war zur Erfahrung jedes Gläubigen geworden. Während Lukas Berichte über Jesu Lebensqualität hört, wird er gleichzeitig ein Zeuge von dem Phänomen oder der Tatsache, daß dieselbe Lebensqualität durch den Heiligen Geist in die Herzen der Gläubigen eingedrungen ist. Alles, was Jesus ihnen durch seine Jünger verheißen hat, erfahren sie nun selbst.

Und da ist noch etwas. Jeder Gläubige ist davon überzeugt (es ist nicht mehr Gegenstand einer Frage), daß Jesus, der in den Himmel aufgestiegen ist und zur Rechten Gottes des Vaters sitzt, wiederkommen wird. Sie leben als Menschen, die durch den Heiligen Geist die Fülle der Gegenwart Jesu in ihrer Mitte haben. Sie sind voller Leben und Liebe, eifrig, Jesu Gebote zu erfüllen, sie freuen sich an ihrem Leben auf eine neue und lebendige Weise: Die Männer lieben ihre Frauen, und die Frauen unterstellen sich freudig ihren Männern. Die Erlösung ist eine Sache der Familie, und alle sind voller Freude und Einfalt, sie haben unkomplizierte Beziehungen, weil sie durch die Kraft des Heiligen Geistes Gottes leben, der in ihnen wohnt.

Seit Jesu Tod ist die Fülle des Auferstehungslebens so groß, daß es in alle Ewigkeit gelebt werden wird. Dennoch wird ein Tag kommen, an dem Jesus so zurückkehren wird, wie die Jünger ihn damals in den Himmel haben fahren sehen. Jede Generation hat sich auf diesen Tag gefreut, und Du und ich, wir sind näher daran, diese große Wahrheit zu erleben als jede vorhergehende Generation. Ich weiß von einem Mann, der auf seinem Tisch eine hölzerne Tafel stehen hat mit der Inschrift: VIELLEICHT HEUTE.

Ein Edelstein für heute: »Siehe er kommt mit den Wolken, und es werden ihn sehen alle Augen und alle, die ihn durchbohrt haben, und darum werden alle Völker der Erde klagen. Ja, Amen« (Offb. 1,7).

Alttestamentliche Lesung Esra 9-10

16. Juni

Neutestamentliche Lesung Apostelgeschichte 2,1-13

Da kam plötzlich ein Brausen vom Himmel wie von einem gewaltigen Sturm ... (Apg. 2,2)

Die, die Jesus nachgefolgt waren, hatten in den Wochen, die dem Pfingstfest vorausgingen, viel erlebt. Wegen ihrer Unwissenheit hatten sie große Verwirrung und Furcht erfahren, denn nicht einer von ihnen hatte wirklich an Jesu Auferstehung geglaubt. Bis zum dritten Tag nach seiner Grablegung hatten sie nicht begriffen, was Jesus über die Auferstehung gesagt hatte, und hatten darum in Unglauben gelebt. Sie konnten die Worte des Lebens, die Jesus gesprochen hatte, nicht annehmen, weil sie sie nur mit ihrem natürlichen Verstand begreifen konnten. Keiner von ihnen hatte bisher gelernt, sich nicht auf den eigenen Verstand zu verlassen. Jesu Worte des Lebens sind geistlich und können nur vom menschlichen Geist verstanden werden, nachdem er mit dem Heiligen Geist Gottes eins geworden ist. Als Jesus die Jünger mit dem Heiligen Geist anblies, empfingen sie genug vom Geist, um im Gehorsam zu leben und um beim Zusammenkommen eines Sinnes zu sein, während sie auf die Verheißung des Vaters warteten.

Ja, das sind schon viele christliche Erfahrungen, mehr, als die meisten von uns in ihrem ganzen Leben machen werden. Obwohl ich wiedergeboren war, konnte ich viele dieser Erfahrungen nicht verstehen. Ich bin froh, daß ich das Übernatürliche nicht abgelehnt, sondern zugelassen, ja, auch erwartet habe, daß Gott sich auch mir als Gott erweist. Ich kann das nicht genau erklären, aber von dem Augenblick meiner Wiedergeburt an habe ich ständig Erfahrungen mit Jesus gemacht, wir haben die ganze Zeit zusammen gesprochen. Er zeigte mir, daß ich viele Dinge in meinen Leben ändern mußte, und ich lernte, im Gehorsam zu leben.

Eines Morgens, als ich mit einem anderen Christen betete, hatte ich meine eigene Pfingsterfahrung. Der Heilige Geist kam so real zu mir wie Jesus. Wenn Jesus jetzt mit mir spricht und mir Anordnungen für mein Leben gibt, so ist sein Heiliger Geist immer da, um mir Kraft zu geben, damit ich die Lebensqualität leben kann, von der Jesus gesprochen hat. Bei meiner Pfingsterfahrung brauste kein mächtiger Wind; aber für mich war es eine übernatürliche Berührung von Gott.

Mein Freund, der indonesische Evangelist Mel Tari, hat Pfingsten genauso erlebt wie die Jünger damals beim Pfingstfest. (Du kannst es in seinem Buch »Wie ein Sturmwind« lesen.) Was ich zu sagen versuche, ist, daß für jeden von uns der Himmel offen ist. Das Brausen des Windes und die begleitenden Erfahrungen kamen vom Himmel. Gott ist für jeden einzelnen von uns da. Das christliche Leben ist erfahrbar, wir können in Gemeinschaft mit Gott leben, erfüllt mit dem Heiligen Geist. Lieber Leser, die Bibel sagt mir und mein Herz ruft es meinem Verstand zu, daß Gott noch viel größer ist, und daß er uns noch viel mehr erfahren lassen will, immer noch mehr!

Ein Edelstein für heute: »Wer an mich glaubt, aus dessen Innerstem werden Ströme lebendigen Wassers fließen ... Damit meinte er den Geist, den alle empfangen sollten, die an ihn glaubten« (Joh. 7, 38.39).

Alttestamentliche Lesung Nehemia 1-3

17. Juni

Neutestamentliche Lesung Apostelgeschichte 2,14-47

Und es soll geschehen in den letzten Tagen, spricht Gott, da will ich ausgießen von meinem Geist auf alle Menschen; und eure Söhne und eure Töchter sollen weissagen, und eure jungen Männer sollen Gesichter sehen, und eure Alten sollen Träume haben, und auf meine Knechte und auf meine Mägde will ich in jenen Tagen von meinem Geist ausgießen, und sie sollen weissagen. (Apg. 2,17-18)

Petrus hatte nicht die Schrift aufgeschlagen auf der Suche nach einem Text für diesen Tag und gedacht, daß diese Vorhersage Joels am besten zu dem Anlaß paßte.

Was aus diesem Petrus geworden war, war ein Ergebnis von drei Jahren, die er mit Jesus gelebt hatte, und davon, daß er Zeuge von Jesu Leiden geworden war. Er hatte selber Versagen, Enttäuschungen und übernatürliche Erfahrungen erlebt, wie zum Beispiel die, daß Gott ihm offenbart hatte, wer sein Sohn ist. Auch war er auf dem Berg gewesen, als Jesus mit Mose und Elia sprach. Und jetzt mußten Jesu eigene Worte ihm in den Ohren klingen. »Aber ihr werdet die Kraft des Heiligen Geistes empfangen, der auf euch kommen wird, und ihr werdet meine Zeugen sein in Jerusalem, in ganz Judäa und Samarien und bis an die Enden der Erde« (Apg 1,8). Jesu Wort wurde wieder einmal wahr in der Erfahrung des Petrus, und er stand als Zeuge vor denen, die er gefürchtet und noch vor wenigen Tagen angelogen hatte. Ich habe wunderbare Nachrichten. Wir leben in den Tagen, die Joel prophezeit hat. Überall dort, wohin ich in Amerika komme und auf der ganzen Welt, wird der Heilige Geist ausgegossen. Gott bereitet seine Kirche in diesen letzten Tagen auf das baldige Kommen des Herrn Jesus Christus vor. Durch die Kraft des Heiligen Geistes werden wir zu erleuchteten Menschen, und Gottes Wort wird uns immer lebendiger werden, und wir werden es tiefer verstehen. Wir werden so von dem lebendigen Wort, von Jesus, erfüllt sein, daß wir den Mut zum Sprechen nicht mehr selbst heraufbeschwören müssen. Die Worte werden aus uns herausfließen wie Ströme lebendigen Wassers. Drei Jahre als Jesu Jünger haben Petrus nicht so viel verändert wie die wenigen Minuten, die er mit Gott zusammen war, als er den Heiligen Geist empfing. Jetzt konnte er Jesus geistlich verstehen.

Sei sicher, mein lieber Freund in Christus, daß Gott seinen Geist auf diese Generation ausgießt wie nie zuvor seit dem Pfingsttag. Durch die Kraft des

Heiligen Geistes wird der Vater der Kirche eine Offenbarung und ein Verständnis von Jesus Christus geben, wie es das nie zuvor gegeben hat. Alle unsere Gefühle und Erwartungen sollen auf Jesus gerichtet sein, und er wird in seinem Leib und durch ihn verherrlicht werden. Die Welt wird Christus in Dir und mir sehen und erkennen. Das Beste kommt noch!
Ein Edelstein für heute: »Und ich hörte eine mächtige Stimme von dem Thron her, die sprach: Siehe, die Stätte Gottes bei den Menschen. Und er wird bei ihnen wohnen ...« (Offb. 21,3).

Alttestamentliche Lesung Nehemia 4-6

18. Juni

Neutestamentliche Lesung Apostelgeschichte 3

Als Petrus das sah (daß der Lahme ging), sagte er zu dem Volk: Ihr Männer von Israel, was wundert ihr euch darüber, oder was starrt ihr uns an, als ob wir durch unsre eigne Kraft oder Frömmigkeit erreicht hätten, daß dieser gehen kann ... Der Gott unsrer Väter hat seinen Knecht Jesus verherrlicht ... (Apg. 3,12.13)

Als Petrus und Johannes auf dem Weg zum Tempel waren, um zu beten, da standen sie plötzlich der Not eines lahmen Bettlers gegenüber. Seit dem Pfingstfest, als der Heilige Geist auf sie herabgekommen war, hatten beide Jünger lebensverändernde Erfahrungen gemacht. Ihr ganzes Leben schien jetzt völlig von Jesus in Anspruch genommen zu sein. Sie hatten Jesus nicht auf die gleiche Weise bei sich wie früher, als sie mit ihm umherwanderten und menschliche Gemeinschaft mit ihm hatten. Aber jetzt hatten sie eine andere innere Erfahrung als damals.

Wenn Du das dritte Kapitel der Apostelgeschichte sorgfältig liest, kannst Du die Stärke von Petrus und Johannes und Christi Gegenwart in ihnen fast spüren. Als sie der Not des Gelähmten gegenüberstanden, sagten sie ihm, daß sie weder Silber noch Gold hätten, um seine Bitte nach einem Almosen zu erfüllen. Aber sie waren deswegen nicht bedrückt, sie fühlten sich in keiner Weise arm, weil sie dem lahmen Mann kein Geld geben konnten. Sie hatten die Verheißung des Vaters, der seinen Sohn verherrlichen wollte. Sie wußten, daß Gottes Gegenwart so in ihnen war, wie der Vater im Sohn war. Diese Erfahrung hatte seit Pfingsten ihr Leben verändert. Jetzt war der Sohn mit seinen Aposteln. »Wie mich der Vater gesandt hat, so sende ich euch« (Joh. 20,21). Wir werden in Jesu Namen größere Werke als Jesus selbst tun.

Petrus und Johannes hatten weder Silber noch Gold, aber durch den Heiligen Geist, der in ihnen wohnte, hatten sie Jesus und Mut, den Gott ihnen schenkte. Sie vertrauten vollkommen der Gegenwart Christi, die in ihnen wohnte und in ihnen blieb. Dadurch waren sie fähig, die Hand des Gelähmten zu ergreifen und zu sagen: »Im Namen Jesu Christi von Nazareth, steh auf und geh umher« (Vers 6).

Gibt es irgendeinen Zweifel daran, daß diese Männer eine übernatürliche Erfahrung gemacht hatten, die ihr Leben veränderte? Lukas hatte bereits einen Bericht über Jesu Leben geschrieben. Nun schrieb er an seinen Freund Theophilus, um ihm von diesem neuen Leben zu erzählen, von dieser Offenbarung des Lebens Christi im Leben der Gläubigen. Dies war noch größer als die früheren Dinge, die er geschrieben hatte. Gottes Absicht war klar: Die Verherrlichung seines Sohnes. Dies war nicht das Werk von Menschen, sondern das Werk des Heiligen Geistes, der in den Menschen wohnt. Lieber Leser, nichts hat sich verändert, Gott schon gar nicht. Seine Absicht ist noch immer, seinen Sohn in und durch unseren sterblichen Leib zu verherrlichen. Laß Dich darum heute nicht entmutigen. Hat Jesus nicht gesagt, daß wir größere Werke als er tun werden? Gottes Erstes und Bestes für uns ist, daß wir eine lebensverändernde Erfahrung machen. Gib Gott Raum in Dir, damit er Dich in neue Erfahrungen führen kann.

Ein Edelstein für heute: Gott spricht: »Meine Frucht ist besser als Gold und feines Gold, und mein Ertrag ist besser als erlesenes Silber« (Spr. 8,19).

Alttestamentliche Lesung Nehemia 7.8

19. Juni

Neutestamentliche Lesung Apostelgeschichte 4,1-22

Sie sahen aber die Unerschrockenheit von Petrus und Johannes und wunderten sich; denn sie kannten sie als ungelehrte und einfache Leute und wußten von ihnen, daß sie mit Jesus gewesen waren.

(Apg. 4,13)

Das Wunder des gelähmten Bettlers, der in den Tempel ging, herumsprang und Gott lobte, war zu groß für die religiösen Führer. Sie konnten damit nicht fertig werden. Es war nicht so, daß sie nicht an die übernatürliche Natur Gottes glauben konnten, denn ihr eigenes Land war darauf gegründet. Aber sie waren einfach nicht darauf vorbereitet, zu glauben und anzunehmen, daß Jesus der war, für den er sich ausgab. Sie zweifelten nicht daran, daß Gott seinen Messias senden würde, so wie es in der Schrift stand. Aber als Gott seinen Sohn Jesus schickte, entsprach dieser nicht ihren Erwartungen. Er paßte nicht in ihre religiösen Pläne.

Da die religiösen Führer nicht mit Gott zogen, verfolgte er seine Pläne ohne sie weiter. Schließlich hatte er ihnen durch die Propheten seine Absichten erklärt. Darum fuhr Gott einfach fort mit seinen Plänen, und diejenigen, die offen waren für Gott, gingen mit ihm. Tausende glaubten, weil sie in Jesus erkannten, daß ihre Rettung nicht mehr länger davon abhing, daß sie korrekt die Gebote hielten. Das war eine gesetzliche und sklavische Haltung gewesen. In Jesus sahen sie nun, daß sie dadurch volle Erlösung erfuhren, wenn sie in täglicher Gemeinschaft mit Jesus lebten und ihm jeden Moment vertrauten. Gott hatte auch in der Vergangenheit für sie gesorgt. Wenn sie ein Gesetz gebrochen hatten, so konnten die Priester für sie ein Opfer bringen. Jetzt war Jesus zum großen Hohenpriester geworden, und Gott selbst hat ihn für unsere Sünde und unser Versagen geopfert.

Tausende strömten bei den Aposteln zusammen, und sie empfingen den Heiligen Geist, durch den sie das Leben von Christus leben konnten. Als die religiösen Führer anfingen, näher zu untersuchen, was da vor sich ging, da war es nicht nur das Wunder des Gelähmten, das sie ärgerte und wütend machte. Die, die mit Jesus gewesen waren, fielen ihnen auf. Das neue Leben, das ihnen durch den Glauben an den auferstandenen Christus gehörte, bedeutete das Ende des Gesetzes, der Blutopfer und des Tempelkultes. Und die Führer waren nicht bereit, diese Tradition hinter sich zu lassen, um den neuen und lebendigen Weg zu betreten.

Ich bin sicher, daß es in Deinem und in meinem Leben vieles gibt, vielleicht Dinge, die mit der Tradition zusammenhängen, die durch unsere völlige Auslieferung an Jesus bedroht sind. Doch wird unser Leben am Ende wie die Apostelgeschichte zu lesen sein? Wird der Heilige Geist in unserem Leben so große Freiheit haben, daß es dann, wenn Kritiker unser Leben unter die Lupe nehmen, von uns heißen wird: »Sie wußten von ihnen, daß sie mit Jesus gewesen waren«?

Ein Edelstein für heute: »Ihr seid das Licht der Welt. Es kann die Stadt, die auf dem Berg liegt, nicht verborgen bleiben« (Mt. 5,14).

Alttestamentliche Lesung Nehemia 9-11

20. Juni

Neutestamentliche Lesung Apostelgeschichte 4,23-37

... und sie wurden alle mit dem Heiligen Geist erfüllt und verkündeten das Wort Gottes unerschrocken. *(Apg. 4,31)*

Wenn Du diese Kapitel der Apostelgeschichte liest, kannst Du dann nicht auch spüren, wie das Leben Christi hervorsprudelt und überfließt wie Ströme lebendigen Wassers? Petrus und Johannes waren gerade zurückgekommen, nachdem sie vor dem hohen Rat hatten erscheinen müssen. Ihr Verbrechen war gewesen, den Menschen von Jesus erzählt und seine Auferstehung verkündigt zu haben. Darum hatte man sie ergriffen und ins Gefängnis geworfen. Aber Petrus, erfüllt mit dem Heiligen Geist, redete unerschrocken und verkündigte, daß die Rettung allein in Jesus ist. In unserer Lesung heute wurden sie nun freigelassen und kehrten zu ihren Leuten zurück. Aber trotz der Bedrohung ihres eigenen Lebens verkündigten Jesu Jünger noch immer das Evangelium. »Mit großer Kraft bezeugten die Apostel die Auferstehung des Herrn Jesus, und große Gnade war bei ihnen allen« (Vers 33).

Kein Wunder, daß die ungläubigen Menschen mit den Zähnen knirschten und gewalttätig wurden. Warum war das Leben der Apostel anders? Als sie Jesu Jünger waren, hatten sie nicht diese Unerschrockenheit. Ja, wie schnell warnten sie Jesus vor den Gefahren, die ihn erwarteten, wenn er seine Absichten weiter verfolgte. Diese Jünger hatten eine Erfahrung gemacht; vielleicht sollte ich besser sagen, daß sie diese Erfahrung noch immer machten. Jesus hatte seinen Heiligen Geist gesandt, um sie in alle Wahrheit zu führen, und sie waren bis zum Überfluß voll, so daß sie ihre Erfahrung nicht mehr für sich selbst behalten konnten. Das einzige, worüber sie reden wollten, schien Jesus zu sein. Weder hatten noch brauchten sie ein geschriebenes Evangelium, um die Ereignisse in ihrem Gedächtnis aufzufrischen. Sie lebten das Evangelium. Jeden Tag schrieb der Heilige Geist ein neues Kapitel in ihr Leben. Sie litten, wurden verletzt, mißhandelt, und man verbot ihnen zu predigen. Aber sie konnten nicht aufhören, von dem zu reden, was sie erfahren hatten und noch erfuhren.

Petrus, der einst geleugnet hatte, Jesus auch nur zu kennen, verkündigte nun Jesu Auferstehung, Vergebung der Sünden und neues Leben in Christus durch die Gegenwart des Heiligen Geistes. Nichts konnte ihn bezwingen, nicht einmal die Androhung körperlicher Bestrafung. Jeden Tag und überall verkündigte Petrus Jesus, selbst öffentlich im Tempel. Der Schlüssel sowohl zu seiner Erfahrung als auch zu seinem Predigen ist die Verheißung des Vaters: Der Heilige Geist, der in uns wohnt. Es ist Gottes Wille, daß wir durch unsere Beziehung und Gemeinschaft mit dem Heiligen Geist Jesus kennenlernen, von ihm erfüllt sind und in ihm bleiben. (Ich möchte die Worte Beziehung und Gemeinschaft betonen.) Mein lieber Freund, das soll heute unser Gebet sein:

»Lieber Herr, gib uns in unser Herz den Wunsch, unseren Zweifeln und Ängsten abzusagen und dem Heiligen Geist gehorsam zu werden, damit er uns Jesus offenbart in einer solchen Dimension,daß auch wir verkündigen, was wir von Christus gesehen und gehört haben.«

Ein Edelstein für heute: »Wenn sie euch nun ausliefern werden, so sorgt nicht, wie oder was ihr reden sollt; denn es soll euch in dieser Stunde eingegeben werden … Denn nicht ihr seid es, die dann reden, sondern der Geist eures Vaters ist es, der durch euch redet« (Mt. 10,19.20).

Alttestamentliche Lesung Nehemia 12.13

21. Juni

Neutestamentliche Lesung Apostelgeschichte 5,1-16

Es kamen auch viele aus den Städten rings um Jerusalem und brachten Kranke und von unreinen Geistern geplagte; und alle wurden gesund. *(Apg. 5,16)*

Was für eine Gemeinde war das in Jerusalem! Eins ist sicher, der Heilige Geist nahm den höchsten Platz ein unter den Leitern dieser Gemeinde, und sie erfuhren eine Dimension Gottes, die Jesus ganz bestimmt verherrlichte. Als Sünde in der Gemeinde war, offenbarte Gott dies den Leitern. Die Sünde von Ananias und Saphira war vorsätzlich und geplant. Sie hatten sich den Betrug in ihrem Herzen ausgedacht und ihn dann ausgeführt, um die Brüder zu täuschen; das konnte nicht verborgen bleiben vor Gott. Und, oh, was mußten sie für einen schrecklichen Preis dafür zahlen.

Krankheit des Leibes wurde genauso geheilt wie Krankheit der Seele. Jeder einzelne der Gläubigen wußte, was es heißt, wiedergeboren und getauft zu sein. Darum hatte Buße für sie einen Stellenwert. Buße bedeutete, die Bindung an die alten religiösen Überzeugungen zu lösen. Es war nicht populär zu glauben, daß Jesus der Messias war, daß die Opfer im Tempel nicht mehr nötig waren und daß die Erlösung nicht mehr davon abhing, daß man fähig war, das Gesetz zu halten. Jetzt wurde man gerettet, wenn man an Jesus glaubte, wenn man dem Auferstandenen vertraute. Damals war die Kirche Jesu Christi eines Sinnes in ihrem Glauben an Jesus und in ihrem Vertrauen darauf, daß er rettet. Und sie waren alle mit dem Heiligen Geist getauft. Es war für die Kirche Jesu Christi eine Zeit großer Kraft.

Durch den Glauben an Jesus und durch die Einheit der Erfahrung wurden viele, viele Menschen zu ihnen hinzugefügt. Durch das Anwachsen der Gemeinde hatte Gott einen mächtigen Träger des Glaubens, durch den er seine Macht offenbarte und seinen Sohn verherrlichte. Gott wohnte wirklich in seinem Volk – ja, er wohnte in dem Lobgesang seines Volkes –, so daß Krankheit nicht in Gottes Gegenwart bleiben konnte. Schon bei der geringsten Gelegenheit ergoß sich Gnade vom Himmel durch diese Dimension des Glaubens, die Gott geschenkt hatte. Und als Folge davon wurden Menschen geheilt. Unreine Geister wurden ausgetrieben, und nichts, einfach gar nichts, was nicht in Einklang war mit dem Reich Gottes, konnte bestehen.

Was würde mit der Kirche Jesu Christi in diesem Land passieren, wenn Du entschlossen wärst, solchen Glauben und Gottes Gegenwart in Deiner Mitte zu erwarten, indem Du Dich täglich Gott hingibst? Dadurch kann Gott in uns so groß werden, daß wir Jesus verherrlichen. Die Kranken würden wieder geheilt, die unreinen Geister in der Kirche würden ausgetrieben, die Sünde hätte keinen Raum in unserem Leben, und Jesus würde verherrlicht. Sehne Dich nach diesem Abenteuer, und laßt uns dafür beten, daß auch wir diese Erfahrungen machen.

Ein Edelstein für heute: »Denn wir sind Gottes Mitarbeiter, ihr seid Gottes Ackerfeld und Gottes Bau« (1. Kor. 3,9).

Alttestamentliche Lesung Esther 1-3

22. Juni

Neutestamentliche Lesung Apostelgeschichte 5,17-42

Und sie hörten nicht auf, alle Tage im Tempel und in den Häusern zu lehren und das Evangelium von Jesus Christus zu predigen.
(Apg. 5,42)

War das nicht eine schwere Zeit? Wann hättest Du aufgegeben, wenn Du geschlagen und ins Gefängnis geworfen worden wärst, wenn man Dir verboten hätte, über Jesus zu sprechen? Vielleicht wärst Du an dem Punkt vorsichtiger gewesen, wo und wann Du von ihm gesprochen hättest. Einige von uns, die Jesus folgen, haben wirklich einen echten Preis dafür zu zahlen. Wenn Du gerade durch schwere Zeit gehst, dann möchte ich Dich damit ermutigen, daß die meisten Männer und Frauen, die Gott gebraucht, einigen sehr bitteren Prüfungen ausgesetzt sind.

Es besteht aber kein Zweifel, daß wir durch Prüfungen lernen und wachsen. Wenn man das Evangelium von Jesus Christus predigt, dann ist das eine Konfrontation mit dem Fürsten dieser Welt. Die boshafteste Reaktion auf das Evangelium kommt üblicherweise von dem Geist der Weltlichkeit, der sich gewöhnlich nach außen in einen religiösen Deckmantel kleidet. Es ist traurig zu sagen, aber gerade aus der Kirche selbst erfahren wir den größten Widerstand. »Es werden nicht alle, die zu mir sagen: Herr, Herr!, in das Himmelreich kommen ...« (Mt. 7,21). Der Geist dieser Welt weiß alles über das geistliche Leben. Schließlich war der Fürst dieser Welt selbst einmal ein Erzengel und weiß mehr über das Himmelreich als Du und ich. Wenn er Dich schon nicht aus der Gemeinde heraushalten kann, dann will er Dich darin halten, aber als seinen Nachfolger und Jünger; es sei denn, lieber gläubiger Freund, daß Du ganz klar mit dem Geist dieser Welt brichst und das ganze Evangelium Jesu Christi ergreifst. Das bedeutet nicht unbedingt die Absonderung von einer Gruppe, Kirche oder Menschen, um das zu vollziehen, sondern die Trennung von dem Geist der Weltlichkeit, der in Dir wohnt. Die Apostel kamen täglich im Tempel zusammen, obwohl ihre Prüfungen von denen kamen, die dort Autorität hatten. Weil sie jedoch dem Evangelium glaubten, das sie predigten (»... der in uns ist, ist größer als der, der in der Welt ist«, Joh. 4,4), hörten sie nicht auf zu lehren und Jesus Christus zu predigen. Mein Freund, wenn Du vom Herrn so wert geachtet bist für den Namen Jesu zu leiden, dann: Willkommen an Bord! Nur mußt Du sicher sein, daß Du begriffen hast, daß die Verfolgung nicht darum entsteht, weil Du irgendwelche Lehren oder Theologie lehrst oder überbetonst. Wir sind nicht berufen, einige Grundsätze der Bibel zu predigen und zu lehren und eine Anhängerschaft um diesen Grundsatz herum zu sammeln, sondern wird sind berufen, Jesus Christus zu verkündigen. Wenn wir täglich durch sein Wort Gemeinschaft mit ihm haben durch die Hilfe des Heiligen Geistes, dann werden wir allein Jesus bekennen. Bekenne ihn täglich, und Du wirst wachsen und stärker und stärker werden und ihn immer kühner bekennen, weil Du ständig Gemeinschaft mit ihm hast. Der Geist dieser Welt wird das nicht leiden können, aber die Belohnung durch die Gemeinschaft mit Jesus ist groß.

Ein Edelstein für heute: »Ich hatte beschlossen, unter euch nichts zu wissen als allein Jesus Christus, den Gekreuzigten« (1. Kor. 2,2).

Alttestamentliche Lesung Esther 4-6

23. Juni

Neutestamentliche Lesung Apostelgeschichte 6

Da riefen die Zwölfe alle Jünger zusammen ... (Apg. 6,2)

In seinem Buch »Die Pilgerreise« beschreibt John Bunyan, wie Gott ihm vergab, daß er ein Sünder gewesen war. Die große Last, die er getragen hatte, fiel von ihm ab und rollte fort. Er war nicht mehr durch das Gesetz der Sünde gebunden, auch trug er nicht mehr ihre Last. Er war frei, Gott sei gelobt, frei! Das ist genau das, was die Bibel uns sagt.

Stell Dir nur einmal vor, wie die Frau sich fühlte, die beim Ehebruch ertappt worden war und zu Jesus geführt wurde. Sie sollte gesteinigt werden, damit das Gesetz erfüllt würde. Was muß in ihr vorgegangen sein, als keiner ihrer Ankläger mehr da war und Jesus zu ihr sagte: »Dann verdamme ich dich auch nicht; geh hin und sündige nicht mehr« (Joh. 8,11). Es ist gut für uns, wenn wir daran erinnert werden, daß wir Sünder sind, die durch Gnade gerettet wurden. Ohne Gottes Gnade würden wir diese wunderbare Erfahrung der Erlösung nicht kennen.

Wenn die Christen in der Urgemeinde die Vergebung ihrer Sünden wünschten, dann mußten sie darauf vorbereitet sein, ihren alten Glauben zur Seite zu legen, ja, ihre religiösen Überzeugungen, die gültig gewesen waren bis zu Jesu Tod. Tradition kann eins der größten Hindernisse sein, wenn man das Evangelium leben will. Für jene Juden war es sehr schwer, jemanden von der Erfahrung der Wiedergeburt erzählen zu hören und durch den Glauben dies selbst anzunehmen. Zu der Zeit, als ihnen in Jesu Namen Vergebung angeboten wurde, glaubten sie, daß sie durch die Opfer im Tempel Vergebung erlangen konnten. Sie waren davon überzeugt, daß sie Gottes Volk waren, und bis sie vom Evangelium von Jesus Christus hörten, schaffte ihnen das Blut von Tieren Sühne für ihre Sünde. Jetzt wurden sie dazu gerufen, sich völlig zu verändern und nicht mehr auf die traditionelle, national von Gott gegebene Sühne für die Sünde zu vertrauen, sondern auf den Tod durch das Blut eines Zimmermanns aus Nazaret. Ich bin sicher, daß dies eine riesige Veränderung für sie war.

Die nächste Prüfung oder der nächste Schritt, den sie gehen mußten, war, daß sie nicht nur zu glauben hatten, was sie gelehrt worden waren, nämlich sich taufen zu lassen und sich von ihrem traditionellen Opferkult zu trennen, sondern es wurde von ihnen verlangt, ein Nachfolger, ein Jünger zu sein.

Wenn Du, mein Freund, dort gewesen wärst, als die Zwölf die Jünger zusammenriefen, wärst Du gefolgt? Um die Freiheit und Freude, die Gott gibt, zu erfahren, in ihr zu bleiben und sie sich entwickeln zu lassen, müssen wir uns von traditionellen Vorstellungen lösen. Versuche nicht, diese Vorstellungen mit in Gottes Reich zu bringen. Lege Dein Recht, selbst zu wählen und zu entscheiden, beiseite, und sei einfach ein Nachfolger. Manche Probleme, in denen wir uns befinden, kommen daher, daß wir nicht bereit sind, uns führen zu lassen. Bitte den Heiligen Geist, in Dir eine Bereitschaft zum Hören zu entwickeln und Dich zu befähigen, daß Du folgst. Du sollst weniger selbst versuchen und mehr vertrauen. Wenn heute jemand Jesu Jünger zusammenruft, wirst Du folgen?

Ein Edelstein für heute: »Wenn ihr bei dem bleibt, was ich euch gesagt habe, seid ihr wahrhaftig meine Jünger« (Joh. 8,31).

Alttestamentliche Lesung Esther 7-10

24. Juni

Neutestamentliche Lesung Apostelgeschichte 7,1-16

Und die Erzväter beneideten Josef und verkauften ihn nach Ägypten. Aber Gott war mit ihm und errettete ihn aus all seiner Not und gab ihm Gnade und Weisheit vor dem Pharao, dem König von Ägypten. Der machte ihn zum Statthalter über Ägypten und setzte ihn über sein ganzes Haus. *(Apg. 7,9.10)*

Als Stephanus das Evangelium darstellte, erinnerte er das Volk Israel daran, wer sie waren und woher sie kamen. Er erinnerte sie an Josef. Durch ihn rettete er die ganze Familie Josefs in der Zeit einer großen Hungersnot in vielen Ländern. Josef hatte versucht, seinen Brüdern einiges von dem mitzuteilen, was Gott ihm in einem Traum gezeigt hatte. Aber anstatt zu sehen, daß Gott sie durch ihren jüngsten Bruder versorgen wollte, gaben sie Neid, Eifersucht und Streit Raum. Sie taten das Schlimmste, was sie nur tun konnten (abgesehen von einer Ermordung). Stephanus erinnerte das Volk daran, daß Gott denen, die ihn lieben, alle Dinge zum Besten dienen läßt. Gott war treu dem gegenüber, was er Josef im Traum gezeigt hatte; alles Negative, was Josef erleiden mußte, ließ Gott ihm zum Guten dienen. Er gab etwas in Josefs Leben hinein, was ihn darauf vorbereitete, Gottes Absichten auszuführen.

Als die Umstände aussichtslos waren und kein Ziel zu haben schienen, blieb Gott treu. Er befreite Josef aus seinem Leiden und gab ihm Gnade und Weisheit in den Augen des Pharao. Josef war ein Zeuge der Weisheit und Gnade, die Gott gibt.

Es ist Gottes Verlangen, mein Freund, uns Gnade zu geben. Das will ich betonen. Als Josef Gnade suchte oder als er versuchte, Gottes Gnade mit

seinen Brüdern zu teilen, da gab es durch Unwissenheit der Wege Gottes – ja, durch Unkenntnis von Gott selbst – Neid und Streit. Gott alleine kann und will uns Gnade geben. Es ist sein guter Wille, uns zu begnadigen. Ich denke, daß es heute sicher jemand nötig hat, dies zu hören. Vielleicht bist Du an einem schwierigen Ort, umgeben von Unverständnis. Ich will Dich einfach an Gottes Treue erinnern, damit Du weißt, daß er bereit und fähig ist zu befreien. Aber Gott bietet mehr an als Befreiung. Er bietet uns nicht nur seine Gnade an, sondern er will sie uns auch geben. Gott wird sich nicht zufrieden geben, bis die Gnade und Weisheit, die er gibt, für alle sichtbar ist; und das wird ein gutes Zeugnis von Gottes Wirken in unserem Leben sein. Ergreife diese Wahrheit, und bringe sie Gott im Gebet. Rede mit Gott darüber, habe Gemeinschaft mit ihm, und sieh, ob er diese Wahrheit nicht auch in Deinem Leben Wirklichkeit werden läßt, um Jesus zu verherrlichen; heute.
Ein Edelstein für heute: »Denn, Herr, durch dein Wohlgefallen hattest du mich auf einen hohen Fels gestellt« (Ps. 30,8).

Alttestamentliche Lesung Hiob 1-3

25. Juni

Neutestamentliche Lesung Apostelgeschichte 7,17-43

Ich habe das Leiden meines Volkes in Ägypten gesehen und sein Seufzen gehört und bin herabgekommen, um es zu erretten.
(Apg. 7,34)

Gott hat ein Volk, das er sein Eigen nennt. Ich weiß nicht, was das für Dich bedeutet; mir jedenfalls bedeutet es viel zu wissen, daß wir ein Volk sind, das Gott sein Eigen genannt, an das er sich gebunden hat und das er liebt. Gott ist fähig, unser Leiden zu sehen; schließlich hat er sogar das Seufzen Israels gehört und kam herab, um es zu retten.

Stephanus lebte und predigte in einer Zeit des Übergangs, in einer Zeit, wo Gottes Volk aus einem alten Bund herausgerufen wurde hinein in einen neuen, vollkommenen Bund. Gott opferte seinen Sohn am Kreuz für unsere Sünde, damit alle Sünde, sowohl der Juden als auch der Griechen, gesühnt ist. Dadurch zeigte Gott einen noch größeren Grad der Hingabe an uns (wenn man überhaupt von Graden der Hingabe sprechen kann).

Ich spüre, was Stephanus sagte, aber wie kann ich das in Worte fassen? Meine intellektuellen Fähigkeiten begrenzen mich, das angemessen wiederzugeben, was der Geist uns heute durch Stephanus' Worte sagt. Gott sagte: »Ich habe euer Leiden gesehen und euer Seufzen gehört.« Wir haben einen Gott, der unsere Not nicht übersieht. Er hat uns befreit, so sicher, wie er Israel aus der Hand der Ägypter befreite. Gott hat unsere Versklavung durch das Kreuz zerbrochen und zerstört und hat uns adoptiert in seine Familie hinein, die er »sein Volk« nennt. Wir haben einen Platz, einen Namen und eine Stellung in Gottes Familie. Das Beste, womit Gott uns unter dem neuen Bund versorgen kann, ist, daß er uns eine neue Identität gibt. Ganz gleich, was früher Deine Gewohnheiten, Deine Natur und Dein Wesen waren, unter Gottes neuem Bund mit seinem Volk bist Du eine neue Schöpfung in Christus geworden. Gott reformiert nicht unser Leben, sondern er macht es völlig neu. Ja, wir sind wie eine gewöhnliche, grüne Gartenraupe, die das Gemüse ißt. Eines Tages ist es so weit, daß eine Veränderung stattfindet; die Raupe fängt geschäftig an, sich einen Kokon zu machen und überwintert. Schließlich findet im Kokon ein Kampf statt, und die einfache Gartenraupe kommt als ein wunderbarer Schmetterling aus dem Kokon hervor. Gott hat diese Veränderung bewirkt.

Gottes Bestes für uns heute ist, mein lieber Freund in Christus, uns daran zu erinnern, wie sehr er auf unsere Not achthat. »Ich habe gesehen. Ich habe gehört.« Gottes Arm ist nicht zu kurz. Er wird kommen und befreien – ich muß mich verbessern –, er ist gekommen und hat mich befreit. In Christus hat er uns alles gegeben; unsere Befreiung liegt im Kreuz.

Ein Edelstein für heute: »Darum, ist jemand in Christus, so ist er eine neue Schöpfung. Das Alte ist vergangen, siehe, Neues ist geworden« (2. Kor. 5,17).

Alttestamentliche Lesung Hiob 4-6

26. Juni

Neutestamentliche Lesung Apostelgeschichte 7,44-60

Er aber, erfüllt mit Heiligem Geist, blickte zum Himmel auf und sah die Herrlichkeit Gottes und Jesus zur Rechten Gottes stehen...

(Apg. 7,55)

Stephanus war so erfüllt mit Gottes Heiligem Geist, daß er denen, die ihn steinigten, ins Angesicht sehen konnte. Es heißt, daß sie vor Zorn über ihn mit den Zähnen knirschten. Ich verstehe den Text so, daß Stephanus' Feinde das Schlimmste tun konnten, aber weil Stephanus mit dem Heiligen Geist erfüllt war, waren seine Augen auf Jesus gerichtet. In Vers zehn von Kapitel sechs heißt es: »Doch sie vermochten der Weisheit und dem Geist, in dem er redete, nicht zu widerstehen.«

Die Gegenwart des Heiligen Geistes in Stephanus regte die Juden auf, ja, der Heilige Geist erklärte sie für schuldig. Aber Stephanus, voll mit dem Heiligen Geist, war in der Lage, mit Unerschrockenheit vor den Menschen zu stehen und die Botschaft des Evangeliums zu verkündigen, ohne die Vergeltung der Menschen zu fürchten. Der Tod enthielt für Stephanus keinen Schrecken, weil er in dem lebte, was Gott ihm gegeben hatte, und weil er sein Gesicht entschlossen in die Richtung gewandt hatte, in die er ging. Er suchte nach dem, was droben ist; er hatte Augen für den Himmel. Gott offenbarte ihm die Sehnsucht seines Herzen, nämlich Jesus.

Stephanus lebte das, was er predigte. Durch den Glauben ging er den Weg seiner Botschaft, und durch den Glauben nahm er die Konsequenzen an. Sein Glaube war einfach und unkompliziert, weil er Jesus seine Umstände anvertraute. Steine, Quetschungen und schließlich ein zerbrochener Leib, all das heißt nicht, daß Stephanus' Vertrauen auf Gott falsch gewesen war. Als er zum Himmel aufschaute schrie sein Herz vielleicht nach Gott. Aber dann sah er Jesus dort stehen, nach ihm schauen und warten. Ich kann die Begeisterung fast spüren, die in Stephanus war, als er zum Himmel rief: »Herr Jesus, nimm meinen Geist auf.« Wir sind hier nicht Zeugen von Tapferkeit, sondern sehen einen Mann, der so mit dem Heiligen Geist erfüllt war, daß er hungrig war nach Jesus, daß er mehr von ihm wollte. Diese Gegenwart des Heiligen Geistes bedeutet, daß ihm Christus offenbart wurde. Der Heilige Geist hatte bewirkt, daß seine Gefühle, seine Liebe, die Wünsche seines Herzens auf Christus gerichtet waren. Stephanus hatte seine Botschaft ausgerichtet und seinen Dienst erfüllt. Während nun die Menge nach Mißhandlung schrie, sein Leben bedrohte und Steine sammelte, um ihn zu töten, kniete er einfach vor dem Messias nieder, dem gegenüber die Menge blind war. Stephanus sah Jesus in all seiner Herrlichkeit und bereitete sich darauf vor, zu ihm zu gehen. Keine Bitterkeit, kein Zorn oder Selbstmitleid. Stephanus lebte in der Wirklichkeit des Reiches Gottes, die Ewigkeit dehnte sich vor ihm aus, weil die Fülle des Heiligen Geistes Gottes Reich in die Erfahrung seines Alltags gebracht hatte.

Mein Freund, nimm dir Zeit, um Gemeinschaft mit dem Heiligen Geist zu haben. Versuche nicht in Deinem Leben etwas zu tun, was der Heilige Geist besser für Dich tun kann. Keiner kennt Jesus so wie der Geist, und keiner kann Dir besser helfen, Jesus kennenzulernen. Zögere darum nicht, mit der Person des Heiligen Geistes erfüllt zu sein und Dich immer mehr füllen zu lassen.

Ein Edelstein für heute: »Wer aber auf den Geist Gottes sät, der wird von ihm das ewige Leben ernten« (Gal. 6,8).

Alttestamentliche Lesung Hiob 7-9

27. Juni

Neutestamentliche Lesung Apostelgeschichte 8,1-25

Philippus kam hinab in die Hauptstadt Samariens und predigte von Christus zu ihnen; ... so entstand große Freude in dieser Stadt.

(Apg. 8,5.8)

Ich erinnere mich daran, wie ich als junger Christ einmal zu einer Familie ging, die nur ein paar Straßen von unserem Haus entfernt wohnte. Man konnte sie gut zu Fuß erreichen. Ich war sehr nervös und redete auf dem ganzen Weg dorthin mit Jesus. Diese Familie war mir völlig unbekannt, hatte aber einem Besuch zugestimmt. An der Tür begegnete ich der Frau. Sie erklärte, daß sie erst noch ihre Mutter zur Bushaltestelle bringen müßte. In der Zwischenzeit saß ich in ihrem Wohnzimmer auf dem Sofa und unterhielt mich mit dem Mann. Es dauerte nicht lange, bis auch die Frau dazukam, und ich fragte sie, ob ich ihnen erklären dürfte, was mit mir geschehen war, als ich wiedergeboren wurde. Ich hatte damals weder Bibelkenntnis, noch konnte ich das Evangelium mit Einsicht weitersagen. Ich konnte nur von meinen eigenen Erfahrungen mit Jesus erzählen.

Es dauerte nicht lange, bis sie zu weinen anfingen und fragten, was sie tun könnten, um auch diese Erfahrung der Wiedergeburt zu machen und Jesus so kennenzulernen, wie ich es erzählt hatte. Ich war nicht darauf vorbereitet oder geschult, jemanden zum Herrn zu führen, und ich muß bekennen, daß ich eigentlich gar nicht wußte, was ich tun sollte. Je mehr ich Jesus bezeugte, desto mehr weinten sie und fragten, was sie tun sollten. Irgendwie haben wir uns dann durch ein Gebet hindurchgestolpert, in dem wir Jesus baten, diese Menschen anzunehmen, so wie er mich angenommen hatte. Und plötzlich war das Zimmer von Freude erfüllt. Unsere Herzen tanzten fast davon. Wir stellten uns vor, wie die Engel im Himmel sich jetzt freuten, und wußten nicht einmal, daß diese Worte in der Bibel stehen.

Gott schenkt eine besondere Freude, wenn wir Christus bezeugen, eine Freude des Heiligen Geistes, wenn wir anderen von unseren Erfahrungen erzählen. Es gibt eine Freude, wenn wir Christus annehmen und wiedergeboren werden, und eine andere, große Freude, wenn unser Zeugnis durch die Hilfe des Heiligen Geistes jemand anderen zur Wiedergeburt führt, zu einer Beziehung mit Christus. Diese Erfahrung war nicht nur der Urgemeinde vorbehalten oder den professionellen Evangelisten. Philippus war ein Diakon, ein Mann mit Heiligem Geist erfüllt, der Christus predigte. Und unser Text sagt, daß große Freude in der Stadt war, weil er ihnen Christus predigte.

Ich will Dich dazu ermutigen, ein Glaubensabenteuer zu erleben, dadurch, daß Du Gott bittest, Dir eine Möglichkeit zum Bezeugen zu geben. Vielleicht verabredest Du Dich zu diesem Zweck mit jemandem. Du sollst nicht von einer Gemeinde, einer Gruppe oder einem Lebensstil erzählen. Predige einfach Jesus Christus, und erfahre selbst die Freude, die Gott gibt.

Ein Edelstein für heute: »Haltet aber den Herrn Christus in euren Herzen heilig. Seid allezeit zur Verantwortung bereit vor jedem, der von euch Rechenschaft fordert über die Hoffnung, die in euch ist; und tut das mit Sanftmut und Gottesfurcht« (1. Petr. 3,15.16).

Alttestamentliche Lesung Hiob 10-12

28. Juni

Neutestamentliche Lesung Apostelgeschichte 8,26-40

Der Geist aber sagte zu Philippus: Geh hin und halte dich zu diesem Wagen. *(Apg. 8,29)*

Der Urgemeinde fehlte es nicht an Aufregung, und überall in Israel wurde das Evangelium gepredigt. Weil jeder Gläubige wiedergeboren war, hatte jeder eine Erfahrung mit Jesus, die er jemand anderem weitererzählen konnte. Es flossen Ströme lebendigen Wassers. Das Alte Testament war die einzige Schrift, aus der die Jünger diese große Offenbarung von Jesus als dem Messias verstehen konnten und die Ausgießung von Gottes Heiligem Geist sowohl auf die Juden als auch auf die Heiden. Es stand in den Schriften, wenn jemand nur Augen hatte zu sehen und Ohren zu hören. Eines Tages, inmitten dieser aufregenden Geschehnisse, »(sprach) der Engel des Herrn zu Philippus: Steh auf und geh zur Mittagszeit auf die Straße, die von Jerusalem nach Gaza hinabführt« (Vers 26). Sein Gehorsam führte ihn zu einer Begegnung mit einem Kämmerer, der großen Einfluß hatte unter der Kandake, der Königin von Äthiopien.

Hast Du irgendwelche Zweifel daran, mein Freund, daß Gott an jedem einzelnen Menschen interessiert ist? Stell Dir vor, Du hättest in dem Wagen gesessen und die Bibel gelesen, ohne sie zu verstehen. Glaubst Du, daß Gott sich aufgemacht hätte, um Dir Verständnis und Erleuchtung zu bringen? Ja, und noch einmal ja! Gott interessiert sich sogar für die Anzahl der Haare auf Deinem Kopf. Was für einen mächtigen Verstand und was für ein großes Herz muß er haben! Wie können unsere Gedanken die Größe Gottes erfassen, dessen Wege nicht unsere Wege sind? Gott war so sehr an dem Kämmerer interessiert, der in der Schrift forschte, daß er einen Engel zu Philippus sandte, um ihn anzuweisen, seine große Stadtevangelisation zu verlassen und südwärts zu gehen. Als er dort ankam, wohin er gesandt war, stand er in so enger Gemeinschaft mit dem Heiligen Geist Gottes, daß der Geist zu ihm sagte: »Geh hin und halte dich zu diesem Wagen.« Stell Dir nur einmal vor, was in unserem Leben passieren würde, wenn wir eine so enge Beziehung zum Heiligen Geist hätten, daß er so zu uns sprechen könnte.

Ich will Dir sagen, daß der Schlüssel zu einer fruchtbringenden Beziehung mit dem Heiligen Geist der Gehorsam ist, und es ist der Wunsch des Geistes, Jesus zu predigen. Strecke Dich in der Stillen Zeit nach dem Heiligen Geist aus, und strebe danach, eine Beziehung mit ihm zu entwickeln. Man braucht Glauben und Gehorsam dafür, aber Gott ist an Dir persönlich interessiert und wünscht, daß Du Gemeinschaft mit dem Heiligen Geist hast. Wenn er Dein Leben leitet, dann wird Jesus ganz sicher verherrlicht, und Dein Leben in Christus wird zu einem Abenteuer.

Ein Edelstein für heute: »Weil ihr nun Kinder seid, hat Gott den Geist seines Sohnes in unsere Herzen gesandt« (Gal. 4,6).

Alttestamentliche Lesung Hiob 13-15

29. Juni

Neutestamentliche Lesung Apostelgeschichte 9,1-25

Saulus aber redete immer kraftvoller und trieb die Juden in die Enge, die in Damaskus wohnten, und bewies, daß Jesus der Christus ist.
(Apg. 9,22)

Nimm Dir Zeit, diese zweiundzwanzig Verse zu lesen, die voll sind von Ereignissen, die Gott in Gang gesetzt hat. Paulus (Saulus) verfolgte die Christen und warf sie ins Gefängnis. Dann hatte er eine wundervolle Begegnung mit dem Herrn Jesus. In einer Vision sprach der Herr zu Hananias und gab Anweisungen für die Begegnung mit Paulus. Hananias ging zu Paulus, legte ihm seine Hände auf und sagte: »Bruder Saul, der Herr hat mich gesandt, Jesus, der dir auf dem Wege hierher erschienen ist, du sollst wieder sehen können und mit dem Heiligen Geist erfüllt werden« (Vers 17). Sofort konnte Paulus wieder sehen, und er wurde getauft.

Kaum hatte dies alles stattgefunden, sehen wir Paulus, wie er in den Synagogen predigt, daß Jesus der Sohn Gottes ist. Was für eine wunderbare Gemeinschaft und was für aufregende Tage hatte Paulus mit den Jüngern in Damaskus. »Saulus aber redete immer kraftvoller und trieb die Juden in die Enge, die in Damaskus wohnten, und bewies, daß Jesus der Christus ist.« Ich glaube wirklich nicht, daß sich irgend etwas geändert hat. Gott ganz bestimmt nicht. Er ist heute derselbe wie in den Tagen der Urgemeinde. Gott hat sich nicht geändert, aber Paulus. Es hatte keinen Sinn, sich Gottes Handeln auf der Straße nach Damaskus zu widersetzen. Was hätte das für Probleme für Paulus gegeben, wenn er sich geweigert hätte, Hananias zu sich zu lassen, oder wenn er nicht bereit gewesen wäre, sich die Hände auflegen zu lassen! Kannst Du Dir vorstellen, wie die Apostelgeschichte weitergegangen wäre, wenn Paulus dagegen protestiert hätte, durch Handauflegung den Heiligen Geist zu empfangen, oder wenn er die Gemeinschaft mit den Jüngern in Damaskus verweigert hätte?

Wie sehr hängt unsere Erfahrung mit Gott von unserer Fähigkeit ab, zu glauben, zu empfangen und einfach in dem mitzuströmen, was Gott tut. Was würde geschehen, wenn wir unsere Tradition und unser Wissen über die Kirche und die Bibel beiseitelegen und uns einfach dem Heiligen Geist öffnen würden, um in all das mit einzustimmen, was er uns vorsetzt? Ich denke, wenn wir unsere Hemmungen überwinden könnten, unser Leben Jesus geben und ihm völlig die Verantwortung überlassen würden, und wenn wir bereit wären, mit dem zu leben, was daraus folgen würde, dann würden wir auch Erfahrungen machen wie die Christen in der Apostelgeschichte. Unser Zeugnis wäre wie diese Kapitel der Apostelgeschichte zu lesen, und wir würden immer stärker werden und den Ungläubigen beweisen, daß Jesus der Christus ist.

Ein Edelstein für heute: »Ich will deinen Namen kundtun meinen Brüdern, ich will dich in der Gemeinde rühmen« (Ps. 22,23).

Alttestamentliche Lesung Hiob 16-18

30. Juni

Neutestamentliche Lesung Apostelgeschichte 9,26-43

So hatte nun die Gemeinde in ganz Judäa und Galiläa und Samarien Frieden, baute sich auf, lebte in der Furcht des Herrn und wuchs unter dem Beistand des Heiligen Geistes. *(Apg. 9,31)*

Das waren sehr harte Zeiten für Israel. Die Hand der Römer lastete schwer auf dem Land. Es gab das Gesetz, daß Israel Statuen des römischen Kaisers annehmen mußte. Nach wie vor war der Tempel der beliebteste Ort in Israel. Gerade darum bestanden die römischen Heiden darauf, daß die Statue des Kaisers aufgestellt wurde. Es gab Widerstand gegen dieses Gebot, und die Juden wurden verfolgt. Trotzdem schreibt Lukas, daß inmitten dieser Situation die Gemeinden Ruhe hatten in ganz Judäa, Galiläa und Samarien.

Ich weiß, wir können nicht eine zweite Urgemeinde herstellen, und wer wollte das auch? Wir haben so viel mehr. In unserem Land haben wir Frieden und Freiheit, um Gottesdienst zu feiern und uns als Christen zu versammeln. Wir können schöne Kirchen bauen und sind von der Gesellschaft, in der wir leben, akzeptiert. Aber ich bin nicht sicher, ob wir die Dimension Gottes erfahren oder die Ruhe und den Beistand des Heiligen Geistes erleben, von dem Lukas berichtet.

Was würde im Leben von uns Christen geschehen, wenn unser Herz sich danach sehnen würde, Jesus um dieselbe Dimension von Erfahrung zu bitten, wie sie die Urgemeinde erfuhr? Ich möchte Dir vorschlagen, daß Du eine Entscheidung triffst für Dein Gebetsleben. Zum Beispiel könntest Du Dir vornehmen, täglich in Deiner »Kammer« zu beten, damit Du die Bibel erfährst. Wenn die Gläubigen der Urgemeinde Frieden hatten, auferbaut wurden, in der Furcht des Herrn lebten und den Beistand des Heiligen Geistes erfuhren, warum sollten nicht auch wir solche Erfahrungen vom Herrn haben?

Mir reicht es nicht aus zu wissen, daß die Kirche solche Erfahrungen gemacht hat. Wenn die Christen damals so leben konnten, dann will ich, daß Gott dieselben Dinge auch in meinem Leben anfängt. Ich möchte das leben, wovon ich lese. Der Herr Jesus will auch, daß wir diese Art von Leben führen. Jeden Tag hat er mehr für uns. Ich denke, wir werden viele Überraschungen erleben, denn Gott stellt sich in immer größerer Fülle denen zur Verfügung, die ihn mit ihrem ganzen Herzen und mit ihrer ganzen Seele suchen. Wenn Du und ich Erfahrungen machen, die unser Leben verändern, weil wir nach Gott streben, dann wird es der Kirche auch so gehen, und vielleicht wird man denselben Text auch über die heutige Kirche schreiben: Die Gemeinden hatten Frieden, bauten sich auf und lebten in der Furcht des Herrn und mit dem Beistand des Heiligen Geistes und wuchsen.

Ein Edelstein für heute: »Tut alles ohne Murren und ohne Zweifel, damit ihr ohne Tadel und lauter seid, Kinder Gottes ohne Makel mitten unter einem verdorbenen und verkehrten Geschlecht, unter dem ihr leuchtet als Lichter der Welt« (Phil. 2,14.15).

Alttestamentliche Lesung Hiob 19.20

1. Juli

Neutestamentliche Lesung Apostelgeschichte 10,1-23

Am nächsten Tag, als diese auf dem Wege waren und in die Nähe der Stadt kamen, stieg Petrus um die sechste Stunde auf das Dach hinauf, um zu beten. *(Apg. 10,9)*

Petrus war dabei, eine ganz neue Erfahrung mit Gott zu machen. Seit dem Pfingsttag hatte er unerschrocken den Juden das Evangelium verkündet, aber jetzt war Gott dabei, die Richtung seines Dienstes zu ändern. Wegen seines religiösen und kulturellen Hintergrundes hatte er mit dieser neuen Richtung Schwierigkeiten (das Evangelium von Jesus Christus den Heiden zu verkündigen); aber Gott fällt es nicht schwer, uns Menschen seine Absichten mitzuteilen, und er läßt denen, die ihn lieben, alle Dinge zum Besten dienen. Für mich liegt der Schlüssel zu Petrus' Erfahrung darin, daß er im Gebet vor Gott war, so daß Gott mit ihm sprechen konnte. Er zeigte ihm eine Vision und änderte dadurch völlig die Richtung seines Dienstes.

Ich bin so dankbar, daß andere Christen mir deutlich gemacht haben, wie wichtig eine tägliche Stille Zeit ist. Ich bin seit zwanzig Jahren Christ; wenn ich nun also die Anzahl der Tage eines Jahres mit zwanzig multipliziere, habe ich die Anzahl der Möglichkeiten, die Gott hatte, um mit mir zu sprechen oder um meine Wege durch sein Wort in eine andere Richtung zu lenken. Jede Gebetszeit gibt die Möglichkeit, eine Begegnung mit Gott zu haben. Ich muß sagen, daß jede große Entscheidung und die meisten der kleineren Entscheidungen, die ich treffen mußte, ihren Anfang in meiner Stillen Zeit hatten. Wenn Gott durch sein Wort zu mir spricht, das ich seit zwanzig Jahren täglich systematisch lese, so bleibt kein Raum für Vermutungen und trügerische Hoffnungen.

Der Glaube bringt uns dazu, daß wir beten, Ausschau halten, suchen und niemals enttäuscht sind, wenn Gott uns scheinbar nichts zu sagen hat. Wenn Gott Dir nichts mitteilt oder Dir keine Anweisungen gibt, dann freue Dich. Das bedeutet wahrscheinlich, daß Du auf Gottes Wegen gehst. Wenn Gott Dich nicht züchtigt, dann preise ihn, daß alles so gut geht. Hast Du auf Dein Gebetsanliegen keine Antwort bekommen? Wenn Du Gott um etwas bittest und keine Antwort bekommst, dann lobe Gott. Vielleicht weiß Gott, daß Du es gar nicht brauchst. Hat er nicht versprochen, für alle Deine Bedürfnisse zu sorgen? Oder Du sagst: »Oh, Gott, wenn du mich wenigstens deine Gegenwart spüren lassen würdest, so wie es früher manchmal war.« Aber alles ist still, es gibt keine Erfahrung, die Dich froh macht. Mein lieber Freund, preise Gott auch dann, weil Du heranwächst. Gott traut Dir zu, im Glauben zu leben. Halte nur treu Deine tägliche Verabredung mit ihm ein. Es kann so viel geschehen, wenn Du konsequent jeden Tag eine Zeit allein mit Gott verbringst. Petrus machte diese neue Erfahrung mit Gott, als er auf dem Dach betete.

Ein Edelstein für heute: »Fragt nach dem Herrn und nach seiner Macht, sucht sein Angesicht allezeit« (1. Chr. 16,11).

Alttestamentliche Lesung Hiob 21.22

2. Juli

Neutestamentliche Lesung Apostelgeschichte 10,24-48

Kornelius sagte: Vor vier Tagen um diese Zeit, um die neunte Stunde betete ich in meinem Haus. Und siehe, da stand ein Mann vor mir in einem glänzenden Gewand. *(Apg. 10,30)*

In der gestrigen Lesung hatte Petrus ein außergewöhnliches Erlebnis, als er auf dem Dach betete. Heute lesen wir von einer anderen aufregenden Erfahrung, die ein Heide machte. Während er betete, besuchte ihn ein Engel. Aber für sich selbst genommen, hätte keine dieser beiden Erfahrungen großen Wert gehabt, wenn diese Männer nicht bereit gewesen wären, danach zu handeln.

Petrus wäre nicht in das Haus des Heiden Kornelius gegangen, wenn Gott ihn nicht zuerst darauf vorbereitet hätte, während er fastete und betete. Ebenso hätte Kornelius nicht gewußt, wer Petrus war, noch hätte er den Mut gehabt, nach ihm zu schicken, wenn Gott nicht seinen Engel zu ihm gesandt hätte. Die Ausgießung des Heiligen Geistes auf die Heiden und die Gewißheit, daß alle Menschen Erlösung erfahren können durch das Vertrauen auf Jesus Christus, dies alles kam durch zwei Männer, die gute, tägliche Gebetsgewohneiten hatten. Noch wichtiger war vielleicht ihre Bereitschaft, zu gehorchen und das zu tun, was Gott ihnen während ihrer Gebetszeit gesagt hatte.

Ich erinnere mich daran, wie ich einmal betete und in der Bibel las. Da wurden mir plötzlich einige Verse lebendig. In mir brach große Begeisterung aus, weil Gott zu mir gesprochen hatte. Es war früh am Morgen, und ich war allein in meiner Kirche. Diese innere Begeisterung hatte mich so gepackt, daß ich gar nicht merkte, wie ich den Gang auf und ab ging. Da dämmerte es mir plötzlich. Warum war ich so begeistert? Gott hatte zu mir gesprochen, und das reichte aus, um mich den ganzen Tag in Hochstimmung zu versetzen. Aber was hatte Gott eigentlich gesagt? Ich war so begeistert davon, daß Gott durch die Bibel zu mir gesprochen hatte, daß ich nicht genug auf das geachtet hatte, was er mir sagen wollte. Wenn mir ein Engel erschienen wäre, wäre ich wahrscheinlich so in Begeisterung geraten, daß ich jedem von dieser Begegnung erzählt hätte, anstatt still zu sein und zu warten, um Gottes Anweisungen zu hören und dann zu tun, wozu der Engel mich beauftragt hätte.

Ist es nicht interessant, daß all dies Männern geschah, die gute Gebetsgewohnheiten hatten? Diese Männer waren bereit, durch den Glauben dem zu gehorchen, was Gott gesagt hatte. Die wahre Begeisterung im christlichen Leben liegt darin, im Geist zu leben und einem Gott zu gehorchen, den wir durch unser tägliches Gebetsleben persönlich kennenlernen. Glaube und Abenteuer beginnen im Wort und werden oft in der Stillen Zeit in unseren Herzen geboren.

Ein Edelstein für heute: »Wenn du aber betest, so geh in deine Kammer, schließ die Tür zu und bete zu deinem Vater« (Mt. 6,6).

Alttestamentliche Lesung Hiob 23-25

3. Juli

Neutestamentliche Lesung Apostelgeschichte 11

Als dieser dort hingekommen war und die Gnade Gottes sah, wurde er froh, und er ermahnte sie alle, mit festem Herzen beim Herrn zu bleiben. *(Apg. 11,23)*

Kapitel elf der Apostelgeschichte berichtet, wie Gott durch seine Gnade seinen Heiligen Geist auf die Heiden ausgegossen hat. Das war die Geburt der Heidenkirche. Von da an folgten gläubige Heiden Jesus. Als Barnabas kam, um zu sehen, was es mit dieser neuen Bewegung von Gott auf sich hatte, traf er auf Gläubige aus den Heiden, die darauf vertrauten, daß das Blut Jesu sie von aller Sünde reinigte. Gott hatte ihnen Gnade erwiesen, und sie vertrauten dem Herrn Jesus Christus, daß er sie erlöst hatte.

Es war nicht ungewöhnlich, daß ein Heide an Gott glaubte; aber die Heiden glaubten nicht nur, sondern sie wandten sich dem Herrn Jesus Christus zu. In seinem Zeugnis erzählt Petrus den Brüdern: »Als ich aber anfing zu reden, fiel der Heilige Geist auf sie ebenso wie am Anfang auf uns. Da dachte ich an das Wort des Herrn, als er sagte: Johannes hat mit Wasser getauft; ihr aber sollt mit dem Heiligen Geist getauft werden« (Vers 15.16).

Ich besuchte einmal die Presbyterianische Gemeinde auf Timor in Indonesien, in der Mel Tari tätig ist. Ich sollte dort anläßlich des 7. Jahrestages der indonesischen Erweckung sprechen. Das ist die Gemeinde, auf die der Heilige Geist genauso fiel, wie es in der Apostelgeschichte beschrieben ist. Wasser wurde in Wein verwandelt, und es wird von allen Arten von Wundern berichtet. In der Tat ist jedes Wunder, von dem in den Evangelien erzählt wird, auch in Indonesien geschehen. Ich erinnere mich daran, wie ich nachdachte, was ich diesen Menschen wohl predigen könnte, die so viel von Gott erfahren hatten. Ich verbrachte viel Zeit im Gebet, um den Herrn zu suchen, damit er mir zeigte, was ich sagen sollte.

Ich frage mich, ob es Barnabas wohl genauso ging, als er den Heidenchristen begegnete und feststellte, daß Petrus die Wahrheit berichtet hatte. Die Heiden glaubten wirklich, und es war offensichtlich, daß der Heilige Geist auf sie gefallen war, so wie auf die Jünger am Anfang, am Pfingsttag. Was sollte nun geschehen? Gott hatte soviel Gnade gegeben. Welche Botschaft konnte Barnabas ihnen nun bringen, und was hatte Gott jetzt noch für diese Menschen? Er »ermahnte sie alle, mit festem Herzen beim Herrn zu bleiben.« Und das, mein Freund, ist der Schlüssel zum christlichen Leben: »mit festem Herzen« (treu beim Herrn bleiben mit ganzem Herzen). Das ist auch unsere Verantwortung, mit ganzem Herzen am Herrn festzuhalten. Du bist wiedergeboren und vielleicht sogar mit dem Heiligen Geist getauft. Dann solltest Du Dir selbst diese Frage stellen: was ist als nächstes dran nach diesen Erfahrungen, die Gott Dir geschenkt hat? Ich will noch einmal wiederholen, was Barnabas uns sagen würde. Bleibe mit festem Herzen beim Herrn.

Ein Edelstein für heute: Gott schenkt uns für jeden neuen Schritt seine Gnade.

Alttestamentliche Lesung Hiob 26-28

4. Juli

Neutestamentliche Lesung Apostelgeschichte 12

Als er sich darüber klar geworden war, ging er zum Haus Marias, der Mutter des Johannes mit dem Beinamen Markus, wo viele beieinander waren und beteten. *(Apg. 12,12)*

Was für eine Erfahrung machte Petrus, als er von Herodes ins Gefängnis geworfen wurde, um das Volk zufriedenzustellen! Jesus sandte einen Engel, um ihn zu befreien. Im Vers fünf heißt es: »Aber die Gemeinde betete beharrlich für ihn zu Gott.« Die Urgemeinde bestand aus Menschen, die sich zum Gebet trafen. Es begeistert mich, mir vorzustellen, was geschehen kann, wenn Gottes Volk zusammenkommt, um zu beten!

Der Mann mit der höchsten politischen Macht im Land hatte Petrus ins Gefängnis geworfen, und viele Christen versammelten sich in Marias Haus, um gemeinsam zu beten. Die Christen waren eine Bedrohung für die nationale Religion. Wenn sie Recht hatten, dann müßte sich das ganze religiöse und politische System ändern und die Menschen sich zu Gott kehren. Sie müßten alle ihre religiösen Überzeugungen überprüfen. Die Opfer im Tempel müßten aufhören, und Gott hätte auf ganz persönliche Weise Zugang zu ihrem Leben. Es war bequem, Gott im Tempel zu haben, aber wie würde es sein, Gott im eigenen Herzen zu haben?

Welche Veränderungen würden in unserem Leben geschehen, wenn wir uns in unseren Häusern zum Gebet versammeln würden? Wieviel Macht Gottes würde an den Tag kommen! Ja, die Menschen würden vielleicht vor Furcht zittern und sich durch Gottes Kraft und Gegenwart so bedroht fühlen, daß einige Christen ins Gefängnis geworfen würden, um die Menschen zufriedenzustellen.

Wo liegt die Kraft der christlichen Kirche? Ich glaube, daß die Kraft zuerst in der persönlichen Beziehung des einzelnen Christen mit dem Herrn liegt, wenn er sich täglich mit ihm trifft. Als Folge davon wird im Leben der Gläubigen viel geschehen.

Zweitens liegt Kraft darin, daß man sich in Privathäusern trifft und dann im Gebet die Dinge vor den Herrn bringt, die Gott jedem einzelnen von uns in der eigenen Stillen Zeit gezeigt hat. Das ganze Land könnte eine geistliche Revolution erleben, wenn wir uns auf diese beiden Prinzipien konzentrieren würden, allerdings ohne uns dabei vom Gemeindeleben auszuschließen. Ja, auch die Gemeinde würde ganz neue Erfahrungen mit Gott machen, wenn wir Gott im eigenen und im gemeinsamen Gebet berühren würden.

Ein Edelstein für heute: »Denn wo zwei oder drei in meinem Namen versammelt sind, da bin ich mitten unter ihnen« (Mt. 18,20).

Alttestamentliche Lesung Hiob 29.30

5. Juli

Neutestamentliche Lesung Apg. 13,1-24

Als sie einmal Gottesdienst hielten und fasteten, sprach der Heilige Geist: Beauftragt mir Barnabas und Saulus zu dem Werk, zu dem ich sie berufen habe! *(Apg. 13,2)*

Einen Gottesdienst halten konnte nur heißen, daß alles, was die Urgemeinde tat, für den Herrn geschah. Wenn sie vor dem Herrn Loblieder sangen, so wie David es tat, dann hatten sie alle ihre Lieder dem Herrn geweiht. Jedes Wort war für den Herrn, zu seiner Freude. Wahrscheinlich waren es Lieder, die Gottes Größe rühmten. Wenn die Urgemeinde in Jesu Namen versammelt war, können wir uns vorstellen, daß sie die Bedürfnisse jedes einzelnen Gliedes an Christi Leib sahen und erkannten und daß sie Jesus um Führung baten. (Vielleicht ging es nur um ein Glas Wasser, das in Jesu Namen gegeben werden sollte.) Ganz gleich, was in jenen Versammlungen geschah, Du kannst sicher sein, daß alles vor dem Herrn getan wurde. Jesu Gegenwart motivierte die Gläubigen. Jesu Bedürfnisse, sein Wille erfüllte sie.

Während sie dem Herrn Gottesdienst hielten, empfingen sie Anweisungen. Ich will nicht unterstellen, daß sie Gottesdienst hielten, um Anweisungen zu bekommen; aber es war so, daß der Herr ihnen einfach während des Gottesdienstes Anweisungen gab. Der Heilige Geist sagte ihnen, daß sie zwei Brüder beauftragen sollten zu dem Werk, zu dem er sie gerufen hatte. Da haben wir wieder dasselbe Prinzip. Dinge geschehen, während die Urgemeinde zusammen ist, um zu beten und dem Herrn Gottesdienst zu halten. Jesus war das Zentrum ihrer Aktivitäten. Der Heilige Geist leitete die Angelegenheiten der Kirche, und zwei Gottesmänner wurden für ihren Dienst geheiligt.

Es gibt eine Gemeinschaft im Heiligen Geist, die uns in alle Wahrheit führt. Was würde in unserer Stillen Zeit geschehen, wenn wir den Heiligen Geist bitten würden, uns zu lehren und uns in die Erfahrung dieses Textes hineinzuführen? Unsere Versammlungen würden eine Revolution erleben, ganz zu schweigen davon, was in unserer eigenen Beziehung mit dem Herrn geschehen würde.

Ein Edelstein für heute: »So weiß auch niemand, was in Gott ist, als allein der Geist Gottes« (1. Kor. 2,11).

Alttestamentliche Lesung Hiob 31.32

6. Juli

Neutestamentliche Lesung Apostelgeschichte 13,25-52

Die Jünger aber wurden mit Freude und Heiligem Geist erfüllt.
(Apg. 13,52)

Die Juden ärgerten sich über die Jünger und ihr Bekenntnis, daß Jesus der Messias ist. Sie wurden noch ärgerlicher, als viele Juden, von ihrem Versagen überführt, Jesus als den verheißenen Christus anerkannten, sich in Buße zu ihm wandten und an ihn glaubten. Das Ergebnis war die Verfolgung und Vertreibung von Paulus und Barnabas. Trotzdem konnte Lukas schreiben, daß die Jünger erfüllt waren mit Freude und Heiligem Geist. Im Galaterbrief finden wir die Erklärung dafür. »Die Frucht des Geistes aber ist Liebe, Freude, Friede, Geduld, Freundlichkeit, Güte, Treue, Selbstbeherrschung. Gegen all dies ist das Gesetz nicht« (Gal. 5,22.23).

Inmitten von Verfolgung konnte sich der Heilige Geist so im Leben der Christen offenbaren, daß sie Freude erfuhren. Es fand eine innere, geistliche Verständigung statt. Es konnte sein, daß der Heilige Geist zu den Christen über zukünftige Dinge sprach; und die Verheißungen, über die sie nachdachten, waren viel größer und wichtiger als die gegenwärtigen Umstände. Welches auch immer das Wort war, das diese Freude hervorrief, eine Freude, die Licht in die düsteren Umstände brachte, das Wichtigste, was geschah, war nicht, daß Freude herrschte, obwohl das ein Wunder Gottes war. Das Wichtigste war, daß die Christen eine Beziehung mit dem Heiligen Geist hatten. Der Heilige Geist, der in ihnen wohnte, brachte diese Freude hervor. Sie hatten die Wahrheit erkannt und lebten in der Gemeinschaft mit dem Heiligen Geist. Wenn sie in dieser engen Beziehung mit dem Geist blieben, dann zeigten sich die Früchte des Geistes. Allein schon die Erkenntnis, daß die Früchte sich zeigten, brachte sicherlich neue Freude hervor.

Ohne Gott würde es sehr schwer und in manchen Fällen unmöglich sein, inmitten von Verfolgung Freude zu zeigen. Die Freude, die ein Christ inmitten von Leiden erfährt, ist die Freude der Gegenwart des Heiligen Geistes. Die Fülle der Freude scheint mit der Fülle des Heiligen Geistes Hand in Hand zu gehen. Laß Dich darum mit dem Heiligen Geist erfüllen, mehr und mehr. Darin liegt die entsprechende Fülle der Freude.

Ein Edelstein für heute: Der Fülle des Heiligen Geistes entspricht die Fülle der Freude.

Alttestamentliche Lesung Hiob 33.34

7. Juli

Neutestamentliche Lesung Apostelgeschichte 14

Dann kehrten sie (Paulus und Barnabas) ... zurück, stärkten die Jünger und ermahnten sie, im Glauben zu bleiben, und sagten: Wir müssen durch viele Bedrängnisse in das Reich Gottes eingehen.
(Apg. 14,21.22)

Wieviel Bedrängnis mußte Paulus für das Vorrecht erleiden, das Evangelium zu verkünden! Er wurde mißverstanden; einmal hielten sie ihn sogar für einen Gott, den sie anbeten wollten. Ich frage mich, wie einige von uns damit umgegangen wären. Geistlicher Stolz und Beliebtheit können für einen Christen genauso verheerende Auswirkungen haben wie jede andere Sünde.

Stolz und Beliebtheit hatten Paulus nicht zu Fall gebracht. Aber jetzt wandte sich die Stadt gegen ihn, um ihn zu steinigen. Und sie hatten Erfolg. Sie hielten Paulus für tot und ließen ihn draußen vor der Stadt liegen. Er war nur knapp dem Tod durch die Hände der Leute von Lystra entkommen, als er sich schon wieder in ihrer Mitte befand und die Christen »ermahnte, im Glauben zu bleiben«. Brüder und Schwestern, ermahnt Ihr entweder andere Christen, im Glauben zu bleiben, oder laßt Ihr Euch selbst dazu ermahnen? Einer der kraftvollsten geistlichen Anreize, die ich kenne, um in Zeiten der Not den eigenen Glauben zu stärken, ist der, andere Christen zu ermahnen, im Glauben zu bleiben.

Ich erinnere mich an ein Erlebnis auf einer meiner vielen Missionsreisen, als ich einen Armeeoffizier besuchte. Ich war mit einem Freund gekommen, diesen Offizier um Hilfe zu bitten, weil ich einige Sachen durch den Zoll bringen wollte. Man hatte diese Dinge dort monatelang festgehalten in der Hoffnung, dadurch Geld erpressen zu können. An dem Morgen, als wir bei dem Offizier eintrafen, brachte man gerade seinen Sohn herein, der so grausam gefoltert worden war, daß er den Verstand verloren hatte. Und das aus keinem anderen Grund als dem, daß er ein Christ war. Ohne zu zögern, inmitten von Leiden und großem Kummer, ließ er seine eigene, vom Leid getroffene Familie allein, um anderen Christen zu helfen und sie zu ermahnen, im Glauben zu bleiben. Was für ein Beispiel!

Ist dies heute ein schwieriger Tag für Dich? Bist Du verletzt, oder leidest Du wegen irgendeiner Ungerechtigkeit? Dann schaue Dich um, mein Freund. Suche nach einem Christen, der ein Wort braucht, das ihn aufrichtet, und stärke ihn im Glauben. Du wirst erstaunt sein, wie sehr Du selbst dadurch gestärkt wirst. Geben ist wirklich seliger als empfangen.

Ein Edelstein für heute: Gottes Reich wird sichtbarer, wenn der, der leidet, andere stärkt.

Alttestamentliche Lesung Hiob 35-37

8. Juli

Neutestamentliche Lesung Apostelgeschichte 15,1-21

Vielmehr glauben wir, durch die Gnade des Herrn Jesus, gerettet zu werden, ebenso wie auch sie. *(Apg. 15,11)*

Kannst Du es fassen? Heiden sind gerettet worden! In seinem Erbarmen und seiner Gnade hat Gott sich mit dem Evangelium der Erlösung in Christus Jesus an die Heiden gewandt. Er hat seinen Heiligen Geist so auf sie ausgegossen wie am Pfingsttag auf die jüdischen Christen. Zur Zeit, als Jesus als Mensch auf der Erde lebte, war dieses Geheimnis noch verborgen.

Es gab Juden, die in keiner Weise etwas dagegen hatten, Gottes Reich mit den Heiden zu teilen. Aber sie versuchten, die Heiden unter die Bindung ihres veralteten und jetzt nutzlos gewordenen Gesetzes zu bringen. Es ist immer traurig, wenn man Christen sieht, die an irgendwelche religiösen Gesetze gebunden sind. Oh ja, sie predigen Freiheit und vollkommene Erlösung in Jesus, aber dann versuchen sie sofort, andere Christen an religiöse Prinzipien zu binden, an denen sie selber hängen.

Die Apostel erinnerten diese christlichen Pharisäer daran, daß die Heiden genauso durch Gnade gerettet werden wie sie selbst. Warum die Betonung der Gnade? Warum ist es so wichtig, die Erlösung durch Gnade und nicht durch Werke zu bekennen? In seinem Brief an die Epheser schreibt Paulus: »Denn aus Gnade seid ihr gerettet durch den Glauben ... nicht aus Werken, damit sich niemand rühmen kann« (Eph. 2,8.9). In diesen Worten liegt der Schlüssel. Es ist nicht gut für uns, uns unsere Erlösung in irgendeiner Weise als unseren eigenen Verdienst anzurechnen. Wir mußten umkehren, und das war sicherlich unser Verdienst – aber ist nicht die Umkehr das Werk des Heiligen Geistes? Du sagst, daß Du dadurch gerettet wurdest, daß Du mit Deinem Willen die richtige Entscheidung getroffen hast? Ja, das stimmt, aber selbst Dein Wille wurde überzeugt. War es nicht der Heilige Geist, der Dir offenbart hat, was Erlösung heißt und wie Dein sündiges Herz aussieht? Er hat Dein Urteil beeinflußt, so daß Du in Freiheit eine richtige Entscheidung treffen konntest. Ja, ohne Gottes Einfluß in Deinem Leben hättest Du nicht gewußt, wie Du richtig hättest wählen sollen.

So gibt es reichlich Hinweise dafür, daß wir die Rettung aus Gnade durch den Glauben verkündigen, nicht um einen Streitpunkt daraus zu machen, oder um darauf zu bestehen, daß alle so glauben müssen wie wir, sondern um uns selbst vor der Verdorbenheit des Herzens zu schützen. Vielleicht ist Dein Herz nicht so wie meines. Wenn ich die Gelegenheit hätte, mir meine Erlösung als eigenen Verdienst anzurechnen, dann würde ich mich aufblähen. Es würde nicht lange dauern, bis der Stolz mich verzehren würde, und ich würde erzählen, wie hart ich für meine Erlösung gearbeitet habe. Paulus sagte: »Nicht durch Werke, damit sich niemand rühmen kann.«

Ich schäme mich nicht, zu bekennen, daß ich die Gnade des Herrn Jesus Christus brauche, damit er mich rettet. Wenn ich gestern gerettet werden mußte, dann brauche ich ganz sicher auch heute Rettung. »Darum fahre fort, mich zu retten, Herr Jesus Christus.«

Ein Edelstein für heute: »Denn wir sind überzeugt davon, daß der Mensch gerecht wird ohne die Werke des Gesetzes, allein durch den Glauben« (Röm. 3,28). »So ist es auch mit dem Glauben: Wenn er keine Werke aufzuweisen hat, ist er tot« (Jak. 2,17).

Alttestamentliche Lesung Hiob 38.39

9. Juli

Neutestamentliche Lesung Apostelgeschichte 15,22-41

Wir haben gehört, daß einige aus unserer Mitte euch ohne Auftrag durch ihre Lehren beunruhigt und verwirrt haben. (Apg. 15,24)

Unser Text heute legt eine der wichtigsten Entscheidungen dar, die die Leiter der Urgemeinde trafen. Einige jener alten, bekehrten Pharisäer klammerten sich immer noch an den Bund, den Gott mit Mose geschlossen hatte. Wahrscheinlich mißtrauten sie ihrer Fähigkeit, Jesu Bund zu halten. Wenn dem so war, dann war dies Mißtrauen begründet.

Durch das Gesetz des Alten Testamentes schloß Gott einen Bund mit Israel, und Mose war der Führer des Volkes Gottes. Der Bund barg in sich die Möglichkeit, daß eines Tages ein vollkommener Führer, ein Messias, kommen und das Volk leiten würde. Er würde sie nicht durch das Gesetz der Werke leiten, sondern aus der Knechtschaft des Gesetzes herausführen, hinein in die Freiheit der Unterwerfung unter den Messias, in die Freiheit, ganz seinen Fähigkeiten zu vertrauen und sich auf ihn zu verlassen. Der Messias würde der Führer ihres Glaubens sein.

Unter dem Gesetz des Alten Testamentes wurden die Menschen gerettet durch ihre Werke des Gehorsams, durch ihre Fähigkeit, das Gesetz zu erfüllen. Aber jetzt haben wir einen besseren Bund und einen besseren Leiter – den Messias Jesus. Unsere Rettung liegt in Jesu Bereitschaft und Gehorsam, unser Opfer für die Sünde zu sein. Anstatt von uns Gehorsam gegenüber dem Gesetz zu verlangen – das wäre ein einziger Kampf gewesen –, erfüllte Jesus selbst das Gesetz, und unser Gehorsam gegenüber Gottes Gebot ist in Jesus vollkommen.

Nachdem er das Gesetz erfüllt und durch sein Opfer Gerechtigkeit erlangt hat, lädt Jesus uns ein, an seiner Erfüllung teilzuhaben und in ihr zu leben. Anstatt zu versuchen, Gottes Volk so zu leiten, daß es durch seinen Gehorsam Erfolg hat, führt der Herr Jesus Christus uns in seine schon gewonnene Gerechtigkeit. Gelobt sei Gott! Der, der uns erlöst hat, führt uns nicht zum Erfolg, sondern in seinen Erfolg hinein. Wir müssen nicht irgend etwas erreichen, so wie jene unter dem Gesetz es mußten. Wenn wir in Christus sind, auf seinen Erfolg vertrauen und in seiner Gerechtigkeit leben, dann haben wir bereits Gerechtigkeit erlangt.

Jede andere Rettung, die mehr von uns verlangt, als auf den Herrn Jesus Christus zu vertrauen und auf seine Fähigkeit, uns bis zum Schluß zu retten, beunruhigt und verwirrt, wie die Bibel hier sagt. Bist Du nicht auch froh darüber, daß die Apostel gesagt haben, daß sie diese Gebote nicht fordern? Nein, wir verdienen nicht, was Jesus tat, und es gibt keinen anderen Weg, als die volle Erlösung anzunehmen, die bereits in Jesus für uns da ist. Anders geht es nicht. Es wird nie mehr ein anderes Opfer geben, und wir brauchen keinen anderen Weg.

Ein Edelstein für heute: »In keinem andern ist das Heil, auch ist kein anderer Name unter dem Himmel den Menschen gegeben, durch den wir gerettet werden sollen« (Apg. 4,12).

Alttestamentliche Lesung Hiob 40-42

10. Juli

Neutestamentliche Lesung Apostelgeschichte 16,1-15

Und eine gottesfürchtige Frau mit Namen Lydia, eine Purpurfärberin aus der Stadt Thyatira, hörte zu; dieser öffnete Gott das Herz, daß sie darauf achtgab, was Paulus redete. (Apg. 16,14)

Ich finde es wirklich schön, daß Lukas von diesem Ereignis berichtet hat, als Lydia sich zum Glauben an Jesus Christus bekehrte. Sie war wahrscheinlich die erste, die in Europa an Jesus Christus glaubte. Ich möchte Dich daran erinnern, daß Lukas kein Lehrbuch schrieb, und wahrscheinlich hat er auch nie daran gedacht, daß sein Bericht irgendeinen historischen Wert haben würde. Auch schrieb er nicht von einem speziellen theologischen Blickwinkel aus. Er mußte nicht theologisch korrekt sein. Er schrieb einfach an seinen Freund Theophilus, um ihn über die wunderbaren Dinge zu informieren, die sich durch die Gegenwart des Heiligen Geistes im Leben der Gläubigen ereigneten.

Heute lesen wir nun von einer weiteren, aufregenden Erfahrung, die jene machten, die im Geist lebten. Paulus besuchte einen Gebetsort an einem Flußufer. Wahrscheinlich gab es in der Stadt keine Synagoge, in der die Juden sich am Sabbat versammeln konnten. Am Flußufer traf Paulus nun auf seine Brüder, die Juden. Er ergriff die Gelegenheit und predigte ihnen das Evangelium. Wieder nahm der Heilige Geist das Wort, das verkündigt wurde, und öffnete Lydias Herz, so daß sie auf Paulus' Botschaft antwortete. Paulus vertraute auf den Heiligen Geist, darum war er so mutig. Viele Menschen wissen nur durch ihren Verstand von ihrer Sünde. Wer anders als Gott kann die Herzen der Menschen öffnen und sie wirklich überführen? Wahrer Glaube ist eine Sache des Herzens, und auch Lydia mußte eine Erfahrung mit ihrem Herzen machen, wenn sie gerettet werden sollte.

Hast Du Schwierigkeiten gehabt beim Zeugnisgeben? Schien etwas zu fehlen? Ich will Dir vorschlagen, daß Du Deine Beziehung mit dem Heiligen Geist zu einer Partnerschaft entwickelst. Deine Aufgabe ist nur, zu bezeugen, und dann bittest Du den Heiligen Geist, zu überzeugen und zu überführen. Gottes Bestes für Dich ist, daß Du sein Gefährte wirst, sein Mitarbeiter, denn er spricht zu den Herzen der Menschen. Das wahre Abenteuer besteht darin, mitbeteiligt zu sein an dem, was Gott tut, während Du bezeugst. Du kannst merken, wie Gott die Herzen öffnet. Es ist herrlich, Gottes Gnade, seine Liebe und Beharrlichkeit zu beobachten. Er ist bereit, unsere Worte zu gebrauchen und durch sie Christus zu offenbaren, bis das Herz schmilzt und der Mensch Jesus als seinen Heiland empfängt. Ich kenne als Christ keine schönere Erfahrung, als beteiligt zu sein an dem, was Gott tut, und zu beobachten, wie er die Herzen der Menschen öffnet.

Ein Edelstein für heute: »Es soll nicht durch Heer oder Kraft, sondern durch meinen Geist geschehen, spricht der Herr Zebaoth« (Sach. 4,6).

Alttestamentliche Lesung Psalm 1-3

11. Juli

Neutestamentliche Lesung Apostelgeschichte 16,16-40

Glaube an den Herrn Jesus, so wirst du und dein Haus gerettet werden! (Apg. 16,31)

Als Paulus wieder am Flußufer war, wo Lydia sich bekehrt hatte, da begegnete er, so lesen wir heute, einer Frau, die von einem Wahrsagegeist besessen war. Es war keine Lüge, was die Frau sagte, aber der Urheber der Worte war nicht Gottes Geist. Als Paulus das erkannte, wandte er sich an den Geist und befahl ihm, im Namen Jesu auszufahren. Das brachte Paulus und Silas in große Schwierigkeiten, und die Folge von all dem war, daß die beiden Männer tief im Gefängnis in den Block geschlossen wurden.

In dieser Lage sangen Paulus und Silas und priesen Gott. Ich glaube, daß sie sich wirklich freuten, wieder eine Möglichkeit zu haben, ein weiteres Abenteuer mit dem Heiligen Geist zu erleben. Sie mußten nicht lange warten, da wurde das ganze Gefängnis von einem Erdbeben erschüttert und sie aus ihrem Block erlöst. Das war die Gelegenheit zur Flucht, aber sie liefen nicht fort, sondern warteten, und es dauerte nicht lange, bis Gottes Plan in diesem Geschehen sichtbar wurde. Weil der Gefängnisaufseher fürchtete, daß seine Gefangenen die Gelegenheit zur Flucht wahrgenommen hatten, wollte er sich das Leben nehmen. Aber Paulus rief ihm zu, sie wären alle noch da, er solle sich kein Leid antun. Als der Gefängnisaufseher sah, daß es sich in der Tat so verhielt, nahm Paulus diese Gelegenheit (Gottes Gelegenheit) wahr, um die Rettung durch Jesus zu verkünden. Es endete damit, daß der Gefängnisaufseher und die zu seinem Haus gehörten, gerettet wurden. Damit dieser Mann und seine Familie gerettet werden konnten, war vieles nötig: ein Erdbeben, das Beispiel der Freude inmitten von Leiden, die Bereitschaft, sich einer sehr unangenehmen Lage zu unterwerfen, obwohl die Möglichkeit zur Flucht bestand, und schließlich ein Gottesmann, der das Wort der Rettung predigte.

Was wird nötig sein, damit unsere Häuser gerettet werden? Gefangenschaft? Ich hoffe nicht. Wird ein Erdbeben nötig sein? Gott hat bestimmt auch einfachere und stillere Wege. Wir müssen wahrscheinlich die ersten in unserer Familie sein, die glauben, und wenn irgend jemand an die volle Rettung der Familie glauben soll, dann sind wir es. Es reicht nicht aus zu glauben, daß Gott sie retten kann. Laßt uns an Gottes bestem Plan festhalten, daß er sie retten wird. Wenn ich gerettet bin, dann ist es noch immer Gottes guter Plan, mein ganzes Haus zu retten. Gottes Verheißung der Rettung gilt noch immer uns und unseren Nachkommen. Laßt uns Gott darum nicht durch Unglauben behindern, sondern wir sollen uns im Glauben auf den Tag freuen, an dem Gott sich als treu erweisen und unsere Familie dem Evangelium glauben und sich bekehren wird.

Ein Edelstein für heute: »Denn Gott hat seinen Sohn nicht in die Welt gesandt, um die Welt zu richten, sondern damit die Welt durch ihn gerettet wird« (Joh. 3,17).

Alttestamentliche Lesung Psalm 4-6

12. Juli

Neutestamentliche Lesung Apostelgeschichte 17,1-15

Diese aber waren weitherziger als die in Thessalonich; sie nahmen das Wort bereitwillig auf und forschten täglich in der Schrift, ob sich's so verhielte. *(Apg. 17,11)*

Die Juden von Beröa waren offener als die von Thessalonich. Sie waren nicht so eigensinnig, hatten nicht so viele Vorurteile und waren zumindest bereit, sich das anzuhören, was Paulus zu sagen hatte. Und das, was er sagte, wurde mit großem Eifer aufgenommen. Die Juden forschten in der Schrift, um zu sehen, ob es die Wahrheit wäre. Als Antwort darauf bereitete Gott ihre Herzen darauf vor, das Evangelium anzunehmen. Wie anders sieht unser Leben aus, wenn wir mit offenem Herzen die Bibel aufschlagen und Gott erlauben, uns durch seinen Heiligen Geist sein Leben mitzuteilen!

Ich kann mich an eine Zeit in meinem Leben als Christ erinnern, wo ich feste Ansichten über eine bestimmte Lehre hatte. Meine Überzeugung, daß ich das Richtige glaubte, war sehr stark. In der Hinsicht war ich nicht besser als die Juden von Thessalonich. Wir können von den Juden von Beröa lernen, in unserem Herzen und in unseren Gedanken offen zu bleiben. Dadurch lassen wir zu, daß Gottes Wort in unserem Leben vollkommene Freiheit hat.

Mit dieser Art von Freiheit kann der Heilige Geist das Wort nehmen und uns in alle Wahrheit führen. Und was noch wichtiger ist, er kann uns sogar dahin führen, daß wir das Wort erfahren.

Es ist möglich, das Wort anzunehmen, aber aus Unglauben die Erfahrung abzulehnen. Man kann auch der Bibel glauben und sich trotzdem weigern zu erkennen, daß man nicht das erfährt, was man liest. Die Antwort liegt nicht darin, daß man die Wahrheit widerlegt und darüber Streit anfängt. Die Antwort liegt in einem Geist, der sich lehren läßt. Wir müssen unser Herz dem Heiligen Geist öffnen und offen bleiben durch eine ständige Abhängigkeit von ihm, so daß er uns in alle Wahrheit führen kann. Jesus sagte, daß er selbst keine Lehre hat außer der, die ihm der Vater gegeben hat. »Ich (tue) nichts aus mir selbst ..., sondern rede, wie mich der Vater gelehrt hat« (Joh. 8,28). Jesus war immer abhängig von seinem Vater.

Wir werden viele lebensverändernde Erfahrungen machen, wenn wir dem Beispiel der Juden von Beröa folgen und täglich in der Schrift nach Wahrheit suchen. Gott soll uns unsere Überzeugungen geben dadurch, wir jeden Tag unser Herz Gottes Wort aussetzen.

Ich arbeitete einmal ein Jahr lang zusammen mit einem Alkoholiker. Zweimal pro Tag hörte er sich Bibelkassetten an. Eines Tages wollte er wieder zum Trinken zurückkehren. Er erzählte mir, daß jedesmal dann, wenn er ein Schnapsglas zum Munde führte, ihm ein Bibelvers einfiel und so sein Trinken verhindert wurde. Er war mit Gottes Wort erfüllt und voll von dem Leben des Wortes, das Geist ist und nicht Gesetz.

Ein Edelstein für heute: »Denn das Wort Gottes ist lebendig und wirksam und schärfer als ein zweischneidiges Schwert ... und es ist ein Richter der Gedanken und Regungen des Herzens« (Hebr. 4,12).

Alttestamentliche Lesung Psalm 7-9

13. Juli

Neutestamentliche Lesung Apostelgeschichte 17,16-34

Auch sollen sie Gott suchen, ob sie ihn vielleicht fühlen und finden könnten; und es ist wahr, er ist nicht ferne von einem jeden unter uns. (Apg. 17,27)

Gottes Wille für den Menschen ist, daß er ihn sucht und sich nach ihm ausstreckt. Die Bibel sagt uns, »daß er (Gott) denen, die ihn suchen, ihren Lohn gibt« (Hebr. 11,6). Und sie sagt uns auch, daß wir Gott mit ganzem Herzen und mit ganzer Seele suchen sollen. Der Mensch stolpert nicht einfach nur über Gott, er rennt ihm nicht zufällig über den Weg. Gott will von uns gefunden werden und wird sich nicht vor denen verbergen, die ihn suchen.

»Bittet, so wird euch gegeben; sucht, so werdet ihr finden; klopft an, und euch wird aufgetan« (Mt. 7,7). Gott scheint darauf zu warten, von uns zu hören. Ich selbst kenne zwei praktische Dinge, die mir helfen, mir den Ernst eines Anliegens, das ich an Gott habe, bewußt zu machen. Sie zeigen, daß ich das, worum ich bitte, auch wirklich suche und haben will. Das eine ist, zu einer besonderen Zeit an einem bestimmten Ort mit Gott allein zu sein. Es sollte ein Ort sein, an dem Du Deinen Mund öffnen und laut mit Gott reden, ja, auch weinen kannst. Das zweite ist, zu fasten. Diese beiden Vorschläge sind sehr praktisch, und ich denke, daß sie unser Beten erweitern. Bei jeder größeren Gebetserfahrung, die ich gemacht habe, fing ich schnell an, meine Bitten laut auszusprechen. Ich weiß, daß ich mit Gott eine Beziehung von Herz zu Herz haben kann, und ich zweifle nicht daran, daß er jeden meiner Gedanken kennt. Aber es gibt einfach eine Zeit, wo man sie laut vor dem Herrn aussprechen muß. Ganz bestimmt heißt suchen und anklopfen mehr als nette und gute Gedanken zu haben. Ich bete auch, wenn ich Auto fahre, aber Gott hat dann nicht meine volle Aufmerksamkeit, zumindest nicht, wenn ich auf der Fahrbahn bleiben will.

Mir ist deutlich, daß wir, wenn wir die Bedeutung der Bibel kennenlernen wollen, einige besondere Bemühungen machen müssen, um allein mit Gott zu sein. Wir brauchen einen Platz, an dem wir nicht befangen sind und unseren Mund öffnen können, um zu suchen und anzuklopfen. Unser heutiger Vers sagt, daß wir Gott fühlen sollen, daß wir uns aus unserem Innersten heraus nach ihm ausstrecken sollen. Das bedeutet mehr als eine intellektuelle Erfahrung, mehr als nur die Vorstellungswelt der Gedanken, obwohl auch sie einbezogen ist. Es sind die Seele und der Geist des Menschen, die sich nach Gott ausstrecken. Immer dann, wenn ich einmal zu einer besonderen Zeit außerhalb des Gottesdienstes in die Kirche gegangen bin oder wenn ich mich einmal einen Tag alleine in ein Hotel zurückgezogen habe, dann hat der Heilige Geist die Gelegenheit genommen, die ich ihm gab, so daß ich vertraulich mit Gott sprechen konnte. Gott ist nicht fern, irgendwo; das ist herrlich! Er ist gerade hier, ist bereit und wartet darauf, uns zu begegnen. Wenn Du in Deiner Stillen Zeit gesucht und angeklopft hast (um Gott zu fühlen), so dehne diese Zeit doch einmal auf einen ganzen Tag aus, und gehe fort, um mit Gott allein zu sein.

Ein Edelstein für heute: Ich werde von Gott gefunden.

Alttestamentliche Lesung Psalm 10-12

14. Juli

Neutestamentliche Lesung Apostelgeschichte 18

Denn ich bin mit dir, und niemand soll sich unterstehen, dir etwas Böses anzutun; denn ich habe ein großes Volk in dieser Stadt. (Jesu Worte an Paulus) (Apg. 18,10)

Kein Mensch wird sich über Dich ärgern, wenn Du zur Kirche gehst. Aber wenn Du wirklich an die Herrschaft Jesu Christi glaubst, danach lebst und so begeistert bist über dieses neue Leben in Christus, daß Du anderen davon erzählst, dann wird sich bestimmt jemand über Dich aufregen. Wir lesen heute, wie Paulus bei seiner Ankunft in Korinth auf Aquila und Priszilla traf und sich mit ihnen zusammentat. Am Sabbat ging er in die Synagoge, und die Bibel sagt, daß er sowohl Juden als auch Griechen überzeugte. Ja, sogar der Vorsteher der Synagoge, samt seiner Familie, bekehrte sich. Viele Korinther glaubten und wurden getauft; so entstand aus der Erfahrung der Wiedergeburt eine kleine Gemeinde. Aber dies geschah nicht ohne Widerstand. Vielleicht war Paulus durch den ständigen Widerstand gegen seinen Dienst müde geworden; aber ganz gleich, was auch der Grund war, Paulus brauchte Ermutigung, darum sprach der Herr in der Nacht durch eine Vision zu ihm. »Fürchte dich nicht, sondern rede und schweige nicht« (Vers 9).

Ich bin kein Engel, aber ich bin ein Botschafter Gottes. Mancher hat es heute sicher besonders nötig, die »Edelsteine« in die Hand zu nehmen und diese Bibelverse zu lesen. »Denn ich bin mit dir, und niemand soll sich unterstehen, dir etwas Böses anzutun.« Gott ist mit Dir, und »ist Gott für uns, wer kann gegen uns sein?« (Röm. 8,31). Ich spüre, daß jemand sich in einer Situation befindet, die ganz ungerecht und unfair ist, und dieser Mensch ist innerlich verletzt. Ich will, daß Du weißt, daß Jesus von dem Gefühl Deiner Schwäche berührt ist. Alles Leiden, wozu wir berufen sein mögen, hat Jesus schon gelitten. Ich erinnere mich an einen lieben, alten Heiligen in meinem Land, der furchtbar behandelt wurde. Er ging zum Herrn, um sein Herz vor ihm auszuschütten. Er erzählte mir dann, daß der Herr zu ihm gesprochen hat, und dies waren seine Worte: »Haben sie dir schon ins Gesicht gespuckt? Sie spuckten in meins.«

Laß Dich ermutigen, mein Freund. Der Herr hat uns durch seine Worte an Paulus Gewißheit gegeben. Und was für eine Verheißung hat Paulus jetzt! Er hatte nicht nur die Gewißheit, daß Gott mit ihm war, sondern er hatte auch das Versprechen, daß sein Dienst viel Frucht bringen würde, darum fahre fort, Jesus zu bekennen, mein Freund. Erzähle den anderen Menschen, was Gott Gutes tut. Dein Dienst kann keine Frucht tragen, solange Du nicht den Samen säst. Paulus war so ermutigt, daß er weitere achtzehn Monate lang in dieser Stadt das Evangelium der Rettung predigte und lehrte.

Ich habe festgestellt, daß dann, wenn der Widerstand wirklich heftig ist, und die Menschen gemein und niederträchtig werden, Gott diese Gemeinschaft gebraucht, um die Gerechtigkeit zu zeigen, in der wir leben. Das, was negativ scheint, ist oft gerade das, was Gott gebraucht, um die Türen für das

Evangelium zu öffnen. Darum laß Dich nicht um den Sieg betrügen dadurch, daß Du fortläufst.

Ein Edelstein für heute: Selbst eine schmutzige Pfütze kann das Bild Christi widerspiegeln, wenn der Heilige nur bereit ist hineinzuschauen.

Alttestamentliche Lesung Psalm 13-16

15. Juli

Neutestamentliche Lesung Apostelgeschichte 19,1-22

Zu denen sagte er: Habt ihr den Heiligen Geist empfangen, als ihr zum Glauben gekommen seid? Sie antworteten ihm: Wir haben nicht einmal gehört, daß es einen Heiligen Geist gibt. (Apg. 19,2)

Ich bin Gott dankbar für die Dimension des Lebens, die wir durch die Gegenwart des Heiligen Geistes erfahren. Ungefähr zweieinhalb Jahre, nachdem ich wiedergeboren war, wurde mir plötzlich bewußt, daß die dritte Person der Gottheit – der Heilige Geist – jemand war, über den ich jeden Sonntag etwas gehört hatte, den ich aber nicht kannte. Ich wußte, daß ich überhaupt keine Ahnung hatte, wer der Heilige Geist war. Ich fragte einen sehr guten Freund, wer der Heilige Geist ist; er antwortete mir, ich solle zu Jesus gehen und ihn fragen. Ich betete darüber, verstand aber trotzdem nicht mehr, sondern die Frage nagte tief in mir ständig weiter.

Eines Morgens, sehr früh, kniete ich in der Küche meines Freundes neben dem Stuhl. Da merkte ich plötzlich, daß etwas geschah. Von dem Platz aus, wo ich kniete, konnte ich das große, gläserne, leuchtende Meer sehen, das sich unendlich weit erstreckte. Ich hörte, daß meine Stimme hallte, als ob ich in einer Kathedrale wäre. »Danke, Jesus. Danke, Jesus.« Tief in mir wallte es auf, und Liebe floß wie ein Strom. Ich konnte kaum fassen, was geschah, und ich spürte ganz stark Gottes Gegenwart. Die kleinste Andeutung einer Sünde mußte sofort bereinigt werden. Ich hatte schon immer gerne gebetet, aber jetzt hatte ich neue Begeisterung. Ich schien in Gottes Gegenwart zu leben. Kurze Verse sprangen mir von den Seiten der Bibel ins Auge, und ich konnte sie verstehen.

Die Leute waren verschiedener Meinung darüber, was ich erlebt hatte, doch es dauerte nicht lange, bis ich erkannte, daß es das war, wovon Paulus sprach, als er fragte: »Habt ihr den Heiligen Geist empfangen, als ihr zum Glauben gekommen seid?« Als ich verstand, worüber Paulus sprach, begann ich eine Beziehung mit dem Heiligen Geist zu entwickeln. Er selbst sollte mir zeigen, was Gemeinschaft mit ihm heißt. Ich entdeckte, daß er mich in alle Wahrheit führen wollte, und genau danach verlangte mich. Er wollte den Sohn verherrlichen. So wurde ich augenblicklich sein Mitarbeiter, denn ich hatte denselben Wunsch, Jesus zu verherrlichen. Und der Heilige Geist war in allem ein sehr aktiver Partner. Das Wichtigste, was ich lernte, war, daß sich mein Leben als Christ im »Kämmerlein« entwickelt, in der Zeit, die ich mit dem Heiligen Geist alleine bin.

Ein Edelstein für heute: Es ist einfacher, zuerst den Heiligen Geist zu empfangen, als eine Lehre über ihn zu verstehen.

Alttestamentliche Lesung Psalm 17.18

16. Juli

Neutestamentliche Lesung Apostelgeschichte 19,23-41

Viele aber, die Zauberei getrieben hatten, brachten ihre Bücher zusammen und verbrannten sie öffentlich und berechneten, was sie wert waren, und kamen auf fünfzigtausend Silbergroschen.

(Apg. 19,19)

Ich bin Gott so dankbar, daß ich in dieser Zeit Christ sein darf. Gott hat mir erlaubt, das Wirken des Heiligen Geistes in Neuseeland und in Indonesien zu erleben. Bei diesem Wirken Gottes, von dem ich Zeuge geworden bin, strömte der Heilige Geist und bekehrte viele. Es war offensichtlich, daß nicht Menschen diese große Bewegung in Gang gebracht hatten. Darum mußten wir sehr offen sein für unsere Verantwortung, nämlich mit der Bewegung des Heiligen Geistes mitzugehen, mitzufließen. Wenn Gottes Geist die Freiheit hatte, im Leben der Menschen zu wirken, und wenn wir selbst bereit waren, ihm die Freiheit zu geben, die er brauchte, dann geschahen wunderbare Dinge. Aber wenn wir uns dem, was der Heilige Geist tat, widersetzten und es kontrollieren wollten, dann hörte der Strom des Geistes auf. Wir kehrten um, sobald wir es merkten, und gaben dem Heiligen Geist wieder Freiheit in unserem Leben.

Ich habe erlebt, wie der Heilige Geist Menschen dazu brachte, Dinge zu verbrennen, die der Vergangenheit angehörten und etwas mit Sünde zu tun hatten. Aber ich schätze dies nicht als Segen, solange ich nicht im Leben derer, die gehorsam waren, die Folgen sehen kann. Ich selbst habe auch diese Erfahrung gemacht. Ich spürte die Notwendigkeit, alle Bücher in meinem Haus zu verbrennen, die Jesus nicht lesen würde. Niemand hatte mich dazu aufgefordert. Die Leute aus der Gemeinde schienen sich nicht allzusehr um solche Dinge zu kümmern, aber wir jungen Christen wurden offensichtlich vom Heiligen Geist motiviert. Es war keine große Sache für uns, uns von den Sachen zu trennen, die keinen Platz in Gottes Reich hatten.

Manche nahmen Bilder von den Wänden, verbrannten Kleidung und trennten sich von Schmuck. Alles, was zweifelhaft war, taten sie von sich. Zu dieser Zeit war kein Lehrer nötig, um alles das zu lehren; das war alles ein Teil von dem, was der Heilige Geist im Leben der jungen Christen tat. Der Grund, warum es mir wichtig erscheint, Deine Aufmerksamkeit auf unseren heutigen Vers zu lenken, ist der: Du solltest wissen, daß wir in eine

Freiheit kommen, daß wir wirklich Befreiung erfahren, wenn wir, wie die Christen in Ephesus, Dinge beseitigen, die der Vergangenheit angehören. Nachdem wir uns ihrer entledigt haben, entdecken wir erst, was für ein wirkliches Hindernis sie waren. Wenn wir an etwas aus der Vergangenheit hängen, das mit Sünde oder einer Verletzung zusammenhängt, so scheint es, als ob uns der Heilige Geist dann nicht die Freiheit geben kann, nach der wir uns sehnen. Noch ein Wort der Warnung: wenn Du diese Dinge beseitigst, dann versuche nicht, für dich persönlich einen Gewinn daraus zu schlagen. Vernichte die Sachen, oder gib sie einer christlichen Organisation, so daß der Gewinn für Gottes Reich gebraucht werden kann. Wenn die Dinge ein Anlaß zur Sünde für jemanden werden könnten, dann solltest Du sie selbstverständlich vernichten.

Ein Edelstein für heute: Wahre Erweckung trennt uns von der zweifelhaften und sündigen Vergangenheit.

Alttestamentliche Lesung Psalm 19-21

17. Juli

Neutestamentliche Lesung Apostelgeschichte 20,1-16

Am ersten Tag der Woche aber, als wir versammelt waren, um das Brot zu brechen, lehrte Paulus, und da er am nächsten Tag weiterreisen wollte, zog er die Rede hin bis Mitternacht. *(Apg. 20,7)*

Praktisch immer, wenn ich das Wirken des Heiligen Geistes erlebt habe, schien es so, als ob er überhaupt keine Rücksicht nehmen würde auf Zeit, Tradition und menschliche Planung.

Zunächst heißt es im Kapitel zwanzig der Apostelgeschichte, daß die Jünger versammelt waren, um das Brot zu brechen. Dafür trafen sie sich regelmäßig jeden Sonntag, und diesmal war Paulus da, um zu ihnen zu sprechen. Vielleicht unterbrach Paulus seine Rede, um eine kurze Pause zu machen, und wahrscheinlich nutzten einige Leute diese Unterbrechung, um nach Hause zu gehen. Wie oft bist Du von bestimmten Überlegungen dazu gebracht worden, nach Hause zu gehen, wenn eine Versammlung länger dauerte als angenommen und wenn sich eine gute Möglichkeit zum Gehen anbot? Es war sicherlich nichts dagegen einzuwenden, daß Du zu diesem Zeitpunkt nach Hause gegangen bist, aber vielleicht hast Du am nächsten Tag erfahren, daß etwas Wunderbares geschah, nachdem Du gegangen warst, und Du hast es verpaßt. Stell Dir vor, Du wärst auf der Versammlung gewesen, auf der Paulus sprach, wärst eher fortgegangen und hättest dann am nächsten Tag gehört, wie Gott buchstäblich einen jungen Mann vom Tode erweckt hat.

Aber es geschah an diesem Abend nicht nur dieses Wunder. Die Gegenwart des Heiligen Geistes drang so sehr in das Leben derer ein, die Ohren hatten, zu hören und einen Geist zu empfangen, daß viele sich noch lange an die Gegenwart Gottes an diesem Abend erinnerten. Sie erinnerten sich nicht nur an diese Versammlung, weil ein offensichtliches Wunder geschah, sondern weil Gott zu ihnen sprach. Gott führte sie zu einer neuen Offenbarung der Wahrheit. Wenn der Heilige Geist in einer Versammlung ist, um ein Wunder zu tun, dann kannst Du sicher sein, daß er auch da ist, um zu allen zu sprechen, die hören werden. Man könnte fast sagen, leider achtet der Heilige Geist auf unsere Wünsche. Wenn wir fortgehen wollen, wird er uns nicht daran hindern, auch wenn wir dadurch etwas Gutes von Gott verpassen.

Ich möchte Dich dazu ermutigen, daß Du Dich um eine andere Einstellung der Zeit gegenüber bemühst, ganz gleich, ob es sich dabei um öffentliche Versammlungen oder um Deine eigene Stille Zeit handelt. Immer wenn Du Gelegenheit hast, Gottes Wort zu hören, solltest Du wirklich erwarten, etwas vom Herrn zu hören. Glaube an Gottes Fähigkeit, daß er Dir durch die Gegenwart des Heiligen Geistes sein Leben vermitteln kann. Versuche, geduldig zu bleiben, und sei offen für die Möglichkeit, daß Gott etwas in Deinem Leben tut, und gehe nicht fort, bevor Du nicht sicher bist, daß Gott fertig ist (bei einer Versammlung oder bei der Stillen Zeit).

Ein Edelstein für heute: Es kann sein, daß Gott das Beste bis zum Schluß aufbewahrt.

Alttestamentliche Lesung Psalm 22-24

18. Juli

Neutestamentliche Lesung Apostelgeschichte 20,17-38

Ich habe euch in allem gezeigt, daß man so arbeiten und sich der Schwachen annehmen muß im Gedenken an das Wort des Herrn Jesus, der selbst gesagt hat: Geben ist seliger als Nehmen.

(Apg. 20,35)

Ich möchte Dich daran erinnern, daß Du, wenn Du die Apostelgeschichte liest, den Bericht einer Erweckung durch den Heiligen Geist vor Dir hast. Du hast die Gelegenheit zu sehen, welche Wirkung der Heilige Geist auf das Leben von Menschen hat. Man kann eine Erweckung nicht nachahmen. Gott muß sie ins Leben rufen. Aber Du kannst bestimmte Dinge in Deiner Umgebung tun, um dem Heiligen Geist die Türen zu öffnen. Das ist wie eine große Einladung: »Heiliger Geist, komm und lebe in meinem Leben.« Manchmal werden wir schuldig, weil wir um den Heiligen Geist bitten, aber nicht bereit sind, die notwendigen Vorkehrungen zu treffen, damit der Heilige Geist auch wirklich kommt.

Als Paulus sagte, daß er den Ältesten von Ephesus alles gezeigt hätte, wollte er sie daran erinnern, daß sie es nötig haben, den Armen zu geben.

Ich will es noch einmal wiederholen, damit Du es verstehst. Paulus wollte die Aufmerksamkeit nicht auf die Not der Armen lenken, sondern darauf, daß jeder Christ es nötig hat zu geben. Darum zitierte er Jesus: »Geben ist seliger als Nehmen.« Der, der gibt, wird wirklich belohnt, denn aus dem Geben erwächst ein freigebiges Herz, freigebig gegenüber Gott und gegenüber den Menschen. Vom Geist erfülltes Leben gedeiht in einem freigebigen Herzen. Geben ist ein Bereich, in dem der Gläubige eine sehr enge Beziehung mit dem Heiligen Geist entwickeln kann. Doch denke daran, daß der Heilige Geist flieht, wenn wir selbstsüchtig sind und uns um uns selbst drehen. Er kann keine Gemeinschaft mit uns haben und nicht in uns bleiben, wenn wir ein selbstsüchtiges Herz haben.

Es wäre sehr einfach, unseren heutigen Vers einfach zu übergehen. Die Dinge, die wirklich wichtig sind, um eine Umgebung zu schaffen, die offen ist für die Herrschaft des Heiligen Geistes in unserem Herzen, sind nicht unbedingt große Dinge. Die einzige Möglichkeit, die ich kenne, um ein freigebiges Herz zu bekommen, ist zu geben. Gib, ohne von dem Menschen, dem Du gibst, eine Gegenleistung oder Dank zu erwarten. Selbst wenn der Mensch, dem Du gegeben hast, mit der Gabe nicht macht, was Du erwartet hast, so verurteile ihn nicht. Wenn Du das tätest, hieße das, daß Du nicht gegeben hast, als hättest Du dem Herrn gegeben, und daß Du die Gabe nicht wirklich losgelassen hast. Gib nicht nur, um einem Menschen eine Freude zu machen, sondern um den Herrn zu erfreuen. Nach einer Weile wirst Du feststellen, daß der Heilige Geist in diesem Bereich Deines Lebens Gemeinschaft mit Dir hat und Dein Leben lenken will. Das wird nun wiederum eine neue Herausforderung für Dich sein. Es mag leicht sein, aus den eigenen Wünschen des Herzens heraus zu geben, aber es ist eine ganz andere Sache, so zu geben, wie der Heilige Geist es will und bestimmt. Oh, was für eine Erweckung kannst Du in diesem Bereich deines Lebens erfahren! Dann wirst Du wissen, was Jesus meinte, als er sagte: »Geben ist seliger als Nehmen.«

Ein Edelstein für heute: Verpasse nicht die kleinen Dinge, denn wenn man die kleinen Dinge ernst nimmt, werden daraus große.

Alttestamentliche Lesung Psalm 25-27

19. Juli

Neutestamentliche Lesung Apostelgeschichte 21,1-14

Nachdem wir die Jünger gefunden hatten, blieben wir sieben Tage dort. Die sagten Paulus durch den Geist, er sollte nicht nach Jerusalem hinaufziehen. *(Apg. 21,4)*

In diesem Vers steht etwas, was uns helfen kann zu lernen, was es heißt, im Geist zu leben. Manchmal kann unsere Lehre uns in den Weg geraten.

Vorgefaßte Gedanken über einen bestimmten Text können das, was der Heilige Geist uns zu einer bestimmten Zeit sagen will, wirklich stören. Wenn wir uns der Bibel mit einer gesetzlichen Haltung nähern, dann wird durch diese Haltung die einfache Verständigung mit dem Heiligen Geist zerstört. Wenn etwas auftaucht, was nicht in unsere Vorstellungen, die wir zur Zeit haben, hineinzupassen scheint, dann legen wir es oft zur Seite und sagen, es ist nicht von Gott, weil wir meinen, Gottes Willen zu kennen.

Ich will versuchen, unseren Vers für heute so auszulegen, daß er wirklich zum Segen für Dich wird. Erlaube mir, dabei meine Erfahrungen mit den Wegen des Heiligen Geistes zu gebrauchen. Paulus zweifelte nicht daran, daß es Gottes Wille für ihn war, daß er nach Jerusalem gehen sollte. Doch oft ist es so, daß wir, um Gottes Willen zu tun, leiden müssen. Der Heilige Geist machte Paulus sehr deutlich, daß er jetzt die Wahl hatte. Ihm war gezeigt worden, daß er leiden müsse, wenn er nach Jerusalem ginge. Gott selbst konnte Paulus nicht versprechen, daß er nicht leiden würde, wenn er sich entscheiden würde, Gottes Willen zu tun. Wir haben immer noch unseren freien Willen, und Gottes Wünsche werden dann am besten vollbracht, wenn wir unsere eigenen Wünsche durch eine freie Willensentscheidung beiseite legen und den Willen des Vaters annehmen. Wir sind verantwortlich für unsere Entscheidungen und unser Handeln. Wenn wir leiden, weil wir Gottes Willen ausführen, dann können wir nicht Gott dafür verantwortlich machen.

Kurz bevor ich mit dem Schiff nach Amerika fahren sollte, kam ein sehr lieber Bruder und Ältester der Gemeinde ganz gequält zu mir. Er hatte in seinem Geist gespürt, daß ich viel würde leiden müssen, wenn ich von Neuseeland wegginge. Die ganze Nacht hatte er geweint und gebetet. Wir berichteten unserem Pastor von seiner Erfahrung. Doch er erinnerte mich einfach daran, daß sie glaubten, daß es Gottes Wille für mich war zu gehen. Mir wurde dann die Entscheidung überlassen.

Der Heilige Geist wird uns helfen, den Willen des Vaters zu verstehen, aber er wird nicht für uns die Entscheidung treffen. Er wird uns sogar im voraus sagen, daß uns Leiden erwarten, wenn wir uns entschließen, den Willen Vaters zu tun. Aber wir müssen wählen. Auf diese Weise sind wir reichlich auf das vorbereitet, was uns begegnen wird, wenn wir Gottes Willen tun wollen. Wenn wir den Willen des Vaters annehmen, dann müssen wir vertrauen, daß uns seine Gnade befähigt durchzuhalten. »Es soll nicht durch Heer oder Kraft, sondern durch meinen Geist geschehen, spricht der Herr Zebaot« (Sach. 4,6).

Ein Edelstein für heute: Gottes Wille wird uns nie an einen Ort führen, an dem seine Gnade uns nicht tragen kann.

Alttestamentliche Lesung Psalm 28-30

20. Juli

Neutestamentliche Lesung Apostelgeschichte 21,15-40

Und als er sie begrüßt hatte, erzählte er im einzelnen alles, was Gott unter den Heiden durch seinen Dienst getan hatte. Als sie das hörten, lobten sie Gott und sagten zu ihm: Bruder, du siehst, wieviel Tausende von Juden zum Glauben gekommen sind, und alle sind Eiferer für das Gesetz. *(Apg. 21,19.20)*

Ein Zeugnis ist wirksam. Es wird nicht von uns erwartet, daß wir alle Bibellehrer sind, aber es wird von uns erwartet, daß wir in der Lage sind mitzuteilen, was Gott Gutes in unserem Leben getan hat. Ein Zeugnis nimmt Verbindung auf zum andern, es ermutigt und fordert sogar heraus.

Ich kann mich daran erinnern, wie ich – noch jung im Glauben – gebeten wurde, bei einer Konferenz mein erstes öffentliches Zeugnis zu geben. Wenn ich zurückschaue, kann ich meine Reaktion auf diese Bitte kaum glauben. Furcht überwältigte mich, und ich war wie ein Ertrinkender. Meine Vergangenheit jagte plötzlich an mir vorüber, und mein einziger Wunsch war, zu vergessen, was hinter mir lag, und mich einfach nur an diesem ganz neuen Leben in Christus zu freuen. Eins wollte ich auf keinen Fall: öffentlich meine Vergangenheit preisgeben. Und so lehnte ich diese Aufforderung ab. Aber dann fühlte ich mich schuldig, bekannte später meine Sünde und bedauerte meine Unfähigkeit, daß ich die Bitte nicht erfüllt hatte. Das ganze Jahr über beschäftigte mich diese Sache. Und als die jährliche Konferenz kam, fuhr ich hin, ohne gebeten worden zu sein.

Kaum war ich aus dem Auto gestiegen, als mich die Konferenzleiter auch schon in das Rednerzimmer führten. Ein lieber, alter Heiliger (einer von den großen Männern Gottes) begrüßte mich, und ich wurde ihm vorgestellt als der Mann, der nicht Zeugnis geben konnte. »Mein Sohn«, sagte er, »liebst du den Herrn Jesus?« »Ja«, antwortete ich. »Dann geh in dein Zimmer, knie nieder und mach dir Notizen, wie Jesus dich gefunden hat und was dabei in deinem Leben geschah. Dann komm wieder und gib Jesus die Ehre.« Nun, Gott war auf ganz besondere Weise mit mir. Nach meinem Zeugnis freuten sich die Menschen und lobten Gott, so daß Jesus wirklich verherrlicht wurde.

Was für günstige Gelegenheiten verpassen wir, wenn wir es versäumen, andern zu erzählen, was Jesus in unserem Leben getan hat! Wenn Du eine gute Erfahrung machen möchtest, dann suche Dir jemanden, der zuhören will und erzähle ihm genau, was Jesus in deinem Leben getan hat. Erzähle es so, daß dabei Jesus verherrlicht wird. Achte darauf, daß Du ihm dabei die Ehre gibst. Das wird als Funke in Deine eigene Erfahrung überspringen.

Ein Edelstein für heute: Unser Zeugnis verherrlicht nicht nur Christus, sondern es wirkt sich auch stärkend auf unseren eigenen Glauben aus.

Alttestamentliche Lesung Psalm 31-33

21. Juli

Neutestamentliche Lesung Apostelgeschichte 22

Er aber sprach: Der Gott unserer Väter hat dich erwählt, seinen Willen zu erkennen und den Gerechten zu sehen und die Stimme aus seinem Mund zu hören. *(Apg. 22,14)*

Gott sagte mir, daß ich Neuseeland verlassen sollte, um andere Brüder und Schwestern zu stärken. Darum will ich heute zu Dir sagen, so gewiß Hananias dies zu Paulus sagte: »Der Gott unserer Väter hat dich erwählt.« (»Denn viele sind berufen, aber wenige sind auserwählt«, Mt. 20,16).

Bist Du wiedergeboren? Ist Gottes Geist aus der Höhe auf Dich herabgekommen, so daß Dein Geist und Gottes Geist eins sind? Dann will ich Dir noch einmal sagen: »Der Gott unserer Väter hat dich erwählt.« Du bist nicht einfach ein Zufall. Gott hat sich nach Dir ausgestreckt, seine Hand auf Dein Leben gelegt und Dich erwählt. Ja, ganz bewußt hat er Dich »erwählt, seinen Willen zu erkennen«. Gott hat Pläne für Dein Leben und will, daß Du nach diesen Plänen lebst. Nimm Dir darum Zeit und gib Gott reichlich Gelegenheit, Dir seinen Willen mitzuteilen.

Wie sieht Gottes Wille für unser Leben aus? Was ist das Erste, das Wichtigste, das Gott in unserem Leben tun will? Ich glaube, die Antwort liegt in unserem Vers. Wir sollen »den Gerechten« sehen und »die Stimme aus seinem Mund« hören. Ergreife diesen Vers. Sinne den Rest dieses Tages darüber nach. Es ist Gottes Absicht für Dich, den Herrn Jesus Christus in all seiner Herrlichkeit zu sehen und seine Stimme zu hören. Fang an, Dich nach Jesus zu sehnen; diese Sehnsucht soll wachsen und in Dir bleiben. Was für einen größeren Plan könnte nach der Aussage dieses Textes Dein Leben haben? Mit was könntest Du Deine Zeit besser ausfüllen? Widme für den Rest Deines Lebens dem Vater jeden Tag ein bißchen Zeit, und warte ab, ob er Dir nicht Christus offenbaren wird.

Ja, ich habe Visionen und Offenbarungen von Christus gehabt, und sie werden immer bei mir bleiben. Aber am mächtigsten, wenn auch nicht durch große sichtbare Dinge, ist der Herr Jesus Christus durch die tägliche Stille Zeit in mein Leben eingedrungen. Mein Freund, wenn Du die Fülle dieses Verses in Deinem Leben kennenlernen willst, dann glaube diese Worte und nimm sie an: Gott hat Dich erwählt. Mache das zu Deinem Ruhm in Gott. Erzähle anderen Menschen davon, von denen Du weißt, daß Gott sie erwählt hat. Erinnere sie daran, daß Gott, lange bevor sie sich für Christus entschieden haben, sie schon auserwählt hatte. Er hatte die Wahl, und er wählte Dich. Wenn Du Dich heute abend schlafen legst, dann erinnere Dich daran, daß Du von Gott erwählt bist, und freue Dich über diese Wahrheit. »Gott, lieber Vater, schreibe diese Wahrheit heute in die Herzen meiner Leser, daß sie große Freude haben in dem Wissen, daß sie von dir erwählt sind.«

Ein Edelstein für heute: »Denn in ihm hat er uns erwählt vor der Schöpfung der Welt …« (Eph. 1,4).

Alttestamentliche Lesung Psalm 34.35

22. Juli

Neutestamentliche Lesung Apostelgeschichte 23,1-11

In der folgenden Nacht aber trat der Herr zu ihm und sprach: Sei getrost! Denn wie du in Jerusalem für mich Zeuge warst, so mußt du auch in Rom Zeuge sein. *(Apg. 23,11)*

Paulus wußte, daß er, wenn er nach Jerusalem ging, vieles erleiden mußte, selbst Verhaftung. Es kann einem das Herz brechen, wenn man völliges Unverständnis erfährt, obwohl man das Leben und die Wahrheit bringen will. Paulus' Zeugnis von seiner Erfahrung mit Jesus Christus auf der Straße nach Damaskus wurde abgelehnt. Den Juden muß es so vorgekommen sein, als ob dieser gebildete und hingegebene Jude sein ganzes, von Gott gegebenes Erbe fortgeworfen hatte, um Christ zu werden. Es gab großen Widerstand gegen seine Verkündigung, daß Jesus, den sie wie einen gewöhnlichen Verbrecher ans Kreuz gehängt hatten, ihr Messias wäre. Die Sadduzäer glaubten nicht einmal an die Auferstehung von den Toten. Paulus verkündigte nicht nur die Rettung durch den Glauben an Jesu Opfer, sondern auch Jesu Auferstehung als ein Beispiel für alle Gläubigen, das besagte, daß auch sie zum ewigen Leben mit Jesus auferstehen würden.

Was geschah dann für ein Aufruhr! Soldaten mußten eingreifen und Paulus buchstäblich das Leben retten. Als Paulus alleine in der Burg war, wohin ihn die Soldaten gebracht hatten, wurde er in der folgenden Nacht vom Herrn Jesus Christus besucht. Jesus ermutigte Paulus und sagte ihm, er solle getrost sein. Dieser Vers begeistert mich. Denn wenn der Herr etwas sagt, dann geschieht das, was er gesagt hat. Ich kann mir den Trost und die Freude vorstellen, die in Paulus waren, als Jesus sagte: »Sei getrost«.

Mir fällt eine Situation ein, als es mir sehr schlecht ging. Ich war verletzt und wußte nicht, wohin ich mich wenden sollte, ich konnte mich nicht einmal auf die Bibel konzentrieren. Aber ich ließ nicht nach, bis ich wieder lesen konnte, obwohl ich die Worte überhaupt nicht verstand. Ich las einfach weiter, bis ich langsam zu verstehen anfing. Schließlich durchdrang das Wort meinen Geist, und Leben kam. Hat Jesus nicht gesagt: »Siehe, ich bin bei euch alle Tage« (Mt. 28,20)? Jesus stand weder sichtbar neben meinem Bett, noch konnte ich seine Stimme akustisch hören. Aber sein Wort hatte dieselbe Wirkung auf meinen Geist, als wenn er sichtbar zu mir gekommen wäre. Wo Finsternis gewesen war, war jetzt Freude. Ich war getröstet, denn Jesus hatte diesen Trost in mein Herz und meine Seele gesprochen. Es dauerte nicht lange, bis auch mein äußerer Mensch auf den Geist in mir antwortete und ich mich darauf freute, die Aufgabe, die Jesus mir gegeben hatte, weiter zu verfolgen. Der Heilige Geist kann die geschriebenen Worte Jesu nehmen und sie in unser Leben sprechen, so daß sie dasselbe bewirken, was Paulus erfahren hat.

Ein Edelstein für heute: »Wenn dein Wort offenbar wird, so erfreut es ...« (Ps. 119,130).

Alttestamentliche Lesung Psalm 36.37

23. Juli

Neutestamentliche Lesung Apostelgeschichte 23,12-35

Als der Sohn der Schwester des Paulus von dem Anschlag hörte, ging er in die Burg und berichtete Paulus davon. (Apg. 23,16)

Paulus wußte, daß er leiden würde, wenn er nach Jerusalem ging, Gott hatte ihm das gesagt. Paulus wußte auch, daß es Gottes Wille für ihn war, in Rom Zeuge des Evangeliums zu sein. Gott hatte ihm klargemacht, daß er berufen war, zu den Heiden zu gehen. In der Nacht, als der Herr Jesus Christus Paulus besucht hatte, hatte er ihm gesagt: »... so mußt du auch in Rom Zeuge sein« (Vers 11). Während der Gefangenschaft des Paulus in Jerusalem schworen einige fanatische Juden, solange zu fasten, bis sie Paulus ums Leben gebracht hätten. Irgendwie waren dem Neffen des Paulus diese Pläne zu Ohren gekommen, und er war in der Lage, seinen Onkel vor der Bedrohung seines Lebens zu warnen. Paulus sagte seinem Neffen nicht, daß alles in Ordnung wäre, weil Gott ihn beauftragt hatte, in Rom zu predigen. Im Gegenteil, Gott will, daß wir eine aktive Rolle spielen in seiner Fürsorge für seine Kinder. Paulus hatte einen Plan Gottes zu erfüllen, und er mußte sich aus dieser Lebensgefahr retten. Sein Neffe hatte dabei auch seine Rolle zu spielen.

Unser Vers hat mich wirklich berührt. Wie wichtig war es für Paulus' Neffen, das Richtige zu tun. Ich will damit nicht sagen, daß Gott zugelassen hätte, daß Paulus durch die Hand dieser Fanatiker umgebracht worden wäre, wenn sein Neffe versagt hätte. Aber es ist offensichtlich, daß Gott Paulus' Neffen erwählt hatte, um durch ihn für Paulus zu sorgen und ihn zu retten. Alles, was der Neffe zu tun hatte, war, zum richtigen Zeitpunkt an die richtige Person eine Nachricht zu übermitteln.

Wie oft gibt Gott uns die Gelegenheit, für einen seiner Knechte zu sorgen? Kannst Du Dir vorstellen, welchen Segen dieser junge Mann daraus empfing, daß er Paulus half? Ich bin davon überzeugt, daß zwischen Paulus und ihm ein starkes Band der Liebe entstand. Bei jedem Dienst, den Gott gibt, spielt die Treue eines Menschen eine wichtige Rolle. Es wird nicht immer darum gehen, jemandem das Leben zu retten, aber meistens ist es diese unerschütterliche Treue, die einen Dienst aufrecht erhält. Laßt uns Gott gegenüber offen sein, wenn wir eine Situation sehen, die sich zu einer Katastrophe entwickeln kann. Wir können verurteilen und kritisieren, wir können die Umstände dem Versagen von Menschen zuschreiben. Aber dabei übersehen wir vielleicht etwas. Wenn Gott uns die Möglichkeit gegeben hat, die Gefahr zu sehen, dann könnte es durchaus sein, daß wir diejenigen sind, die Gott ausgewählt hat, um die Gefahr abzuwenden und die Situation zu retten. Es kann eine wunderbare Gelegenheit zum Dienen sein. Darum sei sehr vorsichtig mit dem, was Du tust, wenn Du jemanden in Not siehst. Sei offen für die Möglichkeit, daß Du Gottes Antwort bist.

Ein Edelstein für heute: Wenn wir richten oder kritisieren, können wir uns um die Möglichkeit bringen, Gottes Antwort zu sein.

Alttestamentliche Lesung Psalm 38-40

24. Juli

Neutestamentliche Lesung Apostelgeschichte 24

Das bekenne ich dir aber, daß ich nach der Lehre, die sie eine Sekte nennen, dem Gott meiner Väter so diene, daß ich allem glaube, was im Gesetz und in den Propheten geschrieben steht. *(Apg. 24,14)*

Wir sehen hier einen Mann in einer Gerichtsverhandlung, bei der es um sein Leben geht. Es ist mehr als nur ein Rechtsstreit über seine Lehre. Seit einigen Jahren hatte Paulus erfolgreich unter den Heiden evangelisiert, nachdem er zuerst zu den Juden gegangen war und ihnen die gute Nachricht gepredigt hatte, daß Jesus der so sehr erwartete und verheißene Messias ist. Paulus war einer der Gottesmänner, die Gott mit größter Sorgfalt berufen, auserwählt und vorbereitet hatte, und er sollte das Evangelium zu den Heiden bringen. Als er in Jerusalem ankam, hatte er eine große Geldsumme bei sich, die bestimmt war zur Unterstützung der Juden, die in Israel leiden mußten. Kaum war er angekommen und hatte die üblichen Grüße an die Brüder überbracht und Bericht davon gegeben, was Gott unter den Heiden tat, als sich auch schon ein harter Zusammenstoß mit jüdischen Fanatikern ereignete, die Paulus' Leben bedrohten.

Die Gewalt dieses Streites und die Bedrohung seines Lebens gibt uns die Möglichkeit, die Gestalt dieses Mannes Paulus zu sehen. Er sieht Monaten, ja, vielleicht Jahren von Haft ins Auge; aber anstatt sich für sein Leben einzusetzen und sich die Freiheit durch Bestechungsgeld zu erkaufen, sehen wir, wie Paulus die Gelegenheit ergreift, um furchtlos das Evangelium von Jesus Christus zu verkünden. Niemals hat er, als Sohn Abrahams, Isaaks und Davids, sein jüdisches Erbe verleugnet. Das stand nicht zur Debatte. Er hatte Streit mit den Juden, die sich weigerten, an die Auferstehung der Menschen – der Gerechten und Ungerechten – zu glauben, geschweige denn an die Auferstehung Jesu Christi.

Paulus verteidigte seine Überzeugung nicht. Ich bin sicher, daß seine Ankläger ebenfalls von dem überzeugt waren, was sie taten. Ihre Überzeugungen waren fest genug, um Paulus ums Leben bringen zu wollen. Aber als Paulus vor dem Gericht stand, verkündigte er einfach die Wahrheit, die voller Leben und Geist ist. Das verherrlichte den Herrn Jesus Christus. Paulus zeigte, daß er an die Wahrheit glaubte und nicht an irgendwelche Überzeugungen. »Das bekenne ich dir aber, daß ich … dem Gott meiner Väter diene … Ich habe die Hoffnung zu Gott, … daß es nämlich eine Auferstehung der Gerechten wie der Ungerechten geben wird« (Vers 14 und 15). Paulus bekannte dies vor einem Gericht, das die Macht hatte, ein Todesurteil über ihn auszusprechen. Obwohl er immer und immer wieder vor dem Tod gestanden hatte, verkündete Paulus noch immer die Wahrheit der Auferstehung. Im Angesicht des Todes schien Paulus die Auferstehung noch wirklicher zu sein, und Du kannst Dir sicher sein, daß er glaubte, was er predigte. Der Tod bot ihm die Möglichkeit, das zu leben, was er sagte. Ist das auch Dein Bekenntnis: »Christus ist mein Leben; und Sterben ist mein Gewinn« (Phil. 1,21)?

Ein Edelstein für heute: Polycarp (ein Märtyrer um seines Glaubens willen) sagte, als sie ihn am Marterpfahl verbrannten, so etwas ähnliches wie: Ein Narr stirbt für seine Überzeugungen, aber ein Mann gibt sein Leben für die Wahrheit.

Alttestamentliche Lesung Psalm 41-43

25. Juli

Neutestamentliche Lesung Apostelgeschichte 25

Wenn ich aber im Unrecht bin und etwas Todeswürdiges getan habe, so weigere ich mich nicht zu sterben; ist aber ihre Anklage unbegründet, so darf mich ihnen auch niemand preisgeben. Ich lege Berufung an den Kaiser ein. *(Apg. 25,11)*

Unter den Juden war eine neue Verschwörung im Gang, um Paulus umzubringen. Die lange Zeit, die er nun im Gefängnis verbracht hatte, hatte die Juden nicht zum Schweigen gebracht. Die Ankunft des Festus in Jerusalem gab ihnen eine neue Gelegenheit. Sie baten darum, daß Paulus zu einer weiteren Gerichtsverhandlung nach Jerusalem gebracht werden sollte. Genau wie vorher planten sie, auf der Lauer zu liegen und Paulus auf dem Weg nach Jerusalem umzubringen. Gott griff in diese Situation ein, und Festus verweigerte diese Bitte. Er lud statt dessen die Juden ein, ihn nach Cäsarea zu begleiten, wo Paulus gefangen gehalten wurde.

Als Paulus wieder seinen Anklägern gegenüberstand, bemerkten Festus und Agrippa, daß die Anklagen der Juden wenig Inhalt hatten. Zweifellos wurden die Richter dadurch, daß Paulus römischer Bürger war, davon abgehalten, sich zu sehr von den Juden beeinflussen zu lassen, denn sie wagten nicht, wegen einer religiösen Streitfrage das Todesurteil über ihn zu verhängen. Der Mut und die Beharrlichkeit des Paulus beeindrucken mich wirklich. Er zeigte keine Angst vor dem Tod und bekundete sogar seine Bereitschaft zu sterben, wenn seine Ankläger mit ihrem Urteil im Recht wären. Andererseits ist auch offensichtlich, daß Paulus sein Leben nicht einfach fortwarf. Er hatte etwas, wofür er lebte. Jesus war bei ihm gewesen und hatte ihm gesagt, daß er nach Rom gehen würde. Gottes Wille stand ihm vor Augen, und er war entschlossen zu leben, um diesen Willen zu erfüllen.

In Paulus' Leben gab es eine Qualität, einen Reichtum, der über Schwierigkeiten triumphierte. Obwohl Paulus sich auf die Auferstehung seines Leibes in Christus freute, hatte er einen guten Grund, um zu leben. Paulus verstand, daß es mit der Hoffnung auf die Auferstehung des Leibes keine Furcht mehr vor dem Tod oder dem Sterben gab. (Richard Baxter nannte das »immerwährende Ruhe der Heiligen«). Zu sterben heißt einfach, beim Herrn zu sein. Es gab Zeiten, wo Paulus zwischen Leben und Sterben hin- und hergerissen war. Doch er entschied sich für das Leben, weil er etwas hatte,

wofür er lebte. Darum setzt er sich für sein Leben ein, selbst wenn das für ihn jahrelange Gefangenschaft bedeutete. Die Umstände konnten Paulus weder sein Leben in Christus noch seine Erfahrungen als Christ rauben, die für Paulus wirklich abenteuerlich gewesen waren. Das Leben war wert, gelebt zu werden, und Paulus wollte es in seiner Fülle erforschen.
Ein Edelstein für heute: »Denn Christus ist mein Leben, und Sterben ist mein Gewinn« (Phil. 1,21).

Alttestamentliche Lesung Psalm 44-46

26. Juli

Neutestamentliche Lesung Apostelgeschichte 26

Paulus aber antwortete: Ich wünschte vor Gott, daß über kurz oder lang nicht allein du, sondern alle, die mich heute hören, so würden wie ich, freilich ohne diese Fesseln. (Apg. 26,29)

Als Paulus von Festus vor König Agrippa gebracht und ihm die Möglichkeit zum Sprechen gegeben wird, fängt er sofort an, sein Zeugnis zu geben. Er erzählt Agrippa von seinem Eifer für das Gesetz und von seinem intellektuellen Wissen. Paulus bekennt, daß er bis zu seiner Begegnung mit dem Herrn Jesus Christus die Christen verfolgt hat. Er spricht von dem Weg, den Gott ihn geführt hat, und wendet sich an König Agrippas Kenntnis der Propheten und ihrer Vorhersagen über den Messias. Wohlüberlegt gibt Paulus vor dem Gericht sein Zeugnis, und König Agrippa ist so bewegt, daß er sagt: »Es fehlt nicht viel, so wirst du mich noch dazu überreden, als Christ aufzutreten« (Vers 28).

Paulus versuchte nicht nur einfach die, die ihm im Unglauben zuhörten, dazu zu bringen zu glauben, daß Jesus der Messias war, so wie die Propheten es gesagt hatten. Die jüdische Religion war sowieso schon ein Opfer vieler Lehrmeinungen geworden, die unter den Juden zu ständigem Streit führten. Es reicht nicht aus, etwas für wahr zu halten. Es ist möglich, seine Meinung zu ändern über das, was man glaubt, und darüber, wer Jesus ist, ohne die Erfahrung des Lebens in Christus zu machen, von der Paulus sprach. Als König Agrippa bekannte, daß Paulus ihn fast überredet hätte, antwortete Paulus, daß es sein Gebet wäre, daß König Agrippa und alle, die zuhörten, so würden wie er. Paulus sprach nicht von seinen Fesseln, sondern von seinem Leben. Er sprach nicht nur darüber, daß er den Propheten glaubte, was sie über den Messias geschrieben hatten, sondern über das, was er erlebt und erfahren hatte.

Paulus' Eifer für das Leben, sein Glaube und seine Begeisterung waren begründet durch seine eigene Erfahrung und durch seine Beziehung zu Jesus. Sein Wissen von dem, was die Propheten über den Messias gesagt hatten, hob dies nur noch hervor und gab dem noch mehr Inhalt. Paulus'

Begeisterung für das christliche Leben wurde angeregt durch die Hoffnung in ihm, daß er die Verheißungen, deren Erfüllung noch ausstand, selbst erfahren würde (die Verheißungen, die er im Augenblick noch nicht erfuhr). Er konnte bekennen, daß er der himmlischen Erscheinung gehorsam gewesen war und daß er durch sie Christus erkannt hatte. Durch diese Erscheinung hatte er Christi Leben empfangen, nicht Wissen oder Überzeugungen über das Leben, sondern das Leben selbst.

Ein Edelstein für heute: »Allen aber, die ihn aufnahmen und an seinen Namen glaubten, denen gab er Macht, Gottes Kinder zu werden« (Joh. 1,12).

Alttestamentliche Lesung Psalm 47-49

27. Juli

Neutestamentliche Lesung Apostelgeschichte 27,1-26

Darum, liebe Männer, seid unverzagt; denn ich glaube Gott, daß es so geschehen wird, wie es mir gesagt worden ist. *(Apg. 27,25)*

Wäre es nicht schön, Paulus bei uns zu haben, wenn wir in Umstände geraten, die katastrophal zu sein scheinen? Aber während des Sturmes und mit dem drohenden Schiffbruch vor Augen hörte niemand auf Paulus' Warnungen. Die Leute wollten lieber auf den Rat des Kapitäns als auf den eines Gottesmannes hören. Dann bekam Paulus in der Nacht Besuch. Es war ein Engel, der sagte: »Fürchte dich nicht, Paulus, du mußt vor dem Kaiser erscheinen; und siehe, Gott hat dir alle geschenkt, die mit dir fahren« (Vers 24). Darum sprach Paulus erneut zu allen, die sich an Bord befanden, und sagte ihnen, daß sie seinem Rat hätten folgen sollen. Und dann ermutigte er sie: »Doch nun ermahne ich euch, unverzagt zu sein; denn keiner von euch wird umkommen, nur das Schiff geht verloren. Denn diese Nacht trat der Engel des Gottes, dem ich gehöre und dem ich diene, zu mir« (Verse 22 und 23).

Wenn Gott zu uns spricht, dann können wir es uns leisten, mutig zu sein. Ganz gleich, ob ein Engel zu uns kommt oder ob Gott durch sein Wort zu uns spricht, durch Umstände oder durch seine leise Stimme, das Allerwichtigste ist, daß Gott zu uns spricht und daß wir das innere Zeugnis des Geistes haben, daß Gott in der Tat zu uns gesprochen hat.

Paulus setzte sein Vertrauen auf Gottes Wort. Selbst inmitten eines wütenden Sturmes und angesichts eines Meeres, das das Schiff zu zerstören drohte, hatte sich sein Glaube nicht verändert. Alles, was nur möglich war, hatten sie über Bord geworfen, um sich zu retten. Die Lage konnte also nicht schlimmer sein. Kannst Du Dir diese seekranken Männer vorstellen, die dem Schiffbruch und dem möglichen Ertrinken ins Auge sahen, wie sie Paulus zuhörten, als er sagte: »Darum, liebe Männer, seid unverzagt; denn ich glaube Gott, daß es so geschehen wird, wie es mir gesagt worden ist«? (So können wir es uns also leisten, getrost zu sein, wenn wir Gottes Wort haben, weil wir im Glauben das schon haben, was er versprochen hat.)

Das Geheimnis des Lebens in Christus, das Paulus mit Mut und Glauben lebte, liegt nicht im Besuch des Engels, sondem in dem, was der Engel gesagt hat. Wer konnte das wieder nehmen, was Gott gegeben, was er versprochen hatte? Paulus' Sicherheit war nicht mehr von einer ungewissen Hoffnung abhängig, sondern lag in dem Glauben an das, was Gott versprochen hatte.

Es gab keinen Mann auf diesem Schiff, noch eine Welle, die groß genug war, um Paulus Gottes Versprechen zu rauben. Er glaubte das, was Gott gesagt hatte. Er vertraute nicht auf das, was er selbst tun konnte, sondern auf das, was Gott zu tun versprochen hatte.

Ein Edelstein für heute: »Gottes Wege sind vollkommen, des Herrn Worte sind durchläutert. Er ist ein Schild allen, die ihm vertrauen« (2. Sam. 22,31).

Alttestamentliche Lesung Psalm 50-52

28. Juli

Neutestamentliche Lesung Apostelgeschichte 27,27-44

Und so geschah es, daß alle ans Land gerettet wurden.

(Apg. 27,44)

Gott rettete Paulus und die anderen Schiffbrüchigen wahrscheinlich nicht genau so, wie Paulus es sich gedacht hatte. Hast Du das auch schon erfahren? Wenn Gott uns gesagt hat, daß er etwas tun will, dann geschieht es sehr schnell, daß wir uns ganz genau ausmalen, wie und wann er es tun wird. Auch wir hätten uns sicherlich vorgestellt, daß Gott sein Versprechen an Paulus einfach so erfüllen würde, daß er dem Sturm gebot, zu schweigen. Schließlich hatte Jesus das auch getan. Wenn ich Paulus gewesen wäre, als die Taue des Rettungsbootes durchgeschlagen wurden, dann hätte ich gerne Gewißheit darüber gehabt, ob diese Handlung mit Gottes Plänen übereinstimmte. Auch ohne Rettungsboot würde Gott ja sicherlich den Sturm stillen; aber das geschah nicht. In diesem Sturm mußten sie weiter Gottes Wort vertrauen, auch wenn ihnen das Lot anzeigte, daß das Wasser seicht wurde und daß die Möglichkeit bestand, an Klippen zu zerschellen. Die versprochene Rettung durch Gott kam nicht sofort, sondern erst nach vielen Prüfungen.

Am Morgen sahen sie die Möglichkeit, sich in eine Bucht treiben zu lassen. Sie spannten das Vordersegel auf und vertrauten erneut Gott. Sobald das Ankertau durchgeschnitten war, nahm das Schiff Kurs auf die Bucht. Die Strömung hatte eine Sandbank gebildet, und das Schiff lief darauf auf. Als sie nun festsaßen, mußten sie wieder Gott vertrauen. Es war schlimm genug, sich in einer Lage zu befinden, wo das Meer ihr Leben bedrohte, denn einige Leute konnten nicht schwimmen. Und wenn die Soldaten die Gefangenen verlieren würden, stand ihnen der Tod bevor. Als sie sich nun trotzdem entschlossen, die Gefangenen nicht zu töten, mußten sie erneut Gott vertrauen. Ihr Glaube wurde belohnt, als sie schließlich vom Sturm sicher ans Land getrieben wurden.

Wenn Gott zu mir spricht, dann bin ich immer noch so begeistert wie ganz am Anfang, als ich Christ wurde. Der Unterschied zwischen damals und jetzt liegt darin, daß ich gelernt habe, daß es zweierlei ist, Gott zu hören und ihm zu vertrauen, daß er sein Wort auch ausführt. Wenn Gott nicht gesagt hat, wie er sein Wort in meinem Leben ausführen will, dann muß ich ihm vertrauen in der Lage, in der ich mich befinde, selbst wenn sie dem widerspricht, was Gott gesagt hat. Gott hat die Fähigkeit, alle Dinge zusammenwirken zu lassen, und er läßt uns nicht im Stich, noch kehrt sein Wort leer zu ihm zurück. Geduld wird normalerweise belohnt, so daß man endlich sagen kann: »Und so geschah es.«

Ein Edelstein für heute: Gott ist in der Lage, mich zu retten, an jedem Ort, in jeder Situation.

Alttestamentliche Lesung Psalm 53-55

29. Juli

Neutestamentliche Lesung Apostelgeschichte 28,1-16

Als wir gerettet waren, erfuhren wir, daß die Insel Malta hieß.
(Apg. 28,1)

Wenn Du in den letzten drei Tagen von Paulus' Schiffbruch auf hoher See gelesen hast, warst Du sicherlich auch beeindruckt von Paulus' Fähigkeit, Gottes Wort zu glauben, vertrauensvoll in ihm zu leben und auch die anderen zu ermahnen, dasselbe zu tun. Wie Du Dich erinnern wirst, sandte Gott einen Engel, der Paulus sagte, daß er sich nicht fürchten solle. Weil Paulus glaubte, daß alles, was der Engel gesagt hatte, Gottes Wort an ihn war, vertraute er nicht nur einmal, sondern immer und immer wieder diesem Wort. Er tat dies, als sie kein Rettungsboot mehr hatten und das Schiff auf Grund lief. Er mußte weiter vertrauen, als der Vorschlag gemacht wurde, alle Gefangenen umzubringen. Er mußte vertrauen, als er in den stürmischen Wellen schwamm und als er ans Ufer geworfen wurde.

Was für eine Freude muß in Paulus' Herzen gewesen sein, als er sah, daß Gottes Wort immer und immer wieder zu ihrem Besten gedient hatte! Wie sehr muß er sich gefreut haben, als festgestellt wurde, daß alle ans Ufer gelangt waren! Sie sammelten Holz, um Feuer zu machen und ihre Kleider zu trocknen, denn es war Winter. Ich bin sicher, daß Paulus trotz der Kälte und der nassen Kleidung der glücklichste Mensch dort war. Wenn er Gott nicht laut für seine Rettung aus dem wütenden Meer pries, dann lobte er ihn sicher in seinem Herzen und tanzte fast vor Freude. Ich kann mir vorstellen, daß Paulus innerlich noch immer vor Freude sang, als sich plötzlich eine Schlange an seiner Hand festbiß. Es muß einen Moment still gewesen sein, weil alle über diese neue Bedrohung von Paulus' Leben sprachlos waren. Aus Unwissenheit wurden Vermutungen angestellt, aber Paulus vertraute einfach weiter dem Wort des Herrn, als er die Schlange abschüttelte und sie ins Feuer fiel. Alle staunten über das Wunder, daß ihm nichts geschah, und Gott gebrauchte Paulus sogar dazu, den Vater des höchsten Beamten der Insel zu heilen. Eine Situation hatte die andere gejagt, aber das Wort des Herrn blieb fest, und Gott war treu. Sein Wort galt in jeder Not, in der Paulus sich befand.

Ein Edelstein für heute: Im Glauben überwanden sie.

Alttestamentliche Lesung Psalm 56-58

30. Juli

Neutestamentliche Lesung Apostelgeschichte 28,17-31

So sollt ihr nun wissen, daß den Heiden dies Heil Gottes gesandt ist; und sie werden es hören. *(Apg. 28,28)*

Eines Sonntags hatten wir das seltene Vorrecht, in unserer Gemeinde ein israelischen Regierungsbeamten zu Gast zu haben. Er gab Zeugnis davon, wie er zu der Erkenntnis gelangt war, daß Jesus sein Messias ist. Es war offensichtlich, daß er eine echte Erfahrung gemacht und Jesu Geist in seinem Herzen empfangen hatte. Es war eine gesegnete Zeit, als uns dieser Mann aus Israel so vertrauensvoll seine Geschichte erzählte. Ich weiß, daß jeder in der Kirche wirklich bewegt war.

Nach dem Gottesdienst sprach ich mit einem jüdischen Geschäftsmann, der, soviel ich weiß, nie zuvor in einer christlichen Kirche gewesen war. Dieser Mann war sehr berührt von dem, was er gehört hatte. Er glaubte nicht an Jesus als den Christus oder Messias, aber er sagte mit großer Leidenschaft zu dem Bruder, der sein Zeugnis gegeben hatte: »Gehen Sie zurück nach Israel und sagen Sie allen Leuten, daß diese Christen unseren Gott haben.« Das ist genau das, was Paulus tun wollte. Er wollte seinen Brüdern, den Juden, verkündigen, daß die Christen denselben Gott haben. Doch als Israel Jesus als den Messias ablehnte, lenkte Gott Paulus' Aufmerksamkeit auf die Heiden und beauftragte ihn, ihnen das Evangelium der Erlösung zu bringen. (Das Wort Israel will ich sehr vorsichtig gebrauchen, weil viele Juden an den Herrn Jesus Christus glaubten und für ihn litten.)

Der einzige heidenchristliche Schreiber, den es im Neuen Testament gibt, ist Lukas, der sein Evangelium und die Apostelgeschichte geschrieben hat. Alle anderen Autoren waren Judenchristen. So verdanken wir tatsächlich fast alle Schriften der Bibel den jüdischen Schreibern und Evangelisten. Weil Israel Jesus ablehnte, wurde den Heiden die Tür zur Rettung geöffnet.

Ich will Gott heute für das preisen, was geschehen ist; nicht dafür, daß die Juden Jesus ablehnten, sondern dafür, daß Gottes Gnade und sein Erbarmen für uns so groß war, daß er die jüdischen Gläubigen ausgesandt hat, um den Heiden das Evangelium zu bringen. Der kulturelle und religiöse Schock muß furchtbar für sie gewesen sein. Kein Wunder, daß sie Schwierigkeiten hatten festzulegen, was die Heidenchristen mit einigen Dingen des jüdischen Erbes tun sollten. Oh, Gott sei gelobt, sie hielten nicht an ihrer lebenslangen, religiösen Erfahrung fest, sondem gaben ihr kulturelles Erbe preis für die Rettung der Heiden. Wie wunderbar und lebensverändernd muß ihre Erfahrung gewesen sein, daß sie in der Lage waren, so viel aufzugeben, um Jesus zu folgen und sich dann von ihm zu den Heiden führen zu lassen.

Laßt uns die Menschen schätzen, die uns das Evangelium gebracht haben, und uns daran erinnern, daß Israels Ablehnung unser Gewinn wurde. Laßt uns darauf achten, daß wir, als Volk Gottes, nicht denselben Fehler begehen wie Israel, das als ganze Nation Jesus ablehnte.

Ein Edelstein für heute: »Wenn aber schon ihre (Israels) Verfehlung Reichtum für die Welt bedeutet und ihr Zurückbleiben Reichtum für die Heiden, wieviel mehr wird es bedeuten, wenn ganz Israel zum Ziel gelangt!« (Röm. 11,12).

Alttestamentliche Lesung Psalm 59-61

31. Juli

Neutestamentliche Lesung Römer 1

... ihr..., die ihr von Jesus Christus berufen seid. (Röm. 1,6)

Du und ich, wir sind weder zufällig in Gottes Reich gestolpert, noch können wir Gott mit guten Werken beeindrucken oder uns unsere Erlösung verdienen. Jeder einzelne ist durch Gottes Gnade in sein Reich hineingekommen. Seit dem Tag, als Jesus am Ufer des Sees Genezaret stand, hat er Männer und Frauen zu einer versöhnten Beziehung mit dem Vater gerufen. Der Bettler wird auf die gleiche Weise berufen wie der Reiche, denn bei Gott gibt es kein Ansehen der Person (Eph. 6,9). Arme und Reiche kommen genau auf demselben Weg in Gottes Reich.

In diesem Kapitel des Briefes an die römischen Christen erinnert Paulus sie daran, daß sie zu Heiligen berufen sind. Du und ich, wir sind auch berufen. Ganz gleich, was Du für Deine Berufung in Gott hältst, eins ist ganz sicher: Jesus Christus hat Dich aus dieser Welt, ihrer Macht und Versuchung herausgerufen, hinein in das Reich Gottes, um seine Gerechtigkeit mit Dir zu teilen. Du bist jetzt die Gerechtigkeit Gottes in Christus (2. Kor. 5,2). Er hat uns dazu berufen, nicht mehr in der Finsternis zu leben, sondern in seinem herrlichen Licht, so daß wir Heilige sein können. Ich weiß nicht, was für ein Bild Du von Dir selbst hast, aber warum sollte Gottes Wort diese

Vorstellung nicht ändern können? Du kannst es Dir nicht leisten, geringer von Dir zu denken, als es der Berufung, die Gott Dir gegeben hat, entspricht. Sein Wort nennt Dich einen Heiligen, aber geschieht das aufgrund Deiner Werke oder frommen Gewohnheiten? Ganz sicher nicht! Du bist ein Heiliger, weil Jesus Dich berufen und zu der Gerechtigkeit Gottes gemacht hat, und genau das bist Du, wenn Du in seiner Gerechtigkeit lebst. Versuche nicht, aus Dir selbst heraus irgendwelche Gerechtigkeit anzuhäufen, denn die Bibel spricht davon als von einem befleckten Kleid (Jes. 64, 5). Gottes Gerechtigkeit macht Dich gerecht. Sieh in den Spiegel, mein Freund. Für Dich unsichtbar ist das, was Gott sieht, und das ist die Gerechtigkeit, die Gott Dir gegeben hat. Du brauchst nicht zu versuchen, ein Heiliger zu sein, weil Paulus gesagt hat, daß Du einer bist durch das Werk, das Jesus bereits für Dich getan hat. Halleluja!

Jetzt kannst Du so leben, wie die Bibel das Leben der Heiligen beschreibt. Bleibe in einer engen, täglichen Beziehung zu dem Heiligen Geist. Tue nichts, was ihn betrübt. Nimm Christi Blut in Anspruch zur Reinigung von Deiner Sünde. Begegne in der Stillen Zeit Jesus täglich und regelmäßig in seinem Wort. Dann wirst Du das sein, wozu Jesus Dich berufen hat.

»Meine Lieben, wir sind schon Gottes Kinder; doch es ist noch nicht offenbar geworden, was wir sein werden. Wir wissen aber, wenn es offenbar wird, werden wir ihm gleich sein« (1. Joh. 3,2). Wir sollen Heilige sein mit Jesu Gedanken, mit seiner Liebe und seiner Gerechtigkeit, wir sollen seine Herrlichkeit widerspiegeln, denn wir sind sein Werk. Gelobt sei Gott! Weißt Du heute, wer Du bist, mein Freund?

Ein Edelstein für heute: Ich bin ein Heiliger Gottes, und ich will so leben, wie die Bibel das Leben eines Heiligen beschreibt.

Alttestamentliche Lesung Psalm 62-64

1. August

Neutestamentliche Lesung Römer 2

Sondern der ist ein Jude, der es im Verborgenen ist, und das ist die rechte Beschneidung, die am Herzen geschieht durch den Geist und nicht nach dem Buchstaben des Gesetzes. Das Lob eines solchen kommt nicht von Menschen, sondern von Gott. *(Röm. 2,29)*

Ich kann mir vorstellen, wie anstößig dieser Satz für jene Juden gewesen sein muß, die dachten, daß sie durch ihre Tradition und durch den Glauben ihrer Väter das Heil hatten. In diesem Kapitel macht Paulus ganz klar, daß sie nicht Juden waren nur wegen der Beschneidung. Die Beschneidung, die einen Menschen wirklich zum Juden macht, muß am Herzen geschehen – die Herzen der Juden mußten sich einer radikalen Veränderung unterwerfen.

Jude war der, der dem Bund vertraute, den Gott mit Abraham geschlossen hatte. Es war jemand, dessen Herz offen war für Gott, und der bereit war, im Gehorsam vor ihm zu leben.

Wir Christen können von diesem Brief an die römischen Christen viel lernen. Zunächst müssen wir unser Herz prüfen. Haben wir das innere Zeugnis des Geistes, daß wir wiedergeboren sind? Ist unser Glaube an Gottes vollkommenen Heilsplan fest auf Christi Opfer für unsere Sünde errichtet? Ist unsere Gemeinschaft mit Gott auf seinen Bund, auf seinen neuen Bund gegründet? Wahre christliche Erfahrung ist eine Erfahrung, die unser Herz verändert. Weil es unser Herz ist, das verändert werden muß, sind wir weise, wenn wir unser »Herzensleben« pflegen, so daß sich unser Verlangen nach Gott richtet.

Unser Erziehungssystem ist darauf gerichtet, unseren Verstand zu entwickeln, so daß ein großer Teil unseres Lebens und in vielen Fällen auch unseres Vermögens für dieses Ziel hingegeben wird. Als ich ein junger Christ war, lag die Erfahrung meines Herzens mit Gott weit hinter meinem intellektuellen Verständnis von Gott, aber sehr bald lernte ich, auf Gottes leise Stimme in mir zu hören. Wenn Gott zu meinem Herzen sprach, wuchs in mir große Liebe zu Jesus, weil er das Werk vollbracht hatte, mich aus der Knechtschaft der Sünde zu befreien. Mein Verstand versucht das, was Gott in mein Herz spricht, zu rationalisieren und anzuzweifeln. Aber Jesus ist trotzdem in der Lage, mir das zu sagen, was er will. Und als Folge davon verändert sich mein Herz immer mehr. Wenn wir dem Heiligen Geist die Freiheit geben, unser Herz Erfahrungen mit Gott machen zu lassen, dann werden in uns auch seine Früchte wachsen.

Es ist nicht Gottes Absicht, uns ein Gesetzbuch mit Verhaltensregeln, Normen und Prinzipien vorzusetzen, die wir gesetzlich in unserem Leben anwenden müßten. Vielmehr ist Gottes Plan für uns, daß wir innerlich vom Heiligen Geist abhängig werden. Als Folge davon wird aus der Tiefe eines beschnittenen Herzens das Verlangen kommen, uns mit allem, was wir sind, Gott zur Verfügung zu stellen und seiner leisen Stimme zu gehorchen. Unser Gehorsam wird aus der Liebe kommen. Gott möge das, was wir diesen

Monat in der Bibel lesen, dazu benutzen, um das Leben unseres Herzens zu entwickeln, so daß wir Gott mehr als nur mit unserem Verstand begreifen. **Ein Edelstein für heute:** Wahres Christentum ist eine Erfahrung, die das Herz verändert.

Alttestamentliche Lesung Psalm 65-67

2. August

Neutestamentliche Lesung Römer 3

Alle haben gesündigt und die Herrlichkeit verloren, die Gott ihnen zugedacht hatte. (Röm. 3,23)

Diesem Vers bin ich begegnet, als ich noch ein ganz junger Christ war. Ich habe ihn immer gebraucht, wenn ich Nichtchristen Zeugnis gab, denn ich verstand, daß die Nichtchristen Sünder waren und Gottes Herrlichkeit verloren hatten. Aber eines Tages bekam ich einen richtigen Schock, als der Heilige Geist mich daran erinnerte, daß der Apostel Paulus diesen Vers an Christen in Rom geschrieben hatte. Wenn wir unser Herz vor Gott rein halten wollen, dann ist es nötig, daß wir uns selber richtig einschätzen. Selbst wenn wir wiedergeboren sind, geboren von dem Geist aus der Höhe, können wir noch immer sündigen. Aber Gott sei gelobt, er hat auch dafür Vorsorge getroffen. »Wenn wir aber unsere Sünden bekennen, ist Gott treu und gerecht und vergibt uns die Sünden und macht uns rein von aller Ungerechtigkeit« (1. Joh. 1,9).

Adam, der erste Mensch, verlor dadurch, daß er sündigte, die Gottebenbildlichkeit. Von da an konnte kein Mensch mehr, der geboren wurde, das Leben leben, das Gott uns zugedacht hat; die Menschen haben Gottes Herrlichkeit verloren. Der Mensch brauchte das Sündigen nicht zu lernen, denn das Gesetz der Sünde, die Natur der Sünde war von Geburt an in ihm. Übertretung des Gesetzes (Sünde) war bloß ein Ausdruck der inneren Natur der Sünde, des inneren Gesetzes der Sünde.

Es ist das Werk des Heiligen Geistes, uns von Sünde zu überführen, so daß wir darauf vertrauen, daß das Blut Jesu Christi uns reinigt. Wenn Du Dich in Deinem Leben als Christ nach einer Reinigung Deines Herzens sehnst, dann rechne damit, daß Du von Sünde überführt wirst. Nur bekannte Sünde ist vergebene Sünde, und aus diesem Grund wird der Heilige Geist uns von unseren schlechten Taten überführen.

Jesus, der zweite Adam, ist Gottes Herrlichkeit. Er ist Gottes Bestes für uns, Gottes eigenes Bild ist in seinem Sohn zu sehen. Wir sollen Christus ähnlich werden, und unser Handeln, unsere Absichten und alles, was wir tun, soll Jesus verherrlichen. Weil unsere Gerechtigkeit in ihm ist, kann der Heilige Geist nicht anders, als Christus zu verherrlichen. Das ist sein Charakter, seine Natur und alles, was er ist. Wenn der Heilige Geist in

unserem Herzen seinen Weg gehen kann, dann wird er uns von Sünde überführen und überzeugen. Er wird immer in unserem Herzen wirken, damit wir uns ständig durch Jesu Blut reinigen lassen und dadurch Gottes Sohn verherrlichen. Wenn der Heilige Geist läutert und reinigt, dann wird unser Verstand, unser Leib, unser äußerer Mensch lernen zu antworten und Jesus dadurch verherrlichen. Solange das nicht geschieht, bleiben wir alle hinter der Herrlichkeit Gottes, die er uns zugedacht hat, zurück.
Ein Edelstein für heute: »Wovon das Herz voll ist, davon fließt der Mund über« (Mt. 12,34).

Alttestamentliche Lesung Psalm 68.69

3. August

Neutestamentliche Lesung Römer 4

(Er) war völlig gewiß: was Gott verheißt, das kann er auch tun.

(Röm. 4,2)

Der Glaube wird lebendig in einem Herzen, das völlig gewiß ist. In einem solchen Herzen kann der Zweifel nicht überleben. Aus einem Gläubigen, der völlig gewiß ist, muß die Furcht verschwinden und die Ängstlichkeit fliehen.

»Denn ich bin gewiß, daß weder Tod noch Leben, weder Engel noch Mächte noch Gewalten, weder Gegenwärtiges noch Zukünftiges, weder Hohes noch Tiefes noch irgendein anderes Geschöpf uns scheiden kann von der Liebe Gottes, die in Christus Jesus ist, unserm Herrn« (Röm. 8,37.38). Würdest Du sagen, daß Paulus völlig gewiß war? In seinem Brief an Timotheus schreibt er: »... und ich bin gewiß, er (Christus) besitzt die Macht, das mir anvertraute Gut bis zum Jüngsten Tag zu bewahren« (2. Tim. 1,1). Paulus war gewiß, daß Gottes Wort der Verheißung durch nichts zu zerstören ist, und nichts kann es zunichte oder wirkungslos machen. Es gab keine Person oder Macht auf Erden, die Paulus die volle Erlösung rauben konnte, die er in Christus Jesus hatte. Er war weder davon überzeugt, daß er selbst die Fähigkeit hatte, sich vor dem Fallen zu bewahren, noch vertraute er auf seine eigene Kraft, auf seine Werke oder seine geistlichen Erfahrungen. Paulus war gewiß, daß Gottes Geist die ewige Erlösung in seinem Leben vollenden würde nach Gottes Gnade und Verheißung.

Wenn es Dein Wunsch ist, völlig gewiß und ein Überwinder zu sein, dann kannst Du sicher sein, daß der, dem Du Dein Leben hingegeben hast – Jesus Christus –, Dich nie und nimmer aufgeben wird. Sei heute, an diesem Tag, völlig gewiß, daß er das Wort oder die Verheißung, die er in Dein Herz gesprochen hat, erfüllen wird. Denn »Gott ist nicht ein Mensch, daß er lüge« (4. Mose 23,19).

Fülle Dein Herz so mit Gottes Wort an, daß Du, wie Paulus, völlig gewiß bist. Der Geist dieser Welt wird versuchen, durch Menschen oder Umstände Dich vom Gegenteil zu überzeugen. Dieser selbe Geist wird sich sehr anstrengen, Dich davon zu überzeugen, daß Du allen Grund hast, Dich zu fürchten und zu zweifeln, damit Du versagst. Ernähre darum Dein Herz mit Gottes Wort. Nimm Gottes Verheißungen dadurch in Dein Herz, daß Du darüber nachsinnst.

Mach Dir diesen Vers heute zu eigen. Sinne den ganzen Tag darüber nach. Sei völlig gewiß, daß Gott fähig ist, das Versprechen, das er Dir durch sein Wort gegeben hat, auch zu erfüllen. Dann erhebe Dein Haupt und lebe in der Gewißheit, daß der, der in uns ist, größer ist als der, der in der Welt ist (1. Joh. 4,4).

Ein Edelstein für heute: »Ich habe die feste Zuversicht, daß der, der in uns das gute Werk angefangen hat, es auch vollenden wird ...« (Phil. 1,6).

Alttestamentliche Lesung Psalm 70-72

4. August

Neutestamentliche Lesung Römer 5

... sondern wir rühmen uns auch Gottes, durch unsern Herrn Jesus Christus, durch den wir jetzt die Versöhnung empfangen haben.

(Röm. 5,11)

Mir gefällt die Umschreibung dieses Verses, so wie sie in der »Living Bible« steht: »Jetzt freuen wir uns in unserer wunderbaren neuen Beziehung mit Gott – alles das hat uns unser Herr Jesus Christus geschenkt durch das, was er tat, als er für unsere Sünden starb – er hat uns zu Freunden Gottes gemacht.«

Was für eine wunderbare Erfahrung haben wir in Christus, daß wir wissen, daß unsere Sünden vergeben sind! Es gibt keine Verurteilung mehr, weil unser Herz durch das Blut Jesu Christi gereinigt ist. Wenn wir diese Wahrheit kennen und erfahren, dann wird uns Begeisterung ergreifen. Aber unser Vers heute bietet uns noch mehr an, noch viel mehr. Denke heute darüber nach und sieh selbst, was dann mit Deinem Glauben geschieht. Wir sollen uns über unsere wunderbare, neue Beziehung mit Gott freuen. Das Ziel von Jesu Tod und Auferstehung war nicht nur, uns vor dem Zorn Gottes und dem Gericht über die Sünde zu retten, sondern uns in eine neue Beziehung mit Gott zu führen. Jeder Tag gibt uns die Möglichkeit, diese Beziehung zu entwickeln, die Jesus uns durch das Opfer seines Blutes geschenkt hat. Wir sollen ein Volk sein, das Gott kennt und das von Gott gekannt wird.

Wenn wir diese Beziehung mit dem Herrn entwickeln wollen, dann müssen wir über Gottes Handeln mit den Menschen lesen, darüber, wer Jesus ist und in welcher Beziehung er zu uns steht. Aber es reicht noch nicht aus, über Gott zu lesen. Wir sollen so viel wir nur können über Gott lernen, aber genau so müssen wir uns auch Zeit nehmen, ihn selbst kennenzulernen. Wir müssen mit ihm sprechen, damit wir auf seine Verheißungen der Liebe und des Lebens, die in seinem Wort stehen, antworten können. Dann können wir sie als seine Worte an uns annehmen.

Jesus hat uns nicht nur vor den Folgen unserer Sünde gerettet, der ewigen Verdammung, sondern er hat noch mehr als dies getan. Er hat Dir und mir ermöglicht, eine wunderbare neue Beziehung mit Gott zu haben. Wenn wir ihn von Angesicht zu Angesicht sehen, werden wir ihm nicht fremd sein. Und wir werden seine Stimme kennen, werden offen sein für seine Wege und ein heiliges Verlangen nach ihm haben. Die Bibel sagt, daß Jesu Opfer uns zu Gottes Freunden gemacht hat. Ein Freund zu sein bedeutet nicht einfach nur, eine religiöse Erfahrung oder Begegnung gehabt zu haben. Freunde zu sein bedeutet, daß man eine ganz besondere Beziehung hat. Durch den Glauben bin ich ein persönlicher Freund des lebendigen Gottes. Durch den Glauben weiß ich, daß er mich als einen Freund kennt und liebt. Freunde haben Gemeinschaft miteinander und freuen sich über diese Gemeinschaft. Jesus hat uns zu Freunden Gottes gemacht. Darum solltest Du Dich selbst fragen, wie sich Deine Beziehung mit Gott entwickelt.

Ein Edelstein für heute: Jesus hat mir eine Beziehung mit Gott geschenkt, die sich zu einer Freundschaft entwickeln soll.

Alttestamentliche Lesung Psalm 73.74

5. August

Neutestamentliche Lesung Römer 6

Denn der Lohn der Sünde ist der Tod. Die Gabe Gottes aber ist ewiges Leben in Christus Jesus, unserm Herrn. *(Röm. 6,23)*

Freue Dich heute mit mir, weil wir nicht mehr auf Satans Lohnliste stehen. Wir werden auch nicht zu denen gehören, über die Gott wegen der Sünde seinen Zorn ausgießen und sie ewig verdammen wird. Es gab eine Zeit, in der wir hilflos waren, durch die Sünde geknechtet, und wo wir in geistlicher Unwissenheit und Finsternis lebten. Anstatt zu leben, waren wir geistlich tot. Wir brauchten das Licht und das Leben des Evangeliums von Jesus Christus, um zu merken, daß wir tot waren in unserer Sünde. Jetzt hat das Kreuz Jesu Christi dies für alle geändert, die an ihn glauben. Gott hat uns das ewige Leben geschenkt.

Es ist gut und richtig, ewiges Leben als immerwährendes Leben zu definieren. Ein anderer Aspekt des ewigen Lebens, der mir sehr viel bedeutet, ist der, daß das ewige Leben auch den Lebensinhalt betrifft. Ewiges Leben ist nicht nur unendlich, sondern es ist Gottes Lebensqualität, die der natürliche Mensch niemals hätte erreichen können. Gott gibt uns dieses ewige Leben durch Gnade, ein freies Geschenk Gottes, für das wir nicht arbeiten und das wir nicht erwerben können. Es kann nur als eine Gabe Gottes empfangen werden durch unseren Herrn Jesus Christus.

Je mehr wir dem Heiligen Geist erlauben, Christi Leben in und durch uns zu leben, desto mehr erfahren wir ewiges Leben. Je mehr wir Gottes Wort in unser Leben aufnehmen, desto mehr Material hat der Heilige Geist, um damit in uns zu arbeiten und unsere Natur Christus ähnlich zu machen.

Wenn Du von Gottes Geist aus der Höhe wiedergeboren bist, dann gehört Dir durch Gottes Gnade seine freie Gabe, das ewige Leben. Laß es wachsen. Jesus hat mit Erfolg den Samen des ewigen Lebens in unser Herz gepflanzt. Nähre und bewässere ihn darum mit Gottes Wort. Pflege diesen neuen Samen, wie Du einen Garten pflegen würdest, dann wird Gott Dir Wachstum geben.

Was wird Dein Leben hervorbringen, wie wird das Wachstum aussehen? Wird es dreißigfach, fünfzigfach oder hundertfach sein? Gott gibt den Samen des ewigen Lebens, und der Ertrag wird davon abhängig sein, was Du mit dem machst, was Gott Dir gibt.

Ein Edelstein für heute: Ewiges Leben ist eine Lebensqualität, die jetzt gelebt werden soll. Die Größe des Ertrages hängt von Dir ab.

Alttestamentliche Lesung Psalm 75-77

6. August

Neutestamentliche Lesung Römer 7

So seid auch ihr, meine Brüder, dem Gesetz gestorben durch den Tod Christi, so daß ihr einem andern gehört, nämlich dem, der von den Toten auferweckt ist, damit wir Gott Frucht bringen. *(Röm. 7,4)*

Die Bibel nennt uns die Erlösten, wiedergeborene Menschen, die Braut Christi. Wie kann das sein? Jesus sagt Nikodemus, daß wir wiedergeboren sein müssen, das bedeutet, vom Geist aus der Höhe geboren sein (Joh. 3,5.6). Durch die Wiedergeburt werden Gottes Heiliger Geist und unser Geist eins, weil zwischen dem Geist des Menschen und Gottes Geist eine Vereinigung stattfindet. Wir werden dadurch auch zu einem Glied an Christi Leib, seiner Gemeinde. Nun ist es Gottes Plan für uns, daß wir eine tiefe Liebesbeziehung mit seinem Sohn entwickeln.

Stell Dir vor, was geschieht, wenn Du Dir ein Handbuch über die Ehe kaufst und Dich so sehr hineinvertiefst, daß Du dabei ganz vergißt, den Inhalt auch anzuwenden. So scheint es vielen Christen zu gehen. Nach ihrer Wiedergeburt vernachlässigen sie durchaus nicht ihr Handbuch, die Bibel, ja, sie lesen sogar mit Freuden darin, denken darüber nach und lernen sogar Verse über ihre »geistliche Vermählung« auswendig. Aber sie vernachlässigen die Verantwortung, die diese neue, geistliche Beziehung mit sich bringt.

Es dauert nicht lange, bis sie mit dem Lesen aufhören und sich fragen, warum ihr geistliches Leben so leer ist. Es liegt daran, daß sie sich keine Zeit genommen haben, um die Person kennenzulernen, der sie jetzt angehören. Sie haben das »Handbuch« gelesen, aber in ihrem Leben nie die Gelegenheit wahrgenommen, ihren Gott ganz persönlich kennenzulernen.

Jesus soll wie ein Bräutigam für uns sein. Wir brauchen Zeiten des trauten Erzählens, Ruhe, um unsere Liebe zu bekennen, und es darf keine Geheimnisse geben. Unsere Herzen sollen weit geöffnet sein für diese Beziehung, ohne Angst vor Verletzungen. Wir sollen Jesu Treue ganz vertrauen. Die Frucht der Liebe zu Jesus wird nicht nur eine Folge von viel Lernen sein, sondern die Folge von einer persönlichen Beziehung mit ihm. Wieviel von Deinem Leben und von Deiner Zeit setzt Du dafür ein, daß sich diese geistliche Beziehung entwickelt?

Ein Edelstein für heute: Die Braut Christi zu sein heißt, den ganz persönlich zu kennen, der von den Toten auferstanden ist.

Alttestamentliche Lesung Psalm 78

7. August

Neutestamentliche Lesung Römer 8,1-17

... ihr habt den Geist empfangen, der euch zu Söhnen macht, den Geist, in dem wir rufen: Abba, Vater! *(Röm. 8,15)*

Einige junge Frauen, die in einer Stadt für Jesus arbeiteten, pflegten ein Lied zu singen: »Weißt du, wer du bist?« Laß Deine Gedanken heute darum kreisen. Denke über die Tatsache nach, daß Du den Geist empfangen hast, der uns zu Söhnen und Töchtern macht, durch diesen Geist bist Du ein Kind Gottes. (Man kann es auch mit »Geist der Kindschaft« übersetzen). Gott ist Dein Vater. Ich denke, das sollte wiederholt werden. Gott ist Dein Vater!

Du bist nicht einfach ein Zufall. Als Du Christus Dein Leben gabst, bist Du nicht einem Club beigetreten. Es ging auch nicht hauptsächlich darum, jetzt einer Gemeinde anzugehören. Es war mehr, als in eine intellektuelle Diskussion verwickelt zu sein. Sicherlich, Du mußtest die richtige Entscheidung treffen, aber durch Gottes Geist ist viel, viel mehr in Deinem Leben geschehen. Du bist in eine Familie adoptiert worden, deren Wurzeln bis zum Anfang der Zeit zurückreichen. Durch den Geist, der uns zu Söhnen und Töchtern macht, ist Gott Dein Vater geworden, Gott, der alles geschaffen hat, der alles lenkt und der der Größte ist, den diese alte Welt je gekannt hat und kennen wird. Unser Vater ist so groß, so unvergleichlich, er übersteigt so sehr unsere Vorstellungskraft, daß es keinen Menschen, keine Nation, kein Königreich gibt, die sich solchen Reichtums, solchen Wohlstandes und solcher Sicherheit rühmen können, wie sie im Reich unseres Vaters sind. Bevor die Welt bestand, war er. Wenn alle Dinge vergehen werden, wenn

Königreiche fallen und Nationen verschwinden werden, dann wird die Kindschaft, die Gott Dir gegeben hat, noch immer bestehen. Wenn Du das ärmste und schwächste Glied dieser Familie bist, in die Du adoptiert wurdest, dann wirst Du immer noch größer und reicher sein als irgendein Prinz oder Königreich dieser Welt!

Wie bist Du zu all dem gekommen? Der Geist der Adoption (der zu Söhnen und Töchtern macht) hat Dich in eine enge Vater-Kind-Beziehung mit der Gottheit gebracht. Jetzt kannst Du Gott voll Vertrauen, Zuneigung, Liebe und ohne Furcht Vater nennen (Abba heißt Vater auf aramäisch).

Das Leben, das Dir der Geist der Kindschaft als Sohn oder Tochter gegeben hat, ist ewig. Das, was Gott Dir noch geben wird, kann man kaum mit dem vergleichen, was Du jetzt in Christus hast und lebst. Die Ehre und die Reichtümer, die uns erwarten, sind etwas, was diese Welt nie erreichen kann. Darum rufe Abba, Vater, und lerne den kennen, der Dich gerufen und als Sohn oder Tochter adoptiert hat. Schaue auf. Sieh auf die ewige Zukunft, und freue Dich daran zu wissen, wer Du in Christus bist.

Ein Edelstein für heute: »Der Geist selbst bezeugt unserem Geist, daß wir Gottes Kinder sind« (Röm. 8,16).

Alttestamentliche Lesung Psalm 79-81

8. August

Neutestamentliche Lesung Römer 8,18-39

Wir wissen aber, daß denen, die Gott lieben, alle Dinge zum Besten dienen, denen, die nach seinem Ratschluß berufen sind. (Röm. 8,28)

Eines Tages, als ich mich in der Gesellschaft einiger christlicher Geschäftsleute befand, zitierte ich diesen Vers so: »Denen, die Gott lieben, müssen alle Dinge zum Besten dienen, denen, die nach seinem Ratschluß berufen sind.« Kaum hatte ich dies gesagt, als sich einer von diesen lieben Heiligen zu mir herüberbeugte und sagte: »Tim, du hast diesen Vers falsch zitiert.« Ich fragte ihn, was denn daran falsch sei. Er sagte: »Du hast das Wichtigste weggelassen: Wir wissen aber«. Plötzlich begriff ich, was er meinte. Wir können die Bedeutung dieses Satzes verstehen, aber zu wissen, daß wir ihn wirklich in unserem Leben erfahren können, ist eine ganz andere Sache. Wissen wir wirklich, daß uns alle Dinge zum Besten dienen? Wenn wir uns mitten in einer schwierigen Situation befinden, so ist es wirklich nicht leicht zu bekennen, daß wir wissen, daß diese Verheißung wahr ist. Wenn alles glatt läuft, fällt dieses Bekenntnis nicht schwer, aber was ist, wenn sich alles um uns herum im Streit befindet und wir in einer schwierigen Lage sind? Wissen wir zu solchen Zeiten, daß Gott, durch seine vorsorgende Gnade, die wichtigsten Umstände nehmen und sie zu unserem Besten dienen lassen kann?

Unser Leben als Christ kann eine ganz neue Tiefe gewinnen, wenn wir Gott bitten, uns diesen Vers ins Herz zu schreiben, so daß er uns wirklich ergreift. Das bedeutet, daß jeder Tag Gott erneut die Möglichkeit bietet, die Umstände des Tages zu unserem Segen dienen zu lassen. Sinne über diesen Vers nach. Erinnere Dich an einige Situationen des Tages, die negativ sind, Umstände, die einfach nicht gut für Dich zu sein schienen. Wenn Du wirklich die Wahrheit dieses Verses kennst, dann hast Du die Möglichkeit, ein echtes Glaubensabenteuer zu erleben. Anstatt vom Negativen überwunden zu werden, soll dieser Vers in Deinem Herzen Glauben wecken. Als Folge davon wirst Du nur Augen haben dafür, wie Gott sich Deiner annimmt und was er mit Deiner Situation machen wird. Unser Problem ist, daß wir oft das nicht sehen wollen, was Gott uns sehen und erfahren lassen will. Wenn wir wissen, daß uns wirklich alle Dinge zum Besten dienen, so nimmt dieses Wissen den Stachel und die Bitterkeit aus einem Problem heraus.

Ein Edelstein für heute: Heiße jeden Tag willkommen, denn er gibt die neue Möglichkeit, Deine Umstände zu Deinem Besten dienen zu lassen.

Alttestamentliche Lesung Psalm 82-84

9. August

Neutestamentliche Lesung Römer 9

Und wer an ihn glaubt, der soll nicht zuschanden werden.

(Röm. 9,33)

Kannst Du Dir eine Situation vorstellen, in der Du von Christus enttäuscht wirst oder wo er Dich zuschanden werden läßt? Wie kann er Dich je ohne Beistand lassen, wo er Dir doch einen Beistand geschickt hat, seinen Heiligen Geist? Jesus kann Dich nie verlassen, denn er hat versprochen: »Ich will Dich nicht verlassen und nicht von dir weichen« (Hebr. 13,5). Darum: »Wer an ihn glaubt, der soll nicht zuschanden werden.« Hat er nicht gesagt: »Ich gebe ihnen (meinen Schafen) das ewige Leben, und niemals werden sie umkommen, und niemand wird sie aus meiner Hand reißen« (Joh. 10,2)? Ich trotze Mächten, Gewalten und Menschen, die mit überzeugenden Worten versuchen, Jesu Worte bedeutungslos zu machen. Mein Freund, der Du glaubst, klammre Dich an jedes Wort, das aus Gottes Mund kommt! Setze Dein ganzes Vertrauen auf das, was Jesus gesagt und getan hat! Wenn Jesus ewiges Leben versprochen hat, dann gehört es Dir durch den Glauben. Wenn er Dir versichert, daß keiner umkommen oder aus seiner Hand gerissen wird, dann steht er zu seinem Wort. Finde Ruhe in dem, was Jesus gesagt hat, dann wirst Du nie einen Grund haben, zuschanden zu werden.

Ich erinnere mich daran, wie ich im Krankenhaus zusammen mit einem Christen lag, der Krebs hatte und daran sterben mußte. Ich beobachtete diesen Mann, der erst zwei Jahre gläubig war und Jesus vertraute. Mit seiner letzten Zeit ging er weise um. Er versammelte seine Familie um sich, so daß die Trennung durch den Tod in großer Harmonie stattfinden konnte, so wie es Christi Willen entsprach. Er befahl seine Familie dem Herrn an. Dieser Mann hörte nicht auf, mit Jesus zu sprechen. Da war keine Angst, er machte kein Aufheben von seinem Sterben, sondern vertraute einfach völlig auf den, der in jeder Lage sein Retter war. Er hatte keinen Grund, zuschanden zu werden oder daran zu zweifeln, daß Jesus nicht das tun würde, was er gesagt hatte.

Einer meiner Lieblingsverse ist dieser: »Treu ist er, der euch beruft; er wird's auch tun« (1. Thess. 5,24). Ich weiß, daß es nie eine Zeit geben wird, in der ich Zweifeln Raum zu geben brauche oder zuschanden werde, denn »wer an ihn glaubt, der soll nicht zuschanden werden«.

Ein Edelstein für heute: »Gott ist nicht ein Mensch, daß er lüge ... Sollte er etwas sagen und nicht tun?« (4. Mose 23,19)

Alttestamentliche Lesung Psalm 85-87

10. August

Neutestamentliche Lesung Römer 10

Denn wenn man von Herzen glaubt, so wird man gerecht, und wenn man mit dem Mund bekennt, so wird man gerettet. (Röm. 10,10)

Das Gesetz sollte unser Lehrer sein und uns unsere Gerechtigkeit (oder Ungerechtigkeit) und unseren Mangel zeigen. Aber es konnte uns weder von der Folge der Sünde befreien oder retten, noch sind wir in der Lage, das Gesetz zu erfüllen und im Gehorsam zu leben. In Vers vier heißt es: »Denn Christus ist das Ende des Gesetzes.« Wir brauchen nicht mehr zu kämpfen, um das Gesetz aus eigener Kraft zu halten. Alles, was wir zur Erfüllung des Gesetzes nicht vollbringen konnten, um Gott wohlzugefallen, hat Christus für uns vollbracht.

Jetzt haben wir die Möglichkeit, vor Gott in Gerechtigkeit zu leben. Dieses Leben ist nicht darauf gegründet, daß wir das Gesetz halten, sondern basiert auf Christi vollkommenem Opfer und der Erfüllung des Gesetzes um unsertwillen. Pflege Dein Herz, glaube an die Gerechtigkeit, und setze Dein volles Vertrauen auf den Herrn Jesus Christus. In Lukas 12,34 heißt es: »Wo euer Schatz ist, da wird euer Herz sein.« Gestalte darum Dein Leben um die himmlischen Dinge herum, suche nach dem, was oben ist, nimm diesen Vers in Dein Herz auf: »Denn wenn man von Herzen glaubt, so wird man gerecht.« Christus zu haben heißt, Gerechtigkeit zu haben, seine Gerechtigkeit. Wir sind die Gerechtigkeit Gottes in Christus (2. Kor. 5,21).

Diszipliniere das Leben Deines Herzens. Sprich zu Deinem Herzen. Weise es zurecht wegen seiner Kälte und Härte gegenüber dem Herrn Jesus Christus. Tadele Dich selbst, wenn Du den Dingen Gottes gegenüber Gleichgültigkeit zeigst. Nähre Dich ständig mit Gottes Wort, dann wird es nicht lange dauern, bis Du Christus bekennst und Leben aus Deinem Herzen strömt.

Wenn ein Mensch von Herzen spricht, dann ist es ganz bestimmt überzeugend und läßt keinen Zweifel daran, daß er glaubt, was er sagt. Wir glauben, daß das Leben des Geistes in unserem Herzen ist, so daß die Worte, die aus unserem Herzen kommen, Worte der Rettung und des Lebens sind. Nimm Dir Zeit, um über die Bibel nachzusinnen, und erinnere Dich immer daran, daß wahrer Glaube Herzenssache ist. Entwickle das Leben Deines Herzens in Deiner Gebetskammer, glaube an die Gerechtigkeit, die Dir in Christus Jesus gehört. Bekenne mit Deinem Mund Worte des Lebens, Worte, die Rettung sind – Deine Erfahrung der Rettung.

Ein Edelstein für heute: »Wovon das Herz voll ist, davon fließt der Mund über« (Mt. 12,34).

Alttestamentliche Lesung Psalm 88.89

11. August

Neutestamentliche Lesung Römer 11,1-24

Gott hat sein Volk nicht verstoßen, das er sich ausersehen hat.
(Röm. 11,2)

In Vers eins erinnert Paulus die Christen in Rom daran, daß es nicht Gott war, der untreu wurde. Gott hat sein Volk nicht verstoßen. Sein Bund, den er mit Abraham schloß, besteht immer noch, denn Jesus war ja selbst ein Jude. Paulus erinnert an die Zeit, zu der Elia lebte, als ganz Israel Baal nachlief und ihn anbetete. Elia dachte, er sei der einzige, der Gott und seinem Wort treu geblieben war. In seiner Einsamkeit schrie er zu Gott. Doch Gott sagte Elia, daß es einen Rest von siebentausend Menschen gab, die durch seine Gnade treu geblieben waren.

Die Vereinigten Staaten wurden von den Männern gegründet, die eine Vision hatten, von Männern, die in einer Welt lebten, in der es sehr schwierig war, Gottes Wort treu zu sein. Sie wußten, daß nicht alle, die »Herr, Herr!« sagen, ins Himmelreich kommen. Es war genauso wie zur Zeit Elias, es gab eine Staatsreligion, vom Staat festgelegte Gottesdienstformen und bestimmte Orte, an denen man sich versammeln mußte. Der Rest der Menschen, die Gott treu waren, ging nach Amerika, um dort in aller Freiheit nach ihrem Glauben leben zu können. Sie brachten den wahren Glauben mit, der die Herzen der Menschen veränderte und ihre Gedanken und Gefühle auf das richtete, was im Himmel ist. Die Geschichte hat sich wiederholt, die Menschen laufen dem Baal oder dem Mammon nach. Doch Gott hat immer noch einen Rest, der ihm treu ist, denn er »hat sein Volk nicht verstoßen, das er sich ausersehen hat.«

Wir lesen heute, daß die Rettung der Heiden die Juden schließlich zur Eifersucht reizen wird. Das wird sie dazu bringen, Jesus als ihren Messias anzunehmen, der sie vor Gottes Gericht rettet. In einer christlichen Versammlung in Atlanta, Georgia, hörte ich, wie ein jüdischer Geschäftsmann, der kein Jünger Jesu war, bekannte: »Diese Christen haben unseren Gott.«
Ein Edelstein für heute: Laß Christus so hell in Dir leuchten, daß die Juden ihren Gott in Dir erkennen, voll Eifer nach ihm suchen und ihn finden.

Alttestamentliche Lesung Psalm 90-92

12. August

Neutestamentliche Lesung Römer 11,25-36

Ich will euch, liebe Brüder, dieses Geheimnis nicht verhehlen, damit ihr euch nicht selbst für klug haltet: die Verstockung, die einen Teil Israels getroffen hat, dauert so lange, bis die volle Zahl der Heiligen zum Heil gelangt ist. *(Röm. 11,25)*

Es ist spannend, heute zu leben und sehen zu dürfen, wie sich in Israel Prophetien erfüllen. Als ich ein Junge war, gab es noch nicht einmal den Staat Israel. Millionen von Juden hatten ihr Leben verloren. Die Juden waren ohne Führung, ein verlorenes Volk. Sie lebten über die ganze Erde verstreut, aber seit 1948 hat Gott das alles verändert. Das Volk der Verheißung, Gottes Augapfel, ist erwacht. Es ist, als ob Gott ihnen ihre Augen geöffnet hat, damit sie sehen können.

Heute ist Israel eine schnell wachsende Nation. Generationen lang war es ein blindes Volk, aber Gottes mächtige Hand ändert das alles. Ich bin immer begeistert, wenn ich nach Israel fahren kann und Gottes Geist in diesem verheißenen Land spüre. Parallel zu diesem Erwachen Israels kann man ein mächtiges Wirken Gottes in der Heidenwelt feststellen. Überall, wo man hinsieht, kommen Menschen zu Jesus, bekennen ihre Sünde und wenden sich zu Gott. Gott gießt seinen Heiligen Geist aus auf die Heiden, und Tausende von Menschen erfahren, daß ihr Leben verändert wird. Kann es sein, daß wir in der Zeit leben, wo die volle Zahl der Heiden zum Heil gelangt, so wie es in der Bibel steht, in der Zeit, wo Israel zur Eifersucht gereizt wird?

Kannst Du Dir vorstellen, was Gott in unserem eigenen Leben tun will, um die Juden zum Nacheifern anzuregen, damit sie sich zu Gott kehren? Wir leben in einer Zeit, in der wir vielleicht an der größten Erweckung wahren Christentums teilhaben können, die die Welt je gesehen hat. Die Zeit wird größer sein als die Zeit Salomos. Darum bete dafür, daß Gott die Weisheit Salomos gibt. Bete dafür, daß er uns die Weisheit gibt, daß wir unsere Herzen vor ihm vorbereiten und ihn von unserem Wunsch nach einer solchen Erweckung überzeugen. Gott will uns geistlich auferwecken und uns seine

Wahrheit in solcher Fülle geben, daß die Juden zur Eifersucht gereizt werden. Mit diesem geistlichen Reichtum wird Gott das Ende der Zeiten einleiten.

Ein Edelstein für heute: Wenn wir mit dem Heiligen Geist erfüllt sind, werden die Juden ihren Gott in uns sehen und erkennen.

Alttestamentliche Lesung Psalm 93-95

13. August

Neutestamentliche Lesung Römer 12

Ich ermahne euch aber, liebe Brüder, bei der Barmherzigkeit Gottes, daß ihr eure Leiber hingebt als ein Opfer, das lebendig, heilig und Gott wohlgefällig ist. Das sei für euch der wahre Gottesdienst.

(Röm. 12,1)

Die Juden verstanden, was ein Opfer war. Das Opfertier, das man Gott gab, kehrte nie zurück, es lebte nie wieder für sich selbst. Nun sagte Paulus den Juden, daß sie ihr Leben, ihren Leib, alles was sie waren, nehmen und sich Gott hingeben sollten. Sie sollten nicht zurückkehren zu ihrer alten Art, etwas zu tun, zu ihrer alten Art, zu denken, sondern sollten jeden Wunsch, der nicht Gottes Willen entsprach, von sich weisen. Die »Living Bible« umschreibt diesen Vers so: »Und darum, liebe Brüder, ermahne ich euch, Gott euren Leib zu geben. Er soll ein lebendiges Opfer sein, heilig – so kann Gott ihn annehmen. Wenn ihr bedenkt, was Gott für euch getan hat, ist das dann zuviel verlangt? Ahmt nicht das Verhalten und die Gewohnheiten dieser Welt nach, sondern seid neue Menschen, die sich von der Welt unterscheiden, in allem, was sie tun und denken, eine neue Frische zeigen. Dann werdet ihr aus eigener Erfahrung lernen, wie euch seine Wege zufriedenstellen« (Röm. 12,1.2).

Ich liebe diesen letzten Satz. »Dann werdet ihr aus eigener Erfahrung lernen, wie euch seine Wege zufriedenstellen.« Vor einiger Zeit rief mich ein lieber Bruder in meinem Büro an und bat mich, nach Indonesien zu reisen. Es war eine der Situationen, wo ich wußte, daß ich den Bruder nicht erst um Zeit bitten mußte, um darüber zu beten. Derselbe Bruder hatte mich zuvor schon einmal darum gebeten, aber weil ich andere Verpflichtungen gehabt hatte, sagte ich damals ab. Aber als er diesmal anrief, wußte ich in meinem Geist sofort, daß die einzige Antwort »Ja« war. Ohne zu fragen, woher das Geld kommen würde, und wie ich meine anderen Aufgaben bewältigen konnte, hatte ich in meinem Geist die Freiheit, ja zu sagen. Am nächsten Tag war unter meiner Post ein Brief mit einem Scheck, dessen Betrag die Ausgaben der Reise deckte. Weil ich mich hingab und Gottes Willen gehorchte, sorgte Gott für meine Bedürfnisse. »Dann werdet ihr aus eigener Erfahrung lernen, wie euch seine Wege zufriedenstellen.«

Ich möchte Dich bestärken: Wenn Du Deinen Leib und Dein Leben hingegeben hast – das ist Dein wahrer Gottesdienst – dann nimm es nicht zurück! Wenn Gott Dir eine Gelegenheit gibt, dann ist es immer eine Gelegenheit zum Lernen und um Glauben zu erfahren. Die Verantwortung, Dich das erfahren zu lassen, liegt bei Gott, wenn Du nur bereit bist, auf seinen Wegen zu gehen und nicht auf Deine eigenen zurückkehrst. Ich kann Dir versprechen, daß Gottes Wege völlig befriedigen, und Du wirst Dich freuen, daß Du Deine Wege gegen Gottes Wege ausgetauscht hast. Ich ermahne Dich, lieber Bruder, liebe Schwester, gib Deinen Leib hin.
Ein Edelstein für heute: Ich kann nicht, aber er kann, denn »alles vermag ich durch den, der mich stark macht« (Phil. 4,13).

Alttestamentliche Lesung Psalm 96-98

14. August

Neutestamentliche Lesung Römer 13

Und das tut, weil ihr die Zeit erkennt, nämlich daß die Stunde ist, vom Schlaf aufzustehen; denn unser Heil ist jetzt näher als zu der Stunde, als wir zum Glauben kamen. *(Röm. 13,11)*

Obwohl Gott nicht an eine Zeitabfolge gebunden ist, sollen und müssen wir die Zeit beobachten. Gott wirkt in uns. Wenn wir ein erfülltes, christliches Leben führen wollen, dann müssen wir wissen, welche Stunde es – geistlich gesehen – geschlagen hat. In Prediger 3,1 heißt es: »Alles hat seine bestimmte Stunde, und jedes Vorhaben unter dem Himmel hat seine Zeit.

In Deinem und in meinem Leben gibt es immer wieder Zeiten, wo Gott in etwas Neues hineinführen will. Wie wichtig ist es, ihm dann zu folgen. Wir müssen dafür offen bleiben, in veränderten Situationen zu leben, und müssen verfügbar und biegsam genug sein, um mit Gott voranzugehen. Wenn Gott in einem bestimmten Gebiet unseres Lebens wirken will, dann wird er uns mit besonderer Gnade ausstatten, die wir brauchen, um mit ihm fortzuschreiten. Wenn wir in unserer Teilnahmslosigkeit und Faulheit Gott nicht folgen, so sind wir wie jemand, der schläft. Es mag sein, daß wir dann doch noch aufwachen und die Wahrheit erkennen; wir hören, was Gott zu sagen hat und was er durch die Erfahrung anderer gesagt hat. Aber vielleicht steht uns dann nicht mehr dasselbe Maß an Gnade zur Verfügung, um die Fülle dieser Wahrheit zu erfahren. Dann haben wir eine große Gelegenheit verschlafen, und weil Gott einmalig ist, ist es möglich, daß er nie wieder auf dieselbe Art handeln wird. So kann man die Möglichkeit, ein wunderbares Wirken Gottes zu erfahren, leicht verpassen.

So wie es vier Jahreszeiten gibt, die wir kennen und für unser leibliches Wohl brauchen, so gibt es auch geistliche Zeiten. Dies sind Zeiten, wo wir in Gott bestimmte Möglichkeiten haben, und der Schlüssel zu diesen Möglichkeiten liegt darin, die richtigen Dinge zu tun und im Glauben mit Gott voranzuschreiten. Es kommt selten vor, wenn überhaupt, daß Du ohne ein Maß an Glauben eine Erfahrung mit Gott machst. In seiner Liebe und Freundlichkeit gibt Gott uns so viel Gnade und Glauben, wie wir brauchen. Aber er erwartet von uns, daß wir diese Gnade und den Glauben ergreifen, etwas mit ihnen tun und Gottes Werk zu Gottes Zeit vollbringen.

Es ist Zeit, zu erwachen, den Schlaf zu vertreiben, offen zu sein für die Führung des Geistes und mit Gott voranzuschreiten. Wenn er Dir sagt, daß Du umkehren sollst, dann wird Dir nie wieder so viel Gnade zur Verfügung stehen, um das zu tun, wie gerade jetzt. Was immer Dir die leise Stimme sagt, tu es mit Deiner ganzen Kraft. Die Erfahrung Deines Heils hängt davon ab. Jeden Tag kommen wir der Fülle unseres Heils näher, darum laßt uns zu Gottes Zeit mit ihm gehen. Wenn wir eine Wahrheit kennen und uns weigern, gehorsam zu sein, dann heißt das, uns selbst die Gnade und Kraft zu verweigern, mit der wir die Erfahrung dieser Wahrheit machen können.
Ein Edelstein für heute: Gottes Gnade ist genug für Dich.

Alttestamentliche Lesung Psalm 99-102

15. August

Neutestamentliche Lesung Römer 14

Den Schwachen im Glauben nehmt an, aber streitet nicht über Meinungen. *(Röm. 14,1)*

Obwohl es Paulus war, der diese Worte an die Christen in Rom schrieb, kann man das Erbarmen und tiefe Verstehen dessen spüren, der in Wahrheit diese Worte spricht, nämlich der Heilige Geist Jesu. Paulus wies die Brüder an, geduldig gegen jene schwächeren Brüder zu sein, die feste Vorstellung über das Essen von Fleisch hatten, das auf dem Markt verkauft wurde. Es konnte nämlich sein, daß es bei irgendwelchen religiösen Zeremonien für Götzen eine Rolle gespielt hatte. Paulus nennt diese Brüder die schwächeren, denn wenn man ihnen ihre Meinungen zerschlagen würde, so würde das ihren Glauben untergraben. Paulus schreibt über das Verhalten gegenüber einem Bruder, der schwach ist im Glauben und sich auf irgendwelche Lehren über Verhalten und Bräuche stützt, in denen man selbst völlige Freiheit hat. Er sagt, daß wir nichts tun sollen, um den Glauben des anderen zu untergraben. Nimm einen solchen schwächeren Bruder in Liebe an und meide jeden Wortwechsel über die Lehre, die ihm so wichtig ist.

Und Du, der Du Dich in bestimmten Bereichen Deines Lebens schwach fühlst im Glauben, solltest Dich freuen, daß der Heilige Geist Dich so sehr liebt, daß er die Brüder ermahnt, Deine Schwachheit zu erkennen und Dich zu lieben. Die, die schwach sind im Glauben, aber trotzdem weise, erkennen schnell, was die Bibel sagt. Sie sehen auf den Herrn Jesus Christus, der in jedem Bereich ihrer Schwachheit ihre Stärke ist. Im Vers fünfzehn erklärt Paulus, daß es möglich ist, den Glauben eines Bruders zu zerstören, wenn man seine Schwachheit verurteilt. Wenn das so ist, dann ist es noch wichtiger, in den Bereichen Deines Glaubens, wo Du schwach bist, die Gemeinschaft mit dem Herrn Jesus zu suchen. Du kannst sicher sein, daß er milde ist und das Wenige, was Du hast, nicht schwächen oder zerstören wird.

Der Anfang der Weisheit ist, Deine Schwachheit zu kennen und dem Herrn Jesus Christus zu erlauben, Deine Stärke zu sein. Selbst wenn Du im Bereich dieser Schwachheit nie stark wirst, wirst Du doch damit leben können. Solange Du diese Schwachheit bekennst und Jesus erlaubst, Deine Stärke zu sein, wirst Du nicht versagen. Der Sieg liegt in dem reinigenden Blut Christi. In Christi Leib ist bestimmt viel Platz für schwache Menschen, besonders für solche, die ihre Stärke in Jesus kennen.

Ein Edelstein für heute: »Laß dir an meiner Gnade genügen; denn meine Kraft ist in den Schwachen mächtig. Darum will ich mich am allerliebsten meiner Schwachheit rühmen, damit die Kraft Christi in mir wohnt« (2. Kor. 12,9)

Alttestamentliche Lesung Psalm 103.104

16. August

Neutestamentliche Lesung Römer I5,1-21

Wir aber, die wir stark sind, sollen das Unvermögen der Schwachen tragen und nicht für uns selber leben. *(Röm. 15,1)*

Die heutige Lesung sagt uns dasselbe wie die gestrige. Gott sorgt für schwachen Glieder im Leib Christi und erwartet von denen, die stark sind, daß sie für die anderen Christi Stärke sind.

Ich erinnere mich an ein Ereignis vor vielen, vielen Jahren, als meine beiden ältesten Jungen noch sehr klein waren. Wir machten Ferien auf einem Campingplatz. Außer uns war sonst niemand dort. Während die Jungen spielten, studierte ich und war ganz vertieft in meine Bücher. Da kamen die beiden Jungen angerannt, um mir zu sagen, daß sie ein verirrtes Lämmchen gefunden hatten. Erst wollte ich ihnen sagen, daß sie wieder gehen und mich mit meinen Büchern alleine lassen sollten. Ich wollte dann später zu ihnen kommen. Aber sie waren hartnäckig. Als ich auf die Bücher hinunterschaute, sah ich vor meinen Augen ganz deutlich zwei Zahlen. Überall, wo ich hinblickte, sah ich ganz klar die Zahlen eins und neunundneunzig. Plötzlich fiel mir ein, daß Jesus die neunundneunzig verlassen hatte, um dem einen nachzugehen, das sich verirrt hatte. Das verirrte Lamm schien mir in diesem Moment nicht wichtig zu sein, aber den Jungen bedeutete es offensichtlich sehr viel. Wenn ich jetzt zurückblicke, sehe ich, wie wichtig es für mich war, dem Heiligen Geist zu antworten. Er wußte, daß die Jungen es nie verstanden hätten, wenn ich sie nicht beachtet hätte.

Es kommt eine Zeit, wo unsere eigenen Prioritäten nicht so wichtig sind, wie wir meinen. Dann verlangt der Herr von uns, daß wir das verlassen, was wir tun, die Neunundneunzig, und die Last der Brüder tragen, die verirrt und schwach sind. Wenn der Heilige Geist uns bittet zu gehen, dann dürfen wir nicht für uns selbst leben. In Gottes Reich wird Sorge getragen für die Schwachen, und die Starken haben die Möglichkeit, eine besondere Erfahrung mit Gottes Gnade zu machen, durch die ihr Glaube gestärkt wird und sie ein Abenteuer miterleben.

Ein Edelstein für heute: »Einer trage des anderen Last, so werdet ihr das Gesetz Christi erfüllen« (Gal. 6,2).

Alttestamentliche Lesung Psalm 105.106

17. August

Neutestamentliche Lesung Römer 15,22-33

Ich weiß aber, daß ich, wenn ich zu euch komme, mit dem vollen Segen Christi kommen werde. *(Röm. 15,29)*

Weil ich durch diese täglichen Andachten zu Dir komme, fühle ich mich dazu bewegt, Gott zu bitten, daß er mich gebraucht, um mit dem vollen Segen Christi zu kommen. Der volle Segen Christi ist die Fülle des Heiligen Geistes, und das ist die Fülle des Lebens. Als Folge davon werden aus Deinem Innersten Ströme lebendigen Wassers fließen, und Du sollst Tag für Tag diese Fülle erfahren.

Diese Fülle schließt gewiß ein, daß man geistliche Gaben besitzt und der, der glaubt, so vom Geist erfüllt ist, daß er selbst fest im Glauben steht, seine Brüder ermahnt und den Herrn Jesus Christus verherrlicht. Unser Vers heute ist das Gebet des Paulus für die Christen, die er besuchen wollte. Ich habe die Gewißheit, daß diese Worte auch zu Deiner Erfahrung werden. Wenn ich an die Brüder und Schwestern geschrieben habe, so war es immer mein Wunsch, daß Gott meinen Lesern die Gaben und Erfahrungen, über die ich schrieb, auch schenkt. Es war schon immer mein Ziel, daß ich mit den Andachten Deine Gebetskammer betrete, daß Du dadurch den vollen Segen Christi erfährst.

»Vater, weil dieser liebe Freund in Christus, mit dem ich Gemeinschaft habe, über dein Wort nachsinnt und es im Glauben annimmt, darum strecke Du Dich durch Deine Gnade zu ihm aus, denn er ist Dir kostbar. Bereichere sein Leben mit dem Segen, ja, dem vollen, überfließenden Segen Christi. Laß es aus ihm fließen wie Ströme lebendigen Wassers. Verherrliche heute auf eine ganz besondere Weise Deinen Sohn Jesus im Leben dieses Christen.

Laß die Fülle Jesu Christi sich so in ihm erweisen, daß diese Worte wirklich zu seiner persönlichen Erfahrung werden. In Jesu Namen. Amen.«

O, mein lieber Leser, der Himmel selbst floß durch mich, als ich die Worte dieses Gebets schrieb. Ich bin davon überzeugt, daß Gott dieses Gebet erhört hat.

Ein Edelstein für heute: »An dieser Fülle habt ihr teil in ihm, der das Haupt aller Mächte und Gewalten ist« (Kol. 2,10).

Alttestamentliche Lesung Psalm 107.108

18. August

Neutestamentliche Lesung Römer 16

Ich empfehle euch unsere Schwester Phöbe, die im Dienst der Gemeinde von Kenchräa steht. (Röm. 16,1)

Paulus kannte und schätzte – wie Jesus – den Wert der vielen besonderen Dienste, die die Frauen in der Kirche innehatten. Phöbe hatte wahrscheinlich die Verantwortung für die Frauen, die sich bekehrten, kümmerte sich um die Kranken, besuchte die, die im Gefängnis waren, und brachte ihnen Essen und Nachrichten, die sie ermutigen und trösten sollten.

Während ich diese Sätze schreibe, ist der Herr mir besonders nah. In mir ist ein Mitfühlen und eine Dankbarkeit für die Frauen, die wie Phöbe den Gemeinden dienen. Normalerweise sind sie unbeachtet, unbelohnt, verlangen wenig Ermutigung und empfangen auch wenig. Aber trotzdem vollbringen sie ein wunderbares Werk Gottes. Sie dienen der Gemeinde Jesu Christi. Ich möchte die Aufmerksamkeit der Frauen, die sich ein bißchen unbeachtet fühlen, darauf lenken, daß Paulus ihren Dienst nicht übersah. Als er die Gelegenheit hatte, befahl er sie den Brüdem an und ermahnte sie, für sie zu beten.

Der Frau, die den Wunsch hat zu dienen und sich fragt, wo ihr Platz ist, möchte ich sagen, daß Du auf Jesus sehen sollst. Er liebt Dich auf ganz besondere Weise, und ich bin sicher, daß er sich freut, mit Dir andere Menschen zu besuchen und Dir eine Tür zum Dienst zu öffnen. Aber verachte nicht die kleinen Anfänge, sei treu in den kleinen Dingen.

Lebe, um zu geben, nicht um zu empfangen. Vielleicht wird es nicht lange dauern, bis der Heilige Geist Dich an einen Ort des Dienens geführt hat.

Freunde, wir, die wir nicht wie Phöbe sind, sollten uns umschauen und die erkennen, die so sind. Bete für sie, danke Gott für ihr Erbarmen, ihre Liebe und ihre guten Werke in der Gemeinde. Bete dafür, daß Gott die, die noch nicht so reif sind, durch das Beispiel von Menschen wie Phöbe dazu anregt, auch in den Dienst der Liebe zu treten. Laßt uns heute Gott ganz besonders für die Frauen unserer Gemeinde preisen und sie dem Herrn anbefehlen.

Und Ihr, liebe Schwestern, sollt einen besonderen Segen empfangen und wissen, daß Ihr nicht übersehen werdet. Du bist nicht vergessen, denn da ist einer, der für Dich betet und Dich mit einer nie endenden Liebe liebt. Jesus sammelt Deine Werke der Liebe und wartet auf den Tag, an dem er Dir im Himmel seine Belohnung geben kann.
Ein Edelstein für heute: »... du tüchtiger und treuer Knecht, du bist mit wenig treu gewesen, ich will dich über viel setzen« (Mt. 25,21).

Alttestamentliche Lesung Psalm 109-111

19. August

Neutestamentliche Lesung 1. Korinther 1

Ihr (habt) keinen Mangel ... an irgendeiner Gabe, während ihr auf die Offenbarung unseres Herrn Jesus Christus wartet. (1. Kor. 1,7)

Dieser Vers zeigt, daß die ersten Christen erwarteten, daß Christi Wiederkunft unmittelbar bevorstand. Die Gemeinde von Korinth lebte in einer Stadt, wo sie von jeder nur denkbaren und abstoßenden Sünde umgeben war. Viele Sünden wurden im Namen der Religion begangen und hatten ihren Platz im Tempelkult. Einige dieser Sünden drangen in die Gemeinde ein. Es gab Christen, die der weltlichen Weisheit von Menschen vertrauten, andere wieder wurden streitsüchtig und wandten ihre Augen ab von dem Herrn Jesus Christus. Sie sahen auf Menschen und bildeten um diese Menschen herum Parteien in der Gemeinde.

Paulus sah die Möglichkeit, daß Christus an diesem dunklen Ort verherrlicht würde, und er strebte danach, die Brüder dadurch zu stärken, daß er sie im Glauben festigte. Er rief ihnen in Erinnerung, daß sie keinen Mangel hatten an irgendeiner Gnade oder Gabe Gottes, die dieser ihnen in Fülle verliehen hatte. Er erinnerte sie auch daran, daß sie die Verantwortung hatten, diese Gaben anzuwenden und zu handhaben und in Gottes Gnade zu leben, damit Jesus in ihnen gesehen werden konnte. Es sollte ein großer Kontrast sein zwischen dem, was ein Mensch in der Welt war und was er jetzt in Christus Jesus war. Die Welt sollte sehen, daß Gott das, was töricht ist vor der Welt, nehmen kann, um das Weise zunichte zu machen. »Und was schwach ist vor der Welt, das hat Gott erwählt, um zuschanden zu machen, was stark ist« (1. Kor. 1,27). Paulus erinnerte die Korinther auch daran, daß Gott Jesus – nicht Paulus, nicht Apollos oder Kephas – genommen und zur Kraft und zur Weisheit, zur Gerechtigkeit und zur Heiligung gemacht hat. So wie ihre Erlösung in Christus Jesus war, so war auch in ihm all ihre Kraft, Weisheit, Gerechtigkeit und Heiligkeit.

Die Welt versucht denen, die ihr nachfolgen und an ihr System glauben, Fähigkeiten und Gaben zu verleihen. Aber in Gottes Reich bekommen wir den größten Fürsten, den König selbst, geschenkt. Gott gibt seinen Sohn in das Herz derer, die ihm glauben, und wer den Sohn hat, hat das Leben. Jede gute Gabe ist in dem Sohn. Er wird zu Deiner Gerechtigkeit, Weisheit und Kraft, und es ist der Wille des Vaters, daß der Sohn in Dir zu sehen ist.

Fühlst Du Dich heute als ein schwacher Christ? Die Antwort für Dich liegt in Gottes Sohn. Mangelt es Dir an Weisheit? Dann treibe die Wahrheit der Welt aus, denn im Himmelreich ist sie Torheit. Wende Dich an den Sohn und entdecke Gottes Weisheit in ihm. Wenn Dir Kraft fehlt in Deinem Leben, dann wird Gottes Geist, der in Dir wohnt, Deine Kraft sein. Wenn Du Dich nach Gerechtigkeit sehnst, dann wird Jesus Christus Deine Gerechtigkeit sein. Jede gute Gabe gehört Dir; darum gebrauche und verherrliche Jesus, während Du auf sein Kommen wartest.

Ein Edelstein für heute: Die Sünde sucht sich das Schwache und Törichte aus, aber Christus wird für den Schwachen und Törichten zur Stärke und zur Weisheit.

Alttestamentliche Lesung Psalm 112-115

20. August

Neutestamentliche Lesung 1. Korinther 2

Denn ich habe beschlossen, unter euch nichts zu wissen als allein Jesus Christus, den Gekreuzigten. *(1. Kor. 2,2)*

Was würde in unserem Leben geschehen, wenn wir beschließen würden, unter den Brüdern nichts zu wissen, was nicht von Christus ist, und ebenfalls in unseren Beziehungen in der Welt nichts zu wissen, was nicht von ihm ist? Stell Dir vor, was geschehen könnte, wenn wir es wagen würden, Jesus in allen Dingen zur Quelle unserer Weisheit und unseres Wissens zu machen, und die Weisheit und das Wissen dieser Welt hinter uns ließen!

Was wäre die Folge, wenn wir alle negativen Gefühle, die uns bisher zu schaffen machten, zu Jesus bringen würden? Stell Dir nur einmal vor, was geschehen würde, wenn wir alle unsere Verletzungen, Ängste, Enttäuschungen und Kränkungen zu Jesus bringen und uns weigern würden, sie noch als unsere eigene Last zu tragen, und sie stattdessen dem Heiler geben würden! Wir könnten entdecken, was der Heilige Geist, der jetzt in uns wohnt, tun kann, wenn wir ihm die Gelegenheit dazu geben.

Wie wirst Du jemals für Dich selbst, durch eigene Erfahrung, die Bedeutung unseres Verses kennenlernen und entdecken, wenn Du Dich nicht in Deinem Herzen dazu entschließt, Dich dem Heiligen Geist zu überlassen, der in Dir Wohnung genommen hat? Wenn es Dir an Glauben fehlt, dann bitte Gott darum, damit er Dir die Erfahrung dieses Verses in dem Bereich Deiner Not schenken kann. Sei Dir sicher, daß Jesu Glaube auch für Dich ausreicht.

Während ich für Dich schreibe, sehe ich in meinem Geist, wie sich eine große, schwere Tür öffnet. Sie öffnet sich langsam wegen ihres großen Gewichtes, und nur ein großer, sehr starker Mann könnte sie wieder schließen. Unser Vers ist diese Tür. Sie ist für Dich geöffnet, gehe darum im Glauben hindurch. Greife nach der Hand, die dort auf Deine Hand wartet. Eine von einem Nagel durchbohrte Hand wartet darauf, Dich in ein großes Glaubensabenteuer zu führen, wenn Du beschließt, nichts zu wissen als Jesus Christus, den Gekreuzigten.
Ein Edelstein für heute: »Siehe, ich habe dir eine Tür aufgetan, und niemand kann sie zuschließen; denn du hast nur geringe Kraft und hast doch mein Wort bewahrt und meinen Namen nicht verleugnet« (Offb. 3,8).

Alttestamentliche Lesung Psalm 116-118

21. August

Neutestamentliche Lesung 1. Korinther 3

So ist nun weder der pflanzt noch der begießt etwas, sondern Gott, der das Gedeihen gibt. Denn wir sind Gottes Mitarbeiter; ihr seid Gottes Ackerfeld und Gottes Bau. *(1. Kor. 3,7)*

Vor einiger Zeit pflanzten meine Frau und ich Tomatenstauden im Garten. Wir gruben den Boden um, düngten, setzten sorgfältig die Pflanzen an ihren Ort und gossen sie. Jeden Tag haben wir nach ihnen gesehen und ihnen Wasser gegeben. Es gibt keinen Zweifel, daß ihnen unsere liebevolle Pflege gut getan hat, aber wer gibt den Pflanzen das Leben? Wer gibt das Wachstum, und wer hat die Erde mit den Mineralien und die Luft mit Sauerstoff versorgt, so daß die Pflanzen wachsen können? Gott natürlich, aber wir sind Mitarbeiter, wenn wir mit dem arbeiten, was er uns gegeben hat. Gott muß das Gedeihen geben.

Wenn ich Tomaten pflanze, um sie herum dünge, sie aber nicht gieße und hacke, dann kann ich nicht von ihnen erwarten, daß sie gute Früchte bringen. Ich muß mich regelmäßig jeden Tag um sie kümmern, wenn ich Gottes Bestes von ihnen empfangen will. Paulus nimmt dieses Beispiel des Pflanzens, um den Korinthern zu sagen, daß sie ihre Augen von denen abwenden sollen, die den Samen des Evangeliums in ihr Herz gesät haben. Obwohl Paulus und andere Männer die Verantwortung für diesen Samen übernommen, ihn genährt und gepflegt hatten, so daß Gott ihn segnen konnte, sollten die Korinther doch ihre Augen allein auf den richten, der in Wahrheit für ihre Rettung verantwortlich ist.Wenn einmal der Same des Evangeliums in unser Herz gesät ist, dann müssen wir uns völlig dem Wirken und Handeln des Herrn Jesus Christus in unserem Herzen ausliefern. Wir müssen dem folgen, der dem Samen das Leben gibt, nicht denen, die pflanzen und gießen.

Wir müssen verstehen, daß der Same des Geistes – Christi Leben unserem Herzen – Düngung, Wasser und tägliche Fürsorge verlangt. Du selbst bist dafür verantwortlich, Deinen geistlichen Garten dadurch zu pflegen, daß Du ihn ständig mit dem Wort des Lebens ernährst. Es wird sonst niemand kommen, um das Unkraut zu jäten, von dem das Leben dieser jungen, zarten Pflanzen bedroht ist, denn Du bist Gottes Gärtner, sein Mitarbeiter. Pflege Deinen Garten gewissenhaft, gib ihm die richtige Umgebung, dann kannst Du erwarten, daß Gott das Wachstum gibt. Dieses Wachstum kannst Du weder sehen, fühlen noch berühren, aber der Ertrag von Gottes Ackerfeld wird sichtbar sein.

Ein Edelstein für heute: »Ich bin der Weinstock, ihr seid die Reben. Wer in mir bleibt und ich in ihm, der bringt viel Frucht; denn ohne mich könnt ihr nichts tun« (Joh. 15,5).

Alttestamentliche Lesung Psalm 119,1-48

22. August

Neutestamentliche Lesung 1. Korinther 4

Nun fordert man von den Haushaltern, daß sie sich als treu erweisen. (1. Kor. 4,2)

Dies ist ein Satz, der uns in ein großes Glaubensabenteuer führen kann. Uns allen würde es wahrscheinlich nicht schwerfallen, über diesen Satz zu diskutieren. Aber irgendwie werden wir plötzlich blind, wenn wir ihn auf unsere eigene Situation anwenden sollen. Oft rechtfertigen wir unsere Untreue in bestimmten Fällen dadurch, daß wir auf unsere Gewissenhaftigkeit in anderen Gebieten hinweisen.

Wieviele Eheleute sind in ihrer Ehe untreu gewesen, meinen aber, daß ihr Verhalten durch ihre Situation gerechtfertigt sei. Wenn dieser Satz auf ihre Umstände und ihre Untreue angewandt wird, dann schieben sie ihn einfach fort mit der Begründung, er sei nur in bestimmten Situationen zu gebrauchen. So wird er nie zu ihrer eigenen Erfahrung.

Wieviele Menschen geben sich ihrem Dienst für Christus hin, bis sie mit etwas konfrontiert werden, das sie irritiert. Vielleicht wird von ihnen mehr verlangt, als sie sich vorgestellt hatten. Aber wenn dem so ist, sind sie doch dazu berufen, ihrer anfänglichen Hingabe treu zu sein. Aber viele meinen, daß eine veränderte Situation oder andere Gründe ihre Untreue rechtfertigen würde. An diesen Beispielen wird deutlich, daß Gott uns mit echten Möglichkeiten umgeben hat, an denen wir lernen können, was es bedeutet, standhaft zu sein.

Wenn wir, als Christen, die es ernst meinen, im Reich Gottes Fortschritte machen wollen, und wenn die Welt das Evangelium von Jesus Christus in unserem Leben sehen soll, dann müssen die Diener Jesu Christi bekannt werden als Männer und Frauen, die wissen, wie man in der Ehe, wie man im Dienst in der Gemeinde treu ist. Wenn wir wie Christus sein wollen, dann müssen wir gegeneinander treu sein. Können wir über Treue zu Jesus sprechen, wenn wir seinem Leib, der Gemeinde, untreu sind? Ich möchte Dich dazu ermutigen, diese Treue in Christus zu suchen. Doch ich will Dir im voraus sagen, daß Gott Dir, wenn Du in Deiner Beziehung zu Jesus zu dieser Treue gelangen willst, eine Fülle von Gelegenheiten geben wird, um im Leib Christi Treue zu entwickeln.

Du wirst entdecken, daß Gottes leise Stimme Deine Haltung gegenüber den anderen Menschen korrigieren wird. Gott wird in Dir ein Zögern wachsen lassen, so daß Du merken kannst, wenn Du versucht bist, über andere zu richten oder negativ zu reden. Du wirst sensibler werden und immer mehr die Worte, die aus Deinem Mund kommen, überwachen. Du wirst mehr danach verlangen, daß Jesus Dich in einer schwierigen Situation treu vorfindet, als daß Du noch nach eigenen Vorstellungen leben willst. Wenn Gott durch unseren Vers heute zu Dir gesprochen hat, dann fasse Mut, denn er ist dabei, Dich zu einem seiner treuen Knechte zu machen.

Ein Edelstein für heute: »Sei getreu bis in den Tod, so will ich dir die Krone des Lebens geben« (Offb. 2,10).

Alttestamentliche Lesung Psalm 119,49-104

23. August

Neutestamentliche Lesung 1. Korinther 5

Darum laßt uns das Fest feiern ... im ungesäuerten Teig der Reinheit und Wahrheit. *(1. Kor. 5,8)*

Reinheit und Aufrichtigkeit müssen nicht unbedingt Tugenden sein. Es kommt auf den Inhalt an. Ich zweifle zum Beispiel nicht daran, daß die Kommunisten aufrichtig an ihre Weltherrschaft glaubten und danach streben. Wenn der Vers heute Auswirkung auf unser Leben haben soll und wir wirklich seine Bedeutung kennenlernen wollen, dann müssen wir den Heiligen Geist bitten, uns in alle Wahrheit zu führen. Wie bei allen Worten Gottes haben wir auch hier wieder die Möglichkeit, ein Abenteuer im Glauben zu erleben.

Wenn Du diesen Vers mit Deinem Verstand begreifen willst und dabei ans Ende Deiner weltlichen Weisheit kommst, dann brauchst Du eine Begegnung mit dem Heiligen Geist, um den Vers selbst zu erfahren. Der Fürst dieser Welt möchte, daß Du mit aller Wahrhaftigkeit eifrig nach den Dingen dieser Welt strebst. Dann bist Du in seinen Händen, und er ist in der Lage, Dich zu kontrollieren und zu manipulieren.

Es ist wichtig, wahrhaftig zu sein, aber man muß den Eifer für die richtigen Dinge haben. Laß darum zu, daß der Heilige Geist in Dir einen echten Eifer für die Wahrheit des Evangeliums von Jesus Christus entwickelt.

Paulus wünschte der Gemeinde der Korinther, daß sie sich ehrlich nach einem reinen Herzen sehnten. Nur so konnte die Gemeinde zu einem Zeugnis von der reinigenden Kraft des Blutes Jesu werden. Aber es gab Sünde in der Gemeinde, weil einige Christen weltliche Gewohnheiten beibehielten, die selbst viele Kinder der Welt nicht hatten. Wenn sie in ihrem Streben nach der Wahrheit rein sein wollten, dann mußten sie bereit sein, diejenigen, die grobe Sünden begingen, aus der Gemeinde auszuschließen und sich von ihnen zu trennen. Ihre Reinheit wurde nun geprüft.

Als Jesu Gemeinde sollen wir zum Abendmahl kommen, nachdem wir unsere Sünde bekannt und uns von ihr getrennt haben. Denn die Sünde kann sonst den ganzen Leib durchdringen und ihn krank machen. »Darum fegt den alten Sauerteig aus, damit ihr ein neuer Teig seid, wie ihr ja wirklich ungesäuert seid« (1. Kor. 5,7). Man braucht Glauben, um rein und wahrhaftig zu sein, und wir müssen sorgsam darauf achten, daß wir am richtigen Ort und aus dem richtigen Grund aufrichtig sind. Unser Grund ist das herrliche Evangelium unseres Herrn Jesus Christus.

Ein Edelstein für heute: »Ihr seid das Salz der Erde. Wenn das Salz seine Wirkung verliert, womit soll man salzen?« (Mt. 5,13)

Alttestamentliche Lesung Psalm 119,105-176

24. August

Neutestamentliche Lesung 1. Korinther 6

Und solche Leute sind einige von euch gewesen. Aber ihr seid reingewaschen, ihr seid geheiligt, ihr seid gerecht geworden durch den Namen des Herrn Jesus Christus und durch den Geist unseres Gottes. *(1. Kor. 6,11)*

Ich denke, daß wir alle gerne etwas Ermutigendes gesagt bekommen. Wenn uns jemand ganz besonders seine Liebe ausdrückt, dann richtet uns das auf. Jesus kennt unsere Schwachheit und weiß, daß wir ständig Ermutigung brauchen. Von Zeit zu Zeit haben wir es nötig, an Wahrheiten erinnert zu werden, die wir früher erfahren haben. Unser Glaube an Christus muß ständig erneuert werden, und genauso müssen wir immer wieder an die grundlegenden Wahrheiten der Kirche erinnert werden. Dadurch, daß wir an Brot und Wein am Tisch des Herrn teilhaben, werden wir und die anderen an Jesu Opfer für unsere Sünde erinnert.

Unser Herz hat es nötig, ständig der Wahrheit ausgesetzt zu sein. Das Herz ist wie ein Schwamm, es ist in der Lage, große Mengen Wahrheit aufzusaugen. Aber wenn ein Schwamm unbenutzt herumliegt, so trocknet er schnell aus. Ein Weg, Dein Herz zu beleben und Deine Gefühle in Einklang mit der Bibel zu bringen, ist der, über einen Vers wie diesen nachzusinnen. Bewege ihn den ganzen Tag in Deinem Herzen. Erinnere Dich ständig an diesen Satz, bis in Dir eine Antwort erklingt und Du merkst, daß er in Deinem Herzen lebendig wird. David nannte das, Tag und Nacht über dem Wort nachsinnen.

Es wird seine Wirkung in Dir haben, wenn Du weißt, daß Du durch Jesu Blut reingewaschen bist. Jesus erklärte seinen Jüngern, daß es nötig war, einander die Füße zu waschen – nur die Füße –, weil dieser Teil ihres Körpers mit der Welt in Berührung kam. Heute ist es wirklich nötig, einander den Verstand zu waschen, denn er ist mehr als alles andere der Welt ausgesetzt. Durch diese Andachten möchte ich Dir in Demut dienen. Im übertragenen Sinn nehme ich das Handtuch und wasche Deine Gedanken mit Gottes Wort, das uns sagt: »Ihr seid gewaschen, ihr seid geheiligt.« Gott hat uns ergriffen und uns zu einem besonderen Zweck ausgesondert. Und noch mehr, er ist mit uns in einen rechtsgültigen, unwiderruflichen Bund getreten. In diesem Bund bietet Gott uns ständige Reinigung an: Wir dürfen uns in seinem Wort waschen! Ich weiß nicht, was das für Dich persönlich bedeutet, aber ich fühle mich in Gottes Gegenwart gerne rein, und wenn sein Wort sagt, daß ich gewaschen bin, dann ist dies so.

Ein Edelstein für heute: »Das ist mein Blut des Bundes, das für viele vergossen wird zur Vergebung der Sünden« (Mt. 26,28).

Alttestamentliche Lesung Psalm 120-123

25. August

Neutestamentliche Lesung 1. Korinther 7,1-24

Nun führe jeder sein Leben so, wie es der Herr ihm zugemessen, wie Gott einen jeden berufen hat. So ordne ich es in allen Gemeinden an. (1. Kor. 7,17)

Ich denke, die Erklärung dieses Satzes ist in der »Living Bible« noch deutlicher. »Aber wenn ihr diese Dinge entscheidet, so seid sicher, daß ihr lebt, wie Gott es beabsichtigt hat, heiratet oder bleibt ledig nach Gottes Weisung und mit seiner Hilfe, und nehmt die Situation an, in die Gott euch gestellt hat. Das ist meine Regel für alle Gemeinden.« Ich bete darum, daß Du dadurch, daß Du jeden der ausgewählten Verse liest und über sie nachsinnst, Dein Leben in noch größerer Hingabe an Christus führst und seine Weisung für Dein Leben suchst.

In diesem Satz an die Korinther kommt Paulus' Wunsch zum Ausdruck, daß Gottes Volk so leben soll, wie Gott es beabsichtigt hat. Es war nie Gottes Wunsch, daß sein Volk die Worte des Paulus gesetzlich versteht oder andere zwingt, sich strikt an die Worte zu halten. Gottes Absicht für uns ist, daß wir den Geist der Worte erfassen. Wenn wir unsere Zeit und unser Leben dafür hingeben, Gott nahezukommen, und wenn wir täglich in Gottes Wort leben, dann können wir unseren Herrn wirklich kennenlernen. Dann wird die Aufgabe, seine Weisung zu hören und zu kennen, nicht so riesig sein.

Im Leben des Christen wird es keine Harmonie geben, solange er nicht von ganzem Herzen danach strebt, Christus kennenzulernen und seinen Willen zu tun. Bringe Dich selbst zuerst in Einklang mit Gottes Geist, stelle die Wünsche Deines Herzens zurück, bis Du sicher bist, daß Du Gottes Wünsche im Herzen hast. Das Nächste, was Du tun mußt, ist zu ruhen. Versuche nicht, irgendetwas in Gang zu bringen, bevor Du nicht mit Deiner Situation zufrieden bist und sie akzeptiert hast.

Normalerweise sind wir sehr träge, wenn es darum geht, in der Situation, in die Gott uns hineingestellt hat, mutig und voll Glauben zu leben. Suche darum die Gemeinschaft mit Jesus. Laß es nicht zu, daß Deine Gedanken ständig die Bibel nach Antworten durchforschen ohne zu Jesus selbst zu gehen. Suche zuallererst die Gemeinschaft mit dem Herrn Jesus Christus, denn die Antwort liegt in ihm. Verbringe mehr Zeit mit Jesus als mit Seelsorgern. Die Seelsorger können uns helfen, zu erkennen, was unser Problem ist, aber Jesus verleiht Leben und verändert Situationen. Auch in unserer tiefsten Not hat er Gemeinschaft mit uns und liebt uns. Vertraue ihm, ganz gleich, wie die Umstände aussehen, in die Gott Dich gerufen hat, damit Du darin lebst. Laß Dich von Gott ermutigen und aufrichten.

Ein Edelstein für heute: Das Annehmen der Situation, in die Gott Dich gestellt hat, kann wie eine Boje für einen Ertrinkenden sein. Gott wird Dich tragen.

Alttestamentliche Lesung Psalm 124-127

26. August

Neutestamentliche Lesung 1. Korinther 7,25-40

Das sage ich aber, liebe Brüder: Die Zeit ist kurz. *(1. Kor. 7,29)*

Wie schwer muß es Paulus gefallen sein, die Fragen der Korinther über die Ehe zu beantworten! Er hatte ein bißchen Einsicht in das, was den Christen bald widerfahren würde, und sah ihre drohende Verfolgung voraus. Darum warnte er die jungen Männer. Wenn sie heiraten würden, könnte es für sie schwieriger werden, den Prüfungen ihres Glaubens zu begegnen – in diesem Fall Verfolgung. Aber im Mittelpunkt von Paulus' Warnung vor der Ehe steht die Tatsache, daß die Zeit kurz war und schwere Tage kommen würden. Es gab noch einen anderen Grund. Konnten Mann und Frau sich einander in der Ehe hingeben und trotzdem in Treue und Hingabe das Evangelium von Jesus Christus verkündigen? Es könnte geschehen, daß ihre Ehe so im Mittelpunkt stände, daß ihr Feuer und ihre Hingabe für den Herrn Jesus verschwinden würde. Paulus sagte nicht, daß dies immer so sein muß.

Aber als Alleinstehender hat man mehr Möglichkeiten, sein Leben Jesus ganz zu weihen und das Evangelium zu predigen. Ihr Leben würde unkomplizierter sein, sie hätten die Freiheit, zu kommen oder zu gehen, zu leben oder zu sterben um des Evangeliums willen. Paulus macht deutlich, daß es nicht darum ging, daß das eine falsch und das andere richtig sei, aber bei dem, was auf die Christen zukam, konnte es besser sein, unverheiratet zu bleiben.

Aber was ist mit uns, die wir verheiratet sind? Auch für uns ist die Zeit kurz. Die Tage unseres eigenen Lebens sind im Lichte der Ewigkeit nicht sehr lang. Wie ernsthaft haben wir schon darüber nachgedacht, Christus zu dienen und unsere Ehe zurückzustellen? In vielen Ehen ist es anders – die Ehe ist wichtiger als der Dienst für Christus. Andererseits kann ich mir nichts Wichtigeres in diesem Leben vorstellen und nichts, was Gott mehr ehrt, als eine geheiligte Ehe. Aber es war nie Gottes Absicht, daß wir so sehr mit Ehe, Familie und unserem Zuhause beschäftigt sind, daß wir die Verkündigung des Evangeliums von Jesus Christus vernachlässigen. Manche von uns werden eine neue Begeisterung in ihrem Leben bemerken, wenn sie ihre Ehe mehr dazu hingeben, Christus zu dienen, besonders dann, wenn sie verfügbarer werden zu gehen, wenn Gott sagt: »Geht«, und zu geben, wenn Gott sie anweist, zu geben. Die Zeit ist kurz. Sieh darum zu, daß Deine Ehe Christus so dient, daß Du durch Deine Ehe nicht von Gottes Bestem für Euch beide abgehalten werdet.

Ein Edelstein für heute: Die Fülle Christi kann in einer geheiligten Ehe gefunden werden.

Alttestamentliche Lesung Psalm 128-131

27. August

Neutestamentliche Lesung 1. Korinther 8

Wenn aber jemand Gott liebt, der ist von ihm erkannt. (1. Kor. 8,3)

Paulus stand einer anderen Frage der Korinther gegenüber. Diesmal ging es um das Essen von Fleisch, das bereits Götzen geopfert wurde. Paulus' Antwort klingt so, als ob er es mit dem Typ von Christen zu tun hatte, die alles wissen, mit denen, die immer eine Antwort haben und nur schwer zugeben können, daß sie etwas nicht wissen. Wissen, das nicht von Gottes Geist verliehen ist, bezeichnet man heute als Kopfwissen. Dieses Wissen kann uns dazu bringen, aufgebläht zu werden. Und Stolz ist einfach nur eine der Versuchungen, denen der Christ ins Auge sehen muß.

Bevor Paulus sich mit der Frage des Götzenopferfleisches befaßte, sprach er über den Grund, der diese Frage überhaupt erst hervorrief, nämlich Mangel an Liebe. Wenn wir Gott wirklich lieben, dann werden wir sensibel sein für die Probleme der Brüder und Schwestern. Es mag sein, daß wir eine bestimmte Freiheit im Geist erfahren, die unser Bruder seines Gewissens wegen nicht hat. Aber aus Liebe zu unserem Bruder – das ist eine Liebe, die aus unserer Liebe zu Gott kommt – sollten wir uns von allem zurückhalten, was sein Gewissen belasten könnte.

Laß mich ein Beispiel aus unserer Zeit nennen. Wenn sich ein Bruder dazu gedrängt fühlt, sich vom Alkohol zu enthalten, weil er so ein ungeheures soziales Problem ist, dann sollten wir, die wir diesen Bruder kennen und lieben, auf sein Gewissen in diesem Bereich Rücksicht nehmen. Aus Liebe zu ihm und aus Liebe zu Gott sollten wir die Freiheit, die wir vielleicht in Gemeinschaft mit anderen haben, nicht zeigen, damit wir sein Gewissen nicht belasten und unseren Bruder zum Stolpern bringen.

Nicht unsere Kenntnis der Gebote und der Worte der Bibel sollte unser Handeln bestimmen. Vielmehr sollte uns Gottes Liebe leiten. Unser Herz soll so fein auf Gottes Herzschlag reagieren, daß wir in seiner Liebe auf die Umstände reagieren und nicht nur einfach eine Liste von dem im Kopf haben, was wir tun sollen. Es ist besser, für unsere Liebe bekannt zu sein, die aus der Liebe Gottes kommt, die in unser Herz ausgegossen ist, als bekannt zu sein für Buchstabentreue und Wissen. Die Liebe bläht sich nicht auf. Die Versuchungen des Stolperns brauchen wir nicht zu leiden, wenn Gottes Liebe uns motiviert. Es ist die Folge von Gottes Gnade, wenn wir unser Problem lösen, nicht die Folge davon, daß wir alle Antworten haben und die Bibel so genau kennen. Unsere Liebe zu Gott überwindet unsere Probleme. »Wenn aber jemand Gott liebt, der ist von ihm erkannt.«

Ein Edelstein für heute: »Ihr aber seid zur Freiheit berufen. Nur seht zu, daß ihr durch die Freiheit nicht eurer Selbstsucht Raum gebt; vielmehr diene einer dem andern in Liebe« (Gal. 5,13).

Alttestamentliche Lesung Psalm 132-135

28. August

Neutestamentliche Lesung 1. Korinther 9

Habe ich nicht unsern Herrn Jesus gesehen? (1. Kor. 9,1)

Es scheint so, als ob einige der Christen in Korinth das Amt des Paulus in Frage stellten, seinen Anspruch, ein Apostel zu sein. Vielleicht argumentierten sie so, daß nur die Männer, die Christus gesehen hatten, Apostel sein konnten. Wenn dem so ist, dann hat Paulus sie mit seiner Gegenfrage zum Schweigen gebracht. »Bin ich nicht ein Apostel? Hab ich nicht unsern Herrn Jesus gesehen?«

Was für ein wunderbares Zeugnis hatte Paulus, er hatte Christus gesehen. Es war eine schöne Erfahrung, eine, die man sich wünschen kann. So eine Erscheinung soll dazu anregen, nach Christus zu streben. Sie soll in den Menschen ein größeres Verlangen nach Christus entzünden. Auf meinen

Reisen bin ich vielen Menschen begegnet, die Christus auf verschiedene Weise gesehen haben – in Visionen und Träumen. Für jeden, der Christus gesehen hat, war es eine ganz besondere Erfahrung. Ich habe bei Menschen, die von dieser tiefen, von Gott geschenkten Erfahrung erzählten, Zärtlichkeit und Freude bemerkt. Aber es gibt noch eine andere Art, in der Christus gesehen werden kann, nämlich durch Offenbarung. Gott offenbart uns mit großer Freude seinen Sohn.

Zu Anfang dieses Jahres war ich in Israel. Ich lobte den Herrn in Gemeinschaft mit anderen Christen. Während ich darauf wartete, daß ich zum Sprechen aufgerufen wurde, hatte ich eine Vision von einem mächtigen Lichtstrahl, der auf die alte Stadt Jerusalem herabkam. Während ich dieses Licht beobachtete, erklärte Gott mir dieses Bild. Durch seine leise Stimme sagte er mir, daß er Israel, seinem Augapfel, Jesus Christus durch eine Offenbarung als den Messias zeigen würde.

Ich wurde so begeistert, daß ich in Jerusalem sein wollte, wenn all dies geschehen würde. Aber als ich in die Vereinigten Staaten zurückkehrte, hatte ich eine innere Gewißheit, daß Gott das gleiche auch dort tun würde. Er wird unserem Geist den Herrn Jesus Christus offenbaren. Unser geistlicher Mensch kann eine so große Offenbarung von Jesus erwarten, daß unser Herz so voll von ihm sein wird, daß wir nie wieder dieselben Menschen sein werden wie zuvor. Unser Leben wird sich völlig verändern, weil die Fülle Christi in uns wohnen wird. Es wird uns so erscheinen, als ob jede Schriftstelle von Christus spricht. Wir werden Jesus sehen in allem, was wir tun. Andere Menschen, die uns gekannt haben, werden stutzen über die Veränderung in unserem Leben, und unser Zeugnis wird sein: »Hab ich nicht unsern Herrn Jesus gesehen?«

Ein Edelstein für heute: »Laufe vorwärts, damit Du … die Liebe Christi erkennst, die doch alle Erkenntnis übertrifft, damit ihr erfüllt werdet mit der ganzen Gottesfülle« (Eph. 3,19).

Alttestamentliche Lesung Psalm 136-138

29. August

Neutestamentliche Lesung 1. Korinther 10,1-13

Bisher hat euch erst menschliche Versuchung getroffen. Aber Gott ist treu, der euch nicht über eure Kraft versuchen läßt, sondern mit der Versuchung auch ihr Ende schafft, so daß ihr sie bestehen könnt.

(1. Kor. 10,13)

Hast Du auch schon Zeiten erlebt, wo Du meintest, daß Du der einzige bist, der von Versuchungen getroffen wird, und daß keiner sonst so ständig Versuchungen ausgesetzt ist wie Du? Ich kann mir gut vorstellen, wie Du

Dich fühlen mußt. Aber die Bibel sagt uns, daß solche Versuchungen normal sind und daß andere genau dasselbe Problem haben.

Versuchungen können uns zu einem Abenteuer im Glauben führen, wenn wir sie dem Herrn Jesus Christus überlassen und ihm vertrauen. Erst dadurch, daß wir diese Versuchungen vor Jesus verbergen oder vorgeben, keine zu haben, stehen wir in der Gefahr, ihnen zu unterliegen. Eine sehr gefährliche Haltung ist auch, sich selbst so einzuschätzen, als ob man über solche Versuchungen erhaben sei, und zu denken, daß man sie aus eigener Kraft in den Griff bekommt. In dem Moment, wo Du meinst, daß Du mit Versuchungen alleine fertig wirst und daß Du ihnen ohne die Hilfe des Herrn Jesus gewachsen bist, wird das Versagen nicht lange auf sich warten lassen.

Es gibt keine Versuchung, die so groß ist, daß sie nicht überwunden werden könnte. Gott verspricht uns in seinem Wort, daß er treu zu uns steht und uns nicht über unsere Kraft versucht werden läßt. Darum sind wir vor Gott ohne Entschuldigung für unser Versagen. Versagen in Versuchungen ist ein Versagen darin, dem Herrn Jesus Christus und seinem Wort zu vertrauen. Er hat versprochen, uns zu führen und uns einen Weg zu zeigen, der aus der Versuchung herausführt. Wenn wir mitten in der Versuchung mit Jesus Gemeinschaft haben, so schenkt er uns die Geduld die Gewißheit, daß wir schließlich befreit werden. Gott kann sich selbst nicht verleugnen oder sein Wort zunichte machen. Nimm den Herrn als einen Partner mit in Deine Versuchungen hinein, mache dem Heiligen Geist Raum, so daß er wirken kann, dann wirst Du sehen, wie Gottes Kraft in Deinem Leben wirkt und er Dich von einem Sieg zum anderen führt. Versuchung muß nicht notwendigerweise zur Sünde führen. Im Gegenteil, Du kannst dadurch eine wunderbare Erfahrung der Gnade machen. Gott kann Dir dadurch ein tieferes Verstehen der mächtigen Werke der Gnade Gottes schenken.

Unser Vers heute hält für Dich eine Fülle von Erfahrungen und Siegen bereit. Lerne ihn auswendig, und sinne über ihn nach, aber vor allem: Wende ihn an!

Ein Edelstein für heute: »Der Herr weiß die Frommen aus der Versuchung zu erretten« (2. Petr. 2,9).

Alttestamentliche Lesung Psalm 139-141

30. August

Neutestamentliche Lesung 1. Korinther 10,14-11,1

Ob ihr nun eßt oder trinkt oder was ihr auch tut, das tut alles zu Gottes Ehre. *(1. Kor. 10,31)*

Vor einigen Jahren hatten meine Frau und ich reichlich Gelegenheit, nach diesem Vers zu leben. Ich verließ meine gesicherte Arbeit in der Gemeinde mit dem regelmäßigen Einkommen, und von da an lebten wir mit etwa zwanzig Personen in einer Gemeinschaft zusammen, zwanzig Mägen waren satt zu machen. Sechs davon gehörten zu meiner eigenen Familie. Wir hatten zwei Dollar, ein bißchen Kleingeld und viel Glauben, aber keine garantierte Unterstützung oder Versorgung. Die meisten von uns waren zu der Zeit nicht in der Lage, in ein Arbeitsverhältnis zu treten, und hatten viele besondere Nöte. Sie waren verletzt und verwirrt und brauchten einen Freiraum, um mit Jesus eine Beziehung des Glaubens und Vertrauens aufzubauen, bevor sie wieder der Welt standhalten konnten, die sie fast zerstört hatte.

Uns fehlten die finanziellen Reserven, um so eine große Familie zu versorgen. Aber in Lukas 11 fanden wir, daß Gott sogar mit Fisch, Eiern und Brot für seine Kinder sorgen will. Als wir das entdeckten, fingen wir an, unseren Speiseplan zu einem ernsten Gebetsanliegen zu machen. Ein Satz bei uns hieß: »Wenn du nicht beten kannst, kannst du nicht essen.« Ich habe hier nicht den Platz, um von den endlosen Wundern zu erzählen, mit denen Gott uns während dieser Zeit versorgte. Unsere täglichen Bedürfnisse wurden auf eine Tafel geschrieben. Das sah aus wie eine Einkaufsliste. Jeder in der Gemeinschaft betete für die einzelnen Dinge, und wenn sie uns von jemandem gebracht wurden, dann wurden sie auf dem »Segens-Tisch« aufgestellt, wo jedermann sie sehen und Gott für seine Fürsorge preisen konnte. Normalerweise brachten die Besucher diese Dinge mit, ohne je zu wissen, daß Gott sie zu einer Gebetserhörung machte.

Kannst Du dir vorstellen, was für uns jede Mahlzeit bedeutete? Jedes einzelne Nahrungsmittel auf dem Tisch war ein Wunder. Keiner mäkelte über das Essen. Wir sangen ein Danklied und lobten Gott. Jeden Bissen nahmen wir ein zu Gottes Ehre. Gott hatte mir erlaubt, mich einer sozialen Not anzunehmen und den Menschen der Straßenszene zu dienen, Prostituierten, Landstreichern und Alkoholikern. Alle diese Leute gehörten zu unserer Gemeinschaft. Sie waren wiedergeboren und überzeugt davon, daß Gott sich um jeden einzelnen Bissen, den sie zu sich nahmen, gekümmert hatte (das stimmte auch). Wenn sie mit den verschiedensten Bitten zu Gott gingen, sahen sie schließlich die Erhörung auf dem »Segens-Tisch« liegen. Sie dankten Gott und wußten, daß sie ein Wunder erlebten und daß Gott verherrlicht wurde. Wie leer wird unser christliches Leben, wenn es uns an der Motivation oder den Mitteln fehlt, Gott zu verherrlichen. Der Glaube verherrlicht Gott. »Was ihr auch tut, das tut alles zur Ehre Gottes.«

Ein Edelstein für heute: »Der Glaube ist eine feste Zuversicht auf das, was man hofft, und ein Nichtzweifeln an dem, was man nicht sieht« (Hebr. 11,1).

Alttestamentliche Lesung Psalm 142-144

31. August

Neutestamentliche Lesung 1. Korinther 11,2-16

Ich lasse euch aber wissen, daß Christus das Haupt eines jeden Mannes ist, der Mann aber ist das Haupt der Frau, Gott aber das Haupt Christi. *(1. Kor. 11,3)*

Ja, liebe Männer, was denkt Ihr über diesen Vers? Paulus erinnert uns daran, daß Gott Mann und Frau nach seinem Bild geschaffen hat, und er hat die Frau zur Gehilfin des Mannes gemacht. Er hat uns Männern die Verantwortung für das leibliche und geistliche Wohl unserer Frauen anvertraut. Er hat diese Verantwortung sogar der Beziehung des Sohnes mit dem Vater gleichgestellt. Ein vollkommen gesunder Körper reagiert in Harmonie auf die Anweisungen des Kopfes. Die Hand lehnt die Anordnung des Kopfes nicht ab, sie sagt nicht: »Der Fuß soll das tun.« Kannst Du sich vorstellen, wie man versucht, sich mit dem Fuß am Ohr zu kratzen. Von dem Tag an, seit der Körper geschaffen ist, funktionieren seine Glieder in Harmonie mit dem Kopf.

Ich denke, wir können uns noch ein bißchen weiter an dieses Beispiel halten und sagen, daß wir von dem Tag an, als wir wiedergeboren wurden, in Harmonie mit dem Haupt, mit Christus, leben sollen. Wir sollen zur Verfügung stehen, um auf jeden Wunsch, auf jede Anweisung, die der Kopf uns gibt, zu antworten. Wenn wir wissen wollen, wie wir unsere Frauen lieben sollen, dann müssen wir unser Leben der Liebe Christi öffnen und ihn nachahmen, es ihm gleichtun. Seine Freundlichkeit und Geduld sollten unser Vorbild für unseren Umgang mit unseren Frauen sein.

Wir sind das Haupt unserer Frauen, aber wir sollen nicht autoritär über sie herrschen. Unsere Aufgabe ist, ihr Handeln zu leiten. Sie sollen in der Lage sein, auf unsere Führung zu reagieren, so wie die Hand das tut, was der Kopf ihr sagt. Wenn sie das nicht können und die ganze Beziehung nicht stimmt, dann könnte es sein, daß unsere Beziehung mit dem Haupt, Christus, nicht in Ordnung ist und daß wir nicht gelernt haben, in Harmonie mit ihm zu leben.

Um was für eine wunderbare Glaubenserfahrung geht es hier in diesem Vers! Dieselbe Beziehung und Gemeinschaft, die der Sohn mit dem Vater hat, sollen wir mit dem Sohn haben. Kannst Du das fassen? Wir sollen in der Beziehung zu Jesus die Lebensqualität erfahren, die er mit dem Vater hat. Das himmlische Leben strömt vom Vater zum Sohn, vom Sohn zum Mann und vom Mann zur Frau. Das bedeutet nicht, daß die Frauen in Bezug auf ihr Leben in Christus völlig abhängig vom Mann sind. Oh nein, dieses Leben ist ein Geheimnis, und ich beschreibe nur einen Aspekt davon. Aber die Dimension dieses Lebens ist so groß, daß wir einander brauchen, damit sich seine Fülle ganz in uns entfaltet.

Ein Edelstein für heute: Für den, der glaubt, liegt Sicherheit und Geborgenheit in der göttlichen Autorität und Ordnung. In dieser Ordnung strömt das Leben.

Alttestamentliche Lesung Psalm 145-147

1. September

Neutestamentliche Lesung 1. Korinther 11,17-34

Denn ich habe vom Herrn empfangen, was ich euch weitergegeben habe. *(1. Kor. 11,23)*

Paulus hielt es für nötig, die Christen in Korinth zurechtzuweisen; die Art, wie sie zum Tisch des Herrn gingen, war nicht in Ordnung. Paulus war zwar an dem Abend, als Jesus mit seinen Jüngern im Obergemach Passa feierte, nicht dabeigewesen. Aber er konnte sagen, daß er das, was er den Korinthern weitergab, vom Herrn empfangen hatte.

Ich kann mich erinnern, daß ich als junger Christ die unterschiedlichsten Gefühle hatte, wenn ich zum Abendmahl ging. Manchmal sah ich den schrecklichen Preis, den Jesus bezahlt hatte, und ich mußte mit den Tränen kämpfen, wenn ich den Kelch nahm. Ein andermal war ich überwältigt von der Freude über die Befreiung und Reinigung, die Jesus mir durch sein Blut geschenkt hatte. Jubel erfüllte mich, und ich hätte am liebsten laut »Halleluja« gerufen.

Dann gab es eine Zeit, wo ich zu Jesus ging, um ihn zu bitten, mich das Abendmahl verstehen zu lassen. Was Jesus mir mitteilte, war nicht unbedingt das, was ich hatte hören wollen (es schien mir damals keine große Offenbarung zu sein). Ein Aspekt der Wahrheit, den Jesus mir klar machte, war, daß das Problem der Jünger die Sünde war. Darum nahm Jesus nach dem traditionellen Passamahl den Kelch der Erlösung vom Tisch, brach das Brot, schaute seine Jünger an und gab ihnen ein Versprechen. Dieses Versprechen war, daß er selbst, Jesus, das vollkommene Opfer für ihre Sünde sein würde. Seit vielen Generationen hatten die Juden das traditionelle Passafest gefeiert zur Erinnerung an das Blut des Lammes, das sie aus der Bitterkeit der Versklavung, die sie erlitten hatten, befreit hatte. Aber jetzt stand das Lamm Gottes inmitten der Jünger und gab sich selbst hin – seinen Leib und sein Blut – als ein Opfer, EIN FÜR ALLEMAL. Von Generation zu Generation konnten sich nun alle, die glaubten, um einen Tisch versammeln, so oft sie wollten, und sich an Jesu Hingabe, an sein vollkommenes Opfer erinnern. Sie konnten ihr Vertrauen auf das vergossene Blut des Herrn Jesus Christus setzen. In dem Obergemach hatte Jesus versprochen, sein Blut zu opfern, um uns von der Versklavung der Sünde zu befreien, von ihren Folgen und ihrer Verunreinigung zu erlösen und uns mit dem Vater zu versöhnen, so daß Gott uns in seinem geliebten Sohn annimmt.

Als Jesus jenes Obergemach verließ, war sein Ziel das Kreuz. Er machte sich unmittelbar auf den Weg, um das Versprechen, das er gegeben hatte, zu erfüllen. Jesus ging in den Garten und betete sich dort bis zum Sieg durch, damit er das, was er versprochen hatte, auch tun konnte. Diese Stärke, die Jesus durch das Gebet im Garten empfangen hatte, trug ihn den ganzen Weg bis zur Erfüllung seines Versprechens am Kreuz. Laß Dich heute in Deinem Geist aufrichten, mein Freund in Christus, weil Jesus sich selbst für Deine Not ganz hingegeben und sein Versprechen erfüllt hat. Darum freue Dich, und nimm Christi Gabe als Dein Eigentum an.

Ein Edelstein für heute: Das endgültige Opfer ist vollbracht. »Nach diesem Willen sind wir ein für allemal geheiligt durch das Opfer des Leibes Jesu Christi« (Hebr. 10,10).

Alttestamentliche Lesung Psalm 148-150

2. September

Neutestamentliche Lesung 1. Korinther 12

Jedem einzelnen wird die Offenbarung des Geistes gegeben zum Nutzen aller. *(1. Kor. 12,7)*

Als Jesus noch bei seinen Jüngern war, offenbarte sich in seinem Leben das Leben des Heiligen Geistes, der in ihm wohnte. Jesus hatte die Fülle des Geistes bei seiner Taufe empfangen, als Johannes der Täufer Gottes Heiligen Geist in Gestalt einer Taube auf Jesus herabkommen sah. Von dem Tag an offenbarte Jesus das Leben des Geistes, der in ihm war. Er verwandelte Wasser in Wein, heilte die Kranken, weckte Tote auf, ging auf dem Wasser und speiste die Menge der Fünftausend auf geheimnisvolle Weise. All das waren Zeichen des Übernatürlichen in dieser Welt.

Jesus zeigte Weisheit, doch er sagte, daß sie nicht aus ihm kam, auch von den Wundern, die er vollbrachte, sagte er, daß es nicht seine Werke waren. Jesus bekannte öffentlich, daß er aus sich selbst nichts tun konnte. Wenn andere in Furcht gerieten, blieb er ruhig. Jesus vergab denen, die ihn verklagten, er liebte seine Feinde, weinte über die, die ihn ablehnten und war Gottes Berufung in seinem Leben treu, bis dahin, daß er seinen Leib als vollkommenes Opfer für unsere Sünde hingab. Alles das waren Offenbarungen des Geistes zum Nutzen aller.

Als Jesus schließlich zum Himmel auffuhr, um beim Vater zu sein und zu seiner Rechten zu sitzen, versicherte er seinen Jüngern, daß der verheißene Heilige Geist kommen würde, um sie in alle Wahrheit zu leiten und ihnen die Reichtümer und Pläne Christi zu offenbaren. Durch die vielen Offenbarungen des Geistes würde Jesus verherrlicht werden.

Dieses Kapitel, das wir heute gelesen haben, schrieb Paulus der Gemeinde in Korinth, damit sie nicht in Unwissenheit waren über die vielen geistlichen Gaben. Sie sollten die verschiedenen Arten kennen, in denen sich der Heilige Geist in ihrer Mitte offenbarte. »Es gibt verschiedene Gnadengaben; aber es ist ein Geist. Und es gibt verschiedene Dienste; aber es ist ein Herr« (Verse 4 und 5). Alles dies sind Offenbarungen des einen Heiligen Geistes: Das Wort der Weisheit, das Wort der Erkenntnis, Gaben der Geister, verschiedene Sprachengaben und die Auslegung der Sprachen. Der Heilige Geist befähigt uns dazu, als ein Leib in Harmonie und Liebe zusammen zu leben, so daß jedes Glied und jede Gabe sich so schön im Leib zeigt, daß das Leben Christi und die Fülle dieses Lebens in all seiner Herrlichkeit sichtbar wird. Wir

werden Wunder vollbringen und Weisheit, Erkenntnis und Kraft im Heiligen Geist erfahren. Dies alles sollte zur Verherrlichung Jesu dienen. So laß heute die Offenbarung des Geistes durch Dich strömen zum Nutzen aller.
Ein Edelstein für heute: Herr, ich will ein Gefäß zu Deiner Ehre sein, damit der Leib Christi gesund werden kann. »Denn auch der Leib ist nicht ein Glied, sondern viele« (1. Kor. 12,14).

Alttestamentliche Lesung Sprüche 1.2

3. September

Neutestamentliche Lesung 1. Korinther 13

Die Liebe hört niemals auf ... *(1. Kor. 13,8)*

Was in meinem Streben nach Gott nie aufhört, mich zu begeistern, ist, daß es immer noch mehr gibt. Gott täglich in der Stillen Zeit zu begegnen erfüllt mich. Aber bei besonderen Gelegenheiten segnet Gott mich doch ganz speziell und erleuchtet mein Verstehen. Wenn mich das tagelang erfüllt hat, dann wird plötzlich in meinen Gedanken und in meinem Herzen die Erkenntnis wieder wach, daß es immer noch mehr gibt, und mein »Appetit« nach mehr von Gott ist wieder geweckt. Ich bin sicher, daß Du das auch so erfährst.

In der heutigen Lesung erinnerte Paulus die Korinther an die herrlichen Offenbarungen des Heiligen Geistes im Leib Christi. Paulus mahnte die Korinther, ernsthaft die Gaben des Geistes zu begehren, die Gaben, die mit Begeisterung erfüllen, aufbauen und den Wunsch erfüllen, Jesus zu verherrlichen. Paulus fuhr in seinem Brief damit fort, daß er sagte, daß es noch mehr gibt, viel mehr von Gott. Auch nach diesen herrlichen Offenbarungen des Heiligen Geistes gibt es noch viel mehr.

Was kann es größeres geben als diese Zeichen und Wunder? »Liebe«, sagt Paulus. Selbst wenn Du Dich ganz dem Heiligen Geist hingegeben hast, wenn Du ihm erlaubt hast, sich in Dir und durch Dich zu offenbaren, werden die Gaben des Geistes leer sein, wenn nicht die Liebe reichlich vorhanden ist. Das Leben im Geist bringt dem Leib Christi ohne die Liebe keinen Gewinn. Wenn diese Gaben Jesus verherrlichen sollen und wenn Du einen noch besseren Weg kennenlernen willst, dann mußt Du die anderen so lieben, wie Jesus Dich liebt. Wenn Du die Sprachengabe begehrst, dann mußt Du auch die Fähigkeit begehren, durch Gottes Gnade in Liebe zu reden. Verlangt es Dich nach der Gabe der Weisheit oder der Erkenntnis? Dann sehne Dich auch aufrichtig nach der Gabe der Liebe, damit Deine Weisheit und Erkenntnis von Liebe und Barmherzigkeit begleitet wird.

Was nützt es einem Menschen, wenn er sein Leben um des Evangeliums willen hingibt, aber keine Liebe kennt? Es wird dem Leib Christi ganz sicher keinen Segen bringen. Wenn Du verzweifelt nach einer Antwort suchst und es so scheint, als ob Dir Weisheit und Erkenntnis fehlen und Du nicht weißt, welche Richtung Du einschlagen sollst, dann kann es Dir so scheinen, als ob die Gaben des Geistes Dich im Stich gelassen hätten. Aber die Liebe hört nie auf, sie läßt uns nicht im Stich. Darum laß zu, daß Gottes Liebe, die größer ist als alles, was wir uns vorstellen können, sich in Deinem Herzen offenbart. Wenn ein Wunder das Leben eines Sünders nicht ändern kann, und wenn die überführende Wirkung des Heiligen Geistes keine Wirkung zu haben scheint, so wird die Liebe zu ihm doch nie aufhören. Begehre aus ganzem Herzen die geistlichen Gaben, aber strebe dabei gleichzeitig nach der größten Gabe, der Liebe.

Ein Edelstein für heute: »Wenn ich mit Menschen und mit Engelszungen redete und hätte die Liebe nicht, so wäre ich ein tönendes Erz oder eine klingende Schelle« (1. Kor. 13,1).

Alttestamentliche Lesung Sprüche 3.4

4. September

Neutestamentliche Lesung 1. Korinther 14,1-19

Strebt nach der Liebe! Bemüht euch um die Gaben des Geistes.
(1. Kor. 14,1)

In einer umschreibenden Bibelübersetzung (der »Amplified Bible«) lautet dieser Vers so: »Strebt eifrig nach dieser Liebe, und versucht, sie zu erlangen – macht sie zu eurem Ziel, zu eurer größten Bitte; und verlangt aufrichtig nach den geistlichen Gaben, und pflegt sie ...« Ich kann mich daran erinnern, wie ich als junger Christ Sätze wie diesen las und mich fragte, wie ich voll Eifer dem nachstreben sollte, was Gott wollte. Zu wem sollte ich gehen? Wer hatte Worte des ewigen Lebens? Der Herr Jesus Christus natürlich.

Am Anfang meines Christseins hatte ich keinen, der mich zu einem Lehrer schicken oder mir ein Buch über die Liebe empfehlen konnte. Ich las Gottes Wort und wußte in meinem Herzen, daß die Bibel mich dahin leitete, ein tiefes Verständnis und die Erfahrung von Gottes Wort zu erlangen. Aber ich wußte nicht richtig, wie ich damit umgehen sollte. Aus diesem Grund ging ich mit meiner Frage in meine Gebetskammer. Verse wie unserer heute, die ein klares Gebot enthalten, wurden meine Basis für die Gemeinschaft mit dem Heiligen Geist, innerhalb und außerhalb des »Kämmerleins«; ich versuchte, sie zu verstehen und zu erfahren. Weil dieser Vers sich geradezu in mein Herz drängte, verbrachte ich Stunden in Gemeinschaft mit Jesus durch den Heiligen Geist, und fragte Gott, was es bedeutete, eifrig nach dieser Gabe der Liebe zu streben, sie zu suchen und zu erlangen. Wie sollte ich diese Liebe ergreifen, die durch den Heilgen Geist in unser Herz ausgegossen ist? Wie sollte ich diese Liebe zeigen? Je ernster und intensiver mein Streben wurde, desto weiter schien mir die Wahrheit entfernt zu sein.

Eines Tages, während eines Seelsorgegespräches mit einer jungen, verheirateten Frau und einem anderen Pastor, merkte ich eine Veränderung in meiner Stimme. Es war, als würde ich jemand anderem beim Sprechen zuhören. Mein Herz veränderte sich, und ich spürte ein väterliches Erbarmen mit dieser Frau, die erst so kurz Christ war. Die Gegenwart einer übernatürlichen Liebe überwältigte mich, während ich lernte, wie wichtig es in unserem Streben nach Liebe ist, daß wir fähig sind, Liebe zu geben. Wenn wir unser Herz dem Heiligen Geist öffnen, wenn wir bereit sind, die Unliebsamen zu lieben, wenn wir unsere Ängste überwinden, wenn wir bereit sind, Unbequemlichkeiten auf uns zu nehmen, dann kann der Heilige Geist uns lehren. Wir lernen, die Liebe zu erkennen, die vom Herzen des Vaters durch uns zu denen strömt, die geliebt werden sollen.

Liebe kommt am besten zur Entfaltung, wenn sie anderen gegeben wird. Die Liebe kann am besten strömen, nachdem wir uns an den Herrn gewandt, ihm unsere Unfähigkeit zu lieben bekannt und ihn gebeten haben, uns zu einem Kanal seines Segens zu machen. Strebe Dein Leben lang danach, Jesu Liebe zu erlangen, damit sie durch den Heiligen Geist in Dein Herz ausgegossen wird.

Ein Edelstein für heute: »Dies ist mein Gebot, daß ihr einander lieben sollt, wie ich euch liebe« (Joh. 15,12).

Alttestamentliche Lesung Sprüche 5.6

5. September

Neutestamentliche Lesung 1. Korinther 14,20-40

Was in seinem Herzen verborgen ist, würde aufgedeckt, und so würde er sich niederwerfen, Gott anbeten und bekennen, daß Gott wahrhaftig in eurer Mitte ist. *(1. Kor. 14,25)*

Das Beste, was Gott für uns hat, ist, daß wir Gemeinschaft miteinander haben und dem Heiligen Geist erlauben, durch einzelne Glieder des Leibes Christi zu sprechen. Einer übt vielleicht die Gabe der Weisheit aus und ein anderer die Gabe der Erkenntnis, aber alle sollten lernen, Gottes Stimme von anderen Stimmen zu unterscheiden, so daß wir ein inneres Zeugnis der Wahrheit haben. Einige Gruppen, man kann sie Gemeinden oder Gemeinschaften nennen, treffen sich zu dieser Art Versammlungen, wie Paulus sie den Korinthern beschrieb. Es war eine Art von Gottesdienst, wo jeder völlige Freiheit hatte, zu sprechen. Das Lob Gottes kam von allen. Jemand las aus der Bibel vor oder sang ein Lied, eine Reihe von Dingen passierte. Aber alles geschah in guter Ordnung, und normalerweise gab es eine leitende Gruppe von Ältesten. Wenn der Geist fließt, kann sogar der Ungläubige Gottes Gegenwart erkennen. Die Folge davon kann sein, daß mancher tief im Herzen aufrichtig nach Gott sucht.

Diese Art des Zusammenkommens kann auch zu Deiner Erfahrung werden, wenn Du Dich mit einigen gleichgesinnten Christen triffst, die auch die Gegenwart und Offenbarung des Heiligen Geistes in ihrer Mitte erfahren wollen. Jeder Christ sollte die Möglichkeit haben, an dieser Art von Versammlungen teilzunehmen, weil das dem geistlichen Wachstum sehr helfen kann. Das Wort, das mein Herz berührt hat und das am besten in dieser Art von Gemeinschaft zu erfahren ist, ist dieses, daß Gott wahrhaftig in der Mitte der Gemeinde zu sehen ist. Mein sehnlichstes Verlangen ist, daß Gott in mir zu sehen ist. Ist das nicht auch Dein Wunsch? Was verherrlicht Jesus mehr vor den Ungläubigen, als die offensichtliche Gegenwart Gottes in unseren Versammlungen und im Leben des einzelnen Christen?

Das Verlangen von Gottes Herzen ist, seine Gegenwart in und durch uns zu zeigen. Gott will Dich gebrauchen. Das mag von Dir ein bißchen Geduld und Ausdauer verlangen. Vielleicht mußt Du wirklich danach streben, diese Erfahrung zu erlangen, und Du mußt sie aufrichtig begehren. Aber ich kann Dir versichern, daß Gott sich wünscht, daß Du ihn in Deinem Leben als Wirklichkeit erfährst. Er will, daß Du eine Gemeinschaft mit dem Heiligen Geist entwickelst. Je offener und bereitwilliger Du bist, eine Offenbarung des Geistes zu erfahren, desto wahrscheinlicher ist es, daß Du die Freude der Gegenwart Gottes in Dir erlebst und kennenlernen wirst. Diese Gegenwart ist es, die den Herrn Jesus Christus in Deinem Leben verherrlicht.
Ein Edelstein für heute: Sei abenteuerlustig, gib Deinem Glauben Raum, damit Gott in Dir sichtbar wird. »Den Geist löscht nicht aus« (1. Thess. 5,19).

Alttestamentliche Lesung Sprüche 7.8

6. September

Neutestamentliche Lesung 1. Korinther 15,1-28

Nun aber ist Christus von den Toten auferstanden, als Erstling derer, die entschlafen sind. *(1. Kor. 15,20)*

Durch den Heiligen Geist von der Sünde überführt zu werden ist eine ungeheure Erfahrung, besonders wenn Du dann zum ersten Mal Gottes Vorsorge für den überführten Sünder entdeckst: das Blut Jesu Christi, das uns von aller Sünde reinigt. Wir spüren wahrscheinlich, daß es in unserem Leben keine tiefere Erfahrung geben wird als unsere Wiedergeburt, und daß wir an keinem größeren Wunder teilhaben werden. Wir waren wirklich verloren, hoffnungslos verloren. Es gab keinen Weg, um zum Vater zu kommen, außer dem, unsre Sünde zu bekennen und wiedergeboren zu werden. Wir werden unser ganzes Leben brauchen, um diese Wahrheit voll zu verstehen. Wenn wir durch Gottes Wort versuchen, dies zu erfassen, dann dämmert uns, daß wir die Ewigkeit brauchen werden, um die Größe dieses

Wunders der Gnade zu begreifen. Die Engel im Himmel werden nie wissen, was es heißt, unter der Knechtschaft der Sünde zu leben, aber wir wissen es! Oh, was für eine ungeheure Tat hat Jesus vollbracht, als er am Kreuz das Joch dieser Knechtschaft zerbrach, uns durch sein kostbares Blut reinigte und dadurch seine Nachfolger mit dem Vater versöhnte!

Während sich unser Leben ändert und wir eine Beziehung mit dem Herrn Jesus Christus entwickeln, wird die Größe dieser Wahrheit zum Zentrum unseres Lebens. Alles dreht sich um das Kreuz Jesu Christi, weil es seine Auswirkung auf alle Bereiche unseres Lebens hat. Die Lebensspanne in unserem sterblichen Leib ist nicht lang genug, um den Wert dieser Wahrheit wirklich in seiner Tiefe zu erfassen und aufzunehmen. Gerade wenn wir meinen, wir hätten etwas verstanden, dann führt uns der Heilige Geist in die nächste Wahrheit. Wenn das Blut Jesu Christi den Gläubigen von aller Sünde reinigt und uns mit dem Vater versöhnt, dann bringt uns Jesu Sieg über den Tod und die Hölle durch die Auferstehung direkt in Gottes Gegenwart, ja in das Allerheiligste. Nichts ist mehr verborgen. Wir sollen das Kreuz hinter uns stellen und eine ganz neue Erfahrung mit Gott machen. Alles das ist möglich geworden erstens durch Jesu Blut und zweitens dadurch, daß Jesus vor den Gläubigen hergegangen ist, um seinen Platz zur Rechten des Vaters einzunehmen. Christus ist von den Toten auferstanden, und wir sind mit ihm auferstanden. Er war unser Vorbild, der »Erstling«. Die Stellung, die Jesus durch seine Auferstehung hat, gehört auch uns. Die Mauer zwischen uns und Gott (der Vorhang, der uns vom Allerheiligsten trennte) ist niedergerissen. Jesus hat alle Gläubigen errettet, gereinigt und versöhnt, so daß wir in eine herrliche, ewige Beziehung mit dem Vater treten können, die auch der physische Tod nicht unterbrechen kann.

Der Führer unseres Glaubens leitet jeden Christen in eine Erfahrung der Auferstehungskraft, die schon jetzt Sieg gibt. Entdecke für Dich selbst nicht nur, wovon Jesus Dich gerettet hat, sondern auch, wozu er Dich gerettet hat. »Nun aber ist Christus von den Toten auferstanden« um zu leben, um in himmlischer Kraft und Macht zu leben, damit auch wir dort sein können, wo er ist.

Ein Edelstein für heute: Unsere Erlösung ist mehr als die Freiheit von der Knechtschaft der Sünde. Wir können jetzt das Allerheiligste betreten, Gottes Gegenwart, und wir sind mit Gottes Sohn Erben.

Alttestamentliche Lesung Sprüche 9.10

7. September

Neutestamentliche Lesung 1. Korinther 15,29-58

Gott aber sei Dank, der uns den Sieg gibt durch unsern Herrn Jesus Christus. *(1. Kor. 15,57)*

Um diesen Vers in seinem Zusammenhang zu verstehen, möchte ich Dich daran erinnern, daß Paulus den Christen in Korinth versicherte, daß sie durch unseren Herrn Jesus Christus völligen Sieg über den Tod hatten. Viele Christen waren damals dazu berufen, Gefangenschaft, Folter und Tod um ihres Glaubens willen zu erleiden. Verfolgung lag vor ihnen, und für Christus zu sterben muß damals genauso eine Wirklichkeit gewesen sein wie für ihn zu leben. Ihr Evangelium umfaßte mehr als nur die Vergebung der Sünden. Darum ermahnte Paulus sie, jetzt zu leben. Sie waren dazu berufen, mit der Vorstellung der Unsterblichkeit zu leben; die Ewigkeit sollte eine Wirklichkeit für sie sein. Deine Gemeinschaft mit Gott und mit anderen, die Arbeit der Verkündigung des Evangeliums, jede Entscheidung, jede Tat hatte einen Bezug zur Ewigkeit. Darum sollten sie ihr Leben und Gedanken auf das richten, was größer war als ihr Leben in diesem sterblichen Leib. Aber Paulus' Worte sind nicht nur für die Christen damals. Auch wir sollen dieses selbe Wissen haben, damit wir nicht wie die ungeretteten Menschen leben, deren Leben keinen Bezug zur Ewigkeit hat. Unser Leben hat eine Bedeutung und ein Ziel, weil jede Tat, jede Entscheidung in Gottes Reich seine Bedeutung und Erfüllung findet.

Paulus machte den Korinthern klar, daß sie ihre sterblichen Leiber um Christi willen hingeben sollten. Wenn sie den Tod erleiden und auf die Auferstehungskraft des Herrn Jesus Christus vertrauen würden, dann gehörte der Sieg ihnen. Es war nicht nur ein Sieg über die Angst vor dem Tod oder den vorausgehenden Leiden, sondern über den Tod selbst. Denn nach dem Tod sollten sie mit unsterblichen Leibern bekleidet werden. Es gibt keine Macht auf Erden oder im Himmel, die uns im Grab festhalten kann. Unsere Gewißheit ist mehr als ein Versprechen; sie ist eine Tatsache. Hat nicht der Herr Jesus Christus selbst über den Tod triumphiert? Selbst die Hölle konnte ihn nicht halten. Paulus sprach nicht von einem Sieg, den wir erringen werden. Er hat einen Sieg ausgerufen, der uns schon jetzt gehört, wenn auch wir mit dem Wissen leben, daß unser Leben eine ewige Bedeutung hat.

Es ist nicht so, als ob wir Jesus in seinen Tod und in die Hölle folgen, auferstehen und zum Himmel auffahren müßten, denn Jesus hat dies schon vollbracht. Er starb, wurde begraben, betrat die Hölle und überwand den Tod, er zerriß die Fesseln, mit denen Satan uns gefangen hielt. Wir werden den Tod nie so erfahren, wie er vor dem Tag des Sieges Christi war. Christus hat für uns, die wir in ihm sind, den Tod überwunden, und wir dürfen all die Segnungen erfahren, die uns zukommen, weil der Herr Jesus Christus unser Herr und Retter ist. Das ewige Leben gehört uns schon jetzt! Wir haben ewiges Leben, das wir schon jetzt mit Kraft und Sieg leben sollen. Wenn Jesus jetzt unser Retter ist, dann wird er auch im Tod unser Retter sein. Und Tod wird nur einfach heißen, in die Gegenwart des Herrn zu treten.

Ein Edelstein für heute: Der Tod kann die Christen nicht halten, weder in diesem Leben, noch im Grab. »Wer anders ist es aber, der die Welt überwindet, als der, der glaubt, daß Jesus Gottes Sohn ist?« (1. Joh. 5,5)

Alttestamentliche Lesung Sprüche 11.12

8. September

Neutestamentliche Lesung 1. Korinther 16

Wacht, steht fest im Glauben, seid mannhaft und seid stark! Laßt es bei euch in Liebe geschehen! (1. Kor. 16,13.14)

Paulus ermahnte die Christen zur Vorsicht, sie sollten ihre Augen offen halten, um geistliche Gefahren zu erkennen. Es ist gut, uns daran zu erinnern, daß wir wachen und beten sollen. Seit der Zeit Adams versucht Satan, dem Menschen die ewige Gemeinschaft mit Gott zu rauben. Seit dem Tag, als Du von Satans Reich abgefallen bist und in Gottes Reich hineinkamst, hat Satan bei jeder Gelegenheit, die Du ihm gabst, versucht, Dich unter die Knechtschaft der Sünde zurückzubringen.

Bei Deiner Wiedergeburt ist Gottes Geist gekommen, um in Deinem Herzen Wohnung zu nehmen, er hat Deine alte Natur besiegt. Er sehnt sich danach, in Deinem Herzen seine Herrschaft aufzurichten; doch dies ist eine Herrschaft, die niemals Deinen freien Willen verletzen wird. Der Heilige Geist wendet sich an unser geistliches Verstehen und hilft uns zu reifen, so daß es unser Wunsch wird, den Willen des Vaters zu tun und den Heiligen Geist dabei um seine Hilfe zu bitten. Natürlich wird sich unsere alte Natur darüber ärgern, und bei der geringsten Gelegenheit, die wir ihr geben, wird sie alles in ihrer Macht stehende versuchen, um uns wieder unter die Knechtschaft der Sünde zu bringen. Aber laß Dich nicht von Satan belügen. Er hat diese Macht nicht. Oh, er ist gerissen und spitzfindig und wird alles versuchen, um uns davon zu überzeugen, daß er die Macht hat; aber er hat nur so viel Macht, wie Du ihm in Deinem Leben gibst. Paulus' Warnung beinhaltet, auf geistliche Gefahren zu achten und treu im Herrn zu stehen. Wenn Du den Heiligen Geist bittest, Dir zu helfen, daß Du nach Gottes Wort leben und treu sein kannst, dann ist es nicht wahrscheinlich, daß Du fallen wirst. Laß Dich von Gottes Treue bewegen. Sei stark im Angesicht von Versuchungen, und zeige die übernatürliche Stärke des Heiligen Geistes, der in Dir wohnt und bereit ist, Dir den Sieg zu geben. Es ist allein wichtig, daß Du Gott ganz ehrlich die Wünsche Deines Herzens mitteilst. Jeder Sieg soll von Liebe begleitet sein. Du kannst Dir leisten, gegenüber denen, die Dich ausnützen, freigebig zu sein, denn »der in uns ist, ist größer als der, der in der Welt ist« (1. Joh. 4,4).

Wie traurig ist es, wenn uns Unreife begegnet, aber wir können es uns leisten, mit Liebe zu antworten. Wenn wir beschimpft und verleumdet werden, wenn unser Ruf zerstört wird, ganz gleich, was wir tun, es soll aus Freundlichkeit und Liebe geschehen. Was für ein wunderbares Abenteuer! Nur durch Gottes Gnade und durch den Glauben können wir auf diesem Weg gehen. Darum überwinde, denn uns gehört der Sieg! Die Kraft, die in Dir wohnt, wartet darauf, in Dir Jesus zu verherrlichen. Darum wache und bete! Stehe fest im Glauben!

Ein Edelstein für heute: Jetzt, da Du der Knechtschaft dieser Welt entronnen bist, ist Jesus Christus Dein Ausweis, um in den Himmel zu kommen.

Alttestamentliche Lesung Sprüche 13.14

9. September

Neutestamentliche Lesung 2. Korinther 1

Denn dies ist unser Ruhm: das Zeugnis unseres Gewissens, daß wir in Heiligkeit und göttlicher Reinheit, nicht in menschlicher Weisheit, sondern in der Gnade Gottes unser Leben in der Welt geführt haben, und das vor allem bei euch. (2. Kor. 1,12)

In unserer heutigen Lesung berührt Paulus einige große Wahrheiten des Evangeliums. Jesus selbst bewirkt, daß es unserem Verstand schwindelt vor der Tiefe und Unergründlichkeit des Evangeliums. Es geht weit über das hinaus, was unser natürlicher Verstand fassen kann. Wenn wir aber diese Wahrheiten Tag für Tag leben, dann sind sie ganz einfach. Heiligkeit und göttliche Reinheit sind die Schlüssel zum christlichen Leben. Doch wie kommen wir zu einem solchen Leben, ohne durch vieles »Wenn« und »Aber« alles kompliziert zu machen? Jesus gab die Antwort darauf. Er sagte, daß wir das Reich Gottes annehmen müssen wie ein kleines Kind. Unser Glaube soll kindlich sein (jedoch nicht kindisch). Wir sollen Jesus einfach in jedem Bereich unseres Lebens vertrauen, wir sollen ihm vertrauen, daß er die Antwort für uns hat, wenn wir sie brauchen. Wir sollen bereit sein, still an dem Ort zu leben, den Gott uns gibt.

Gelehrt zu werden oder zu lernen heißt nicht, einfach nur Wissen anzuhäufen in einem Verstand, der einem Computer ähnelt. Es ist so wichtig, daß wir richtig mit der Bibel umgehen, sonst ist unser Leben leer, und wir versuchen, viel aus eigener Kraft zu tun. Stelle Dir vor, was los wäre, wenn wir mit dem Auto so umgingen wie manche Menschen mit der Bibel. Wir könnten Lehrgänge besuchen und schließlich so viel über das Auto wissen, daß Tausende von Menschen kommen würden, um Vorträge von uns zu hören. Wäre es dann nicht lächerlich, wenn Du niemals gelernt hättest, selbst Auto zu fahren? Vielleicht ist das kein gutes Beispiel, aber viele Christen füllen ihren Kopf mit Wissen über das christliche Leben und vergessen dabei, die Wahrheiten in aller Einfachheit zu leben, sie geben sich kaum Mühe, ihr Wissen in die Praxis umzusetzen. Sie geben anderen Zeugnis von dem, was sie wissen, aber sie erzählen nur sehr selten, was sie mit Jesus im Alltag erfahren. Sie geben nur ungern eine feste Zeit des Tages hin – und das ist für die meisten Menschen der frühe Morgen –, um Gott kennenzulernen. Vater, Sohn und Heiliger Geist, Gott selbst wartet geduldig auf Dich und will sein Leben in Dir und durch Dich leben.

Ein Edelstein für heute: Das größte Gut für das christliche Leben ist einfacher, kindlicher Glaube.

Alttestamentliche Lesung Sprüche 15.16

10. September

Neutestamentliche Lesung 2. Korinther 2

Gott aber sei Dank, der uns allezeit Sieg gibt in Christus und uns den Duft seiner Erkenntnis an allen Orten offenbart. (2. Kor. 2,14)

Jesus hat in unserem Leben ein Wunder vollbracht. Von Adam an bis zu der Zeit, wo der Herr Jesus Christus auf die Erde kam, hat Satan, der sein geistliches Reich hier auf der Erde errichtet hat, die Menschen beherrscht und bestimmt. Er hat sie unter die Knechtschaft aller möglichen Dinge gebracht, aber jetzt hat Jesus in Deinem und in meinem Leben gesiegt. Er hat die Macht des Fürsten dieser Welt überwunden und uns befreit.

Dies ist unser Evangelium, das wir predigen müssen. Jeder von uns hat eine Geschichte, eine gute Nachricht, von der wir berichten können; einst waren wir an Sünde und Tod gebunden, aber jetzt sind wir frei.

Als ich an einige Orte zurückkehrte, die ich regelmäßig aufgesucht hatte, als ich noch in der Welt und ein Teil von ihr gewesen war, da konnte ich den Tod tatsächlich riechen. Es ist ein schmutziger, trockener, leerer Geruch. Alles scheint unwirklich. Die Beziehungen unter den Menschen sind unecht und die Unterhaltungen bedeutungslos. Die Menschen scheinen glücklich zu sein, aber sie sind leer, und sie wissen nicht, was der Fürst dieser Welt für sie auf Lager hat. Es ist, als ob man einen Fisch beobachtet, der an einem leckeren Köder herumknabbert. Noch ist der Haken im Köder verborgen, aber es wird nicht lange dauern, bis der Fisch, der genüßlich knabbert, um seinen Appetit zu befriedigen, an dem versteckten Haken hängen und um sein Leben kämpfen wird. Er knabbert genüßlich, ohne den Tod zu bemerken, der sich heranschleicht, ohne den Geruch des Todes zu riechen, bis es zu spät ist.

Jetzt, wo Christus den Sieg hat, haben wir das Zeugnis, daß Jesus über die Sünde triumphierte, die uns band. Er triumphierte über den Tod und führte uns in das ewige Leben. Jetzt ist der Duft der Freiheit in unserem Leben. Es ist der süße Duft der Gegenwart Christi, die in uns ist. Das vollkommene Werk der Gnade, das Jesus in unserem Leben vollbracht hat, hat den Duft des Himmels. Selbst wenn die, denen wir Zeugnis geben, in Unwissenheit leben über den Fürsten dieser Welt und über das Todesurteil, das über ihrem Leben steht, so können sie doch den Duft des Lebens Christi wahrnehmen, das in uns ist. Sie sind nicht blind gegenüber der Freiheit, die wir erfahren. Sie können den Duft des Himmels ein bißchen spüren, wenn wir ihnen vom Evangelium erzählen, von der Erfahrung unserer Rettung und von der täglichen Gemeinschaft mit Christus, der in uns wohnt und der, wie die Bibel sagt, uns Sieg gibt.

Es ist Kraft, was Du den anderen mitteilen kannst. Deine Erfahrung des Evangeliums und Deine Befreiung durch Christus ist die machtvollste Botschaft der Welt. Alles muß sich unterwerfen, damit Christus den Sieg hat und den Duft seiner Erkenntnis durch uns verbreitet.

Ein Edelstein für heute: Die Christen sind Gottes Antwort auf die Verschmutzung. Wir sollen frische Luft bringen, wir breiten den Duft Christi aus, den Duft des Lebens.

Alttestamentliche Lesung Sprüche 17.18

11. September

Neutestamentliche Lesung 2. Korinther 3

Der Herr aber ist der Geist, und wo der Geist des Herrn ist, da ist Freiheit. *(2. Kor. 3,17)*

In Vers sechs dieses Kapitels sagt Paulus, daß Gott ihn zu einem Diener des neuen Bundes gemacht hat, »der nicht vom Buchstaben, sondern vom Geist bestimmt ist. Denn der Buchstabe tötet, der Geist aber macht lebendig.« Paulus verstand vor allen Menschen, wie leer und ohne Leben der Buchstabe des Gesetzes ist. Er hat den Schein von Frömmigkeit, eine äußere, religiöse Form, bei der es darum geht, die richtige Sache zur richtigen Zeit zu tun und das richtige zu sagen, aber das Leben des Geistes zeigt sich dabei nicht. Wer nur nach dem Buchstaben des Gesetzes lebt, versucht ständig, einen äußeren Schein von Frömmigkeit aufrechtzuerhalten. Er hat Angst davor, daß seine innere Leere entlarvt wird. Das versklavt den Menschen. Aber Paulus sagt: »Wo der Geist des Herrn ist, da ist Freiheit.«

Die Bibel sagt uns, daß der Dienst des alten Bundes, der auf das Gesetz gegründet war, den Tod brachte; aber der Dienst, der im Geist geschieht, bringt Gerechtigkeit. Paulus wollte, daß die Christen den Geist des Wortes aufnehmen. Wir sollen Briefe Christi sein, seine Worte sollen auf der Tafel unseres Herzens geschrieben stehen. Die Größe der Freiheit, die wir in Gott haben, hängt davon ab, wie sehr wir Gottes Geist erlauben, sich jeden Tag in und durch uns zu offenbaren. Es ist traurig, daß es Christen gibt, die zwar Gottes Wort lesen, aber ihm ihr Herz und ihr Leben verschließen. Anstatt Gott die Freiheit zu geben, sein Wort in der Erfahrung des Alltags lebendig und wirklich werden zu lassen, beißen sie sich an einer Wahrheit fest und stellen sie völlig gesetzlich dar, bis sie unter die Knechtschaft des Gesetzes geraten.

Paulus wuchs unter der Knechtschaft des Gesetzes auf, er wußte, wie leer und wirkungslos es sein konnte. Selbst als Mose das Gesetz empfing, blieb Gottes Herrlichkeit nicht auf seinem Gesicht. Sie verschwand einfach, weil das Gesetz zum Buchstaben und nicht zum Leben wurde. Jetzt verkündigt Paulus die Wahrheit und Erfahrung eines neuen Bundes, in dem Gott sich selbst gibt und der Messias und das Wort eins sind. Paulus sagt, daß wir das Wort und den Herrn des Wortes aufnehmen sollen, das geschriebene Wort und der, der es spricht, sollen unser Leben füllen und bestimmen. Jesus wird Dich nicht unter eine gesetzliche Knechtschaft bringen. Weder er noch sein Wort wollen Dich knechten. Wo Jesus in unserem Herzen regiert, da ist völlige Freiheit. »Wenn euch nun der Sohn freimacht, so seid ihr wirklich frei« (Joh. 8,6).

Das Wort ernährt uns und wird zu unserer Freude. Wir erleben das Abenteuer, vom Geist des Wortes, von Gottes Geist geleitet zu werden. Es sollte unser größter Wunsch sein, daß unser Leben ein lebendiger Ausdruck des Wortes Gottes sei. Ganz sicher gibt es eine größere Herrlichkeit, als die, die Mose unter dem Gesetz erfuhr. Wir sollen nach dieser Herrlichkeit suchen, so daß der Herr über den Geist des Wortes in uns sichtbar wird und wir ein lebender Brief Christi sind.

Ein Edelstein für heute: Laß mich ein lebendiger Brief des Wortes Gottes sein, den die Menschen als Äußerung Christi lesen und der vom Buchstaben des Gesetzes befreit ist.

Alttestamentliche Lesung Sprüche 19.20

12. September

Neutestamentliche Lesung 2. Korinther 4

Wir aber haben diesen Schatz in irdenen Gefäßen, damit offenbar wird, daß die überschwengliche Kraft von Gott kommt und nicht von uns. *(2. Kor. 4,7)*

Paulus sagte, daß die Wahrheit denen verborgen ist, die verloren gehen, weil Gott die Augen der Ungläubigen verschlossen hat, die Augen derer, die Jesus Christus nicht als ihren Messias annehmen wollen. Dem der Jesus Christus ablehnt, ist das Licht des Evangeliums verdeckt, so daß der Ungläubige in geistlicher Finsternis lebt. Die Augen derer jedoch, die Christus angenommen haben, sind offen für die Wahrheit. Christus dringt in ihr Leben ein und wohnt in ihnen in all seiner Fülle, bis das Licht des Evangeliums in ihnen sichtbar wird. »Denn Gott, der sprach: Licht soll aus der Finsternis hervorleuchten, der ist als heller Schein in unseren Herzen aufgegangen, damit wir erleuchtet werden zur Erkenntnis der göttlichen Herrlichkeit auf dem Angesicht Jesu Christi« (2. Kor. 4,6).

Wir sind wie ein irdenes Gefäß, das aus sich selbst heraus keine große Kraft besitzt. Aber es ist stark genug, um Wasser oder Wein aufzunehmen; denn dazu ist es auch gemacht. Niemand verlangt nach dem Gefäß um seiner selbst oder um seiner Schönheit willen; sein wahrer Wert liegt in seinem Inhalt. Paulus sagte, daß wir wie irdene Gefäße sind, aber wir haben in uns die überschwengliche Kraft Gottes. Aus uns selbst heraus können wir nichts tun, aber »alles vermag ich durch den, der mich stark macht« (Phil. 4,3). Es ist diese überschwengliche Kraft, die Gegenwart Christi in uns, die von anderen gesehen werden soll, damit ihre Augen geöffnet werden und ihre geistliche Blindheit verschwindet.

Wir sind Gefäße, die das herrliche Licht Christi in eine Welt der Dunkelheit bringen sollen. Wir sollen erfüllt sein und bleiben mit der herrlichen Gegenwart Christi; sie soll überfließen zu den Hungrigen und Durstigen. Wir sollen unsere Gefäße täglich an der Quelle des Heils füllen. Diese Gefäße sollen den anderen Menschen dadurch dienen, daß wir das Evangelium Jesu Christi leben. Der Wert unserer Gefäße besteht im Reich Gottes nicht aus irgendwelchen Verzierungen und Ornamenten. Es ist der Inhalt unserer irdenen Gefäße, der Licht mitten in die Finsternis und Leben mitten in die Welt des Todes bringt. Wir können die Leere dieser Welt mit Gottes Schatz füllen, das ist seine alles übersteigende Kraft.

Ein Edelstein für heute: Die Lampe kann nur so lange scheinen, wie sie Kraft oder Licht in sich hat; fülle darum Dein irdenes Gefäß mit Gottes überschwenglicher Kraft.

Alttestamentliche Lesung Sprüche 21.22

13. September

Neutestamentliche Lesung 2. Korinther 5

Darum: Ist jemand in Christus, so ist er eine neue Schöpfung; das Alte ist vergangen, siehe, ein Neues ist geworden. (2. Kor. 5,17)

Bindungen, alte Gewohnheiten und Dinge, die nicht mit Gottes Reich übereinstimmen, können in dem Menschen, der in Christus ist, nicht überleben. Wenn der Heilige Geist uns dazu ruft, im Glauben diese Sachen beiseitezutun, dann wird es Konflikt und geistlichen Widerstand geben. Wir können nicht an den alten Dingen hängen und gleichzeitig in Christus mit dem Heiligen Geist Gemeinschaft haben. »Ist jemand in Christus, so ist er eine neue Schöpfung; das Alte ist vergangen ...«

Die Bibel sagt nicht, daß der Mensch langsam zu einer neuen Schöpfung wird, sondern daß er in Christus bereits neu ist. Am Anfang ist er nur ein Kind, das wachsen und reifer werden muß. Es kann sogar sein, daß er versucht, so wie früher zu leben, die Dinge zu tun, die er vor der Wiedergeburt tat. Aber sie werden ihm jetzt fremd vorkommen, sie passen nicht zu seiner neuen Natur. Es mag sogar sein, daß er sich weigert, seine alte Natur abzulegen, und daß er ihr zuredet, sein Leben wieder zu bestimmen. Wenn das geschieht, dann wird das Wachstum dieser neuen Schöpfung aufhören. Aber er muß immer mit der Erneuerung und Gegenwart der neuen Schöpfung leben. Eines Tages muß er vor den Brüdern und dem Herrn Jesus Christus stehen; dann wird das, was er mit dieser neuen, von Gott gegebenen Natur gemacht hat, geprüft und gerichtet werden.

Laß Dich davon nicht beunruhigen mein Freund, sondern sei sicher, daß die neue Schöpfung, die Du geworden bist, als Du Deinen Platz in Christus fandest, nicht leicht überwunden wird und große Widerstandsfähigkeit besitzt. Das Wort »aufgeben« kommt in Deinem Wortschatz nicht einmal vor, denn diese neue Schöpfung ist so ausdauernd, daß sie Dich bis in die Ewigkeit bringen wird. Ernähre Dich mit Gottes Wort und lebe im Gehorsam, dann wirst Du merken, wie Deine neue Natur jede Bindung, jede Gewohnheit und alles, was mit Gottes Reich unvereinbar ist, überwindet. Alle diese alten Dinge werden verschwinden, und alles wird neu werden. Glaube an Deine neue Natur, die in Dir ist, »daß der, der in euch das gute Werk angefangen hat, es auch vollenden wird bis zum Tag Christi Jesu« (Phil. 1,6). Lebe mit dem Wissen, daß kein Mensch, keine Macht und keine Gewalt das zerstören kann, was Gott ins Leben gerufen und in Christus verborgen hat. Unterwerfe Dich dieser neuen Natur, lebe nicht mehr in der Bindung an das, was Du einst warst. Die Verbindung ist abgebrochen; das alte Selbst ist tot. Du bist jetzt frei, um ein ganz neues Leben in Christus Jesus zu entfalten.

Ein Edelstein für heute: Leg Dein Hochzeitskleid an, das ist der Herr Jesus Christus. »Wie Christus durch die Herrlichkeit des Vaters von den Toten auferweckt worden ist, (sollen) auch wir in einem neuen Leben wandeln« (Röm. 6,4).

Alttestamentliche Lesung Sprüche 23.24

14. September

Neutestamentliche Lesung 2. Korinther 6

Wir aber sind der Tempel des lebendigen Gottes; wie denn auch Gott spricht: Ich will unter ihnen wohnen und wandeln und will ihr Gott sein, und sie sollen mein Volk sein. *(2. Kor. 6,16)*

Unser Leib ist wirklich ein Tempel des lebendigen Gottes! Jesus hat uns nicht im Zweifel darüber gelassen, wo Gottes Reich ist; er sagt, daß es in uns ist.

Jesus lehrte seine Jünger zu beten, daß Gottes Reich auf die Erde kommen soll, so wie es im Himmel ist. Und er selbst brachte dieses Reich auf die Erde, er pflanzte es in die Herzen der Menschen, auch wenn wir manchmal Zeiten erleben, in denen es uns so scheint, als ob Gott nicht in uns wohnte und unerreichbar wäre. Der Geist Gottes, der über den Wassern schwebte und durch den, wie wir wissen, die Erde ins Leben gerufen wurde, ist gekommen, um in den Herzen der Menschen zu wohnen. Der Geist, der das Herz des Vaters kennt, lebt heute in unserem Herzen. Paulus erinnerte die Christen in Korinth daran, daß der Heilige Geist in ihnen wohnte und daß ihr Leib heilig war. Sie waren der Tempel Gottes. Jetzt ist Gottes Reich in jedem von uns, und wir sind Verwalter und Wächter in Gottes Tempel, der nun auf der Erde ist, so wie er im Himmel ist. Es hat sich erfüllt, was Jesus seine Jünger zu bitten gelehrt hat.

Wenn wir diesen Vers ernstnehmen, diese Verheißung Gottes, daß er in uns wohnen, unter uns leben und unser Gott sein will, so daß wir sein Volk sein können, dann öffnet sich uns eine gute Möglichkeit, um ein wunderbares Glaubensabenteuer zu erleben, ohne daß wir vor unsere Haustür treten müssen. Stell Dir nur vor, wie Du Dich ändern und entwickeln kannst, wenn Du Gott mehr und mehr Freiheit in Deinem Leben gibst! Je mehr Du Gott in Dein Leben einlädst, desto mehr wohnt er in Dir und lebt mit Dir. Denke Dir nur einmal aus, wie sehr Gott Dein Leben gebrauchen könnte, wenn Du es ihm ständig auslieferst und ihn bittest, es zu gebrauchen! Du mußt sehr auf das achten, was Du mit Gottes Tempel tust und welchen Umständen Du ihn aussetzt, damit der, der in Dir wohnt, auf keine Weise verletzt wird. Aber was hat diese Lehre für einen Sinn, solange Du Dich nicht im Glauben aufmachst und die Möglichkeiten dieses Verses erforschst?

Ein Edelstein für heute: Gott geht in jedem von uns über die Erde. »Wer überwindet, den will ich zum Pfeiler im Tempel meines Gottes machen« (Offb. 3,12).

Alttestamentliche Lesung Sprüche 25-27

15. September

Neutestamentliche Lesung 2. Korinther 7

Weil wir nun diese Verheißungen haben, meine Lieben, so wollen wir uns von aller Befleckung des Leibes und des Geistes reinigen und die Heiligung vollenden in der Furcht Gottes. (2. Kor. 7,1)

In den drei vorhergehenden Versen, die Paulus durch die Eingebung des Heiligen Geistes schrieb, erinnerte er die Christen an Gottes Versprechen, unter ihnen zu wohnen und zu leben, ihr Gott zu sein und sie zu seinem Volk zu machen. Gott sagt uns, daß wir die Dinge, die unrein sind, hinter uns lassen sollen. Er verheißt, uns ein Vater zu sein und uns zu Söhnen und Töchtern zu machen.

Der Vers, über den wir heute nachdenken, erinnert an diese Verheißungen. Eine völlig neue Welt, die dieser Welt unbekannt ist, kommt zu uns, weil Gott sich durch seinen Heiligen Geist nach uns ausstreckt. Durch sein Wort sagt Gott denen, die ihm nachfolgen, eine Dimension des Lebens zu, eine Beziehung mit ihm, die nicht nur die Erfahrung eines Augenblicks, sondern eine ewige Vater-Kind-Beziehung ist. Diese Beziehung ist verläßlich und voller Verheißungen, weil Gott denen, die er seine Söhne und Töchter nennt, nichts Gutes vorenthält.

Es gibt Dinge in dieser Welt, von denen wir unseren Leib und unseren Geist fernhalten müssen. Bei Gott ist kein Platz für sie. Wenn wir alle Verheißungen Gottes erfahren wollen, dann müssen wir diese Dinge in der Welt zurücklassen, in die sie gehören. Wie können wir widerstreben, wenn der Heilige Geist uns diese Dinge aufdeckt?

Wir befassen uns nicht mit einer Ideologie oder mit einer Überzeugung, sondern wir hören die Stimme dessen, der uns liebt, selbst wenn wir uns von ihm abgewandt, selbst wenn wir sein Rufen ignoriert haben und wenn wir noch immer in unseren Übertretungen und in unserer Sünde leben. Er liebte uns, wo er uns nach unseren eigenen Maßstäben schon längst hätte aufgeben sollen.

Durch den Apostel Paulus hat Gott gesagt, daß wir heilig leben und uns reinigen und absondern sollen. Gott sagte: Wendet euch ab von aller Unreinheit und seid heilig, denn ich bin heilig. Freunde, wir werden nie heilig ohne Gott. Wir sind nur heilig, wenn wir uns von Christus reinigen lassen und seine Gerechtigkeit anziehen. Gott hat Dir das Versprechen der Heiligkeit gegeben, laß darum die Unreinheit hinter Dir, und umkleide Dich mit Christus, werde Deinem himmlischen Vater ähnlich. Freue Dich über Deinen himmlischen Familiennamen: Wir heißen Christen. Umkleide Dich mit ihm, laß Dein Leben von Jesu Blut reinigen. Freue Dich über das Charakteristische der Christen, nämlich Gottes Heiligkeit in Dir.

Ein Edelstein für heute: »Ihr sollt heilig sein, denn ich bin heilig, der Herr, euer Gott« (3. Mose 19,2).

Alttestamentliche Lesung Sprüche 28.29

16. September

Neutestamentliche Lesung 2. Korinther 8

Denn ihr kennt die Gnade unsres Herrn Jesus Christus: obwohl er reich war, wurde er doch arm um euretwillen, damit ihr durch seine Armut reich werdet. *(2. Kor. 8,9)*

Dies ist ein Vers, über den Du nachsinnen solltest, bis Gott Dein Verständnis dieser Wahrheit vertieft. Der Grad und die Tiefe des Verstehens und der Reichtum, der uns in Christus Jesus gehört, sind unbegrenzt. Im Licht dieses ewigen Reichtums, den wir in Christus erben, hören wir auf, darüber nachzudenken, was wir vielleicht aufgegeben haben, um Christ zu werden. Der natürliche Mensch kann diesen Reichtum weder sehen noch begreifen. Er sieht den Stall, in dem Jesus geboren wurde, aber ihm fehlt der Geist, das Gespür für die Freude, die im Himmel ausgebrochen ist. Er hat keine Ahnung von den jahrhundertealten Plänen und Vorbereitungen, die dieses Ereignis hervorbrachten, und er hat kein Ohr für den himmlischen Chor der Engel, der diese Geburt verkündigte. Kein Fürst oder König dieser Erde ist je in der Mitte solchen Reichtums geboren worden, wie ihn Jesus besitzt. Diese Geburt hatte größere Auswirkungen auf die Welt als irgendein anderes Ereignis seit Adams Zeiten. Weise Männer beugte sich vor Jesus, sie sahen Gott, der Mensch geworden war, seine Gegenwart machte den Stall zu einem himmlischen Palast.

Denke einen Moment an die Taufen, die Du miterlebt hast. Hast Du dabei jemals eine Stimme vom Himmel her sprechen hören, oder sahst Du den Heiligen Geist wie eine Taube herabkommen? Nach Jesu Taufe, bei der Gott selbst sprach, nahte sich bald Satan. Er bot Jesus an, ihn als Fürsten über die ganze Erde zu setzen; er hatte die Macht, es zu tun. Aber sein Angebot stimmte nicht mit Gottes Absichten und Plänen für seinen Sohn überein. Der Vater würde Jesus sowieso zu seiner eigenen, guten Zeit auf den Thron setzen. Immer, wenn Jesus mit seinem Vater sprach, fiel der Reichtum des Himmels, der sein Erbe ist, nur so herunter. Dieser Reichtum konnte nicht verborgen bleiben, und er war übernatürlich. Krankheiten mußten sich vor Jesu Reichtum beugen. Überall, wo Jesus ging und redete, zeigte sich eine Lebensqualität, die ewig war, und allen, die glaubten, wurde dieses Leben umsonst gegeben.

Ja, Jesus verließ die Reichtümer des Himmels und wurde um unseretwillen zum Sohn eines armen Zimmermanns, der keinen Platz hatte, wohin er sein müdes Haupt legen konnte. Um unsretwillen erlitt er Ablehnung, Demütigung, Beschimpfung und schließlich den niedrigsten Tod, den man sich nur vorstellen kann. Aber Jesus wollte dies alles erleiden, weil er durch seine Ablehnung, sein Leiden und seinen Tod den Erben des Reiches Gottes die Lebensqualität übergab, die sich in seinem eigenen Leben gezeigt hatte. Der Reichtum dieser Welt hat keine Bedeutung für Jesus. Er gab uns einen Reichtum, den diese Welt nicht geben kann. Lieber Christ, es gibt keine Armut in dieser Welt, die uns, die Erben von Gottes Reich, von dem Reichtum trennen kann, der uns in Christus Jesus gehört.

Ein Edelstein für heute: Weil Jesus arm wurde, sind wir reich, und weil er starb, leben wir, um Gottes Reich zu erben. »Niemand hat größere Liebe als die, daß er sein Leben läßt für seine Freunde« (Joh. 15,13).

Alttestamentliche Lesung Sprüche 30.31

17. September

Neutestamentliche Lesung 2. Korinther 9

Jeder gebe, wie er's sich im Herzen vorgenommen hat, nicht mit Unwillen oder aus Zwang, denn einen fröhlichen Geber hat Gott lieb. (2. Kor. 9,7)

Wenn der natürliche Mensch von seinem Reichtum in dieser Welt gibt, oder wenn der Christ von seinem weltlichen Besitz gibt, so ist das Geben beider begrenzt, und ihre weltlichen Mittel nehmen ab. Wenn wir das geben, was uns der Vater gegeben hat, dann hat dieser himmlische Reichtum keine Grenzen und nimmt kein Ende. Wenn uns die Bibel sagt, daß Geben seliger ist als Nehmen, so schließt das ein, daß wir geben müssen, wenn wir in unserem Leben diese Erfahrung der größeren Seligkeit machen wollen.

Wir können es uns leisten, mit dem Reichtum des Himmelreichs freigebig zu sein. Nur die Dinge, die wir in Gottes Reich bauen und gründen, werden bleiben. Gott hat uns ungeheure Reichtümer zur Verfügung gestellt, und er möchte gerne, daß wir sie gebrauchen. Geben soll eine Erfahrung des Herzens sein. Wir sollen so große Liebe zu Gott haben, daß wir nichts von dem, was er uns gibt, für uns behalten können. Wenn wir um etwas gebeten werden, dann sollte das in uns eine innere Freude hervorrufen.

Als Gott David anwies, ein bestimmtes Grundstück zu erwerben, wurde es ihm umsonst angeboten; aber er bestand darauf, es zu bezahlen, daß dieses Grundstück seine Gabe an Gott sein konnte. Er wollte nicht etwas geben, was ihn nichts gekostet hatte.

Die meisten von uns müssen das Geben erst lernen. Dieser Bereich unseres geistlichen Lebens ist unentwickelt, weil wir nicht abenteuerlustig sind und es uns an Vertrauen zu Gott fehlt. Wir rationalisieren unser Geben und geben nur noch in den Fällen, die uns dringend zu sein scheinen und uns ansprechen. Aber Gott erwartet von uns, daß wir aus Liebe zu ihm und seinem Reich geben. Wenn alle von uns geben und dabei gleichzeitig auf den Herrn sehen und ihm vertrauen würden, daß er so für uns sorgt, daß wir sogar noch mehr geben könnten, dann würde es schwierig sein, überhaupt noch einen Anlaß zum Geben zu finden. Viele christliche Organisationen würden nicht mehr bitten, sondern geben. Gott beruft Männer und Frauen, denen er vertrauen kann, und gibt ihnen einen Dienst des Gebens. Gott hat mir persönlich nie einen großen Überschuß garantiert oder mehr, als ich gerade zur Zeit brauche, aber von Zeit zu Zeit verlangt er von mir, daß ich etwas für ihn tue, was viel Glauben erfordert. Wenn ich Gottes Willen tun will, dann muß ich ihm oft vertrauen, daß er mich auch mit den entsprechenden Mitteln versorgt. Aber Gott gibt mir dann auch die Gabe des Glaubens, gerade wenn ich in meinem Dienst wirklich besondere Hilfe nötig habe. Es ist also ganz »normal«, wenn Gott mir sagt, daß ich noch etwas für eine andere Aufgabe geben soll. Wenn man aus Liebe zu Gott gibt, scheint dies einen Strom auszulösen. Diese Art von Geben bringt eine Freude hervor, die anstrengend ist.

Dies ist ganz bestimmt ein Bereich unseres christlichen Lebens, den wir dem Heiligen Geist öffnen müssen, damit er in unserem Herzen die himmlische Haltung wachsen läßt. »Umsonst habt ihr's empfangen, umsonst gebt es auch weiter« (Mt. 10,8), »denn einen fröhlichen Geber hat Gott lieb.«

Ein Edelstein für heute: »Gebt, so wird euch gegeben. Ein volles, gedrücktes, gerütteltes und überfließendes Maß ...« (Lk. 6,38).

Alttestamentliche Lesung Prediger 1-3

18. September

Neutestamentliche Lesung 2. Korinther 10

Wir zerstören nämlich damit Gedankengebäude und alles Hohe, das sich gegen die Erkenntnis Gottes erhebt, und nehmen alles Denken gefangen und führen es zum Gehorsam gegen Christus.

(2. Kor. 10,5)

Der Mensch hat seinen Verstand bis zu dem Punkt entwickelt und ausgeweitet, daß ein mechanischer Verstand, ein Computer, gebaut werden mußte, um die gewaltigen Mengen von Wissen, die in der heutigen Welt gebraucht werden, zu speichern. Großartige Ideologien, Philosophien, selbst Theologien hat der Verstand des Menschen zur Welt gebracht, aber alle müssen sich dem Evangelium Jesu Christi unterwerfen. Es gibt Lehrgebäude der Philosophien, Schulen des höheren Denkens und Lernens, aber die Wahrheit des Evangeliums bringt sie alle ins Wanken. Paulus sagte, daß jedes Gedankengebäude, das sich gegen die Erkenntnis Gottes erhebt, zum Gehorsam gegen Christus gefangen geführt werden muß. Unsere Gedanken sind ein Kampffeld; sie werden mit allen möglichen Ideen bombardiert. Aber worauf es allein ankommt, ist die Frage, was wir mit diesen Gedanken machen. Erhebt ein Gedanke, den Du hast, Dich selber oder Gott? Wenn es Selbsterhöhung ist, dann muß er niedergeworfen und in Gefangenschaft zum Gehorsam gegen Christus gebracht werden.

Wir brauchen uns unseren Gedanken nicht einfach zu überlassen. Wir sind diejenigen, die Macht haben, diesen Ideenreichtum niederzuwerfen. Manche von uns sind ideenreicher als andere und haben so noch mehr Möglichkeiten, unseren Vers anzuwenden.

Unser Verstand ist wie ein Computer, und manche von uns haben in der Vergangenheit zugelassen, daß ihr Verstand mit allen möglichen Dingen angefüllt wurde, die nicht aufbauend sind. Alle diese Gedanken müssen sich ändern; aber dies wird nicht geschehen, solange wir uns nicht darum bemühen, mit Christi Gedanken erfüllt zu werden. Denke darüber nach. Ernähre und reinige Deine Gedanken mit Gottes Wort.

Alle Sünden wie Stolz, Neid, Eifersucht, Eitelkeit und Ehebruch nehmen ihren Anfang in den Gedanken. Diese Gedanken führen zu Schuld und Verdammung. Führe sie darum gefangen unter das Evangelium Jesu Christi. Wir können nicht Satan die Schuld für all diese Gedanken zuschieben, wenn wir uns einfach weigern, sie loszulassen. Bist Du schon Menschen begegnet, die sich jedesmal, wenn sie eine Niederlage erleben, in Gedanken des Selbstmitleids verlieren? Doch Paulus hätte nicht empfohlen, Gedankengebäude niederzureißen, wenn Gott nicht bereit wäre, uns den Sieg zu geben.

Unser Vers heute gibt uns erneut eine Möglichkeit, die Wirksamkeit von Gottes Wort zu prüfen. Bereite Dich vor, indem Du Dich mit dem Wort bewaffnest, und tritt den Gedanken entgegen, die Dir normalerweise Deine Freude rauben und Dich mit dem Gefühl der Verdammung zurücklassen. Tritt solchen Gedanken entgegen mit der Gewißheit, daß Dir der Sieg gehört, weil Du die Antwort besitzt. Zerstöre diese Gedankengebäude. Führe die Gedanken gefangen unter das Evangelium Jesu Christi.

Ein Edelstein für heute: Unser Leben wird nur so rein sein wie unsere Gedanken. »Der Herr erforscht alle Herzen und versteht alles Dichten und Trachten der Gedanken. Wirst du ihn suchen, so wirst du ihn finden, wirst du ihn aber verlassen, so wird er dich verwerfen ewiglich« (1. Chr. 28,9).

Alttestamentliche Lesung Prediger 4-6

19. September

Neutestamentliche Lesung 2. Korinther 11,1-15

Denn ich hatte euch einem einzigen Mann verlobt, damit ich Christus eine reine Jungfrau zuführe. *(2. Kor. 11,2)*

Paulus sagte, daß er eifersüchtig über die wachte, die sich durch ihn bekehrt hatten, über die, die er aus der Welt gewonnen hatte. Er hatte ihnen das Evangelium mit solcher Kraft gepredigt, daß sie aus der Knechtschaft des Geistes dieser Welt befreit und durch Jesu Blut gereinigt wurden. Sie hatten in ihrem Herzen den Geist aus der Höhe empfangen, von dem Jesus in seiner Unterhaltung mit Nikodemus gesprochen hatte. Da sagte er, daß wir wiedergeboren werden und den Geist aus der Höhe empfangen müssen.

Was tatsächlich geschieht, ist dies, daß der Geist Gottes und unser Geist eins werden in einer geistlichen Verlobung. Unser Geist war tot in Übertretungen und Sünde, aber die Verbindung von Gottes Heiligem Geist mit unserem Geist bringt Gottes Geist in unserem Herzen zum Leben (das ist die Wiedergeburt). Mit dieser Geburt beginnt gleichzeitig unsere Verlobung. Für diesen Augenblick, für diese wunderbare und geheimnisvolle Erfahrung sind wir geschaffen, weil wir von Geburt an dazu bestimmt sind, eine Braut zu sein, die Braut Christi. Ganz gleich, was wir vorher waren, was unsere Sünde war, die Reinigung durch Jesu Blut reicht aus, jetzt und bis zu dem Tag, an dem wir Jesus von Angesicht zu Angesicht sehen werden.

Vor einiger Zeit hatte ich mich seelsorgerlich um ein neunzehnjähriges Mädchen zu kümmern. Sie war seit dem neunten Lebensjahr sexuell mißbraucht worden und war eins der erbärmlichsten Geschöpfe, dem ich in meinem Dienst begegnet bin. Wegen ihrer unkontrollierbaren Wünsche wurde sie in einer Anstalt untergebracht und mit Medikamenten ruhiggehalten. Man tat alles für sie, was möglich war, aber es trat keine Veränderung ein. Als ich ihr von Gottes Liebe erzählte, und wie praktisch und wirklich diese Liebe ist, da leuchteten ihre Augen auf, und eine Frage nach der anderen kam aus ihr heraus. Würde Gott ihr vergeben? Als ich ihr sagte, daß sie rein werden und daß ihre Vergangenheit völlig ausgewischt werden konnte, da hättest Du ihr Gesicht sehen sollen! Ich erklärte ihr, daß Gott eine vollkommene Reinigung für sie vorbereitet hatte, daß sie wie eine Jungfrau für ihn sein würde und er sie reinigen und vorbereiten würde, um eine Braut seines Sohnes zu werden. Rein zu werden und ein neues Leben zu haben war etwas, wovon sie früher geträumt hatte, aber es wäre nie Wirklichkeit für sie geworden ohne Christus. Darum nahm sie das Evangelium völlig in sich auf.

Paulus wachte eifersüchtig über die jungen Christen, die Gereinigten. Die Reinigung war so vollkommen geschehen, daß er sie als Bräute sah, die warteten, die sich in Treue bereithielten für ihren Bräutigam, während sie nach der Stunde seines Kommens Ausschau hielten. Ein Verlangen war in ihrem Herzen, sich selbst Jesus hinzugeben – ihrem Bräutigam, dem, den ihre Seele liebte. Jesus sucht diese selbe Liebe in uns, diese jungfräuliche Liebe einer Braut. Während wir warten, wird sie heranreifen.

Ein Edelstein für heute: Gottes Reinigung ist vollkommen. »Wenn eure Sünde auch blutrot ist, soll sie doch schneeweiß werden« (Jes. 1,18).

Alttestamentliche Lesung Prediger 7-9

20. September

Neutestamentliche Lesung 2. Korinther 11,16-33

Wenn ich mich also rühmen soll, will ich mich meiner Schwachheit rühmen. (2. Kor. 11,30)

Paulus verachtete weder Schwachheit noch Gebrechen, sondern sah sie als Möglichkeit, Jesus zu verherrlichen. In Philipper 4,13 sagte er: »Alles vermag ich durch den, der mich stark macht«.

Ich habe immer wieder das Vorrecht gehabt, in vielen Ländern mit großen Gottesmännern zusammen zu dienen. Ihr Körper hat in den Jahren gelitten, und sie sind nicht mehr so gesund wie in ihrer Jugend. Aber trotz ihrer körperlichen Grenzen sehen sie auf Jesus, vertrauen ihm in ihrer Schwachheit und drängen vorwärts, um Gottes Ruf in ihrem Leben zu gehorchen. Ihre Schwachheit hat ihnen eine Tür geöffnet zu beständigem (täglichen) Vertrauen auf Jesus. Es wurde für sie zu einer ganz besonderen Glaubenserfahrung, in Jesus eine Stärke zu finden, die alle Stärke übertrifft, die sie vielleicht aus ihrer eigenen Kraft gehabt hätten. Sie waren bereit, Jesus alle Ehre zu geben. Sie bissen weder die Zähne zusammen noch versuchten sie, durch eigene Willenskraft ihre Schwachheit zu überwinden, sondern sie sahen zielbewußt auf Jesus mit der Haltung »Ich kann nicht, aber er kann«.

Ich danke Gott für jede wunderbare Heilung, mit der er den Leib Christi gesegnet hat. Ich bin sicher, daß jeder Christ entweder selbst eine Heilung erfahren oder aber von jemand anderem gehört hat, der geheilt wurde. Ich selbst kann wunderbare Heilungen an meinem eigenen Körper und in meiner Familie bezeugen, aber ich muß bekennen, daß ich das Phänomen der Heilung immer noch nicht verstehe. Aus Gottes Wort weiß ich, daß uns Jesus durch seine Gnade durch Glauben heilt, aber ich verstehe nicht, warum der eine geheilt wird und der andere nicht. Ich verstehe auch nicht, warum ein Bruder von dem einen Leiden geheilt wird und nicht von dem anderen. Diejenigen, die mehr Erkenntnis haben, sollen das erklären. Aber ich weiß, daß Jesus stark ist, wo ich schwach bin. Ich kenne in meinem Leben kein Leiden, keine Schwachheit, denen Jesus Christus nicht gewachsen wäre. Es gab Zeiten, wo ich meinen Weg durch Dunkelheit hindurchbeten mußte und wo ich erst nach anhaltendem Gebet Sieg und Stärke erfuhr. Zu anderen Zeiten hat mir der Herr sofort seine Stärke gegeben, und durch ihn war ich den Umständen gewachsen.

Hast Du gelitten, und hat es Dir dabei an Glauben und Geduld gefehlt? Dann laß diese Schwachheit zu einer Tür werden, und öffne diese Tür weit für den Herrn Jesus Christus. Strecke Dich im Glauben nach ihm aus, und gib Jesus die Möglichkeit, sich in Deiner Schwachheit mit seiner Stärke zu zeigen. Dann wirst auch Du das Zeugnis haben, daß seine Gnade genügt.

Ein Edelstein für heute: »Denn ich bin überzeugt, daß die Leiden dieser Welt nichts bedeuten gegenüber der Herrlichkeit, die an uns offenbart werden soll« (Röm. 8,18).

Alttestamentliche Lesung Prediger 10-12

21. September

Neutestamentliche Lesung 2. Korinther 12

Laß dir an meiner Gnade genügen; denn meine Kraft ist in den Schwachen mächtig. Darum will ich mich am allerliebsten meiner Schwachheit rühmen, damit die Kraft Christi in mir wohnt.

(2. Kor. 12,9)

Mir fällt ein, wie ganz zu Anfang meines Christseins ein lieber Bruder regelmäßig mehr als dreihundert Kilometer fuhr, nur um mich in der Nachfolge zu unterweisen. Rückblickend kann ich jetzt sehen, daß ich so erfüllt war von der Erfahrung meiner Wiedergeburt und Jesus mir so wirklich war, daß es mir schwerfiel zu erkennen, wie nötig es war, gute, tägliche geistliche Gewohnheiten in meinem Leben zu entwickeln. Dieser Bruder hatte schon vielen jungen Männern geholfen, ein diszipliniertes Leben zu führen. Er wußte, daß die erhebenden Gefühle uns nicht durch die Prüfungen und Versuchungen des christlichen Lebens tragen können.

Was war das für ein weiser und lieber Bruder und solch ein starker Christ! Ich war genau das Gegenteil, weil mir die innere Stärke fehlte, um ein Leben der Nachfolge zu führen. Als er mir vorschlug, den Wecker zu stellen und morgens früh aufzustehen, und als er mich lehrte, wie ich Stille Zeit halten konnte, da hatte ich kein Vertrauen in mich selbst, solch ein Programm durchzuhalten. Ich liebte den Herrn Jesus (das tat ich wirklich), aber als es darum ging, am Morgen eine Stunde früher aufzustehen – oh! Dieser Bruder gab mir einen Plan für die tägliche Bibellese und unterwies mich, Bibelverse auswendig zu lernen. Ich sah wohl die Notwendigkeit, all dies zu tun, aber dies zu erkennen und auch zu wünschen brachte noch nichts zustande.

Bald fing ich an, mich selbst zu bemitleiden, und ich kritisierte die Strenge des Bruders, weil ich das Gefühl hatte, daß er meine schwache Natur nicht verstehen konnte. Aber er bestand auf seinen Anweisungen, und eines Tages entdeckte ich, daß meine Schwachheit ein Gewinn sein konnte. Als ich mit meinem Problem zu Jesus ging, entdeckte ich, daß er nie gewollt hatte, daß ich diese Dinge aus eigener Kraft tun sollte. Ich sollte ein »Täter des Wortes« sein. Was für eine wunderbare Erfahrung war es, als ich erkannte, daß der Herr mich niemals im Stich läßt, wenn ich meine Schwachheit zugebe und auf ihn sehe mit der Bitte, daß er mir die Gnade gibt, ein Täter des Wortes zu sein. Seine Stärke wurde wirklich meine Stärke, und die vorhergehenden dreißig Jahre der egoistischen Selbstsüchtigkeit und dem daraus folgenden schwachen Charakter gaben mir plötzlich die Möglichkeit, ein Glaubensabenteuer zu erleben. Jetzt, nach zwanzig Jahren, habe ich noch immer dieselben Gewohnheiten, und sie sind zu meiner Stärke und zum Fundament geworden. Jesus wurde meine Stärke, und er blieb sie auch weiterhin. Er nahm meine Schwäche nicht fort, und ich spüre, daß sie im Hintergrund noch immer auf der Lauer liegt, aber Jesu Stärke ist mächtig in meiner Schwachheit.

Ein Edelstein für heute: Weil Jesu Stärke in Deiner Schwachheit mächtig ist, darum gib Dich als ein Gefäß seiner Gnade hin, damit Gottes Kraft durch Dich sichtbar wird.

Alttestamentliche Lesung Hoheslied 1-3

22. September

Neutestamentliche Lesung 2. Korinther 13

Wir freuen uns ja, wenn wir schwach sind und ihr mächtig seid. Dafür beten wir auch, daß ihr wieder ganz zurechtkommt. (2. Kor. 13,9)

Paulus war nicht enttäuscht durch seine Schwachheit. Es war keine Frage, daß er nicht ausdauernd gewesen wäre im Gebet; das war er ganz bestimmt. Er suchte nach Befreiung von seiner Schwachheit, aber er fand sie nie.

Stattdessen fand er in Jesus Christus seine Stärke. Paulus bekannte öffentlich, daß seine Freude in seiner Schwachheit lag. Er erwartete weder von den Selbstzufriedenen noch von denen, die durch eigene Willenskraft einen starken Charakter hatten, daß sie seine Schwachheit verstanden, denn sie waren stolz auf ihre Stärke. Aber er ermahnte diejenigen, die stark waren, sich darum zu bemühen, in Christus vollkommener und reifer zu werden.

Diejenigen unter Euch, die einen starken Charakter haben und in deren Leben Reife sichtbar ist, die wir Schwachen nie erreicht haben, sollen gewarnt sein und zwischen den Zeilen lesen, was Paulus sagt. Er bewunderte ihre Stärke, aber er erkannte auch, daß das nicht unbedingt bedeutet, daß sie geistlich stark und reif waren. Es zeigt wohl, daß Du mit Selbstbeherrschung ein geordnetes Leben führst, aber es heißt nicht unbedingt, daß Du eine einfache, kindliche, vertrauensvolle Beziehung zu Jesus hast. Diese Stärke kann sogar zu einem Stein werden, über den Du stolperst. Sie kann sogar Schwäche bedeuten und Dir im Wege stehen, wenn Du völlig abhängig von Jesus werden willst. Paulus erkannte diese Stärke an, aber er ermutigte jene Christen, danach zu streben, eine reife Beziehung mit Jesus zu entwickeln.

Diejenigen unter Euch, die schwach sind und wenig Willenskraft haben, sollen weiterlesen, um zu sehen, was Paulus sagte. Er rühmte sich nicht aus Selbstmitleid. Er gebrauchte das Bekenntnis seiner Schwachheit weder, um sich von dem Leben in der Nachfolge zu entbinden, noch entschuldigt er dadurch seine Fehler. Er war in der Tat glücklich über die Stärke seiner Brüder und freute sich darüber, und er freute sich auch über seine Schwachheit. Dem Menschen nützt weder natürliche Schwachheit noch natürliche Stärke. Gottes Bestes für uns ist, daß jeder seine Stärke oder Schwachheit Jesus Christus anvertraut. Die Schwachen müssen in Jesus ihre Stärke finden, damit er dadurch verherrlicht wird, daß sie etwas tun, was ihnen aus eigener Kraft unmöglich wäre. Die Starken müssen dem Herrn ihre Stärke anvertrauen und sich nicht auf ihre eigene Kraft noch auf ihr eigenes

Verständnis verlassen, sondern auf all ihren Wegen von Jesus abhängig sein. Du wirst Gottes Weisheit und Gnade in noch größerem Maß brauchen, wenn Du Jesus verherrlichen willst.

Ein Edelstein für heute: Schwach oder stark: »Die Rebe (kann) keine Frucht bringen ... aus sich selbst, wenn sie nicht am Weinstock bleibt« (Joh. 15,4).

Alttestamentliche Lesung Hoheslied 4.5

23. September

Neutestamentliche Lesung Galater 1

Sie hatten nur gehört: Der uns früher verfolgt hat, der verkündigt jetzt den Glauben, den er früher zu vernichten suchte. Und sie priesen Gott um meinetwillen *(Gal. 1,23.24)*

Es gab eine Zeit in meinem Leben, wo ich mich so sehr meiner Vergangenheit schämte, daß ich kein Zeugnis davon geben wollte. Selbst jetzt spreche ich nur mit einem gewissen Zögern von ihr. Wirklich, es gab Menschen, denen es schwerfiel, an meine Bekehrung zu glauben, aber nach einigen Jahren, in denen ich ein beständiges christliches Leben geführt hatte, konnten sie die Echtheit meiner Bekehrung sehen. Meine Einstellung zum Zeugnisgeben änderte sich völlig, als ich dahin geführt wurde, zu verstehen, wie sehr Jesus durch ein Zeugnis verherrlicht werden kann. Doch auch dann fiel es mir noch nicht leicht, von früher zu erzählen und Einzelheiten zu schildern. Manches deutete ich nur an, damit die alten Erfahrungen nicht zu lebendig wurden. Aber ich kämpfte mich durch die Aufgabe des Zeugnisgebens hindurch. Ich wurde motiviert durch das Wissen, daß ich dadurch Jesus verherrlichen konnte.

Paulus sagte, daß Gott um seinetwillen gepriesen wurde. Die Juden hatten gehört, wie er die Christen mißhandelt, ihre Familien zerstört und gedacht hatte, daß er Gott einen Dienst damit erwies, wenn er diese kostbaren Menschen ins Gefängnis warf. Er hatte sich entschlossen, die Christen ohne Gnade zu verfolgen, und unter den Brüdern fürchtete man seinen Namen. Jetzt erkannten sie im Herzen dieses Mannes ein Wunder der Gnade Gottes und priesen Gott dafür. Der Messias, den Paulus mit skrupellosem, religiösem Eifer verfolgt hatte, war nun sein eigener Messias geworden.' Am Kreuz hatte Paulus Vergebung gefunden. Der geopferte Christus, dessen Blut er einst geleugnet hatte, hatte auch ihn nun gereinigt Er hatte eine persönliche Begegnung mit Jesus gehabt und war in seinen Tod getauft worden. Derselbe Geist, der am Pfingsttag auf die Gemeinde gefallen war, wohnte jetzt in ihm. Alle hatten die Gewißheit, daß in Paulus ein großes Werk der Gnade stattgefunden hatte. Und Paulus sagte: »Sie priesen Gott um meinetwillen.«

Im persönlichen Zeugnis wird die Kraft des Evangeliums durch das sichtbar, was Gott in jedem von uns vollbracht hat. Wir können nur von der Umkehr berichten, die wir auch wirklich erfahren haben. Wieviel Du von der Bedeutung des Blutes Jesu in Deinem Zeugnis erzählst, hängt davon ab, wie wichtig die Reinigung durch das Blut für Dich ist. Vergewissere Dich, daß Du die Vergebung auch wirklich selbst erfährst. Wenn es Dir an Kraft und an Verständnis dieser Wahrheit fehlt, so gehe zu Jesus, und bitte ihn darum, Deinen Mangel auszufüllen, bevor Du Zuflucht zu einem Lehrbuch nimmst. Achte darauf, daß Du in Deinem Zeugnis Gott die Ehre gibst. Rede nicht von dem, was Du vollbracht hast, sondern was Gott in Dir getan hat. Untersuche und verstehe Gottes Handeln mit Dir im Licht seines Wortes, und setze es Dir zum Ziel, ihn zu verherrlichen.

Ein Edelstein für heute: Die Vergangenheit sollte wie ein Spiegel sein, der die Schönheit der reinigenden Kraft Christi wiedergibt.

Alttestamentliche Lesung Hoheslied 6-8

24. September

Neutestamentliche Lesung Galater 2

Nun lebe nicht mehr ich, sondern Christus lebt in mir. Solange ich aber in diesem Leib lebe, lebe ich im Glauben an den Sohn Gottes, der mich geliebt und sich selbst für mich hingegeben hat.

(Gal. 2,20)

Wie furchtbar und erschreckend würde es sein, wenn man als Sünder die Bibel lesen und ihre Wahrheit nicht verstehen würde. Die Bibel verurteilt klar und unwiderruflich die Sünde und spricht über den Sünder das Todesurteil. Gottes Liebe kann und will dieses Urteil nicht rückgängig machen. Der Mensch, der sündigt, wird ganz bestimmt sterben.

Die Bibel sagt uns, daß alle gesündigt haben, es gibt keinen, der es nicht getan hat. Wer kann dann gerettet werden? Gott hat das Urteil über die Sünde gesprochen. Die Strafe ist ohne Einspruch festgelegt worden.

Stell Dir vor, Du wärst in Gottes Gerichtssaal, und das Urteil über Dich wäre bereits ausgesprochen. Es war das letzte Wort, das in Deinem Fall gesagt wurde, und die Bücher sind geschlossen. Alles scheint endgültig. – Du wartest auf Deine Hinrichtung. Plötzlich verändert sich die gesamte Szene. Jemand tritt vor und bietet an, an Deiner Stelle hingerichtet zu werden. Er ist ohne Sünde, ohne Schuld, aber er bietet an, an Deine Stelle zu treten. Wenn der Richter ihm erlaubt, die Folgen der Sünde zu tragen, so will er für Dich sterben. Es wird eine Vereinbarung getroffen, ein Bund ist geschlossen. Die Hinrichtung findet statt, aber das Urteil wird nicht mehr an Dir vollstreckt. Nun bist Du nicht nur frei von den Folgen der Sünde, sondern auch von der Krankheit und Verunreinigung, die früher in Dir war.

Als Du den Ort des Todes verläßt, begegnest Du demjenigen, der an Deine Stelle getreten ist. Er hat nicht nur um Deinetwillen den Tod erlitten, sondern ihn auch besiegt und für uns alle überwunden.

Grundsätzlich ist dies bereits geschehen. Jesus steht vor uns und bietet uns an, in und durch uns ein Leben zu leben, das uns früher, aus uns selbst heraus, unmöglich gewesen wäre. Wir müssen die Entscheidung treffen, ob wir sein Angebot und seine Bedingungen annehmen, unser Leben ihm geben und durch seinen Heiligen Geist leben wollen. Ist es verwunderlich, daß Paulus schreiben konnte: »Nun lebe nicht mehr ich, sondern Christus lebt in mir«?

Paulus' Leben hatte ihn zu einem Ort der Schande und Verdammung geführt. Der Tod erwartete ihn, bis zu dem Tag, an dem er seinem Stellvertreter begegnete und seinen Bund annahm. Von da an konnte er sagen: »Nun lebe nicht mehr ich, sondern Christus lebt in mir.« Ein Tausch fand statt; weil ein Mann den Tod auf sich nahm, empfing Paulus ein neues Leben, das ewig ist.

Ein Edelstein für heute: Der Urteilsspruch lautete auf Tod, und weil Jesus starb, lebe ich, aber nicht ich, sondern Christus lebt in mir.

Alttestamentliche Lesung Jesaja 1-3

25. September

Neutestamentliche Lesung Galater 3

Denn ihr alle, die ihr auf Christus getauft seid, habt Christus angezogen. (Gal. 3,20)

Was für ein Geheimnis beschreibt Paulus in diesem Vers! Erlaube mir, die Reihenfolge von Vers 27 und Vers 26 umzustellen. »Denn ihr alle, die ihr auf Christus getauft seid, habt Christus angezogen. (So) seid ihr alle Gottes Kinder in Christus Jesus.« Auf irgendeine Weise waren wir, Du und ich, bei dem Tod Jesu Christi dabei und nahmen daran teil. Wir waren ein Teil des Todes am Kreuz, nicht durch unser Blut, nein, sondern durch unsere Sünde! Wegen Deiner und meiner sündigen Natur starb Christus; darum können wir uns mit Jesus und seinem Tod identifizieren.

Unser Text heute spricht nicht von der Taufe im Wasser, sondern von der Taufe in Christus und in seinen Tod. In der Wassertaufe geben wir unseren Leib hin, damit er ins Wasser geworfen, vom Wasser umgeben und untergetaucht wird. Genauso identifizieren wir uns auch mit Christi Tod. Alles, was Sünde war oder ist – die Zerstörung und Entstellung unserer menschlichen Natur, alle ihre Folgen – alles das ist gestorben, ist in Christi Tod völlig verschwunden. Es ist nicht wie eine Taufe – es ist eine Taufe. Es ist ein völliges Untertauchen in dem, was Christus vollbracht hat. Es ist nicht wie ein Tod. Es ist Tod. Wenn wir in dem Tod Jesu Christi untergetaucht sind, dann wird dies zu unserem Tod. Wir sterben der Sünde in unserem sterblichen Leib. Der Tod hat keine Herrschaft mehr über uns, er hat keinen Stachel mehr.

Wenn der Engel des Todes zu Dir kommt, dann weise einfach auf das Kreuz und sage ihm, daß er zu spät kommt. Wir sind in Christi Tod getauft und warten darauf, daß der Herr Jesus seinen Engel des Lebens sendet, der uns durch das Tal des Todesschattens führen wird (der Tod ist keine Wirklichkeit mehr, nur noch ein Schatten).

Ziehe Christus an, seine Gerechtigkeit und die Kraft seiner Auferstehung. Freue Dich an der Zuneigung und Liebe, die zwischen Jesus und dem Vater herrscht, denn alles gehört Dir. Die Ewigkeit streckt sich nach Dir aus. Das Leben, das Du jetzt lebst, ist ewig und hat eine göttliche Natur, weil es Gottes eigenes Leben ist. Du brauchst nicht zu versuchen, es zu leben, weil Du davon erfüllt bist, wenn Du mit Christus erfüllt und in ihn getauft bist. Laß Dich weiter von seinem gesegneten Heiligen Geist erfüllen, dann wirst Du weiter Christi Leben leben. Aus unserm Innersten werden Ströme lebendigen Wassers fließen, und die Folge wird sein, daß dieses Leben überströmt auf andere.

Etwas über Jesus zu lernen ist dem Leben zwar förderlich, aber bringt nicht »das Leben« hervor. Du wirst nur so viel von Jesu Leben haben, wie Du ihn in und durch Dich leben läßt.

Ein Edelstein für heute: Du bist in Christus untergetaucht, Du hast an seinem Tod und seiner Auferstehung teil, so lebe auch in diesem neuen Leben.

Alttestamentliche Lesung Jesaja 4-6

26. September

Neutestamentliche Lesung Galater 4

Weil ihr nun Kinder seid, hat Gott den Geist seines Sohnes in unsere Herzen gesandt, der ruft: Abba, lieber Vater! *(Gal. 4,6)*

»Wer den Sohn hat, hat das Leben. Wer den Sohn Gottes nicht hat, der hat das Leben nicht« (1. Joh. 5,12). Gott hat uns gesagt, daß sein Geist darum, weil wir seine Kinder sind, Christi Leben in und durch uns lebt und die Lebensqualität offenbart, die Jesus »ewig« genannt hat. Sie soll schon jetzt unsere Erfahrung sein, nicht weil wir vielleicht etwas getan haben, um sie zu verdienen, sondern weil wir Kinder sind.

Wir haben eine ganz persönliche Beziehung mit dem Vater, weil wir seine Kinder sind, nicht seine Knechte oder bezahlten Arbeitskräfte. Gott wird uns nicht wegen eines Versagens wegschicken. Uns gehört seine Liebe, weil wir zu Gottes Familie gehören. Wir sind nicht wie Knechte, deren Leben geteilt ist in Dienen und in das Privatleben außerhalb dieses Dienstes. Wir sind den ganzen Tag Gottes Kinder, jeden Tag, in jeder Erfahrung und in jeder

Beziehung. Weil wir Kinder sind, »hat Gott den Geist seines Sohnes in unsere Herzen gesandt.«

Willst Du wirklich Gott kennenlernen? Ist es wirklich das Verlangen Deines Herzens, den Vater zu kennen, der, wie die Bibel sagt, Dich mit einer immerwährenden Liebe liebt? Ich möchte Dir vorschlagen, den Geist des Sohnes kennenzulernen, den Gott gesandt hat.

Die Bibel sagt uns, daß der Heilige Geist uns in alle Wahrheit führen wird. Er wird uns Gott offenbaren und uns Zugang zum Herzen des Vaters geben. Und noch mehr, er wird Christus in und durch uns verherrlichen. Gottes Wille für uns war nie, daß wir versuchen sollen, unser Leben durch Entschlossenheit und Willenskraft zu gestalten. Gottes Bestes für seine Erben ist, daß sie den Geist der Kindschaft empfangen. Jesus, der Sohn, empfing den Heiligen Geist und lebte ein vom Geist erfülltes Leben. Die Lebensqualität, die er lebte, die Wunder, die er vollbrachte, der Tod, den er starb, und seine Auferstehung von den Toten waren alles äußere Zeichen des Heiligen Geistes, der im Sohn und durch den Sohn lebte.

Gott hat uns nichts Gutes vorenthalten. Weil wir Erben sind, hat Gott den Geist seines Sohnes in unsere Herzen gesandt. Unterwirf ihm Deinen Willen. Gib ihm Freiheit, und sieh selber, ob er nicht die Gelegenheit, die Du ihm gibst, gebraucht, um Jesus zu verherrlichen.

Ein Edelstein für heute: »Denn die der Geist Gottes treibt, die sind Gottes Kinder« (Röm. 8,14).

Alttestamentliche Lesung Jesaja 7-9

27. September

Neutestamentliche Lesung Galater 5

Wenn wir im Geist leben, so wollen wir uns auch nach dem Geist richten. *(Gal. 5,25)*

Es scheint so, daß Paulus klar unterscheidet zwischen dem Empfang des Geistes in unserem Leben einerseits und andererseits unserer Bereitschaft, unserem Gehorsam, nach den Wünschen des Heiligen Geistes, der in uns ist, zu leben.

Wenn ich die Freiheit und den Schutz, den mir das Grundgesetz gibt, genießen will, dann muß ich den Gesetzen gehorchen. Wenn ich mich beim Autofahren an die vorgeschriebene Geschwindigkeit halte, dann brauche ich nicht aus Angst vor der Polizei dauernd in den Rückspiegel gucken oder eine Radarkontrolle zu befürchten. Dies alles gilt nicht mir, solange ich nicht zu schnell fahre.

Wenn wir den Heiligen Geist empfangen, dann sollten wir ihm die Verantwortung über unser Leben übergeben. Er weiß, was der Wille des Vaters für uns ist, und wie er uns am besten zur Reife führen kann. Diese irdischen Gefäße haben so lange in Auflehnung, ohne Reinigung und Erfülltsein mit dem Heiligen Geist gelebt. Sie sind daran gewöhnt, ihre eigenen Dinge zu tun, und werden wieder versuchen, ihren Willen über den des Heiligen Geistes zu erheben; aber sie werden nur Macht haben, wenn wir sie ihnen geben. Gottes Bestes für uns ist, daß der Heilige Geist unser Begleiter wird, daß wir ihn als Person kennenlernen, willkommen heißen, ermutigen und uns an seiner Gesellschaft freuen. Gib ihm darum in Deinem Leben Freiheit.

Der Geist dieser Welt bringt uns in Knechtschaft, damit wir seinen Willen tun, aber der Heilige Geist wird niemals seine Kraft, seine von Gott gegebene Macht über unseren Willen erheben und uns zwingen. Er wird alles in seiner Macht Stehende tun, um uns zu überzeugen und uns dazu zu bringen, daß wir danach verlangen, den Willen des Vaters zu tun. Er wird uns dann mit allen himmlischen Reichtümern versorgen, daß wir Gottes Willen auch tun können.

Es wird von uns Glauben verlangt, wenn wir uns nach dem Geist richten, wenn wir im Gehorsam leben wollen. Ohne Glauben können wir Gott nicht gefallen. Daß wir uns nach dem Geist richten und gehorsam sind, soll Zeugnis für unsere Kindschaft ablegen und zeigen, ob wir mit Gottes Geist erfüllt sind oder nicht. Paulus ermutigte uns, oder sollte ich sagen, gebot uns, daß wir, die wir im Geist leben, uns auch nach dem Geist richten sollen. Laßt uns unser Leben prüfen. Führen wir, die wir erklären, mit dem Geist erfüllt zu sein, ein Leben, in dem es der Heilige Geist ist, der alles beginnt, oder tun wir noch immer unsere eigenen Sachen und bitten Gott womöglich noch, diese zu segnen?

Ein Edelstein für heute: Lege in vollem Vertrauen Dein Leben in die Hände des Vaters, der Dich durch seinen Heiligen Geist leiten wird.

Alttestamentliche Lesung Jesaja 10-12

28. September

Neutestamentliche Lesung Galater 6

Wer auf den selbstsüchtigen Willen sät, der wird von ihm das Verderben ernten; wer aber auf den Geist Gottes sät, der wird von ihm das ewige Leben ernten. (Gal. 6,8)

Was für große Dinge kann der Mensch durch die Kraft seines eigenen Willens anfangen und vollbringen! Der Geist mancher Menschen ist religiös, und solche Menschen empfinden eine ungeheure Befriedigung, wenn sie große, religiöse Werke vollbringen. Um zu prüfen, ob ein Werk von Gott ist oder von Menschen, muß man auf die Motivation sehen, die hinter dem Werk steht. Wenn es der Wunsch eines Herzens ist, Gott zu verherrlichen und nicht zu seiner eigenen Befriedigung ein gutes Werk zu vollbringen, dann kannst Du sicher sein, daß das Werk aus dem Herzen des Vaters kommt.

Ein gutes Beispiel für den religiösen Geist des Menschen, der aus der Selbstsucht kommt, finden wir im zweiunddreißigsten Kapitel des zweiten Buches Mose. Während Mose auf dem Berg war, um von Gott die zehn Gebote zu empfangen, versammelten sich die Israeliten um Aaron. Sie wollten ihn dazu überreden, daß er den Reichtum, den Gott ihnen beim Verlassen von Ägypten gegeben hatte, einsammeln sollte, um daraus einen eigenen Gott zur Anbetung zu errichten. Sie hatten Aaron sogar davon überzeugt, daß er ihr Führer war, den Gott ihnen gegeben hatte. Als Mose mit Gottes Geboten zurückkehrte, die ganz klar verboten, was die Israeliten taten, da leuchtete sein Gesicht von der Herrlichkeit Gottes. Die Gesichter der Israeliten leuchteten auch, aber sie spiegelten die Begeisterung der Selbstsucht wider, in völliger Hingabe waren sie hingerissen von ihrer selbstsüchtigen Anbetung. Sie verehrten nicht nur einen selbstgemachten Gott, sondern taten auch hemmungslos, was sie nur wollten. Das goldene Kalb war teuer und schön, aber es war ein Werk der Selbstsucht. »Wer auf den selbstsüchtigen Willen sät, der wird das Verderben ernten.«

Warte auf den Geist, sei geduldig, glaube den Fähigkeiten des Geistes, und vertraue ihm, daß er auf seine Weise und zu seiner guten Zeit Gottes Werke anfangen wird. Wenn Gott Dich mit dem Wissen seiner Pläne und seines Willens gesegnet hat, dann warte darauf, daß er seine Absichten und Pläne beginnen und ins Leben rufen wird. Sei vorsichtig, damit nicht Dein eigener Geist, Deine eigenen religiösen Wünsche und Begeisterung ein »goldenes Kalb« hervorbringen. Warte auf Gottes Geist, und vertraue ihm, denn »wer ... auf den Geist Gottes sät, der wird von ihm das ewige Leben ernten«.

Nur weil ein ganzes Volk ein goldenes Kalb anbetete, war dies noch nicht richtig. Wenn Du vermeiden willst, betrogen zu werden, dann lerne schnell, die Stimme Deines Geistes zu erkennen und zwischen ihr und der leisen Stimme des Heiligen Geistes zu unterscheiden.

Ein Edelstein für heute: Sammle Dir nicht gute Werke als Götzen, sondern Deine Liebe zu Gott soll gute Werke ins Leben rufen.

Alttestamentliche Lesung Jesaja 13-15

29. September

Neutestamentliche Lesung Epheser 1

Zum Lob seiner herrlichen Gnade, mit der er uns in seinem geliebten Sohn begnadet hat. *(Eph. 1,6)*

Wenn ich durch das Land reise und den Menschen von der Botschaft erzähle, um derentwillen mich Gott nach Amerika gebracht hat, so überwältigt mich noch immer die Anzahl der Menschen, die hören und antworten.

Gott zeigte mir ganz klar, daß das, was ich den Menschen in diesem Land mitteilen soll, einfacher, unkomplizierter, kindlicher Glaube an Jesus ist. Nicht, daß es dem Volk Gottes an Glauben mangelt, aber es ist möglich, daß der Glaube im Leben und Wachsen der Christen irregeleitet wird. Manchmal ist unser Glaube auf Lehren und Lehrer gegründet oder, noch schlimmer, auf die Bibel selbst, wobei allerdings ihr Autor ignoriert wird, der das Wort ist, das Mensch wurde und unter uns wohnte. Menschen kommen zu mir und bekennen regelmäßig eine Fülle der Erkenntnis Gottes, aber sie haben keine persönliche Beziehung zu Jesus Christus. Wenn wir wiedergeborene Menschen sind, dann sind wir Menschen, die Gott ausgewählt hat. Unser himmlischer Vater entschloß sich, uns zu adoptieren. Wir sind nicht einfach in Gottes Familie hineingestolpert. Gott persönlich entschied sich, unser Vater zu sein und uns in seine Familie zu adoptieren. Er hat uns zu Erben seines Königreichs gemacht und will uns nichts Gutes vorenthalten.

Gott sehnt sich danach, daß wir lernen und in dem Wissen wachsen, daß seine Wege nicht unsere Wege sind. Wir können nicht zuviel verstehen von Gottes Wort. Es ist Gottes Absicht für uns, daß wir weise sind, daß wir seine Wege kennen und die großen, göttlichen Wahrheiten seines Wortes studieren. Durch die Bibel sollen wir ein persönliches Gespräch mit Gott führen, dort erfahren wir Führung, Weisung und, wenn nötig, Korrektur. Wir sollen Menschen der Bibel sein und Menschen, die ihren Gott kennen, aber an diesem Punkt müssen wir anhalten und den heutigen Vers studieren.

Keine dieser wunderbaren Wahrheiten und keine große geistliche Erfahrung, ganz gleich, wieviel wir von ihr wissen, macht uns annehmbar vor Gott. Wenn wir in die Gegenwart des Vaters treten, werden wir nicht angenommen wegen unserer Werke, unseres Glaubens oder unserer Heldentaten. Immer, bis zum Ende unseres Lebens, geschieht unsere Annahme vor Gott in dem Geliebten. Wir werden nie so weit wachsen, daß wir den Herrn Jesus Christus nicht mehr nötig haben. Wir sind nie vollkommen ohne ihn, sondern nur vollkommen in ihm. Wenn Du eine einfache christliche Erfahrung machen willst, mußt Du Deinen Tag mit Jesus anfangen und aufhören. Wir sind adoptiert aus Gnade, gelobt sei Gott, aber wir sind angenommen in dem Geliebten, Jesus. Darum sieh zu, daß Du eine enge Beziehung zu Jesus hast, lerne Deinen Freund jeden Tag mehr und mehr kennen.

Ein Edelstein für heute: Jesus ist die Tür zum Vater, und wir werden nur angenommen, wenn wir durch diese Tür gehen.

Alttestamentliche Lesung Jesaja 16-18

30. September

Neutestamentliche Lesung Epheser 2

Er ist unser Friede. *(Eph. 2,4)*

Mir erzählte einmal jemand von einem großen Bild, das in einer Kunstgalerie hing. Der Künstler hatte eine sehr stürmische Szene eines Gewitters dargestellt. Ein Blitz erhellte die ungeheure Dunkelheit des Himmels. Man konnte fast den Donner hören, aber der Blickfang für das Auge war ein Vogelnest, das fest auf einen starken Ast eines Baumes gebaut war. Dieser Ast beugte sich unter der Wut des Sturmes nieder, so weit, daß man einige kleine Vögelchen sehen konnte, die sich im Nest an den warmen Körper ihrer Mutter schmiegten. Es war offensichtlich, daß dies nicht der erste Sturm war, dem sie auf dem schwankenden Ast ausgesetzt waren. Obwohl der Himmel schwarz war und ein Blitz alles drumherum in grelles Licht tauchte, war in dem kleinen Nest Ruhe. Je stärker der Ast im Sturm schwankte, desto dichter schmiegten sich die Vögelchen an ihre Mutter. Der Künstler hatte sein Bild »Friede« genannt. Wenn man sich diese vom Sturm gepeitschte Szene anschaute, so war es das kleine Nest in vollkommenem Frieden, was das Auge anzog. Die stürmische Szene verschwand im Hintergrund, man spürte die Ruhe, die der Künstler vermitteln wollte.

Unser Leben kann wie dieses Bild sein. Aber Paulus sagt uns, daß Jesus unser Friede ist. Wenn man eins der kleinen Vögelchen aus dem Nest genommen hätte, fort von seiner Mutter, dann wäre es der vollen Gewalt des Sturmes ausgesetzt gewesen. Jeder von uns braucht das Nest (Jesus), wenn wir in seinem Frieden leben wollen. Diejenigen, die täglich Stille Zeit halten, sich zurückziehen, um Gott kennenzulernen, haben ein Nest, in dem die Wut des Sturmes sie nur näher zu Jesus bringt. Der Sturm muß sich vor Gottes Gegenwart beugen, denn Jesus ist größer als Stürme, Prüfungen, Leiden und Angst.

Jesus sagte zu seinen Jüngern: »Den Frieden lasse ich euch zurück, meinen Frieden gebe ich euch. Ich gebe ihn euch nicht, wie die Welt ihn gibt« (Joh. 14,27). Im Epheserbrief sprach Paulus nicht von dem Frieden, den Jesus gibt, sondern davon, daß Jesus selbst dieser Friede ist, der ewig währt. Später, im selben Kapitel, sprach Paulus über den Frieden, den Jesus bringt, aber, mein lieber Freund in Christus, in Deiner täglichen Stillen Zeit in der Kammer kannst Du dem nahe kommen, der unser Friede ist, »der höher ist als alle Vernunft.« Suche nicht nach Frieden, sondern nach dem, der dieser Friede ist, der im wildesten Sturm siegt.

Ein Edelstein für heute: Schmiege Dich in der dunkelsten Nacht und der Mitte des Sturmes an den, der den Sturm mit einem Wort zum Schweigen bringt. »Wer festen Herzens ist, dem bewahrst du Frieden, denn er verläßt sich auf dich« (Jes. 26,3).

Alttestamentliche Lesung Jesaja 19-21

1. Oktober

Neutestamentliche Lesung Epheser 3

Mir, dem allergeringsten unter allen Heiligen, ist die Gnade geschenkt worden, den Heiden den unausforschlichen Reichtum Christi zu verkündigen. *(Eph. 3,8)*

Paulus hielt sich selbst für den allergeringsten aller Heiligen. Vielen muß dies richtig erschienen sein, wenn sie an Paulus' Torheit dachten, wie er die Gemeinde Jesu Christi verfolgt hatte, weil er völlig blind war gegenüber dem Wort Gottes, in dem doch viel von dem Kommen des Messias stand. Paulus empfing in Demut und Dankbarkeit das Wort der Gnade, das ihm auf der Straße widerfahren war und ihn auf die Knie geworfen hatte. Dieselbe Gnade war es, die ihm vergab und ihn von aller Sünde reinigte. Die Gnade offenbarte ihm den Sohn, Jesus Christus, und gab ihm das Vorrecht, andere mit dem bekannt zu machen, was er »den unausforschlichen Reichtum Christi« nannte.

Nach Paulus' Begegnung mit Jesus Christus, nach der Offenbarung, die er von ihm empfangen hatte, müssen ihm viele Teile des Alten Testamentes lebendig geworden sein. Das Opferlamm muß ihm als das Bild des Lammes Gottes erschienen sein, das die Sünde der Welt wegnimmt. Aus seinem Brief an die hebräischen Christen ist ersichtlich, daß Paulus erkannte, daß die großen Männer des Alten Testamentes – Mose, Melchisedek und Josua – Christus versinnbildlichen.

Dieselbe Gnade, die Paulus auf dem Weg nach Damaskus begegnete, steht auch Dir und mir zur Verfügung. Sie ist da, um uns von aller Sünde zu reinigen und uns in eine wundervolle Beziehung mit dem Herrn Jesus Christus zu führen. Durch die Gnade können uns alle die wunderbaren Bilder und Wahrheiten Jesu in Gottes Wort offenbart werden. Wir brauchen niemals in Unwissenheit darüber zu leben, wer unser Heiland ist. Paulus spricht von einer Gnade, die ihm unausforschlichen Reichtum gezeigt hatte. Er hatte diesen Reichtum nicht entdeckt, weil er viel danach gesucht hatte oder weil er bestimmte Dinge wußte, sondern weil er den Herrn kannte. Dieser Reichtum ist ein Reichtum des geistlichen Lebens, das uns in Christus gehört und das wir durch unsere Gemeinschaft mit Jesus empfangen. Jeder Tag bietet uns die Möglichkeit, Jesus kennenzulernen, wenn wir bereit sind, alles mit ihm zu teilen, was uns an jedem neuen Tag begegnet.

Ein Edelstein für heute: Wer wirklich den einen, wahren Gott kennt und mit ihm lebt, der wird zum Erben des unausforschlichen Reichtums Christi.

Alttestamentliche Lesung Jesaja 22.23

2. Oktober

Neutestamentliche Lesung Epheser 4

So ermahne ich euch nun, der Gefangene im Herrn, daß ihr euer Leben führt, wie es der Berufung entspricht, durch die ihr berufen seid. *(Eph. 4,2)*

Paulus predigte die Gleichheit im Christentum – Juden und Heiden waren alle gleich und eins in Christus Jesus. Weil er dies predigte, war Paulus ins Gefängnis gebracht worden. Man kann für Christus gefangen sein, aber auch unter diesen Umständen muß man ein Leben als Christ führen. Paulus schrieb im Gefängnis viele seiner Briefe. Der Heilige Geist war bei ihm, er war in ständiger Gemeinschaft mit ihm und inspirierte Paulus zu schreiben. Bist Du einsam? Dann entdecke, wie Paulus, Jesus in Deiner Einsamkeit. Ganz gleich, in welcher Situation Du Dich befindest, die Gemeinschaft mit Jesus ist immer möglich.

Es gab eine Zeit in meinem Leben, bevor ich Christ war, wo Langeweile oder Einsamkeit mich ins Unheil trieben. Ich wollte nicht immer die Dinge tun, die ich tat. In der Tat gab es Zeiten, wo ich mit größter Willensanstrengung versuchte, mich gut zu verhalten, und nicht zuließ, daß ich mich selbst in Schwierigkeiten brachte. Aber diese Zeiten hielten nicht lange an, ich glitt schließlich wieder in das alte, schlechte Verhalten zurück, auf das ich nicht stolz bin. Aus all dem habe ich gelernt, daß die Gesellschaft, in der ich mich befinde, mein Verhalten bestimmt.

Es ist erstaunlich, wie sich mein Verhalten geändert hat, seit ich anfing, mein Leben mit Christus zu führen. Nicht lange nach meiner Bekehrung ging ich zu einem Hotel, um dort mit den alten Kumpels zu trinken, aber Jesus wollte nicht mit mir in die Bar gehen. So kehrte ich um und ging mit Jesus nach Hause zu meiner Frau. Es dauerte eine Weile, bis meine Frau diese Veränderung begriff. Der Herr war eine gute Gesellschaft für mich.

Wenn wir mit Christus leben, dann paßt sich unser Verhalten dem seinen an. Was für ein Kampf ist es zu versuchen, etwas nicht zu tun, und wieviel leichter wird es, wenn wir mit dem Herrn leben! Er steht uns jede Minute des Tages zur Verfügung, und sein Wunsch ist, sich selbst durch jeden von uns zu offenbaren. Wenn wir ihm die Freiheit geben, dann werden die Tugenden Christi in unserem Leben sichtbar werden. Wenn wir mit ihm unser Leben führen, dann werden wir nicht versuchen müssen, heilig zu sein, weil Jesu Heiligkeit, Demut, Sanftmut und Geduld in uns sichtbar sein werden. Hänge Dich an Jesus, komm ihm noch näher, und öffne Dich für ihn; dann wirst Du Dein Leben so führen, wie es der Berufung entspricht.

Ein Edelstein für heute: Unser Leben spiegelt die Gesellschaft wider, in der wir uns befinden. Wenn es also Dein Wunsch ist, wie Christus zu sein, dann mache ihn zu Deinem besten Freund.

Alttestamentliche Lesung Jesaja 24-26

3. Oktober

Neutestamentliche Lesung Epheser 5

So seid nun Gottes Nachfolger als seine geliebten Kinder und lebt in der Liebe ... (Eph. 5,1.2)

Der Geist der Welt hätte gerne, daß wir der Gemeinde gegenüber eine Einstellung haben wie gegenüber einem sozialen Verein, so daß wir die Gemeinde als einen Ort ansehen, wo ein Prediger oder eine Überzeugung in der Mitte steht. Aber Paulus sagt uns, daß wir Gottes Nachfolger sein und Gemeinschaft mit ihm haben sollen, die uns in eine Liebesbeziehung mit dem Vater, dem Sohn und dem Heiligen Geist bringt.

Es ist möglich, etwas über Gott zu lernen, aber trotzdem nicht von ihm geführt zu werden. Paulus ermahnt uns, in Liebe zu leben als Kinder des Lichts und unser Leben umsichtig zu führen (alle Umstände und mögliche Konsequenzen zu bedenken). Wie sehen die Umstände aus, in denen wir zur Zeit nach Gottes Willen leben? Wohin führt Gott Dich? Um dies zu erkennen, ist es gut, Gottes Wort zu studieren und regelmäßig zur Kirche zu gehen. Wir können die Erkenntnis Gottes in unser Herz aufnehmen. Aber unser christliches Leben befindet sich nicht im Gleichgewicht, wenn wir nur ein Wissen über Gott haben und nicht durch sein Wort geführt werden und in ihm leben. Denn Gott hat uns dazu berufen, seine Nachfolger zu sein. Wir brauchen mehr als Wissen über Gott. Der Glaube ist eine Gabe – eine Frucht des Geistes. Wer ein Nachfolger Gottes und ein Täter des Wortes sein will, der braucht Glauben.

Als Du ein Baby-Christ warst, fuhr Gott Dich gleichsam in einem Kinderwagen spazieren. Um Jesus nachzufolgen, wurde von Dir nichts weiter verlangt, als in seiner Gegenwart zu ruhen; aber jetzt bist Du herangewachsen und reifer geworden. Jetzt ist es Zeit, um im Glauben voranzuschreiten. Jetzt, wo Du Deine Beziehung mit dem Herrn Jesus Christus aufgebaut hast, laß es zu, daß die Person des Heiligen Geistes, die in Dir wohnt, Dich führt. Je mehr Freiheit Gott hat, um sich in Dir zu offenbaren, desto leichter wird es für Dich sein, Dich von ihm führen zu lassen und auf seinen Wegen zu gehen. Du wirst nicht immer wissen, wohin Gott Dich führt, oder warum er Dich einen bestimmten Weg leitet. Der Glaube gibt sich damit zufrieden zu folgen und verlangt nicht alle Antworten, sondern nur Weisung. »So seid nun Gottes Nachfolger als seine geliebten Kinder, und lebt in der Liebe.«

Ein Edelstein für heute: »Der Glaube ist eine feste Zuversicht auf das, was man hofft, und ein Nichtzweifeln an dem, was man nicht sieht« (Hebr. 11,1). Wie ein Kind die Hand seiner Mutter hält – und sich keine Gedanken um den Bestimmungsort macht – so lege Deine Hand in die des Vaters, und sei ein »Nachfolger Gottes.«

Alttestamentliche Lesung Jesaja 27.28

4. Oktober

Neutestamentliche Lesung Epheser 6

Zieht die Waffenrüstung Gottes an, damit ihr gegen die listigen Anschläge des Teufels bestehen könnt. (Eph. 6,11)

Für die meisten von uns kommt in unserem Leben mit dem Herrn eine Zeit, wo wir zu einer Konfrontation mit dem Feind geführt werden. Ich kann auf meinen eigenen Weg mit dem Herrn in den letzten zwanzig Jahren zurückblicken und erkenne Zeiten, in denen ich nirgendwohin ging. Es waren Zeiten, wo es darum ging, still zu stehen – in Christi Stärke und in seinem Sieg; Zeiten, um mich in Christus zu behaupten, bis der Feind wich. Er konnte kein Loch in meiner Rüstung finden, mein Kopf war bedeckt. Nicht, daß er mich nicht versucht und mich mit spitzfindigen Gedanken und Vorstellungen konfrontiert hätte. Aber der Helm des Heils saß fest auf meinem Kopf.

Gott war gut zu mir und gab mir den Schild des Glaubens in mein Herz und in meine Hand. Gott gürtete mich mit Wahrheit und hatte meine Füße darauf vorbereitet, daß sie stehen konnten. Es gab Zeiten, wo Gott mich nirgendwohin führte und mir keine neuen Anweisungen gab; ich sollte einfach nur stehen.

Ich möchte Dir etwas erzählen und bitte Gott, daß er Dir hilft, dieses tiefe Erlebnis meines Herzen zu verstehen. Ich hatte eine Vision, vielleicht ist es auch wirklich geschehen – ich kann es nicht sagen. Ich war wach und mir meiner Umgebung bewußt, und da war Satan, er hatte seine Hände um meine Kehle gelegt. Während er mir die Luft abdrückte, packte mich einen Moment lang die Angst. Dann kam plötzlich, wie ein Blitz, die Erkenntnis, daß die Angst auch ein Teil des feindlichen Angriffs war. Ich rief laut: »Satan, du bist besiegt. Nimm mir das bißchen Luft, wenn du willst, denn im selben Moment werde ich entfliehen und in der Gegenwart des Herrn Jesus Christus sein. Du wirst mir meinen Herzenswunsch erfüllen, denn ich werde meinen Herrn von Angesicht zu Angesicht sehen!« Sofort hörte Satan mit seinem Angriff auf, und ich spürte – ich sah es nicht – die Gegenwart des Herrn Jesus Christus im Zimmer.

Nicht jeder braucht solch eine dramatische Begegnung zu haben; aber den Feind gibt es wirklich. Darum warnte uns Paulus und sagte, daß wir Gottes Rüstung anziehen sollen, um gegen den Feind fest stehen zu können. Wenn es Gottes Zeit ist, um wieder weiter zu gehen, dann wird er uns sein Wort geben, und der Feind wird sich vor dem Schwert des Geistes, das Gottes Wort ist, zurückziehen. Es gibt eine Zeit, um zu gehen und geführt zu werden, und eine Zeit, um in Christi Sieg zu stehen, bis er zu unserem Sieg wird und der Feind weicht.

Ein Edelstein für heute: Wenn Gott uns dahin führt, daß wir gegen den Feind stehen sollen, dann haben wir schon den Sieg: die Schlacht, die Gottes Schlacht ist, wurde am Kreuz gewonnen!

Alttestamentliche Lesung Jesaja 29.30

5. Oktober

Neutestamentliche Lesung Philipper 1

Ich habe die feste Zuversicht, daß der, der in euch das gute Werk angefangen hat, es auch vollenden wird bis zum Tag Christi Jesu.
(Phil. 1,6)

Paulus' Zuversicht lag in Gott – er wußte, daß Gott kein gutes Werk in den Gläubigen angefangen hätte, wenn er nicht bereit wäre, es zu vollenden. Paulus kannte auch die Bosheit seines eigenen Herzens und die Fähigkeiten des Heiligen Geistes, ihn zur Einsicht zu führen und zur Anerkennung Jesu Christi als den Herrn. Ohne Paulus' freien Willen zu verletzen, hatte der Heilige Geist ihm Christus in all seiner Herrlichkeit offenbart, bis Paulus nicht mehr widerstehen konnte und frohen Herzens Jesus als den Herrn bekannte. Paulus erkannte das Werk der Gnade in seinem eigenen Leben und hatte die feste Zuversicht, daß Gott dieses gute Werk der Erlösung täglich in jedem Gläubigen vollbringt, bis sie in Christus vollkommen sind. Dann werden sie Christi Herrlichkeit widerspiegeln, ihm ähnlich, wie Christus gesinnt sein und seine Werke vollbringen.

Wenn die Philipper dieselbe Zuversicht haben wollten, die Paulus besaß, dann mußten sie sich jeden Tag mit dem Heiligen Geist füllen lassen und ständige Gemeinschaft mit ihm haben. Jesu Leben sollte so sehr in ihnen sein, daß ihre Gespräche und ihre Lebensweise dem Evangelium Christi Ehre machten. Paulus schrieb: »Nur lebt als Gemeinde, wie es dem Evangelium Christi entspricht, damit ihr in einem Geist fest steht, mit uns einmütig für den Glauben an das Evangelium kämpft und euch in keinem Stück von den Widersachern erschrecken laßt« (Vers 27.28). Paulus trieb sie dazu an, fest zu stehen und, in diesem Fall, zusammenzustehen, ohne sich gegenseitig Konkurrenz zu machen. Weil Paulus wußte, daß dies nicht leicht ist, ermahnte er sie, zu kämpfen (nicht aus eigener Kraft, sondern aus Gottes Kraft). Ich bin sicher, daß diese Gläubigen sich ihren Weg durchbeten mußten, um zu dem zu gelangen, was Gott für sie ausgewählt hatte. Sie begegneten sicherlich einer Reihe von Hindernissen, die sie von Gottes Bestem fernhalten konnten.

Wir brauchen nicht an Gottes Fähigkeit zu zweifeln, daß er heute dasselbe tun kann, was er in der Urgemeinde tat. Durch seinen Geist, der in uns wohnt, wird Gott uns zur Einheit bringen, dahin, daß wir in einem Geist zusammenstehen. Aber das ist abhängig von unserer Antwort auf den Heiligen Geist. Es hängt ab von unserem Gehorsam gegenüber Gottes Wort, von unserer Bereitschaft, uns führen zu lassen und uns selbst zu demütigen. Was immer Gott uns sagt, das wir tun sollen – laßt es uns mit all unserer Kraft tun.

Ein Edelstein für heute: Die Einheit gehört uns, wenn wir bereit sind, uns vom Geist führen zu lassen und uns vor Gott zu demütigen.

Alttestamentliche Lesung Jesaja 31-33

6. Oktober

Neutestamentliche Lesung Philipper 2

Müht euch um euer Heil mit Furcht und Zittern. Denn Gott ist's, der in euch das Wollen wie das Vollbringen wirkt zu seinem Wohlgefallen. (Phil. 2,12.13)

Wir sind nicht verantwortlich für die anfängliche Erfahrung unseres Heils, denn Gott selbst hat unser Heil angefangen. Gottes Gnade machte es möglich, als Gott uns die Notwendigkeit der Erlösung offenbarte. Er ließ es zu, daß sein Sohn sich als vollkommenes Opfer hingab, das von den Folgen der Sünde rettete. Wir mußten umkehren und uns von unserer Sünde abwenden, wenn die Erlösung in unserem Leben Wirklichkeit werden sollte. Es war Gott, der uns spüren ließ, daß wir es nötig hatten, uns zu bekehren.

Erlösung ist eine fortdauernde Erfahrung, sie geschah nicht nur zu dem Zeitpunkt, als wir Jesus unser Leben gaben. Nachdem wir durch Jesu Blut gerechtfertigt sind, durch das Opfer, das ein und für allemal geschah, beginnt unser täglicher Weg der Heiligung. Das ist der Grund, warum Paulus den Christen in Philippi schrieb und ihnen sagte, daß sie sich mit Furcht und Zittern um ihr Heil mühen sollten, damit sie nicht unterließen, mitzuwirken und »Täter des Wortes« zu sein. Wenn sie das volle Heil erfahren und sich Tag für Tag daran freuen wollten, dann mußten sie offen sein für den Heiligen Geist, der in ihnen wohnte, und mußten ihm antworten. Sie mußten auch Gott vertrauen, daß er sie seinen Willen wissen lassen würde, um ihn als ihren annehmen zu können. Wenn sie einmal die Gewißheit hatten, was Gottes Wille war, dann sollten sie im Glauben losgehen und erwarten, daß Gottes Kraft und alle seine Reichtümer ihnen zur Verfügung stehen würden, um seinen Willen zu tun.

Der Mensch hat die Verantwortung, Gottes Willen zu seinem eigenen Willen zu machen und dann Gottes Gnade in Anspruch zu nehmen, um Gottes Willen im eigenen Leben zu tun. Wir sind dazu fähig, weil uns alle Reichtümer des Himmels zur Verfügung stehen. Gott wird uns jeden Schritt des Weges führen, aber dies kann und wird nicht geschehen, solange wir nicht gehorchen und den Vater um Gnade bitten. Dann müssen wir im Vertrauen auf diese Gnade losgehen und Gottes Willen tun. Es ist auch wichtig, wie wir den Willen des Vaters vollbringen. Paulus sagte: »Tut alles ohne Murren und Zweifel« (Vers 14). Gott hat uns eine große Verantwortung übergeben, um unseren Willen zu trainieren. Unsere tägliche Erfahrung der Erlösung hat darin ihre Grundlage, daß wir unseren eigenen Willen beiseitelegen und Gottes Willen annehmen, im vollkommenen Vertrauen auf Gott. »Denn Gott ist's, der in euch das Wollen wie das Vollbringen wirkt zu seinem Wohlgefallen.«

Ein Edelstein für heute: Deine Verantwortung als Christ ist, im Glauben vorwärts zu schreiten und Deinen himmlischen Reichtum zu gebrauchen, denn: »Treu ist er, der euch beruft; er wird's auch tun« (1. Thess. 5,24).

Alttestamentliche Lesung Jesaja 34-36

7. Oktober

Neutestamentliche Lesung Philipper 3

... damit ich Christus gewinne und bei ihm gefunden werde... Ich möchte ja ihn erkennen. *(Phil. 3,8-10)*

Was machte Paulus zu einem großen Gottesmann? Er hielt keinen Feldzug ab für eine besondere Gemeinde, noch bat er um Beachtung seiner Größe. Sein Leben war vollkommen der Verkündigung des Evangeliums von Jesus Christus hingegeben. Gott hatte ihn zu einem Apostel für die Heiden gemacht. Keiner der anderen Apostel hatte diese Berufung, und es gab keine Schule für das, wozu Gott ihn berufen hatte. Petrus verstand wahrscheinlich besser als alle anderen diese Berufung, weil er im Haus des Kornelius war, als der Heilige Geist auf die Heiden herabkam; aber auch Petrus war nicht zum Heidenapostel berufen.

Was machte Paulus dann zu dem großen Mann Gottes, der er war – ein Mann, dessen Schriften noch heute täglich gelesen werden und wahrscheinlich mehr als alle anderen Bücher gelesen wurden? Ich meine, daß es Paulus' Streben nach Jesus Christus war, das ihn so groß machte. Alles, was er tat, sagte oder schrieb, war einfach ein Überfließen seiner Gemeinschaft mit Jesus.

Paulus war Jesus auf der Straße begegnet, und er hatte die innere Verwandlung erfahren, die Jesus Wiedergeburt nannte. Dadurch hatte Paulus nie mehr aufgehört, nach Jesus zu streben, und er zog sich mehrfach lange zurück, um allein mit dem Herrn zu sein. Nachdem er Jesu Liebe geschmeckt hatte, wollte Paulus, daß diese Liebe in ihm lebendig blieb. Er empfing die Gaben des Heiligen Geistes. Der Geist offenbarte sich durch sie in seinem Leben, aber immer noch drängte er weiter in seinem Streben nach Christus. Paulus' Gedanken wurden lebendig und frisch, weil er erkannte, daß er Christi eigene Gedanken wahrgenommen hatte, aber immer noch strebte Paulus nach mehr von Jesus selbst. Er badete sich in Christi Gerechtigkeit, und in ihm war Christi Friede, seine Freude, Geduld und Liebe, aber es drängte ihn weiter, er strebte nach mehr von Jesus selbst.

Es war wie ein Wettkampf, in dem er laufen mußte, um den Preis zu erlangen und Jesus Christus zu gewinnen. Paulus drückte einen Wunsch aus: Er wollte nicht in sich selbst gerecht sein, sondern in Christus gefunden werden und mit dem Vater leben. Paulus lebte, um Gottes Reich zu lieben und dafür Sorge zu tragen. Der Heilige Geist veranlaßte ihn, den Willen des Vaters zu erkennen und zu tun, aber alles das war nicht genug. Nachdem er über alle diese wunderbaren Dinge geschrieben hatte und von der Fülle Christi überfloß, sehnte Paulus sich in seinem Herzen noch immer nach mehr von Jesus selbst. Da war ein Verlangen, ein inneres Wissen, daß es noch mehr gab; schließlich bekannte sein Mund, was die Sehnsucht seines Herzens war: »Ich möchte ja ihn erkennen!« Paulus wußte, daß intellektuelles Streben oder Ämter in der Kirche ihn nicht zufriedenstellen konnten, er erkannte, daß ihm die Welt nicht mehr anbieten konnte. Nur Jesus konnte die Sehnsucht seines Herzens stillen. Paulus' Größe lag darin, daß seine

Erkenntnis, die er von Jesus Christus besaß, in Demut gekleidet war, und ich bezweifle, daß er das überhaupt wußte.

Ein Edelstein für heute: »Das ist aber das ewige Leben, daß sie dich erkennen, der du allein wahrer Gott bist ...« (Joh. 17,3).

Alttestamentliche Lesung Jesaja 37.38

8. Oktober

Neutestamentliche Lesung Philipper 4

Sorgt euch um nichts, sondern in allen Dingen laßt eure Bitten in Gebet und Flehen mit Danksagung vor Gott kommen. (Phil. 4,6)

Hier ist ein Vers, den Du praktisch anwenden und um den herum Du Dein ganzes Leben bauen kannst. Du kannst ihn als ein nie endendes Glaubensabenteuer erfahren, das Gott wohlgefallen wird.

Zuerst sagte Paulus den Christen in Philippi, daß sie ihren Platz in Gott finden und fest im Herrn stehen sollten. Er drängte sie, denen zu helfen, die mit ihm für das Evangelium gearbeitet hatten – in diesem Fall waren es Frauen. Danach ermahnte er sie: »Freut euch im Herrn allezeit, und abermals sage ich: Freut euch!« (Vers 4). Dies sollte begleitet sein von Standfestigkeit und Hilfe für jene, die das Evangelium von Jesus Christus verkündigten.

Der Glaube überläßt sich nicht der Furcht und gibt der Sorge keinen Raum; wenn uns darum diese Dinge aus unserer Seele, wenn uns diese Gefühle überkommen, dann müssen wir sie dem Herrn bekennen und von ihm Glauben empfangen, der unseren Umständen gewachsen ist. Wenn wir das tun, dann stehen wir fest und haben Freude. Und es ist der Lobpreis, der eine direkte Verbindung mit dem Himmel schafft. Er öffnet das Herz des Vaters, so daß er uns Glauben schenkt und unser Innerstes füllt, bis alle Angst und Furcht verschwunden sind.

Nun, wenn Du die Tür geöffnet hast, hältst Du einen »heißen Draht« zum Himmel in den Händen. Laß Gott Deine Bitten wissen »in allen Dingen ... in Gebet und Flehen mit Danksagung«. Tu es auf Gottes Weise. Von uns wird etwas verlangt, weil Gottes Verheißungen alle an eine Bedingung geknüpft sind. Dein Auto wird Dich bringen, wohin Du nur willst, vorausgesetzt, daß Du die richtigen Dinge auf die richtige Weise tust. So ist es auch bei Gott. Die Verheißung unseres Textes wird Dich durch Dein Leben tragen und Dir eine Tür öffnen, so daß Deine Gebete erhört werden, vorausgesetzt, daß Du nach Gottes Anweisung handelst.

Verschwende nicht Deine und Gottes Zeit damit, daß Du darum bittest, gesegnet zu werden. Gott will Dich segnen, aber er will, daß Du konkret bittest. Sage ihm, was Du willst. Wenn es nötig ist, dann sage ihm die Farbe. Halte Deine Bitten vor Gott, rede mit Gott darüber, preise ihn und danke

ihm. Ja, Paulus sagte: »Mein Gott wird all euren Mangel ausfüllen nach seinem Reichtum in Herrlichkeit in Christus Jesus« (Vers 19).
Ein Edelstein für heute: Folge den Anweisungen des Handbuchs (der Bibel), lebe das Leben, das Gott Dir gegeben hat.

Alttestamentliche Lesung Jesaja 39.40

9. Oktober

Neutestamentliche Lesung Kolosser 1

Denn wir haben von eurem Glauben an Jesus Christus gehört und von der Liebe, die ihr zu allen Heiligen habt. (Kol. 1,4)

Als Mann Gottes hatte Paulus großen Glauben, er vertraute Gottes Wort. Die Verheißungen, die Gott ihm gab, wurden durch den Glauben an Jesus zu seiner Erfahrung. Es scheint mir notwendig zu sein, näher zu erklären, was ich zu sagen versuche. Paulus nahm nicht Gottes Verheißungen und machte aus ihnen eine Formel, der er glaubte. Nein, sein Glaube und sein Vertrauen waren auf den gerichtet, der die Verheißungen gegeben hatte – auf Jesus Christus. Einen solchen Glauben meinte er auch, wenn er den Kolossern schrieb, daß er von ihrem Glauben an Jesus Christus gehört hatte. Wir müssen Christus glauben, wenn wir eine vertrauensvolle Beziehung mit ihm haben wollen. Dann werden wir sein Wort nicht mit Zweifeln und Ängsten aufnehmen. Paulus schrieb einfach Verheißungen auf, die Gott ihm gegeben hatte und die er erfuhr, wenn er mit Jesus Gemeinschaft hatte.

Wir werden weniger Schwierigkeiten haben, Christus zu erkennen und ihm zu glauben, wenn wir unser Verstehen erweitern und danach streben, daß unsere Gemeinschaft mit ihm reicher wird. Wenn wir Jesus Tag für Tag suchen und Gemeinschaft mit ihm haben in all seiner Herrlichkeit, wenn wir seine unermeßliche Größe sehen, dann wird der Glaube an ihn, sein Wort und seine Verheißungen eine ganz natürliche Erfahrung. Das alles wird einfach nur eine Folge unserer Beziehung mit ihm sein. Wenn Jesus dann eine Verheißung in unser Herz spricht, so wird unser Glaube an ihn zum Glauben an sein Wort, und wir werden sofort in der Lage sein, es in die Tat umzusetzen.

Immer wieder halte ich mir die Verheißungen der Bibel vor Augen, die Jesus mir lebendig gemacht hat. Ich prüfe mich selbst, um sicherzugehen, daß ich keine vergessen habe, denn diese Verheißungen sind meine Wegweiser. Sie sind Jesu Wort an mich, und es ist mein Wunsch, daß Jesus und das, was er sagt, im Mittelpunkt meines Lebens steht. Auf der Hochzeit in Kana sagte Jesu Mutter zu den Jüngern: »Was er euch sagt, das tut« (Joh. 2,5). Die Beziehung der Diener zu Jesus war eine Beziehung des Gehorsams. Sie kannten ihn nur als Meister; Gehorsam und Glauben an ihn und seine Anweisungen brachten ein Wunder hervor. Diene Gottes Wort, und gehorche ihm, aber vernachlässige dabei nicht den Urheber des Wortes, setze all Deine Kraft ein, um eine Beziehung mit Jesus aufzubauen. Glaube ihm und baue Dein Leben auf ihn. Er wird dann sein Leben in Dir und durch Dich leben, und Du wirst bekannt sein als ein Jünger, der Liebe zu allen Heiligen hat.

Ein Edelstein für heute: »Denn wie durch den Ungehorsam des einen Menschen (Adam) die Vielen zu Sündern geworden sind, so werden auch durch den Gehorsam des Einen (Jesus) die Vielen zu Gerechten« (Röm. 5,19). – Einer macht den ganzen Unterschied!

Alttestamentliche Lesung Jesaja 41.42

10. Oktober

Neutestamentliche Lesung Kolosser 2

Wie ihr nun den Herrn Christus Jesus angenommen habt, so lebt auch in ihm. *(Kol. 2,6)*

Damit Du den Herrn Jesus Christus annehmen konntest, brauchtest Du Glauben, den Gott Dir gab. Dieser Glaube öffnete einen Kanal zum Himmel, durch den Gott Dir seine Gnade geben konnte. Keiner von uns verdiente wirklich das, was in unserem Herzen stattfand. Diese Erfahrung kann man weder kaufen noch erarbeiten. Wir haben einfach die Möglichkeit wahrgenommen, von dem umzukehren, was wir waren: Sünder. Unser Herz lebte in Feindschaft mit Gott, und unser Geist war tot in Übertretung und Sünde. Gott hat uns durch den Glauben mit seiner Gnade erreicht, und der Geist des Herrn Jesus Christus wurde eins mit unserem Geist. Eine Hochzeit, eine Vereinigung fand statt, bei der wir wiedergeboren wurden durch den Geist aus der Höhe.

Jetzt erinnert Paulus die Kolosser daran, wie sie ein Leben des Sieges in Christus führen konnten. Er sagte: »Wie ihr nun den Herrn Christus Jesus angenommen habt, so lebt auch in ihm.« Ich will Dich daran erinnern, daß Du durch Gottes Gnade Christus durch den Glauben angenommen hast. Die Gnade, die Dich Deine Not erkennen ließ und die Dir durch den Glauben den Herrn Jesus Christus offenbarte, ist dieselbe Gnade, die Dir – durch den Glauben – zur Verfügung steht, um das Leben eines Christen zu führen und mit dem Herrn Jesus zu gehen als Jünger. Paulus sagte: »An (Gottes) Fülle habt ihr teil in ihm, der das Haupt aller Mächte und Gewalten ist« (Vers 10). Jesus ruft uns dazu, in ihm zu leben, und erinnert uns daran, daß wir in dem Rettungsprinzip, das in unserer Erlösung sichtbar wurde, auch weiter leben müssen, wenn wir weiter gerettet sein und in Schwierigkeiten Sieg haben wollen. Wir müssen unser Leben in Christus führen, wenn wir die alte Natur besiegen wollen, die in uns ist und die mit der Hoffnung und dem Wunsch lebt, noch einmal über unseren sterblichen Leib zu herrschen. Aber wir

haben Christus unseren Körper übergeben, damit er in uns wohnt. Alles, was wir sind, muß sich ihm unterwerfen. Unsere alte, schwierige Natur ist gegen Christi Natur ausgetauscht worden, so daß wir jetzt Christi Stärke, Geduld, Liebe, alle seine Tugenden in Anspruch nehmen können. Alles von Christus steht uns zur Verfügung, wir können darin leben. In welcher Natur willst Du leben? Auf welche Stärke willst Du vertrauen – auf Deine oder auf seine? Du hast Christus in derselben Weise empfangen, in der Du leben solltest, durch Gnade im Glauben. Gründe Dich auf Christus. Sei in ihm verwurzelt.
Ein Edelstein für heute: Nach der Heirat lebt man nicht mehr allein mit seinen Gedanken und mit seinem Herzen; dasselbe gilt auch, wenn wir zur Braut Christi werden. Du bist jetzt eins mit seinem Geist, »so lebt auch in ihm.«

Alttestamentliche Lesung Jesaja 43.44

11. Oktober

Neutestamentliche Lesung Kolosser 3

Seid ihr nun mit Christus auferstanden, so sucht, was droben ist, wo Christus ist, der zur Rechten Gottes sitzt. (Kol. 3,1)

Wenn Christus aus dem Grab auferstanden ist und den Tod überwunden hat, dann auch wir, weil es heißt: »Euer Leben ist mit Christus in Gott verborgen« (Vers 3).

Der erste Sieg, den Christus für uns gewann, ist der über den Tod, den er überwand. Jesus betrat das Innerste der Hölle und besiegte die Hölle um unseretwillen. Niemals werden wir als Folge unserer Sünde die Hölle erleiden müssen, weil Jesus siegte. Sein Blut war die Bezahlung für unsere Erlösung, und es hat für uns das Auferstehungsleben gewonnen. Das einzige, wozu er uns beruft, ist, darin zu leben. Weil wir ein Volk sind, das den Geist Christi in seinem Geist empfangen hat, sind wir mit Kraft aus der Höhe ausgestattet. Jesus hat seinen Heiligen Geist gesandt, damit er in uns wohnt und uns Kraft gibt. Alle Reichtümer, die wir brauchen, um das Auferstehungsleben zu leben, gehören uns in Christus. Halleluja! Es hat keinen Zweck, Gott zu sagen, daß Du nicht kannst, denn er weiß es und hatte nie im Sinn, daß Du versuchen solltest, das Leben aus eigener Kraft zu leben. Du sollst das Auferstehungsleben in Christus leben. Paulus nimmt sich viel Raum, um zu beschreiben, wie das christliche Leben aussehen wird, wenn es in und durch Jesus gelebt wird. Er zählt Tugenden auf, die man als natürlicher Mensch niemals besitzen und leben kann. Paulus stellt uns ein Verhalten vor Augen, das nicht nur zum Gesetz für uns würde, sondern uns auch verdammen würde, wenn wir nicht das Leben hätten, das Christus in diese irdenen Gefäße gegeben hat. Der, der das Leben ist, macht diese Tugenden zu unseren.

Nun weist Paulus auf eine andere Herausforderung, eine höhere Form des Lebens hin. Jesus überwand die Hölle, und ihm wurde der Sieg in der Welt gegeben. Paulus schreibt jetzt über das Leben Christi im Himmel zur Rechten Gottes. Paulus sagt, daß wir nach dem suchen sollen, was droben ist, nicht nach dem, was auf Erden ist. »Denn ihr seid gestorben, und euer Leben ist mit Christus in Gott verborgen« (Vers 3).

Im Himmel gibt es eine Beziehung und eine Gemeinschaft mit Christus im Allerheiligsten. Diese Möglichkeit steht jedem von uns offen, jetzt in diesem Augenblick, und Gott bittet uns, mit Loben und Preisen in seinen Tempel einzutreten. Dort im Tempel ist der Sieg über Mächte und Gewalten. Jesus bringt die Dinge in Ordnung, so wie sie sein sollen, und keine Macht auf Erden kann das wieder rückgängig machen. Und wir sollen »suchen, was droben ist«.

Ein Edelstein für heute: Als Kinder Gottes steht uns die Kraft des Himmels zur Verfügung. Sie zeigt sich im Gläubigen in dem Maße, wie er unter der Führung von Gottes Heiligem Geist lebt. »Denn unsere Predigt des Evangeliums kam zu uns nicht nur im Wort, sondern auch in der Kraft ...« (1. Thess. 1,5).

Alttestamentliche Lesung Jesaja 45-47

12. Oktober

Neutestamentliche Lesung Kolosser 4

Seid beharrlich im Gebet und wacht dabei mit Danken! (Kol. 4,2)

Es ist gut, sich daran zu erinnern, daß es der Herr Jesus Christus war, der uns mit dem Vater versöhnte. Wir hatten keine Beziehung zu Gott, weil wir geistlich tot waren in unseren Übertretungen und Sünden. Dann führte Jesus uns durch sein Opfer für die Sünde – Deine und meine – zu einer ewigen Beziehung mit dem Vater. Jesus hat uns zu mehr gemacht als nur zu Mitgliedern einer Kirche. Wir sind zu Gottes Söhnen und Töchtern geworden. Jetzt können wir eine persönliche und enge Beziehung mit Gott haben. Die Frage ist: Was werden wir mit dieser wunderbaren Möglichkeit machen, und wie können wir das Beste daraus machen ? Das Wie wird von unserem Vers heute beantwortet: »Seid beharrlich im Gebet!«

Ich erinnere mich an mein erstes Jahr in Christus, an meine »Kindheit«, wo ich viele Dinge noch nicht wußte. Zum Beispiel erkannte ich nicht, daß mein tägliches Reden mit Jesus Beten war. Es beunruhigte mich, wenn ich die schönen Gebete der Kirchgänger hörte, die sie in bestem »Bibelenglisch« sprachen; sie unterschieden sich so sehr von meinen Gesprächen mit Jesus, daß ein lieber Bruder nach einer Versammlung auf mich zukam. In der Versammlung war ich aufgefordert worden zu beten; und da ich nicht wußte, wie ich anders mit Jesus reden sollte, sagte ich Jesus einfach, was mir auf dem Herzen lag. Die Folge davon war, daß dieser Bruder mir sehr liebevoll sagte, daß es unangemessen ist, mit Jesus so zu sprechen. Er sagte, daß mein Gebet theologisch nicht in Ordnung war und daß ich nicht zu Jesus, sondern in Jesu Namen zum Vater beten sollte. Zu dieser Zeit kannte ich Jesus, aber Gott der Vater war mir ein Geheimnis. In meiner Auseinandersetzung mit all dem erzählte ich einer Missionarin aus unserer Gemeinde von meinem Problem. Diese Missionarin äußerte, wie mir damals erschien, die seltsamste Bitte. Sie sagte: »Tim, ich hoffe, daß du nie beten lernst, aber wenn du das nächste Mal mit Jesus sprichst, erwähnst du dann bitte meinen Namen vor ihm?«

Ich möchte noch einmal wiederholen, daß die Frage, wie wir eine persönliche und enge Beziehung mit Gott haben können, in unserem Vers heute ausreichend beantwortet wird: wir sollen beharrlich sein im Gebet. Was werden wir nun mit dieser wunderbaren Möglichkeit machen, die wir haben? Du selbst mußt antworten. Lies, was die Bibel über das Beten sagt. Du kannst auch einige gute Bücher zu diesem Thema lesen, aber es wird nicht viel geschehen, solange Du nicht in einer Beziehung des Gebets mit Jesus lebst. Erfahrung ist der Schlüssel. Der Heilige Geist freut sich, wenn er mit Dir im Gebet Gemeinschaft haben und Dich zu einer Beziehung mit Jesus führen kann. Er ist der beste Lehrer und Gefährte, den Du je haben kannst.

Ein Edelstein für heute: Beten ist etwas, was man tun und erfahren muß.

Alttestamentliche Lesung Jesaja 48.49

13. Oktober

Neutestamentliche Lesung 1. Thessalonicher 1

Wir danken Gott allezeit für euch alle und denken an euch in unserem Gebet. *(1. Thess. 1,2)*

In diesen Worten liegt für Dich die Möglichkeit, gerade jetzt eine gute, neue Erfahrung mit dem Gebet zu machen. Wenn Du dieses hier gelesen hast, lege Deine »Edelsteine« beiseite und wende Dich in ruhiger Sammlung an den Herrn. Nenne ihm die Namen all der Menschen, die Du kennst und liebst, und danke ihm für alle. Verweile mit Deinen Gedanken bei jedem Einzelnen einen Augenblick. Denke dann an einen bestimmten Menschen, den Du Gott besonders nennst.

»Vater, ich danke dir für ...«. Denke an die guten Eigenschaften, die Gott ihm gegeben hat. Führe diese einzeln auf, und danke Gott dafür. Erinnere Dich daran, wie dieser Mensch seinen Glauben lebt, wie er vielleicht arbeitet und wirkt in Liebe und Geduld, und danke Gott für dies alles. Bete für sein geistliches Wachstum. Denke an einiges, was Du in Deinem eigenen Leben gern überzeugender entfaltet haben möchtest, und wünsche ihm das gleiche.

Bitte Gott, ihn damit zu segnen. Weise alle negativen Gedanken von Dir und versuche nicht, sein Leben durch Dein Gebet zu korrigieren. Bleibe im Raum des Dankes, und freue Dich über seine guten Seiten.

Nachdem Du für die Menschen, die Du liebst, gedankt hast, versuche nun genau das Gleiche zu tun für die, mit denen Du Schwierigkeiten hast. Nenne vor dem Herrn ihre Namen – ungeachtet Deiner Gefühle –, und danke Gott ausdrücklich für jede einzelne ihrer guten Seiten. Danke ihm für ihre Erlösung und für jede gute Erfahrung, die Du mit ihnen gemacht hast. Drücke Deinen Dank aus mit starken, kräftigen Worten, so daß Gott die Aufrichtigkeit Deiner Haltung merken kann. Wenn Deine Gefühle – die ja Regungen Deiner Seele sind – nicht mitmachen wollen, wenn sie dieses Gebet hindern, dann halte auf der Stelle an. Sprich in deutlich vernehmbaren Worten (nicht in Gedanken), und tadle Deine Seele, daß sie nicht mitmachen will. Erinnere sie daran, daß Du Dein ganzes Leben – Leib und Seele – durch einen freiwilligen Beschluß der Leitung des Heiligen Geistes übergeben hast, der jetzt in Deinem Herzen wohnt. Bekenne Jesus Christus das Widerstreben Deiner Seele. Und dann gehe vorwärts im Glauben und mit nachdrücklichem Ernst, fest entschlossen zu loben und zu danken für die guten Gaben und Eigenschaften, die Gott diesen Menschen geben hat.

Nachdem Du dies alles getan hast, wirst Du eine Überraschung erleben. Denn Dein Danken für die anderen hat ein Tor zum Himmel geöffnet, durch das ein Segen herabkommt für Dich selbst.

Ein Edelstein für heute: Wir ernten, was wir säen. Und dabei gilt die Wahrheit: »... Geben ist seliger als Nehmen« (Apg. 20,35).

Alttestamentliche Lesung Jesaja 50-52

14. Oktober

Neutestamentliche Lesung 1. Thessalonicher 2

Darum danken wir Gott auch unablässig dafür, daß ihr das Wort Gottes, das ihr durch unsre Predigt empfangen habt, nicht als Menschenwort, sondern als das angenommen habt, was es in Wahrheit ist, als Gottes Wort, das in euch wirkt, die ihr glaubt.

(1. Thess. 2,13)

Hier ist eine neue Möglichkeit, um eine Erfahrung zu machen, eine Möglichkeit, um mit Gott allein zu sein: Danke ihm. Sei dankbar, freue Dich an dem Wort, das Du von Gott empfangen hast, und drücke diese Freude vor Gott aus. Ich will versuchen, mein Anliegen an einem Beispiel deutlich zu machen. Stelle Dir vor, daß Du in ein Restaurant gehst, um ein Steak zu essen. Du bist wirklich hungrig, und Bratenduft erfüllt den Raum. Wenn Du bisher keinen Appetit hattest, dann verspürst Du ihn jetzt bestimmt. Während Du dort mit Deinem Freund sitzt und ihm sagst, wie hungrig Du bist und wie sehr Du Dich auf das Essen freust, erinnerst Du Dich an ähnliche Situationen wie diese. Dir läuft das Wasser im Munde zusammen, und Du kannst kaum noch warten. Aber alles Reden darüber, alles Riechen und die Freude ändert noch nichts an Deinem Hunger. Erst wenn Du wirklich gegessen hast, wirst Du satt und zufrieden sein.

Das ist ein anschauliches Beispiel für unseren Umgang mit Gottes Wort. Wir können es hören, darüber reden und Verlangen danach haben. Aber es ist etwas ganz anderes, Gottes Wort aufzunehmen. Und wir sollen es sogar nicht nur aufnehmen, sondern es auch erfahren. In unserem Vers heißt es, daß es im Leben derer wirkt, die glauben.

Es gibt keinen besseren Weg als das Danken, um Dein Herz für Gottes Wort zu öffnen. Das Danken schafft einen inneren Raum, so daß Du Gottes Wort aufnehmen kannst und es in Deinem Leben wirkt. Danken ist wie Appetit, der das Herz bereit macht, um das Wort zu empfangen. So wie Dich ein Stückchen Fett an einem Steak nicht stört, weil Du auf das Fleisch schaust, so solltest Du auch über die Unvollkommenheit der Menschen hinwegsehen, die Dir Gottes Wort weitergeben. Lege alles Menschliche der Verkündigung beiseite, und nimm das auf, was Wahrheit ist. Diese Wahrheit ist in der Lage, Gottes Leben zu offenbaren. Murren vertreibt den Heiligen Geist und beraubt Dich. Danken läßt Gottes Wort zu Deinem Eigentum werden und läßt es in Deinem Herzen wohnen. Übe das Danken in Deiner Gebetskammer; nimm Dir einen Bibelvers, und drücke Gott mit ganzem Herzen Deinen Dank aus.

Ein Edelstein für heute: Der Feind und Räuber des Dankens ist das Murren. Es unterdrückt den Geist des Dankens und hält Dich davon ab, das Wort anzuerkennen, so daß es keine Wirkung hat in Deinem Leben.

Alttestamentliche Lesung Jesaja 53-55

15. Oktober

Neutestamentliche Lesung 1. Thessalonicher 3

Wie können wir Gott euretwegen genug danken für all die Freude, die wir an euch haben vor unserem Gott? *(1. Thess. 3,9)*

Wenn wir in der Art des Himmelreichs beten, dann werden wir eine neue Dimension des ewigen Lebens erfahren. Danken bringt Frucht hervor. Wenn Du »mit Erfolg« gebetet hast – wenn Gott Deine Bitte gehört und Dir die Gewißheit gegeben hat, daß er das Erbetene gewährt –, möchte ich Dir sagen, daß es noch mehr gibt. Es ist gerade der Punkt, an dem die meisten von uns in ihrem Gebetsleben versagen und das Beste, was Gott uns geben will, verpassen. Die meisten von uns sind so sehr beschäftigt mit der Antwort, die Gott uns auf unser Gebet gegeben hat, daß wir es versäumen, Gott in reichem Maße für seine Freundlichkeit zu danken.

Bei der Antwort auf unsere Gebete geht es meistens um Hilfe in irgendeiner materiellen oder persönlichen Not. Die Hilfe, als Antwort auf unsere Gebete, ist für sich selbst genommen ein großer Segen. Aber ich möchte, daß Du erkennst, daß wir persönlich noch einen viel größeren Segen erfahren können. Wir können in unserem geistlichen Leben wachsen, wenn wir nicht auf die Antwort unserer Gebete schauen, sondern uns im Danken üben. Von den zehn Aussätzigen, die geheilt wurden, kehrte nur einer zu Jesus zurück, um ihm zu danken und ihn zu preisen. Dies war viel mehr als nur ein nobles, gut gemeintes Zeichen der Verehrung. Dieser Mann machte eine echte Erfahrung mit Jesus. Die anderen Aussätzigen, die auch geheilt waren, erlebten dies nicht. Dieser eine Mann machte für ein paar Augenblicke eine Herzenserfahrung mit Jesus, und was immer auch zwischen den beiden geschah, es war Reichtum für den Geheilten. Weil er zurückkehrte, um Jesus zu danken, erfuhr er mehr als Heilung. Aber das hatte er nicht im Sinn, sein Handeln war nicht von Selbstsucht bestimmt. Er kehrte um, um zu geben, nicht um zu empfangen. Denn es ist seliger zu geben als zu nehmen. Dieser arme, zerlumpte, mittellose Aussätzige hatte etwas zu geben, und dieses Etwas war sein Dank.

Und jetzt zeigt uns Paulus noch eine weitere Möglichkeit, um eine lebendige Erfahrung als Christ zu machen: Gott danken für den Segen, den andere Christen in unser Leben gebracht haben und noch bringen. Es gibt eine ganz besondere Freude, die eine Frucht solches Dankes ist. Jeder von uns kann dies tun, denn wir alle haben oder kennen jemand, der für uns zu einem besonderen Segen geworden ist. Wenn wir dem himmlischen Vater für diese Menschen danken und vor ihm an ihre Liebe und Freigebigkeit denken, dann wird davon das Herz des Vaters berührt. Er antwortet mit Freude, und wenn Gottes Freude überfließt, dann empfangen wir seine reine, ungetrübte Freude, die Freude, die in Gott ihren Mittelpunkt hat, die Freude, die Gott gibt. Dann findet in uns eine geistliche Entwicklung statt, und wir werden mehr und mehr Gott ähnlich. Der Mensch, für den wir danken, wird gesegnet, Gott wird gelobt, und wir entdecken aufs Neue, daß Geben seliger ist als Nehmen.

Ein Edelstein für heute: »Wer kärglich sät, der wird auch kärglich ernten; und wer reichen Segen sät, der wird auch reichen Segen ernten« (2. Kor. 9,6).

16. Oktober

Neutestamentliche Lesung 1. Thessalonicher 4

Von der brüderlichen Liebe aber brauche ich euch nichts zu schreiben, denn ihr selbst seid von Gott gelehrt, einander zu lieben.
(1. Thess. 4,9)

Wir können nicht das eine Glied des Leibes Christi verachten und das andere lieben. Denn wenn wir ein Glied von Gottes Volk verachten, sündigen wir gegen Gott selbst. Diese Sünde wird den Heiligen Geist vertreiben und unsere Fähigkeit zerstören, Gott und die Brüder und Schwestern zu lieben. Wir können die Sünde, in der unser Bruder ist, verachten und sogar hassen. Aber den Bruder müssen wir lieben.

Es ist nicht schwierig, über diesen Grundsatz zu schreiben oder zu sprechen; ihn aber zu leben ist etwas ganz anderes. Viele versagen in der brüderlichen Liebe, die eigentlich unkompliziert ist und die vom Heiligen Geist, der in uns wohnt, entzündet und lebendig erhalten wird. Dieses Versagen liegt darin begründet, daß diese Christen aus eigener Willenskraft und Selbstdisziplin zu lieben versuchen. Es gibt Christen, denen es gelingt, mit ihren natürlichen Kräften einen hohen Grad brüderlicher Liebe zu erreichen. Aber ein Mensch, der geistlich lebt, kann diesem Beispiel nicht folgen, weil diese Liebe nicht aus Gott kommt.

Unser Vers sagt uns, daß wir uns von Gott lehren lassen sollen, einander zu lieben. Wenn Gott uns anweist, etwas zu tun, dann versorgt er uns auch mit der nötigen Kraft und den nötigen Mitteln dazu. Der erste Grundsatz, den wir lernen müssen, ist, daß wir Gottes Gebote nicht aus eigener Kraft erfüllen können; wenn wir das versuchen, dann bringen wir uns selbst wieder unter das Gesetz. Die Folge davon ist, daß unsere Beziehung mit Gott gesetzlich wird, anstatt eine Beziehung der Liebe zu sein. Gott wartet darauf, daß wir bekennen, daß wir unfähig sind, aus eigener Willenskraft auf seinen Wegen zu gehen. Er will, daß wir uns auf Gemeinschaft und Kraft seines Heiligen Geistes, der in uns wohnt, verlassen. Wir sollen darauf vertrauen, daß er sein Wort in uns vollbringt.

Gott verlangt danach, daß unsere Beweggründe rein sind. Die Liebe, die Jesus verherrlicht, ist übernatürlich. Es ist dieselbe Liebe, die durch den Heiligen Geist in unser Herz ausgegossen ist (es ist die Liebe, die eine Frucht des Geistes ist). Unser Beweggrund soll nicht sein, unser eigenes Christsein in ein gutes Licht zu setzen, sondern die Verherrlichung Jesu soll unser einziges Ziel sein. Wir können es uns nicht leisten, untätig zu sein; denn wer nichts tut, vollbringt auch nichts. Unsere Liebe zu den Brüdern kann mehr und mehr wachsen, wenn wir der Versuchung widerstehen, bei ihnen nach Fehlern zu suchen. Denn das zerstört unsere geistliche Fähigkeit zu lieben. Die »Stille Zeit« hat auch zum Ziel, daß wir die Christen lieben, mit denen wir Gemeinschaft haben, und unser tägliches Zeugnis soll die Frucht dieser Erfahrungen im »Gebetskämmerlein« sein. Darum sollen wir die Liebe üben und mit unserem himmlischen Vater davon reden. Wir sollen in Liebe für die Geschwister beten, ihnen Reichtum wünschen, geistlich und materiell, damit sie Gesundheit haben und Frieden und Freude in Fülle. Alles, was wir uns selbst wünschen, sollten wir auch für sie erbitten; dann wird der Reichtum des Vaters auf sie überfließen. Sein Heiliger Geist wird in und durch uns eine Fülle der Liebe für die Brüder hervorrufen; und das, was Gott uns geboten hat zu tun, wird er durch seine Gnade in unserem Leben sichtbar werden lassen.

Ein Edelstein für heute: Wenn wir die Brüder in der Gegenwart des Vaters lieben, dann wird er seine Liebe für sie in uns und durch uns geben.

Alttestamentliche Lesung Jesaja 59-61

17. Oktober

Neutestamentliche Lesung 1. Thessalonicher 5

Treu ist er, der euch beruft; er wird's auch tun. (1. Thess. 5,24)

Ich weiß nicht, wer Dich berufen hat, aber mich hat Jesus berufen, und er hat wirklich meine Aufmerksamkeit gewonnen. Ich könnte nicht sagen, was mich mehr zu ihm hingezogen hat, die Autorität in seiner Stimme oder seine Liebe. Wenn Jesus gesagt hätte, daß er mich erlösen will, dann hätte ich kein Wort davon verstanden. Ich wußte nur, daß mir mein Leben in seiner Gegenwart schlecht vorkam, obwohl ich glaube, daß ich niemals ernstlich über Sünde nachgedacht hatte. Ich wußte, daß mein Leben nicht gerade schön war, aber bei wem war das schon anders? Mich beschäftigte nicht die Frage: »Komme ich in den Himmel oder in die Hölle, wenn ich heute nacht sterbe?« Jesus rief mich, und ich hatte ein inneres Verlangen, das schnell wuchs, Jesus kennenzulernen und ihm zu folgen.

Satan tat alles, was er konnte, um mich von einer Antwort abzuhalten. Er ließ mich sogar sehen, was für ein erbärmlicher Sünder ich war. Dies war gleichzeitig das Überführungswerk des Heiligen Geistes, aber der Feind gab mir Gedanken ein, daß ich zu schlecht sei, als daß Jesus mich annehmen könnte. Er log mich an und sagte, daß Jesus nicht in meiner Gesellschaft bleiben wollte, und selbst wenn er es wollte, dann würde ich sowieso alles wieder kaputt machen. Er bekam mich fast so weit, seinen Lügen zu glauben, als er mir sagte, daß dieser Ruf, dem Herrn zu folgen, nur ein Erlebnis meiner Gefühle sei, was nach ein paar Wochen verschwinden würde. Er wollte mir einreden, wenn die Gefühle des Augenblicks fort wären, daß dann auch meine Erfahrung damit verschwunden wäre. Ich würde schnell in meine alten Gewohnheiten und meine schlechte Lebensweise zurückfallen, enttäuscht, verletzt und voll Selbstmitleid. Satan überzeugte mich fast davon, daß es nicht gelingen würde.

Aber ich war überzeugt, daß ich berufen war zu dieser kostbarsten und wichtigsten Erfahrung meines Lebens. Darum war ich entschlossen, daß nichts mir diese rauben sollte. Dann fing ich an zu verstehen, daß Jesus jeder

Situation, in die ich geraten würde, gewachsen ist. Einmal, als ich mich in großen Schwierigkeiten befand, sagte ich ihm: »Jesus, wenn du dieser Situation nicht gewachsen bist, dann bist du keiner Situation gewachsen.« Und da gab mir der Herr diesen Vers: »Treu ist der euch beruft; er wird's auch tun.« Und er ist seinem Ruf treu geblieben. Es gab nie einen Moment – eine Versuchung oder Enttäuschung –, in dem Jesus nicht der Sieger war. Es gab keine Zeit, wo er nicht in Treue zu seiner Berufung gestanden hätte und mich seinen Sieg erfahren lassen wollte. Als ich den Konsequenzen gegenüberstand, die Jesu Berufung in meinem Leben hatte, da wußte ich, und ich weiß es noch immer, daß ich mich an den Herrn wenden kann, und er wird's tun!

Ein Edelstein für heute: »Er, der in euch das gute Werk angefangen hat, (wird) es auch vollenden … bis zum Tag Christi Jesu« (Phil. 1,6).

Alttestamentliche Lesung Jesaja 62-64

18. Oktober

Neutestamentliche Lesung 2. Thessalonicher 1

Und im Hinblick darauf beten wir auch allezeit für euch, daß unser Gott euch der Berufung würdig machen und allen Willen zum Guten und jede Tat des Glaubens in Kraft vollende. (2. Thess. 1,1)

Mir gefällt so gut, daß hier steht, daß Gott uns der Berufung würdig macht. Vor vielen Jahren las ich ein Gebet von Pater McCheynes. Er betete: »Herr, mach mich zu all dem, was ein erlöster Sünder außerhalb des Himmels sein kann.« Seitdem habe ich dies auch zu meinem Gebet gemacht. Mein Wunsch ist, daß Gott mich würdig macht, denn ich war der Berufung Jesu nicht würdig, als ich noch in meinen Übertretungen und Sünden lebte. Aber es gab Menschen, Preis sei Gott, die dafür gebetet haben, daß Gott mich seiner Berufung würdig macht.

»Vater, so wie andere für mich gebetet haben, bete ich jetzt für jeden Leser der »Edelsteine«, für jeden Menschen, der dieses Buch und seine Bibel in den Händen hält. Ich bitte dich darum, Herr, daß du ein großes Rettungswerk in ihnen tust, daß sie zu all dem werden, was ein erlöster Sünder auf dieser Erde sein kann. Gib, daß sie deiner Berufung würdig sind und alles Wohlgefallen an deiner Güte haben.«

Das Leben eines Christen ist nicht passiv. Gott tut ständig etwas in unserem Leben; laß darum heute Dein Herz von ihm berühren, daß er in Dir das Bedürfnis weckt, für andere Menschen zu beten, daß Gott sie seiner Berufung würdig macht. Gottes schöpferisches Wirken in uns bringt Frucht hervor, aber wir müssen bereit sein mitzuarbeiten, indem wir Gott unser Herz anbieten. Gib Gott Dein Herz in dem Vertrauen und Wissen, daß Gott es am besten weiß. Wenn wir ihm Glauben schenken, dann schenkt er uns seine Gnade, und die Folge davon ist ein sichtbares Zeichen von Gottes Kraft als Antwort auf unseren Glauben.

Gott verlangt nicht nur danach, uns zu rufen, sondern er wirkt in unseren Herzen, damit unsere Berufung für andere sichtbar wird. Es ist Gottes Wunsch, daß seine Güte, seine Gnade und Liebe in uns zu sehen sind. Nichts ist mittelmäßig bei Gott. Er wird seine Gnade so sehr in unseren Herzen wirken lassen, daß Gottes Heiligkeit in unserem Leben sichtbar wird. Gott wird uns zu Menschen machen, die seiner Berufung so würdig sind, daß keiner an dieser Berufung zweifeln wird.

Begrenze Gott nicht! Laß dies zu Deinem Gebet werden: »Herr, mach mich zu all dem, was ein erlöster Sünder auf dieser Erde sein kann!« Deine Berufung gibt Dir die Gewißheit, daß Gott diese Dinge in Deinem Leben zur Vollkommenheit führen will.

Ein Edelstein für heute: Unser Dienst sollte genauso aussehen wie unsere Berufung: vollständig und total.

Alttestamentliche Lesung Jesaja 65.66

19. Oktober

Neutestamentliche Lesung 2. Thessalonicher 2

Dazu hat er euch auch berufen, damit ihr die Herrlichkeit unseres Herrn Jesus Christus erlangt. *(2. Thess. 2,14)*

Als junger Soldat meldete ich mich einmal als Freiwilliger zu einem Spezialauftrag nach Korea. Von unserer technischen Abteilung wurden Spezialisten gebraucht, und ich wollte wirklich gerne gehen. Was für Enttäuschung, als ich entdeckte, daß mein Name nicht auf der Liste war und daß ich nicht gerufen war! Jetzt im Rückblick erkenne ich, daß meine Motive damals durchaus nicht patriotisch oder tapfer waren. Ich suchte nur ein Abenteuer.

Jetzt kann ich Gott dafür preisen, daß mein Name im Jahr 1950 auf seiner Liste stand. Er berief mich durch das Evangelium von Jesus Christus. Als der Herr zu mir sprach, da hörte ich das Evangelium ganz klar und deutlich, und ich wußte, daß ich gemeint war. Es bestand ein ungeheurer Gegensatz zwischen dem Leben, das ich führte, und dem Leben, zu dem ich berufen war. Aber, Preis sei Gott, er hat mich berufen. Mein Freund, laßt uns heute gemeinsam dem Herrn danken und ihn preisen, daß wir Menschen sind, die er berufen und auserwählt hat.

Gott hat uns zu einem bestimmten Zweck auserwählt. Wir werden keine Enttäuschung erleben, wenn wir seiner Berufung antworten und in ihr leben. Gottes Kinder sollen Jesus widerspiegeln; wir haben Christi Geist (1. Kor. 2,16). Wir sollen mit seiner Liebe und seinem Erbarmen erfüllt sein. Er, der uns berufen hat, wird uns so fest in Christus gründen und Christus so sehr in unseren Herzen wohnen lassen, daß seine Herrlichkeit und Gerechtigkeit in uns zu sehen sein werden. Der Grund, warum Gott sich ein Volk beruft, ist der, daß es die Herrlichkeit unseres Herrn Jesus Christus erlangen soll.

So wie Du Dir jeden Tag Zeit nimmst, um für Deinen Körper und Deine äußere Erscheinung zu sorgen, so solltest Du Dir jeden Tag Zeit nehmen, um Jesus in seinem Wort zu begegnen. Dann wirst Du als Christ Christus widerspiegeln. Jeden Tag wirst Du ein bißchen Herrlichkeit erlangen und wachsen, von Herrlichkeit zu Herrlichkeit.

Ein Edelstein für heute: Das Ziel des Menschen ist es, daß Christus in ihm und durch ihn verherrlicht wird.

Alttestamentliche Lesung Jeremia 1.2

20. Oktober

Neutestamentliche Lesung 2. Thessalonicher 3

Der Herr aber lenke eure Herzen zur Liebe Gottes und zum geduldigen Warten auf Christus. *(2. Thess. 3,5)*

Ich glaube wirklich nicht, daß Paulus leere Worte gebrauchte, um das Leben und die Wahrheit mitzuteilen. Seine Briefe werden mit viel Nachdenken und Gebet geschrieben sein. Paulus wußte nicht nur, was er sagen wollte, sondern er wünschte auch, daß die anderen Christen das erfahren sollten, was er schrieb. Paulus wollte, daß etwas geschah, und er betete dafür. Du kannst sicher sein, daß er die Worte, in die er seine Gedanken kleidete, einfach ein Ausdruck seiner Gebete waren. Es ist fast so, als könnten wir Paulus' Gebetsräume betreten und ihn für die Gemeinde der Thessalonicher bitten hören. Er betete, daß Gott ihre Herzen zur Liebe und zum geduldigen Warten auf Christus lenken möge.

Paulus wußte, daß all diese Dinge nicht ohne Gebet geschehen würden, darum sprach er seinen Wunsch zuallererst gegenüber dem Vater aus. Paulus wußte auch, daß nichts von dem geschehen würde, solange nicht der Herr selbst diese Erfahrungen in ihr Leben bringen würde. Wir reden heute viel über die Kraft und die Auswirkung des Gebets, wir lesen sogar Bücher darüber und tun so ziemlich alles – außer beten. Ich möchte Dich zu einem lebensverändernden Abenteuer ermutigen. Schreibe die Namen einiger Deiner christlichen Freunde auf – ich freue mich, wenn mein Name dabei ist – und natürlich, schreibe auch Deinen eigenen Namen dazu. Und nun bete, bitte den Herrn, die Herzen all derjenigen, die auf Deinem Zettel stehen (mein und Dein Herz auch), zur Liebe Gottes zu lenken. Ein kleines Studium oder ein oder zwei kleine Seminare helfen Dir sicherlich, die Liebe Gottes zu verstehen, aber es wird nicht viel geschehen, solange Du nicht in Deine Gebetskammer gehst und zum Herrn rufst, daß er jedes Herz zur Liebe Gottes lenkt. Bleibe bei Deiner Bitte, bringe sie Morgen für Morgen vor

Gott, bis er Dir die Gewißheit schenkt, daß er gehört hat und Antwort verspricht. Höre nicht auf mit Deinem beharrlichen Gebet, und fange an, Gott zu preisen, bis Du in Deinem Geist weißt, daß Gott gehört und versprochen hat, zu antworten.

Was für eine Erfahrung kannst Du dadurch machen! Das, was Paulus erfuhr, kannst auch Du erleben. Gottes Liebe kann in Dein Herz kommen, der Herr selber wird dies tun. Du wirst geduldig warten können, wenn Du im Gebet beharrlich bist. Was wird in der Gemeinde Jesu Christi geschehen, wenn jemand von Euch diese Herausforderung annimmt und diesen Vers durch Gebet in Erfahrung umwandelt! Ja, wir werden nicht mehr dieselben Menschen sein wie vorher.

Ein Edelstein für heute: Gottes Wort wirklich kennen heißt, es zu erfahren.

Alttestamentliche Lesung Jeremia 3.4

21. Oktober

Neutestamentliche Lesung 1. Timotheus 1

Das Ziel alle Ermahnungen aber ist Liebe aus reinem Herzen, aus gutem Gewissen und aus ungeheucheltem Glauben. (1. Tim. 1,5)

Paulus schrieb, daß das Ziel der Ermahnungen Liebe ist. Es war sein Wunsch, daß jeder, der glaubt, ein reines Herz und ein gutes Gewissen hat, so daß Liebe aus ihm strömen kann.

Vor vielen Jahren, als ich noch ein sehr junger Christ war, kam ein Ältester der Gemeinde, der mein Freund war, legte mir den Arm um die Schultern und ermahnte mich, liebevoller zu sein. Ich wollte das, was er sagte, nicht annehmen, und lehnte mich innerlich dagegen auf. Hatte ich nicht dadurch, daß ich viel für den Herrn gearbeitet hatte, meine Liebe ausgedrückt? Hatte Gott mich nicht dazu gebraucht, viele zu ihm zu führen? Mein Familienleben und meine Beziehung zu meiner Frau Marjorie waren so anders, seit Jesus in mein Leben gekommen war. Was meinte der Älteste?

Es dauerte nicht lange, bis ich dem Herrn mein Herz ausschüttete. Wenn der Älteste nur gewußt hätte, aus welchem Sumpf mich der Herr herausgeholt hatte und wie anders ich jetzt lebte als früher, dann hätte er niemals gesagt, daß ich mehr lieben sollte. Da fing der Herr an, mit mir über meine Haltung zu sprechen und über die Motive, die hinter einigen Dingen standen, die ich tat. Gott begann im Bereich meines Herzens und meines Gewissens zu arbeiten. Er sprach zu mir durch einige Bibelverse und ließ mich in einige Situationen kommen, die mir klar machten, in welchem Zustand sich mein Herz befand. Der Glaube, den Gott von mir verlangte, sollte mit einem guten Gewissen verbunden sein. Gott wollte mich gerade dort gebrauchen, wo es mir selbst unmöglich war, etwas zu tun.

Liebe strömt am besten, wenn sie aus einem reinen Herzen und einem guten Gewissen kommt. Wenn unser Glaube stark und lebendig wird, dann läßt Gott durch seine Gnade den Strom seiner Liebe durch uns hindurch fließen. In der Zeit, als der Älteste zu mir sprach, war mein Glaube sehr gesetzlich geworden, und die Bibel bestand für mich fast nur noch aus Lehrsätzen. Mein Leben stand unter der Bindung von Gesetzen, die ich mir selbst auferlegt hatte. Das Gesetz an sich vermag nicht, den Geist der Liebe, der Geduld und der Freundlichkeit hervorzubringen. Aber unser Herz wird schnell lernen, Jesu Liebe widerzuspiegeln, wenn es unbelastet vom Gesetz ist, wenn wir auf Jesus sehen, damit er unser Herz reinigt, und wenn all dies Tag für Tag von einer guten, gesunden Beziehung mit dem Herrn begleitet ist. Gib den Versuch auf, Dir selbst ein gutes Gewissen zu schaffen, lasse es statt dessen täglich von Jesus reinigen. Verbirg nichts. Dann wirst Du selbst sehen, daß Dein Glaube an Jesus Liebe aus einem reinen Herzen und aus einem guten Gewissen hervorbringen wird.
Ein Edelstein für heute: Der Verstand bringt nur Gesetze hervor ohne Gottes Gnade, aber das reine Herz bringt durch Gottes Gnade Liebe hervor.

Alttestamentliche Lesung Jeremia 5.6

22. Oktober

Neutestamentliche Lesung 1. Timotheus 2

Denn es ist nur ein Gott und nur ein Mittler zwischen Gott und den Menschen, nämlich der Mensch Jesus Christus. (1. Tim. 2,5)

Es kann keine Versöhnung zwischen Gott und den Menschen geben ohne einen Mittler; dieser Mittler ist der Herr Jesus Christus. Es war Jesus selbst, der gesagt hat: »Niemand kommt zum Vater außer durch mich« (Joh. 14,6). Es war und ist Jesu Wunsch, eine vollkommene Versöhnung zwischen Gott, dem Vater, Sohn und Heiligen Geist und den Menschen herzustellen.

Als ich wiedergeboren war, hatte ich gleich eine ganz persönliche und unkomplizierte Beziehung zu Jesus. Ohne auch nur viel von seiner Rolle als Mittler zu verstehen, nahm ich bereitwillig den Segen der Versöhnung entgegen. Jesus hat mir in seinem Wort versichert, daß eine Versöhnung stattgefunden hat. Darum nahm ich ganz einfach das an, was sein Wort sagte, und pries Gott für meinen Mittler, den Herrn Jesus Christus.

Ich las in der Bibel und bekam mit der Zeit mehr und mehr Erkenntnis über Jesus, und weil ich beständig Stille Zeit mit ihm hielt, wuchs zwischen uns eine ganz enge Beziehung. Es dauerte nicht lange, bis ich entdeckte, daß ich Jesus gehorchen und vertrauen konnte. So wurde das Leben zu einem Abenteuer, weil Jesus immer für mich da war. Die vielen Dinge, die er verlangte, waren nicht mehr unmöglich, und durch den Glauben an ihn wurde ich zu vielen lebensverändernden Erfahrungen geführt. Durch die Gemeinschaft mit meinem Jesus wurde mein Leben sehr reich.

Als Jesus mehr und mehr Bedeutung für mich bekam, da wurde ich völlig abhängig von ihm. Doch eines Tages erkannte ich tief in meinem Herzen, daß ich den Gott nicht kannte, mit dem Jesus mich versöhnt hatte. Ich versuchte mich selbst mit bestimmten Bibelversen zu trösten: »Wer mich sieht, der sieht den Vater« (Joh. 14,9). Aber irgendwie blieb mein Geist unbefriedigt. Jesus, als mein Mittler, hat mich mit Vater, Sohn und Heiligem Geist versöhnt. Jesus kannte ich, aber Gott, der Vater, war mir noch immer ein Geheimnis. Ich entdeckte auch, wie Jesus in meinem Leben der Mittler sein wollte durch eine Beziehung mit dem Heiligen Geist. Dann begriff ich, daß auch ich dieselbe Beziehung mit dem Vater haben konnte, die für Jesus so wichtig war.

Juristisch gesehen hatte eine Versöhnung stattgefunden, aber mein Mittler – Jesus – sehnt sich nach mehr als nach einer rechtlichen Versöhnung mit seinem Volk. Er will, daß eine lebendige Beziehung zwischen den drei Personen der Gottheit und den Menschen besteht. Ich verstand, daß Jesus, als mein Mittler, wünschte, daß ich durch ihn mit allen drei Personen der Gottheit (Vater, Sohn und Heiliger Geist) dieselbe enge Beziehung habe, die mich mit Jesus verbindet. Dies ist sein Wunsch für jeden einzelnen Gläubigen. Gib darum Jesus in Deinem Leben Raum. Bitte ihn, deinen Mittler, nicht nur darum, Dir die Fülle dieser Erfahrung zu schenken, sondern erwarte auch, daß er es tun wird. Warte ab, ob er Deine Beziehung mit Gott nicht vertiefen wird.

Ein Edelstein für heute: So wie der Vorhang zum Allerheiligsten, wo Gottes eigene Gegenwart ist, zerriß, so öffne jetzt dem Vater Dein Herz, und erfahre die Fülle Deiner Beziehung mit Gott.

Alttestamentliche Lesung Jeremia 7.8

23. Oktober

Neutestamentliche Lesung 1. Timotheus 3

Groß ist, wie jedermann bekennen muß, das Geheimnis der Frömmigkeit ... *(1. Tim. 3,16)*

Unser Vers heute ist wirklich meine Erfahrung, und ich frage mich, ob Du das auch von Dir sagen kannst. Als junger Christ stand ich voller Bewunderung vor der geistlichen Größe der Gottesmänner, von denen ich hörte oder denen ich begegnete; und ich merkte, daß es anderen genauso ging wie mir. Da war ein Bibellehrer, der ungefähr einmal im Jahr in unsere Stadt kam. Es dauerte nicht lange, da übernahmen viele Bibelschüler einige seiner Besonderheiten. Sie gebrauchten nicht nur viele seiner hilfreichen und guten Redewendungen, sondern sie sagten sie auch auf dieselbe Weise wie er. Dies geschah genauso mit einem sehr berühmten und verehrten Pastor meines Landes. Wenn man mit ihm zusammen war, spürte man schon nach kurzer Zeit eine große Frömmigkeit in seinem Leben. Viele Menschen sind durch den Dienst dieses Mannes zum Herrn gekommen. Und die mit seiner Hilfe bekehrt wurden, liebten Gottes Wort, lehrten und erzählten gern anderen davon. Bei all dem übernahmen sie alle kleinen Besonderheiten des Pastors, und wenn man einem seiner Verehrer zuhörte, so war es, als hörte man ihn selbst. Bevor ich selbst diesem Mann Gottes begegnete, war ich schon einigen seiner Verehrer begegnet, die in ihrer Redeweise, in ihrem Gang, ja sogar in ihrer äußeren Erscheinung den Pastor nachzuahmen versuchten. Aber alles das hatte mich kalt gelassen. Erst als ich dem Pastor selbst begegnete, verstand ich: Was diejenigen, die ihn bewunderten, wirklich wollten, war, dieselbe geistliche Größe, dieselbe Frömmigkeit zu besitzen, die er lebte.

Wenn wir die Erkenntnis eines anderen Menschen von Gottes Wort in uns aufnehmen, so haben wir damit noch nicht dessen geistliche Größe. Auch hilft es uns nicht, seine Verhaltensweisen zu übernehmen. Die Frömmigkeit eines Menschen, die für andere sichtbar ist, können wir nicht einfach selbst machen. Sie ist nicht das Ergebnis von geübter Wortgewandtheit, sondern ein Ausdruck des lebendigen Christus, der durch seinen Heiligen Geist in uns lebt. Sie ist nicht einfach nur die Folge der ersten Begegnung mit Jesus, sondern sie ist die Frucht einer täglichen Erfahrung mit unserem Herrn und Heiland.

Dieser Pastor lebte Tag für Tag mit Jesus. Jesus selbst entwickelt in jedem Gläubigen Frömmigkeit; er behandelt uns als einmalige Persönlichkeiten. So wie die Erfahrung Deiner Erlösung einmalig auf der ganzen Welt ist, so wie Jesus ganz speziell Deinen Nöten begegnet ist, so gestaltet er auch in jedem von uns eine ganz persönliche Frömmigkeit. Jeder von uns ist einmalig, denn wir sind das Werk seiner Hände. Was von Menschen gesehen wird, ist die Frömmigkeit, die Göttlichkeit Christi, der in uns wohnt und sich im Leben jedes Menschen offenbart. Wenn Jesus Christus Dein Leben wird, dann wird das, was als Geheimnis erscheint, zu Deiner eigenen Erfahrung.

Ein Edelstein für heute: Das Geheimnis der Frömmigkeit ist Christus, der sich in jedem einzelnen Menschen auf einmalige Weise offenbart.

24. Oktober

Neutestamentliche Lesung 1. Timotheus 4

Denn alles, was Gott geschaffen hat, ist gut, und nichts ist verwerflich, was mit Danksagung empfangen wird. *(1. Tim. 4,4)*

Gott hatte Israel verboten, bestimmte Tiere zu essen. Diese Gebote waren dem Volk auferlegt, damit das Gesetz ein Lehrer sei, durch welchen die Menschen die Wahrheit erkennen sollten, die Wahrheit, daß sie Sünder sind und daß sie Gnade brauchen. Der Mensch sollte entdecken, daß dann, wenn nicht Gott in einer Sache war, nichts Wertvolles aus ihr hervorgehen konnte. Und wenn etwas nicht unter Gottes Segen stand, dann konnte es auch dem Menschen nicht zum Segen werden.

In der Living Bible (einer umschreibenden Bibelübersetzung) sind Vers 4 und 5 so übersetzt: »Denn alles, was Gott gemacht hat, ist gut, und wir dürfen es frohen Herzens essen, wenn wir dankbar dafür sind und Gott bitten, es zu segnen. Denn es ist gut gemacht durch Gottes Wort und durch Gebet.«

Als ich wiedergeboren wurde, gehörte ich zu einer Kirche, in der ich mit einer Gruppe von Christen Gemeinschaft hatte, die viele Vorschriften aufstellten über das, was man tun oder lassen sollte. Eine Gruppe von Christen stritt mit der anderen über das, was erlaubt war und was nicht. Sie verkündigten Gottes Gnade, aber den Menschen, die sich bekehrten, legten sie Gesetze auf. Die jungen Christen, die Jesus gehorchen und auf seinen Wegen gehen wollten, brachte das sehr in Not. Wir unterwarfen uns ständig allen möglichen Geboten, die Gott uns niemals auferlegt hätte. In seinem Brief an Timotheus erklärte Paulus, daß es nicht auf das ankommt, was wir essen, sondern auf unsere innere Haltung. Wir sollen Gott danken, daß er für uns sorgt.

Vor einigen Jahren lag ich im Krankenhaus. Ich kann mich immer noch an die Krankenschwester erinnern, die jeden Tag in mein Zimmer kam. Sie erzählte mir, daß zwei Männer gerne mit ihr ausgehen wollten, und sie konnte sich nicht entscheiden, mit wem sie gehen sollte. Sie sprach sehr eindeutig, so daß keine Zweifel an ihren Absichten blieben. Ich denke, daß sie versuchte, mich zu schockieren, weil sie wußte, daß ich Christ war. Ich rief sie an mein Bett und sagte: »Schwester, es sieht so aus, als hätten sie Schwierigkeiten mit der Entscheidung, was sie heute abend tun sollen. Darf ich Ihnen eine Regel sagen, die mir bei vielen Entscheidungen geholfen hat? Wenn Sie für diese bestimmte Sache um Gottes Segen bitten können, dann ist alles in Ordnung. Wenn nicht, dann ist das nichts für sie.« Sie verließ das Zimmer mit rotem Kopf, kam aber später zurück, um mir zu sagen, daß sie »heim zur Mutter« ginge.

Wenn es Dir schwerfällt zu entscheiden, ob Du etwas tun oder annehmen sollst, dann wende diese Regel an. Kannst Du es von Herzen annehmen, mit Danken, und kannst Du Gott um seinen Segen dafür bitten? Wenn Du es nicht kannst, dann ist es nichts für Dich.

Ein Edelstein für heute: »Von dem Herrn kommt es, wenn eines Mannes Schritte fest werden, und er hat Gefallen an seinem Wege« (Ps. 37,23).

Alttestamentliche Lesung Jeremia 11-13

25. Oktober

Neutestamentliche Lesung 1. Timotheus 5

Einen älteren Mann behandle nicht schroff, sondern ermahne ihn wie einen Vater, die jungen Männer wie Brüder, die älteren Frauen wie Mütter, die jungen wie Schwestern, mit allem Anstand.

(1. Tim. 5,1.2)

In der Kirche heute herrscht ein echter Mangel. Darum müssen wir es zulassen, daß Gott den Maßstab für unser Verhalten in der Gemeinde setzt. Nicht nur für unsere geistliche Entwicklung, sondern auch für das Leben in der Gemeinde ist es wichtig, daß unser Verhalten so aussieht, wie es in der Bibel beschrieben ist. Der Heilige Geist muß beides tun, in uns den Wunsch nach solch einem Verhalten entfachen und uns entsprechend verändern. Erst dann können wir in der Gemeinde den geistlichen Segen empfangen, der daher rührt, daß wir uns nach Gottes Wort richten. Wir haben die Verantwortung, das Verhalten, das in der Bibel beschrieben wird und das Gott wohlgefällt, zu erkennen. Und dann müssen wir uns im Gebet an Gott wenden und ihn bitten, daß er uns die Gnade schenkt, nach seinem Wort zu leben. Wir sollen nicht unserer eigenen Kraft das Werk überlassen, das rechtmäßig dem Heiligen Geist zusteht.

Ich bin sicher, daß es Paulus in diesen Sätzen um mehr ging als um gesellschaftliche Anerkennung. In bestimmten gesellschaftlichen Gruppen, die ein besseres soziales Verhalten entwickelt haben, zeigt man gebührenden Respekt Älteren gegenüber. Aber Paulus schrieb nicht nur über Respekt, sondern über geistliche Beziehungen. Ich kann eine sehr schöne, väterliche Beziehung zu einem älteren Christen haben oder eine mütterliche Beziehung zu einer lieben älteren Frau. Ich schätze sie wegen ihrer Reife, die aus ihrem Alter, ihrer Weisheit und ihrer Erkenntnis der Gnade erwachsen ist. Wenn ich mich ihrem väterlichen und mütterlichen Geist unterwerfe, so kann Gott das gebrauchen, um bestimmte geistliche Aspekte meines geistlichen Lebens zu entwickeln, die vielleicht in den Beziehungen meiner eigenen Familie unterentwickelt waren. Aber einige von uns wissen vielleicht nicht, wie sie einem Bruder oder einer Schwester in brüderlicher Liebe begegnen können, weil sie nie die Möglichkeit hatten, dies in einer »normalen« Familie zu erfahren. Aber in unserem Herzen erwacht eine besondere Liebe, wenn wir offen sind für den Heiligen Geist und zulassen, daß er diese Liebe in uns und durch uns gibt. Mitgefühl für einen Menschen, sich als geistlicher Bruder oder geistliche Schwester einem anderen zu öffnen und den geistlichen Wert einer solchen Erfahrung erleben – ich bin sicher, daß Paulus dies meint.

Jesus ging es um diese geistliche, brüderliche Liebe, als man ihm sagte, daß seine Mutter und seine Brüder draußen auf ihn warteten. Er fragte dann, wer seine Mutter und seine Brüder sind. Es wäre gut, wenn wir sehen, daß Paulus über geistliche Beziehungen spricht, weil in ihnen Leben und Liebe ist.

Im Alten Testament lesen wir von Jonathan und David. Sie verband mehr als eine natürliche Freundschaft. Weil sie bestrebt waren, Gott zu gehorchen, und weil sie auch unter schwierigen Umständen Gemeinschaft hatten, erlebten sie eine geistliche, brüderliche Beziehung, die alles übertraf, was sie von ihrer natürlichen Familienbeziehung her kannten. Gerne hätten sie ihr Leben füreinander gegeben. Warum sollten wir den Heiligen Geist nicht bitten, daß er diese Erfahrung auch in unser Leben hineinschenkt?

Ein Edelstein für heute: Liebe zu den Brüdern ist eine Gnade und ein Werk des Heiligen Geistes. »Denn wer den Willen meines Vaters im Himmel tut, der ist für mich Bruder und Schwester und Mutter« (Mt. 12,50).

Alttestamentliche Lesung Jeremia 14-16

26. Oktober

Neutestamentliche Lesung 1. Timotheus 6

In der Tat ist die Frömmigkeit ein großer Gewinn, aber für den, der genügsam ist. *(1. Tim. 6,6)*

Frömmigkeit ist ein Ausdruck unserer Haltung Gott gegenüber. Viele jungen Christen sind begeistert über die Frömmigkeit, die sie bei anderen sehen. Ihre unmittelbare Reaktion ist, daß sie sich wünschen, auch ein tiefes Verständnis der Bibel zu besitzen. Aber sie versuchen das nicht immer dadurch zu erreichen, daß sie in der Bibel lesen, sondern dadurch, daß sie Bücher über Frömmigkeit lesen. Es sind normalerweise Bücher, von denen sie meinen, daß sie ihnen helfen werden, nach dem Bild der Frömmigkeit zu streben, das sie sich selbst ausgemalt haben. Ich bin sicher, daß Du verstehst, was ich meine, und daß ich für jene schreibe, die noch nicht in diese Falle gegangen sind.

Wir empfangen Frömmigkeit nicht dadurch, daß wir uns ein geistiges Bild von dem Christen machen, dem wir gerne gleichen würden, oder dadurch, daß wir uns den äußeren Anschein geben. Frömmigkeit ist die Folge frommen Tuns, eines täglichen Strebens nach Gott selbst. Wenn Du mit ganzem Herzen nach Gott suchst und Dir jeden Tag Zeit nimmst, mit ihm zu reden, zu hören und einfach mit ihm zusammen zu sein, dann wird man in Deinem Leben echte Frömmigkeit sehen.

Es war einmal eine Frau, die liebte Rosen. Sie pflanzte sie nicht nur in ihren Garten, sondern auch in einem Gewächshaus an und verbrachte viel Zeit mit ihnen. Wenn sie ihren Rosengarten verließ, um in dem kleinen Geschäft im Ort einzukaufen, brachte sie stets den Duft der Rosen mit. Der Duft verflog bald, aber da sie weiterhin viel Zeit mit ihren Rosen verbrachte, kam der Duft immer mit ihr. Frömmigkeit ist der Duft Gottes, und er wird uns nur umgeben, wenn wir in »Gottes Gesellschaft« bleiben.

Paulus' Wunsch war, daß in Timotheus' Leben Gottes Duft und Schönheit erkennbar sein sollten, und daß er genügsam sein sollte. Glauben, Gott in den Umständen vertrauen, in die er Dich gestellt hat, Anordnungen treffen, um sich den Umständen anzupassen, sich weigern, nach einer Veränderung zu streben, die nicht Gott Dir vor Augen gestellt hat – das bringt Zufriedenheit. Christliche Genügsamkeit kommt daher, daß Du Deine Heimat, Deinen Reichtum, Deine Erholung und Ruhe in Gott findest. Du wirst Frömmigkeit und Genügsamkeit haben, wenn Du weiter täglich nach Gott strebst. Jeden Tag wirst Du dies aus Deiner Gebetskammer mitbringen.

Ein Edelstein für heute: Der Duft, den wir jeden Tag aus unserer Gebetskammer mitbringen sollen, ist der Duft der Frömmigkeit und Genügsamkeit. Dies sind zwei Blumen des Straußes, den jeder Christ hat, dessen Erfüllung in Gott liegt.

Alttestamentliche Lesung Jeremia 17-19

27. Oktober

Neutestamentliche Lesung 2. Timotheus 1

Gott hat uns nicht den Geist der Furcht gegeben, sondern der Kraft und der Liebe und der Besonnenheit. *(2. Tim. 1,7)*

Paulus fuhr fort, Timotheus Anweisungen zu geben. Er wußte, daß der Fürst dieser Welt ständig versucht, uns etwas aufzuerlegen, was uns erneut in Knechtschaft bringt. Er geht umher wie ein brüllender Löwe und sucht, wen er verschlingen kann. Unglücklicherweise gibt es Christen, die sehr unvorsichtig sind und fast bewußt die Aufmerksamkeit des Teufels auf sich ziehen. Paulus sagte ganz klar, daß Furcht nicht von Gott ist! Vor einiger Zeit gehörte ich zu einer kleinen Gruppe von Christen. Die Größe und das Wesen dieser Gruppe ermöglichten es mir, ihnen sehr nahe zu sein. Es dauerte nicht lange, bis ich einen Geist der Furcht dieser Gruppe entdeckte. Ich fragte den Herrn, wie ich ihnen helfen und dienen sollte. Unseren Vers gibt es auch als Lied, und ich lehrte sie zu singen. Sie sangen die Worte so lange, bis sie ein Teil von ihnen wurden und sie die Worte und die Melodie tief in ihren Geist aufgenommen hatten. Sie wachten sogar morgens mit diesem Lied auf. Immer, wenn sie sich einen Moment lang fürchteten, ergriffen sie diesen Vers und erinnerten sich daran, daß Gottes Gabe nicht Furcht, sondern Kraft, Liebe und Besonnenheit ist.

Eine junge Frau, die in einer großen Fabrik Nachtwächterin war, erzählte mir, wie sie ihre Furcht mit dem Singen dieses Verses überwunden hat. Sie erzählte mir auch, daß sie einem anderen Menschen zu derselben Erfahrung verhelfen konnte. Befreiung von Furcht durch dieses Lied. Unsere Gefühle werden von dem beeinflußt, was wir hören. Wenn wir jedem Gedanken, der uns kommt, Gehör geben, dann wären wir bald ganz verwirrt. Wenn wir auf die negativen Gedanken achten und auf die, die Furcht hervorbringen, dann werden wir ängstlich. Die Bibel weist uns an, die Gedanken unter das Evangelium gefangenzuführen. Es ist wichtig, daß wir unsere Gedanken sieben und entscheiden, was wir in uns aufnehmen und was nicht. Wenn wir auf Gottes Wort hören und unsere Gedanken damit erfüllen, wenn wir darüber nachsinnen, dann wird das Wort seine Frucht in unserem Leben hervorbringen. Es wird nicht Furcht, sondern Kraft, Liebe und Besonnenheit hervorbringen, so wie unser Vers es sagt.

Ein Edelstein für heute: Übe Dich, Gottes Wort zu leben, dann wird das Wort in Dir leben.

Alttestamentliche Lesung Jeremia 20-22

28. Oktober

Neutestamentliche Lesung 2. Timotheus 2

Der Herr kennt die Seinen. *(2. Tim. 2,19)*

Im Leib Christi habe ich einige einsame Menschen getroffen, Menschen, denen es schwerfällt zu sehen, wo ihr Platz im Leib ist, und andere Menschen, die sich vernachlässigt fühlen. Ganz bestimmt ist dieser Vers die Antwort: »Der Herr kennt die Seinen.« Ich möchte heute vorschlagen, daß wir alle eine kleine geistliche und praktische Übung machen, selbst wenn wir nicht zu den Menschen zählen, die ich gerade genannt habe.

Was ist Besonderes an Dir? Wie frisierst Du Dich? Wenn Du es für Jesus tust, dann bleibt es nicht unbeachtet. Was für Augen hast Du? Manche Menschen haben wunderschöne Augen. Wenn Jesus Dich kennt, dann bist Du mehr als eine Nummer, mehr als nur ein weiterer Mensch, der sich bekehrt hat, denn er kennt sogar die Farbe Deiner Augen und guckt wahrscheinlich, ob er ein Blinken in ihnen sehen kann und ob sie sein Bild widerspiegeln. Jesus kennt auch Deine Größe, Deine Figur, er weiß, wie Du Dich anziehst und wie Du gehst. Er weiß, ob Du Dich liebst oder hart mit Dir bist. Unser Herr kennt jede Einzelheit und kümmert sich um jeden von uns.

Er kennt Deine Gedanken, Deine Motive und Deine Zuneigung zu ihm – er kennt Dich viel besser als Du Dich selbst. Er weiß, wie Du Deine Freunde,

Deinen Ehepartner und Deinen Beruf wählen solltest. Er ist kein Computer, der mit Fakten gespeist wurde. Was das Beste für Dich ist, in welcher Situation Du vielleicht versagst und in welcher Du am meisten Erfolg hast, alles das weiß Gott – und Du sollst daran erkennen, wie sehr er Dich versteht. Er weiß auch, welche Umgebung Du brauchst, damit Du wächst und zur Reife gelangst. Paulus wußte dies alles, als er Timotheus Anweisungen gab, wie er sein Leben als Christ führen, welche Dinge er meistern und überwinden und vor welchen er sich in acht nehmen sollte.

Ich möchte Dir vorschlagen, daß Du Dir Zeit nimmst, allein mit Gott zu sein. Vielleicht nimmst Du Deine Stille Zeit dafür. Gib Dich Gott ganz hin. Frage den Herrn in der Stille, was ihm an Dir gefällt. Oder Du kannst ihn bitten, Dir Weisheit zu geben für Deine Haltung in einer bestimmten Situation, in die er Dich gestellt hat. Entdecke für Dich selber das eine, das völlig sicher ist, nämlich daß Jesus Dich besser kennt als Du Dich selbst. Er kennt Dich auch besser, als Du ihn kennst.

Ein Edelstein für heute: Je mehr wir Gott erkennen, desto mehr verstehen wir, daß Gott uns in seinem geliebten Sohn vollkommen angenommen hat, so wie wir sind.

Alttestamentliche Lesung Jeremia 23.24

29. Oktober

Neutestamentliche Lesung 2. Timotheus 3

Das sollst du aber wissen, daß in den letzten Tagen schlimme Zeiten kommen werden. *(2. Tim. 3,1)*

In einem Gespräch mit einem befreundeten Pastor wurde ich vor einigen Tagen gefragt, ob Gott mir irgend etwas gesagt hätte über die Vorbereitung auf die Endzeit. Zufällig war ich eine Woche vor diesem Gespräch gefragt worden, was ich davon halte, wenn man als Vorsorge für die letzten Tage ein Nahrungsmittellager anlegt. Es scheint so, als ob überall, wo ich hingehe, diese Frage plötzlich auftaucht. Die Christen fragen sich: »Was kann ich tun, damit ich für die schlimmen Zeiten, die in den letzten Tagen kommen werden, ausgerüstet und vorbereitet bin?«

Ich weiß nicht auf alles eine Antwort, aber das ist vielleicht gut so. Wie können wir erwarten, in den von Paulus angekündigten schlimmen Zeiten zu leben und Anweisungen zu empfangen – vielleicht lebensrettende Anweisungen –, wie können wir vertrauen, geführt zu werden, wenn wir nicht hören können, was der Herr jetzt über die Vorbereitung sagt? Wenn wir jetzt gegenüber Gottes Führung und Leitung taub sind, wie kommen wir dann dazu anzunehmen, daß wir plötzlich in den schlimmen Zeiten anfangen werden zu hören? Müssen wir erst auf schlimme Zeiten warten, bevor wir eine persönliche Beziehung mit Gott entwickeln, in der wir hören und gehorchen? Jetzt ist die Zeit, um zu lernen, täglich mit Gott zu leben und zu hören und uns selbst und unsere Schwäche kennenzulernen. Wenn wir nicht in der Lage sind, in guten Zeiten den Herrn sprechen zu hören, dann werden wir ihn bestimmt nicht hören, wenn die Zeiten hart werden. Wir müssen jetzt anfangen. Wenn es uns schwerfällt, Gott zu vertrauen und ihm heute zu gehorchen, dann werden wir später nicht plötzlich gehorsam werden. Jetzt ist die Zeit, um vertrauen und gehorchen zu lernen.

Lagere Lebensmittel, so gut Du kannst, wenn es dies ist, was Du den Herrn sagen hörst; aber laß mich eine Warnung aussprechen: Setze Dein Vertrauen nicht auf diesen äußeren und vergänglichen Besitz. Setze Dein Vertrauen vielmehr auf die Dinge, die ewig bleiben. Glaube an Jesu Fähigkeit, sich Dir mitzuteilen, und entwickle die Fähigkeit zu hören, zu folgen und zu gehorchen. Laß diese Dinge dadurch zu Deiner täglichen Erfahrung werden, daß Du in der Stillen Zeit mit Jesus Gemeinschaft hast. Dann wirst Du stehen, wenn andere fallen. Du wirst in den schlimmen Zeiten ein Teil der Antwort Gottes sein.

Ein Edelstein für heute: »Als nun ein Platzregen fiel und die Wasser kamen und die Winde wehten und an das Haus stießen, fiel es doch nicht zusammen; denn es war auf Fels gegründet« (Mt. 7,25). Jesus ist der Fels.

Alttestamentliche Lesung Jeremia 25.26

30. Oktober

Neutestamentliche Lesung 2. Timotheus 4

Der Herr aber stand mir bei und stärkte mich ... Der Herr aber wird mich von allem Bösen erretten und mir zu seinem himmlischen Reich verhelfen. *(2. Tim. 4,17.18)*

Ich bin noch nie ein sehr starker Mensch gewesen – gehorsam, ja, aber habe es ständig und täglich nötig, daß der Herr mir beisteht und mich stärkt. In fremden Ländern, weit fort von zu Hause, mußte ich es zulassen, daß die Polizei mich wegführte, festhielt und ausfragte. Und einmal wurde ich von meiner Frau und Tochter getrennt, ohne zu wissen, was geschah. Dann gab es Zeiten, wo der Herr mir sagte, daß ich mein Geld einem Pastor, ein andermal einer Missionarin und dann einer Witwe geben sollte. Jedesmal war es alles Geld, was mir und meiner Familie zur Verfügung stand. Wir hatten keine Ersparnisse, nichts, auf das wir zurückgreifen konnten, und keinen, an den wir uns um Hilfe wenden konnten. Jesus führte die Aufsicht und gab mir die Anweisung zu geben, alles zu geben, während er neben mir stand. Weil er mir beistand, wurde mein innerer Mensch gestärkt, sonst hätte ich Jesus verlassen.

Marjorie und ich standen einmal am Bett unseres sterbenden Sohnes, da wies uns Jesus an, unseren Sohn und sein Leben in Gottes Hand zu geben.

Wir verließen das Bett, weil wir Gottes leiser Stimme gehorchten und meinten, daß wir unseren Sohn auf dieser Welt nie wiedersehen würden.

Aber Jesus stand dort mit uns und veränderte die ganze Situation, stärkte uns und heilte unseren Sohn. Am Anfang, als ich noch ein »Babychrist« war, da haben wir schlimme Zeiten erlebt. Unser Haus brannte, wir wurden von Krankheit geplagt und litten viele Dinge. Der Herr aber stand uns bei.

Heute braucht jemand ein kleines Zeugnis dieser Tatsachen. Jemand ist verletzt, verwirrt und braucht Führung. Aber ich möchte Dich inmitten Deines Konflikts daran erinnern, worauf Du Deine Augen richten sollst. Schau nicht auf Dein Problem, denn sonst wird es Dich bestimmt überwältigen. Wische die Tränen ab, mein Freund, und sieh, daß Jesus bei Dir steht.

Jesus wird bei Dir sein in diesem Konflikt, und er wird immer noch da sein, wenn andere Schwierigkeiten Dich überfallen. Wenn er da ist, wenn Du Deine »Stille Zeit« hältst und wenn Du geistliche Höhepunkte erlebst, wenn er da ist, wenn alles gut läuft, dann kannst Du sicher sein, daß er auch da sein wird, wenn die Umstände nicht so gut sind. Laßt uns lernen, Jesus mit den Augen des Glaubens zu sehen und ihm zu vertrauen. Öffne Deinen Geist für die Gewißheit, daß der Herr Dir ohne Ausnahme beisteht. Und er wird Dir zu seinem himmlischen Reich verhelfen.

Ein Edelstein für heute: »Befiehl dem Herrn deine Wege und hoffe auf ihn …« (Ps. 37,5). »Denn er selbst hat gesagt: Ich will dich nicht verlassen und nicht von dir weichen« (Hebr. 13,5).

Alttestamentliche Lesung Jeremia 27.28

31. Oktober

Neutestamentliche Lesung Titus 1

Paulus, Knecht Gottes … aufgrund der Hoffnung auf das ewige Leben, das Gott, der nicht lügt, vor der Zeit der Welt verheißen hat.
Titus 1,2

Ich habe das Wort Hoffnung und seine Bedeutung im Zusammenhang mit unserer Errettung schätzen gelernt. Wenn wir heute davon sprechen, daß wir etwas hoffen, gebrauchen wir dieses Wort in einem völlig anderen Zusammenhang. Wenn wir hoffen, daß etwas geschieht, so kann dies geschehen oder auch nicht. Man kann das Wort hoffen fast mit wünschen gleichsetzen. So, wie wir das Wort Hoffnung heute gebrauchen, hat es keinen positiven Klang mehr.

Bei Paulus war das anders. Wenn er sagte, daß er Hoffnung auf das ewige Leben hatte, dann war dies etwas, an dem er sich festhalten konnte. Er konnte seinen Lebensweg ein wenig zurückschauen und sehen, daß Gott ihn ewiges Leben – Gottes Lebensqualität – hatte erfahren lassen. Paulus wünschte sich nicht das ewige Leben. Solange er in Christus lebte, enthielt ihm Gott das ewige Leben nicht vor, auf das er hoffte.

Durch den Glauben hatte Paulus schon viel erfahren. Durch den Glauben hatte er Christus gesehen und gehört. Er war veranlaßt worden, ihm zu vertrauen und ihn als seinen persönlichen Retter und Begleiter anzunehmen. Er wurde getauft, und durch den Glauben wuchs er mit dem Tode Jesu Christi zusammen. Ja, er war in Jesu Tod getauft. Durch den Glauben erfuhr Paulus Reinigung durch das Blut des Herrn. Buße und Umkehr wurden zu seiner ständigen Erfahrung, und er ließ sich fortwährend mit dem Heiligen Geist erfüllen, wovon Paulus im Epheserbrief schreibt.

Weil er in Christus lebte, ein reines Herz und ein gutes Gewissen besaß, sah er die Ewigkeit sich vor ihm ausstrecken. Das ewige Leben mit all seinem Segen, Reinigung, Kraft und Rettung aus den schwierigsten Umständen gehörte Paulus Tag für Tag durch den Glauben. Je mehr er dieses Leben in sich aufnahm, desto mehr sah er es und war in Lage zu hoffen. Paulus wußte, daß mit der Zeit mehr und mehr Gottes Reich ihm gehören würde.

Seine Hoffnung lag nicht in dem Wunsch, mehr von Gottes Reich zu besitzen. Seine Hoffnung war auf das Wissen gegründet, daß das Reich Gottes ihm bereits gehörte. Es gab keine Gewalt oder Macht, die Paulus von der Hoffnung trennen konnte, die in ihm war. Der Himmel, das Leben nach dem Tod durch den Glauben, die Anbetung vor dem Thron und das Festmahl mit dem Herrn Jesus Christus lagen noch vor ihm. Alles war eine Wirklichkeit, auf die er hoffte, und er glaubte Jesus, daß er diese »erhoffte« Wirklichkeit selbst erleben würde.

Ein Edelstein für heute: »Der Glaube ist eine feste Zuversicht auf das, was man hofft, und ein Nichtzweifeln an dem, was man nicht sieht« (Hebr. 11,1).

1. November

Neutestamentliche Lesung Titus 2

... Jesus Christus, der sich selbst für uns hingegeben hat, um uns von aller Ungerechtigkeit zu erlösen und sich ein reines Volk als Eigentum zu schaffen, das bemüht ist, gute Werke zu tun. *(Titus 2,14)*

Für uns Christen ist jeder Tag ein Geschenk, weil Jesus sich selbst für uns hingegeben hat. Gestern war ein ganz besonderer Tag für mich. Wir hatten nichts geplant, es kam einfach so, daß meine Frau und ich viel Schönes zusammen machten. Das wäre nicht möglich gewesen, wenn Jesus sich nicht für uns hingegeben hätte. Jetzt, wo unsere sechs Kinder fast alle erwachsen sind, können wir uns an den Enkeln freuen. Aber wir wissen, daß unsere Familie nicht so wäre wie jetzt, wenn Jesus sich nicht für uns hingegeben hätte. Denn alles, was Wert in meinem Leben hat, begann in dem Augenblick, als ich erkannte, was Jesus alles für mich getan hatte.

Wenn ich auf meine ersten Erfahrungen als Christ zurückschaue, so muß ich eingestehen, daß ich viele Zweifel und Ängste hatte, ob das neue Leben in Christus anhalten würde. Es gab Zeiten, wo ich sicher war, daß alles vorbei sei. Aber er, der dieses gute Werk dadurch angefangen hat, daß er sich selbst für mich hingab, hatte nicht die Absicht, sein Werk der Gnade unbeendet zu lassen. Jesus fährt fort, uns von aller Ungerechtigkeit zu befreien.

Ich bin sicher, daß Du weißt, wie schwer es ist, die Gewohnheiten vieler Jahre zu durchbrechen. Dinge, die in der Vergangenheit akzeptabel waren, haben plötzlich in diesem neuen Leben in Christus keinen Platz mehr. Jesus fährt fort, uns von ihnen zu befreien. In dem Leben jedes einzelnen von uns haben Veränderungen stattgefunden, und wir fangen gerade erst an, das gute Werk, das Jesus getan hat, schätzen zu lernen. Äußere Gewohnheiten, die nicht in unser neues Leben in Christus paßten, sind verschwunden, weil Christus uns von ihnen erlöst hat. Dann entdecken wir, daß noch etwas anderes geschieht: unsere Gefühle und Gedanken werden von dem lebendigen Christus berührt, der durch seinen Geist in uns wohnt. Weil Jesus anfängt, sein Volk zu reinigen, richten sich unsere Wünsche und Gedanken auf ihn. Wir verlieren das Interesse an den Dingen, die uns früher so wichtig waren. Früher arbeiteten wir für Komfort, Belohnungen, Geld und Positionen. Das ist jetzt nicht mehr so. Unsere Motive sind gereinigt, und unser Herz und unsere Liebe für Jesus ist nicht mehr geteilt. Wegen dieser Reinigung müssen wir den weltlichen Christen merkwürdig vorkommen, die damit beschäftigt sind, für sich selbst zu sammeln. Sie versuchen, ihre Absichten zu verbergen und sich einen religiösen Deckmantel umzuhängen. Aber unsere Werke kommen aus einem von Christus gereinigten Herzen.

Ein Edelstein für heute: Wenn wir Jesus erlauben, unsere Gedanken und Motive zu reinigen, dann werden unser Leben und unsere Werke überfließen von einem Christus-zentrierten Leben.

Alttestamentliche Lesung Jeremia 31.32

2. November

Neutestamentliche Lesung Titus 3

Den (Heiligen Geist) hat er über uns reichlich ausgegossen durch Jesus Christus, unseren Heiland, damit wir, durch seine Gnade gerecht geworden, Erben des ewigen Lebens werden, wie es unsere Hoffnung ist. *(Titus 3,6.7)*

Allein die Erinnerung daran, daß ich durch Jesu Gnade gerecht geworden bin, wird diesen Tag heute zu einem besonderen Tag machen. Ich bin wirklich nicht gesetzlich, aber ich verstehe, daß meine Ehe niemals den Segen hätten empfangen können, den sie empfangen hat, wenn sie nicht einen rechtlichen Anfang und eine rechtliche Grundlage hätte. In unserer Liebe füreinander erfahren meine Frau und ich Freiheit, weil unsere Beziehung auf einen rechtmäßigen Bund gegründet ist. Dieser Bund ist nicht der Inhalt der Ehe, er hat auch nicht die Kraft, unsere Ehe zu halten, aber er gibt uns eine Freiheit in unserer Beziehung, die wir sonst nicht erfahren würden.

Weil wir durch Gottes Gnade vor ihm gerecht geworden sind, haben wir die Freiheit, in unserem Leben eine Beziehung mit dem Herrn Jesus Christus zu entwickeln, die auf einen Bund gegründet ist. Durch unsere Gerechtsprechung durch Gnade empfangen wir die rechtliche Freiheit dieser Beziehung. Kein Mensch kann sie uns nehmen, und der Tod kann sie nicht auslöschen. »Darum: Was Gott zusammengefügt hat, soll der Mensch nicht scheiden« (Mk. 10,9). Wenn wir durch Gnade gerecht geworden sind, und das sind wir, dann bringt uns Christus in dem Moment die Versöhnung mit dem Vater, wo wir unsere Sünde bekennen, der rettenden Gnade des Herrn Jesus Christus glauben und ihn und seine Vergebung annehmen. Dann, erst dann (in dem Augenblick, wo wir wiedergeboren werden) wird unser Name in das Lebensbuch des Lammes geschrieben. Unsere Wiedergeburt wird eingetragen, und wir sind adoptiert. Preis sei Gott, alles ist rechtmäßig besiegelt für unsere Gerechtsprechung. Wir können niemals mehr oder weniger gerecht sein, als wir es jetzt durch Gottes Gnade sind. Jetzt beginnt das Werk, daß wir zu Erben des ewigen Lebens gemacht werden, wie es unsere Hoffnung ist.

In den vielen Jahren der Gemeinschaft mit Christen habe ich bemerkt, wie diejenigen, die fest, unerschütterlich und beständig sind, auch eine feste und unerschütterliche Hoffnung haben. Sie wissen, wohin sie gehen, und leben nicht so, als ob sie die Dinge dieser Welt immer brauchen würden. Ihre Hoffnung auf das ewige Leben ist lebendig. Es ist schon jetzt die Wirklichkeit, weil sie ihr Erbe in Christus mehr und mehr sehen. Glaube ist fest gegründet auf ihre rechtliche Gerechtsprechung, und im Gehorsam gegenüber dem Wort sind sie Mitarbeiter des Heiligen Geistes. Das lebendige Wort gehört ihnen, und sie sind zu Erben gemacht, sie haben eine lebendige Hoffnung, weil ewiges Leben in ihnen ist.

Ein Edelstein für heute: Durch den Neuen Bund sind wir rechtmäßige Erben in Christus. Wir können unser Erbe jetzt schon erkennen.

Alttestamentliche Lesung Jeremia 33-35

3. November

Neutestamentliche Lesung Philemon

Ja, lieber Bruder, laß mich an dir eine Freude erleben im Herrn. (Philemon 20)

Es gab eine Zeit, wo ich in der Kinderevangelisation arbeitete. Die Kinder gaben Jesus ihr Leben, hatten eine echte Erfahrung ihrer Wiedergeburt, und dann sagte ich ihnen irgendwann, daß ich ihr Bruder sei. Ihre Gesichter leuchteten auf, und die Erkenntnis, daß ich im Herrn ihr Bruder war, bewegte sie und mich tief. Ich möchte Dir sagen, daß ich ähnliche Gefühle habe, während ich diese »Edelsteine« schreibe. Du sollst wissen, daß Du mir wirklich am Herzen liegst und daß ich nicht zögere, Dir mein Herz zu offenbaren, weil ich Deine brüderliche und schwesterliche Liebe spüre.

Ich erlebe Freude im Herrn allein schon aus dem Grund, weil ich Dir von meinem Leben in Christus erzählen kann. Vielleicht bist Du einsam und begegnest nur sehr wenigen Menschen. Ich preise Gott, daß ich Zutritt zu Deinem Haus und Herzen habe, um Dich zu trösten, zu ermutigen und daran zu erinnern, daß alles dies nicht möglich wäre, wenn Gott sich nicht um Dich kümmern würde. Was für eine Freude erfahre ich dadurch, daß ich Dir von diesem wunderbaren Leben in Christus erzählen kann! Und dieses Leben kann uns noch viel mehr bedeuten, wenn ein Bruder oder eine Schwester in Christus es mit uns teilt.

Wieviel bedeutet Jesus, unserem älteren Bruder, unsere Liebe? Unser Herz steht ihm zur Verfügung. Meine Hand. die jetzt schreibt, ist verfügbar für ihn, und es ist sein Heiliger Geist, der in mir wohnt, der diese Liebe in mir anregt und ins Leben ruft. Unser großer Bruder Jesus spricht von seiner Liebe zu uns, weil er sich nach einer engen, brüderlichen schwesterlichen Beziehung mit uns sehnt. Er freut sich, daß er seinen Brüdern und Schwestern sein geschriebenes Wort geben kann. Jesus wartet auf unsere Antwort auf sein Wort und freut sich, wenn sie erfolgt. Er hat das Recht, unseren Gehorsam zu erwarten, aber er naht sich uns in Liebe und hofft, daß wir in Liebe antworten. Wenn wir nur aus Verpflichtung antworten, so ist das nicht schön für Jesus.

Einst waren wir Ausreißer – »unnütze Knechte«, aber jetzt kann Jesus in das Angesicht des Vaters sehen und sagen: »Vater, sieh diesen Bruder und diese Schwester an. Freue dich mit mir an ihrer Liebe zu dir und an ihrer Liebe untereinander. Ich habe sie der Welt zurückgegeben, sie sind das Salz der Erde.« Meine liebe Schwester, mein lieber Bruder, freue Dich mit mir an Jesu Liebe und an der Liebe der Brüder und Schwestern. Der Heilige Geist gießt diese Liebe aus in Dein Herz. »Ja, lieber Bruder und liebe Schwester, laß mich an Dir eine Freude erleben im Herrn.«

Ein Edelstein für heute: So wie der verlorerene Sohn waren auch wir verloren, aber jetzt sind wir gefunden. Laßt uns darum in einer engen Gemeinschaft mit unserem älteren Bruder Jesus leben.

Alttestamentliche Lesung Jeremia 36.37

4. November

Neutestamentliche Lesung Hebräer 1

Gott hat jetzt ... zu uns geredet durch den Sohn, ... durch ihn hat er die Welten erschaffen. *(Hebr. 1,2)*

Das, worauf das Herz eines Menschen gerichtet ist, hat Einfluß auf sein Leben und formt seinen Charakter. Die Geschäftswelt hat das bewiesen. »Laß es dein Ziel sein, Dollars zu machen, leg dir eine positive Haltung zu, sei diszipliniert, und dann wirst du Geld machen.« Zugleich formt diese Erziehung und dieses Verlangen den Charakter. Darum sei vorsichtig, weil sonst Eitelkeit, Stolz und Furcht die Früchte Deiner Anstrengungen sind.

Jeder Wunsch des Herzens, den ich kenne, sei er gut oder schlecht, führt in eine Sackgasse – mit einer Ausnahme. Wenn Du das Ziel erreicht hast, von dem Du dachtest, daß es die Spitze des Erfolges ist, dann wird es Dir leer und fade erscheinen und hat meist einige schlechte Nebenwirkungen. Doch es gibt eine Ausnahme. Gott ruft es uns laut zu, er schreibt es in Großbuchstaben, daß am Ende dieser Tage er – Gott – zu uns geredet hat durch seinen Sohn. Gottes Wort ist endgültig. Es wird nie eine größere und klarere Mitteilung von ihm geben. Auch wenn wir nicht hören können oder wollen, wird Gott keinen anderen Weg gehen, sich uns mitzuteilen. Wir leben am Ende der Zeiten, und in diesen letzten Tagen hat Gott durch seinen Sohn zu uns gesprochen.

Wenn wir hören wollen, was Gott sagt, dann müssen wir uns von allen anderen Wünschen abwenden, so daß unser Herz allein nach Gott verlangt. Alles, was wir tun, sagen und sind, muß eine Folge davon sein, daß Gott Mittelpunkt unseres Lebens ist. Alles muß so werden, daß es mit Gott in Einklang steht, daß es auf ihn abgestimmt ist. Das geschieht, wenn wir ihn zum Zentrum unseres Lebens machen. Die Frucht davon wird sein, daß sich ein Charakter entwickelt, der Gott ehrt und den Gott selbst formt. Wenn wir anderen Wünschen Raum geben und unser Verlangen auf sie setzen, dann ruinieren sie uns. Aber wenn Gott uns jetzt erlaubt, diese Wünsche zu haben, dann werden sie einen angemessenen Platz einnehmen. Sie werden erst an zweiter Stelle stehen nach unserem Hauptwunsch – Christus. Aber wir dürfen sie ruhig in uns haben, vorausgesetzt, daß es auch Gottes Wünsche sind.

Alle Fragen, die Du über Führung, Ethik und Moral hast, werden ganz natürlich die richtige Antwort finden, wenn Dein Herzenswunsch und Dein Streben nicht auf diese Fragen gerichtet ist, sondern auf Jesus selbst. Gottes bestes und endgültiges Wort für Dich und mich ist: »Stelle Gott an den ersten Platz!«

Ein Edelstein für heute: Wenn Du mit Gott in Einklang sein willst, dann stelle ihn in die Mitte Deines Lebens, setze ihn auf den Thron.

Alttestamentliche Lesung Jeremia 38.39

5. November

Neutestamentliche Lesung Hebräer 2

... darum schämt er sich auch nicht, sie Brüder zu nennen.

(Hebr. 2,11)

Der Christus (Jesus), mit dem wir selbst in diesem Augenblick Gemeinschaft haben können, ist einmal niedriger gewesen als die Engel. Er, der von Anfang an mit Gott war, der Gott gleich ist, wie der Schreiber des Hebräerbriefes sagt, Gott selber ist, verließ seine göttliche Herrlichkeit, die ihm schon gehörte, bevor die Welt überhaupt existierte. »Den aber, der eine kurze Zeit niedriger gewesen ist als die Engel, nämlich Jesus, sehen wir durch sein Todesleiden gekrönt mit Herrlichkeit und Ehre, damit er durch die Gnade für alle den Tod schmecken sollte« (Hebr. 2,9).

Durch seinen Tod nahm Jesus unsere Sünde mit ins Grab. Er erlitt den Tod, um das Gesetz der Sünde und das Urteil, das uns an den Tod gebunden hatte, zu zerstören. Er überwand den Tod um unseretwillen und zerstörte ihn so vollkommen, daß er dadurch die Krone der Herrlichkeit und Ehre empfing. In allen Jahrhunderten hat die Menge der Gläubigen dieses große Geheimnis und Jesu Herrschaft über den Tod gepriesen, und Generation um Generation lobt und ehrt Jesus Christus für diese Befreiung.

Jesus durchschritt die Räume der Zeit und sammelte die Sünde von Gottes Volk ein. Jeder von uns mußte seine Sünde auf Jesus legen. Das Gesetz der Sünde beherrschte unser Leben und versuchte, es zu zerstören, und es hätte in der Tat uns selbst zerstört. Die Bibel sagt: »Da ist keiner, der gerecht ist, auch nicht einer« (Röm. 3,10). Jesus nahm das auf sich, was danach trachtete, uns zu zerstören, und er trug unsere Sünde an den Ort des Todes. Mit Herrlichkeit und Ehre gekrönt wurde er dann auferweckt von der Niedrigkeit der Sünde, um unser Führer zu werden, das Gesetz der Sünde abzuwenden und uns in sein herrliches Licht zu führen. Nachdem wir gereinigt sind, führt Jesus uns zum Vater und sagt: »Sieh, ich habe sie gereinigt. Ich habe sie aus dem Tod in das ewige Leben geführt.« Jesus steht vor dem Vater und sieht nur auf das vollkommene Werk des Kreuzes und die Reinigung durch das vergossene Blut. Ich kann fast hören, wie Jesus voller Liebe sagt: »Schau genau hin, Vater, denn dies sind meine Geschwister.« Er schämt sich nicht unserer früheren Sünden, sondern stellt uns mit Freude vor den Vater als seine Brüder und Schwestern, die in ihm vollkommen sind.

Ein Edelstein für heute: Er hat uns eins gemacht mit dem Vater und als seine Brüder und Schwestern angenommen.

Alttestamentliche Lesung Jeremia 40-42

6. November

Neutestamentliche Lesung Hebräer 3

Darum, ihr heiligen Brüder, die ihr an der himmlischen Berufung Anteil habt ... *(Hebr. 3,1)*

Als junger Christ hat es mir wirklich viel bedeutet zu wissen, daß Jesus an mich als einen Bruder denkt und von mir als Bruder spricht. Ich denke besonders an das Matthäusevangelium, als Jesus gesagt wurde, daß seine Brüder draußen seien und ihn sehen wollten. »Er antwortete aber ... Wer sind meine Brüder! Denn wer den Willen meines Vaters im Himmel tut, der ist für mich Bruder ...« (Mt. 12,48.50).

Gestern wurden wir daran erinnert, wie Du und ich zu Jesu Brüder wurden und wie sehr Jesus sich freut, daß er uns vor seinen Vater bringen kann. Aber heute habe ich gelesen, daß wir seine heiligen Brüder sind. Ehre sei Gott! Ergreife diese Wahrheit, dann wirst Du einen guten Tag erleben. Jesus sieht uns nicht nur als Brüder und Schwestern an, sondern Paulus sagte, daß wir seine heiligen, ja, heiligen Brüder sind, heilig gemacht durch Jesu reinigendes Blut. Im Alten Testament (3. Mose 11,44) lautet das Gebot: »Ihr sollt heilig werden, denn ich bin heilig.« Unter dem Gesetz hätten wir niemals Heiligkeit erlangen können, aber jetzt in Christus sind wir heilig, weil er heilig ist. Jesus hat unsere Sünde auf sich genommen, uns in seinem Blut reingewaschen und uns versöhnt mit dem Vater. Wir sind Teilhaber, Teilnehmer, und darin liegt das Leben des Evangeliums. Als Christi Brüder und Schwestern wird Jesu himmlische Berufung zu unserer eigenen. Alles, was er ist, sind auch wir.

Es gab eine Zeit, wo wir in Sünde lebten und davon gebunden waren. Die Natur der Sünde war in uns lebendig, aber das ist jetzt nicht mehr so. Jetzt leben wir in Christus und haben Anteil an seiner himmlischen Berufung. Die Natur Christi lebt in uns. Ja, wir bleiben in der Welt, nur für eine Zeit als Fremde, als ein Volk, das hindurchwandert. Wir halten uns nicht länger für Brüder derer, die nicht in Christus, sondern von der Welt sind. »Ich bin nicht mehr in der Welt – sie aber sind in der Welt, und ich komme zu dir. Heiliger Vater, erhalte sie bei deinem Namen, den du mir gegeben hast, damit sie eins sind wie wir« (Joh. 17,11).

Wir sind Jesu Brüder und Schwestern, seine heiligen Brüder und Schwestern. Während wir eins mit ihm werden, der heilig ist, nehmen wir seine Heiligkeit an, und wir sind heilig, wie er heilig ist. Je mehr Deine Gedanken bei Jesu Heiligkeit und seinem Wesen verweilen, desto mehr wird Dir sichtbar werden, was Du in ihm bist.

Ein Edelstein für heute: Als Miterben Christi sind wir, was er ist, und haben Teil an seiner himmlischen Berufung.

Alttestamentliche Lesung Jeremia 43-45

7. November

Neutestamentliche Lesung Hebräer 4

Denn wir, die wir glauben, kommen zu der Ruhe ... *(Hebr. 4,3)*

Der erste Vers dieses Kapitels heißt: »So laßt uns nun mit Furcht darauf achten, daß keiner von euch auch nur den Anschein erweckt zurückzubleiben, solange die Verheißung noch besteht, daß wir zu seiner Ruhe kommen.« Als erstes sollten wir verstehen, daß die Ruhe, die die heiligen Brüder erfahren, Gottes Ruhe ist. Sie ist die Belohnung für die, die sich im Glauben nahen. Gott schuf in sechs Tagen die Welt und ruhte dann von seinen Werken. Der erste Tag, den der Mensch erlebte, war Gottes Ruhetag. Von Anfang an war das Beste, was Gott für den Menschen hatte, daß er in seine Ruhe kommen sollte.

Der Mensch hatte nichts mit der Schöpfung der Erde zu tun. Das war beendet. Gott schuf, sah, daß es gut war, und als er seine Werke vollendet hatte, setzte er den Menschen in das ein, was er selbst geschaffen hatte. Die Schöpfung gehört dem Vater, nicht uns. Wir können uns eine Zeitlang daran freuen, aber dann gehen wir weiter.

Aber es gibt auch eine Ruhe in Christus. Nachdem er durch seinen Tod und die Auferstehung das Werk der Erlösung vollendet hatte, setzte sich Jesus zur Rechten Gottes. Das Werk, mit dem Vater zu versöhnen, hatte er vollbracht. Es gibt nichts, was Du und ich hinzutun können; das Werk der Erlösung ist getan. Alles, was uns zu tun übrig bleibt, ist im Glauben Christi Ruhe zu betreten.

Wir können uns selbst betrügen mit dem Gedanken, daß wir noch alle möglichen Werke tun müssen. Diese Täuschung kommt aus einem mangelnden Glauben an das, was Jesus vollbracht hat. Der Glaube ergreift das, was Jesus vollbracht hat und führt uns in seine Ruhe. Jesus ruht, nachdem er sein Werk am Kreuz vollbracht hat. Von diesem Ort der Ruhe, den wir durch den Glauben in Christus haben, kann Jesus dann sein Leben in uns offenbaren. Von unserem Ort der Ruhe in ihm wird er uns Sieg über Versuchungen geben. Mächte und Gewalten werden sich vor Jesu Gegenwart und Leben in uns beugen. Wir werden viele wunderbare und schöne Erfahrungen erleben, wenn wir in seiner Ruhe bleiben. Unser Wille wird eins mit dem Willen des Vaters, und von dem Ort der Ruhe aus fangen wir an, den Willen des Vaters zu tun. Habt acht, meine Brüder, damit Ihr nicht Gottes Bestes verpaßt, nämlich seine Ruhe!

Ein Edelstein für heute: Es ist vollbracht. Tritt jetzt durch Glauben in Gottes Ruhe ein.

Alttestamentliche Lesung Jeremia 46-48

8. November

Neutestamentliche Lesung Hebräer 5

Er kann mitfühlen mit den Unwissenden und Irrenden, weil er auch selber Schwachheit trägt. *(Hebr. 5,2)*

Preis sei Gott, daß wir einen Hohenpriester haben, der Mitleid haben kann. In unserem Kopf wissen wir diese Wahrheit und bekennen sie wahrscheinlich immer und immer wieder anderen Menschen. Aber spüren wir Christi Mitleid in unserem Herzen? Wenn wir schwach sind und uns unsere Schwachheit in den Weg gerät und uns daran hindern will, Gottes Willen zu tun, gehen wir dann zu ihm, empfangen wir dann seinen Trost und sein Erbarmen? Unsere Schwachheit kann sich in Stärke wandeln, wenn wir Jesus gerade dann vertrauen.

Wenn es uns an Verständnis fehlt und wir uns unserer Unwissenheit bewußt sind, gehen wir dann zu Jesus und erzählen ihm von dem Schmerz über unsere Unwissenheit, um aus der Wärme seines Herzens Verständnis, Liebe und Mitleid zu empfangen? Wenn das so ist, dann haben wir gelernt, unsere Schwachheit gut zu nutzen. Aber wir sind immer in Versuchung, unsere Schwachheit dazu zu gebrauchen, daß wir uns rechtfertigen, und sagen, wir seien nicht in der Lage, Gottes Willen zu tun. Das führt zu Unheil, Ungehorsam und Sünde. Jesus selbst war nicht ohne Schwachheit. Im Garten Gethsemane betete und schrie er in Schwachheit zu Gott. Er bat, daß der Kelch an ihm vorüberginge, und betete so heftig, daß sein Schweiß wie Blut wurde, das auf die Erde tropfte.

Jesus sagte seinem Vater nicht, daß er dem nicht gewachsen wäre, wozu ihn der Vater berufen hatte. Der Vater wußte, daß Jesus der Situation ohne ihn nicht gewachsen war und daß er seinem Sohn in seiner Schwachheit nahe sein, daß er selbst Jesu Stärke sein mußte. Ich bin sicher, daß der Vater die Schwachheit seines Sohnes spürte und daß er ihn so mit Erbarmen umhüllte, bis Jesus nicht länger dem Willen Vaters widerstehen konnte und seinen eigenen Willen beiseitelegte.

Jesus, unser Hoherpriester, hat Schwachheit erfahren. Er hat die Scham und den Schmerz der Schwachheit gespürt und zum Vater geschrien, weil er fast besiegt war. Jesus kennt und spürt unsere Schwachheit. Sein Herz ist offen für Dich, und er wartet darauf, daß Du in Deiner Schwachheit zu ihm kommst, um sein Mitleid und seine Stärke zu finden.

Ein Edelstein für heute: So wie Jesus seinen Geist in die Hände des Vaters befahl, so sollst Du Deinen Geist in Christi Hände befehlen.

Alttestamentliche Lesung Jeremia 49.50

9. November

Neutestamentliche Lesung Hebräer 6

Diese Hoffnung haben wir wie einen sicheren und festen Anker für unsere Seele, und sie reicht hinein bis in das Innere des Tempels hinter den Vorhang. *(Hebr. 6,19)*

Wir, die wir Hoffnung haben, sind von Jesus zu seinen Brüdern ernannt worden. Er hat uns ermutigt, die Grundwahrheiten über ihn hinter uns zu lassen. Weil unser Glaube fest auf Christus gegründet ist, können wir jetzt mit Jesus vorwärts gehen in einen völlig neuen Bereich christlicher Wahrheit und Erfahrung.

Der Schreiber des Hebräerbriefes sieht die Hebräer als ein Schiff, das in der Bucht geankert hat. Jesus ist der unsichtbare Anker. Die Matrosen gehen unbekümmert um die Sicherheit ihres Schiffes ihrer Arbeit nach, weil sie wissen, daß unten im Wasser, nicht sichtbar für sie, der Anker liegt. Und er liegt nicht nur da, sondern er hält sie auch. Du kennst das Wesen und die Struktur des Ankers und seine Fähigkeit, das Schiff festzuhalten. Selbst wenn ein starker Wind durch die Takelage des Schiffes bläst und die See das Schiff hebt und senkt, so liegt ihr Glaube – oder sollte ich sagen, ihre Hoffnung – in dem nicht sichtbaren Anker, der sicher und fest bleibt.

Unser Anker wandert nicht mehr in Israel umher, um das Evangelium zu verkünden. Er ist aufgefahren in den Himmel. Er ruht in stillen Wassern und ist unserer Sicht entschwunden »in das Innere des Tempels hinter den Vorhang.«

Im nächsten Vers steht, daß Jesus der Vorläufer ist und daß er um unsretwillen in das Allerheiligste getreten ist. Jesus ist ein Hoherpriester geworden in Ewigkeit nach der Ordnung Melchisedeks. Und jetzt verlangt ihn danach, daß wir ihn in seinem nie endenden Amt kennen. Jesus möchte, daß unsere Hoffnung in ihm liegt als dem Anker – Christus hinter dem Vorhang – und daß wir uns nicht mehr um unsere Rettung sorgen oder ängstigen, weil wir in diesen Grundwahrheiten festgemacht sind. Er gebietet uns nur, ihn kennenzulernen und mit ihm Gemeinschaft zu haben. Wir sollen mit dem Wissen leben, daß unser Anker ausgeworfen ist und wir an einem Ort der Ruhe und des Sieges ankern, den Jesus für uns erobert hat. Hinter dem Vorhang können wir siegen und überwinden. Darum laßt uns unserem Vorläufer folgen und eintreten.

Ein Edelstein für heute: Unser Grund ist Christus, unser Herr und Retter. Gehe weiter, und erlebe die Gemeinschaft mit unserem Hohenpriester.

Alttestamentliche Lesung Jeremia 51.52

10. November

Neutestamentliche Lesung Hebräer 7

Daher kann er die, welche durch ihn zu Gott kommen, wohl retten; denn er lebt für immer und bittet für sie. *(Hebr. 7,25)*

Seit den Tagen Aarons gab es eine beständige Folge von Priestern. Aber das ganze System war doch begrenzt, es hing ab von den Fähigkeiten und dem Charakter der einzelnen Priester. Es war voller Schwachheit, während die Priester kamen und gingen. Aber alles das ist jetzt verändert durch diesen Mann, Jesus, denn er bleibt für immer, er hat ein unveränderliches und beständiges Priesteramt.

Das Zentrum unserer Errettung ist der Herr Jesus Christus, unser großer Hoherpriester, der niemals sterben und niemals sein Amt einem anderen weitergeben wird. Er lebt für immer, um für uns zu bitten. In der Welt leben wir in sehr unbeständigen Zeiten, aber in Christus haben wir Beständigkeit, weil er sich niemals ändert. Durch sein Amt hat Jesus die Verantwortung, für uns einzutreten. Wir können sicher sein, daß er dieser Verantwortung niemals müde sein wird. Weil Jesus für immer lebt, ist er in der Lage, beständig für uns zum Vater zu beten.

Zu mir kommen ständig Christen in die Seelsorge, die darüber klagen, daß Jesus ihnen nicht immer so nahe ist, wie sie es gerne hätten. Sie sagen, daß ihnen das Gefühl seiner Nähe, das sie früher gespürt haben, fehlt. Jesu Antwort an uns ist, näher zu kommen, in den Tempel einzutreten und dort Gemeinschaft mit ihm zu haben, sogar im Raum hinter dem Vorhang, im Allerheiligsten.

Ich bitte andere Brüder nur sehr selten darum, für mich zu beten. Es gab eine Zeit, wo ich das häufiger tat, und sehr oft müssen wir das auch tun. Aber ich gehe nicht mehr so schnell zu den Brüdern, weil ich direkt zu Jesus gehen und ihn bitten kann, für mich einzutreten. Wir sind dazu berufen, unser neues Leben in Christus »hinter dem Vorhang« zu leben und das Amt des großen Hohenpriesters in Anspruch zu nehmen.

Wenn wir zu Jesus kommen, dann kann er uns retten, dann kann er uns völlig retten. Wenn wir ein bißchen schwach werden im Glauben und dann zu ihm kommen, dann kann er seine Verheißungen an uns erfüllen. Bist Du verletzt? Bist Du von Versagen gequält, oder raubt Dir eine Sünde Deine Freude? Dann komme zu Jesus, damit er für Dich bittet und Dich völlig rettet, denn er lebt, um für Dich einzutreten.

Ein Edelstein für heute: Tritt mutig vor den Thron, denn Jesus lebt, um für seine Brüder und Schwestern zu bitten.

Alttestamentliche Lesung Klagelieder 1.2

11. November

Neutestamentliche Lesung Hebräer 8

Die Hauptsache bei dem, was wir zu sagen haben, ist dies: Wir haben einen solchen Hohenpriester, der sich zur Rechten des Thrones der Majestät im Himmel gesetzt hat, als Diener am Heiligtum und an dem wahren Zelt, das der Herr errichtet hat und nicht ein Mensch.

(Hebr. 8,1.2)

Jeden Tag haben wir in dem Brief an die hebräischen Christen gelesen und sind weitergeführt worden in unserem geistlichen Verstehen. Dieser Brief kann nur durch den Heiligen Geist verstanden werden, und nur der Geist kann uns dahin führen, daß wir die Wahrheiten, die in diesem Brief stehen, auch erfahren. Unser Verstand könnte niemals das Geheimnis begreifen, das sich systematisch vor uns entfaltet.

Mose baute ein heiliges Zelt, das das Abbild eines heiligen Zeltes im Himmel war. Es war ein Ort der Opfer, wo ständig Blut floß. Es war ein Ort, wo das Lob wohnte und wo Reinigung geschah, ein Ort, wo ständig Priester dienten und um des Volkes willen vor Gott standen. Die Teilnahme des Volkes lag darin, daß sie dem Gesetz gehorchten und sich an die Gebote des heiligen Zeltes hielten.

Und nun spricht der Schreiber des Hebräerbriefes von einem anderen Zelt – einem Heiligtum im Himmel, wo Jesus, unser großer Hoherpriester und König, mit Lob und heiliger Anbetung dem Herrn, unserem Gott dient. Dieser Dienst und die Fürbitte, die er tut, haben nichts Gesetzliches an sich. Jesus, als Priester, hat sein Opfer dargebracht. Sein Blut reinigt uns, die wir durch den Geist das Recht besitzen, an dem himmlischen Heiligtum Anteil zu haben.

Jesus verließ die Jünger, nahm sein Amt im himmlischen Heiligtum auf, und sandte uns seinen Geist, der der Geist des Heiligtums ist. Dieses heilige Zelt, das nicht von Menschen, sondern durch Gottes Geist gemacht ist, reicht bis in das Herz jedes einzelnen von uns, so daß wir, Du und ich, durch den Heiligen Geist Zutritt zu dem himmlischen Heiligtum haben können und durch unseren großen Hohenpriester in die Gegenwart des Vaters gebracht werden.

Wir sind wiedergeboren, geboren von dem Heiligen Geist aus der Höhe, damit wir an dem, was in diesem Heiligtum geschieht, teilhaben können. Nimm Dir Zeit in Deiner »Stillen Zeit«, um Gott zu loben. Experimentiere ruhig ein bißchen. Durch den Glauben hast Du die Möglichkeit, in das größte Geheimnis aller Zeiten hinein zu gelangen. Dem gesetzlichen und dem intellektuellen Geist ist es verborgen, aber durch den Heiligen Geist dehnt sich das himmlische Heiligtum bis in unser Herz aus.

Ein Edelstein für heute: Das wahre Heiligtum ist das Herz des Menschen, wo der Geist Gottes wohnt.

Alttestamentliche Lesung Klagelieder 3-5

12. November

Neutestamentliche Lesung Hebräer 9

Damit macht der Heilige Geist deutlich, daß der Weg ins Heiligtum noch nicht offenbart worden war … *(Hebr. 9,8)*

Im Alten Bund dienten die Priester beim Tempelgottesdienst im Heiligtum, und vor ihnen hing der große Vorhang. Sie führten ihren priesterlichen Dienst vor diesem Vorhang aus, der wie ein großer Wächter vor ihnen stand und sie vom Allerheiligsten trennte, wo Gottes Gegenwart war. Gott wohnte nicht in ihrem priesterlichen Dienst, sondern hinter dem Vorhang. Die Opfer, die für das Volk dargebracht wurden, das Licht, für das gesorgt wurde, so daß es nie ausging, das Schaubrot, das gebacken und auf den Tisch gelegt wurde, alles dies wurde außerhalb der Gegenwart Gottes getan. Auf diese Weise zeigte der Heilige Geist, daß der Weg zu dem allerheiligsten Ort noch nicht offenbart war. Keiner durfte ins Allerheiligste gehen, außer einem ausgewählten Priester, der für diesen Anlaß sorgfältig vorbereitet, geheiligt und gekleidet wurde. Einmal Jahr – wahrscheinlich nur einmal in seinem ganzen Leben – trat dieser Priester in Gottes Gegenwart, die im Allerheiligsten war, auf dem Thron der Gnade zwischen den Cherubim.

Im Neuen Bund ist der Vorhang beseitigt, und der Heilige Geist führt uns durch Offenbarung in das Allerheiligste. Was der Heilige Geist im Alten Bund nicht tun konnte, das kann er im Neuen Bund. Jesus hat seinen Platz im Allerheiligsten eingenommen, in dem Heiligtum, das nicht von Menschenhand gemacht ist. Er hat uns den Heiligen Geist gesandt, damit dieser zu unserem Geist spricht und uns durch Offenbarung in das Heiligtum führt, in Gottes Gegenwart. Wir brauchen unseren Glauben nicht mehr unter dem Gesetz auszuüben, außerhalb des Ortes, an dem Gott wohnt, sondern wir dürfen mutig in seine Gegenwart treten.

Der Heilige Geist machte früher deutlich, daß das Allerheiligste für das Volk Gottes unter dem Alten Bund nicht geöffnet war. Jetzt zeigt er uns, nein, er bittet uns voll Freude – diesen ganz heiligen Ort zu betreten, in den er uns selbst führen will. Darum hat all unser christliches Tun, Christi eigenes Leben, das wir leben, seinen Ursprung im himmlischen Heiligtum und ist von seinem Duft umgeben. Laßt uns unser Herz dem Heiligen Geist öffnen – dem Wächter des Heiligtums. Nachdem er den Vorhang beseitigt hat, soll er uns nun führen, damit wir wohnen, wo Christus wohnt, damit wir erfüllt sind von diesem himmlischen Geheimnis: unserem Einssein in Christus Jesus im Heiligtum.

Ein Edelstein für heute: Unter dem Alten Bund war uns das Allerheiligste verschlossen. Aber jetzt können wir mutig in Gottes Gegenwart treten und in Christus mit ihm eins sein.

Alttestamentliche Lesung Hesekiel 1-3

13. November

Neutestamentliche Lesung Hebräer 10,1-23

So laßt uns eintreten mit wahrhaftigem Herzen und in der Gewißheit des Glaubens ... *(Hebr. 10,22)*

Was können uns diese Worte bedeuten, wenn wir nicht Gott bei seinem Wort nehmen und mit wahrhaftigem Herzen und in der Gewißheit des Glaubens eintreten? Gott hat ganz klar gesagt, daß das Werk der Erlösung ausreicht, um uns den Eintritt in das Allerheiligste zu ermöglichen, den Eintritt in Gottes Gegenwart, wo Jesus ist, unser großer Hohepriester. Das eine Blutopfer durch Jesus reinigte uns von aller Sünde. Dadurch, daß Gott uns diese Wahrheiten ins Herz schreibt, gibt er uns ein inneres Zeugnis des Geistes, daß sie wirklich wahr sind. Er hat uns ein neues Herz gegeben und den Heiligen Geist gesandt, daß diese Wahrheiten Wirklichkeiten sind und damit wir auf dem neuen und lebendigen Weg gehen.

Nun ruft uns Jesus selbst einzutreten. Sobald die Wirklichkeit des Opfers von seinem Blut – sein Tod am Kreuz – in unser Herz geschrieben ist, ruft er uns zu, daß wir weitergehen sollen. Wir fangen dann an, uns mit unserer Heiligung zu beschäftigen und betreten den heiligen Ort, wo die Priester beständig dem Herrn dienen. Dort ist viel Aktivität, ständig werden die Lampen gefüllt und verschiedene Gottesdienste gefeiert. Preis sei Gott, jetzt unter dem Neuen Bund erfahren wir an diesem Ort mehr als Aktivität, die sich auf das Gesetz gründet. Wir können bis in Ewigkeit Gott in unserem Herzen erfahren. Aber Jesus sagt noch, mehr er sagt: »Tritt ein!«

Solange der Heilige Geist Dir nicht die Wahrheit offenbart, daß der Vorhang nicht mehr da ist und daß Du Dich nicht bei Anfangserfahrungen aufzuhalten brauchst, gibt es kein Verstehen. Du wirst einfach eine innere Sehnsucht oder Ruhelosigkeit verspüren. Dein Geist wird danach verlangen, weiterzugehen und einzutreten.

Dann kommt der Heilige Geist, und im Glauben an Deine Reinigung trittst Du mutig ein. Das Heiligtum wird dann zu Deinem Zuhause. Dort ist geistliche Harmonie, und Dein Herz ruht. Jetzt wird Jesus mehr als Retter und Versöhner. Er führt in Deinem Herz sein Amt als großer Hohepriester und König aus. Höre seine Stimme, und sei ermutigt. Der König des Himmels bittet Dich, mit wahrhaftigem Herzen einzutreten. Hörst Du das? Er bittet Dich einzutreten!

Ein Edelstein für heute: Der große Hohepriester bittet Dich, das Heiligtum zu betreten, in Gottes Gegenwart zu kommen, weil das Opfer seines Blutes für Deine Reinigung ausreichte und ausreicht.

Alttestamentliche Lesung Hesekiel 4-6

14. November

Neutestamentliche Lesung Hebräer 10,24-39

Und laßt uns aufeinander achtgeben und uns anspornen zur Liebe und zu guten Werken. *(Hebr. 10,24)*

Ich möchte gerne am Anfang dieses Tages eine Geschichte erzählen. Eine Frau fuhr für eine Woche auf eine christliche Sommertagung. Während sie fort war, kümmerte sich niemand um ihren Rasen, keiner besprengte ihn, so wie sie es getan hätte, wenn sie zu Hause gewesen wäre. Jeden Tag vertrocknete der Rasen ein bißchen mehr, bis nach sieben Tagen die sengende Sonne das Gras fast verbrannt hatte. Sofort nach ihrer Rückkehr fing die Frau an, sich liebevoll um ihren Rasen zu kümmern. Sie besprengte ihn, und es war erstaunlich, wie schnell er sich erholte.

Diese Geschichte erzähle ich, um Dich zu ermutigen, Dir eine Extra-Zeit für Gott zu nehmen, auch wenn Du meinst, daß Du nicht fort kannst, weil niemand Deine Arbeit übernehmen kann.

Einfach nur sieben Tage Stille Zeit, sieben Tage, um mit Gott allein zu sein und die Erfahrung zu machen, daß wir geistlich vorwärts gehen und Gott näher kommen können. Das wird Dein Leben verändern. Wenn Du Dir Zeit nimmst, um im himmlischen Heiligtum mit Gott Gemeinschaft zu haben, dann wird Dein inneres Leben von der Heiligkeit des Heiligtums durchdrungen werden. Der Friede und die Freude, das Lob und die Anbetung und die Gegenwart Christi in Deinem Herzen können der Anfang von vielen wunderbaren Offenbarungen Gottes sein. Dies ist der Anfang der größten Offenbarung, die es überhaupt gibt, der Offenbarung der Liebe Gottes – der Liebe, die im Heiligtum ist.

Wenn so viel in Deinem Herzen geschieht, dann wirst Du anderen davon erzählen. Andere Menschen werden die Veränderung sehen und Fragen stellen. Du kannst Dich nicht jeden Tag mit Jesus im Heiligtum treffen, ohne daß Dein Leben verändert wird. Darum, aus Liebe, gebt acht auf die Nöte der anderen. Sporne sie an zu erkennen, daß gerettet sein heißt, Täter von Gottes Willen zu sein. Jesus tat den Willen des Vaters, und tut ihn auch jetzt. Gottes Wille für jeden Gläubigen ist, daß er das Heiligtum, das Allerheiligste betritt und den Herrn Jesus Christus als seinen Hohenpriester kennenlernt. Sporne andere an, ermutige sie, sich jeden Tag Zeit zu nehmen, um Gemeinschaft mit dem Heiligen Geist zu haben. Er selbst wird ihr Leben verändern. Ermutige sie in Liebe. Gib nicht auf, bis die anderen Christen täglich »Stille Zeit« halten. Und in der Bibel heißt es, daß Du dann im Leben der anderen Deine guten Werke sehen kannst.

Ein Edelstein für heute: Die Liebe kann dadurch den Anfang zu einer Lebensveränderung bei anderen setzen, daß wir ihnen von der Erfahrung unseres Herzens erzählen.

Alttestamentliche Lesung Hesekiel 7-9

15. November

Neutestamentliche Lesung Hebräer 11,1-19

Aber ohne Glaube ist's unmöglich, Gott zu gefallen; denn wer zu Gott kommen will, der muß glauben, daß er ist und daß er denen, die ihn suchen, ihren Lohn gibt. *(Hebr. 11,6)*

Zunächst ruft Paulus uns die großen Gottesmänner in Erinnerung, die tiefen Glauben hatten. Als das vor ihnen lag, was Gott verheißen hatte, so sagt Paulus, »sahen (sie) es nur von ferne, grüßten es und bekannten, daß sie Gäste und Fremdlinge auf Erden waren« (Hebr. 11,13). Die Verheißung einer himmlischen Stadt und eines Königs hatte sie so verändert, daß das Leben auf der Erde für sie eine Pilgerreise war. Allem gegenüber, was außerhalb der Verheißung lag, waren sie Fremdlinge. Und ebenso heißt es in der Bibel, daß sie alle im Glauben starben, daß sie die Verheißung noch nicht erlangten.

Diese Männer lebten im Warten, im Glauben und in der Vorfreude auf den Tag, an dem Gottes Verheißung Wirklichkeit sein würde. Aber wir leben in einer Zeit der Gnade, wo wir die Erfüllung dieser Verheißung empfangen können. Durch das Wirken des Heiligen Geistes in unseren Herzen können wir das erfahren, wonach sich diese Männer sehnten. Im Glauben sahen sie das Kommen des Messias voraus, aber wir haben die Möglichkeit, diesem Messias zu begegnen und zu bekennen, daß er Herr und Retter ist. Die Männer damals suchten und strebten nach der Verheißung und wurden für ihren Glauben belohnt. Wir aber haben Möglichkeit, zu suchen und zu finden und eine tiefe Gemeinschaft mit dem zu entwickeln, der den Männern damals die Verheißung gab. Das sind Dinge, von denen sie damals nur träumten, jetzt aber werden sie von denen gefunden, die Gott suchen.

Was kann Gott noch mehr tun? Er hat seinen Sohn Jesus gesandt, damit uns sein vergossenes und geopfertes Blut auf solch eine Gemeinschaft vorbereitet. Jesus wiederum hat den Heiligen Geist gesandt, damit wir in das Allerheiligste geführt werden, an den Ort, wo Gott selbst wohnt. Jesus hat uns von seiner Liebe überzeugt, und durch diese Liebe hat uns angenommen, am Kreuz hat er seine Liebe zu uns bekannt. Sein Wille ist, daß wir ihn suchen. Wenn uns irgend etwas Gutes fehlt, selbst wenn es sich um Glauben handelt, so will Jesus diejenigen mit Glauben belohnen, die ihn suchen.

Jesus bietet so viel an, soviel Lohn und eine Liebe, die alles Verstehen übersteigt. Wenn wir nur ein wenig suchen, ein wenig Zeit mit Jesus im Heiligtum verbringen, dann wird er uns seinen Heiligen Geist geben, daß er in uns wohnt. Und wir werden die »Freude des Heiligtums« haben, die darin liegt, daß wir Gott gefallen.

Ein Edelstein für heute: Wir sind nichts als Pilger auf der Erde, aber die Verheißung gehört uns, und Gott gibt denen ihren Lohn, die ihn suchen – einen Lohn über alles Maß hinaus!

Alttestamentliche Lesung Hesekiel 10-12

16. November

Neutestamentliche Lesung Hebräer 11,20-40

Durch den Glauben ... *(Hebr. 11,20)*

Durch den Glauben segnete Isaak seine Nachkommen. Und es war das Wort der Verheißung, das Gott seinem Vater Abraham gegeben hatte, das Glauben in ihm entfachte. Obwohl er die Erfüllung der Verheißung in seinem Leben nicht sah, lebte und starb Isaak im Glauben und vertraute der Verheißung. Durch den Glauben an dieselbe Verheißung segnete Jakob Josefs Söhne. Er sah in ihnen die Verheißung einer großen Nation. Durch den Glauben sah er ein Volk Gottes und einen mächtigen Erlöser, den Messias.

Als Josef starb, sah auch er durch den Glauben die Wirklichkeit zukünftiger Dinge. Er sah ein Volk der Verheißung. Als sie noch nicht mehr als eine Familie waren, sah er ein Volk. Sein Glaube an die Verheißung war so intensiv, daß er Anordnungen traf, was mit seinem Leben nach seinem Tod geschehen sollte.

Mose wurde in einem Volk der Verheißung geboren, zu einer Zeit, wo das Volk große Not litt. Seine Mutter hielt ihn versteckt. Sie sah in ihm, was man nur mit den Augen des Glaubens sehen konnte. Ihr Glaube war ein Kanal, durch den Gott Moses Leben retten konnte.

Als Mose herangewachsen war, brachte ihn sein Glaube an Gott und seine Liebe zu seinem unterdrückten und leidenden Volk dazu, eine Entscheidung zu treffen. Er kehrte nicht nur dem Komfort der Welt den Rücken, sondern weigerte sich auch, mit dem Geist der Welt einen Kompromiß zu schließen. Mose entschied sich dafür, eins zu sein mit einem Volk, das litt, weil es das Volk der Verheißung war. Mose sonderte sich ab von den Menschen und von dem Geist der Welt. Er wollte für Gott leben, der einem kleinen Volk die Verheißung gegeben hatte, daß es eine große Nation werden sollte. Es gab bestimmt keinen Beweis für diese Verheißung. Weder Gottes Volk noch seine Situation hatten etwas Großartiges an sich. Alles, was sie hatten, war die Verheißung.

Durch den Glauben war Mose in der Lage, sowohl seinen Komfort zu verlassen und die Ägypter, die ihn liebten, als auch sein eigenes Volk, dem er sich gerne gleichstellen wollte, das ihn aber ablehnte. Der Glaube half ihm, auszuharren. Durch den Glauben suchte er Gott und fand den unbesiegbaren Gott, der die Verheißung gegeben hatte. Mose glaubte Gottes Werken und hielt sogar das Passahfest, weil er dem Blut glaubte und Gottesfurcht hatte.

Mein lieber Freund, diese Männer des Glaubens lebten in der Erwartung dessen, daß eine Verheißung erfüllt würde. Aber wir sind ein Volk, für das die Erfüllung der Verheißung schon da ist. Alles, worauf die Israeliten damals gewartet haben, können wir jetzt erfahren. Mose hatte nur ein Abbild des himmlischen Gottesdienstes. Wir jedoch dürfen die Wirklichkeit erleben.

Wie sehr werden wir uns von der Welt absondern, wie sehr werden wir uns hingeben, um in der Fülle des verheißenen Christus' zu leben? Wie sehr wollen wir durch den Glauben leben, um Gottes Willen zu tun?
Ein Edelstein für heute: Wir sind das Volk der Verheißung, die schon erfüllt ist. Nimm die Erfullung an, und erfahre sie.

Alttestamentliche Lesung Hesekiel 13-15

17. November

Neutestamentliche Lesung Hebräer 12

Weil wir eine solche Wolke von Zeugen um uns haben, laßt uns alles ablegen, was uns beschwert, auch die Sünde, die uns ständig umstrickt. Laßt uns mit Ausdauer in dem Wettkampf laufen, der uns bestimmt ist, und dabei auf Jesus sehen, den Urheber und Vollender des Glaubens. (Hebr. 12,1.2)

Was für ein großes Zeugnis des Glaubens geht diesen Versen voran. Es ist wie eine Wolke von Zeugen, die mit Freude verkündigen, daß sie durch den Glauben in dem Wettkampf gelaufen sind, der uns bestimmt ist. Jetzt sitzen sie auf den Plätzen der Arena, schauen zu und wollen uns durch ihr Beispiel in unserem Wettkampf ermutigen.

Es ist Zeit, zur Besinnung zu kommen und zu erkennen, daß wir in einen Kampf um Leben und Tod verwickelt sind. Obwohl wir wiedergeboren sind und der Heilige Geist Jesu in unserem Herzen lebt, stehen wir in einem gewaltigen Kampf. Der Geist dieser Welt versucht, uns aufzulauern und uns von Christus wegzuführen. Der Teufel gibt einfach nie auf, unsere Schwächen herauszufinden. Er hüllt uns ein, bis wir von solchem Komfort umgeben sind und uns von so vielen Beschäftigungen in Anspruch nehmen lassen, bei denen unser Ich im Mittelpunkt steht, daß wir unmöglich noch in einem Wettlauf laufen können. Es dauert nicht lange, bis unser Herz mit Verlangen nach den Dingen dieser Welt erfüllt ist. Und wir fangen sogar an, uns dadurch selbst zu betrügen, daß wir denken, daß alles dies Gottes Segen in unserem Leben ist. Der Ernst in der Nachfolge Christi ist verschwunden. Wir haben sogar Antworten bereit für diejenigen, die es wagen, Verse wie diesen zu zitieren: »Ebenso kann keiner von euch mein Jünger sein, der nicht alles aufgibt, was er hat« (Lk. 14,33).

Diejenigen von Euch, die alles aufgegeben und jede sie beschwerende Sünde abgelegt haben, sind die, die sich hingegeben haben, um in dem Wettkampf zu laufen. Die Worte »laßt uns ablegen, laßt uns laufen« werden plötzlich lebendig und erhalten Bedeutung. Gott hat uns nicht dazu berufen, alleine zu laufen. Absonderung heißt nicht Einsamkeit. Es heißt Absonderung für Gott. Der, der der Urheber und Vollender unseres Glaubens ist, läuft mit uns. Er läuft nicht um die Hürden herum, die wir nehmen müssen, sondern springt mit uns hinüber. Ist das Rennen schwer?

Jesus ist direkt neben uns und läuft jeden einzelnen Schritt mit uns.

Hast Du einen Fehler begangen und einen falschen Weg eingeschlagen? Jesus ist bei Dir, um Dich zum Wettkampf zurückzuführen. Wenn Du am liebsten aufgeben möchtest, dann wird er Dich ermutigen. Wenn Dir die Kraft zum Laufen fehlt, dann reicht seine Kraft aus. »Siehe, ich bin bei euch alle Tage bis ans Ende der Welt« (Mt. 28,20).

Ein Edelstein für heute: Wir sollen im Wettkampf mit Gottes Kraft laufen. Er ist nicht nur der Urheber, sondern auch der Vollender unseres Glaubens.

Alttestamentliche Lesung Hesekiel 16

18. November

Neutestamentliche Lesung Hebräer 13

Bleibt fest in der brüderlichen Liebe ... (Hebr. 13,1)

In diesem Brief an die hebräischen Christen wird nicht viel von Gottes Liebe gesprochen, aber hier wird nun die Liebe zu den Brüdern erwähnt. In den vorhergehenden Kapiteln hat Paulus uns auf »grüne Auen« geführt. Er hat uns verlockt, über unsere jetzige geistliche Erfahrung hinauszugehen und das himmlische Heiligtum zu betreten, wo wir Gemeinschaft mit unserem Retter haben können. Er ist der Christus, der zur Rechten des Vaters erhöht ist, eingesetzt zu dem ewigen Amt des großen Hohenpriesters und gekrönt zum König. Er ist herrlich gekleidet mit Gerechtigkeit; er regiert und herrscht mit dem Vater, und wir wissen, daß sich jedes Knie vor seinem Namen beugen wird. Dieser Mann, Jesus, der ein Mensch war von Kopf bis Fuß, und der jetzt von Gottes Herrlichkeit umgeben ist, sieht uns in Liebe an. Er bittet uns, näher zu kommen und flüstert ein Wort in unser Herz: »Bruder! Schwester!«

Wie können wir die nicht lieben, die Jesus liebt? Wie können wir nicht gastfrei sein und die Brüder bewirten? Wie können wir nicht an die verfolgten Brüder hinter dem Eisernen Vorhang und in anderen Ländern der Welt denken und uns an sie erinnern? Wir können es nicht hindern, daß selbst unsere Ehen schöner werden, wenn wir im Heiligtum mit Jesus Christus Zeit verbracht haben, der uns mit einer immerwährenden Liebe liebt. Es ist eine Liebe, die uns nie im Stich lassen wird, denn Gott ist Liebe. Der Duft und der Geist des Heiligtums ist Liebe, vollkommene Liebe. Wenn Jesus sagt: »Tritt ein«, dann schmilzt unser Zögern vor diesem Geist der Liebe, der diese Worte gesagt hat. Jede Geste, jedes Wort, das Jesus sagt, ist voller Liebe und bringt unser leeres und trockenes Herz dazu, schnell zu antworten und sich diesem Strom der nie endenden Liebe zu öffnen, der aus dem Heiligtum hervorquillt.

Sehnst Du Dich danach, Gottes Liebe kennenzulernen, die durch den Heiligen Geist in Dein Herz ausgegossen ist? Wünscht Du Dir, stärker mit Liebe für die Brüder erfüllt zu sein? So verbringe viel von Deiner Zeit im Heiligtum. Dann wirst Du nie spüren, daß Du Liebe brauchst. Denn während Du Zeit mit Gott verbringst, wird die Liebe, die vom Vater kommt, Dich so sehr sättigen und erfüllen, bis sie zu anderen fließt. Die Brüder werden zu Empfängern Deiner beständigen Liebe. Der Schreiber des Hebräerbriefes brauchte die Liebe nicht extra zu erwähnen. Er wußte, daß Du zu einem Brief der Liebe wirst, wenn er Dich ins Heiligtum führen kann.
Ein Edelstein für heute: Der Duft des Heiligtums ist Liebe, die Dein Wesen durchdringen wird.

Alttestamentliche Lesung Hesekiel 17-19

19. November

Neutestamentliche Lesung Jakobus 1

Ein Bruder, der arm ist, rühme sich seiner Höhe. *(Jak. 1,9)*

Jesus hatte eine besondere Liebe für die Armen. Er sagte: »Selig, die geistlich arm sind; denn ihnen gehört das Himmelreich« (Mt. 5,3). Jesus kann die Armen nicht wirklich arm lassen. Fehlt es Dir an dem, was in dieser Welt nötig ist, bist Du arm in den Augen anderer? Hast Du bei den Mahlzeiten nur wenig auf den Tisch zu stellen, und fehlt es Dir für die anderen Bereiche des Lebens an noch viel mehr? Spürst Du Deine Armut, und wünschst Du, daß es anders wäre? Du kannst nicht Jesus begegnen, zu seinen Brüdern gezählt werden und arm bleiben. Er läßt Dich in sein Reich kommen, damit Du es erforschst. Du hast dieselbe Möglichkeit wie jeder andere, weil Jesus Dich erhöht hat. Er hat Dich hoch gehoben, heraus aus dem Schmutz und der Sünde dieses Lebens, damit Du mit ihm an einem himmlischen Ort wohnst. Er kann wird Dir Deine Augen öffnen für ein Erbe, das die größte Armut bedeutungslos werden läßt. Wenn man Dir das schönste Haus auf Erden geben würde, so würde es Dir von ganz geringem Wert erscheinen. Sein Glanz würde weit hinter dem Erbe zurückbleiben, das Dich im Himmel erwartet, und Dein Herz würde deswegen nicht einen Moment höher schlagen, denn es »sucht nach dem, was droben ist.« Der Herr Jesus Christus hat Dich vor seinem Vater Bruder und Schwester genannt und Dich zum Kind und Erben gemacht. Wenn Du nur einen Blick auf dieses himmlische Erbe wirfst, dann wird Dein Geist so erfüllt sein mit dem Himmel, daß selbst die ärmlichsten Umstände auf dieser Welt für Dich tragbar werden.

Jesus kann die ärmste, verlorenste Seele eines Trinkers, eines Gefangenen oder Landstreichers erreichen. Ich weiß das, weil ich selbst in der finstersten und niedrigsten Gesellschaft gelebt habe. Ich habe gesehen, wie Jesus

Herzen berührt, die offen für ihn sind. Bist Du einsam, in Selbstmitleid gefangen, oder fühlst Du Dich einfach nur vernachlässigt? Jesus kann Dich erreichen. Öffne darum Jesus Dein Herz, und laß Dich in sein Heiligtum ziehen. Laß Dich von Jesu Blut reinigen, und schaue Dich mit den Augen des Glaubens um. Wenn Du es zuläßt, dann kann der Heilige Geist Dir den Herrn Jesus Christus in all seiner Herrlichkeit offenbaren. Und denjenigen von Euch, die schon gesehen haben und schon dort im Heiligtum gewesen sind, sage ich, geht nicht hinter Eure Erfahrungen zurück, sondern strebt nach mehr Glauben. Haltet fest daran, und wohnt mit Jesus an dem heiligen Ort.

Ein Edelstein für heute: »Was hilft es dem Menschen, wenn er die ganze Welt gewinnt und dabei sein Leben einbüßt?« (Mk. 8,36)

Alttestamentliche Lesung Hesekiel 20.21

20. November

Neutestamentliche Lesung Jakobus 2

Hört zu, meine lieben Brüder! Hat nicht Gott die Armen in dieser Welt dazu erwählt, reich im Glauben und Erben des Reichs zu sein, das er denen verheißen hat, die ihn lieb haben? *(Jak. 2,5)*

In einer umschreibenden Übersetzung, der Living Bible, heißt dieser Vers so: »Gott hat arme Menschen dazu erwählt, daß sie reich sind im Glauben, und das Himmelreich gehört ihnen, denn das ist die Gabe, die Gott allen versprochen hat, die ihn lieben.« Es ist der Geist dieser Welt, der Stolz der Eigenliebe, der die Armen verachtet und auf sie herabschaut. Jakobus sagt ganz deutlich, daß es nicht die Art des Reiches Gottes ist, einen Menschen zu verachten, weil er arm ist. Wenn wir einen Menschen wegen seines Reichtums oder seines gesellschaftlichen Ansehens ehren oder seine Gesellschaft aus diesem Grund der eines anderen vorziehen, dann sind wir selbstsüchtig, und der Stolz regiert unser Leben. In Römer 2 steht, daß Gott die Person nicht ansieht.

Dem Armen sagt Gott: »Ich habe mich entschlossen, dich im Glauben reich zu machen«, wahrscheinlich deswegen, weil der Arme nicht beschwert ist. Er ist nicht so sehr mit seinem Reichtum und seinem gesellschaftlichen Ansehen beschäftigt wie der Reiche und ängstigt sich nicht so darum. Mein Herz hat Mitleid mit den Reichen, weil Jesus gesagt hat, wie schwer es für einen Reichen ist, ins Himmelreich zu kommen.

Ich erinnere mich an eine Geschichte aus Afrika. Eine Missionsstation hatte Probleme mit Affen, die ihnen ihre Nahrungsmittel raubten, besonders Erdnüsse. Sie stellten eine Falle auf und taten Erdnüsse in eine Dose mit einer kleinen Öffnung, die groß genug war, daß eine leere Affenpfote hineinpaßte. Aber sie war nicht groß genug, um eine mit Nüssen gefüllte

Pfote wieder heraus zu ziehen. Wenn also ein Affe seine Pfote mit Nüssen gefüllt hatte, konnte man ihn fangen. Die Tiere ließen die Nüsse nicht los, um die Hand herauszuziehen, weil sie zu gierig waren.

Der Arme mag unzufrieden sein mit seiner gegenwärtigen Situation und nach etwas anderem Ausschau halten. Aber er ist so durstig, daß er einfach trinkt und trinkt, wenn er zu der Quelle der Erlösung gelangt. Man braucht Glauben, um dorthin zu kommen. Doch wenn der Arme entdeckt, daß der Urheber des Glaubens bereit ist, ihm Glauben zu geben ohne Maß, ja, dann kann er einfach nicht genug bekommen. Wenn er durch den Glauben das Himmelreich empfängt und dort seinen Reichtum, sein ewiges Leben findet, dann kannst Du sicher sein, daß er an diesem Glauben festhalten und darum reich werden wird. Mein armer Bruder, wenn Du nichts anderes als den Glauben hast, dann bist Du in der Tat reich.

Ein Edelstein für heute: Die besten Dinge im Leben gibt es umsonst. »Wenn euch nun der Sohn frei macht, so seid ihr wirklich frei.« (Joh. 8,36)

Alttestamentliche Lesung Hesekiel 22.23

21. November

Neutestamentliche Lesung Jakobus 3

Die Weisheit aber, die von oben stammt, ist zuerst rein, dann friedfertig, gütig, läßt sich etwas sagen, ist reich an Barmherzigkeit und guten Früchten, unparteiisch, ohne Heuchelei. (Jak. 3,17)

Im ersten Kapitel (Vers 5) schrieb Jakobus: »Wenn es aber jemand unter euch an Weisheit mangelt, so bitte er Gott darum, der jedem gern gibt ... dann wird sie ihm gegeben werden.« Die Welt bietet uns eine Art von »Weisheit« an, aber sie ist vom Ich, vom Selbst verunreinigt. »Was habe ich davon?« ist normalerweise die Kernfrage dieser Weisheit. Unsere Briefkästen sind voll von weltlicher Weisheit, die uns sagt, wieviel wir sparen können, wenn wir etwas kaufen. Viele werden fett und reich an denen, die die Weisheit der Welt suchen. Aber die Welt hat keine Weisheit. Sie hat sich einfach nur selbst betrogen, indem sie denkt, sie hätte Weisheit. Die Weisheit der Welt kann keinen Menschen von der Sünde erlösen oder ihn frei machen. Auch kann sie keinem den Weg zum ewigen Leben zeigen, noch ihm das ewige Leben geben. Kein Mensch ist durch die Weisheit der Welt zu Jesus gekommen.

Jakobus sagt uns, daß es eine Weisheit gibt, die nicht wie das Wissen dieser Welt ist. Denn dieses Wissen hat überhaupt nichts mit Weisheit zu tun. Es gibt eine Weisheit von oben. Und wenn es jemand an dieser Weisheit mangelt, dann soll er sie von Gott erbitten. Bruder, es gibt sie umsonst! Es mag sein, daß Du ein bißchen Zeit dafür brauchst, um sie zu empfangen, weil Du dafür zu Gott gehen mußt. Aber jeder, der darum bittet, empfängt sie. So wie Jakobus uns sagt: »Seid aber Täter des Wortes ...« (Jak. 1,22).

Wie kannst Du wissen, um welche Weisheit es sich handelt, ob sie von der Welt oder von Gott ist? Zunächst einmal hängt das davon ab, wie Du sie empfangen hast. Es ist nicht abhängig davon, was Du weißt, sondern davon, wen Du kennst. Wenn Du Deine Weisheit von Jesus empfangen hast, dann kannst Du ihr vertrauen und danach handeln, weil es dann die Weisheit Gottes ist, von der Jakobus sprach. Göttliche Weisheit hat bestimmte Wesensmerkmale. In unserem Vers heute heißt es, daß sie rein ist, ohne widerstreitende Motive. Friede begleitet sie, und Du wirst keine Angst haben, daß Du auf Deinen eigenen Weg geraten, oder daß die Weisheit fehlschlagen wird. Göttliche Weisheit bringt Güte hervor, und diese wird Dir Vertrauen zu der Weisheit geben. »Sie läßt sich etwas sagen«, Du wirst Dich nicht von der Weisheit bedroht fühlen. Und Du wirst die göttlichen Früchte und Gottes Erbarmen darin sehen können. Göttliche Weisheit unterscheidet sich von der Welt, aber Du erhältst sie nur, wenn Du darum bittest. »Er bitte aber im Glauben und zweifle nicht ...« (Jak. 1,6).
Ein Edelstein für heute: »Die Furcht des Herrn ist der Weisheit Anfang« (Ps. 111,10).

Alttestamentliche Lesung Hesekiel 24-26

22. November

Neutestamentliche Lesung Jakobus 4

So unterwerft euch nun Gott, widersteht dem Teufel, dann flieht er von euch. Naht euch Gott, dann naht er sich euch ... (Jak. 4,7.8)

Wir wissen wenig bis gar nichts über die ersten dreißig Jahre von Jesu Leben. Sein Heranwachsen unterschied sich wahrscheinlich nicht sehr von dem anderer Jungen, deren Vater Zimmermann war. Weil er der Älteste unter den Kindern war, können wir annehmen, daß er einige Verantwortung hatte. Dann kam die Zeit, wo er die Entscheidung treffen mußte, sein Handwerk und sein Zuhause zu verlassen. Er ging im Glauben los und vertraute Gott, daß er ihn jeden Schritt des Weges leiten würde. Jakobus wird viel über diese Jahre gewußt haben. Jesus hörte plötzlich auf, Zimmermann und – als ältester Bruder – das Haupt der Familie zu sein. Das zu verstehen muß Jakobus schwergefallen sein. Der Übergang wurde von einigen besonderen Ereignissen markiert.

Zuerst folgte Jesus dem Ruf Johannes' des Täufers. Israel sollte umkehren, sich taufen lassen und sich auf den kommenden Messias vorbereiten. Jesus ließ sich sogleich taufen, und Johannes der Täufer verkündigte, daß Jesus die Erfüllung einer Prophetie war, der Messias. Dann kam der Heilige Geist auf Jesus herab. Gott bestätigte das, was mit einer hörbaren Stimme vom

Himmel geschah. Danach zog Jesus sich vierzig Tage von der Menge zurück, die von Johannes auf sein Kommen vorbereitet war. Das Allererste, was Jesus bei seiner Vorbereitung auf seinen Dienst erlebte, war eine Begegnung mit Satan. Der versuchte ihn auf jede denkbare Weise. Für den außenstehenden Beobachter, der Gottes Willen nicht verstand, gab es kaum einen Unterschied zwischen Gottes Willen für seinen Sohn und Satans Angebot. Satan wollte Jesus auch zum Fürsten machen und ihn erhöhen. Aber Jesus wies den Wunsch des Feindes zurück, damit er weder Satans Willen noch seinen eigenen Willen täte, sondern den Willen des Vaters.

Ich habe nicht genug Platz, um dies noch ausführlicher zu verfolgen. Aber ich will deutlich machen, daß wir in unserem Wachstum als Christen Zeiten brauchen, wo wir alles verlassen, wofür wir unsere körperlichen geistlichen Kräfte hingeben. Wir müssen alleine fortgehen und mit Gott alleine sein, uns und unsere Gedanken ihm unterwerfen. Das ist eine sehr demütigende Erfahrung. Wenn wir das tun, dann drücken wir das aus: »Gott, hier bin ich. Ich habe mich ganz hingegeben, deinen Willen zu tun, und darum unterwerfe ich mich dir.« Der Feind ist besiegt, wenn Du Dich von ihm abwendest und seine Wünsche abweist. Aber Sieg über den Teufel dadurch zu erfahren, daß Du Dich von ihm abwendest, ist nur die Hälfte der Gesamterfahrung. Um die Fülle und Gottes Freude und sein Bestes für Dich zu erfahren, mußt Du Satan widerstehen und Dich Gott nahen.

Ein Edelstein für heute: Jede Begegnung mit Satan kann Dich dazu bringen, Gott näher zu kommen.

Alttestamentliche Lesung Hesekiel 27.28

23. November

Neutestamentliche Lesung Jakobus 5

Und das Gebet des Glaubens wird den Kranken retten, und der Herr wird ihn aufstehen lassen, und wenn er Sünden getan hat, wird ihm vergeben werden. *(Jak. 5,15)*

Ich kann mich daran erinnern, wie ich als junger Christ gefragt wurde, ob ich an Heilung glaube. Zu der Zeit wußte ich erst so wenig über Gott und sein Wort, daß ich keine kluge Antwort geben konnte. Aber ich hatte eigentlich keinen Grund, um nicht an Heilung zu glauben.

Je mehr ich die Bibel las – ich folgte diesem selben Bibelleseplan, mit dem ich jedes Jahr einmal die ganze Bibel lese –, desto mehr wurde die Bibel, ihr Geist und ihr Leben, zu einem Teil von mir. Ich kam nie so weit, daß ich mit meinem Verstand entscheiden mußte, ob ich an Heilung glaubte oder nicht. Während die Bibel zu einem Teil meines eigenen Lebens wurde, wurde der Inhalt der Bibel zu der Erfahrung meines Herzens. So wurde es für mich nie nötig, eine große Entscheidung über diese Wahrheit der Heilung zu treffen.

Gottes Heiliger Geist, der in meinem Herzen wohnt, versicherte mir, daß Gott heilt. Wenn er in der Vergangenheit heilte und sein Wort Heilung verspricht, dann wird er sein Wort halten, solange die Verheißung steht. Wir können nur schlußfolgern, daß Gott auch heute heilt.

Wenn wir ehrlich sind, dann besteht die wahre Frage nicht darin, ob Gott heute noch heilt und heilen will, sondern darin, ob wir beten werden. »Leidet jemand unter euch, dann bete er ... Ist jemand unter euch krank, dann rufe er die Ältesten ... Bekennt einander eure Sünden, und betet füreinander, damit ihr gesund werdet« (Vers 13-16). »Elia war ein schwacher Mensch wie wir, und er betete ... Dann betete er wieder, und der Himmel gab Regen« (Vers 17.18). »Das Gebet des Gerechten vermag viel, wenn es inständig ist« (Vers 16).

Die große Frage ist, ob wir, als Gottes Volk, beten werden. Es unser Beten, das uns in den Bereich geistlicher Wirklichkeit bringt. Es ist das Gebet, mit dem wir das Herz des Vaters berühren und Veränderung bewirken. In Gottes Reich geschieht nicht viel, solange wir nicht beten. Der Heilige Geist sucht nach dem Herzen, das betet, damit er es erquickt und belebt, ja, er selbst ist es, der die Gebete anfängt, damit sie im Himmel gehört werden.

Ein Edelstein für heute: »Und es soll geschehen: Ehe sie rufen, will ich antworten; wenn sie noch reden, will ich hören« (Jes. 65,24).

Alttestamentliche Lesung Hesekiel 29-31

24. November

Neutestamentliche Lesung 1. Petrus 1

Gelobt sei Gott, der Vater unseres Herrn Jesus Christus, der uns in seiner großen Barmherzigkeit wiedergeboren hat zu einer lebendigen Hoffnung durch die Auferstehung Jesu Christi von den Toten.

(1. Petr. 1,3)

Wer anders als Gott hätte solch eine herrliche, ewige Erfahrung für uns planen können? Am Anfang schuf er den Menschen und gab ihm dann die Aufgabe, alles das, was er noch erschaffen hatte, zu entdecken und zu benennen. Nur Gott konnte eine Frau schaffen, die dem Mann eine Gehilfin und Freundin sei, die ihn lieben und in Ewigkeit mit ihm leben sollte. Gottes Schöpfermacht übersteigt unsere größten Phantasien. Wer hätte sich je die Vielschichtigkeit und das Geheimnis des Lebens ausdenken können, das Gott uns gibt, oder gar seinen Plan des ewigen Lebens in Christus Jesus?

In unserer Rebellion und Torheit lehnten wir dieses ab. Aber selbst dann wandte Gott sich nicht von uns ab, er war weder ärgerlich, noch wollte er uns aufgeben. Er berührte uns mit Erbarmen und Liebe. Durch den Herrn

Jesus Christus gab Gott uns eine lebendige Hoffnung, eine innere Gewißheit, daß er so, wie er Jesus von den Toten auferweckte, auch uns auferwecken wird. Gott hat uns ein so reiches, volles Leben gegeben. Allein er – gelobt sei er! – konnte sich solch einen Plan ausdenken und ihn dann in unserer Erfahrung Wirklichkeit werden lassen.

Weil es durch den Herrn Jesus Christus möglich ist, eine lebendige Hoffnung zu haben, muß es keine Angst vor dem Tod mehr geben. Wie können wir den Tod noch fürchten, wenn wir eine solche Gewißheit der Auferstehung und des ewigen Lebens haben? Seit Christi Tod am Kreuz und unserem Sterben mit ihm gibt es keine Verurteilung mehr für uns. Sein Blut reinigt uns auch weiterhin von aller Sünde. Ja, selbst die Fesseln, die uns an unsere sündhafte Natur gebunden hatten, sind zerstört, und wir sind frei! Ja, frei! Es gibt keinen Tod, keine Verurteilung, keine Knechtschaft mehr, sondern eine lebendige, ewige Hoffnung. Was werden wir mit diesem übernatürlichen, ewigen Leben machen, das uns gehört? Werden wir es zur Seite legen, bis wir es vielleicht brauchen? Werden wir es nur sonntags und vielleicht einmal in der Woche zu einer Bibelstunde hervorholen? Oder werden wir es mit beiden Händen ergreifen und es leben? Ich denke, daß diese Anfangssätze in Petrus' Brief einfach ein Ausdruck von dem waren, was man ständig von seinen Lippen hören konnte, denn er sprach von dem Leben, das in seinem Herzen war. »Gelobt sei Gott, der Vater unseres Herrn Jesus Christus!«

Ein Edelstein für heute: Wenn wir jetzt Gottes Lebensqualität leben, dann wird und bleibt unsere Hoffnung auf die Auferstehung lebendig.

Alttestamentliche Lesung Hesekiel 32.33

25. November

Neutestamentliche Lesung 1. Petrus 2

Ihr aber seid ein auserwähltes Geschlecht, die königliche Priesterschaft, das heilige Volk, Gottes Volk; deshalb sollt ihr die großen Taten dessen verkündigen, der euch aus der Finsternis in sein wunderbares Licht berufen hat. *(1. Petr. 2,9)*

Kein Christ braucht unter Minderwertigkeitsgefühlen zu leiden oder Zweifel daran zu haben, wer er ist. Satan würde Dir am liebsten Deine Identität rauben und Dich betrügen. Er möchte Dich dazu verführen, daß Du glaubst, Du bist etwas anderes, als das, was Du bist, nämlich das, was die Bibel über Dich sagt. Wenn wir unseren Vers heute immer und immer wieder lesen, bis er tief in unseren Geist eingedrungen ist, dann werden wir merken, daß in unserem Leben eine Veränderung stattfinden wird. Wegen dieser inneren Veränderung werden sich auch Umstände verändern, in denen wir leben. Aus diesem Grund ist es so wichtig, einem täglichen Bibelleseplan zu folgen, besonders wenn es ein Plan ist, mit dem Du einmal im Jahr durch die Bibel kommst.

Du gehörst, wie die Bibel sagt, zum »auserwählten Geschlecht«. Und als ob das noch nicht ausreichte, wirst Du auch noch königlich genannt, »die königliche Priesterschaft«. Und noch mehr, wir sind »das heilige Volk, Gottes eigenes Volk«. Es gibt keinen Zweifel daran: Wir sind anders.

Was immer wir waren, bevor wir in Christus lebten, das sind wir jetzt nicht mehr. Wir sind anders, und Petrus nennt uns das Ziel dieser neuen Identität. Wir sollen ein Volk sein, das die großen Taten dessen verkündigt, der es berufen hat.

Eine der größten Schwächen und Sünden unseres Lebens ist, daß wir nicht willig sind, das zu sein, was wir sind, und das zu tun, wozu berufen wurden – nämlich Gott zu preisen und seine gewaltigen Taten zu verkündigen. Er hat uns aus der Finsternis herausgerufen hinein in sein herrliches Licht, damit wir Kinder des Lichts sind. Lebe darum wie ein Kind des Lichts, überschütte Gott mit Lobpreis, liebe ihn und lebe für ihn! Je mehr wir als Gottes eigenes Volk leben, das Lob Gottes entwickeln und seine Taten verkündigen, desto mehr werden wir wie er sein. Unsere Identität finden wir dadurch, daß wir das annehmen und leben, was die Bibel über uns sagt.

Die »Stille Zeit« ist der Ort, wo wir zu dem werden können, was die Bibel über uns sagt, und wo wir Gott preisen können für seine großen Taten. Dies heißt, sich jeden Tag an einen bestimmten Ort zu einer bestimmten Zeit allein mit Gott zurückzuziehen. Je mehr Du auf diese Weise vor Gott lebst und in dieser Zeit Erfahrungen mit ihm machst, desto mehr wird Dein Leben als Licht leuchten vor den anderen, desto mehr kannst Du für Dich selbst und für die anderen das sein, was die Bibel von Dir sagt.

Ein Edelstein für heute: Finde in Christus Deine Identität, und sei das, wovon Gott sagt, daß Du es bist.

Alttestamentliche Lesung Hesekiel 34.35

26. November

Neutestamentliche Lesung 1. Petrus 3

Denn die Augen des Herrn sehen auf die Gerechten, und seine Ohren hören auf ihr Gebet ... *(1. Petr. 3,12)*

Es gibt nicht viel, was wir tun können, um gerecht zu sein. Aber wir müssen gerecht sein, wenn wir wollen, daß der Herr über uns wacht. Es gibt einen Vers, in dem es heißt, daß wir die Gerechtigkeit Gottes sind in Christus (2. Kor. 5,21). Wenn wir Gerechtigkeit haben wollen, müssen wir in Christus sein und seine Gerechtigkeit als unsere eigene annehmen.

Gott wacht über Dir, und das allein schon sollte Trost sein. Wenn Du die Gerechtigkeit Gottes in Christus bist, dann schauen seine Augen auf Dich.

Gott sieht, wo Du bist, und wird Dich nie aus den Augen verlieren. Gott sieht, was Du tust, und hält Ausschau nach den Auswirkungen dieser Gerechtigkeit, die Du jetzt hast. Wenn Du versagst, so sieht er nur auf die Absichten des Herzens. Gott erforscht und prüft die Absichten des Herzens und sucht ein Herz, das Freude daran hat, seinen Willen zu tun. Über solch ein Herz wacht er.

Wir wissen, daß wir Gottes Gerechtigkeit sind, weil wir in Christus sind. Das Schöne daran ist, daß wir darum auch wissen, daß wir Gehör beim Vater finden, denn »seine Ohren hören auf Dein Gebet«. Warum scheint es dann so, als ob wir weit hinter all dem Guten zurückbleiben, was Gott für uns bereithält? Wir sind umgeben von einsamen, kranken Christen, und viele Christen befinden sich in großer Not. Bedeutet das, daß etwas mit ihrer Gerechtigkeit, die sie von Gott haben, nicht stimmt? Nein! Nein! An Gottes Gerechtigkeit, die uns Christen gehört, fehlt nichts. Der Mangel oder der Fehler liegt nicht in seiner Gerechtigkeit, sondern auf der Seite des Volkes Gottes, das gerecht sein und beten soll. Gott wartet, hört und steht uns zur Verfügung. Aber wir versagen darin, diese Möglichkeit des Gebets wirklich wahrzunehmen und zu beten. Wir sind davon überzeugt, daß wir die Gerechtigkeit Gottes in Christus sind, aber wir sind mit so vielen anderen Dingen beschäftigt, daß wir alles andere sind als das, wozu Gott uns berufen hat. Wenn wir beten würden, dann würde uns die Welt beneiden. Wenn wir uns demütigen, beten und unseren Mangel an Gebet bekennen würden, dann würde der Leib Christi eine Dimension Gottes annehmen, die bis heute keiner gesehen hat. Gottes Ohren sind offen und warten darauf, unsere Gebete zu hören.

Ein Edelstein für heute: Wir stehen vor dem Vater, bekleidet mit der Gerechtigkeit des Sohnes.

Alttestamentliche Lesung Hesekiel 36.37

27. November

Neutestamentliche Lesung 1. Petrus 4

Das Ende aller Dinge ist nahe herbeigekommen. So seid besonnen und nüchtern, um beten zu können. *(1. Petr. 4,7)*

Ich denke, daß Petrus vielleicht das Gleiche empfunden hat, was Christen heute empfinden. Als er über die schrieb, die Böses taten, sich ständig mit irgend etwas beschäftigten, aber keine Täter des Wortes waren, spürte er, daß Gottes Geduld mit seinem Volk bald zu Ende sein würde. Er erinnerte die Christen daran, wie nötig es ist, glühende Liebe zueinander zu haben und gastfreundlich gegeneinander zu sein. Nicht sehr lange, nachdem Petrus diesen Brief über Gottes Gerechtigkeit an Israel geschrieben hatte, traf das

Gericht wirklich ein. Ein Bibelkommentator sagt, daß ungefähr zehn Jahre später der Tempel und Jerusalem zerstört wurden.

In 1. Mose 6,13 steht: »Da sprach Gott zu Noah: Das Ende allen Fleisches ist bei mir beschlossen ...«. Das war Gottes Wort an Noah, und diesem Wort folgten Anweisungen zum Bau einer Arche, die die Gerechten retten würde. Es ist immer so gewesen. Gott hat den Menschen immer Warnungen gegeben über die Dinge, die geschehen würden, nicht um sie zu ängstigen, sondern damit sie hören, damit sie die Zeit, in der sie leben, erkennen und vorbereitet sein sollen. Die erste und beste Vorbereitung ist die, unser Herz vor Gott vorzubereiten. Wir müssen durch das Gebet eine so enge Glaubensbeziehung zu Gott entwickeln und unser Leben so vor ihm in Ordnung bringen, daß der Heilige Geist uns leicht durch solche Prüfungen hindurchführen kann. Darum schrieb Paulus: »So seid nun besonnen und nüchtern, daß ihr beten könnt. Die Hauptsache in schweren Zeiten wird Deine Beziehung zu Gott sein. Lerne darum, ihm jetzt, in diesem Augenblick, zu vertrauen. Dein Glaube soll unkompliziert sein. Übe Deinen Geist, daß er sensibel wird für den Heiligen Geist. Vergewissere Dich, daß Du an dem Ort bist, wo Gott Dich haben will. Hänge Dich nicht an Reichtum, den Gott Dir gegeben hat, und vergewissere Dich, daß Du alles verlassen hast, um Jesus zu folgen.

Und zum Schluß noch einmal: Bereite Dein Herz vor! Erwarte nicht, daß andere das für Dich tun. Lerne mit aller Kraft von anderen, aber es kann der Tag kommen, wo andere Dir nicht mehr zur Verfügung stehen. Dann mußt Du alleine stehen können mit Deiner eigenen Erfahrung. So gründe Dich jetzt fest auf Jesus Christus.

Ein Edelstein für heute: Ein »Rezept« für die Vorbereitung auf die Endzeit: Nimm Dir zu Deiner »Stillen Zeit« mit Gott ein volles Maß des Glaubens hinzu, übergieße es tüchtig mit Gehorsam, und garniere es mit der Erkenntnis Deines Gottes. Ergebnis: Ein reifer Christ, der bewahrt wird bis zur Ewigkeit.

Alttestamentliche Lesung Hesekiel 38.39

28. November

Neutestamentliche Lesung 1. Petrus 5

Die Ältesten unter euch ermahne ich als Mitältester und Zeuge der Leiden Christi, der ich auch an der Herrlichkeit teilhabe, die offenbart werden soll. *(1. Petr. 5,11)*

Petrus wandte sich an die Ältesten und erinnerte sie daran, daß sie Zeugen der Leiden Christi gewesen waren. Für Petrus war es unmöglich, dies zu vergessen, denn sein ganzes Leben war verändert worden. Aber nur wenige Menschen waren gerettet worden, weil sie Jesus Christus gesehen hatten, wie er am Kreuz für ihre Sünden litt. Jesus war gekommen, um die Werke des Vaters zu tun. Als diese Werke vollbracht waren, gehörten Jesu Leiden der Vergangenheit an, denn ihnen war die herrliche Auferstehung gefolgt. Der Tod konnte ihn nicht halten, und als er in der Mitte der Jünger stand, da mußte die Trauer der Freude weichen.

Eine kurze Zeit bereitete Jesus seine Jünger auf seine Himmelfahrt vor, durch die er seinen Platz zur Rechten des Vaters einnehmen würde. Jesus versprach ihnen, daß er in dem Moment, wo er seinen Platz im Himmel eingenommen hatte, den Geist des Himmels, den Heiligen Geist auf sie senden werde. Als Jesu Jünger mit dem Heiligen Geist erfüllt waren und das Evangelium verkündeten, die Botschaft von Jesu Opfer für die Sünde, von seinem Tod, seiner Auferstehung und Himmelfahrt, da wurden viele Menschen gerettet.

Was immer Petrus vorher gewesen war, mutig und sicherlich ungestüm, jetzt war das Leben dieses Mannes, der ein Zeuge der Leiden Christi war, verändert. Das Volk Israel ging, als Nation, großem Unheil entgegen. Aber Petrus sprach jetzt mit Vollmacht über das Leben Christi, das in ihm war. Er verkündigte, daß dieses Volk Sieg haben kann, über die Zeit, die vor ihm lag.

Petrus sagte, daß er teilhatte an der Herrlichkeit, die offenbart werden soll. Er hatte ein Leben ergriffen, das ihm kein Mensch mehr nehmen konnte. Petrus hatte das Geheimnis von Christi Leben in ihm begriffen. Es würde nie aufhören, und kein Mensch konnte es ihm nehmen. Früher war er um sein Leben gelaufen, aber jetzt hatte er alles verlassen, um Jesus zu folgen. Kein Mensch konnte ihm seinen Reichtum und sein Leben rauben, weil es in Christus verborgen war, wo es keiner antasten konnte. Nicht unser Wissen, daß Christus gekreuzigt ist, rettet uns, sondern die Tatsache, daß wir mit ihm gekreuzigt sind.

Ein Edelstein für heute: Kein Mensch kann Dir das nehmen, was Du in Christus bist und hast.

Alttestamentliche Lesung Hesekiel 40

29. November

Neutestamentliche Lesung 2. Petrus 1

Durch sie sind uns die kostbaren und allergrößten Verheißungen geschenkt, damit ihr dadurch an der göttlichen Natur Anteil bekommt. (2. Petr. 1,4)

Ich liebe diesen Vers und bete darum, daß Du den ganzen Tag über ihn nachsinnst. Gottes Bestes für uns ist, »an der göttlichen Natur Anteil« zu bekommen. Oh ja, wir haben auch eine Natur, aber ganz gleich, wie sehr wir sie mit Kleidung, Make-up, gesellschaftlichem Ansehen usw. verschönern, so ist Gottes Urteil über sie doch, daß sie wie ein schmutziger Lumpen ist. Vielleicht haben wir nie eine auffallende Sünde begangen, aber unsere Natur ist zu jeder fähig. Die Bibel sagt uns: »Das Trachten des Eigenwillens bedeutet Feindschaft gegen Gott« (Röm. 8,7). Dieser Satz reicht gewiß aus, um die Wertlosigkeit unserer menschlichen Natur zu erkennen. Unsere Natur ist klein, selbstsüchtig und geht gern ihren eigenen Weg. Sie ist so schlau, sich den äußeren Schein der Frömmigkeit zu geben, und kann in der Tat auch sehr religiös sein. Aber jetzt sind wir dazu berufen, »an der göttlichen Natur Anteil« zu bekommen, an Christi eigener Natur, die in uns lebt.

Aber wie ist es möglich, daß diese göttliche Natur in uns lebt? Wie können wir Anteil an der göttlichen Natur bekommen? Das geschieht ganz einfach dadurch, daß wir die kostbaren und allergrößten Verheißungen empfangen. Je mehr Du in den Verheißungen lebst, sie liest, darüber nachsinnst und darüber betest, so daß Du diese erfährst und Gottes Gnade in Deinem Leben empfängst, desto mehr wirst Du vom Geist der Verheißungen erfüllt sein. Dadurch, daß der Geist der Verheißungen Dich erfüllt, wird die göttliche Natur – das ist Christi Leben in Dir – offenbart. Deine eigene Natur stirbt dann, und die göttliche Natur, die in Dir lebt, übernimmt den Platz Deiner menschlichen Natur und wird zum alleinigen Ausdruck Deines Lebens. Es ist der Geist der Verheißung, der Geist des Wortes, der Leben bringt. Er bringt nicht nur Leben, sondern muß unser Leben werden.

Dir, mein Freund, sind »die kostbaren und allergrößten Verheißungen geschenkt: damit ihr dadurch an der göttlichen Natur Anteil bekommt«. Suche die Verheißungen heraus, nimm sie in Dich auf, empfange das Leben und den Geist der Verheißungen in Deinem Leben und in Deinem Herzen. Dann wirst Du die Gegenwart der göttlichen Natur bemerken können.

Ein Edelstein für heute: Gottes Verheißungen sind himmlische Nahrung. Sie bringen himmlische Natur hervor.

Alttestamentliche Lesung Hesekiel 41.42

30. November

Neutestamentliche Lesung 2. Petrus 2

Der Herr weiß die Frommen aus der Versuchung zu erretten, die Ungerechten aber bis zum Tag des Gerichts aufzubewahren.

(2. Petr. 2,9)

Als Jesus seine Jünger beten lehrte (das »Vaterunser«), da kam in diesem Gebet auch die Versuchung vor. Der Fromme oder Gerechte ist vor Versuchungen nicht mehr geschützt als der Ungerechte. Er stellt auch keine Ausnahme dar, als würde er gar nicht versucht. Selbst Jesus stand gleich ganz am Anfang seines Wirkens verschiedenen Versuchungen gegenüber.

Eine Versuchung selbst ist keine Sünde, aber ihr nachzugeben ist Sünde. »Bisher hat euch erst menschliche Versuchung getroffen. Aber Gott ist treu, der euch nicht über eure Kraft versuchen läßt, sondern mit der Versuchung auch ihr Ende schafft, damit ihr sie bestehen könnt« (1. Kor. 10,13).

Erst gestern haben wir gelesen, daß wir »die kostbaren und allergrößten Verheißungen geschenkt (bekommen haben), damit wir dadurch an der göttlichen Natur Anteil« bekommen (Kap. 1, Vers 4). Der Vers aus dem 1. Korintherbrief enthält eine dieser Verheißungen. Aus uns selbst heraus sind wir Versuchungen nicht gewachsen, aber Gott hat uns nicht allein gelassen. Wir brauchen Versuchungen nicht aus eigener Kraft zu begegnen. Er verheißt uns Gnade, so daß wir das Leben als Christ leben können. Der Herr weiß, wie er uns aus der Versuchung retten kann. Und wenn wir von der Versuchung überfallen werden, wissen wir jetzt, daß wir eine Verheißung haben und daß Gott uns retten wird; wenn wir die Verheißung annehmen, dann wird der Geist der Verheißung in unseren Herzen lebendig und schafft die Grundlage für den Sieg. Dadurch wächst göttliche Natur in uns, und wir können siegen. Unsere alte, selbstsüchtige Natur wird dadurch in den Tod gegeben, daß sie ständig durch »die kostbaren und allergrößten Verheißungen« überwunden und besiegt wird.

Die Versuchungen bringen uns dahin, daß wir uns auf Gottes Gnade berufen und die Verheißung wirkungsvoll gebrauchen. Dann können wir sehen, »daß denen, die Gott lieben, alle Dinge zum Besten dienen, denen, die nach seinem Ratschluß berufen sind« (Röm. 8,28).

Vermeide die Versuchungen nicht, laufe nicht vor ihnen fort, sondern wende Dich sogleich an den Herrn, und erwarte den Sieg. Und freue Dich dann an dem Wachsen der göttlichen Natur. Zweifle nie an den Fähigkeiten und Absichten des Herrn, denn er weiß, wie er die Frommen aus der Versuchung retten kann.

Ein Edelstein für heute: Versuchungen können sich allein dadurch in Sieg verwandeln, daß wir Gottes Verheißungen anwenden und uns auf seine Gnade berufen.

Alttestamentliche Lesung Hesekiel 43.44

1. Dezember

Neutestamentliche Lesung 2. Petrus 3

Darum, meine Lieben, während ihr darauf wartet, gebt euch Mühe, daß ihr von ihm makellos und untadelig im Frieden angetroffen werdet. *(2. Petr. 3,14)*

Überall auf der Welt, wo ich hinkomme, spüren die Menschen, daß die Dinge nicht so bleiben werden, wie sie sind. Die Wissenschaftler sagen eine Katastrophe voraus; wir kommen ans Ende. Nicht-Christen erkennen die Zeichen der Zeit und wissen, daß die Welt nicht so bleiben kann, wie sie ist. Manche Gruppen versuchen eifrig, sich auf einen völligen Zusammenbruch der Welt vorzubereiten, ganz gleich, wodurch er ausgelöst wird. Ich weiß von einer Gruppe von Christen, die einen unterirdischen Nuklearbunker gebaut hat. Durch den Bunker sind diese Christen in der Lage, einen Nuklearkrieg zu überleben. Sie glauben, daß Gott will, daß sie den Überlebenden eines solchen Krieges helfen und ihnen das Evangelium verkündigen sollen. Viele Menschen lagern große Mengen Nahrungsmittel. Sie spüren die Notwendigkeit, sich auf das vorzubereiten, was die Bibel die »letzten Tage« nennt.

Ich denke, daß sie recht haben. Wir, als Christen, sollen in der Bibel forschen und nach den Anweisungen des Herrn suchen, damit wir besser auf die Dinge vorbereitet sind, die vor uns liegen. Petrus sprach von Dingen, die kommen sollen, und die Gemeinde damals war vorbereitet. Zumindest warnten ihre Leiter die Menschen. Petrus war es offensichtlich wichtig, daß die Herzen der Menschen vorbereitet waren. Darum sagte er ihnen, daß sie sich Mühe geben sollten, damit sie makellos und untadelig angetroffen werden. Petrus sah voraus, daß der Tag des Herrn kommt und daß an diesem Tag der Himmel in Feuer aufgehen wird. Er sagte: »Dann werden die Himmel mit großem Krachen vergehen; die Elemente aber werden vor Hitze schmelzen; und die Erde und alles, was darauf ist, werden ihr Urteil finden« (Vers 10). »Wir warten aber auf einen neuen Himmel und eine neue Erde, nach seiner Verheißung, in denen Gerechtigkeit herrscht« (Vers 13).

Ganz gleich, was die Zukunft Dir und mir bringt, unsere Sicherheit und unser Vertrauen müssen in dem Herrn Jesus Christus liegen und nicht in unseren Vorbereitungen. Bereite Dich mit allen Mitteln vor, aber das Wichtigste ist, daß wir uns alle Mühe geben, unser Herz vorzubereiten. In 1. Joh. 1,9 heißt es: »Wenn wir unsere Sünden bekennen, so ist er treu und gerecht und vergibt uns unsere Sünden und reinigt uns von aller Ungerechtigkeit.« Jesu Blut reinigt uns weiterhin, aber nur die Sünde, die wir bekennen, ist eine vergebene Sünde. Wir müssen jeden Tag das reinigende Blut Jesu in Anspruch nehmen und unsere Herzen rein halten. Wenn dann der Herr kommt, wird er uns als solche Menschen antreffen, die durch sein Blut gereinigt sind, ohne Makel und untadelig. Das Herz, das die ständige Reinigung durch das Blut kennt, hat Frieden und kann dem Tod begegnen. Triff mit all Deinen Kräften einige praktische Vorbereitungen, aber es ist die

Vorbereitung des Herzens, durch die wir am »Tag des Herrn« bestehen können.

Ein Edelstein für heute: Der Schutz des Christen liegt darin, dem Einen näher zu kommen, der rettet – Jesus Christus, dem Messias.

Alttestamentliche Lesung Hesekiel 45.46

2. Dezember

Neutestamentliche Lesung 1. Johannes 1

Was wir also gesehen und gehört haben, das verkündigen wir euch, damit auch ihr mit uns Gemeinschaft habt; wir haben aber Gemeinschaft mit dem Vater und mit seinem Sohn Jesus Christus. Und das schreiben wir, damit unsere Freude vollkommen ist. (1. Joh. 1,3.4)

Johannes schrieb nicht eine Theologie oder eine Theorie über Gott. Er schrieb über die Wirklichkeit des Christus, der Mensch gewesen war wie er. Johannes erklärte, daß er alles das, was die anderen Christen über Jesus gehört hatten, mit seinen eigenen Augen gesehen hatte. Das, worüber Johannes und andere schrieben, die wunderbaren Wahrheiten, von denen Jesus geredet hatte, das hatte Johannes mit seinen eigenen Ohren gehört. All diese Dinge hatte er den anderen verkündet. Er hatte von Jesu Geburt, seiner Familie, seinem Wirken, seinen Wundern, seinem Tod und von seiner Auferstehung berichtet. Durch all das konnten die Christen, denen er schrieb, Gemeinschaft haben.

Johannes hatte viele Jahre lang Jesus als den Messias verkündigt, über die Gemeinden gewacht und sich um ihre Nöte gekümmert. Als er alt war, schrieb er über das Herzstück des Evangeliums, über das Geheimnis Gottes. Er sagte: »Wir haben aber Gemeinschaft mit dem Vater und seinem Sohn Jesus Christus.« Vielleicht haben wir Johannes um seine wundervolle Erfahrung beneidet, weil er mit Jesus leben und umherziehen konnte. Wenn wir Johannes gewesen wären, dann hätten wir jedes Wort, das Jesus gesagt hatte, wie einen Schatz gehütet und anderen von diesen wunderbaren Wahrheiten erzählt – dessen bin ich sicher. Aber Johannes sagte ganz klar, daß seine wahre Freude aus der gegenwärtigen Gemeinschaft mit dem Vater und dem Sohn kam. Wir können von den Jahren lesen, die Jesus mit seinen Jüngern lebte. In dieser Zeit lehrte er sie und bereitete sie auf die Wahrheit vor, die bis zu den Enden der Erde verkündigt werden würde. Er zeigte ihnen, wie sehr ihm Gottes Volk am Herzen lag. Aber als Johannes seinen Brief schrieb, sagte er, daß seine Freude dadurch vollkommen war, daß er Gemeinschaft mit den Menschen aus Gottes Volk hatte, die seine Gemeinschaft mit dem Vater und dem Sohn teilten.

Es ist heute noch genauso: Wir müssen die Bibel lesen und sie studieren und Erleuchtung empfangen über das Wesen des Vaters und des Sohnes und ihre Einzigartigkeit. Die Bibel hilft uns, in Dankbarkeit Gottes Treue zu erkennen. Er füllt unser Herz und unser Leben mit dem Geist seines Wortes und läßt in uns seine göttliche Natur wachsen. Aber unsere wahre Freude, die wir in unserem Leben als Christ haben, kommt aus der Gemeinschaft, die wir mit dem Vater und seinem Sohn Jesus Christus haben. Diese Freude, tief in unserem Herzen verankert, wird widergespiegelt in der Freude der Gemeinschaft, die wir täglich miteinander haben.

Ein Edelstein für heute: Die Gemeinschaft, die wir miteinander haben, spiegelt unsere Gemeinschaft mit Gott wider.

Alttestamentliche Lesung Hesekiel 47.48

3. Dezember

Neutestamentliche Lesung 1. Johannes 2

Meine Kinder, dies schreibe ich euch, damit ihr nicht sündigt. Wenn aber jemand sündigt, haben wir einen Fürsprecher beim Vater, Jesus Christus, der gerecht ist. (1. Joh. 2,1)

Johannes spricht zu denen, die noch jung sind im Glauben. Aber im vorhergehenden Kapitel macht er sehr deutlich, daß er an jene Christen schreibt, mit denen er Gemeinschaft hat in seiner Beziehung zum Vater und zu dem Herrn Jesus Christus. Johannes schreibt denen, mit denen er Gemeinschaft hat, damit sie nicht sündigen.

Eine Zeitlang lebten meine Frau und ich mit einer Gruppe von sehr jungen Christen zusammen. Wir hatten die Verantwortung für ihr geistliches Wachstum. Wegen der Umstände, aus denen sie kamen, waren sie nicht in der Lage, hinauszugehen und sich ihren Lebensunterhalt selbst zu verdienen. Darum vertrauten Marjorie und ich völlig dem Herrn, daß er uns versorgte, so daß wir wiederum diese Menschen versorgen konnten. Wir beteten wirklich um jedes einzelne Nahrungsmittel Punkt für Punkt eine Liste durch und durften mit Begeisterung sehen, wie Gott uns durch ein Wunder nach dem anderen zwei Jahre lang mit Nahrung versorgte. Aber ab und zu stoppte der Lebensmittelfluß. Auch extra Gebetszeiten und Fasten änderten nichts daran. Doch dann wurde jemand in der Gemeinschaft von Sünde überführt und bekannte dies öffentlich. Wir vereinigten uns im Bekenntnis der Sünde, als ob es unsere eigene wäre, und baten um Gnade und Vergebung für den Bruder oder die Schwester. Die Gemeinschaft, die wir erfuhren, war die Frucht unserer Gemeinschaft mit dem Vater und dem Sohn, unserem Fürsprecher, der dem Vater unsere Bitten brachte. Es fand eine Reinigung statt, die wir alle spürten und die für uns alle ein Segen war. Gott war durch Jesu Blut der Sünde mit Gnade und Liebe begegnet. Wir sahen den Beweis dafür, daß Jesu Fürsprache Erfolg gehabt und daß eine Reinigung stattgefunden hatte. Dieser Beweis lag darin, daß der ständige Strom der Nahrungsmittel wieder

zu fließen begann. Weil wir für unsere physischen Bedürfnisse beten mußten und Gott uns auf diese Weise mit Nahrung versorgte, wurde unsere Gemeinschaft mit Gott sehr eng. Und für ihn wurde es sehr leicht, unsere Aufmerksamkeit zu erlangen. Unsere Herzen wurden reingehalten vor dem Herrn, und Sünde durfte nicht in unserer Gemeinschaft bleiben. Was für ein Trost war es zu wissen, daß Jesus, unser Fürsprecher, uns ständig zur Verfügung stand. Er ist immer bereit, unser Fürsprecher zu sein, damit seine Gerechtigkeit in unserer Gemeinschaft regiert.
Ein Edelstein für heute: Jesus hat uns nicht nur von unserer sündigen Natur befreit, sondern er lebt jetzt, um für uns als Fürsprecher beim Vater einzutreten.

Alttestamentliche Lesung Daniel 1.2

4. Dezember

Neutestamentliche Lesung 1. Johannes 3

Seht, welch große Liebe uns der Vater darin erwiesen hat, daß wir Gottes Kinder heißen – und wir sind es auch! Darum kennt uns die Welt nicht; denn sie kennt ihn nicht. *(1. Joh. 3,1)*

Ich war mit Menschen aus der Welt zusammen, die meine Freundschaft wollten und danach strebten, in meiner Gesellschaft zu sein. Ich habe ihr Unbehagen beobachtet. Es war keine Überführung von Sünde, sondern einfach ein Unbehagen, weil sie ihn, Jesus, nicht kannten. Das Traurigste ist, wenn man weltliche Christen sieht, wiedergeborene Gläubige, die ein starkes Verlangen nach den Dingen dieser Welt haben, obwohl sie die Gnade Gottes empfangen haben. Die Welt hat sie so sehr in den Griff bekommen, daß schließlich die Werke dieser Christen nicht mehr unsere Werke sind. Das, wonach wir streben, unterscheidet sich, und wir verursachen ihnen sogar Unbehagen. Sie kennen uns nicht.

Was für eine Liebe ist das, die der Vater uns darin erwiesen hat, daß wir Gottes Kinder heißen sollen? Es stört mich kein bißchen, wie weltliche Menschen mich bezeichnen, weil mich der Vater einen Sohn Gottes genannt hat. Darum strebe ich weder nach dem, wozu mich die Welt ruft, noch denke ich, daß die Dinge der Welt viel Wert haben. Der Vater hat sein Wort in mein Herz geflüstert. Er hat es dort hineingeschrieben und mir die Gewißheit gegeben, daß ich ein Sohn Gottes bin. Die Welt muß wohl von mir denken, daß nicht viel mit mir los ist, weil ich weder ihr Lob noch ihre Zustimmung suche. Ich habe erlebt, daß sowohl die weltlichen Christen als auch die Kinder der Welt sich wundern, woher das Geld kommt, das ich zur Verfügung habe. Sie versuchen mit ihrem Verstand zu begreifen, wo die Mittel für meine Reisen herkommen. Sie arbeiten härter und härter, um den Reichtum der Welt zu erlangen, aber ich brauche ihn nicht. Sie selbst wissen nichts von der Sohnschaft und der praktischen Versorgung des Vaters. »Darum kennt uns die Welt nicht.«

Die Welt sieht uns an und beurteilt uns nach dem, was sie sieht; sie weiß nicht, daß »wir schon Gottes Kinder (sind); doch es ist noch nicht offenbar geworden, was wir sein werden. Wir wissen aber: Wenn es offenbar wird, werden wir ihm gleich sein; denn wir werden ihn sehen, wie er ist« (Vers 2). O, liebe Christen, jetzt seid Ihr Gottes Kinder. Gerate nicht in die Falle der Welt, beurteile Dich nicht selbst nach der äußeren Erscheinung. Gott hat Dich sein Kind genannt und hat Dich zu seinem Kind gemacht durch die Erlösung des Herrn Jesus Christus. Der Geist der Welt wird Widersprüche sehen und versuchen, Dich zu verwirren. Aber der Geist Gottes erinnert uns daran, daß die Welt uns nicht kennt. »Wir sind schon Gottes Kinder; doch es ist noch nicht offenbar geworden, was wir sein werden. Wir wissen aber: Wenn es offenbar wird, werden wir ihm gleich sein.«

Ein Edelstein für heute: Beurteile das, was Gott noch vollenden wird, nicht nach dem äußeren Anschein.

Alttestamentliche Lesung Daniel 3.4

5. Dezember

Neutestamentliche Lesung 1. Johannes 4

Darin ist die Liebe bei uns vollendet, daß wir Zuversicht haben am Tag des Gerichts; denn wie er ist, so sind auch wir in dieser Welt.
(1. Joh. 4,17)

Es wird ein Tag kommen, an dem unsere Werke und unser Leben geprüft werden (1. Kor. 3,11-17). Welchen Grund haben wir gelegt? Welches Material haben wir gebraucht, mit dem wir darauf bauen? Wird es die Prüfung des Feuers bestehen? »Wird jemandes Werk bleiben, das er da gebaut hat, so wird er Lohn empfangen« (1. Kor. 3,14). Meine Freunde, Jesus Christus und seine Liebe für uns muß der Grund unseres Lebens werden. Wir lieben ihn, weil er uns zuerst geliebt hat. Die Stärke dieses Gebäudes, dieses Heiligtums, das wir sind, muß der Heilige Geist Christi sein, der in uns wohnt. »Denn der in uns ist, ist größer als der, der in der Welt ist« (Vers 4). Das Geheimnis unserer Stärke ist der Geist Christi, der in uns lebt und die Welt überwindet. Das bedeutet, daß die Welt uns nicht mehr besiegen kann. In uns ist der Heilige Geist, der Gottes Liebe in unser Herz ausgießen kann, die Liebe, die alles Verstehen übersteigt. Welche Not kann diese Kraft überwinden?

Die Liebe wird bei uns vollendet. An diesem Tag, wenn wir als Christen nach jenen Werken gerichtet werden, werden wir mit großer Zuversicht vor Gott stehen, weil wir auf seine Liebe vertrauen, die bei uns zur Vollendung kommt. Es ist die Art von Liebe, die unsere Furcht austreibt und uns befähigt,

Gottes Gebote zu halten und einander zu lieben, so wie Gott uns geliebt hat. Wenn Gott in uns wohnt, dann wohnt die Liebe auch in uns, denn Gott ist Liebe. Das Herz, das durch Gottes Gnade liebt, ist von Gott geliebt. Gottes Liebe läßt uns das Wort erkennen, das Mensch wurde und unter uns wohnt, »denn wie er ist, so sind auch wir in dieser Welt«.

Johannes fährt fort: »Wenn jemand sagt: Ich liebe Gott, und haßt doch seinen Bruder, so ist er ein Lügner. Denn wer seinen Bruder nicht liebt, den er sieht, wie kann er Gott lieben, den er nicht sieht?« (Vers 20). Es ist besser, daß wir uns selbst richten als unseren Bruder. Prüfe Dich selbst, und sieh, ob Du irgendeine Art von Bitterkeit oder eine falsche Haltung in Dir trägst, z. B. Neid oder Eifersucht. Manchmal dringt das Wort Gottes und sein Urteil über uns nicht in uns ein. Dann ist es hilfreich, wenn wir uns selbst sorgfältig zuhören, was bei Unterhaltungen aus unserem Mund kommt. So können wir prüfen, was wir sagen, und es an Gottes Liebe messen. Sind unsere Worte von Gottes Liebe erfüllt, sind sie ein Ausdruck seiner Liebe? Wenn das so ist, dann läßt Gott durch seine Liebe in uns ein Werk zur Vollendung kommen, das bis in Ewigkeit bleiben wird. Wenn unsere Worte kein Ausdruck der Liebe Gottes sind, dann sollten wir die Sünde der Bitterkeit bekennen oder alles andere, von dem wir erkennen, daß es Gottes Liebe im Weg steht. Wir sollten uns von allem reinigen lassen, durch das wir etwas aufbauen, was im Gegensatz zu Gottes Willen steht. Gelobt sei Gott, heute ist für Dich ein Tag der Reinigung, damit Du am Tag des Gerichts mit großer Zuversicht vor Gott stehen kannst.

Ein Edelstein für heute: »Die Liebe, die Jesus als Grund in unser Leben gelegt hat, soll durch jeden von uns hindurchscheinen. Wißt ihr nicht, daß ihr Gottes Tempel seid?« (1. Kor. 3,16)

Alttestamentliche Lesung Daniel 5.6

6. Dezember

Neutestamentliche Lesung 1. Johannes 5

Wer glaubt, daß Jesus der Christus ist, der ist aus Gott geboren, und wer den Vater liebt, der liebt auch den, der aus ihm geboren ist.

(1. Joh. 5,1)

Eines Tages, als Jesus an die Küste von Cäsarea Philippi kam, fragte er seine Jünger: »Für wen halten die Leute den Menschensohn?« Nachdem er verschiedene Antworten gehört hatte, fragte er weiter: »Für haltet denn ihr mich?« Als Petrus ihm antwortete: »Du bist Christus, der Sohn des lebendigen Gottes!«, da sagte Jesus zu Petrus: »Selig bist du, Simon, Jonas Sohn; denn Fleisch und Blut haben dir das nicht offenbart, sondern mein Vater im Himmel« (Mt. 16,13;15-17).

Es ist Gott, der Vater, der uns den Sohn offenbart. Die Bibel sagt uns, daß Gott uns zum Sohn zieht, daß er uns dem Sohn gibt. Satan und seine Dämonen wissen, wer Jesus ist, und in der Bibel steht, sie zittern. Aber Johannes spricht von mehr als nur davon, zu wissen, wer Jesus ist. Wie Petrus, so spricht auch Johannes davon, Jesus als Christus, den Gesalbten, den Messias zu kennen. Es ist möglich zu wissen, daß Jesus die Menschen von der Sünde und ihren Folgen rettet. Aber es ist etwas ganz anderes, wenn man weiß und glaubt, daß Jesus jeden von uns persönlich davon rettet. Wenn Jesus Dein Messias ist, dem Du vertraust, daß er Dich rettet, dann rettet er Dich dadurch, daß er in Dir wohnt. Sein Geist kommt von oben herab und wird eins mit Deinem Geist. Eine geistliche Vermählung hat stattgefunden, und durch Vereinigung wohnt Jesus durch seinen Geist in Deinem Herzen. Dies ist Deine Wiedergeburt. Du kannst nicht anders als Jesus lieben. Liebe ist sowohl die natürliche als auch die geistliche Antwort an den Christus, der in unserem Herzen Wohnung genommen hat.

Johannes sagt, wenn Du den liebst, der Dich gerettet hat und aus dem Du von neuem geboren bist, dann wirst Du auch die anderen lieben, die die gleiche Erfahrung gemacht haben wie Du. Du brauchst Dich nicht einmal anzustrengen, weil Dein gereinigtes Herz dies sofort tun wird. Dein Geist erkennt andere Gläubige, und in Dir ist eine unmittelbare, mühelose Liebe für die, die aus Gott geboren sind. Gott hat diese Liebe für die Brüder und Schwestern in Dein Herz gegeben. Aber es liegt an uns, diese Liebe zu bewahren und unser Herz vor Gott rein zu halten. Wenn uns unser Ärger und unsere Abneigungen in den Weg geraten, müssen wir dies bekennen und Vergebung empfangen. Keine andere Haltung als die der Liebe gegenüber anderen Gläubigen ist zu rechtfertigen. Wir müssen sie lieben, so wie Gott uns liebt.

Ein Edelstein für heute: »Wenn wir einander lieben, bleibt Gott in uns und seine Liebe ist in uns vollendet« (1. Joh. 4,12).

Alttestamentliche Lesung Daniel 7.8

7. Dezember

Neutestamentliche Lesung 2. Johannes

Seht euch vor, daß ihr nicht verliert, was wir erarbeitet haben ... Wer bei der Lehre Christi bleibt, der hat den Vater und den Sohn.

(2. Joh. 8.9)

Gott will so viel für uns tun. Er sehnt sich danach, sich selbst und seine Liebe in uns zu offenbaren und aus uns in Christus eine neue Schöpfung zu machen. Er will eine neue Natur in uns schaffen, die die Herrlichkeit Jesu widerspiegelt. Unser Verstand kann sich nicht einmal die Hälfte von dem vorstellen, was Gott für uns bereithält. Aber alles, was Gott tun kann, ist an die Bedingung geknüpft, daß wir das Richtige tun. Wir müssen jedem seiner Wünsche gehorchen und unseren eigenen Willen mit seiner Selbstsucht und dem Wunsch, eigene Wege zu gehen, überwinden. Das größte Hindernis für unser geistliches Wachstum, das ich kenne, ist unser eigenes Ich und nicht die Welt oder der Teufel, obwohl beide uns versuchen. Trotzdem vertraut uns Gott weiterhin. Er läßt uns viele wunderbare Dinge für ihn tun.

»Seht euch vor,« schrieb Johannes. Er wußte, daß Gottes Verheißungen an Bedingungen geknüpft sind. Er wußte auch, wie gerne der Vater gibt, und kannte seinen Wunsch, uns zu segnen. Wenn wir bei der Lehre Christi bleiben und in ihr leben, dann werden beide, der Vater und der Sohn, in uns wohnen. Gott wird unser Herz zu seinem Wohnort machen. Gottes Wort ist voller Verheißungen. Gott will, daß wir gesund sind und daß unsere Liebe füreinander reicher wird. Er möchte, daß es uns an nichts Gutem fehlt. Gott steht uns Tag und Nacht zur Verfügung. In Matthäus 28,20 sagt Jesus: »Siehe, ich bin bei euch alle Tage ...« Er ist treu. Er verheißt uns, für all unseren Mangel zu sorgen, und er tritt für uns ein. Obwohl Gott uns noch mehr geben will, als wir uns ausdenken und erbitten können, hält Johannes es für nötig, uns zu warnen: »Seht euch vor, daß ihr nicht verliert, was wir erarbeitet haben.«

Nach dieser Warnung gibt Johannes uns ein Gegenmittel, das uns von jeder Möglichkeit des Rückfalls retten wird. Der Christ, der Gottes Segen erbittet für Aktionen, die er selber begonnen hat, ist ein Christ, der schließlich versagen wird. Er bittet um Gottes Versorgung, damit er seinen eigenen Willen tun kann, er vertraut seiner eigenen Fähigkeit, ein christliches Leben führen zu können. Aber die Antwort sieht anders aus. Wir müssen uns vorsehen, wir dürfen nicht unserer Fähigkeit, Gottes Willen zu erfüllen, vertrauen. Darum müssen wir im Vater und im Sohn bleiben. Dann wird all Dein Vertrauen und Deine Hoffnung in Gottes Fähigkeit liegen, daß er Dich bis zum Ende retten wird. Lerne schnell, daß Du es nicht kannst, daß aber Gott es kann! »Nun lebe nicht mehr ich, sondern Christus lebt in mir« (Gal. 2,20). Hat Jesus nicht selbst gesagt: »Aus mir selbst kann ich nichts tun«? Wenn Du Deinen eigenen Willen Gottes Willen unterworfen hast, dann vermagst Du jetzt alles durch den, der Dich stark macht.

Ein Edelstein für heute: »Ich gebe ihnen das ewige Leben, und niemals werden sie umkommen, und niemand wird sie aus meiner Hand reißen« (Joh. 10,28).

Alttestamentliche Lesung Daniel 9.10

8. Dezember

Neutestamentliche Lesung 3. Johannes

Mein Lieber, ich wünsche, daß es dir in allen Dingen gut geht und daß du gesund bist, so wie es deiner Seele gut geht. *(3. Joh. 3)*

Weil Johannes Gajus liebte, wünschte er ihm Gottes Bestes. Obwohl es seiner Seele gut ging, wünschte Johannes Gajus auch Gesundheit, und daß es ihm in allen Dingen gut ginge. Wenn dies Gottes Bestes für Gajus war, dann muß Wohlergehen und Glück auch sein Bestes für uns sein.

Aber das vorrangigste Wohlergehen ist das unserer Seele. Gott kann uns materiell nur nach dem Maß unseres geistlichen Gedeihens segnen. Die wahre Frage ist, ob Gott uns Wohlstand anvertrauen kann. Es geht nicht darum, ob wir mit dem Wohlstand, den er uns gibt, das Richtige tun.

Was motiviert unseren Wunsch nach Erfolg? Ist es ein selbstsüchtiges Motiv, oder stehen Gier und Stolz dahinter? Werden wir demütig und völlig abhängig von Gott bleiben, wenn er uns Erfolg geben wird? Ist unser wahres Motiv das, daß wir den Herrn Jesus Christus verherrlichen wollen? Werden wir unsere Erfolge nehmen und das Richtige mit ihnen tun? Wenn Du zuerst geistlich gewachsen bist und sich Deine Seele völlig dem Heiligen Geist, der in Dir wohnt, unterworfen hat, so daß Du lebst, um Gottes Willen zu tun, anstatt Deinem Eigenwillen zu dienen, dann wird Deine Antwort auf diese letzten Fragen ein Ja sein.

Bei der Flucht aus Ägypten hatten die Kinder Israels materielle Güter bei sich. Als Mose sie eine Zeitlang verließ, um bei Gott auf dem Berg zu sein, da brachte der Mangel an geistlicher Reife die Israeliten dazu, ihren selbstsüchtigen Wünschen Raum zu geben. Sie gebrauchten ihren materiellen Reichtum, den Gott ihnen gegeben hatte, dazu, um ein goldenes Kalb zu gießen, einen von ihnen selbst gemachten Gott, der ihre religiöse Phantasie befriedigen sollte. Wenn man einem zehnjährigen Jungen ein Auto gibt, so bedeutet das nicht Wohlstand, sondern Selbstmord. »Trachtet zuerst nach dem Reich Gottes und nach seiner Gerechtigkeit, so wird euch das alles zufallen« (Mt. 6,33).

Ein Edelstein für heute: Das Wesen des Wohlstandes hat zwei Seiten. Für die, die geistliche Reife besitzen, kann er ein Segen sein.

Alttestamentliche Lesung Daniel 11.12

9. Dezember

Neutestamentliche Lesung Judas

Judas, Knecht Jesu Christi und Bruder des Jakobus, an die Berufenen, die in Gott, dem Vater, geliebt und für Jesus Christus bewahrt sind. *(Judas 1)*

Judas war Jesu Halbbruder und stellte sich zu allererst als Knecht, als Diener Jesu Christi vor, als jemand, der abgesondert war (berufen) durch Gott den Vater. Wenn ich über diesen Vers nachsinne, kann ich nicht anders, als mich fragen, wieviel wir von unserem Leben hergegeben haben, um dem Herrn Jesus Christus zu dienen. Sind nur jene berufen, die ihren weltlichen Beruf verlassen, um in den vollzeitlichen Dienst zu gehen? Und wieviele von uns sind von Gott, dem Vater, berufen, um dem Herrn Jesus Christus zu dienen? Hat er uns einen Dienst geben? Wenn ja, wie hat unsere Antwort ausgesehen?

Judas erinnert jene, die der Vater berufen und ausgesondert hat, daran, daß sie dem Herrn Jesus Christus dienen sollten, weil sie für Jesus Christus bewahrt waren. Sein Wunsch war, daß sie rein blieben im Glauben und an der ursprünglichen Einfachheit und dem Vorbild festhielten, die den Heiligen vor Augen gestellt war. Er ermahnte, die Dinge zu bekämpfen, die ihnen die wahre Beziehung zu Gott und ihre Erfahrung rauben würden. Das größte Vorrecht, daß wir in Gottes Königreich haben können, ist sicherlich dies, daß wir demütig und unterwürfig dem König dienen. Kannst Du Dir vorstellen, daß Du in seine Gegenwart berufen wirst oder daß Du die Botschaft empfängst, daß Du einen Dienst für den König tun sollst, und darauf antwortest: »Nein, heute paßt es nicht in meinen Terminplan«? Es ist nicht verwunderlich, daß Judas wünschte, daß wir bewahrt werden. Was wäre, wenn Du gebeten wirst zu dienen, aber dann entscheidest, daß Du die Art, wie dieser Dienst getan werden soll, nicht magst, und meinst, daß dies einfach nichts für Dich ist? Ich bin sicher, daß Du inzwischen die Haltung der Selbstsucht erkannt hast, von der Judas wollte, daß wir davor bewahrt werden. Wieviel Lohn geht uns verloren und wieviel geistliches Wachstum wird durch unsere selbstsüchtigen Antworten verhindert? Denke über die Freude nach, die wir uns selbst rauben, wenn wir die Seite des Dienens vernachlässigen, die auch zu unserer göttlichen Natur gehört.

Gott hat uns als Knechte, als Diener berufen und bietet uns eine ganz neue Dimension seiner selbst an. Wenn wir unsere Selbstsucht und unseren Stolz bekennen, so schenkt er uns Gemeinschaft mit ihm und geistliches Wachstum. Glaube und Abenteuer, die Jesus verherrlichen, werden am besten bei dem Dienst sichtbar, den Gott uns gibt. Du kannst sicher sein, mein Freund in Christus, daß die Gelegenheit zum Dienen nicht lange auf sich warten läßt.

Ein Edelstein für heute: Wenn der Menschensohn, der Gott selbst ist, kam, um ein Diener der Menschen zu sein, wie können wir dann etwas anderes sein wollen?

Alttestamentliche Lesung Hosea 1-4

10. Dezember

Neutestamentliche Lesung Offenbarung 1

Ich hörte hinter mir eine mächtige Stimme wie von einer Posaune ... Da wandte ich mich um und wollte nach der Stimme sehen, die mit mir redete. Und als ich mich umwandte, sah ich einen, der einem Menschensohn gleich war; er trug ein langes Gewand und um die Brust einen goldenen Gürtel. Sein Haupt aber und sein Haar war weiß ... wie Schnee, und seine Augen wie eine Feuerflamme, und seine Füße wie Golderz, das im Ofen glüht, und seine Stimme wie starkes Wasserrauschen, ... und sein Angesicht leuchtete wie die helle Sonne. *(Offb. 1,10-16)*

Johannes war auf der Insel Patmos, einem Ort des Exils. Die Insel war felsig und baumlos und von römischen Gefangenen bewohnt. Johannes war von denen getrennt, die er im Herrn liebte. Aber in dieser Dürre, in dieser unangenehmen Situation kam Jesus zu ihm. Johannes hatte während der drei Jahre, die er als Jünger mit Jesus verbracht hatte, ein ganz enges Verhältnis zu ihm gehabt. Nach Jesu Tod erlebte er die Freude, mit dem auferstandenen Jesus Gemeinschaft zu haben. Dann fuhr Jesus zum Himmel auf, zum Vater, und sandte die Gabe des Heiligen Geistes. In den folgenden Jahren hatte Johannes gelernt, Gemeinschaft mit dem Herrn zu haben. Zu dieser Gemeinschaft ermahnt und ermutigt er auch uns. Durch Betrachtung und Gebet hatte er eine Beziehung zu Jesus, die von Herz zu Herz, von Geist zu Geist ging. Und in solchem Gebet befand er sich auch, als ihm Jesus erschien. »Am Tag des Herrn wurde ich vom Geist ergriffen und hörte hinter mir eine mächtige Stimme wie von einer Posaune ... Da wandte ich mich um und wollte ... sehen ... Als ich ihn sah, fiel ich wie tot vor seine Füße.«

In seinem Evangelium schrieb Johannes auf, was Jesus zu Thomas und den anderen Jüngern sagte: »Selig sind, die nicht sehen und doch glauben« (Joh. 20,29). Als ich ein junger Christ war, sah ich in einem Krankenhaus ein Bild von Jesus hängen. Es ergriff mich, und ich kaufte mir das gleiche, um es in mein Haus zu hängen. Ich liebte dieses Bild, und es bedeutete mir sehr viel. Aber im Laufe der Jahre verlor das Bild an Bedeutung, meine Haltung veränderte sich. Als ich mein Herz erforschte, um die Veränderung zu verstehen, entdeckte ich etwas Wunderbares. Ich las jedes Jahr die Bibel einmal ganz durch. Der Heilige Geist hatte aus der Bibel Beschreibungen von Jesus genommen wie diese hier von Johannes und hatte Jesu Bild, Christi Aussehen in meinem Geist Gestalt werden lassen. Darum stimmte das, was ich mit meinen Augen sah, nicht mehr mit dem überein, was ich in meinem Herzen sah.

Ich will Dich ermutigen, über das nachzusinnen, wie die Bibel Christus beschreibt, und die Beschreibungen mit Deinen eigenen Augen zu betrachten. Entdecke für Dich selbst, daß dies jedes Bild eines Künstlers übertrifft.

Ein Edelstein für heute: In jedem von uns liegt die Fähigkeit, Jesus zu sehen. Der Heilige Geist wird uns helfen, alle Verse wie Stücke eines Puzzles zusammenzusetzen, damit sich daraus ein Bild Christi formt.

Alttestamentliche Lesung Hosea 5-8

11. Dezember

Neutestamentliche Lesung Offenbarung 2

Aber ich habe gegen dich, daß du die erste Liebe verläßt.

(Offb. 2,4)

Jesus freute sich über die Gemeinde in Ephesus. Er kannte ihre Werke, ihre Geduld, ihre Haltung gegenüber dem Bösen, er wußte, wie sie mit den falschen Lehrern umgegangen waren, die er Lügner nannte. Jesus lobte sie für ihre Geduld und Ausdauer. Aber er warnte sie, weil sie ihre erste Liebe verlassen hatten.

Ich möchte Dir erzählen, welche Auswirkungen meine erste Liebe zu Jesus hatte. Als »Baby-Christ« hatte ich meine größte Freude daran, den Rasen vor unserer Kirche zu mähen. Wenn meine alten Trinkkumpane vorbeifuhren, so pfiff ich Loblieder. Meine Frau Marjorie sah, welche Freude es mir machte, Jesus auf diese Weise zu dienen, und kaufte darum einen Rasenmäher mit Motor. Weil wir kein Auto besaßen, mußte ich ihn hinter meinem Fahrrad herziehen, oder ich mußte die fast zwei Kilometer zur Kirche mit dem Rasenmäher zu Fuß gehen. Das Gras hatte kaum eine Chance zu wachsen, weil ich einfach nicht fortbleiben konnte. Das ist meine erste Erinnerung daran, daß ich etwas für Jesus tat. Das, woran ich mich am besten erinnere, ist die Liebe, die ich dabei für Jesus hatte.

Nachdem ich einige Jahre Christ war, fuhr ich auf eine Tagung, wo ich einer der Leiter war. Ich fuhr gerne dorthin und freute mich auf die Gemeinschaft mit den anderen Teilnehmern. Aber dann merkte ich zum ersten Mal, daß an meiner Haltung zu diesem Dienst etwas fehlte. In mir hatte sich etwas verändert, und ich fing an, mir über mein Zeugnis Gedanken zu machen. Auch bemerkte ich, daß ich viele Dinge ungern tat. Meine Gedanken kehrten zu der Zeit zurück, wo ich als junger Christ den Rasen für Jesus gemäht hatte. Ich erkannte, daß mir jetzt die Liebe zum Herrn und zum Dienen fehlte. Es beunruhigte mich, und ich kehrte um von meiner Sünde. Weil meine Haltung nun verändert war, erfuhr ich wieder die Freiheit, aus meiner Liebe zu Jesus ihm zu dienen, und nicht nur etwas aus Liebe zu einem Dienst zu tun, weil ich gebraucht wurde. Als ich zurückkehrte zu der Einfachheit der kindlichen Liebe für meinen Heiland, erfuhr ich eine weitere Lebensveränderung.

Ein Edelstein für heute: »Wenn euch nun der Sohn frei macht, so seid ihr wirklich frei« (Joh. 8,36).

Alttestamentliche Lesung Hosea 9-11

12. Dezember

Neutestamentliche Lesung Offenbarung 3

Siehe, ich stehe vor der Tür und klopfe an. Wenn jemand meine Stimme hört und die Tür auftut, werde ich zu ihm hineingehen und das Mahl mit ihm halten und er mit mir. *(Offb. 3,20)*

Jesus hatte zu den sieben Gemeinden hart gesprochen. Er stand mitten unter ihnen und prüfte ihre Werke und die Haltung ihres Herzens. Er wußte, wenn er sie nicht bei ihren Schwächen korrigierte, strafte und reinigte, daß sie dann nicht in der Lage waren zu überwinden. Ohne dies würden sie schließlich versagen. Jesu Interesse an seiner Gemeinde ist ewig. Er hat sich für sie hingegeben und weigert sich, uns aufzugeben Er arbeitet ständig an uns, bis ans Ende der Zeiten. Aber diese Münze hat zwei Seiten. Es besteht kein Zweifel an Jesu Hingabe an uns. Was in Frage steht, ist unsere Hingabe an ihn und an seine Gemeinde. Jesus sagt den Gemeinden: »Ich kenne deine Werke und weiß, daß du weder kalt noch heiß bist. Ach, daß du kalt oder heiß wärst!« (Vers 15). »Komm rein, oder geh weg«, das sagt Jesus uns. »Wenn du drin bist, dann komm zu mir, und kaufe von mir das Material, das du brauchen wirst, das die Prüfung des Feuers bestehen wird. Ich werde dich kleiden, wenn du zu mir kommst. Ich werde deine Augen salben, so daß du geistlich sehen kannst, daß ich nichts anderes als Reichtum und Segen für dich habe, wenn du das Richtige tust.« Das ist der Kern dessen, was Jesus in diesem Brief sagt.

Dann spricht Jesus eine sehr schöne Einladung an die Christen aus, die zur Gemeinde in Laodizea gehören. »Siehe,« sagt er, »jetzt, wo ich eure Aufmerksamkeit habe, sehne ich mich danach, euch nahe zu sein. Ich möchte eine ganz enge Beziehung zu euch haben. Ich habe Sehnsucht, eure Aufmerksamkeit zu erlangen. Ihr müßt wirklich lernen zu hören. Lernt, meine Stimme zu hören!«

»Wenn jemand meine Stimme hört, wenn jemand Ohren hat zu hören und Glaube, um mich einzuladen, so daß wir ganz nah und vertraut zusammen sind, so will ich kommen. Ich will eine so enge Gemeinschaft mit ihm haben, daß wir uns so nah sind wie zwei Menschen, die miteinander essen. Ich will dir zu essen geben, und du wirst mir zu essen geben, und wir werden beide Segen aus dieser Gemeinschaft empfangen.« Jesus fährt fort und sagt, daß der nächste Schritt ist, daß wir überwinden müssen. Wir müssen unsere Hemmungen und unsere Gewohnheitssünden überwinden und alles, was uns auflauern will. Dann können wir ihm in den Thronraum folgen und dort mit

ihm sitzen. Jesus hat die Einladung ausgesprochen, und wir müssen uns die Zeit nehmen. Dir dazu zu helfen, ist das Ziel der »Edelsteine«. Wie lautet Deine Antwort?
Ein Edelstein für heute: Jesus bittet alle wahren Gläubigen zu überwinden. »Wer überwindet, dem will ich das Vorrecht geben, mit mir auf meinem Thron zu sitzen« (Offb. 3,21).

Alttestamentliche Lesung Hosea 12-14

13. Dezember

Neutestamentliche Lesung Offenbarung 4

Herr, unser Gott, du bist würdig, zu nehmen Preis und Macht, denn du hast alle Dinge geschaffen, und durch deinen Willen waren und wurden sie geschaffen. *(Offb. 4,11)*

Das, worüber Jesus hier spricht, ist eine Fortsetzung dessen, was wir gestern gelesen haben. »Wenn du mir deine Lebenstür öffnest, so daß ich in jeden Bereich deines Lebens hineinkommen kann, dann werde ich die Tür des Himmels öffnen. Ich werde dich in den Thronraum einladen. Nichts von dem, was im Himmel ist, wird dir vorenthalten werden.« »Danach sah ich, und siehe, im Himmel war eine Tür aufgetan ...« (Vers 1).

Eines Morgens, als ich in der Frühe mit einem Freund dieses Kapitel las, knieten wir in seiner Küche auf dem Fußboden. Ich kann das, was geschah, nicht erklären, aber ich war mir meiner Umgebung nicht mehr bewußt. »Ein gläsernes Meer, gleich einem Kristall«, das war es, was ich sah. Wie kann man diese Erfahrung interpretieren oder angemessen beschreiben? Ich war überwältigt von der Gegenwart der Liebe Gottes, die in mir war. Mein ganzer Leib schien eine Veränderung zu erfahren, während ich immer und immer wieder sagte: »Danke, Jesus, danke Jesus.« Seit seiner ersten Einladung hatte Jesus schon oft mit mir das Mahl gehalten. Aber an diesem Tag, als ich da auf dem Küchenboden kniete, da tat er wohl das, was im Vers eins steht, er öffnete eine Tür im Himmel.

Ich habe nicht mehr gesehen oder gehört, als ich hier beschrieben habe. Aber unser Vers heute hat irgendwie seinen Platz in dieser Erfahrung, die ich gemacht habe. Dieser Vers kommt mir ganz vertraut vor, und ich möchte ihn am liebsten singen. Der Geist dieses Verses ist in mein Herz gekommen und bleibt dort als ständige Erinnerung daran, daß der Herr mich durch die offene Tür in seinen Thronraum geführt hat.

Ich will Dich nicht auffordern, nach außergewöhnlichen Erfahrungen zu suchen, sondern ich möchte Dich einladen, daß Du jeden Tag Dein Leben Jesus öffnest. Suche ihn als Antwort auf seine Einladung und seinen Wunsch, daß Deine Beziehung zu Deinem Gott enger und vertrauter wird. Wenn Du Dir Zeit für ihn nimmst, so nimmt er sich Zeit für Dich. Wer weiß, wenn Du

seinen Thronraum betrittst, hörst Du Dich vielleicht selbst singen: »Herr, unser Gott, du bist würdig, zu nehmen Preis und Ehre und Macht!«
Ein Edelstein für heute: Gott kommt nur durch eine offene Tür, doch dann öffnet er uns den ganzen Himmel. »Sucht, so werdet ihr finden, klopft an, so wird euch aufgetan« (Lk. 11,9).

Alttestamentliche Lesung Joel 1-3

14. Dezember

Neutestamentliche Lesung Offenbarung 5

Die sprachen mit lauter Stimme: Das Lamm, das geschlachtet ist, ist würdig, Kraft und Reichtum zu empfangen, Weisheit und Stärke, Ehre, Preis und Lob. *(Offb. 5,12)*

Was für eine wunderbare Hymne des Lobes muß Johannes in seiner Vision gehört haben. Die »Living Bible« umschreibt Vers 11-13 so: »Dann, in meiner Vision, hörte ich das Singen von Millionen von Engeln, die den Thron und die Gestalten und die Ältesten umgaben: ›Das Lamm ist würdig‹, (das sangen sie laut), ›das Lamm, das geschlachtet wurde. Das Lamm ist würdig, Kraft zu empfangen und den Reichtum und die Weisheit und die Stärke und die Ehre und das Lob.‹ Und dann hörte ich alle, die im Himmel und auf Erden waren, und die Toten unter der Erde und im Meer, und die riefen: ›Lob und Ehre und Preis und Macht gehört dem, der auf dem Thron sitzt, und dem Lamm von Ewigkeit zu Ewigkeit.‹«

Johannes läßt uns einen kleinen Blick in den Himmel werfen. Wir wissen, daß jedes Knie sich beugen wird, und Engel, deren Menge nicht gezählt werden kann, werden zusammen mit Gottes Erlösten in einen großen Chor einstimmen. Die Ältesten werden ganz vorne vor dem Thron ihre Stimme erheben und Gottes Kraft, Reichtum, Weisheit, Stärke, Preis, Ehre und Lob verkündigen.

Ganz sicher sind dies mehr als nur Worte eines Lobliedes, die der Heilige Geist eingegeben hat. Dieses Lied übertrifft alle anderen, und es wird nie eine mächtigere Hymne gesungen werden als diese. Aber mein Herz sagt mir, daß es noch mehr gibt. Noch größer als dies wird der Tag sein, an dem alle den Herrn anerkennen. Himmel und Erde haben sich jetzt schon zusammengetan, um das Lamm Gottes, das auf dem Thron sitzt, mit ihrem Lob zu überschütten. Himmel und Erde verkündigen jetzt schon das, was Gott der Vater dem Sohn gegeben hat. Der Menschensohn, der Gottes Sohn ist, empfängt das, was rechtmäßig sein Erbe war.

Unter großem Lobpreis empfängt er es inmitten derer, die er erlöst hat und unter dem Lobgesang des himmlischen Heeres. Und dann wird ein Tag kommen, an dem die Engel die Heiligen aus allen vier Himmelsrichtungen sammeln werden. Und die Heiligen werden Zeuge sein des ungeheuren

Jubels, den sie nie vergessen werden, und sie werden sehen, wie dem Herrn Jesus Christus sein volles Erbe verliehen wird. Kein Wunder, daß die Erlösten singen, denn Jesu Erbe gehört auch ihnen. Ja wir werden auch daran teilhaben und Christi Herrlichkeit zusammen mit ihm erlangen.
Ein Edelstein für heute: »Was kein Auge gesehen hat und kein Ohr gehört hat und in keines Menschen Herz gekommen ist, was Gott bereitet hat denen, die ihn lieben« (1. Kor. 2,9).

Alttestamentliche Lesung Amos 1-3

15. Dezember

Neutestamentliche Lesung Offenbarung 6

Und jedem von ihnen wurde ein weißes Gewand gegeben, ihnen wurde gesagt, daß sie noch eine kurze Zeit ruhen müssen, bis ihre Mitknechte und Brüder, die auch noch wie sie getötet werden sollten, in voller Zahl dazukämen. *(Offb. 6,11)*

Ich erinnere mich an eine Missionarin in Neuseeland. Sie hatte Heimaturlaub und fuhr mit ihrem Jeep auf einer einigermaßen sicheren Straße durch eine sehr große Schlucht. Parallel zur Straße verlief ein Fluß. Es gab kaum eine Zeit, wo das Wasser nicht bis nahe an die Straße heranreichte. Als sie an einem kritischen Punkt der Straße war, bebte plötzlich die Erde, und die Missionarin wurde getötet, weil die Straße sich hob und senkte und sie mit ihrem Wagen in den reißenden Fluß warf.

Einige Zeit später entschloß sich die Schwester dieser Missionarin, die Missionsstation zu besuchen, wo ihre Schwester gewesen war, um zu sehen, welche Arbeit sie dort getan hatte. Sie erzählte später, wie sie mit den Eingeborenen auf einem sehr primitiven Weg ging. Einige gingen vor ihr her, um den Weg zu weisen, andere kamen hinter ihr her. Sie war traurig und fühlte auch die Trauer dieser Menschen. Da war ihr, als ob sie eine Stimme hörte, die wie die Stimme ihrer Schwester klang. Sie sagte: »Warum bist du so traurig? Ich bin lebendiger als du.«

Die Bibel läßt uns nicht im Zweifel darüber, wo diejenigen sind, die wir lieben, die im Herrn starben oder in seinem Dienst. Denk nur an die Heiligen, die als Märtyrer gelitten haben, besonders in unserer Zeit. Denk an die Brüder und Schwestern hinter dem Eisernen Vorhang und in China. In der Tat leben wir in einer Generation, wo die Leiden des Leibes Christi alles übertreffen, was in der Geschichte der Kirche bisher geschah. Diese Märtyrer, diese Heiligen warten, gekleidet in Gerechtigkeit. Nach ihren vielen Leiden ruhen sie und warten, bis ihre Brüder, ihre Mitknechte, zu ihnen kommen. Eines Tages werden wir sie von Angesicht zu Angesicht sehen und die Ewigkeit mit ihnen zusammen verbringen. Vielleicht hören wir sogar von ihren Heldentaten und ihrer Treue und dürfen ihre ewige Belohnung sehen und an ihr teilhaben. Und im Moment, ja, da sind sie vielleicht lebendiger als wir.

Ein Edelstein für heute: »... denn was sichtbar ist, das ist zeitlich; was aber unsichtbar ist, das ist ewig« (2. Kor. 4,18).

Alttestamentliche Lesung Amos 4-6

16. Dezember

Neutestamentliche Lesung Offenbarung 7

Und er sagte zu mir: Das sind die, die aus der großen Bedrängnis gekommen sind und die ihre Gewänder im Blut des Lammes gewaschen und weiß gemacht haben. (Offb. 7,14)

Was immer auch die Heiligen erlitten haben in Not und Bedrängnis, so ist jedenfalls ersichtlich, daß ein besonderer, ewiger Lohn auf sie wartet. Wie konnte man diesen Lohn messen? Sie werden mit weißen Gewändern gekleidet sein, die in großer Schönheit leuchten werden, weil sie in Jesu Blut gewaschen sind. Der Himmel wird die Schönheit und Unbezahlbarkeit dieser Gewänder preisen. Kann es etwas geben, was vollkommener ist und mehr mit Jesus verbindet als ein Gewand, das in seinem Blut gewaschen und den Heiligen gegeben wird, die aus der Bedrängnis kommen? Dieses Gewand wird liebevoll die Narben, die Zerbrochenheit und die Zeichen der Leiden für Christus bedecken, die die Heiligen an sich tragen.

Jesus hat diese Heiligen bei sich versammelt, und sie haben das Vorrecht, ihm Tag und Nacht vor dem Thron in seinem Tempel zu dienen. Er, der auf dem Thron sitzt, der Herr Jesus Christus, kann sich mit ihrem Leiden identifizieren. Auch er trägt die Narben des Leidens der Bedrängnis. Und er wird unter ihnen wohnen. Zwischen ihm und den Heiligen wird eine wunderbare, enge Gemeinschaft sein. Und die, die wußten, was Hunger heißt, werden nicht mehr hungrig sein. Der Durst wird sie nicht mehr quälen noch wird jemals wieder die Hitze des Tages sie plagen.

Jesus, das Lamm, wird in ihrer Mitte sein und sie weiden. Jedes leidende Glied des Leibes Christi wird seinen besonderen Platz und Trost finden. Die Heiligen, Jesus und der Thron, alles wird eins sein. Sie werden so eng miteinander verbunden sein, daß es kein Leiden mehr geben wird, noch Tränen aus Angst, Einsamkeit oder Schmerz. Ihre Herzen werden durch ihr Leiden eng miteinander verbunden sein. Der Herr Jesus Christus, für den sie gelitten hatten und der für sie litt und starb, wird sie persönlich zu den Quellen des Lebenswassers führen. Gott selbst wird alle Tränen von ihren Augen abwischen. Dies werden Menschen sein, die besonders hervorragen. Sie werden im Himmel einen besonderen Platz in Jesu Herzen haben. Was für ein Vorrecht ist es, darüber nachzusinnen, daß wir in der Ewigkeit mit solchen Menschen zusammen leben dürfen.

Ein Edelstein für heute: Sehnst Du Dich nach diesem Ort und dieser Belohnung im Himmel? »Wer aber sein Leben verliert um meinetwillen, der wird's erhalten« (Lk. 9,24).

Alttestamentliche Lesung Amos 7-9

17. Dezember

Neutestamentliche Lesung Offenbarung 8

Als das Lamm das siebte Siegel auftat, entstand eine Stille im Himmel eine halbe Stunde lang. *(Offb. 8,1)*

Was war das für eine Stille? War der Himmel entsetzt über das, was auf der Erde und seinen Bewohnern und der Schöpfung widerfuhr? Die Menschen sind nicht die einzigen Bewohner der Erde. Bevor der Mensch von Gott geschaffen und die Erde zu seiner Heimat wurde, errichtete Satan, der gefallene Erzengel, sein dämonisches Reich hier auf der Erde. Von Anfang an war sein Ziel, das, was Gott geschaffen hatte, zu zerstören. Er hat alles Gute auf der Erde, was Gott gemacht hat, verunreinigt. Seine Legionen von Engeln schränken den Menschen ein und rauben ihm das Leben, das ihm vor Adams Fall gehörte.

Johannes wird Zeuge von Gottes Gericht über dieses dämonische Reich. Die Hölle wurde nicht für die Menschen geschaffen, aber rebellische Menschen, die die Erlösung durch Jesu Blut für sich nicht annehmen, werden dort enden. Nein, Gott schuf die Hölle für die gefallenen Engel. Was Johannes sah, das sah er wirklich. Warum sollte ich versuchen, es zu interpretieren? Johannes sah das Ende, es war furchterregend. Er spürte und erfuhr die Stille. Dreißig Minuten Stille.

Alles Lob und alle Anbetung hörten auf. Alle Aktivitäten im Himmel kamen zum Stillstand. Alles hielt still, alle hörten einfach auf mit dem, was sie gerade taten, und dreißig Minuten lang war kein Geräusch zu hören.

Johannes muß sein eigenes Herz schlagen gehört und die steigende Erwartung auf dieses mächtige endzeitliche Ereignis gespürt haben. Er hatte die genaue Anweisung bekommen, alles zu berichten, was er sah. Er wird sich besonders bemüht haben, jede Einzelheit dieses Moments einzufangen; so schrieb er: »... da entstand eine Stille im Himmel eine halbe Stunde lang.«

Wie konnte Johannes das aushalten? Wie konnte er all dieses endzeitliche Geschehen sehen, ohne in seinem Herzen zu verzagen? Johannes muß sich gefragt haben, wo er selbst inmitten all dieser Dinge sein würde. Ich denke, daß er sich darum vielleicht gar nicht kümmerte. Er hatte seine Altersgenossen überlebt und war durch einfachen Gehorsam und Vertrauen auf die Gnade und Liebe des Herrn Jesus Christus so weit gekommen. Was er sah, war Tod für die Sünde und Leben für die Gerechtigkeit. Dieselbe Gnade und

Liebe, die ausreichte, um seinen Mangel auszufüllen, wird ausreichen, um auch unseren Mangel auszufüllen.

Ein Edelstein für heute: »Wenn die Gerechten schreien, so hört der Herr und errettet sie aus all ihrer Not« (Ps. 34,18).

Alttestamentliche Lesung Obadja

18. Dezember

Neutestamentliche Lesung Offenbarung 9

Und ihnen wurde befohlen, sie sollten dem Gras auf Erden keinen Schaden antun, auch nicht dem Grünen und keinem einzigen Baum, sondern allein den Menschen, die an ihren Stirnen nicht das Siegel Gottes hatten. *(Offb. 9,4)*

Gott hat weit im Voraus für die gefallenen Menschen gesorgt, der Wunsch seines Herzens ist, daß keiner von uns umkommt. Kein Wunder, daß die Bibel sagt, daß er uns mit einer immerwährenden Liebe liebt. Gott plante sorgfältig eine Versöhnung. Er ließ zu, daß sein eigener Sohn Jesus die Demütigung und Beschimpfung erlitt, mit der ihn der Fürst dieser Welt überhäufte. Das war aber noch nicht genug, Gottes Sohn erlitt für alle Menschen den Tod.

Er hat uns eine Versöhnung gebracht und uns in Gottes Familie hinein adoptiert. Der Vater hat uns in seinem geliebten Sohn angenommen. Aber Jesus hat noch mehr für uns bereit. Er will nicht nur, daß wir jetzt schon das ewige Leben, das er für uns gewonnen hat, haben und uns daran freuen, sondern er will, daß wir es in uns wachsen lassen und uns vorbereiten, so daß wir in den Tagen, die auf uns zukommen, fest stehen können.

Der Herr verfolgte ein einziges Ziel mit der Offenbarung, die er Johannes auf der Insel Patmos gab. Er gab ihm die Anweisung, all dies aufzuschreiben, und zeigte ihm die Dinge, die noch kommen müssen, damit das Volk Gottes, die Kirche Jesu Christi, vorbereitet ist, allem zu begegnen, was die Zukunft bringt. Wie immer Du die Offenbarung auslegen und was immer Du mit ihr tun wirst, so kannst Du nicht an der Tatsache vorbeisehen, daß Jesus uns vorbereiten wollte. Das ist seine Vorsorge für sein Volk. Wir sollen vorgewarnt sein, und unser Wachstum als Christen muß auch die nötige Vorbereitung enthalten. Wir müssen uns jetzt vorbereiten, damit wir in den Zeiten, von denen Johannes berichtet, fest stehen können.

Es wird ein großes Gericht kommen. Gott wird seinen Zorn auf die Erde ausgießen, und alle, die nicht zu Gottes Reich gehören, werden große Qual erleiden und verzehrt werden. Es wird Menschen geben, die Gottes Gnade abgelehnt und ihre Herzen gegen Gott so verhärtet haben, daß ihnen Tod und Hölle annehmbarer erscheinen als die Umkehr als Antwort auf Gottes Zorn. Für Dich und mich geht es nicht um die Frage, wo wir dann sein werden. Die Frage für uns liegt darin, ob wir diese prophetischen Vorhersagen, die Gott gegeben hat, als seine Vorsorge ansehen, die uns helfen will, unser Herz und unser Leben vor Gott vorzubereiten. Haben wir die absolute Gewißheit, daß wir stehen können, wenn diese Zeit auf uns zukommt? Es wird zu spät sein, erst dann diese Fragen zu beantworten. Wir müssen jetzt eine Antwort darauf finden. Wenn unser Herz jetzt nicht rein ist, so wird es auch später nicht rein sein.

Ein Edelstein für heute: Die beste Vorbereitung auf die Not und Probleme der Zukunft liegt darin, schon jetzt durch Gottes Gnade Reinigung zu erben.

Alttestamentliche Lesung Jona

19. Dezember

Neutestamentliche Lesung Offenbarung 10

Und der Regenbogen stand über seinem Haupt; und sein Antlitz war wie die Sonne und seine Füße wie Feuersäulen. (Offb. 10,1)

Ganz sicher war dieser mächtige Engel, den Johannes beschrieb, Jesus. Wenn diese Ereignisse, die in der Offenbarung stehen, die Erde erschüttern werden, so wird Jesus selbst in der Mitte von allem stehen, er, der der mächtigste Mensch ist, den die Welt je gekannt hat. Du kannst sicher sein, daß bei allem, was Gott, der Vater, im Himmel und auf Erden tut, sein Sohn, der auch Gott ist, in der Mitte dieses Geschehens ist. Wer könnte besser den Willen des Vaters kennen und tun als der Sohn? Mitten in Gottes Gericht werden sich Himmel und Erde, Mächte und Gewalten vor Jesus beugen, dem König der Könige, dem Herrn der Welt.

Johannes sah Jesus wie einen Engel herabkommen und in seiner Größe in der Mitte all dieser Ereignisse stehen. Um ihn zu beschreiben, sagte Johannes, daß sein Kopf von einem Regenbogen umgeben war, ein Zeichen der himmlischen Schönheit und vielleicht auch eine Erinnerung für uns an die Flut, die früher einmal Gottes Gericht über die sündigen Menschen war. Damals bei seinem Gericht hatte Gott mit einer Arche für die Gerechten gesorgt. Heute ist Jesus unsere Arche, unser Ort der Sicherheit, und es gibt keine andere Vorsorge Gottes als ihn. Johannes schrieb, daß wir in jenen Zeiten nur dann durch den Sohn gerettet werden, wenn wir seine Rettung und ihn selbst schon jetzt kennen.

Als ich las, daß Jesus inmitten all dieses Geschehens sein wird, war ich sogleich ermutigt. Das, was wir tun müssen, ist, jetzt unsere Beziehung mit dem Herrn zu entwickeln. Wenn dann schwierige und schlimme Zeiten kommen, werden wir mit seinen Wegen vertraut sein und seine Stimme kennen. Dann wird unser Geist so offen sein für Jesus, daß wir zu ihm gezogen werden, wenn er inmitten der Katastrophe erscheint. Ganz gleich, wie schlimm es um uns herum aussieht, so werden wir doch Augen haben für ihn und ihn sehen, wie er ist. Wir werden uns durch Jesu Gegenwart sicher und geborgen fühlen. Wenn sein Angesicht wie die Sonne leuchtet, so wird das unser Herz nicht in Furcht versetzen, sondern unsere Anbetung und Liebe und das Gefühl der Sicherheit vergrößern. Wenn seine Füße wie Feuersäulen erscheinen, die die Ungerechtigkeit zerstören, dann werden wir diese Gelegenheit willkommen heißen, damit auch in uns die letzte Ungerechtigkeit zerstört wird.

Wie Johannes, so haben auch wir die Möglichkeit, den Sohn mit den Augen des Glaubens zu sehen und das Buch aus seiner Hand zu essen. Was werden wir tun mit dieser Möglichkeit, die Gott uns offensichtlich gibt, um uns vorzubereiten?

Ein Edelstein für heute: Johannes wurde nicht alles offenbart, aber was werden wir mit dem tun, was offenbart wurde? Wird es uns dazu anregen, uns vorzubereiten?

Alttestamentliche Lesung Micha 1-3

20. Dezember

Neutestamentliche Lesung Offenbarung 11

Und der siebte Engel blies seine Posaune; da erhoben sich mächtige Stimmen im Himmel, die sprachen: Nun gehören die Reiche der Welt unserm Herrn und seinem Christus, und er wird regieren von Ewigkeit zu Ewigkeit. *(Offb. 11,15)*

Kein Mensch kann wirklich Freude haben am Krieg, weil er häßlich und grausam ist. Was Johannes beschrieb, ist so ähnlich wie ein Krieg zwischen dem Reich des Himmels und dem Reich dieser Welt. Die göttliche Macht, die die gefallenen Engel und ihre Dämonen auf der Erde innehaben, wird in die Hände des himmlischen Heeres fallen und das Reich des Satans zerstören. Zu jener Zeit werden die Menschen entweder zu dem Geist und dem Fürsten dieser Welt gehören und mit ihm verschwinden, oder sie werden von dieser Welt völlig getrennt und ihren Platz in Gottes Reich gefunden haben.

Unser Vers, über den wir heute nachsinnen, verkündigt den Sieg von Gottes Reich. Himmel und Erde werden den Ruf hören: »Nun gehören die Reiche der Welt unserm Herrn und seinem Christus, und er wird regieren von Ewigkeit zu Ewigkeit.« Wird das für Dich eine gute Nachricht sein? Alles, was nicht zu Gottes Reich gehört, wird zerstört werden. Ich vermute, daß niemand wirklich will, daß dies alles stattfindet, weil wir so gebunden sind an unsere Beziehungen in der Welt, daß wir nicht wollen, daß sie zerstört werden. Mit Scharfsinn haben wir uns im Reich dieser Welt einen Platz für uns selbst geschaffen, aber das ganze Reich wird den Mächten des Himmels gehören.

Jetzt ist die Zeit, um alles loszuwerden, was nicht zu Gottes Reich gehört. Wenn wir diejenigen lieben, die nicht von Gott sind, so werden wir für sie beten und tun, was wir können. Als ein Teil unserer Vorbereitung und unseres Glaubens an Johannes' Vorhersagen über die Dinge, die kommen werden, sollten wir die warnen, die wir lieben und die nicht ein Teil des Reiches Gottes sind. Es ist unsere Aufgabe, sie durch Gottes Geist von der Welt abzuwenden, die sie im Griff hat. Wir müssen ihnen helfen, sich dem Herrn Jesus Christus und seiner Rettung zuzuwenden, damit sie ihr Herz auf diese Gerichte Gottes vorbereiten, daß sie sich von ihrer Sünde trennen. Dann werden sie keine Sünder sein und nicht mehr in Feindschaft gegen Gott leben. Wir müssen uns von der Sicht dieser Welt trennen und sollen uns auf das Kommen des Reiches freuen, dann wird Christus regieren. Darum freue Dich über seinen gültigen Sieg!

Ein Edelstein für heute: Wir sind nichts anderes als Pilger. Darum wollen wir uns von allem trennen, was nicht zu Gottes Reich gehört. »Wir warten aber auf einen neuen Himmel und eine neue Erde, nach seiner Verheißung, in denen Gerechtigkeit herrscht« (2. Petr. 3,13).

Alttestamentliche Lesung Micha 4.5

21. Dezember

Neutestamentliche Lesung Offenbarung 12

Und ich hörte eine mächtige Stimme, die sprach im Himmel: Nun gehört das Heil und die Kraft und die Herrschaft unserem Gott und die Macht seinem Christus, denn der Verkläger unserer Brüder ist hinuntergeworfen worden, der sie Tag und Nacht vor unserem Gott verklagt hat. *(Offb. 12,10)*

Satan bringt den Krieg bis in den Himmel hinein. Er versengt nicht nur die Erde durch Krieg und Tod, sondern er rast auch wie wild gegen Israel und versucht, Israels Samen (sein Kind) zu zerstören, womit sicherlich die Kirche gemeint ist. Gott greift ein und befreit Israel und sein Kind. Michael versammelt seine Engel und vertreibt den Teufel aus dem Himmel, und erneut erschallt der Ruf des Sieges. Johannes schreibt: »Und ich hörte eine mächtige Stimme, die sprach im Himmel: Nun gehört das Heil und die Kraft und die Herrschaft unserem Gott und die Macht seinem Christus, denn der Verkläger unserer Brüder ist hinuntergeworfen worden, der sie Tag und Nacht vor unserem Gott verklagt hat.«

Die Heiligen haben alle an diesem großen Sieg Anteil, und der nächste Vers sagt uns, wie sie die Anklagen des Teufels überwanden. »Sie haben ihn überwunden durch das Blut des Lammes und durch das Wort ihres Zeugnisses und haben nicht an ihrem Leben gehangen, sondern den Tod auf sich genommen.« Das Ende ist noch nicht da, und Satan ist auf der Erde losgelassen.

Eines Tages werden die Dinge, die Johannes sah, der Geschichte angehören. Sie werden nichts anderes sein als ein Zeugnis der Vergangenheit. Aber bevor sie dazu werden, müssen wir diese Ereignisse durchleben. Sie werden uns nicht überraschen, und wir können uns nicht beklagen, daß wir nicht vorbereitet waren. Gott erwartet von uns nicht nur, daß wir unser Herz und unser Leben vorbereiten, damit wir diesen Ereignissen begegnen können, sondern er erwartet von uns auch, daß wir wissen, wie wir sie überwinden werden. Ja, die Bibel sagt uns nicht nur, was uns befähigt zu überwinden, sondern auch, wie die Heiligen, und das sind wir, tatsächlich durch das Blut des Lammes überwunden haben. Sieh zu, daß Du keine Vorbehalte gegen diese Wahrheit hast, denn in dieser Wahrheit liegt Gottes Vorsorge für uns, damit wir überwinden können. Wir müssen unser Vertrauen auf das Blut Jesu Christi setzen. Unsere Sünde, unsere Ungerechtigkeit müssen vom Blut bedeckt sein. Und wenn wir mit den Heiligen das Lied des Sieges singen wollen, dann müssen wir das Zeugnis haben, daß wir dem Blut des Lammes vertraut haben.

Ein Edelstein für heute: Weigere Dich, auf die Ideen und Vorstellungen der Menschen zu hören, die sie über das Leben in der Zukunft haben. Höre auf Gottes Wort, und laß zu, daß dieses Wort Dich auf die Ereignisse vorbereitet, die kommen werden.

Alttestamentliche Lesung Micha 6.7

22. Dezember

Neutestamentliche Lesung Offenbarung 13

Und alle, die auf Erden wohnen, werden es anbeten, alle, deren Name nicht vom Anfang der Welt an aufgeschrieben ist im Lebensbuch des Lammes, das geschlachtet ist. *(Offb. 13,8)*

Ich bin froh, daß Jesus Johannes hat wissen lassen, was in den letzten Tagen geschehen wird und was uns, Gottes Heiligen, begegnen wird. Ich bin besonders froh darüber, daß wir das Ende der Offenbarung aufschlagen können, um zu entdecken, wie alles ausgeht. Und genau das will Jesus, daß wir das tun. Er will nicht nur, daß wir wissen, wie alles ausgehen wird, sondern er will, daß wir uns dadurch vorbereiten, daß wir einen unerschütterlichen Glauben aufbauen, ein tägliches Vertrauen auf seine Fähigkeit, uns bis zum Ende zu retten. Wir müssen offen sein für seinen Heiligen Geist, der in uns wohnt, und dem gehorchen, was er uns sagt, nicht dem, was unser Eigenwille von uns fordert.

Die Bibel sagt uns, daß dem Antichristen, wenn er kommt, große Macht von Satan gegeben wird. Er wird Macht haben, Wunder zu vollbringen, und die ganze Welt wird dem Antichristen nachlaufen und ihn anbeten. Er wird Christen und Juden ermorden, und Verwirrung und Angst werden uns begegnen. Offensichtlich müssen wir unterscheiden können zwischen einem Wunder, das Gott gibt, und einem, das aus der Macht Satans geschieht.

Unser Vers sagt ganz klar, daß die Heiligen, deren Namen im Lebensbuch des Lammes geschrieben stehen, den Antichristen nicht anbeten werden. Es besteht kein Zweifel daran, daß auf uns, die wir in den letzten Tagen leben, große Gefahr zukommt, wo es viel Not und Prüfungen geben wird. Wenn wir nur einen Moment denken, daß wir in der Lage sein werden, durch unsere eigene Charakterstärke oder durch verbissene Entschlossenheit zu überwinden, dann werden wir versagen. Die Schwachen, die schon jetzt der Tatsache ins Auge sehen, daß sie versagen werden, wenn Gott ihnen nicht durch seine Gnade hilft, die werden überwinden. Wir müssen lernen, Gott in unserer Schwachheit zu vertrauen, und schon jetzt seinem Wort und Willen treu sein. Satan kann Deine guten Absichten und Deinen guten Willen jederzeit auslöschen. Aber Gottes Willen in Deinem Leben kann er weder auslöschen noch überwinden. Wenn Du lebst, um Gottes Willen zu tun und nicht Deinen eigenen, und wenn Du weißt, daß Du seine Gnade brauchst, um seinen Willen zu tun und um den Wünschen Deiner Selbstsucht abzusagen, dann wirst Du überwinden. Lebe schon jetzt so, dann wirst Du auch unter schwierigen Umständen in der Lage sein, so zu leben. Dann wird Dein Name unter denen stehen, die im Lebensbuch des Lammes geschrieben sind.
Ein Edelstein für heute: Lerne heute, Dich Gott hinzugeben und Dich von seinem Heiligen Geist führen zu lassen, dann brauchst Du vor morgen keine Angst zu haben.

Alttestamentliche Lesung Nahum

23. Dezember

Neutestamentliche Lesung Offenbarung 14

Hier geht es um Standhaftigkeit der Heiligen, die an den Geboten Gottes und dem Glauben an Jesus festhalten. Und ich hörte eine Stimme vom Himmel zu mir sagen: Schreibe: Selig sind die Toten, die von nun an im Herrn sterben. Ja, spricht der Geist, sie sollen zur Ruhe kommen nach ihrer Mühe; denn ihre Taten folgen ihnen.
(Offb. 14,12.13)

Habe Geduld, mein Freund, sei standhaft! Vielleicht verstehen wir nicht alles völlig, was Johannes sah und hörte. Aber wir können sicher sein, daß wir genug wissen, um zu verstehen, was uns der Herr jetzt sagt. Und wir können ihm vertrauen, daß er uns mehr verstehen läßt, wenn es nötig ist. Wir müssen sorgfältig darauf achten, daß wir unser Herz offenhalten für diese

Offenbarungen und uns nicht verschließen, weil wir uns vielleicht über etwas ärgern oder weil es nicht in unsere Lehre und Spekulation paßt.

Es ist zum Beispiel schwer, sich Vers 9-11 anzuhören, aber wir müssen sie hören. »Und ein dritter Engel folgte ihnen und rief mit lauter Stimme: Wenn jemand das Tier und sein Bild anbetet und das Zeichen an seiner Stirn oder an seiner Hand trägt, dann soll er von dem Wein des Gotteszornes trinken, der unvermischt eingeschenkt ist in den Kelch seines Zornes, und soll mit Feuer und Schwefel gequält werden vor den Augen der heiligen Engel und des Lammes. Und der Rauch von dieser qualvollen Strafe wird aufsteigen von Ewigkeit zu Ewigkeit, und es wird Tag und Nacht keine Ruhe geben für alle, die das Tier und sein Bild anbeten und das Zeichen seines Namens annehmen.«

Mein Herz hört fast auf zu schlagen, wenn ich von dem endgültigen Schicksal derer lese, die das Evangelium ablehnen. Wie klein und unbedeutend ist unser Leiden, das uns um des Evangeliums willen widerfährt, wenn wir es mit dem ewigen Leiden derer vergleichen, die rebellisch sind. Es gibt Menschen, denen Gott in einer Vision oder einem Traum diese Hölle gezeigt hat, und es hat sie angespornt, das Evangelium zu verkündigen. Ihre Antriebskraft war, daß sie das Schicksal der Verlorenen kennen. Das hat sie in Bewegung gebracht, Gottes Wort mit ungeheuer großer Liebe zu verbreiten. Ich will nicht die Hölle predigen, aber wir können nicht die Bibel lesen, wir können uns nicht vornehmen, einmal im Jahr durch die Bibel zu kommen, ohne dabei der Wirklichkeit von Gottes vollkommenem Plan für die Rettung der Menschen und Schöpfung zu begegnen. Für unser Wachstum ist es nicht gut, wenn wir nur den Teil der Wahrheit aufnehmen, der uns gefällt, aber den Rest außer acht lassen. Wir dürfen das nicht tun, damit wir nicht betrogen werden. Sieh den Tatsachen ins Auge, so wie sie geschrieben stehen. Weine aus ganzem Herzen um die Verlorenen, Jesus tat es auch. Halte Dir nicht nur das vor Augen, was Gott Dir durch Deine Rettung schenkt, sondern auch das, wovor Gott Dich gerettet hat.

Ein Edelstein für heute: Deine Gerechtigkeit liegt in dem Blut Jesu Christi, das Dich reinigt. Er, Jesus Christus, kann Dich »untadelig vor seine Herrlichkeit stellen« (Judas 24).

Alttestamentliche Lesung Habakuk

24. Dezember

Neutestamentliche Lesung Offenbarung 15

Sie sangen das Lied Moses, des Knechtes Gottes, und das Lied des Lammes: Groß und wunderbar sind deine Werke, Herr, mächtiger Gott! Gerecht und wahrhaftig sind deine Wege, du König der Völker. (Offb. 15,3)

Manchmal bin ich nicht sehr offen dafür, über Gottes Gericht oder seinen Zorn zu lesen, den er auf die Menschen ausgießen wird. Aber es heißt in seinem Wort, daß seine Wege nicht unsere Wege sind. Unser Vers heute versichert mir, daß Gottes Gerichte gerecht und wahrhaftig sind.

Etwas anderes, was ich gelernt habe, ist, daß ich nicht zu Gericht sitzen darf über Gottes Wort. Weil sein Wort uns richten soll, dürfen wir es nicht verurteilen. Wenn wir das in Frage stellen, was Gott geoffenbart hat, begehen wir einen schrecklichen Fehler. Das war Satans Spitzfindigkeit im Garten Eden, als Adam sein Recht verwirkte, mit Gott zu leben. Er stellte Gottes Wort in Frage: »Sollte Gott gesagt haben ...?« Es kommt eine Freiheit in unser Leben, wenn wir uns Gottes Wort unterwerfen und geduldig warten, daß der Heilige Geist uns zum Verständnis der Wahrheiten führt, die wir wissen müssen.

Wir müssen uns nicht vor Gottes Wort schützen oder uns dagegen verteidigen. Es ist selbständig und hat es geschafft, sich auch gegen die größten Schriftgelehrten der Jahrhunderte zu behaupten. Es ist gut zu entdecken, daß wir Gottes Wort nicht rechtfertigen müssen und seine Richtigkeit nicht zu beweisen brauchen. Wenn wir uns einfach der Wahrheit des Wortes Gottes unterstellen, dann kommen wir zu vollkommenem Vertrauen und völliger Freiheit. Wenn der streitsüchtige Verstand eine Antwort haben muß, dann ist es besser, zum Autor des Wortes zu gehen als zu seinen Studenten.

Die Freiheit zu glauben, zu empfangen und in Gottes Wort zu leben gibt uns ein neues Lied auf unsere Lippen. Wir merken auf einmal, daß wir Bibelverse singen und das Lamm erhöhen. Wir singen: »Groß und wunderbar sind deine Werke, Herr, allmächtiger Gott! Gerecht und wahrhaftig sind deine Wege, du König der Völker.« Je mehr wir Gottes Wort in unserem Leben haben, desto mehr werden wir geistlich lebendig und offen für sein Wort.

Wenn Gott es für nötig hält, die Erde zu richten und seinen Zorn auf sie auszugießen, dann ist es nötig. Ich will kein Urteil fällen, sondern geduldig warten, bis der Herr mich seine Werke und seine Wege verstehen läßt. Ich will im Glauben annehmen, daß Gott es am besten weiß.

Ein Edelstein für heute: »Weh dem, der mit seinem Schöpfer hadert« (Jes. 45,9).

Alttestamentliche Lesung Zefania

25. Dezember

Neutestamentliche Lesung Offenbarung 16

Siehe, ich komme wie ein Dieb. Selig ist, der wach bleibt und auf seine Kleider achtet, damit er nicht nackt gehen muß und man seine Blöße sieht. Und die drei Geister versammelten sie an einem Ort, der auf hebräisch Harmagedon heißt. *(Offb. 16,15.16)*

Johannes hörte, wie Anweisungen für die Plagen gegeben wurden, durch die der Zorn Gottes auf die Erde ausgegossen werden sollte. Diese Plagen brachten Geschwüre hervor bei den Menschen, die das Zeichen des Tieres trugen und bei denen, die sein Bild anbeteten. Das Meer wurde Blut, und jedes lebendige Wesen im Meer starb. Auch die Flüsse und Wasserquellen verwandelten sich in Blut, während Gottes Gerichte weitergingen. Die Sonne wurde so heiß, daß die Menschen wie mit Feuer versengt wurden, und trotzdem kehrten sie nicht um in ihrem Herzen. Eine große Finsternis kam über das Land, und die Menschen litten unter solchen Schmerzen, daß sie sich die Zunge zerbissen, Gott lästerten, aber nicht von ihren Werken umkehrten.

Dann sah Johannes drei unreine Geister aus dem Mund des Drachen, des Tieres und des falschen Propheten hervorkommen. Sie versammelten die Könige der Erde, damit sie an einem Ort mit dem Namen Harmagedon gegen die Mächte der Gerechtigkeit kämpfen.

Inmitten dieser schrecklichen Geschehnisse wird Jesus kommen, ähnlich wie damals Mose, der Gottes Volk aus Ägypten herausführte. Leise, wie ein Dieb in der Nacht, wird er kommen, um die zu sammeln, die ihre Kleider fleckenlos bewahrt und auf sein Blut vertraut haben. Es ist so wie bei den Kindern Israel, die die ganze Nacht hindurch wach waren und auf das Blut des Lammes vertrauten, das an ihre Türpfosten gestrichen war. Währenddessen klagte Ägypten über den Tod und das Unglück. Inmitten dieser Leiden der Endzeit wird unser Lamm, Jesus, kommen, um sein Volk aus dieser Finsternis herauszuführen.

Die Bibel sagt uns, daß der Ort, an dem sich die Regierungshäupter versammeln werden, Harmagedon heißt. Man kann in Israel auf dem Berg Megiddo stehen und über die große flache, fruchtbare Ebene Megiddo schauen. Dort führt ein Weg über die Berge, der den Kontinent Europa mit dem Kontinent Afrika verbindet. Es ist eins der Gebiete, um das in der Geschichte wohl am meisten gekämpft wurde. Alle Landtruppen werden vom Norden her nach Süden dort einmarschieren müssen. Aber dies ist auch der Ort, wo die letzte große Schlacht auf der Erde stattfinden wird. Es ist sehr bewegend, dort auf dem Berg Megiddo zu stehen und auf diesen biblisch bedeutungsvollen Ort zu sehen. Dort wird Jesus uns eines Tages versammeln, um uns hinauszuführen, so sicher, wie Mose sein Volk aus Ägypten führte. Aber dann, an jenem Tag, wird der Feind Gottes, und das ist das Reich dieser Welt, völlig besiegt werden.

Ein Edelstein für heute: »Denn der Herr ist deine Zuversicht, der Höchste ist deine Zuflucht. Es wird dir kein Übel begegnen, und keine Plage wird sich deinem Hause nahen. Denn er hat seinen Engeln befohlen, daß sie dich behüten auf allen deinen Wegen« (Ps. 91,9-11).

Alttestamentliche Lesung Haggai

26. Dezember

Neutestamentliche Lesung Offenbarung 17

Sie werden gegen das Lamm Krieg führen, und das Lamm wird sie besiegen, denn es ist der Herr aller Herren und der König aller Könige, und die mit ihm sind, sind die Berufenen und Auserwählten und Gläubigen. *(Offb. 17,14)*

Wie wäre es gewesen, dort zu stehen, wo Johannes stand, und diese erstaunlichen Ereignisse zu sehen? Das Leiden zu sehen, den Tod, die Häßlichkeit und Widerwärtigkeit von all dem, bis wir es nicht länger ausgehalten hätten? Aber vielleicht ging es Johannes gar nicht so. Da waren die Feinde des Himmels, die den Menschen aufgelauert und sie verunreinigt hatten. Diese Mächte hatten nichts anderes im Sinn, als alles Gute und Gerechte, was Gott je getan hatte, zu zerstören. Vielleicht verstand und sah Johannes zum ersten Mal die Stärke dieser mächtigen dämonischen Kräfte, die seit Jahrtausenden die Menschen geplagt und sie zu zerstören versucht hatten.

Gott hatte den gefallenen Engeln das Recht genommen, ihn anzubeten Sie verspielten dieses Recht, als sie Satan als ihren Fürst und König anbeteten. Statt dessen hat Gott nun den Menschen die Freiheit und das Vorrecht gegeben, ihn anzubeten. Das macht die gefallenen Engel sicherlich sehr zornig.

Der Herr Jesus Christus wird Menschen berufen und führen, damit sie dieses widerwärtige und böse Reich zerstören, das Satan errichtet hat. Satan kennt die Kraft der menschlichen Seele und streitet mit Gott um die Seelen. In gewisser Weise machen wir alle ein bißchen Hiobs Erfahrung. Satan hat die Freiheit, die Menschen zu quälen, und er tut alles, was er kann, um sie an ihre gefallene Natur zu binden. Er will uns davon abhalten, daß wir die Wahrheit und das Leben verstehen, die uns in Christus gehören. Er betrügt auch weiterhin die Verlorenen und klagt die Brüder an.

Ich vertraue darauf, daß ich durch das Licht dieser Wahrheit und durch Gottes Gnade die Kraft erhalten werde, zu diesem großen Heer des Lammes zu gehören. Der Herr der Herren und der König der Könige wird es anführen, und es wird diese große, sündige, aufständische Macht absetzen und zerstören, das Reich der Dämonen, das auf der Erde errichtet ist. Jesus wird uns in den Kampf und in den Sieg führen. Das, was Johannes sah, verheißt uns das. Darum freue ich mich auf das neue Leben, das uns gehören wird, wenn Gott sein Reich auf der Erde errichtet, so wie es im Himmel ist.

Ja, ich will ein Teil dieses Reiches sein und mitmarschieren in Jesu Heer, das befreit. Dort will ich meine Waffenrüstung vorweisen, die durch das Blut des Lammes rein geblieben ist. Oh, ich kann den Sieg fast schon spüren.

Ein Edelstein für heute: Der Sieg, den wir heute in Jesus haben, ist unsere Gewißheit auf den Sieg in Jesus auch am Ende.

Alttestamentliche Lesung Sacharia 1-3

27. Dezember

Neutestamentliche Lesung Offenbarung 18

Freue dich über sie, Himmel und auch ihr, Heilige und Apostel und Propheten! Denn Gott hat sie gerichtet um euretwillen.

(Offb. 18,20)

In unserer heutigen Lesung hören wir von einer Stadt der Sünde, die zerstört ist. Satan hat sein Reich in den Herzen der Menschen er richtet. Er könnte die großen Städte dieser Welt wie z. B. Babylon nicht beherrschen, wenn der Mensch es nicht wollte und zulassen würde.

In Jeremia 17,9 sagt uns die Bibel, daß das Herz »ein trotziges und verzagtes Ding« ist. Einem Kind braucht man die Sünde nicht beizubringen, weil sie schon seine natürliche Neigung ist. Jede Stadt der Welt steht unter dem Fluch der Sünde, weil die Menschen in Sünde geboren sind. Gott schiebt durch seine Gnade sein Gericht auf und bringt Evangelium von der Rettung allen, die hören wollen. Aber es wird ein Tag kommen, an dem Gott auf seine Schöpfung schauen wird und sich das ansieht, was der Fürst dieser Welt in den Herzen und durch die Herzen der Menschen getan hat. Denn er hat sie voller Grimm an die Sünde gebunden. Und Gott wird einschreiten, um alles völlig zu zerstören, was keinen Platz in seinem Reich hat.

Als Christen müssen wir erkennen, aus welcher Macht Gott uns rettet hat und welches Erbe wir durch unsere Rettung empfangen. Das Blut Jesu Christi hat uns von aller Sünde gereinigt und uns von den Folgen der Sünde gerettet. Gottes höchster Plan ist, alle Sünde dadurch zu beseitigen, daß er ihre Wurzel ausreißt und jede Sünde zerstört.

Wie werden wir reagieren bei dem Zorngericht Gottes? Was werden wir tun, wenn Gott sagt: »Freue dich über sie … Denn Gott hat sie gerichtet um euretwillen«? Werden wir in Gottes Gericht Gerechtigkeit sehen und uns freuen, weil wir erkennen, daß auch wir verzehrt und zerstört worden wären, wenn Gott uns außerhalb seiner Gnade gefunden hätte? Werden wir akzeptieren, daß Gott es am besten weiß? Werden wir die Macht der Sünde erkennen? Werden wir sehen, daß die Sünde in der Lage ist, den Menschen zu zerstören, und daß Gott in der Tat barmherzig ist, wenn er die Sünde zerstört? Werden wir einen Seufzer der Erleichterung ausstoßen, wenn die sündigen Dinge dieser Welt, an denen unser Eigenwille Gefallen hatte, zerstört sind, so daß wir nicht mehr versucht werden? Mein Freund, werden wir die Sünde so verabscheuen, daß wir uns aus der Tiefe unseres Wesens über ihre Zerstörung freuen werden? Wenn wir aus der Welt herausgekommen sind und alles verlassen haben, um Jesus zu folgen, dann werden wir uns freuen. Freue Dich schon heute, und sei froh, daß Du zu denen zählst, die sich freuen werden.

Ein Edelstein für heute: Wenn Gott seine Gerichte auf die Erde ausgießt, dann sei nicht wie Lots Frau, die zurückschaute!

Alttestamentliche Lesung Sacharia 4-6

28. Dezember

Neutestamentliche Lesung Offenbarung 19

Danach hörte ich eine mächtige Stimme wie von einer großen Schar im Himmel, die sprach: Halleluja! Das Heil und die Herrlichkeit und die Kraft gehören unserm Gott! *(Offb. 19,1)*

Ich bin kein Sadist und möchte nicht sehen, daß meine Mitmenschen vernichtet werden. Und auch Gott möchte am liebsten, daß alle Menschen gerettet werden. Aber Gott hat uns nicht in Unwissenheit gelassen über seinen Entschluß, daß alle, die gesündigt haben, ganz gewiß sterben werden. Das steht in der Bibel.

Vor einiger Zeit erzählte mir jemand, er habe Römer 6,23 gelesen. Dort heißt es: »Der Lohn der Sünde ist der Tod. Die Gabe Gottes aber ist das ewige Leben in Christus Jesus, unserm Herrn.« Dieser Mann sagte, wenn er das ewige Leben haben kann, das es umsonst gibt, was sollte er dann für den Lohn der Sünde arbeiten, der der Tod ist.

Ich bin wirklich froh, daß Johannes sehen konnte, was unter Gottes Heiligen im Himmel geschah, als all diese schweren Gerichte und Zerstörung der Sünde hereinbrachen. Es ist so, als ob Johannes den Fall Babels beobachtete, und wie die Heerscharen des Herrn versammelt wurden, und als ob dann die Kameras umschwenken, um ein Volk im Bild zu haben, das sich freut, das jubelt über sein Glück, weil es zu denen gehört, die in Ewigkeit gerettet sind, und nicht zu denen, die verurteilt und in Ewigkeit verdammt sind. Es ist ein Volk, das die Reinigung des Blutes selbst erlebt hat und das aus Erfahrung weiß, was es heißt, sich rein zu fühlen und rein zu sein. Nie wieder wird die Sünde sie knechten oder irgendein Anrecht auf ihr Leben haben. Und jetzt wird durch Gottes mächtige Hand, der sich Himmel und Erde beugen müssen, sein Plan für die Endzeit ausgeführt. Es ist nicht das Ende des Lebens, sondern das Ende der Sünde.

Eine Reinigung findet statt. Sünde und Tod soll es nicht mehr geben, eine neue Art von Leben, die ewig ist, wird errichtet. Auch die Schöpfung wird von dem Fluch der Sünde befreit, und das Blut Jesu Christi wird alles auf Erden reinigen. Kein Wunder, daß man »eine mächtige Stimme« hören wird, »wie von einer großen Schar im Himmel, die spricht: Halleluja! Das Heil und die Herrlichkeit und die Kraft gehören unserm Gott!«

Was mich betrifft, so übe ich mich jetzt schon ein im Halleluja-Singen und freue mich darauf, einmal mit dem mächtigen himmlischen Chor singen zu dürfen! Die Ewigkeit und alles, was dort auf uns wartet, ist die herrlichste und heiterste Wirklichkeit, die wir uns nur ausdenken können; und alles gehört mir, durch die Verheißung des Vaters, es gehört mir in Christus Jesus!

Ein Edelstein für heute: Heute bin ich einen Tag näher an der Herrlichkeit des ewigen Lebens, einer Welt ohne Sünde.

Alttestamentliche Lesung Sacharja 7-9

29. Dezember

Neutestamentliche Lesung Offenbarung 20

Selig und heilig ist, wer an der ersten Auferstehung teilhat. Über solche hat der zweite Tod keine Macht; sondern sie werden Priester Gottes und Christi sein und mit ihm die tausend Jahre regieren.
(Offb. 20,6)

Das Leben, von dem Johannes schreibt, ist das Leben, das uns in Christus erwartet und das weit über das hinausgeht, was wir uns mit unserer Phantasie vorstellen können. Satan muß von dieser Erde vertrieben und von einem Engel in den Abgrund geworfen und dort eingeschlossen werden. Tausend Jahre lang wird er gefangen sein, und die Bibel sagt, daß dies geschehen wird, »damit er die Völker nicht mehr verführen könnte, bis die tausend Jahre vollendet sind« (Vers 3).

Dann sah Johannes Throne, auf denen die saßen, die um ihres Glaubens willen zu Märtyrern geworden waren. Es waren die, die sich weigert hatten, das Tier anzubeten oder sein Zeichen auf ihrer Hand zu empfangen. Diese regieren tausend Jahre mit Christus. Begreife es! Sie leben und regieren mit Christus tausend Jahre lang! Wie kann unser Verstand erfassen, was Gott sagt? Wir denken nur daran, daß wir heute leben, und freuen uns auf den Rest der siebzig oder achtzig Jahre, die wir hier auf der Erde leben werden. Aber Johannes sah, wie die, die treu waren, tausend Jahre mit Christus leben und regieren werden, und das ist erst der Anfang der Ewigkeit. Kein Wunder, daß Johannes sagte: »Selig und heilig ist, wer an der ersten Auferstehung teilhat.«

Wie ernst nehmen wir jetzt, wo wir wiedergeboren sind, unsere christliche Erfahrung? Ich denke, daß es davon abhängt, welchen Wert wir Gottes

Angebot des ewigen Lebens beimessen, und ob wir so leben, als ob das Leben hier das einzige ist, das wir haben. Es hängt auch davon ab, ob wir uns auf das ewige Leben, von dem Johannes schreibt, schon freuen und vorbereiten. Aus dem, was Johannes schildert, wird offensichtlich, daß es durchaus darauf ankommt, was wir mit unserem Leben tun. Das Volk Gottes, das mit Jesus regieren und herrschen wird, besteht aus Menschen, die Gott treu waren und sich weigerten, bei einem Weltsystem mitzumachen, obwohl diese Weigerung sie das Leben kostete.

Ich denke, wenn es um die Gewißheit geht, daß wir einen Platz haben in Christi Reich, das Johannes in seiner Offenbarung sah, dann müssen wir gewiß sein, daß wir schon jetzt einen Platz in Gottes Reich haben. Es geht nicht um die Frage, ob ich später einen Platz haben werde oder nicht, sondern darum, ob ich schon jetzt in Gottes Reich lebe. Bin ich Tag für Tag mit anderen Dingen beschäftigt als mit denen des Reiches Gottes, oder habe ich Zeit zu hören und mein Leben für Gott zu leben? Leitet Jesus mein Leben, und lebe ich jetzt für ihn? Wenn nicht, warum sollte ich dann plötzlich nach dem Tod für ihn leben, wenn ich heute nicht für ihn lebe?

Ein Edelstein für heute: Der Ort, wo wir die Dinge unseres Lebens aussortieren und in Christus wieder zusammensetzen, ist das »Kämmerlein« (die Stille Zeit). Wenn es dort nicht klappt, dann klappt es nirgendwo anders.

Alttestamentliche Lesung Sacharja 10-12

30. Dezember

Neutestamentliche Lesung Offenbarung 21

Und ich sah einen neuen Himmel und eine neue Erde ...

(Offb. 21,1)

Das begeistert mich! Johannes sah, wie das Ende sein wird, und ich will daran teilhaben. Ich will, daß die Sehnsucht, die Gott mir gegeben hat, mich dazu motiviert, das Richtige zu tun und das zu sein, wozu Gott mich berufen hat, ganz gleich, was es ist. Mein größter Wunsch ist, den neuen Himmel und die neue Erde zu sehen und ein Teil davon zu sein.

Johannes sah die Heilige Stadt vom Himmel herabkommen und nannte sie das neue Jerusalem. Er sagte, daß sie neu war und eine ewige Frische an sich hatte, einen Duft der Begeisterung und Reinheit wie eine Braut, die für ihren Bräutigam geschmückt ist.

Dann sagte eine Stimme aus dem Himmel, daß dies das Heiligtum Gottes ist, der Ort, wo Gott unter den Menschen wohnen wird und sie sein Volk sein werden. Gott selbst wird bei ihnen und ihr Gott sein. Es wird keinen Tod mehr geben, keine Tränen oder Leid »denn das Alte ist vergangen«. Er, der auf dem Thron sitzt, wird alles neu machen »Wer überwindet, der wird das alles zu eigen bekommen, und ich werde sein Gott sein, und er wird mein

Sohn sein« (Vers 7). Wir sind nicht Gottes Kinder, weil wir überwunden haben, sondern weil Jesus um unsretwillen Tod und Sünde überwand. Jetzt, wo wir Söhne und Töchter sind, erwartet Gott, daß wir durch Christus überwinden.

Nachdem Johannes gesehen hatte, wie der erste Himmel und die erste Erde verschwanden, beschrieb er, was er nun sah. Das allein schon reicht aus, um mich vor Sehnsucht fast vergehen zu lassen und mich dem Wunsch zu erfüllen, einen Platz in diesem neuen Jerusalem zu haben, in der himmlischen Stadt, in der Gott regiert, herrscht und mit seinem Volk lebt.

»Gott, ich weiß nicht, was in diesem Leben noch vor mir liegt. Ich kann nur heute leben, einen Tag nach dem andern. Aber dies bitte ich dich in Jesu Namen, daß du mir Weisheit und Gnade gibst, um all das zu überwinden, was ich heute nach deinem Plan überwinden soll. Vater, ich will meine Unwissenheit nicht als Entschuldigung gebrauchen und dadurch den Sieg verlieren. Darum gelobe ich dir, mich jeden Tag mit dir zu treffen, damit ich deinen Willen erkenne und tue. Ich brauche Gnade, um mein Gelöbnis zu halten, denn ohne dich kann ich nichts tun. Heiliger Geist, sei mein Begleiter bei der Erfüllung meines Versprechens und mach mich fähig, mich dir ständig und völlig hinzugeben. Vater, höre mein Gebet, denn es ist das Verlangen meines Herzens, mit dir in dem neuen Jerusalem zu leben, das Johannes sah. Das bitte ich dich in Jesu Namen.«

Ein Edelstein für heute: Bis ins ewige Leben hinein ist mein Ziel, mit Jesus zu leben, jetzt hier auf der Erde und in Ewigkeit in dem neuen Jerusalem.

Alttestamentliche Lesung Sacharja 13.14

31. Dezember

Neutestamentliche Lesung Offenbarung 22

Und der Geist und die Braut sprechen: Komm! Und wer es hört, der spreche: Komm! Und wer durstig ist, der komme, und wer will, der nehme das Wasser des Lebens umsonst. *(Offb. 22,17)*

Johannes' Offenbarung hat mich dazu gebracht, daß mein Herz und mein Geist nach dem verlangen, worüber er schreibt. Durch die Offenbarung kam ich dazu, meine Rettung zu verstehen. Aber es geschah noch mehr. Ich sah in meinem Geist Jesus Christus, der für meine Sünde gekreuzigt war. Im Laufe der Jahre ist nach und nach in meinem Herz eine große Liebe für Jesus gewachsen. In all diesen Jahren lebte ich mit ihm, versuchte, gehorsam zu sein, und bemühte mich, nach seinem Willen zu leben.

Durch die Bibel hat Jesus für mich große Bedeutung gewonnen, und ich bin sicher, daß es Dir genauso geht. Er ist der Gerechteste von Zehntausend, der helle Morgenstern, er ist die Lilie im Tal, der König der Könige und Herr der Herren. Oh, ich könnte noch lange weitererzählen. Mein Verlangen und mein Ziel war, zu überwinden und in Treue zu Jesus zu leben. Ich wollte mich so völlig seinem Heiligen Geist hingeben, daß ich ihm beständig zur Verfügung stehe. Aber jetzt, nachdem ich die Offenbarung des Johannes gelesen habe, verlangt mich noch mehr nach dem Leben, das denen angeboten wird, die treu sind und allen, die überwinden, die sich völlig hingeben. Wenn ich nichts anderes wüßte, als daß Jesus im Zentrum all dessen ist, daß er mich mit seiner Gegenwart und Herrlichkeit erfüllen wird, so würde das für mich ausreichen, um bis zum Ende nach ihm zu streben.

Das, was Johannes sah, und das Leben, was er uns daraufhin in Ewigkeit verheißt, läßt mich die Erfüllung fast nicht mehr abwarten können. Es wird keine Sünde mehr geben. Ich werde nicht mehr auf der Hut sein müssen vor der List des Teufels, weil es keinen Fluch mehr wird. Und die Tore der himmlischen Stadt werden nie geschlossen. Die Herrlichkeit Jesu wird die Stadt so mit Licht erfüllen, daß es keine Dunkelheit mehr geben wird. Wir werden Jesus tatsächlich von Angesicht zu Angesicht sehen, und mit welchem Stolz und mit welcher Freude werden wir seinen Namen auf der Stirn tragen! Neue Lieder des Lobes werden auf unseren Lippen sein, und aus unserem Herzen wird Anbetung kommen in aller Reinheit und Heiligkeit. Wohin wir uns auch wenden, überall werden wir seine Herrlichkeit sehen und an ihr teilhaben.

Oh, ich spüre den Geist einer Braut in mir, ich sehne mich in meinem Herzen, und die Worte dieses Verses werden zu meinen eigenen: »Und der Geist und die Braut sprechen: Komm!« Darum, komm schnell, Herr Jesus!

Ein Edelstein für heute: Ich möchte heute allein aus dem Grund leben, daß ich morgen in Ewigkeit mit Jesus lebe.

Alttestamentliche Lesung Maleachi

Wenn Ihnen die EDELSTEINE Tägliche Stille Zeit Neues Testament gefallen haben, setzen Sie Ihre Bibellese doch mit dem gleichfalls erhältlichen Band für das Alte Testament fort: